Achim Todenhöfer

Kirchen der Bettelorden

Die Baukunst der Dominikaner und Franziskaner
in Sachsen-Anhalt

Reimer

Gedruckt mit Unterstützung des Förderungs- und Beihilfefonds Wissenschaft der VG WORT

Bibliografische Information der Deutschen Nationalbibliothek
Die Deutsche Nationalbibliothek verzeichnet diese Publikation in der
Deutschen Nationalbibliografie; detaillierte bibliografische Daten sind im
Internet über http://dnb.d-nb.de abrufbar.

Layout und Umschlaggestaltung: Nicola Willam, Berlin
Umschlagabbildungen: Halle, ehemalige Dominikanerkirche (Foto: Todenhöfer 2008; Zeichnung: Büro Linsinger 1992, LDASA)

© 2010 by Dietrich Reimer Verlag GmbH, Berlin
www.reimer-verlag.de

Alle Rechte vorbehalten
Printed in Germany
Gedruckt auf alterungsbeständigem Papier

ISBN 978-3-496-01396-9

Inhalt

Vorwort 11

I Einleitung 13

Forschungsgeschichtlicher Abriss 15
Abgrenzung, Ziele und Methode der Untersuchung 20
Zur Geschichte von Dominikanern und Franziskanern 22
Das deutsche Sprachgebiet 23
Die Niederlassungen auf dem Gebiet Sachsen-Anhalts 25
Der Bautenbestand 29

II Baumonografien 31

Die Franziskanerkirche (Marktkirche) in Aschersleben 33
Lage 33
Historisches Schicksal 35
Architektur 36
Daten zur mittelalterlichen Konvents- und Baugeschichte 37
Bauphasen 38
   1. Bauphase: Saalkirche (um 1240/50) 38
   2. Bauphase: Dachwerk und Gewölbe (nach 1308) 42

Die Franziskanerkirche in Barby 44
Lage und historisches Schicksal 44
Historische Vorbemerkungen 45
Daten zur Baugeschichte 46
Architektur und Datierung 48

Die Franziskanerkirche in Burg 52
Lage 52
Historisches Schicksal 54
Geschichtliches zur Klostergründung 55
Rekonstruktion 56

Die Dominikanerkirche St. Katharinen in Halberstadt ... 58
Lage ... 58
Historisches Schicksal ... 59
Architektur ... 60
Daten zur mittelalterlichen Baugeschichte ... 65
Bauphasen ... 65
   1. Bauphase: Basilika (nach 1231 bis 1241/42) ... 65
   2. Bauhase: Hallenkirche (um 1280) ... 68
   3. Bauphase: Aufstockung und Planänderung der Hallenkirche (Ende 14. Jahrhundert) ... 70
   4. Bauphase: Vollendung des Langhauses und des Flachchores (1. Hälfte 15. Jahrhundert) ... 71
   5. Bauphase: Anbau des Chorpolygons (um 1510) ... 71

Die Franziskanerkirche St. Andreas in Halberstadt ... 72
Lage ... 72
Historisches Schicksal ... 74
Architektur ... 74
Daten zur mittelalterlichen Baugeschichte ... 78
Baugeschichte ... 78

Die Dominikanerkirche St. Pauli zu Heiligen Kreuz in Halle ... 81
Lage ... 82
Historisches Schicksal ... 83
Architektur ... 84
Daten zur Baugeschichte ... 87
Bauphasen ... 87

Die Franziskaner- oder Barfüßerkirche in Halle ... 92
Lage ... 92
Historisches Schicksal ... 94
Daten zur mittelalterlichen Baugeschichte ... 94
Rekonstruktion ... 96

Die Dominikanerkirche St. Peter und Paul in Magdeburg ... 100
Lage ... 100
Historisches Schicksal ... 101
Daten zur mittelalterlichen Baugeschichte ... 101
Rekonstruktion ... 102

Die Franziskanerkirche in Magdeburg ... 108
Lage ... 108
Historisches Schicksal ... 108
Daten zur mittelalterlichen Baugeschichte ... 110
Rekonstruktion ... 111

Die Franziskanerkirche St. Franziskus in Quedlinburg 116
Lage 116
Historisches Schicksal 118
Daten zur mittelalterlichen Konvents- und Baugeschichte 119
Rekonstruktion 120

Die Franziskaner- oder Mönchskirche in Salzwedel 126
Lage 126
Historisches Schicksal 126
Architektur 129
Daten zur Baugeschichte 131
Bauphasen 132
   1. Bauphase: Saalkirche (vor 1287) 132
   2. Bauphase: Erweiterung um ein Chorjoch und ein 5/8-Chorpolygon (um 1345) 136
   3. Bauphase: Errichtung und Einwölbung des Langchores und Bau des Lettners (1435–1453) 136
   4. Bauphase: Erweiterung zu einem zweischiffigen Langhaus (nach 1453?) 137
   5. Bauphase: Planwechsel und Neubau des Hallenlanghauses (nach 1493) 138
Vergleiche 139

Die Dominikanerkirche St. Cyriakus in Seehausen 141
Lage 141
Historisches Schicksal 142
Daten zur Konvents- und Baugeschichte 142
Rekonstruktion 143

Die Franziskanerkirche oder Brüderkirche in Stendal 146
Lage 146
Historisches Schicksal 147
Daten zur Konvents- und Baugeschichte 148
Rekonstruktion 150

Die Dominikanerkirche Allerheiligen in Tangermünde 152
Lage 152
Historisches Schicksal 154
Architektur 154
Daten zur Baugeschichte 155
Rekonstruktion 156

Die Franziskanerkirche in Wittenberg 160
Lage 160
Historisches Schicksal 161
Architektur 163
Daten zur mittelalterlichen Konvents- und Baugeschichte 164
Bauphasen 165
   1. Bauphase: Saalkirche (um 1269) 165
   2. Bauphase: Erweiterung mit einem Seitenschiff (bis 1355) 166
   3. Bauphase: Hallenkirche mit Gewölben (1. Viertel 15. Jahrhundert) 167

Die Franziskanerkirche St. Franziskus, Antonius und Klara in Zeitz	170
Lage	170
Historisches Schicksal	172
Architektur	173
Daten zur mittelalterlichen Baugeschichte	176
Bauphasen und Rekonstruktion	177
1. Bauphase: Saalkirche (bis 1265)	177
Planwechsel im ersten Langhausjoch	178
Exkurs: Holztonnengewölbe	180
2. Bauphase: Fenster- und Portalmodernisierung (Neueinweihung 1279)	181
3. Bauphase: Langchor mit polygonalem 5/10-Schluss (bis um 1320/30)	181
4. Bauphase: Umbau und Sanierung (um 1447 bis um 1517)	182
Die Franziskanerkirche St. Johannis in Zerbst	184
Lage	185
Historisches Schicksal	185
Architektur	186
Daten zur Baugeschichte	188
Bauphasen und Rekonstruktion	190
1. Bauphase: Saalkirche (um 1235/45)	190
2. Bauphase: Umbau und Aufstockung (nach 1300/10)	192
3. Bauphase: Aufstockung des Kreuzganges und Arkadeneinbau zum Langhaus (2. Hälfte 15. Jahrhundert)	194
III Die Bettelordensarchitektur	**195**
Gebautes Ideal – Zur Genese der Bettelordensarchitektur	197
Bauvorschriften und Bauverhalten	197
Übergangszeiten	198
Nießbrauch	200
San Francesco in Assisi und die Anfänge mendikantischer Bautätigkeit	200
Lokaler Architekturkontext als Maßstab	205
Ausnahmeerscheinungen – Architekturen besonderer Bedeutung	207
Ablehnung von Querhausbauten	207
Ausnahmeerscheinung Umgangschor	214
Ausnahmeerscheinung Krypta	215
Gewölbebau – Regelung und Ausnahmen	219
Ablehnung massiver Turmbauten – Regeln und Praxis	221
Architektonischer Wandel im letzten Viertel des 13. Jahrhunderts	223
Entwicklung und Typen - Die Kirchen in Sachsen-Anhalt	225
1228 bis 1250 – Anfänge des Kirchenbaus	225
Exkurs: Zur Genese mendikantischer Saalkirchen	229
1250 bis 1350 – Das Jahrhundert der Bettelordensarchitektur	235
Zwischen Formenvielfalt und Dominanz der Hallenkirchen	235
Monumentalisierung und Formalisierung um 1300	237
Die Entwicklung der Chorgestalt	239
1350 bis zur Reformation – Die Bautätigkeit der Bettelorden zwischen Krise, Tradition und Anpassung	247

IV Technologische und detailtypologische Betrachtungen ... 253

Mauerwerk ... 255
Exkurs: Zur Materialästhetik von Backstein und dessen Bedeutung ... 258

Dachwerke ... 261

Gewölbe ... 265
Gewölbekonsolen, Rippenprofile und Schlusssteine ... 265

Pfeiler ... 272

Portale ... 275
Lage und Ausrichtung von Klosterkirchenportalen ... 275
Gewändeprofile und Portaldekor ... 278

Fenster ... 284
Fenstergewände- und Stabwerkprofile ... 284
Maßwerk ... 288

V Kontextuelle Betrachtungen ... 297

Phänomene der Klostertopografie ... 299

Bettelordenskloster und Stadt ... 302
Bau fester Konvente ... 302
Stadtwerdungsprozess und Bettelordenniederlassung ... 305
Stadtausbau als Herrschaftskonsolidierung ... 310
Stadtlage der Bettelordensklöster ... 315
Zugangssituation und Platzbildung ... 319

Architektur als Stifterrepräsentation ... 322

Zusammenfassung ... 333

Anhang ... 337

Abkürzungen ... 339
Gedruckte Quellen ... 341
Literatur ... 343
Abbildungsnachweis ... 360
Index ... 361

Für Solveig und Anton

Vorwort

1999 ergab sich für mich die Gelegenheit an der Martin-Luther-Universität Halle eine Magisterarbeit über die Franziskanerkirche in Zeitz zu erstellen. Damals fiel mir auf, wie auffallend wenige der mitteldeutschen Stadtkirchen des Mittelalters in die Architekturforschung, wenn auch denkmalpflegerisch nie unbeachtet, einbezogen wurden. Waren während der deutschen Teilung die großen Dom- und Klosterkirchen wie in Magdeburg, Naumburg oder Meißen, Gernrode, Quedlinburg oder Jerichow nie aus der wissenschaftlichen Diskussion verschwunden, ergaben die Recherchen zu den Stadt- und Bettelordenkirchen im regionalen Umfeld abgesehen von einschlägigen Handbüchern kaum jüngere Literatur. Zwar fanden etwa die Zeitzer oder Halberstädter Franziskanerkirchen durch die Arbeiten von Felix Scheerer und Richard Krautheimer früh Eingang in die wissenschaftliche Literatur oder waren die Dominikanerkirchen in Seehausen und Tangermünde bei Gottfried Müller bereits 1914 Gegenstände der Betrachtung, umso notwendiger erwiesen sich die veröffentlichten Ergebnisse aus eigenen Beobachtungen als revisionsbedürftig. Andere interessante Bauwerke hingegen wie die Marktkirche in Aschersleben, die Johanneskirche in Barby oder die Mönchskirche in Salzwedel blieben so gut wie unerwähnt. Die hohe Verlustrate an Bausubstanz tat ihr übriges zu einer unhaltbaren Situation, denn die meist schlichten Bauten gehören zu den heute nur spärlich erhaltenen Zeugen der für die europäische Geschichte so bestimmenden Epoche der mittelalterlichen Urbanisierung. So gibt es kaum eine Stadt von Bedeutung, deren Werden im Mittelalter nicht auf das Engste mit der Gründung von Bettelordenskonventen zusammenhing. Zudem bot sich die verlockende Möglichkeit, neue Fragen an die Bauwerke zu stellen; ihren Kontext und ihre besonderen Merkmale zu beleuchten, um sie als integrativen Bestandteil der europaweit verbreiteten Architektur der Bettelorden darzustellen. Aus diesen Gründen nahm ich auf Anregung von Prof. Dr. Wolfgang Schenkluhn nach einer Tätigkeit als Bauhistoriker in Naumburg (Saale) 2002 die Arbeit an der Dissertation in Angriff. Diese wurde im November 2006 an der Martin-Luther-Universität Halle-Wittenberg unter dem Titel „Die Franziskaner- und Dominikanerkirchen in Sachsen-Anhalt. Studien zur mittelalterlichen Kirchenarchitektur und Klostertopologie" angenommen.

An dieser Stelle möchte denjenigen meinen Dank aussprechen, die zum Gelingen dieser Arbeit beigetragen haben. Dies gilt zunächst meinem Lehrer Prof. Dr. Wolfgang Schenkluhn, der aufgrund seiner eigenen langjährigen Beschäftigung mit der Bettelordensarchitektur auf diesem Gebiet stets bemüht war, neue Forschungspfade zu beleben. Von seinem Wissen profitiert diese Arbeit in erheblichem Umfang. Prof. Dr. Leonhard Helten hat durch seine Gesprächsbereitschaft und die humorvolle Betreuung die langen Arbeitstage in der Institutsbibliothek oft erleichtert. Ohne das Stipendium der Graduiertenförderung des Landes Sachsen-Anhalt wäre die Arbeit nicht zustande gekommen. Hierfür sei allen beteiligten Entscheidungsträgern gedankt. Meiner Mutter möchte ich für die finanzielle Unterstützung vor allem in der Endphase danken, die mir die Fertigstellung der Arbeit erlaubte. Weiterhin möchte ich allen Mitarbeitern der staatlichen und kirchlichen Institutionen, Hauptstaats-, Landeshaupt-, Universitäts-, Stadt-, Bau- und Kirchenarchive danken, die mich trotz angespannter Personalsituation in meinen Recherchen tatkräftig unterstützten. Sie mögen mir die Unterschlagung ihrer zahlreichen Namen verzeihen. Der VG Wort sei für den großzügigen Druckkostenzuschuss gedankt und dem Reimer Verlag für die professionelle Publikation. Der Dank an meine geliebte Frau für ihre Unterstützung, Geduld und Nachsicht kann nicht in Worte gefasst werden. Ihr und unserem Sohn ist deshalb dieses Buch gewidmet.

Halle, Januar 2010

Achim Todenhöfer

I Einleitung

Forschungsgeschichtlicher Abriss

Seit der Etablierung der kunsthistorischen Disziplin als wissenschaftliches Lehrfach[1] haben sich ihre Gelehrten um eine Analyse der Kirchenarchitektur der Dominikaner und Franziskaner bemüht und versucht, ihre charakteristischen Merkmale herauszustellen. Bereits der erste Ordinarius des Faches Kunstgeschichte, Anton Springer, widmete sich in seiner 1854 erschienenen ‚Baukunst des christlichen Mittelalters' den Kirchen der Dominikaner und Franziskaner, deren schlichtes, turm- und dekorationsloses Äußeres er auf „[…] geringere Mittel und engere Bedürfnisse […]" zurückführte und ihnen die Aufnahme der Hallenkirche zuschrieb.[2] Die Forschungsansätze waren dabei stets vom gesellschaftlichen und intellektuellen Umfeld ihrer Zeit geprägt.[3] Wie Wolfgang Schenkluhn dezidiert herausgearbeitet hat, unterliefen die ersten wissenschaftlichen Kompendien über die abendländische Baukunst, so von Jakob Burckhard, Franz Kugler, Carl Schnaase, Anton Springer oder Wilhelm Lübke, gegen Mitte des 19. Jahrhunderts mit ihrer getreulichen Aufnahme aller ihnen bekannten Bauwerke etwaige Instrumentalisierungsbestrebungen der Kunst in der romantisch geprägten Geistesepoche, welche das Kunstwerk auf seine Funktion als Quelle ästhetischer Zielrichtungen beschränken und ihm einen Eigenwert als Denkmal absprechen wollten.[4] Diesen Funktionalisierungs- und auch Standardisierungsbestrebungen, wie sie etwa im Auftrag von Friedrich Wilhelm III. von Preußen im Schinkelschen Entwurf einer ‚Normalkirche' für den Ersatz baufälliger Dorfkirchen ihren Ausdruck fanden,[5] fehlten das Verständnis für die historische Dimension besonders der schlichteren Bauwerke wie den Bettelordenskirchen, da man sich an den Kathedralen, „der Summa aller gotischen Kirchen"[6], wie Schenkluhn es formulierte, orientierte.[7] Die Folge war gerade bei den Bettelordenskirchen im 19. Jahrhundert, welche frühere Profanisierungswellen im 16. Jahrhundert oder während der Napoleonischen Kriege mehr oder weniger überstanden hatten, hohe Verluste an mittelalterlicher Bausubstanz.[8] So war denn die erste Generation der Kunsthistoriker vor allem um die Hervorhebung des historischen Wertes der Bettelordenskirchen bemüht, indem sie diese als schlichte und praktische Zeugen des aufkeimenden Bürgertums interpretierten.[9] Hintergründig spielten bei dieser Lesart offenbar unbefriedigte bürgerliche Ambitionen nach der gescheiterten Revolution von 1848 eine Rolle.[10] Ganz nach dem Beispiel der aufgeklärten Reiseliteratur wurden die Bettelordenskirchen nach topografischen, ethnischen und chronologischen Gesichtspunkten eingeordnet.[11] So unterschied Burckhard die Bettelordenskirchen in drei Kategorien: einen ‚nordischen' Typus, worunter er vor allem die deutschen flach gedeckten Säulenbasiliken mit polygonalem Chor verstand; einen ‚toskanischumbrischen', der einschiffig kreuzförmigen Kirchen in Mittelitalien; und einen Typus an der ‚Via Ämilia', den zuweilen mit Umgangschören ausgestatteten monumentalen Gewölbebasiliken Oberitaliens.[12] Trotz der

---

1 Zur Geschichte des Faches Kunstgeschichte: Heinrich Dilly: Kunstgeschichte als Institution. Studien zur Geschichte einer Disziplin, Frankfurt a. M. 1979.
2 Anton Heinrich Springer: Die Baukunst des christlichen Mittelalters. Ein Leitfaden zu Gebrauche von Vorlesungen und zu Selbstunterrichte, Bonn 1854, 133.
3 Wolfgang Schenkluhn (Ordines Studentes. Aspekte zur Kirchenarchitektur der Dominikaner und Franziskaner im 13. Jahrhundert, Berlin 1985, 9–24) fasste erstmals die Forschungsgeschichte unter gesellschaftshistorischen Gesichtspunkten zusammen.
4 Ebd., 9–11.
5 Karl Friedrich Schinkel 1781–1841. Ausstellungskatalog der Staatlichen Museen zu Berlin, Berlin 1992, 304ff.
6 Zitat: Schenkluhn 1985, 10.
7 Vgl. Otto Graf: Klassifikationsprobleme der Bettelordensarchitektur. Computergestützte Analysen zur Architektur der Dominikaner und Franziskaner, Microfiche 1995, 8f.
8 Zum Schicksal der Bettelordensbauten auf dem Gebiet Sachsen-Anhalts siehe Seite 28f., Der Bautenbestand. Zu den Einzelbauten siehe Seite 31ff., II Baumonografien.
9 Wilhelm Lübke (Geschichte der Architektur von den ältesten Zeiten bis auf die Gegenwart, Leipzig 1855, 321) bezog dies auf die Hallenform der Pfarr- und der Bettelordenskirchen. Carl Schnaase: Geschichte der bildenden Kunst, Bd. 5, Düsseldorf (1855) ²1872, 440f. Vgl. Schenkluhn 1985, 11ff.
10 Vgl. Wolfgang Schenkluhn: Die Erfindung der Hallenkirche in der Kunstgeschichte, in: Marburger Jahrbuch für Kunstgeschichte, Bd. 22 (1989), 193–202, hier 200.
11 Wolfgang Schenkluhn: Die Architektur der Bettelorden, Darmstadt 2000, 13. Zuletzt ausführlicher in: Regionale und überregionale Prägung der Bettelordensarchitektur, in: Kunst und Region (Clavis Kunsthistorische Monografieën 20), Utrecht 2005, 34–44, hier 34ff.
12 Jakob Burckhardt: Der Cicerone. Eine Anleitung zu Genuss der Bauwerke Italiens, Bd. 1 (Nachdruck der 1. Auflage 1855, in: Jakob Burckhardt Gesammelte Werke, Bd. 9), Berlin 1933, 110f. und 125ff.

Abweichungen von den tatsächlichen Ausbreitungsgebieten nimmt diese Einteilung bereits die regional begrenzten Arbeiten späterer Autoren vorweg.[13] Jedoch blieb sowohl die regionale als auch die überregionale Prägung der Bettelordenskirchen ein Problem, das sich nie klar fassen ließ.[14] Im Jahr 1856 gab Schnaase für die Bettelordensarchitektur in Deutschland bereits die Deutungsmuster vor, die in der späteren Kunstgeschichte aufgegriffen wurden wie Gegenströmung, Reduktion, Funktionalität, Bedeutungsabbau:[15] „Sie waren völlig demokratische Institute, aus dem Volke hervorgegangen und mit dem selben in engster Berührung; sie standen in offener Opposition gegen den Reichthum des Klerus und mussten daher selbst den Schein der Ueppigkeit und Eleganz meiden; ihre ganze Richtung war eine praktische, alle Formen, welche mehr eine symbolische Bedeutung hatten oder nur als herkömmlich und anständig beibehalten wurden, erschienen ihnen überflüssig. Das Kreuzschiff blieb daher fort, Thürme erschienen entbehrlich, alle Details wurden auf einfachste Gestalt reducirt […]. Umgang und Kapellenkranz des Chores kommen nicht vor; auf die schlanke Gestalt der Wandfelder verzichteten sie und zogen vor, durch erweiterte Pfeilerstellungen Raum zu gewinnen […]."[16]

Um die Jahrhundertwende wurde unter Einfluss der stil- und entwicklungsgeschichtlichen Arbeiten von Alois Riegl und Heinrich Wölfflin versucht,[17] die Architektur typologisch und entwicklungsgeschichtlich zu betrachten, wobei man die Bauwerke zunehmend aus ihrem kulturhistorischen Kontext löste. Maßgeblich waren daran August Schmarsow und Erich Haenel beteiligt.[18] Eingeteilt wurden die Bauwerke nach ihrem Raumquerschnitt, der Anzahl ihrer Schiffe, Stützenform und ihrem oberen Raumabschluss.[19] Man unterstellte den so gewonnenen Typen eine eigenmächtige lineare Entwicklung von der Basilika zur Halle.[20] Die eigentliche Einbindung der Bettelordensarchitektur in solche abstrakte Entwicklungsmodelle erfolgte erst mit der halleschen Dissertationsschrift von Richard Krautheimer im Jahr 1925, in Anlehnung an das Modell seines Lehrers Paul Frankl, und 1933 durch eine Arbeit von Werner Gross.[21] Ersterer bescheinigte der Bettelordensarchitektur eine „[…] Tendenz auf Verschmelzung und Zusammenfassung des Raumes […]" und wies ihr mit der Bezeichnung „Unterströmung" eine Sonderstellung zu.[22] Nach Krautheimer griff diese „[…] nach rückwärts auf Vorromanisches zurück und verwies gleichzeitig auf die Spätgotik voraus. In der Vorbereitung der spätgotischen Architektur liegt ihre entwicklungsgeschichtliche Bedeutung."[23] Analog zu Gerstenbergs Modell sollen demnach die einzelnen Raumbestandteile teleologisch lediglich das transzendente Ziel eines Einheitsraumes anstreben: die mendikantische ‚Predigtkirche'.[24] Die Schwierigkeiten, den historischen Kontext mit einem solchen Model zu vereinbaren, liegen auf der Hand, zumal die Kirchen wie „chorlose Geschöpfe behandelt wurden"[25], denn wie sollte etwas zu Spätgotik hinüberleiten, wenn alle Bautypen der Bettelorden bereits gegen Ende des 13. Jahrhunderts existierten. Zudem lässt sich die Formenvielfalt, bei der sich zeitliche wie typologische Unterschiede bei den Orden ausmachen lassen, nicht mit einem ‚idealen' Predigtraum vereinbaren. Unhistorisch war ebenfalls die Herangehensweise von Werner Gross, der erstmals die Bettelordensarchitektur in das Zentrum der stilistischen Entwicklung einer deutsch-nationalen Gotik im Gegensatz zur französischen „klassisch-gotischen Kathedrale" stellte.[26] Nach ihm wird der im Kathedralbau vorherrschende optische Dualismus

---

13 Vgl. Helma Konow: Die Baukunst der Bettelorden am Oberrhein, Berlin 1954; Herbert Dellwing: Studien zur Baukunst der Bettelorden im Veneto. Die Gotik der monumentalen Gewölbebasiliken (Kunstwissenschaftliche Studien, 43), München 1970.
14 Achim Todenhöfer: Apostolisches Ideal im sozialen Kontext. Zur Genese der europäischen Bettelordensarchitektur im 13. Jahrhundert, in: Marburger Jahrbuch für Kunstwissenschaft, Bd. 34 (2007), 43–76. Siehe Seite 107ff., Gebautes Ideal – Zur Genese der Bettelordensarchitektur.
15 Schenkluhn 2005, 37.
16 Schnaase ²1872, 440.
17 Alois Riegl: Stilfragen. Grundlegungen zu einer Geschichte der Ornamentik, Berlin 1893. Heinrich Wölfflin: Kunstgeschichtliche Grundbegriffe. Das Problem der Stilentwicklung in der neueren Kunst, München 1915.
18 August Schmarsow: Das Wesen der architektonischen Schöpfung (Antrittsvorlesung, gehalten in der Aula der königlichen Universität Leipzig am 8. November 1893) Leipzig 1894. Erich Haenel: Spätgotik und Renaissance. Ein Beitrag zur Geschichte der deutschen Architektur vornehmlich im 15. Jahrhundert, Stuttgart 1899.
19 Anklänge zu einer raumtypologischen Betrachtungsweise fanden sich bereits bei Henry Thode (Franz von Assisi und die Anfänge der Kunst der Renaissance in Italien, Wien/Leipzig (1885) ⁴1934, 348ff.).
20 Am folgenreichsten mit nationalistischer Konnotation war wohl die Arbeit zu den Hallenkirchen von Kurt Gerstenberg (Deutsche Sondergotik, München 1913). Dazu die Kritik von Hans-Joachim Kunst: Zur Ideologie der deutschen Hallenkirche als Einheitsraum, in: Architectura. Zeitschrift für Geschichte der Baukunst, Heft I (1971), 38–53 sowie Schenkluhn 1989, 193–202.
21 Richard Krautheimer: Die Kirchen der Bettelorden in Deutschland, Köln 1925. Werner Gross: Die Hochgotik im deutschen Kirchenbau, in: Marburger Jahrbuch für Kunstwissenschaft, Bd. 7 (1933), 290–346. Dazu eingehend Schenkluhn (1985, 19–23).
22 Krautheimer 1925, 34
23 Ebd., 117.
24 Anhand der Wortwahl Krautheimers, die die Bauteile in einem permanenten Bewegungs- und Kräfteflusss erscheinen lassen, wies Schenkluhn (1985, 20) den Einfluss des expressionistischen Sprachgebrauches nach.
25 Schenkluhn 2000, 14.
26 Schenkluhn 1985, 21f.

zwischen dem plastisch hervorgehobenen Gliedergerüst und der Füllwand in der ‚deutschen Hochgotik' durch das Zurücktreten der statischen Glieder im Raum zugunsten der Füllwände überwunden.[27] Die so funktionslos gewordenen Wandvorlagen lassen nun linienhaft minimiert die Wände „[…] verdünnt, fast schwerelos […]"[28] erscheinen. Offenbar sollte mit diesem Modell jener ‚deutschen' Hochgotik die Vollendung des „vielzitierten gotischen Vertikalismus"[29] zugesprochen werden. Saal- und Hallenkirchen waren lediglich Funktionsbauten und mit diesem am Obergaden orientierten Modell nicht vereinbar.[30]

Neben den ideologischen gab es eine Reihe zumeist auf regionale und nationale Grenzen beschränkte Arbeiten. Eine der ersten war die von Felix Scheerer über die thüringischen Bettelordenskirchen.[31] Bei ihm findet man eine differenzierte Einteilung nach Grundrisstypen. Der Autor versuchte kein lineares Entwicklungsmodell zu formulieren, sondern schenkte den einzelnen Bauuntersuchungen und den historischen Entstehungsdeterminanten der Architektur im Sinne von Dehio und Bezold[32] Beachtung.[33] Er sah in den Bettelorden die Träger neuer gotischer Architekturformen, auf welche die örtliche Architektur reagierte: „[…] die Bettelorden halfen wohl den neuen Stil einführen, an seiner Fortentwicklung und reichen Ausbildung aber haben sie sich nicht beteiligt"[34]. Danach sollten die Mendikanten vor allem die Predigtkirche ausgebildet haben, welche in Folge die Pfarrarchitektur prägte, indem man Querhäuser wegließ und den polygonalen Chor übernahm. Problematisch ist zum einen (gleichwohl der in Bezug auf die polygonalen Chöre der Erfurter Architekturlandschaft bisweilen zutreffenden Betrachtungen), dass er offenbar wegen der damaligen Denkmälerkenntnis eine ganze Reihe von einfachen Pfarrkirchen, die vor dem Auftreten der Bettelorden keine Querschiffe besaßen, und eher traditionelle Bauten der Bettelorden nicht einbezog. Auch die Arbeit von Johannes Oberst, welche sich methodisch an Scheerer orientierte und ansatzweise auf das Wechselverhältnis zwischen Bettelordensarchitektur und dem architektonischen Kontext einging, blieb ohne weiteren Einfluss auf die weitere Forschung.[35] Desgleichen fand auch die Methodik der 1914 publizierten Dissertation von Gottfried Müller über die märkischen Dominikanerkirchen keinen Eingang in die Erforschung der Bettelordensarchitektur.[36] Sein Schwerpunkt lag in bauchronologischen Einzelanalysen unter Heranziehung des historischen Kontextes. Insgesamt besticht die Arbeit vor allem durch detaillierte Pläne, jedoch fehlte ihr eine Auswertung sowohl im Hinblick auf Wechselbeziehungen zur Architektur im unmittelbaren regionalen Kontext als auch zur Bettelordensarchitektur anderer Regionen.

Die weitere Forschung orientierte sich in Folge entweder an der entwicklungsstilistischen Systematik von Krautheimer oder nahm Beschreibungskriterien von Gross auf. So befasste sich Richard Kurt Donin mit den Bettelordenskirchen in Österreich, wobei er die Entwicklung von Saal, Basilika zur Halle von Krautheimer in flachgedeckte und gewölbte Bauten differenzierte.[37] Donin sah in Anlehnung an Scheerer ein Eindringen der mendikantischen ‚Predigtkirchen' in die Pfarrarchitektur, in deren Folge u.a. deren Querschiffe weggefallen und zahlreiche bauliche Einzelheiten übernommen worden sein sollen.[38] Die Architektur der Bettelorden wird euphorisch überbewertet, da sie laut Donin am Anfang der gotischen Entwicklung steht.[39] So gibt es kaum ein Baudetail, das (außer bei den Zisterziensern) nicht bei den Bettelorden zuerst ausgeprägt wurde und auf Zukünftiges hinausweist. Zudem stellte Donin die abstrakte Entwicklungsthese auf, dass sich der charakte-

---

27 „Der Bau, welcher um 1250 die neue Stilrichtung überzeugend zum Ausdruck bringt, ist die Dominikanerkirche in Regensburg, also ein Bettelordensbau." Vgl. Gross 1933, 11.
28 Gross 1933, 12.
29 Schenkluhn 1985, 22f. Auch bei Gross konnte Schenkluhn den Zusammenhang zwischen dessen Beschreibungsmodellen und der damaligen modernen Architekturtheorie aufdecken, die von der funktionalistischen Skelettbauweise geprägt war.
30 Betreffende Bauwerke werden deshalb von ihm als profan abgetan und auch sprachlich entwertet: „Die scheunenhafte Grobschlächtigkeit des Dominikanerlanghauses [in Frankfurt a. M.] deutet darauf hin, dass hier der profane Hallenbau oder noch allgemeiner: die Zweckmäßigkeit richtunggebend war."; für die Zisterzienserinnenhalle Marienstern in Panschwitz-Kuckau (Sachsen) findet sich „[…] die volle Erklärung, als das Kloster ganz an der östlichen Peripherie des damaligen Reiches angesiedelt war. Man sah sich genötigt, nach dem Einfachsten und Geläufigsten zu greifen." „Die darin sich äußernde Laxheit haftet dem ganzen Bau an." Vgl. Gross 1933, 36f.

31 Felix Scheerer: Kirchen und Klöster der Franziskaner und Dominikaner in Thüringen. Ein Beitrag zur Kenntnis der Ordensbauweise, Jena 1910.
32 Vgl. Georg Dehio, Gustav von Bezold: Die kirchliche Baukunst des Abendlandes, Bd. 2, Stuttgart 1901, 19ff.
33 Graf 1995, 12f. übertrieb etwas, wenn er bereits Scheerer aufgrund eines missverständlichen Ausdrucks eine Entwicklungstypologie von der Basilika ausgehend unterstellt. Gerade die Untersuchung von Scheerer machte bereits die parallele Verbreitung einiger Bautypen deutlich.
34 Scheerer 1910 135ff.
35 Johannes Oberst: Die mittelalterliche Architektur der Dominikaner und Franziskaner in der Schweiz, Zürich 1927.
36 Gottfried Müller: Die Dominikanerklöster der ehemaligen Ordensnation „Mark Brandenburg", Berlin-Charlottenburg 1914.
37 Richard Kurt Donin: Die Bettelordenskirchen in Österreich. Zur Entwicklungsgeschichte der österreichischen Gotik, Baden bei Wien 1935. In seine Betrachtungen flossen sowohl die Kirchen der männlichen, als auch der weiblichen Ordenszweige ein.
38 Donin 1935, 332; 358ff.
39 Ebd., 364.

ristische Langchor sich schrittweise aus dem Kurzchor entwickelte und in Folge auf zahlreiche Ordens-, Stifts- und Pfarrkirchen übertrug.[40] Davon abgesehen, blieb es ein wichtiges Verdienst von Donin, erstmals auf die Funktion der Bettelordensklöster im städtischen Gefüge aufmerksam gemacht zu haben, denn er schlussfolgerte aus der Rand- und Ecklage der Klöster vor allem bei Gründungsstädten auf Zusammenhänge zwischen Klöstern und städtischen Wehranlagen.[41]

Seit diesen Arbeiten wendete sich die deutschsprachige Forschung wieder verstärkt den Bauwerken einzelner Regionen zu.[42] Auf eine baumonografisch historische Aufarbeitung im Sinne von Scheerer, Müller oder Oberst wurde jedoch zugunsten einer Orientierung an den einschlägigen Entwicklungstheorien von Krautheimer und Gross verzichtet. Helma Konow widmete sich in ihrer bereits 1939 abgeschlossenen Dissertation dem am Oberrhein bei den Bettelorden vorherrschenden Typus der ‚Flachdeckenbasilika'.[43] Dabei nahm sie die Stützenform der Basiliken mit Rund- oder Achteckpfeiler als wichtigstes Ordnungskriterium und versuchte eine Entwicklung von lokalen, von Hirsau beeinflussten Chorlösungen bis zu den monumentalen Hallenkirchen des 14. Jahrhunderts nachzuzeichnen. Die Dissertationsschrift von Joachim Fait über die norddeutschen Bettelordenskirchen, die dieser nach Typen und Landschaften ordnete, ist weitgehend dem Ansatz Krautheimers verpflichtet.[44] In der Gruppierung von Saalbauten, Hallenkirchen und Basiliken sah er einen Entwicklungsablauf,[45] bei dem es zu einer Lösung vom ursprünglichen Bauideal kam, da seiner Meinung nach im Saal, der keine „Sonderräume für den mönchischen Kultus" aufweist, das Armutsgebot der Orden idealerweise und allgemeinverständlich umgesetzt wurde;[46] deshalb trat der „hierarchischen Kathedrale [...] nun die volkstümliche Saalkirche entgegen"[47].

Die Kritik an den stringenten Entwicklungs- und Klassifikationsmodellen verstummte nie gänzlich. Man charakterisierte diese Herangehensweise zu Recht als „einen eingleisigen, konfliktlosen, gesetzmäßigen Formentwicklungsprozeß", dessen Betrachtungsweise sich auf die „materielle und formale Organisation des Kunstwerks" beschränkt,[48] kritisierte die „Klassifikationsarbeit, die das Besondere an den Kunstwerken dahingestellt sein lässt oder solange verreibt, bis es Stilbegriffen subsumiert ist"[49] und verdammte diese „als bequemes Mittel [...], die beunruhigende Wirkungen der Kunst aufzuheben"[50]. In seiner Dissertationsschrift übertrug Wolfgang Schenkluhn diese Kritiken erstmals auf die Forschung zur Architektur der Bettelorden und wies auf die Anfälligkeit der abstrakten Modelle in Bezug auf das historisch Faktische hin.[51] Seine Arbeit lenkte den Blick auf die mendikantische Kirchenarchitektur in den Hauptniederlassungsorten in Paris, Bologna und Köln. Unter Ablehnung rein formtypologischer und funktionalistischer Interpretationen stellte er unter Heranziehung von Bauarchäologie und historischem Kontext die Merkmale ihrer Architektur als komplexes Wechselspiel innovativer und traditioneller Momente vor dem Hintergrund ihres intellektuellen Wirkens als konkurrierende *ordines studentes* dar und wies so konkrete auf Repräsentation abzielende Motive in ihrer Architektur nach, die auf Affirmation beziehungsweise Abgrenzung gegenüber anderen religiösen Institutionen abzielte.[52]

---

40 Donin stellte zwar fest, dass Langchöre für den Chordienst einzelner Pfarrer ungeeignet wären, schreibt aber den Städten ein hohes Repräsentationsbedürfnis zu (1935, 333ff.).
41 Ebd., 316ff.
42 Die hin und wieder in der Literatur angegebene Dissertationsschrift von Kurt Seckel (Die Baukunst der Bettelorden in der Mark Brandenburg, Berlin 1942) ist offenbar kriegsbedingt verschollen.
43 Helma Konow: Die Baukunst der Bettelorden am Oberrhein, Berlin 1954.
44 Joachim Fait: Die norddeutsche Bettelordensbaukunst zwischen Elbe und Oder, Phil. Diss. Univ. Greifswald 1954 (masch.).
45 Ebd., 4.
46 Ebd., 39.
47 Ebd., 19.
48 Hans-Joachim Kunst: Freiheit und Zitat in der Architektur des 13. Jahrhunderts. Die Kathedrale von Reims, in: Bauwerk und Bildwerk im Hochmittelalter, Gießen 1981, 87–102, hier 87. Vgl. Günther Bandmann: Mittelalterliche Architektur als Bedeutungsträger, Berlin 1951; später selbstkritisch auch Richard Krautheimer: Anstatt eines Vorwortes, in: Ausgewählte Aufsätze zur europäischen Kunstgeschichte, Köln 1988, 7–37, hier 9 und ders.: Einführung zu einer Ikonographie der mittelalterlichen Architektur, in: ebd. (1942) 142–197.
49 Martin Warnke: Bau und Überbau. Soziologie der mittelalterlichen Architektur nach den Schriftquellen, Frankfurt a. M. (1976) 1984, 148.
50 Edgar Wind: Kunst und Anarchie, Frankfurt a. M. 1979, 98.
51 Schenkluhn 1985, 19–33.
52 So entwickelte sich etwa nach Schenkluhn analog beziehungsweise in Folge der dominikanischen Übernahme eines Hospitals in Paris die Zweischiffigkeit bei späteren Niederlassungen zu einer Art intellektuellen Repräsentationstyp, der die profane Architektur kultisch nobilitierte (ebd., 46ff.). In Bologna wählte man für die Grabeskirche des Dominikus als entgegnende Reaktion auf S. Francesco in Assisi unter anderem für den Außenbau zisterziensische Vorbilder, während die Raumaufteilung auf die Hospitalarchitektur zurückgeführt werden kann (ebd., 86ff.). Damit wurde der Ordensheilige zum einen in die Tradition des wichtigsten vormendikantischen Reformordens gestellt, als auch die Innovation des eigenen religiösen Ansatzes betont. Die Minoritenkirche in Köln wurde ursprünglich mit einem Querhaus geplant. Bis in die Einzelformen lassen sich am Außenbau die Zitate der bedeutenden Bologneser Ordensniederlassung erkennen (Querhausfassade, Okuli, flache Wandvorlagen mit Strebebögen), der Hochchor subsumiert modernste Chorlösungen jener Zeit (ebd., 214ff.). Es konnte wahrscheinlich gemacht werden, dass sich die Besonderheit dieser grenzüberschreitenden Architektursprache aus der Konkurrenzsituation der beiden wichtigen mendikantischen Ordensstudien in Köln ergab, wonach die Franziskaner auf „die ordenspolitischen und wissenschaftlichen Erfolge der Dominikaner" (ebd., 229) mit einer Mischung aus Modernität und Selbstzitat reagierten.

Die Bedeutung der historischen Rückbindung für die Interpretation von Architektur betonte in Anlehnung an Schenkluhn auch der leider früh verstorbene Otto Graf in seiner Dissertation, in der erstmals in der Forschungsgeschichte computergestützte quantitative Methoden zur Anwendung kamen.[53] Graf bemühte sich, „die Architektur der Mendikanten als äußerst heterogenes Massenphänomen" einer angemessenen methodischen Darstellung zu unterziehen, wobei das „Problem einer nur bruchstückhaften Überlieferung […] im Hinblick auf entwicklungsgeschichtliche Darstellungen, und erst recht für Klassifikationen" thematisiert wurde.[54] Auch wenn seine Daten zu einzelnen Bauwerken aufgrund neuerer Bauforschungen revisionsbedürftig sind, konnte Graf das parallele Vorkommen verschiedener Aufrisstypen quantitativ nachweisen und damit die längst überfälligen Entwicklungsmodelle nach Krautheimer und Gross widerlegen. Von besonderem Wert sind vor allem die zwischen beiden Orden zeitlich differierenden Verteilungskurven bezüglich Niederlassung, Bautätigkeit sowie angewendeten Bautypen, die er sinnfällig vor dem Hintergrund der jeweiligen ordenshistorischen Entwicklungstendenzen skizzierte und so, wie bereits Schenkluhn vor ihm, Unterschiede und Analogien zwischen den beiden wichtigsten Mendikantenorden aufzeigte.[55] Die Reihe der größeren Arbeiten schloss das 2000 erschiene Buch von Wolfgang Schenkluhn ab.[56] Der Autor unternahm hier den exemplarischen Versuch, die Architektur der Bettelorden als europäisches Phänomen nach Zeitabschnitten, Ländern und Provinzen geordnet auf Entwicklungsmerkmale hin zu untersuchen. Unter Betrachtung der wichtigsten gesellschafts- und kirchengeschichtlichen Tendenzen stellte er die grundlegenden Strukturen der architektonischen Entwicklung dar, die durch regionale und überregionale Prägungen gekennzeichnet waren. Bemerkenswert sind hierbei vor allem die unter anderem auf Meersseman zurückgehenden Betrachtungen der zögerlichen Anfänge des mendikantischen Kirchenbaus, die Übernahmen älterer Bauwerke vorwiegend bei den Dominikanern und die frühe Ablehnung fester Konvente bei den Franziskanern, sowie die in der Hauptphase mendikantischen Wirkens eintretenden Monumentalisierungs- und Standardisierungstendenzen gegen Ende des 13. Jahrhunderts und die Austausch- und Tradierungsprozesse ab der zweiten Hälfte des 14. Jahrhunderts.

Parallel dazu wurden in den letzten Jahren wieder vermehrt Forschungen zu einzelnen Regionen und Bauwerken betrieben. Zu nennen ist hier vor allem die Dissertation zu den westfälischen Bettelordenskirchen von Roland Pieper, die Bauforschung mit dem konkreten historischen Kontext verband.[57] Obwohl das Material einem relativ begrenzten Fragenkatalog unterzogen wurde, bietet die Materialfülle viele interessante Einblicke. Die 2004 erschiene Abhandlung von Anette Pelizaeus zur Predigerkirche in Erfurt suchte den Einfluss der thüringischen Bettelordensarchitektur auf die Pfarrarchitektur zu thematisieren.[58] Ihre Auswertung ging nicht über akribische Detailanalysen der Erfurter Predigerkirche hinaus. Eine Interpretation der Architektur im historischen Kontext wurde vermieden. Bedauerlicherweise flossen die in einer CD-ROM beigefügten Baumonografien zu den thüringischen Bettelordenskirchen kaum in die Auswertung ein; zudem wurde der Blick selten vergleichend auf andere Regionen gelenkt. Darüber hinaus legten verschiedene Autoren Baumonografien mit mehr oder weniger differierenden Schwerpunkten vor, unter denen die Arbeiten mit bauarchäologischem und stilkritischem Hintergrund dominieren.[59]

---

53 Graf 1995, 25–34.
54 Ebd., 39.
55 Vgl. Seite 195ff., III Die Bettelordensarchitektur.
56 Schenkluhn 2000.
57 Roland Pieper: Die Kirchen der Bettelorden in Westfalen. Baukunst im Spannungsfeld zwischen Landespolitik, Stadt und Orden im 13. und frühen 14. Jahrhundert (Franziskanische Forschungen, 39. Heft), Werl 1993.
58 Anette Pelizaeus: Die Predigerkirche in Erfurt. Studien zur gotischen Bettelordens- und Pfarrarchitektur (Veröffentlichungen der Historischen Kommission für Thüringen, Kleine Reihe Bd. 12), Köln/Weimar/Wien 2004.
59 Unter anderem Günther H. Jaacks: St. Katharinen zu Lübeck. Baugeschichte einer Franziskanerkirche (Veröffentlichungen zur Geschichte der Hansestadt Lübeck, Bd. 21), Lübeck 1968; Beatrice Kühl: Die Dominikanerkirche in Regensburg. Studien zur deutschen Bettelordensarchitektur im 13. Jahrhundert (Beiträge zur Geschichte des Bistums Regensburg, Bd. 20), Regensburg 1986; Falk Jaeger: Das Dominikanerkloster in Esslingen. Baumonographie von Kirche und Kloster. (Esslinger Studien, Bd. 13), Sigmaringen 1994; Maria Parucki: Die Wiener Minoritenkirche, Wien/Köln/Weimar 1995; Dörf Wild: Das Predigerkloster in Zürich. Ein Beitrag zur Architektur der Bettelorden im 13. Jahrhundert (Monographien der Kantonsarchäologie Zürich, 32), Zürich/Egg 1999; Ruth Schliehmann: Die Bettelordensklöster St. Maria-Magdalena und St. Johannis, Hamburg 2002, elektronische Ressource: http://www.sub.uni-hamburg.de/opus/volltexte/2002/655/; Katja Hillebrand: Das Dominikanerkloster zu Prenzlau. Untersuchungen zur mittelalterlichen Baugeschichte, München/Berlin 2003.

Abgrenzung, Ziele und Methode der Untersuchung

Als Bettelordensarchitektur wurden in der vorliegenden Arbeit die Kirchen der männlichen Ordenszweige der Dominikaner und Franziskaner betrachtet. Dies geschah aus pragmatischen Gründen, weil dadurch das Material übersichtlich blieb und in einem angemessenen zeitlichen Rahmen zu bewältigen war. Die Kirchen der Frauenorden floßen nicht in die Arbeit ein. Die fehlende Einbindung der Frauenorden in ein paraparochiales System sowie die abweichenden liturgischen Bedingungen sind ein weiterer Grund, trotz vielfältiger Parallelen zu Architekturen, deren Vergleich mit den Bauwerken der männlichen Ordenszweigen an dieser Stelle zu weit geführt hätten.[60] Da diese Arbeit zudem die Einbindung der Klöster innerhalb der urbanen Strukturen untersucht, boten die bis auf wenige Ausnahmen zumeist in ländlichen Regionen des Untersuchungsgebiets niedergelassenen Klarissinnen und Dominikanerinnen für diese Thematik keine nutzbaren Anhaltspunkte. Die Architektur der jüngeren Bettelorden (Augustiner-Eremiten, Serviten, Karmeliter etc.) ist im Untersuchungsgebiet im geringeren Umfang vertreten. Als spätere und kleinere Orden nehmen sie gewissermaßen die architektonischen Traditionen der beiden großen Bettelorden auf, weshalb letztere als ‚Bettelordensarchitektur' unter Vorbehalt weiterer Forschungen stellvertretend für die kleineren Bettelorden stehen.[61]

Als Betrachtungszeitraum bot sich der Zeitraum zwischen der Niederlassung der Bettelorden im 13. Jahrhundert und der weitgehenden Auflösung der Klöster im Kernland der Reformation im 16. Jahrhundert an, womit auch die stilistische Grenze zur Renaissance gezogen ist. Da die Bauwerke auch nach der Säkularisierung eine wechselhafte Baugeschichte durchliefen, durfte der Blick auf jüngere Quellen nicht fehlen, um so mit einiger Gewissheit den mittelalterlichen Bestand rekonstruieren zu können. Hier erwiesen sich die älteren Konsistorialakten der Hauptstaats- beziehungsweise Landeshauptarchive als besonders ergiebig, zudem die städtischen Bauakten, welche im Untersuchungsgebiet auf die preußische Verwaltungsreform nach dem Wiener Kongress zurückgehen. Auch die landeskirchlichen Archive bargen so manchen bauhistorischen Mosaikstein.

Die Eingrenzung des Untersuchungsgebietes auf Sachsen-Anhalt erfolgte vorwiegend aus forschungsgeschichtlichen Gründen. Die wissenschaftliche Beschäftigung mit der Bettelordensarchitektur in den angrenzenden Regionen ließ bislang diesen Teil Mitteldeutschlands in Form eines Überblickes aus.[62] Die kulturhistorisch-politischen Prägungen dieser Region reichten im Mittelalter weit über die Grenzen des heutigen Bundeslandes hinaus. Sachsen-Anhalt besteht aus Teilterritorien der Mark Brandenburg (Altmark), wettinisch-sächsischer Gebiete, den anhaltischen Fürstentümer sowie den Bistümer Halberstadt, Magdeburg und Teilterritorien der Bistümer Naumburg, Merseburg, Brandenburg und Havelberg, um die wichtigsten zu nennen. Eine Bearbeitung nach mittelalterlichen Ordensprovinzen, Kustodien oder Nationen kam nicht infrage, da sie aus architekturhistorischer Sicht m. E. kaum von Belang sind.

Die vorliegende Arbeit versuchte sich, an die kunstwissenschaftliche Methodik nach Erwin Panowsky anzulehnen.[63] Danach sollte das Material in drei Schritten bearbeitet werden: Beschreibung, Analyse

---

60 Zum Forschungsstand zu mittelalterlichen Frauenklöster jüngst Norbert Nußbaum: Literatur zur Architektur der mittelalterlichen Frauenklöster, in: Kunstchronik, Heft 8 (2008), 367–381. Hier besonders Carola Jäggi: Frauenklöster im Mittelalter. Die Kirchen der Klarissinnen und Dominikanerinnen im 13. und 14. Jahrhundert, Petersberg 2006.

61 Als mitteldeutsche Beispiele können die ehemaligen Augustiner-Eremiten-Kirchen in Erfurt, Magdeburg und Bernburg oder die Servitenkirche in Halle genannt werden.

62 Beispielsweise die bereits genannten Studien von Scheerer (1910) und Pelizaeus (2004) zu Thüringen, von Müller (1914) zur Ordensnation Brandenburg der Dominikaner (diese fällt hauptsächlich mit der ehemaligen Mark Brandenburg zusammen, schließt aber den nördlichen Teil Sachsen-Anhalts mit der Altmark ein), von Fait (1954) zu mecklenburgischen und nordbrandenburgischen Bettelordenskirchen; Johannes Zahlten: Die mittelalterlichen Bauten der Dominikaner und Franziskaner in Niedersachsen und ihre Ausstattung, in: Stadt im Wandel. Kunst und Kultur des Bürgertums in Norddeutschland 1150–1650, Bd. 4, Stuttgart-Bad Canstadt, 1985, 371–412 und die Diplomarbeit von Rudolf Zießler: Die Bettelordensklöster in Sachsen, Dipl.-Arbeit Univ. Greifswald 1957 (masch.).

63 Vgl. Erwin Panowsky: Ikonographie und Ikonologie. Eine Einführung in die Kunst der Renaissance, in: Sinn und Deutung in der bildenden Kunst (Klassiker der Kunstgeschichte), (Originaltext 1939 erschienen) Köln 1996, 36–67.

und Interpretation. Wobei der jeweilige Interpretationspielraum sukzessive ausgedent wurde. Allerdings ließ sich die abstrakte Methodik sowohl ideell als auch im Text nicht von einander trennen, da vorgeprägte Erwartungen und Interpretationen bereits in grundlegende Recherchen einflossen oder kontextuelle Erkenntnisse den Blick für die Details schärften. Dennoch wurden die drei methodischen Schritte auf die Hauptteile: ‚Baumonografien', ‚Auswertung' und ‚Kontextuelle Beobachtungen' übertragen.

Ziel der Baumonografien ist es, die einzelnen Bauwerke mit dem Schwerpunkten ‚Lage', ‚Historisches Schicksal', ‚Daten zur Baugeschichte' und ‚Bauchronologie' beziehungsweise ‚Rekonstruktion' monografisch vorzustellen und in die wissenschaftliche Diskussion einzubringen. Für das Verständnis der Beschreibung ist wichtig, dass die Zählung der Bauglieder von Westen nach Osten von Langhaus und Chor getrennt erfolgt.

Anhand des Datenmaterials wurde in Folge überprüft, ob sich die untersuchten Architekturtypen und -formen mit den bekannten Entwicklungslinien decken. Dabei spielte die stilkritische, funktionale und technologische Einordnung der Baudetails eine wichtige Rolle, die in den ‚Detailtypologischen und technologischen Betrachtungen' einflossen.

Der Vergleich mit überregionaler, regionaler und besonders lokaler Sakralarchitektur beleuchtete die architektonische Selbstdarstellung der Bettelorden. Hier stand vorallem die architektonische Wechselwirkung zwischen den Bettelordenskirchen und anderen städtischen Bauten, primär Pfarrkirchen, aber auch Kirchen von Stifts- und Ordenskollegien im Vordergrund.

Den repräsentativen Baumotiven wurden exemplarisch ein Exkurs zur frühen Verwendung des Backsteinmaterials und das Kapitel ‚Architektur als Stifterrepräsentation' gewidmet.

Die kontextuelle Frage, auf welche Ursachen sich die städtebaulichen Wechselwirkungen zwischen Mendikantenkonvent und mittelalterlicher Stadt zurückführen lassen, wurde in dem Kapitel ‚Bettelordenskloster und Stadt' behandelt. Hier flossen zahlreiche Beobachtungen zur frühen Stadtentwicklung ein, wie Stadtmauerbau und Stadtrechtsverleihungen, die über den disziplinären Rahmen des Buches hinausgehen.

Zur Geschichte von Dominikanern und Franziskanern[64]

Die kirchlichen Reformorden der Dominikaner und Franziskaner stellten im hochmittelalterlichen Europa ein neues Element innerhalb der abendländischen Gesellschaft dar. Ihre Ziele und Herangehensweisen sah Richard W. Southern treffend „[…] in der Bekehrung der Welt. Sie wollten Ketzer bekehren, die Sarazenen überwinden, die Griechen überzeugen, Prediger und Beichtväter ausbilden und jene Völker Westeuropas unterweisen, die von den früheren religiösen Neuerern weitgehend außer acht gelassen worden waren."[65] Der männliche Zweig des Franziskanerordens gründete bis Ende des 13. Jahrhundert ca. 1600 Niederlassungen in ganz Europa.[66] Der Dominikanerorden kam bis 1303 auf 509 Konvente.[67] Im Jahr 1358 zählte man dort schließlich 630 Niederlassungen. Im Gegensatz dazu brachte es der expansionsfreudige Zisterzienserorden einhundert Jahre nach seiner Gründung „lediglich" auf 333 Niederlassungen, 250 Jahre später auf 647 Niederlassungen. Die Gesamtgröße des Franziskanerordens blieb im Abendland hingegen unerreicht. Das Verhältnis der Niederlassungen zwischen Dominikanern und Franziskanern konnte sich jedoch je nach Ländern unterscheiden. Im deutschen Sprachgebiet und in Frankreich betrug es ca. 1:2, in England und Schottland waren beide Orden etwa gleich stark vertreten, im „franziskanischen" Italien betrug es dagegen 1:3.[68]

Bis sich der neue durch Armut und Bildung geprägte Habitus der Gemeinschaften in diesem Sinne schärfen und überhaupt aus den Anhängerschaften des spanischen Domkanoniker Domingo de Guzmán (1170–1221) und des italienischen Kaufmannssohn Giovanni Battista ‚Francesco' Bernadone (1182–1226) die erfolgreichsten abendländischen Orden entstehen konnten, durchlief die abendländische Kirche einen Umdenkprozess im Umgang mit religiösen Laienbewegungen. Diese suchten im 12. Jahrhundert durch eine Orientierung an der apostolischen Lebensweise und am Urchristentum essentielle Antworten auf Fragen, welche die im Umbruch befindliche Gesellschaft aufgeworfen hatte. Es fiel dem Klerus schwer, die verschiedenen, erstmals in Südeuropa auftretenden Gruppen zu unterscheiden und diejenigen anzuerkennen, die nicht eine prinzipiell kirchenfeindliche Einstellung hatten. Einige dieser harmlosen Bewegungen wie die Wanderprediger der Waldenser oder der Humiliaten sind von der Kirche ebenso als Ketzer geächtet und verfolgt worden wie die kirchenähnlich organisierten und weit verbreiteten Katharer, welche die Heilslehre der Kirche durch eine dualistische Glaubensauslegung in Frage stellten und vor allem in Südfrankreich (Albigenser) eine Gefahr für den Klerus und die traditionelle gesellschaftliche Ordnung darstellten.[69] Die Albigenser wurden nach fehlgeschlagenen Bekehrungsversuchen, an denen auch Dominikus und seine Gefährten Anteil hatten, durch drei verheerende Kreuzzüge (begonnen 1208, 1212 und 1242) vernichtet. Der Bestätigung der Humiliaten als kirchliche Gemeinschaft um 1200 ging die Erkenntnis voraus, dass die Verfolgung der religiösen Laienbewegungen die Legitimationskrise der Kirche verschärfte und letztlich der Kontrolle entzog.[70] 1210 wurden die Franziskaner und 1215 die Dominikaner erstmals als christliche Gemeinschaften bestätigt. Predigt, Seelsorge und Bestattungsrecht gaben den Bettelorden das notwendige Rüstzeug für ihren Erfolg. Hinzu kam das theologische Studium – zuerst bei den Dominkanern, dann folgten die Franziskaner.

---

64 In den weiteren Ausführungen soll nicht auf die Entstehungsgeschichten der beiden Orden und die Lebensgeschichten ihrer Gründer eingegangen werden. Dazu sei auf einschlägige Handbücher verwiesen. Vgl. Herbert Grundmann: Religiöse Bewegungen im Mittelalter, (1935) ²1961, 127ff.; Handbuch der Kirchengeschichte, 3, 2, Freiburg/Berlin/Basel 1973, 214ff. beziehungsweise die Artikel unter den jeweiligen Schlagwörtern in den einschlägigen Lexika, etwa in: Die Religion in Geschichte und Gegenwart – Handwörterbuch für Theologie und Religionswissenschaft, hg. v. Kurt Galling, Tübingen 1957ff.; Lexikon des Mittelalters, München/Zürich 1989ff. oder Lexikon für Theologie und Kirche, hg. v. Walter Kasper, Freiburg/Basel/Rom/Wien 1993ff. Vgl. Seite 195ff., III Die Bettelordensarchitektur.

65 Richard W. Southern: Kirche und Gesellschaft im Abendland des Mittelalters, Berlin/New York 1976, 289.

66 Heribert Holzapfel: Handbuch der Geschichte des Franziskanerordens, Freiburg 1909, 163; John R. H. Moorman: A history of the Franciscan Order, Chicago 1988, 62.

67 William A. Hinnebusch: The Dominicans. A short history, New York 1975, 19f. Abweichende Zahlen in Handbuch der Kirchengeschichte, II, 2, 1973, 222. Dort 557 dominikanische Konvente. 590 Konvente bei Graf (1995, 43).

68 Graf 1995, 44.

69 Vgl. Grundmann 1935, 70ff.; Handbuch der Kirchengeschichte, Bd. 3, 2, Freiburg/Berlin/Basel 1973, 124ff.

70 Grundmann 1935, 75ff.

Die Ablehnung der Orden von Eigentum, welche etwa der erfolgreichen Mission der Franziskaner lange entgegenstand, wurde nach dem Tod des Franziskus durch die Bulle *Quo elongati* im Jahr 1230 von päpstlicher Seite formal in eine juristische Besitzlosigkeit umgewandelt. Die Verwaltung der lediglich zum Nießbrauch (*usus pauper*) überlassenen Güter sollte auf Grundlage der Treuhänderschaft des traditionellen Vogteirechts durch ordensexterne Dritte (Procuratores) erfolgen.[71]

Das Einlenken der Kurie stellte gewissermaßen nur die verspätete Wahrnehmung eines wesentlichen Strukturwandels in der mittelalterlichen Gesellschaft dar. Ausgelöst durch ein immenses Bevölkerungswachstum, dem damit einhergehenden Zuwachs der gesellschaftlichen Produktivität und des überregionalen Handels, geprägt von gesellschaftlichen Konflikten, Kriegen und Kreuzzügen.[72] Es war ebenfalls eine Zeit zahlreicher wirtschaftlicher Neuerungen oder der Entwicklung des Rechts.[73] Vor allem war es jedoch die Zeit der Urbanisierung Europas.

Nach sozialhistorischen Forschungen rekrutierten die Bettelorden ihre Mitglieder nicht, wie noch von der älteren oder „realsozialistischen" Geschichtsforschung angenommen wurde, aus den unterprivilegierten Bevölkerungsschichten etwa als Form des „sozialen Protestes", sondern vor allem aus traditionell freien Adelsfamilien, Ministerialengeschlechtern sowie dem wachsenden Patriziat.[74] Wobei den Franziskanern anfänglich mehr Mitglieder aus bürgerlichen Schichten und den Dominikanern eher Angehörige des Adel und vor allem der Ministerialität beitraten.[75] Insgesamt handelt es sich hierbei um wirtschaftlich gesicherte Eliten. Mit dem Beitritt zu einem Bettelorden gaben die Anwärter freiwillig ihren gesellschaftlichen Status auf, was sich in der vereinfachten Namensverwendung widerspiegelt. Die Imitation des apostolischen Lebens lässt sich als ein Ausweg aus der Diskrepanz zwischen traditioneller christlicher Morallehre (Seelenheil) und wachsendem wirtschaftlichen Erfolg und Wohlstand (Ausbeutung, Wucher, Häresie) innerhalb der mittelalterlichen Gesellschaft interpretieren.[76] Es verwundert daher nicht, dass die Bettelorden gerade jenen Bevölkerungsschichten (Bruderschaften, Innungen, Kalande) zu einem gottgemäßen Leben verhelfen wollten, aus denen sie sich rekrutierten. Mit der Entwicklung einer den neuen gesellschaftlichen Bedingungen angepassten Moraltheologie (*regula mercatorum*) halfen sie, den mit der städtische Lebensform verknüpften wirtschaftlichen Erfolg zu entkriminalisieren.[77] Dieses intellektuelle und gesellschaftliche Anspruchsniveau muss den Bettelorden im Gegensatz zum Pfarrklerus einen fast elitären Charakter verliehen haben, was sich etwa in der wachsenden Zahl der Bestattungen in den Klosterkirchen äußerte.[78] Die Konkurrenz zum Pfarrklerus flammte bis zum Ende des Mittelalters in teilweise handgreiflichen Konflikten aus und stärkte auch die ordensinternen Kritiker (Armutsstreit).[79] Die Kontroversen (Pariser Mendikantenstreit) befruchteten indes maßgeblich die interlektuellen Debatten des Abendlandes und trugen noch vor der Reformation zur religiösen Legitimierung der wirtschaftlichen Prosperität sowie zur Stabilisierung und Befriedung der städtischen Gesellschaft bei.

Das deutsche Sprachgebiet

In den deutschsprachigen Ländern setzte die dominikanische Mission im Jahr 1221 ein.[80] Im selben Jahr gründeten der Orden seine Provinz Teutonia mit dem Hauptsitz in der größten deutschen Stadt Köln. Als Zielorte wählten sie vorwiegend Bischofsstädte aus,

---

71 Vgl. Stüdeli 1969, 48ff.; Graf 1995, 110f.
72 So hatte sich nach wagen Schätzungen die Bevölkerungszahl in einen Zeitraum von rund 150 Jahren von 46 Mio. bis um 1200 um ein Viertel auf ca. 61 Mio. (bis 1300 auf ca. 73 Mio.) erhöht. Vgl. Jacques Le Goff: Das Hochmittelalter (Fischers Weltgeschichte, Bd. 11), Frankfurt a. M. 1965, 37ff.
73 Es sei an die Erfindungen des Räderpflugs, die Nutzung des Wasserradantriebes, des Kompasses, der optischen Linse, die Durchsetzung der Geldwirtschaft sowie die Einführung der Dreifelderwirtschaft und die Niederlegung allgemeingültiger Rechtsgrundsätze im Sachsenspiegel durch Eike von Repgow (evtl. Reppichau bei Aken in Sachsen-Anhalt) um 1220/30 erinnert.
74 Grundmann 1961, 156ff.; John Beckmann Freed: The Friars and German Society in the Thirteenth Century, Cambridge/Massachusetts 1977, 109ff.
75 Zu den thüringischen Mendikanten: Matthias Vöckler: Wirtschaftliche und soziale Grundlagen sowie Probleme der Ansiedlung und Wirksamkeit der Mendikanten im mittelalterlichen Thüringen, in: Bettelorden und Stadt (Saxonia Franciscana, Bd. 1), Werl 1992, 89–106, hier 102ff.
76 So engagierten sich die Mendikanten in der Betreuung von religiösen Lebensgemeinschaften der Beginen und Begarden. Vgl. Freed 1977, 110.
77 Vgl. Jörg Oberste: Zwischen Heiligkeit und Häresie. Religiösität und sozialer Aufstieg in der Stadt des hohen Mittelalters, Bd. 1: Städtische Eliten in der Kirche des hohen Mittelalters, (Norm und Struktur. Studien zum sozialen Wandel in Mittelalter und Früher Neuzeit, Bd. 17, 1), Köln/Weimar/Wien 2003, 295ff.
78 Dem Thema Bestattungswesen und Architektur nahm sich jüngst Caroline Bruzelius an (dies.: The Dead Come to Town: Preaching, Burying, and Building in the Mendicant Orders, in: The Year 1300 and the Creation of a New European Architecture, hg. v. Alexandra Gajewski, Zöe Opacic (Architectura Medii Aevi 1, hg. v. Thomas Coomans), Turnhout 2007, 203–224).
79 Vgl. Isnard Wilhelm Frank: Die Spannungen zwischen Ordensleben und wissenschaftlicher Arbeit im frühen Dominikanerorden, in: Archiv für Kulturgeschichte, Bd. 49, Köln/Graz 1967, 164–207.
80 Freed 1977, 173–223, Appendix I; Graf 1995, 45–72.

wo Bischöfe und Geistliche die Ansiedlung aufgrund der päpstlichen Ordensprivilegien unterstützten.⁸¹ 1223 ließen sie sich in Trier, 1224 in Straßburg, Magdeburg und Halberstadt, 1225 in Bremen, Augsburg und Wien nieder. Bereits 1228 trennte man die Provinzen Dacia und Polonia von der Teutonia ab. Erst 1303 kam es zu Abtrennung der Provinz Saxonia.⁸²

Während es die Dominikaner verstanden, zielgerichtet ein gleichmäßiges Netz von Niederlassungen in den Hauptorten des Landes aufzubauen, verlief die franziskanische Mission diffuser. Wie der im Halberstädter Konvent entstandenen Lebensbericht des Giordano de Giano überliefert, scheiterte ein erster Missionsversuch 1217 an Sprachproblemen, bei dem die Brüder der Häresie verdächtigt wurden.⁸³ 1221 erfolgte ein weiterer Anlauf unter der Leitung eines Deutschen, Cäsarius von Speyer. Bei dieser erfolgreich verlaufenden Mission wurden bis 1222 Stützpunkte in Augsburg, Würzburg, Mainz, Köln, Worms, Speyer und Straßburg gegründet. Im Zentrum der Niederlassungen stand zunächst das mittelrheinische Gebiet, aus dem sich die Niederlassung in Köln allmählich zum einem geistigen Zentrum des Ordens in Deutschland entwickelte. 1230 erfolgte eine erste Teilung der Provinz Germania in eine rheinische Provinz mit Köln und in eine sächsische Provinz aus der sich der 1223 gegründete Konvent in Magdeburg als Hauptort entfaltete.⁸⁴ Grundsätzlich lässt sich feststellen, dass beide Orden die gleichen Städte als Ordenszentren wählten und sich daraus sowohl Konkurrenzials auch Kommunikationsmöglichkeiten ergaben.

Insgesamt gründeten die Dominikaner im deutschen Reichsgebiet während der Hauptniederlassungszeit im 13. Jahrhundert 94 und die Franziskaner 200 Konvente.⁸⁵ Erstmals unternahm Freed den Versuch, nach Ordensprovinzen geordnet, die Dynamik des Niederlassungsprozesses in Deutschland nachzuvollziehen.

Die Expansion der Franziskaner und Dominikaner vollzog sich in Deutschland nach seinen Forschungen nicht linear, sondern mit unterschiedlicher Dynamik.⁸⁶ Hierbei muss betont werden, dass der verwendete Begriff ‚Niederlassung' lediglich die Errichtung eines mehr oder weniger festen Stützpunktes und nicht zwingend einen Klosterbau beschreibt.⁸⁷ So betrug nach Graf der zeitliche Mittelwert im 13. Jahrhundert zwischen Niederlassung und Baubeginn eines Klosters bei den deutschen Dominikanern sechs bis neun Jahren, bei den Franziskanern bis zu zwölf Jahren, wobei diese Zeitdifferenz bei beiden Orden im Laufe des 13. Jahrhunderts abnahm.⁸⁸ Während der Franziskanerorden bis um 1230 – wohl aufgrund ordensinterner Vorbehalte in Eigentumsfragen –⁸⁹ kein einziges Kloster in seinen Niederlassungen realisierte, waren bei den Dominikanern in jener Zeit offenbar bereits vier Anlagen in Köln, Wien, Magdeburg und Lübeck in Bau. Die Franziskaner gründeten hingegen bis 1250 ihre meisten Niederlassungen.⁹⁰ Erst zwischen 1250 und 1255 kam es zu einem starken Nachlassen der Niederlassungstätigkeit, die sich bis 1270 wieder etwas erholte und bis 1285 relativ konstant hielt, um schließlich bis zum Ende des 13. Jahrhunderts stetig abzufallen.⁹¹ Das Ansteigen der Niederlassungzahlen zwischen 1230 und 1250 wird als Folge der Klerikalisierung nach der Kanonisation des Franziskus 1228 verstanden.⁹² Das Absinken nach der Mitte des 13. Jahrhunderts führte Freed darauf zurück, dass nach der ersten Niederlassungswelle in den wichtigsten Städten eine gewisse Sättigung eintrat und dass die Franziskaner danach sukzessive auf kleine beziehungsweise nachwachsende Städte zurückgreifen mussten.⁹³ Unterschiede in den Niederlassungszeiten könnten zudem auf regional unterschiedliche Niveaus in der Stadtentwicklung zurückgehen.⁹⁴ Die dominikanische Niederlassungswelle erfuhr ihren ersten Höhepunkt, wie bereits angedeutet,

---

81 Freed 1977, 138ff.
82 Paulus von Loë: Statistisches über die Ordensprovinz Saxonia, in: Quellen und Forschungen zur Geschichte des Dominikanerordens in Deutschland, 4. Heft, Leipzig 1910, 8.
83 Lothar Hardick: Nach Deutschland und England. Die Chroniken der Minderbrüder Jordan von Giano und Thomas von Eccleston (Franziskanische Quellenschriften, Bd. 6), Werl 1957, 41ff., 3.
84 Weitere Teilungen erfolgten 1239 der rheinischen Provinz in eine Provinz Colonensis und Alemania und der Saxonia in eine Dacia, Bohemia, Austria und Hungaria. Graf 1995, 55.
85 Freed 1977, 21.
86 Ebd., 22ff., Tabelle I bis III; Graf 1995, 46. Eine diffrenzierte Dynamik konnte auch bei den französischen Mendikantenniederlassungen festgestellt werden.Vgl. Jacques Le Goff: Ordres mendiants et urbanisation dans France médiévale, in: Histoire et Urbanisation (Annales, économies, sociétés, civilisations, 25. Jg, Nr. 49), 924–946, besonders Graphik 932f. Graf irrt sich anscheinend, wenn er den Niederlassungsprozess in Frankreich gegen 1270 im Gegensatz zu Deutschland für weitestgehend abgeschlossen hält (1995, 45).
87 Dazu Graf (1995, 73–121). Die Gleichsetzung von Niederlassung und Klosterbau ist irreführend. Vgl. Freed 1977, 22, Anm. zu Table I.
88 Graf 1995, 112ff. und 233ff., Graphiken 7 bis 9.
89 Das Testament des Franziskus verfügte noch: „Kirchen, ärmliche Wohnungen und alles, was für sie [den Franziskanern] gebaut wird, keinesfalls an[zu]nehmen, wenn sie nicht sind, wie es der heiligen Armut gemäß ist, die wir der Regel versprochen haben." Die Schriften des hl. Franziskus von Assisi (Franziskanische Quellenschriften, Bd.1), Werl ⁷1982, 219.
90 Graf 1995, 45ff., 227, Graphik 1.
91 Ebd.
92 Freed 1977, 22ff.
93 Ebd.
94 Ebd.

schon in den frühen 1230er Jahren. Zwischen 1237 und 1243 konnte indessen kein einziger Konvent gegründet werden.⁹⁵ Ob der Einbruch mit der Übertragung der Inquisition an den Dominikanerorden zusammenhing, was ihnen vor allem während der Konflikte zwischen Innozenz IV. und Friedrich II. Sympathien und Zulauf gekostet hätte, bleibt vorerst eine Vermutung.⁹⁶ Erst in der zweiten Hälfte des 13. Jahrhunderts erholte sich die niedrige Niederlassungsrate, um gegen 1290 ihre höchsten Werte zu erreichen.⁹⁷ Für letztere wurden die wachsende Akzeptanz und Rekrutierung von Ordensmitgliedern, eine verbesserte Infrastruktur und die zunehmende materielle Förderung geltend gemacht.⁹⁸ Erst um 1300 kam es zu einem stetigen Abebben der Neugründungen.⁹⁹

Die Niederlassungen auf dem Gebiet Sachsen-Anhalts

Die östlich des Harzes gelegene Region Mitteldeutschlands spielte spätestens seit den Ottonenkaisern eine wichtige Rolle im Reich. In Magdeburg lag im Mittelalter der Sitz des wichtigsten Erzbistums für den mittel- und ostdeutschen Bereich. Von hieraus gingen seit den Eroberungen der Ottonen maßgebliche Impulse für die Expansion des Reichs und die Kolonisierung und Christianisierung der slawischen Gebiete aus. Es verwundert daher nicht, dass sich die administrativen und geistigen Hauptsitze der sächsischen Ordensprovinzen in dieser Stadt befanden. In Magdeburg befanden sich zudem anfänglich die Generalstudien der sächsischen Ordensprovinzen der Franziskaner und Dominikaner.¹⁰⁰

Auf dem heutigen Territorium Sachsen-Anhalts lagen insgesamt zwölf der 28 Franziskanerkonvente aus den vier Kustodien Magdeburg, Halberstadt, Leipzig und Brandenburg sowie fünf der 16 Dominikanerkonvente aus den Ordensnationen Sachsen und Mark Brandenburg (Abbildung 1). Die 88 Konvente der franziskanischen Provinz Saxonia setzten sich seit 1274 aus den zwölf sächsischen Kustodien Magdeburg, Halberstadt, Bremen, Lübeck, Stettin, Brandenburg,

Abbildung 1: Sachsen-Anhalt, Übersicht der mittelalterlichen Franziskaner und Dominikanerkonvente (Zeichnung: Todenhöfer 2003).

Thüringen, Leipzig, Meißen, Goldberg, Breslau und Preußen zusammen. Jede der Kustodien, denen jeweils ein Kustode vorsaß, umfasste zwischen fünf und acht von Guardianen geführte Konvente.¹⁰¹ Die 48 von Prioren geleiteten Konvente der sächsischen Dominikanerprovinz, deren Leitung einem Minister anvertraut war, wurden 1308 in die neun Nationen Sachsen, Thüringen, Meißen, Westfalen, Slavia, Mark Brandenburg, Holland, Friesland und Livland eingeteilt, denen jeweils ein Vikar (*vicarius nationis*) vorstand.¹⁰² Zur Nation Sachsen gehörten die Konvente Magdeburg, Halle, Halberstadt, Hildesheim, Göttingen und Braunschweig. Die Nation Mark Brandenburg bestand aus den Konventen in Berlin, Brandenburg, Ruppin, Seehausen, Straußberg, Soldin, Prenzlau und Tangermünde. Ob der Sitz des Provinzialministers der sächsischen Franziskanerprovinz und des Kustoden

---

95 Graf 1995, 57; vgl. Schenkluhn 2000, 104.
96 Freed 1977, 24 und 142ff.; Graf 1995, 57ff.; vgl. Dieter Berg: Armut und Wissenschaft. Beiträge zur Geschichte des Studienwesens der Bettelorden im 13. Jahrhundert, Düsseldorf 1977, 102.
97 Graf 1995, 45ff., 227, Graphik 1.
98 Ebd., 113f.
99 Ebd., 45ff., 227, Graphik 1.

100 Vgl. Stefan Pätzold: Magdeburgs Schulen im Mittelalter, in: Magdeburg. Geschichte der Stadt 805–2005, hg v. Matthias Puhle und Peter Petsch, Dössel 2005, 185–200.
101 Patricius Schlager: Verzeichnis der Klöster der sächsischen Franziskanerprovinzen, in: Franziskanische Studien, 1. Jg, Münster 1914, 230–242, hier 231ff.; vgl. Freed 1977, 182ff., Table VII.
102 Loë 1910, 12f.

der magdeburgischen Kustodie an den dortigen Konvent gebunden war, ist nicht sicher. Offenbar konnte ein Kustode der magdeburgischen Kustodie in einem anderen zugehörigen Konvent sitzen. So wird 1286 ein Kustode aus dem halleschen Konvent genannt.[103] Für die Minister der sächsischen Dominikanerprovinz und den Vikare der sächsischen Nation ist ebenfalls nicht geklärt, ob die Dienstsitze an die Hauptorte gebunden waren. Nach einer bei Loë zitierten Handschrift aus dem 15. Jahrhundert, welche die sächsische Provinz betrifft, dürften die darin erstgenannten Konvente der jeweiligen Nationen den Sitz des Nationalvikars bezeichnen.[104] Danach dürften die sächsische Nation von Magdeburg, die thüringische Nation von Erfurt, die meißnische von Leipzig, die westfälische von Bremen, die slawische Nation von Lübeck, die brandenburgische von Berlin, die holländische von Utrecht, die friesländische von Groningen und die livländische Nation von Riga aus geleitet worden sein.[105] Die kleinste Nation, die livländische, umfasste nur zwei Konvente, die größte Nation war die brandenburgische mit neun Konventen.[106]

Die chronikalischen Nachrichten über den Beginn der mendikantischen Mission in Mitteldeutschland fließen nur für den Franziskanerorden reichlicher, für dessen Frühgeschichte uns der anschauliche Lebensbericht des Giordano von Giano, der 1262 im Anschluss an das Provinzkapitel in Halberstadt im dortigen Konvent niedergeschrieben wurde, zum Teil sehr anekdotenhafte Nachrichten übermittelt.[107] Giordano berichtet, dass während des ersten Provinzkapitels in Speyer im Jahr 1223, das unter der Leitung des neuen Provinzials Albert von Pisa stand, die Franziskaner beschlossen, die Mission Richtung Osten voranzutreiben.[108] Giordano, der schon zur ersten Missionsgruppe gehörte und Franziskus noch persönlich kannte, gehörte ebenfalls der von Johannes von Piano de Carpine geführten Missionsgruppe an, die nach Sachsen aufbrach. Nach den Stationen in Hildesheim, Braunschweig und Goslar ließen sich die Franziskaner 1223 schließlich in Magdeburg und Halberstadt nieder.[109] Erst im darauf folgenden Jahr wurde die Mission in Thüringen beschlossen, die Giordano und seine Mitbrüdern nach Erfurt und weitere thüringische Städte führte.[110] 1224 ließen sich auch die Dominikaner in Magdeburg und Halberstadt mit Förderung der Bischöfe nieder.[111] Weitere franziskanische Konvente auf dem Territorium von Sachsen-Anhalt folgten erst in den 1230/40er Jahren und später. Um 1235 dürften die Franziskaner in Zerbst ansässig geworden sein. Den Bürgern von Zeitz wurden die Brüder in einem Schreiben von 1238 des Naumburger Bischofs empfohlen. Um 1245 dürfte der Konvent in Aschersleben aufgrund der stilistischen Einordnung der Bauformen bestanden haben, der Konvent ist selbst erst für 1361 urkundlich nachgewiesen. Im Jahr 1247 sind die Franziskaner bereits in Halle und 1252 in Quedlinburg nachweisbar. Es folgten weitere Niederlassungen nach 1250. Der Franziskanerkonvent in Salzwedel ist aufgrund eines Provinzkapitels 1261 nachgewiesen. Stendal wurde zu einem Kapitel im Jahr 1264 erwähnt. Im gleichen Jahr wird der Konvent in Barby gegründet. In Wittenberg dürften sich die Mönche ebenfalls in den 1260er Jahren niedergelassen haben. In Burg bei Magdeburg dürfte es dagegen erst kurz vor Ende des 13. Jahrhunderts zu einer Niederlassung gekommen sein. Die Dominikaner konnten immerhin nach Magdeburg und Halberstadt noch drei weitere Konvente gründen: 1253 in Seehausen, gegen Ende der 1260er Jahre in Halle und 1438 in Tangermünde. Die Existenz eines Dominikanerklosters in Barby, von der die ältere Lokalforschung ausging,[112] ist haltlos.[113] Für Mitteldeutschland lässt sich zusammenfassen, dass

---

103 Otto Dobenecker: Regesta Diplomatica necnon Epistolaria Historia Thuringiae, Bd. 4, Jena 1939, 363, Nr. 2558.
104 Dominikanisches Ordensarchiv Rom, Hs. Saec. XV (Reg. Mag. Gen. IV, 18). Zitiert bei Loë (1910, 12f.).
105 Ebd.
106 Ebd., 13.
107 Ediert von Heinrich Boehmer (Chronica Fratris Jordani [Collection d'Edudes et Documents, Bd. 6], Paris 1908) übersetzt in: Hardick, Chroniken, 1957, 39–114.
108 Ebd., 68ff., Nr. 33.
109 Ebd., 70f., Nr. 36.
110 Ebd., 71, Nr. 38.
111 Da die Herleitung der Niederlassungsdaten bisweilen komplex ist, werden die einzelnen Quellen hier nicht angeführt. Zu den Nachweisen siehe die Baumonografien (Daten zur Konvents- und Baugeschichte).
112 K. Höse: Chronik der Stadt und Grafschaft Barby, Barby 1913, 75ff.; Gerd Heinrich: Die Grafen von Arnstein (Mitteldeutsche Forschungen, Bd. 21), Köln/Graz 1961, 333.
113 Die einzige Quelle, welche die Existenz der Dominikaner überliefert, ist eine Urkunde aus dem Jahre 1332, in der Graf Albrecht von Barby die Predigermönche in seinen Schutz nimmt, ihnen das in Barby erworbene Haus bestätigt und sie von allen bürgerlichen Lasten befreit. Otto von Heinemann (Hg.): Codex diplomaticus Anhaltinus, Bd. 3, Dessau 1877, 430, Nr. 601. Die Parallelität der drei Ereignisse: Inschutznahme, Hauskauf und Befreiung von steuerlichen Pflichten spricht für ein einziges Geschäft, nämlich ein Hauskauf durch die bis dahin in Barby nicht in Erscheinung getretenen Dominikaner. Gegen die Existenz eines Klosters spricht vor allem, dass ein solches weder in der einen noch in anderen Quellen erwähnt wird. So erscheint Barby nicht in den Niederlassungslisten der dominikanischen Provinz Saxonia. Letztlich war die Stadt Barby für den Unterhalt zweier Bettelordensklöster zu klein. In Sachsen-Anhalt besaßen nur die größeren Städte Halberstadt, Halle und Magdeburg mehrere Bettelordensklöster. In Thüringen waren dies Mühlhausen, Nordhausen und Erfurt, in der Mark Brandenburg die Städte Prenzlau, Brandenburg und Berlin. Wir können daher höchstens von einem Terminierhaus der Dominikaner in Barby ausgehen.

die frühen Konvente der 1220/30er Jahre zumeist mit Hilfe von Geistlichen und besonders den zuständigen Bischöfen zustande kamen, während sich die Niederlassungen der Folgezeit vor allem durch die Förderung von weltlichen Territorialherren auszeichneten.[114]

Zur Illustration der regionalen Ordensgeschichte kann auf bekannte Ordensleute hingewiesen werden, die entweder in den an dieser Stelle untersuchten Konventen tätig waren oder aus der mitteldeutschen Region kamen. Bereits genannt wurde der für die frühe Niederlassungszeit der Franziskaner bedeutende Chronist Giordano von Giano. Er war der erste Guardian von Speyer, Leiter der Mission in Thüringen und dortige Kustos. Zudem zeigte er sich für die Gründung der Konvente in Eisenach, Gotha, Erfurt, Nordhausen und Mühlhausen verantwortlich. 1241 wurde er Kustos für Böhmen und Polen. Er verstarb anscheinend kurz nach 1262 im Magdeburger Konvent.[115] Der englische Franziskanertheologe Simon Anglikus errichtete, nachdem er für ein Jahr die Provinz Teutonia geleitet hatte, ab 1228 als Lektor das erste Ordensstudium der deutschen Franziskaner in Magdeburg. Er starb 1230 kurz nachdem er zum ersten Minister der Saxonia ernannt wurde.[116] Sein berühmter Nachfolger als Lektor der Saxonia wurde Bartholomäus Anglikus (ca. 1190–1250), ebenfalls ein Engländer, der zuvor im Pariser Franziskanerkonvent das Lektorenamt vertrat. Er gab um 1240 in Magdeburg die weit verbreitete erste naturwissenschaftliche Enzyklopädie ‚De proprietatibus rerum' heraus.[117] Weiterhin sei an drei Dominikanermönche erinnert, die über die mitteldeutsche Region hinaus für das religiöse Leben von Bedeutung waren: Otto von Stendal, ein aus der Altmark stammenden Ritter, der nach dem Tode seiner Frau seinem Stand entsagte und in Paris Theologie studierte. Er wurde Prior des Konventes in Seehausen und war vermutlich für dessen tatkräftigen Aufbau verantwortlich. Später wirkte er als Kaplan des Kardinalbischofs von Ostia und Velletri, Henricus de Bartholomäis, und wurde von Papst Clemens IV. anscheinend außerordentlich geschätzt. Durch dessen Anordnung erhielt er 1267 in Minden als einer der ersten deutschen Dominikaner ein Bischofsamt, das er sieben Jahre lang begleitete.[118] In seiner Amtszeit wurde das Hallenlanghaus des Mindener Domes mit seinen prächtigen Maßwerkfenstern beendet.[119] Im halleschen Konvent wirkte Heinrich von Halle. Er war ehemals Lektor des ersten Dominikanerkonvents der Mark Brandenburg in Neuruppin (kurz vor 1246 gegründet) und selbst als antihäretischer Autor tätig. Heinrich wurde als Beichtvater der berühmten Mystikerin Mechthild von Magdeburg (ca. 1207/10-1282/94) bekannt, die im Benediktinerkloster Helfta bei Eisleben im Ruf der Heiligkeit verstarb. Ihm verdanken wir die Sammlung und Herausgabe ihrer Offenbarungen in ‚Das fließende Licht der Gottheit'. Heinrich verstarb noch vor Mechthild, dennoch setzte man im halleschen Konvent das verlegerische Erbe Heinrichs mit einer um 1300 angefertigten lateinischen Übersetzung von Mechthilds Werk fort.[120] Zum Schluss sei noch auf den Schriftsteller Burchardus de Monte Sion (nach 1285) verwiesen, der im Magdeburger Dominikanerkonvent tätig war.[121] Aufgrund seines Vornamens und der Herkunftsbezeichnungen ‚de Saxonia' und ‚de Barby' dürfte er dem Grafengeschlecht in Barby an der Saalemündung unweit Magdeburgs entstammen.[122] Er wurde bekannt durch seine detaillierte Beschreibung des Heiligen Landes aufgrund ausgedehnter Reisen durch den Vorderen Orient. Sein Werk fand durch 26 Ausgaben, zahlreiche Übersetzungen und Handschriften weite Verbreitung und war drei Jahrhunderte lang das Handbuch der Geographia Sacra.[123]

Mit dem Erstarken der mitteldeutschen Universitäten vor allem in Erfurt und Leipzig verloren die alten Ordenstudien in Magdeburg offenbar zunehmend an Anziehungskraft und an Bedeutung für die wissenschaftliche Betätigung. Bereits gegen Ende des 14. Jahrhunderts hatte das franziskanische Generalstudium im Magdeburg gegenüber dem Teilstudium in Erfurt an Bedeutung verloren, sodass es wohl im Zusammenhang mit der Universitätsgründung um 1400 gänzlich in das aufstrebende Erfurt verlegt

---

114 Vgl. Seite 31ff.; II Baumonografien.
115 Biographisch-Bibliographisches Kirchenlexikon, Band III (1992), 508–512. Elektronische Resource: http://bautz.de/bbkl/j/Jordan_v_g.shtml
116 Hardick, Chroniken, 1957, 81f., Nr. 52., 54.
117 Ebd., 84f., 58. Zu seinem Werk: Heinz Meyer: Bartholomäus Anglicus, „de proprietatibus rerum". Selbstverständnis und Rezeption, in: Zeitschrift für deutsches Altertum, 99 (1988), 237–274.
118 Loë 1910, 23f. und 49, Beilage III; Heinrich Finke: Ungedruckte Dominikanerbriefe des 13. Jahrhunderts, Paderborn 1891, 16 und 66, Nr. 26; vgl. Die Bischöfe des Heiligen Römischen Reiches 1198 bis 1448, Berlin 2001, 456.
119 Vgl. Annette Fiebig: Das Hallenlanghaus des Mindener Doms. Neue Beobachtungen zu Datierung und architekturgeschichtlicher Stellung, in: Niederdeutsche Beiträge zur Kunstgeschichte, Bd. 30, München/Berlin 1991, 9–28.
120 Vgl. Hans Neumann: Beiträge zur Textgeschichte des „Fliessenden Lichts der Gottheit" und zur Lebensgeschichte Mechthilds von Magdeburg, in: Nachrichten der Akademie der Wissenschaften in Göttingen, Philologisch-Historische Klasse, 1954, 3, Göttingen 1954, 28–80.
121 Loë 1910, 31.
122 Heinrich 1961, 174.
123 Biographisch-Bibliographisches Kirchenlexikon, Band I (1990), 817, elektronische Resource:
http://www.bautz.de/bbkl/b/burchardus_d_m_s.shtml

wurde.[124] Ähnlich erging es dem spätestens seit 1254 nachgewiesenen dominikanischen Studium in Magdeburg, welches wohl seit dem Anfang des 14. Jahrhunderts ein Generalstudium war.[125] Es erhielt Konkurrenz vom Erfurter Dominikanerstudium und diente spätestens seit 1434 nur noch der Vorbereitung des Studiums. Im Jahr 1478 wurde es, nachdem der Konvent zur Observantenkongregation Hollandica kam, gänzlich nach Berlin-Cölln verlegt, ohne weitere Bedeutung zu erlangen.[126] Es fand damit Aufnahme in dem prosperierenden Hauptort der neuen brandenburgischen Markgrafendynastie der Hohenzollern. Ansonsten erfahren wir über die Entwicklung der Studien wenig. Die Dominikaner versuchten in der zweiten Hälfte des 14. Jahrhunderts anscheinend, sich an die universitäre Entwicklung anzupassen und ihr gestaffeltes Studienwesen stärker zu strukturieren.[127] So befand sich in jedem Kloster zumindest im 14. Jahrhundert ein Hausstudium mit einem Lektor. Einige größere Konvente beherbergten weiterführende Teilstudien wie offenbar in Halberstadt und wohl auch in Halle,[128] wo die Installation eines Philosophiestudiums mit ca. zehn Studenten ab 1346 nachgewiesen ist.[129] Da diese Studien im Laufe des Mittelalters auch zunehmend dem Bürgertum offen standen, könnten sie zumindest gegen Ende des Mittelalters mancherorts schon den Charakter von öffentlichen Schulen besessen haben.[130]

Mit der Aufhebung des Großteils der mitteldeutschen Bettelordensklöster während der Reformation gingen zunächst auch diese Bildungseinrichtungen ein. Im gesellschaftlichen Umbruch der Reformationszeit verhalf jedoch den meisten säkularisierten Klöstern der über die Jahrhunderte gewachsene Charakter von öffentlichen Einrichtungen bald wieder zu zentraler Bedeutung.[131] Kardinal Albrecht von Brandenburg plante, nach dem Umzug der Mönche in das Moritzkloster, im ehemaligen Dominikanerkloster in Halle offenbar eine Studieneinrichtung als Gegenpol zur reformatorischen Leucorea in Wittenberg einzurichten.[132] Die beiden Bettelordensklöster in Halberstadt blieben hingegen zunächst bestehen. In den meisten anderen ehemaligen Klöstern wurden indessen bald nach der Säkularisierung protestantische Schulen eingerichtet. So entstanden in den Franziskanerklöstern von Burg, Quedlinburg, Stendal, Salzwedel, Zeitz, Zerbst, Magdeburg und Halle städtische Bildungseinrichtungen. Im Zerbster Konvent sollte bereits sechs Jahre nach der Vertreibung der Mönche im Jahr 1526 die älteste weiterführende Bildungseinrichtung in Anhalt entstehen. Zwischen 1582 und 1798 bestand in den Klosterräumen die einzige anhaltische Universität: das Gymnasium illustre Anhaltinum.[133]

Auch die Klosterkirchen sollten bald nach der Reformation für lange Zeit lutherischen beziehungsweise reformierten Gemeinden zum Gottesdienst dienen. Die Franzikanerklosterkirche in Halle wurde zur Universitäts- und Garnisionskirche. Dass dennoch über die Hälfte der Gebäude verloren ging, ist vor allem ein Resultat der zahlreichen Kriege, vor allem des Dreißigjährigen oder des Siebenjährigen Krieges. Gerade die nah an den Stadtmauern stehenden Klöster waren dem feindlichen Artilleriebeschuss besonders intensiv ausgesetzt. So geschehen in Magdeburg, Burg und Wittenberg. Die Dominikanerkirchen in Seehausen und Tangermünde verfielen, da man in Kriegszeiten zur Holzgewinnung die schützenden Dachwerke demontierte und späteren Generationen die finanziellen Mittel zum Wiederaufbau der Ruinen fehlten. Größere Verluste verzeichnen wir ebenfalls für das 19. Jahrhundert. Die mittelalterlichen Baukomplexe der Franziskanerklöster in Halle und Quedlinburg oder der Dominikanerkirche in Magdeburg mussten der modernisierten Infrastruktur mit ihren öffentlichen Bauten weichen. Von den Zerstörungen des Zweiten Weltkriegs blieben auf dem Gebiet Sachsen-Anhalts, im Gegensatz zu vielen anderen Kirchen, die Bettelordenskirchen verschont. Nur der Wiederaufbau Magdeburgs führte in den 1950er Jahren noch zum Verlust der Jahrhunderte lang erhalten gebliebenen Ruine der Magdeburger Franziskanerkirche.

---

124 Hilarin Felder: Geschichte der wissenschaftlichen Studien im Franziskanerorden bis zur Mitte des 13. Jahrhunderts, Freiburg 1904, 244–254; vgl. Petra Weigel: Zu Urkunden des Erfurter Franziskanerklosters in den Beständen des Landeshauptarchivs Sachsen-Anhalt in Magdeburg, in: Wissenschaft und Weisheit, 64/2 (2001), 290–320, hier 291 mit weiterer Literatur; Pätzold 2005, 191ff.

125 Pätzold 2005, 193.

126 Vgl. Gabriel M. Löhr: Die Dominikaner an der Leipziger Universität (Quellen und Forschungen zur Geschichte des Dominikanerordens in Deutschland, 30. Heft), Leipzig 1934, 12ff.

127 Vgl. Fritz Bünger: Studienordnungen der Dominikanerprovinz Saxonia (ca. 1363–1376), in: Zeitschrift für Kirchengeschichte, 35 (1914), 40–63; ders.; Geschichte der Provinzkapitel und Provinziale des Dominikanerordens (Quellen und Forschungen zur Geschichte des Dominikanerordens in Deutschland, 14. Heft), Leipzig 1919, 14ff.

128 Ebd., 46.

129 Walter Delius: Das hallesche Schulwesen im Mittelalter, in: Thüringisch-sächsische Zeitschrift für Geschichte und Kunst, Bd. 24, Halle 1936, 108–136, hier 113.

130 So sind beispielsweise Zinszahlungen 1487/88, 1501 und 1504 des Stadtrats in Freiburg in der Schweiz an den Barfüßerkonvent zu Schulzwecken überliefert. Stüdeli 1969, 108.

131 Zum Aspekt der öffentlichen Nutzung der Bettelordenskonvente siehe Seite 311f.

132 Paul Redlich: Kardinal Albrecht von Brandenburg und das Neue Stift zu Halle 1520–1541, Mainz 1900.

133 Handbuch der historischen Buchbestände in Deutschland, Bd. 22: Sachsen-Anhalt, hg. von Friedhilde Krause, bearb. von Erhardt Mauersberger, Hildesheim 2000, 195.

Der Bautenbestand

Statistische Erhebungen ergaben für die deutschen Ordensprovinzen der Dominikaner und Franziskaner einen Verlust von 171 der ursprünglich 293 Bauten, was etwa 58 Prozent der Bauwerke entspricht.[134] Jedoch sind von den verlorenen Bauten eine ganze Reihe durch Archivmaterial, Inventaren und Einzeluntersuchungen dokumentiert und erfasst worden, sodass nur von etwa 85 Bauten, dies sind etwa 28 Prozent des Gesamtbestandes, keine verwertbaren Aussagen zu Grund- oder Aufriss gemacht werden können.[135] Auf beide Orden aufgeteilt sind 19 Kirchen der Dominikaner, ca. 20 Prozent ihres Gesamtbestandes von 94 Kirchen, und 66 Kirchen der Franziskaner verloren, das entspricht 33 Prozent von insgesamt 199 Kirchen.[136]

Für das Gebiet Sachsen-Anhalts lassen sich diese Verlustzahlen bestätigen. Hier sind neun von insgesamt 17 Bauwerken zerstört, welches 53 Prozent des ursprünglichen Bestandes entspricht. Von den zwölf franziskanischen Niederlassungen sind fünf Bauwerke (Burg, Halle, Magdeburg, Quedlinburg, Stendal) nicht mehr vorhanden oder wie in Wittenberg in stark veränderten Resten erhalten, was einer Zerstörung von 50 Prozent des Bestandes an mittelalterlichen Franziskanerkirchen im Untersuchungsgebiet entspricht. Von den fünf Dominikanerniederlassungen sind zwei Kirchen (Magdeburg, Seehausen) gänzlich verloren gegangen. Von Tangermünde existieren noch Reste der südlichen Chorwand. Prozentual umgelegt sind also 60 Prozent der Dominikanerkirchen in Sachsen-Anhalt zerstört.

Allerdings können zu acht der neun zerstörten Kirchen aufgrund bildlicher Zeugnisse beziehungsweise archäologischer Forschungen mehr oder weniger konkrete Aussagen zu ihrer letzten Bau- beziehungsweise Grundrissgestalt getroffen werden.[137] Durch den Erhalt von ursprünglichen Bauteilen können zu den Franziskanerkirchen in Salzwedel, Zeitz und Zerbst sowie von der Dominikanerkirche in Tangermünde relativ gesicherte Aussagen über Grund- und Aufriss der ursprünglichen Bausubstanz gemacht werden. Von der Franziskanerkirche in Burg können wir immerhin den Grundriss durch ältere Ausgrabungsdokumentationen rekonstruieren. Von der verlorenen Dominikanerkirche in Magdeburg besitzen wir eine Baubeschreibung, Grundriss- und Aufrissmaße, die den Zustand der Ruine nach der Zerstörung im Dreißigjährigen Krieg dokumentieren. Dieser Kirche können ebenfalls historische Grundrisse und Fotografien zugeordnet werden, welche die Erhaltung von mittelalterlicher Substanz nach dem barocken Um- und Neubau belegen. Wichtige Details wie Gewölbe, Pfeiler oder Maßwerk fehlen uns allerdings. Von der ehemaligen Westfassade der Franziskanerkirche in Magdeburg besitzen wir immerhin zwei Planskizzen und Fotografien, welche nach dem Zweiten Weltkrieg angefertigt worden sind. Wenige kleinformatige Abbildungen in Stadtveduten, die vor der Zerstörung im Dreißigjährigen Krieg datieren, liefern weitere Puzzelsteine für die Rekonstruktion der Baugestalt. Zu der in den Fundamenten erhaltenen, aber bis zur Unkenntlichkeit umgebauten Franziskanerkirche in Wittenberg sind wir im Besitz von zwei spätgotischen Gewölbekonsolen und frühneuzeitlichem Planmaterial, das den profanierten Zustand des Bauwerks vor dessen Zerstörung im Siebenjährigen Krieg dokumentiert. Originale Baurechnungen, die den Umfang der frühneuzeitlichen Umbauten beschreiben, lassen wiederum Rückschlüsse auf den Kirchenbau zu. Die Dominikanerkirche in Seehausen kann man aufgrund von Grundrissabbildungen, Stadtveduten beziehungsweise kurzen Beschreibungen in ihrer Grundrissdisposition umreißen. Zum Aufriss sind durch chronikalische Überlieferungen ebenfalls Aussagen möglich. In Quedlinburg war es anhand eines Plans und Fotografien aus dem 19. Jahrhundert möglich, den Klostergrundriss und die Lage der Franziskanerkirche zu rekonstruieren. Der genaue Grundriss der Kirche konnte jedoch nicht ermittelt werden.

---

134 Graf (1995, 45; 127ff.) ausgehend von den Zahlen von Freed (1977, 21).
135 Graf 1995, 140.
136 Ebd.
137 Im Folgenden sei auf die jeweiligen Baumonografien verwiesen.

Die Erhaltungslage von Gründungsbauten ist durch spätere Umbauten beziehungsweise deren Zerstörung schlecht. Für die deutschen Bettelordensprovinzen wird bislang davon ausgegangen, dass durch Umbauten nicht mehr als 24 Kirchen in ihrer mehr oder weniger ursprünglichen Gestalt erhalten sind.[138] Davon besaß ein gutes Dutzend noch Vorgängerbauten, sodass nicht mehr als drei bis fünf Prozent der Gründungs- oder Erstbauten des 13. Jahrhunderts erhalten sind.[139] In Sachsen-Anhalt besitzen wir mit den Franziskanerkirchen in Aschersleben und Barby sowie der Dominikanerkirche in Halle drei relativ unveränderte Gründungsbauten, was fast 18 Prozent der untersuchten Kirchen entspricht. Durch bauhistorische Untersuchungen konnten zudem die Gründungsbauten in Salzwedel, Zeitz, Zerbst, wahrscheinlich auch in Burg und Seehausen rekonstruiert werden.

---

138 Graf 1995, 125f.; Schenkluhn 2000, 105, Anm. 256.
139 Ebd.

II Baumonografien

Die Franziskanerkirche (Marktkirche) in Aschersleben[140]

Kustodie Magdeburg, Bistum Halberstadt, Archidiakonat St. Stephani Ascherleben[141]

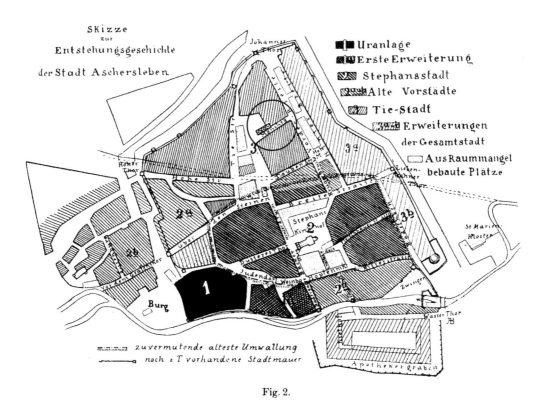

Abbildung 2: Stadtplan des mittelalterlichen Aschersleben mit Rekonstruktion der Siedlungsphasen (Brinkmann 1904, 13, Fig. 2).

Lage

Im Westen grenzte das Kloster an einen gestreckten Straßenmarkt, an dessen Südende noch heute das städtische Rathaus liegt (Abbildung 2). Die hier in Nord-Süd-Richtung verlaufende Straße war eine der Hauptachsen der mittelalterlichen Stadt. Am Johannestor im Norden, unweit des Klosters kreuzen sich noch heute die Fernverkehrsstraßen in Richtung Quedlinburg, Halberstadt und Staßfurt, Magdeburg beziehungsweise Bernburg. In Richtung Süden führte die Straße direkt an der Stadtpfarr- und Archidiakonatskirche St. Stephan vorbei in Richtung Halle. Die Stadtburg, welche zunächst den askanischen Grafen und seit dem 14. Jahrhundert den Halberstädter Bischöfen gehörte, lag im Westen vor der Stadtbefestigung an der Wipper.[142] Sie war über das Grafentor und die Straße ‚Über den Steinen' mit dem Markt und so mit dem Kloster

---

140 Das Patrozinium der Niederlassung ist unbekannt, könnte jedoch nach einer Siegeldarstellung eventuell dem Franziskus geweiht gewesen sein. Das Sigel der Ascherslebener Franziskaner zeigt einen vor einem Altar betenden Mönch auf dem eine Christus oder Franziskus ähnliche Figur steht. Abbildung bei Georg Adalbert von Mülverstedt (Hierographia Halberstadtensis, in: Zeitschrift des Harz-Vereins für Geschichte und Altertumskunde, 2. Jg., Heft 1 (1869), 25–65, hier 56 und 177, Abb.).

141 Löe 1910, 12f.; Schlager 1914, 231ff.; Bistümer und Archidiakonate im 15. Jahrhundert, bearb. von Gottfried Wentz, in: Otto Schlüter/Oskar August (Hg.): Atlas des Saale- und mittleren Elbegebietes (Mitteldeutscher Heimatlas), Teil 1, Leipzig (2. Aufl.) 1958, Karte 16.

142 Ursprünglich errichteten die Askanier westlich etwa einen Kilometer außerhalb der Stadt auf dem Wolfsberge ihre ältere Burg. Die Stadtburg war Sitz der askanischen Voigte. Vgl. Winfried Korf: Die Burgen zu Aschersleben, in: 1250 Jahre Aschersleben im Spiegel der Geschichte (Beiträge zur Regional- und Landeskultur Sachsen-Anhalts, Heft 30), Halle 2003, 33–43.

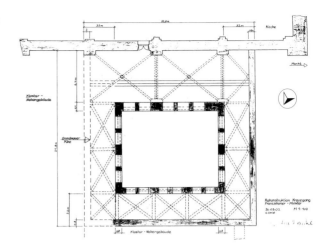

Abbildung 3: Aschersleben, Rekonstruktion des Kreuzganges nach den Grabungsbefunden (Zeichnung: Franke 2002, LDASA).

verbunden. Das Klostergelände erstreckte sich nicht direkt, aber in relativer Nähe an der Stadtbefestigung. Da die aus mehreren Siedlungskernen bestehende Stadt zudem erst ab 1322 nach einem Privileg der Grafenwitwe Elisabeth von Aschersleben mit einer gemeinsamen Mauer umgeben wurde,[143] ist ein unmittelbarer Zusammenhang zwischen Klosterbau und Stadtbefestigung nicht festzustellen. Vor der Ummauerung des Siedlungskonglomerates lag das Kloster außerhalb der Mauern der sogenannten Stephansstadt.[144]

Die nicht mehr erhaltene Klausur befand sich nördlich der Klosterkirche.[145] Der vor wenigen Jahren in Suchschnitten ergrabene Klosterbereich umfasste einen quadratischen Kreuzgang, der vermutlich längsseitig der Kirche aufgrund seiner Breite zweischiffig angelegt war (Abbildung 3).[146] Nicht in allen Bereichen konnten wegen der begrenzten Grabungsflächen die Klausurgebäude nachgewiesen werden. Wahrscheinlich existierten nur nördlich und östlich des Kreuzganges Klostergebäude. Die Mauer- und Kellerreste des nördlichen Klausurgebäudes gehörten dem sorgfältigen Steinverband zufolge wohl zu einem älteren, aus dem 12. Jahrhundert stammenden Gebäude, das in den Klosterbau integriert wurde.[147] Dieses Gebäude dürfte damit das älteste in Aschersleben nachgewiesene Profangebäude sein. Das große zumindest im Unterbau aus Steinquadern errichtete Haus könnte in der sonst von Fachwerkhäusern geprägten Stadt zu einem grundherrlichen Hof gehört haben. Man geht sicher nicht fehl, in dessen Umnutzung eine bedeutende Stiftung für die Franziskaner zu vermuten, wie es vielerorts nachgewiesen ist.

Inwieweit das Umfeld des Klosters im 13. Jahrhundert bebaut gewesen ist, entgeht unserer Kenntnis. Offensichtlich war die sogenannte Tiestadt aufgrund der Ausgrabung am Kloster schon im 12. Jahrhundert partiell besiedelt gewesen. Da die Westfassade von Kirche und Kloster mit der Bauflucht des östlichen Marktes korreliert und die südlich der Kirche verlaufende Mönchsgasse im rechten Winkel zur Vorderen Breite verläuft, dürfte die Aufsiedlung der nördlichen Teils der Tiestadt und der Vorderen Breite mit dem Klosterbau in einem gemeinsamen zeitlichen Rahmen entstanden sein.[148] Zudem fehlt an der Südseite der Kirche zur Mönchsgasse hin ein mittelalterlicher Eingang, was darauf schließen lässt, dass der Bereich südlich der Kirche bereits vor deren Errichtung bebaut gewesen war. Auch ist aufgrund der engen Bebauungssituation nicht geklärt, wo der Kirchhof mit den Bestattungen lag. Im Normalfall war man bemüht einen Bestattungsplatz in Chornähe zu benutzen. In Aschersleben bietet sich der Platz westlich des Klosters an.

---

143 Vgl. Wilhelm Müller: Die Entstehung der anhaltischen Städte, Phil. Diss. Univ. Halle 1912, 29. Eckard Oelke: Aschersleben und seine Region – zur 1250 Jahrfeier der Stadt Aschersleben, in: 1250 Jahre Aschersleben im Spiegel der Geschichte (Beiträge zur Regional- und Landeskultur Sachsen-Anhalts, Heft 30), Halle 2003, 6–32 mit einem bisher unveröffentlichten Plan zur mittelalterlichen Stadtentwicklung von Winfried Korf (ebd., 17, Abb. 3).

144 Bis in das 13. Jahrhundert war die ehemalige Stepphansstadt noch mit einer eigenen Mauer umgeben. 1210 wird eine solche Befestigung erwähnt. Müller 1912, 29.

145 Ernst vermutete bereits aufgrund der unkanonischen Lage eine Rücksichtnahme auf ältere Bebauung (1974, 22).

146 Landesamt für Archäologie Sachsen-Anhalt (Halle), Jochen Franke, Fundbericht der Ausgrabung Tierpark, Markt, Januar bis März 2002, 13ff.

147 Ebd.

148 Vgl. Adolf Brinkmann: Beschreibende Darstellung der älteren Bau- und Kunstdenkmäler der Stadt Aschersleben (Beschreibende Darstellung der älteren Bau- und Kunstdenkmäler der Provinz Sachsen, Bd. 25), Halle 1904, 13, Fig. 2. Auch Oelke 2003, 16.

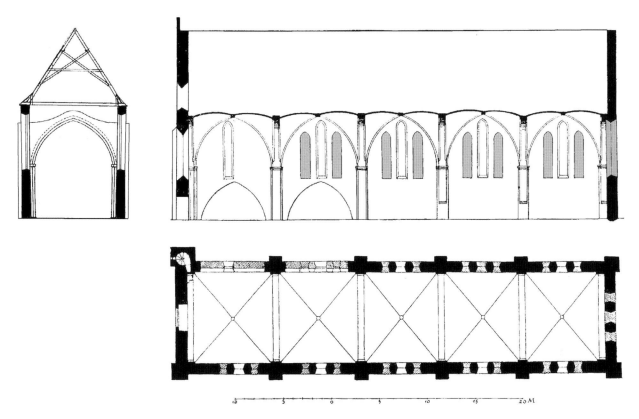

Abbildung 4: Aschersleben, Marktkirche (Zeichnung: Todenhöfer 2003 unter Verwendung von Brinkmann 1904, 64f., Fig. 43f.).

Historisches Schicksal

Das Kloster verfiel nach dem Weggang der Mönche im Jahr 1525. An seiner Stelle errichtete man offensichtlich Wohngebäude, die spätestens im 19. Jahrhundert abgetragen wurden.[149] Die Kirche wurde zum Kornspeicher umgebaut, nachdem 1533 die Stadt das Gelände erworben hatte.[150] Im Jahr 1698 zog die reformierte evangelische Gemeinde nach einer Renovierung der Kirche ein. 1887 trennte man durch Einbau einer Sakristei einen Teil im Osten vom Gesamtraum ab. Eine weitere Trennwand und der Zwischenboden für die Winterkirche wurden 1954 eingezogen. Die Westfront baute man letztmalig 1909 um.[151] Dabei wurde der Eingang mit dem massiven Entlastungsbogen erneuert und ein Giebeltürmchen errichtet. Die Gewände des Giebelfensters sollen bereits nach 1848 eingesetzt worden sein.[152] Zwischen 1976/79 und nach 1998 erfolgten Renovierungen der mittlerweile katholisch genutzten Kirche. Man sanierte den Innenraum, die Fassade, sicherte den Dachstuhl und deckte das Dach neu ein.

---

149 Laut Elisabeth Ernst-Just nutzte man Teile der Klostergebäude noch eine zeitlang profan, bevor diese endgültig wohl im 17. Jahrhundert abgerissen beziehunsweise planiert wurden (Häusergeschichten aus Alt-Aschersleben, o.O. 1974, 22). Nach Straßburger sind 1526 wohl im Zusammenhang mit dem verlassenen Franziskanerkloster mehrere auf dem Markt stehende Häuser abgebrochen worden, um den Markt zu vergrößern (1905, 209, ohne Quellenangabe). Nach einem Katasterplan war das Klostergelände auf dem heutigen Markt noch bis ins 18. Jahrhundert bebaut (Stadtarchiv Aschersleben). Die Lage der Häuser mit einem kleinen Hof ca. an der Stelle des ergrabenen Klosterhofes sowie ein auf mehreren alten Stadtplänen erkennbarer Anbau, der auf der Nordseite der Kirche bündig mit der Westfassade abschloss, lassen zumindest auf eine partielle Weiterverwendung der Klostergebäude bis ins 18. Jahrhundert schließen.

150 Brinkmann 1904, 66.

151 Vgl. Bauakten der reformierten Gemeinde Aschersleben, Rep. VII 17, Planung der Westfassade 1903.

152 Vgl. ebd.

Abbildung 5: Aschersleben, Markkirche, Ansicht von Südosten (Foto: Todenhöfer 2008).

Architektur

Die Marktkirche ist ein fünfjochiger Saalbau. Das Material des Mauerwerks ist Grauwacke, die mit dem Bossierhammer zu handlichen Blockformaten zugehauen wurde. Grauwacke gehört im nördlichen Harzvorland neben Kreide-Sandsteinen zu den häufig verwendeten Sandsteinen des Mittelalters. Die Joche des längsrechteckigen Grundrisses sind fast quadratisch (Abbildung 4). Der Außenbau wird zwischen den Jochen durch flache Strebepfeiler bis zur Kämpferzone gegliedert, die im Mauerwerk eingebunden sind (Abbildung 5). An der Nordwestecke befindet sich ein verstärkter Strebepfeiler mit einer schmalen Wendeltreppe im Inneren. Letztere wird durch kleine Spitzbogenfensterchen, welche teilweise zugesetzt sind, beleuchtet. Über der Traufe erhebt sich ein Satteldach mit einem Glockentürmchen über dem Westgiebel. Bis auf das westliche Joch der Nordseite hat jedes Joch an den Längsseiten eine gestaffelte Dreifenstergruppe aus schmalen, maßwerklosen Lanzettfenstern, von denen bis auf das nord-

östliche nur die mittleren Fensterbahnen geöffnet sind. Die restlichen Gewände sind zugesetzt und enthalten ihrerseits kleine zugesetzte rechteckige Gewände. Die Gewände eines großen spitzbogigen, möglicherweise einst mehrbahnigen Fensters sind an der östlichen Chorstirn vermauert worden. Die Westseite wird durch ein zweibahniges Spitzbogenfenster mit erneuerten Maßwerk und Bogenfeldgewänden geöffnet, unter dem sich der Hauptzugang befindet (Abbildung 10). Zwei weitere zugesetzte Öffnungen befinden sich nordseitig in den beiden östlichen Jochen.

Im Innenraum überspannen Kreuzrippengewölbe die quadratischen Joche (Abbildung 7). Die Gewölberippen mit Birnenstabprofilen sitzen etwas über der Hälfte der Raumhöhe auf flachen abgestuften Wandvorlagen mit verkröpften Kämpferplatten, die als Wulst-Kehle-Wulst-Profil mit flacher Deckplatte ausgebildet sind. Breite, an den Seiten etwas eingekehlte Gurtbogen trennen die Joche von einander. Das Material der Wandvorlagen und Gewölbeglieder ist möglicherweise ein Mittlerer Bundsandstein, der bei

Abbildung 6: Aschersleben, Marktkirche, Ansicht von Nordwesten (Foto: Todenhöfer 2008)

Abbildung 7: Aschersleben, Innenansicht der Marktkirche von Westen (Foto: Todenhöfer 2008).

Aschersleben abgebaut wurde.[153] Ursprünglich war der Innenraum fast 44 Meter lang. Die Breite des Innenraumes beträgt neuneinhalb Meter, die Mauerstärke gut einen Meter. Derzeit ist das östliche Joch durch eine Mauer als Winterkirche abgetrennt. Darunter befindet sich eine ca. zehn Quadratmeter große Grabkammer, die nicht zugänglich ist.[154] An den Außenseiten des Bauwerks springen die Giebelflächen auf dem aufgehenden Fassadenmauerwerk etwas zurück. Auch die Form und die Art des Materials variiert zu der des darunter liegenden Bereiches.

Die Dachkonstruktion besteht ihrerseits aus 34 Vollgespärren, von denen jeweils fünf binderlose Vollgespärre mit drei Bindergespärren wechseln. Die Stummelbalken der Vollgespärre wurden wohl in jüngerer Zeit an Wechselbalken gezapft.[155] Auch die Fußpunkte der Sparren sind verändert worden. Sowohl binderlose als auch Bindergespärre bilden einfache Kehlbalkenkonstruktionen mit verblatteten Kreuzstreben.[156] An der gesamten Konstruktion lassen sich zumeist einfache strichweise geteilte Abbundzeichen ablesen, die drei relativ gleichmäßig verteilte Abbundeinheiten erkennen lassen.

Daten zur mittelalterlichen Konvents- und Baugeschichte

Das Gründungsdatum und die Stifter der Niederlassung sind nicht überliefert.[157] Nach den bereits erwähnten archäologischen Untersuchungen wurde allerdings in der Klausur selbst, die nicht erhalten ist, ein großes Steingebäude aus dem 12. Jahrhundert weiterverwendet, was auf eine bedeutende adlige Stiftung des Klosters schließen lässt. Als mutmaßliche Stifter kommen nur zwei Herrschaftsträger infrage, die in der Ortschaft begütert waren und jeweils um die Oberlehnsherrschaft rangen:[158] zum einen die Halberstädter Bischöfe, welche sich 1263 in der Oberlehnsherrschaft

---

153 Die Architekturglieder sind im Innernen getüncht, so dass eine genaue Bestimmung nicht möglich ist. Zur Lage des Mittleren Bundsandsteins in Aschersleben vgl. Angela Ehling (Hg.): Bausandsteine in Deutschland. Band 2: Sachsen-Anhalt, Sachsen, Schlesien (Sonderband des Geologischen Jahrbuchs), Hannover (in Druck), 47, Abb. 8. Frau Dr. Ehling (Berlin) stellte mir freundlicherweise vorab eine Druckfahne zur Verfügung.

154 Die Kammer wurde um das Jahr 2000 aufgrund von statischen Sicherungsmaßnahmen am Bauwerk entdeckt und wieder verschlossen, nachdem die darin befindlichen Gebeine umgebettet worden waren. Weder liegen in den betreffenden Behörden noch im zuständigen Pfarrarchiv Dokumentationen vor, die Aufschluss über die Bauzeit geben können. Die aufgefundenen Gebeine dürften nach mündlicher Auskunft der Unteren Denkmalschutzbehörden zu einer neuzeitlichen Bestattung gehört haben. Der Raum war schlicht und ohne Bauzier. Eine bauzeitliche Krypten- oder Gruftanlage kann daher nicht ausgeschlossen werden und würde einen bedeutenden Ausnahmefall darstellen. Siehe unten Seite 215ff., Ausnahmeerscheinung Krypta. Möglich ist hingegen auch ein nachträglicher Einbau gegen Ende des 17. Jahrhunderts, als das profanierte Bauwerk wieder als Kirche genutzt wurde.

155 Dr. Thomas Eißing (Bamberg) wies mich freundlicherweise darauf hin, dass Wechselkonstruktionen für mittelalterliche Vollgespärre untypisch sind, aber bei Leergespärren zwischen Bindergerüsten bzw. Stuhlkonstruktionen vorkommen.

156 Die nach außen geneigten Oberkanten der Mauerwerkslängsseiten legen zwei Vermutungen nahe, dass die Gespärre nicht gänzlich kräfteneutral konstruiert sind.

157 Das Jahr 1311 wird von Mülverstedt ohne Quellenangabe genannt (1869, 57). Das Datum ist bislang nicht belegt worden. Vgl. Ernst-Just 1974, 24.

158 Nach Müllers Quellenstudium ist das Territorium der späteren Stadt zwischen den askanischen Grafen und den Halberstädter Bischöfen geteilt (1912, 26ff.). Während den Grafen die Burg und das dazugehörige Suburbium gehörte, unterstand die frühstädtische Siedlung um St. Stephan und weite Teile des Umlandes den Bischöfen, die spätestens 1263 die Grafen mit Stadt, Pfarre, Schultheißenamt, Vogtei, Münze und Zoll belehnten. Ein 1262 angestrebter Verkauf kam hingegen nicht zustande, sodass nach dem Aussterben der Aschersleber Grafen 1315 das Lehen wieder an das Bistum zurückfiel.

durchsetzen, und die Askanier, die im 12. Jahrhundert mit Albrecht dem Bären als bekanntestem Vertreter das Grafenamt und die Burg des Ortes innehatten. Die Aschersleber Grafentitulatur zählte seit 1212 unter den Nachfahren des askanischen Markgrafengeschlechts zum Reichsfürstenstand und damit zu den vornehmsten Repräsentanten des Reichs.[159] Folgerichtig nannte sich Heinrich I., Graf von Aschersleben, der ältester Sohn Herzog Berhards von Sachsen war, ab 1215 Fürst von Anhalt.[160] 1263 mussten die Askanier Aschersleben von den Halberstädter Bischöfen als Lehen nehmen, doch regierten sie diese Herrschaft bis Anfang des 14. Jahrhunderts weitgehend unangefochten.[161] So erteilte Graf Heinrich II. von Aschersleben der Stadt 1266 das Stadtrecht. Sein Vater Heinrich I. trat 1245 von der Regierung zurück und ging bis zu seinem mutmaßlichen Tode 1251/52 möglicherweise in ein Kloster.[162] Dennoch gab es eine Verbindung der Aschersleber Grafen zu den Franziskanern, denn es wird überliefert, dass Heinrichs dritter Sohn Albrecht um 1245 ein Franziskaner war (leider kennen wir auch hier nicht das Kloster).[163] Wägen wir die Indizien ab, so sprechen sie kaum für die Halberstädter Bischöfe, hingegen mehr für eine Stiftung des Franziskanerklosters durch die Aschersleber Grafen, vermutlich durch Heinrich I.

Die urkundliche Überlieferung zum Kloster setzt erst im 14. Jahrhundert ein und ist recht spärlich. Zwar befand sich im anhaltischen Haus- und Staatsarchiv in Zerbst, das Urkunden der Aschersleber Grafen besaß, aus dem Jahr 1246 ein originaler päpstlicher Ablass von 40 Tagen für alle Förderer der Franziskaner in Schwaben und Sachsen,[164] doch könnte der Ablass auch an die Gründer des Klosters in Zerbst gerichtet gewesen sein, das zu der Zeit schon bestand.[165] Erst 1361 werden erstmals das Aschersleber Kloster und dessen Lektor Burchard von Mansfeld genannt.[166] 1383 verpflichtet sich das Barfüsserkloster unter dem Guardi-an Peter Kanke zu Seelenmessen für Hans Legate und dessen Vorfahren.[167] Weiterhin werden in dieser Urkunde Bochert von Mansvelt, der Vizegardian Heydenrik van Elvelingherode, die Mitbrüder Jan von Banderode, Kersten Bode, Hinrik Lutzin und Peter von Berneborch genannt.[168] Nikolaus von Berge stiftete 1416 einen Altar ‚St. Crucis und Mathai'.[169] 1439 fundierte die Stadt für den in einer Fehde versehendlich getöteten Engelhardt von Trotha den Altar der 11000 Jungfrauen.[170] Sieben Jahre später im Jahr 1446 versprachen die Mönche dem Rat, zu Ehren des Engelhardt von Trotha am Altar der 11000 Jungfrauen und des Märtyrers Valtin die Seelenmessen zu halten.[171]

Bauphasen

Die Bauchronologie des Gesamtbaus ist bisher nicht befriedigend geklärt worden. Möglicherweise ging Brinkmann im Denkmalinventar bei der Klosterkirche von unterschiedlichen Datierungen aus, wenn er schreibt: „[…] die Formen weisen auf das Ende des 13. Jahrhunderts […]"[172] beziehungsweise „sind frühgotisch […]"[173]. Im Handbuch der deutschen Kunstdenkmäler wird das Bauwerk als frühgotisch bezeichnet, jedoch wurde die hochgotische Birnenstabform der Gewölberippen übersehen.[174] Nach den Beobachtungen am Bauwerk können zwei Bauphasen unterschieden werden:

1. Bauphase: Saalkirche (um 1240/50)

Das Mauerwerk ist aus hammergerecht zugehauenen Bruchsteinen in unregelmäßigen horizontalen Schichten aufgemauert. Bis zur Traufe lassen sich darin keine Brüche erkennen. Der Ostgiebel springt ohne verän-

---

159 Julius Ficker; Paul Punschart: Vom Reichsfürstenstande. Forschungen zur Geschichte der Reichsverfassung zunächst im XII. und XIII. Jahrhunderte, 2 Bde., Insbruck 1861–1923, hier Bd. 1 (1861), 237, §§ 187.
160 CDA 2, 13, Nr. 14.
161 Die Aschersleber Askanier sterben 1315 aus, danach bleibt die Stadt in bischöflichem Besitz. Handbuch der historischen Stätten Deutschlands, Bd. 11, Provinz Sachsen, Anhalt, Stuttgart 1987, 25.
162 Zur Klärung des Todesdatums Heinrichs Hans Peper (Die Ascherlebische Linie der Askanier: Heinrich II., Otto II. (1233–1315). Ein Beitrag zur Geschichte des Anhaltischen Fürstenhauses, Bd. I, Ballensted a.H. 1912, 36).
163 Vgl. Otto von Heinemann (Hg.): Chronica Principum Saxonia et monumenta brandenburgensia, in: MGH SS 25, 476.
164 CDA 2, 135, Nr. 170.
165 Zur Geschichte des Franziskanerklosters in Zerbst siehe Seite 184ff.
166 Vgl. Winningstädts Aschersleber Chronik 1540, abgedruckt in: Abel 1732, 543.
167 CDA 5, 37, Nr. 42.
168 Ebd.
169 StA Aschersleben, Urkunde von 1416. Vgl. Ernst-Just 1974, 25.
170 StA Aschersleben, Urkunde von 1439. Vgl. Ernst-Just 1974, 25.
171 StA Aschersleben, Urkundenrevers von 1446. Vgl. Ernst-Just 1974, 25. Wobei nicht ganz klar wird, ob es sich um verschiedene Altäre handelt oder der Altar der 11000 Jungfrauen einem weiteren Heiligen geweiht war. Auch der Plural ‚Seelenmessen' lässt beide Deutungen zu.
172 Brinkmann 1904, 63.
173 Ebd., 65.
174 Vgl. Dehio Sachsen-Anhalt I, 2002, 43.

derte Mauerwerksstruktur gegenüber der aufgehenden Wand etwas zurück, was möglicherweise auf eine Bauunterbrechung zurückzuführen ist. In seiner Mitte befindet sich ein kleines vermauertes Fensterchen, das einen Kleeblattbogen besitzt. Der stark verwitterte Giebel der Westfassade ist anscheinend in einem Zug errichtet worden, da ein Entlastungsbogen knapp in das Giebeldreieck hineinreicht. Die Vermauerung der seitlichen Fenstern der Dreifenstergruppen der Längsseiten, der Chorfensterpartie sowie die Vermauerung der beiden großen Bögen an der Nordseite im ersten und zweiten Joch, die zur Klausur führten, sind auf die Umgestaltung der Kirche im 16. Jahrhundert zu einem Kornspeicher zurückzuführen.[175] Man erkennt noch deutlich die Ausrichtung der neuzeitlichen Fenster an den eingezogenen Lagerböden. Lediglich an der klosterseitigen Nordwand ist die sonst gerade fluchtende Mauer in Höhe der Sohlbänke gestört. Auch sind die Ecken der Strebepfeiler darunter abgerundet. Hier setzte mit Sicherheit das Dach des ehemaligen Kreuzganges an.[176] Dieser war nach jüngeren Ausgrabungen offensichtlich in späterer Zeit gewölbt worden, da man einige Fragmente von Backsteinrippen fand.[177] Zudem war der Fußboden des südlichen Kreuzganges durch zwei Stufen der Länge nach geteilt, was eine Zweischiffigkeit vermuten lässt.[178] Das einfache Maßwerkfenster der Westfassade ist offensichtlich in der zweiten Hälfte des 19. Jahrhunderts freigelegt worden. Zur Zeit Brinkmanns existierte noch eine Zeichnung aus dem Jahre 1848, nach der das große Fassadenfenster und das keine Giebelfensterchen der Westseite nicht abgebildet, also vermutlich vermauert waren. Da sich über dem Fassadenfenster ein Entlastungsbogen in situ befindet, dürfte das Fenster jedoch bereits im Mittelalter bestanden haben. Für einen späteren Einbau des Westfensters spricht die gute Erhaltung der Gewände aus sauber gearbeiteten Werksteinen und Maßwerk, während ansonsten die restlichen mittelalterlichen Fenstergewände aus groben Grauwackeblöcken bestehen.[179] Zudem sind die Schichten um die Fenstergewände herum aus-

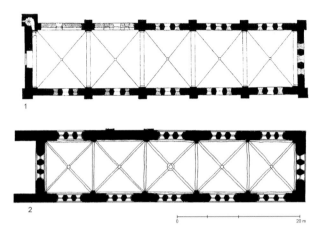

Abbildung 8: Aschersleben und Prenzlau, Franziskanerkirchen, Grundrisse (Zeichnung: Todenhöfer 2004)

geklinkt. Möglicherweise gehörte der bereits erwähnte Entlastungsbogen über dem Fassadenfenster ähnlich der Ostseite zu einem älteren Blendbogen eines mehrbahnigen Fensters. Der von Brinkmann aufgenommene Befund einer vermauerten Dreifenstergruppe an der Ostseite lässt sich am Mauerwerk nicht mehr nachvollziehen.[180] Der große östliche Blendbogen und die Häufigkeit von Dreifenstergruppen an anderen frühen Franziskanerkirchen unterstützt die Brinkmann'sche Wiedergabe teilweise.[181] Gerade der Blendbogen aus groben Grauwackeblöcken entspricht dem Gewändeaufbau der längsseitigen Fenster.[182]

Die Lanzettform tritt im mitteldeutschen Gebiet um 1240/50 auf. Hier können der Chor von Kloster Nienburg nach 1242, die jüngst entdeckten Fenster der ersten Dominikanerkirche in Halberstadt (um 1240) oder die Dominikanerkirche in Eisenach um 1240 genannt werden. Die einfache lanzettförmige Ausbildung von Längsseitenfenster findet sich aber bis in die 1280er Jahre an Pfarr- und Klosterkirchen im Elb-Saale-Mündungsgebiet.[183] Selten ist die regelmäßige Anordnung der gestaffelten Lanzettgruppen an den Längsseiten

---

175 Die Dreifenstergruppe an der Nordseite der beiden östlichen Joche ist aufgrund eines Kinoanbaus aus den 1920er Jahren nicht mehr sichtbar. Brinkmann konnte die Fenster noch aufnehmen. Vgl. Brinkmann 1904, 64, Fig. 43.
176 Vgl. ebd., 67.
177 LDASA Halle, Akte Aschersleben, Fundbericht Markt 2002, 7–15.
178 Ebd.
179 Brinkmann 1904, 66.
180 Brinkmann 1904, 64, Fig. 43. Brinkmann ignorierte in seiner Zeichnung jedoch den spitzbogigen Blendbogen, der sich an der Ostseite befindet. Die Ostfenster müssen offenbar sehr tief im Mauerwerk gesessen haben, da die Blendnische komplett vermauert ist.
181 Etwa an den Franziskanerkirchen in Prenzlau (um 1240/50), in Arnstadt (Ende 13. Jh.), in Mühlhausen (ab 1307) und in Saalfeld (1293).
182 Das kleine Spitzbogenfenster unter dem östlichen Fassadenfenster geht offensichtlich auf den Umbau eines Teils des Chores zur Winterkirche im 19. und im 20. Jahrhundert zurück, da es das Erdgeschoss des Umbaues beleuchtet.
183 Hier seien nur die Pfarrkirchen in Schönebeck, Calbe, Barby und die Franziskanerkirche in Barby genannt.

in Mitteldeutschland.¹⁸⁴ Sie findet sich nach bisheriger Kenntnis als nächstes Beispiel am Chorobergaden der Zisterzienserkirche in Riddagshausen bei Braunschweig (um 1240)¹⁸⁵ und der Franziskanerkirche in Prenzlau (um 1240/50). Gerade Prenzlau entspricht architektonisch ziemlich genau der Aschersleber Franziskanerkirche (Abbildung 8). Der Bau war spätestens 1253 fertig gestellt.¹⁸⁶ Offenbar widerspiegeln sich in dieser Ähnlichkeit dynastische Verbindungen zu den märkischen Askaniern.¹⁸⁷

Auch im Grauen Hof in Aschersleben, einem ehemals Graf Otto von Anhalt gehörenden Wirtschaftshof, der 1309 dem Zisterzienserkloster Michaelstein geschenkt wurde, kennzeichnet eine gestaffelte Dreifenstergruppe aus maßwerklosen Lanzettfenstern vermutlich einen kleinen Kapellenraum.¹⁸⁸ Weitere Beispiele finden sich an den Chorlängsseiten der Franziskanerkirche in Schwäbisch-Gmünd (um 1240/50) in Baden-Würtemberg;¹⁸⁹ die gestaffelten Blendobergadenlanzetten der Pseudobasilika der Franziskaner in Kiel (um 1240/50);¹⁹⁰ die Langhausobergaden der Meldorfer Johanniskirche im Ditmarschen (nach 1250);¹⁹¹ anscheinend auch am Chorbengaden des 1805/06 abgebrochenen Hamburger Doms (ab 1248);¹⁹² die Benediktinerkirche in Cismar bei Oldenburg (nach 1256)¹⁹³ oder am Obergaden der Lüdumklosterkirche (um 1240) im Kreis Tondern (Dänemark)¹⁹⁴. Man kann konstatieren, dass die gestaffelte Dreifenstergruppe an Langhausseiten in jedem Fall im quadratischen und gewölbten Jochen auftritt. Offenbar konnte man so die Fensterflächen in den Jochen vergrößern, ohne das gebundene System der Romanik aufzugeben.

Die breiten, einfach gestuften Wandvorlagen im Innenraum mit ihren spätromanischen, verkröpften Konsolplatten mit einem kräftigen Wulst-Kehle-Wust-Deckplatte-Profil müssen in die gleiche Zeit wie die Fenster gesetzt werden (Abbildung 9). Vergleiche für diese Wandvorlagen finden wir im Chorumgang des Magdeburger Domes in den späten 1220er Jahren

Aschersleben 9: Aschersleben, Marktkirche, Wandvorlage (Foto: Todenhöfer 2003).

und in den Kämpferplatten im Nordseitenschiff des Naumburger Doms in den späten 1230er Jahren.¹⁹⁵ Auch an der bereits erwähnten Franziskanerkirche Prenzlau (um 1240/50) sind die Kapitelldeckplatten verkröpft, allerdings sitzen diese auf trapezförmigen Kapitellen, wie sie in der norddeutschen Backsteinarchitektur häufig vorkommen.

---

184 In Frankreich und Belgien treten derartige Beispiele schon gegen Ende des 12. und Anfang des 13. Jahrhunderts an Kathedralobergaden auf. Vgl. Belgien: Obergaden an St. Maarten in Iepern (ab 1221); Oudenaarde, o. L. Vrouwekerk van Pamele (ab 1235), Kathedralen in Bourges, Orbais (um 1200/20), St. Remis (1170/80) und Arras.
185 Vgl. Dehio Niedersachsen, 1992, 1120. Riddagshausen lag noch im Bistum Halberstadt.
186 Vgl. Gerhard Kegel: Wann kamen die Franziskaner nach Prenzlau – Überlegungen zur Frühgeschichte der Uckermark, in: Arbeiten des Uckermärkischen Geschichtsvereins zu Prenzlau, Bd. 3, Prenzlau 2000, 3–64.
187 Siehe Seite 322–326.

188 Vgl. Dehio Sachsen-Anhalt I, 2002, 47.
189 Richard Strobel: Die Kunstdekmäler der Stadt Schwäbisch-Gmünd. Bd.II Kirchen der Altstadt ohne Heiligkreuzmünster, in: Die Kunstdenkmäler in Baden-Württemberg, München/Berlin 1995, 55, Abb. 57.
190 Richard Haupt: Bau- und Kunstdenkmäler der Provinz Schleswig-Holstein, Bd. 1, Kiel 1887, 561f.; Dehio Hamburg/Schleswig-Holstein, 1994, 378.
191 Haupt 1887, 123f.; Dehio Hamburg/Schleswig-Holstein, 1994, 620ff.
192 Bildindex Foto Marburg, Neg.-Nr. 508.166
193 Dehio Hamburg/Schleswig-Holstein, 1994, 300ff.
194 Haupt 1888, 581ff.
195 Zu Magdeburg Dehio Sachsen-Anhalt I, 2002, 316.

Abbildung 10: Aschersleben, Marktkirche, Ansicht von Westen (Foto: Todenhöfer 2008).

Die massiven Eckpfeiler der Westfassade, von denen der nordwestliche die Treppenspindel zum Dach enthält,[196] sind turmartig gebildet (Abbildung 10). Bei Bettelordenskirchen im deutschen Sprachraum treten solche turmartig verstärkten Eckstrebepfeiler meines Wissens nicht auf. Wir finden sie bisweilen an den Schaufassaden italienischer Bettelordenskirchen. So an den Franziskanerkirchen in Assisi und Perugia. Dort lassen sie sich anscheinend auf die verbreitete Tradition der italienischen Tafelfassaden zurückführen. Näherliegend scheint eine Verwandschaft zu einigen Zisterzienserkirchen der Mark Brandenburg und im nordöstlichen Reichsgebiet zu sein, wo das turmartige Fassadenmotiv ebenfalls auftritt. Es handelt sich hier um die Zisterzienserkirchen in Lehnin, Chorin, Olivia/Danzig, Eldena, Doberan, Pelplin, Kolbatz und Krone/Brahe. Bei Eldena und Lehnin liegen, wie in Aschersleben, die Treppen im nördlichen Pfeiler. Allerdings handelt es sich bei den Zisterzienserkirchen um spätere Bauten, womit eine Übernahme von diesen Bauten nicht möglich ist. Bislang wird das Motiv unter dem Aspekt des zisterziensischen Schlichtheitsgebotes als reduziertes Doppelturmmotiv betrachtet.[197] Dirk Schumann interpretierte hingegen die Westfassaden von Chorin und Lehnin als territorialpolitisch-dynastisches Motiv der märkischen Askanier.[198] Wir vermuten bei der Westfassade von Aschersleben einen ähnlichen Hintergrund, wobei Aschersleben unabhängig zur Ordenzugehörigkeit als frühestes Beispiel dieser Baugruppe anzusehen ist.[199]

Weshalb der Bau zur Erbauungszeit um 1240/50 nicht eingewölbt wurde, ist nicht überliefert. Zu dieser Zeit sind gewölbte Laienräume in Bettelordenskirchen ohnehin ein sehr seltenes Phänomen, welches auf die strengen Ordenvorschriften zurückzuführen ist.[200] Vielerorts lassen sich gewölbte Laienräume in Bettelordenskirchen auf sekundäre Bauphasen frühestens gegen Ende des 13. Jahrhunderts zurückführen.[201] Wohl erst als die Bauten im Umfeld einen gewissen Standard erreichten, konnten die Bettelorden, ohne ihr Schlichtheitsideal zu riskieren, mit höherem Standard bauen. Möglicherweise unterband man seitens der Ordensleitung die Fertigstellung der Gewölbe in Aschersleben.[202] Auch die geschwächte Hausmacht des anhaltischen Fürstenhauses nach der Niederlage und der Gefangennahme von Heinrich II. in der Schlacht bei Beesenstedt 1263 durch die Wettiner könnte mit der Nichtvollendung der Gewölbe zusammenhängen.[203]

2. Bauphase: Dachwerk und Gewölbe (nach 1308)

Nach der gefügekundlichen und dendrochronologischen Analyse ist das Dachwerk erst ein gutes halbes Jahrhundert nach dem mutmaßlichen Baubeginn errichtet worden. Die Tannenstämme fällte man im Winterhalbjahr 1307/08.[204] Eventuell wurde in diesem Zusammenhang der Ostgiebel errichtet, was den erwähnten Absatz in der Mauerflucht erklären könnte. Das einfache Kehlbalkendach mit Kreuzstreben stellte man in drei Abbundeinheiten fertig.[205] Der Abbund erfolgte saftfrisch, so dass schätzungsweise zusätzlich dem Umstand von geflößten Stämmen eine Zeitdifferenz zwischen Holzeinschlag und Abbund von maximal zwei Jahren bestand.[206] Am zwölften und 15. Gespärre von Osten befinden sich Sassen für einen ehemaligen Dachreiter. Die Stelle entspricht dem Übergang des Laienraums zum Chor im dritten zum vierten Joch. Eine vorübergehende Überdachung und Einwölbung der Ostteile konnte an bestehenden Mauerwerksbrüchen und etwaig veränderten Wandvorlagensystem im Inneren der Kirche nicht beobachtet werden. Zweitverwendete Hölzer wurden im Dachwerk ebenfalls nicht beobachtet. Eine provisorische Überdachung des Chorbereiches lässt sich im heutigen Bauzustand nicht erkennen.

Nach der Dachkonstruktion wurde offenbar der Kirchenraum mit Kreuzrippengewölben einwölbt.

---

196 Die heutige Eisentreppe im Inneren stammt aus dem 19. Jahrhundert. Sie führt in das nordwestliche Wandzwickel über den Gewölben in den Dachraum.

197 Matthias Untermann: Forma Ordinis. Die mittelalterliche Baukunst der Zisterzienser, München/Berlin 2001, 268, 270, 553, 646.

198 Dirk Schuhmann: Herrschaft und Architektur : Otto IV. und der Westgiebel von Chorin, in: Studien zur Backsteinarchitektur, Bd. 2, Berlin 1997.

199 Siehe Seite 322–326.

200 Todenhöfer 2007, 57–61. Siehe Seite 219–221.

201 Todenhöfer 2007, 58.

202 Ebd., 60.

203 Vgl. Peper 1912, Bd. 2/3, 98, 108 und 113ff.

204 Ich danke Ing. Frank Högg M.A. (Wasserleben) und Dr. Thomas Nitz (Erfurt) für die Untersuchung sowie Dipl. Holzwirt Dr. Thomas Eißing (Bamberg) für für die Auswertung. Die Tannenstämme wurden wahrscheinlich aus dem Südostharz oder Thüringen importiert, da Tannen offenbar im Nordharz seltener vorkamen. Darauf wies mich Herr Eißing freundlicherweise hin. LDASA, Thomas Eißing: Dendrologischer Bericht Aschersleben Franziskanerkirche, 27.10.2004.

205 Vgl. Frank Högg; Thomas Nitz; Achim Todenhöfer: Kartierung der Abbundzeichen der Franziskanerkirche Aschersleben, 2004.

206 Zu Zeitdifferenzen zwischen Holzeinschlag und Abbund ausführlich Eißing (2004, 47ff).

Die Gurt- und Kreuzrippen wurden an die älteren Wandvorlagen angepasst. Während die massive Form der Gurte noch auf die spätromanische Gestaltung im Chorumgang des Magdeburger Doms verweisen, kommen die Birnenstabrippen in dieser Region erst gegen Ende des 13. Jahrhunderts und in der ersten Hälfte des 14. Jahrhunderts vor. Wir finden sie beispielsweise um 1300 am Chor der Dominikanerkirche in Halle und der Franziskanerkirche in Halberstadt. Zusammen mit den kräftigen Wandvorlagen entstand ein Raumeindruck, der dem ursprünglich geplanten sehr nah kam. Die Gurte sind weit herunter gezogen. Im Aufriss verhält sich die Kämpferhöhe der Wandvorlagen zur Gewölbestichhöhe 1:1. Die Raumhöhe verhält sich zur Raumbreite 1,3:1. Das entspricht spätromanischen Raumproportionen mit gekuppelten Jochquadraten, etwa denen von S. Francesco in Assisi, den Franziskanerkirchen in Prenzlau oder in Wittenberg.

Die Franziskanerkirche in Barby

Kustodie Magdeburg, Bistum Magdeburg, Archidiakonat St. Stephani in Calbe[207]

Lage und historisches Schicksal

Die heute als evangelische Pfarrkirche genutzte ehemalige Klosterkirche liegt im Nordwesten der Altstadt. Das Kloster befand sich nördlich der Kirche. Der Komplex war mit seiner Ostseite zur Schlossstraße ausgerichtet, welche in Nord-Süd-Richtung die ehemalige gräfliche Burg mit dem Stadtzentrum, der Marienkirche, dem Marktplatz und dem Rathaus[208] verband. Die Schlossstraße führte als Fernstraße in nordwestliche Richtung nach Schönebeck und Magdeburg. Sie traf sich im Bereich des Marktes mit zwei weiteren Fernstraßen, zum einen aus südwestlicher Richtung von Calbe und Bernburg kommend und der Verbindung in Richtung Osten nach Leitzkau beziehungsweise Zerbst, welche bei Barby die Elbe überquerte. Im Osten und Süden der Kirche befanden sich ehemals platzartige Freiflächen (Abbildung 11). Der südliche Platz wird noch heute als Kirchplatz bezeichnet. Hier befindet sich auch der öffentliche Zugang zur Kirche. Das von der Schlossstraße zurückspringende Gelände vor dem Chor der Kirche wurde erst im 19. Jahrhundert mit dem jetzigen Pfarrhaus bebaut. Dieser Teil des Geländes dürfte ebenfalls zum Kirchhof gehört haben.[209] Westlich des Klosters erstreckten sich ein Garten und dahinter die Stadtmauer, von der sich umfangreiche Reste erhalten haben. Vermutlich gehörte dieser Teil auch zum Klostergelände. Der heutige Pfarrgarten und mutmaßliche Klostergarten lag nördlich des Klosters in Richtung der gräflichen Burg. Nach Höse war dieser mit einer Mauer umgeben, die sich bis an die Außenwerke der gräflichen Burg erstreckte.[210] Vom Kloster, das nach der Reformation um 1540 in ein Gut umgewandelt wurde, hat sich bis auf wenige Reste nichts mehr erhalten. Es ist zu vermuten, dass sich ein nordwestlich an die Kirche anschließendes Gebäude noch auf den Grundmauern der ehemaligen Westklausur erhebt, wie aus dem Lageplan zu entnehmen ist. Möglicherweise existierten dem Plan zufolge Klausurgebäude nur im Westen und Osten.

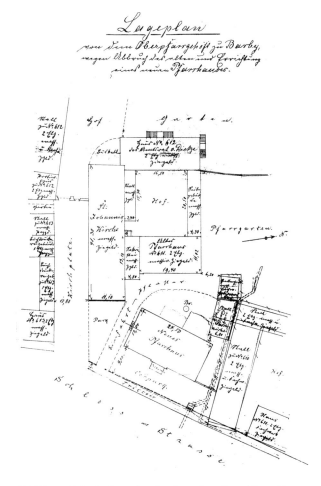

Abbildung 11: Barby, Lageplan des ehemaligen Franziskanerklosters (Zeichnung: Kräuter 1908, Pfarrarchiv Barby).

Die später als Pfarrhaus genutzte Ostklausur dürfte erst im Zusammenhang mit dem Neubau des heutigen Pfarrhauses abgetragen worden sein. laut Höse soll noch 1808 in heute verlorenen Akten die Pfarre als restaurierte ‚Abtei' des Klosters bezeichnet worden sein: die früheren Gebäude des späteren Gutes sind „[…] unverkennbar [die] Übereste des alten Klosters"

---

207 Schlager 1914, 231ff.; Mitteldeutscher Heimatlas 1958, Karte 16.
208 Nach Höse wird Barby seit etwa 1420 durch einen Rat und einen Bürgermeister verwaltet (1913, 104).
209 Vgl. Seite 319ff., Zugangssituation und Platzbildung.
210 Höse 1913, 76.

[211]. Ein wohl renaissancezeitlich keuzgratgewölbtes Häuschen, das sogenannte Abtshäuschen, das nördlich der Kirche im Bereich der ehemaligen Klausur liegt, dürfte in diesem Zusammenhang noch als stark veränderter Rest des ehemaligen nördlichen Kreuzgangs zusehen sein. Ebenfalls könnte der frühneuzeitliche Sakristeianbau nördlich des Chores dazu gehören. Durch Balkenkonsolen im oberen Wandbereich der Kirchennordseite wissen wir zumindest, dass der südliche Kreuzgangsflügel ursprünglich zweigeschossig gewesen sein muss.

Historische Vorbemerkungen

Die Grafen von Arnstein erwarben das Kerngebiet um Barby wohl unter Walther III. von Arnstein.[212] 1226 ist die erste Bezeichnung der Grafen nach Barby unter seinem Sohn Walther IV. nachgewiesen.[213] Sicher geht die fast rechteckige Anlage der Altstadt Barbys mit einem einigermaßen regelmäßigen Straßennetz und seinen vier Toren auf den Ausbau unter Walther IV. in der ersten Hälfte des 13. Jahrhunderts zurück, der die unter seinem Vater vor allem vom Quedlinburger Stift veruntreuten Gebiete zügig zu einer Herrschaft ausbaute und den Familienbesitz sicherte.[214] Demnach dürfte die Anlage des Klosters nicht mehr als 30 Jahre nach der mutmaßlichen Gründung der Stadt erfolgt sein. Klostergründung und Stadtausbau sind auch im Fall Barbys als Produkt des planmäßigen Herrschaftsausbaues anzusehen, wie es für viele andere Städte wahrscheinlich ist.[215]

Die Franziskanerkirche darf nicht mit der urkundlich genannten älteren, Johannes dem Täufer geweihten Burgpfarrkapelle verwechselt werden,[216] deren Patrozinium und Pfarreirechte wohl erst nach der Reformation auf die ehemalige Franziskanerkirche übertragen wurden.[217] Die Franziskanerkirche diente spätestens seit Anfang des 14. Jahrhunderts aufgrund der Häufung der Bestattungen als dauernde Grablege der Grafenfamilie (Abbildung 16).[218]

Bereits 1271 wurde Burchard II. von Barby in der Kirche bestattet. Sein Grabstein ist heute in der Nordwand eingelassen. Er ist überhaupt der Erste aus der Barbyer Grafenlinie der Arnsteiner, dessen Begräbnis nachgewiesen ist.[219] Nach Eduard Stegmann soll zuvor die 1279 erwähnte Burgpfarrkirche als Begräbnisstätte der Grafen gedient haben und Burchard II. erst nach der Einrichtung einer Gruft um 1400 in die Franziskanerkirche überführt worden sein.[220] Diese Ansicht ist jedoch nicht belegt und die fünf Bestattungen von Familienmitgliedern zwischen 1330 bis 1358 zeigen, dass eine Überführung im Zusammenhang mit dem Gruftbau unwahrscheinlich ist.[221] Wenn man Burchards II. Gebeine überführt hätte, so muss man sich zudem fragen, warum man nicht mit den zu vermutenden restlichen Bestattungen des 13. Jahrhundert aus der Burgkirche ebenso verfahren ist. Im frühen 20. Jahrhundert wurde der Fußboden der Kirche verändert, wie bereits erwähnte Planzeichnungen im Pfarrarchiv Barby nahe legen.[222] Sommer muss in seiner Bearbeitung des Denkmalbestandes des Landkreises Calbe noch vor den mutmaßlichen Bodenarbeiten die Grabplatten aufgenommen haben.[223] Da ihm, wie Richter und Mülverstedt zuvor,[224] der Grabstein Burchards II. entging, wird dieser wohl erst später und vielleicht im Zusammenhang mit den geplanten Bodenarbeiten an die Nordwand versetzt worden sein,

---

211 Ebd., 76.
212 Heinrich 1961, 306.
213 Ebd., 170.
214 Vgl. ebd., 306ff.; Berent Schwineköper: Art. Barby, in: Handbuch der historischen Stätten Deutschlands, Bd. 11, Provinz Sachsen, Anhalt, Stuttgart 1987, 32.
215 Siehe Seite 302ff., Bettelordenskloster und Stadt.
216 Die Urkunde ist abgedruckt bei F. Winter: Eine Urkunde zur Kunde der kirchlichen Verhältnisse zu Barby im Mittelalter, in: Geschichts-Blätter für Stadt und Land Magdeburg, 9. Jg. (1874), 83–85, hier 84f. Übersetzung bei Hans Rieger: Eine Urkunde zur Kunde der kirchlichen Verhältnisse zu Barby im Mittelalter, in: Geschichtsblätter für Stadt und Land Magdeburg, 62. Jg. (1927), 149–151.
217 Vgl. Eduard Stegmann: Burg und Schloß Barby, in: Geschichtsblätter für Stadt und Land Magdeburg, 66./67.Jg. (1931/32), 40–56, hier 44ff. 1519 wird die Stadtpfarrkirche St. Johannis auf der Burg noch erwähnt. Zur Entstehung des Klosters aus einer älteren Kirche siehe Richter und Mülverstedt (1868, 103), auch Gustav Sommer und Gustav Hertel: (Beschreibung der älteren Bau- und Kunstdenkmäler des Kreises Calbe, Halle 1885, [zu Barby] 17–26, hier 21).
218 Zusammenstellung der Begräbnisorte der Grafen von Barby bei Heinrich (1961, 240ff.).
219 Ebd., 169ff.
220 Stegmann 1931/32, 46. Nach Höse (1913, 19) soll Günther IV. von Barby (gest. 1404) eine Gruft errichtet haben. Die Zählung der Namen und Angabe des Sterbedatums erfolgt nach Heinrich (1961, 200f.)
221 Den erwähnten Begräbnissen folgen 1455 und 1493 zwei, im 16. Jahrhundert neun und im 17. Jahrhundert zehn Bestattungen. Heinrich 1961, 240ff.
222 Akten des Pfarramtes der evangelischen Gemeinde Barby, Bauzeichnungen von Kreisbauinspektor Fiebelkorn von 1884 und 1886 (Abb. 14).
223 Sommer/Hertel 1885, 20–25.
224 Friedrich Richter; George Adalbert von Mülverstedt: Epitaphia Barbejana. Inschriften und Beschreibung von Grabdenkmälern in der St. Johannis-Kirche zu Barby, in: Geschichtsblätter für Stadt und Land Magdeburg, 3. Jg., 2. Heft (1868), 101–116.

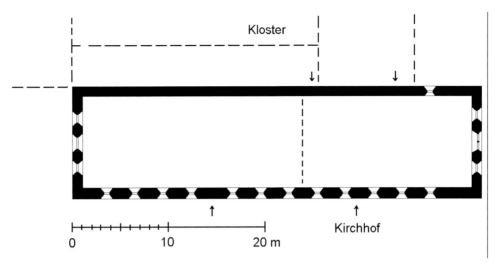

Abbildung 12: Barby, St. Johannis, Grundriss (Zeichnung: Todenhöfer 2003).

sodass vermutlich noch weitere vorhanden waren.[225] Letztlich scheint es keine triftigen Gründe zu geben, an dem ursprünglichen Vorhandensein des ersten Grabsteines in der Kirche zu zweifeln. Auch dürfte nicht an der Stiftung des Klosters durch Burchard II. zu zweifeln sein, der nach einem Stadtbucheintrag das Kloster 1264 gestiftet und erbaut hat.[226] Die durch einen Grabstein im Zerbster Franziskanerkloster bezeugte Sophie von Barby (gest. 1276) war vermutlich die Ehefrau Burchards II. gewesen.[227] Eben jene Sophie wird nach der Grabinschrift des 14. Jahrhunderts als „Fundatrix hujus loci" bezeichnet.[228] Danach hätten die mutmaßlichen Eheleute jeweils ein Franziskanerkloster gegründet, wobei auf dem Grabstein Burchards ein Hinweis auf seine Gründertätigkeit fehlt. Die Klostergründung in Zerbst durch Sophie von Barby ist nicht in Zweifel zu ziehen, auch wenn die Barbyer Grafen die Stadt und das Land Zerbst von Richard III. von Zerbst erst 1264 erwarben. Offenbar suchten sie mit Unterstützung der Brandenburger Markgrafen schon im Vorfeld des Besitzwechsels in Zerbst Einfluss zu gewinnen.

Daten zur Baugeschichte

Nach einem Eintrag im verschollenen Barbyer Stadtbuch erfolgte die Stiftung und Erbauung des Klosters im Jahr 1264 durch Graf Burchard II. von Barby.[229] Im Jahr 1271 wurde Burchard II. in der Kirche bestattet.[230] Im Jahre 1279 wird im Zuge der urkundlichen Regelung von Begräbnissen und Festen zwischen Burg- und Stadtparochie in Barby ein Guardian Gerhardus als Zeuge erwähnt.[231] Ein Ablassschreiben von Papst Sixtus IV. nennt 1301 den Konvent.[232] Nach Höse soll

---

225 Den Hinweis auf zwei weitere Grabsteine im Bodenbereich, die von Wilmgerus de Barboi (gest. 1313) und Albertus junior de Barby (gest. 1350), gab Friedrich Winter (Zur Geschichte der edlen Herren von Barby, in: Geschichtsblätter für Stadt und Land Magdeburg, 14. Jg. (1879), 101–105, hier 104). Diese sind nun nun an der Nordwand angebracht. Höse (1913, 81f.) berichtet von Grabsteinen, die seinerzeit an der äußeren Ost- und Nordwand aufgestellt waren. Bezüglich der Genealogie Grafen von Barby ist hinzuweisen, dass Heinrich anscheinend den Grabstein des Wilmgerus oder Wilhelm von Barby und damit dessen Existenz übersehen hat, wiewohl der Name bei den Arnsteinern in dieser Zeit nicht und wohl erst im 15. Jahrhundert einmal vorkommt. Allerdings ist seine Lesung umstritten. Vgl. Winter 1879, 104.

226 Siehe Anm. 229

227 Heinrich 1961, 177f.

228 Vgl. Seite 199.

229 „Das Kloster allhier ist von Graf Burchardten hochlöblichen christmilden Angedenkens gestiftet und erbaut worden anno Christi 1264." Zitiert nach Winter (1879, 103). Nach den Recherchen des Verfassers ist dieses Stadtbuch nicht mehr auffindbar.

230 Inschrift der Grabplatte: „+ ANNO + / DOMINI ChRISTI INCARNATI + MCCLXXI + VII . KL . DECEMBRIS / IN VIGILIA S KATERI / NE DOMINVS BVRCHARDVS DE BARBOYE CARNIS DEBITVM / PSOLVIT." Zitiert nach Helga Wäß: Form und Wahrnehmung mitteldeutscher Gedächtnisskulptur im 14. Jahrhundert. Katalog ausgewählter Objekte vom Hohen Mittelalter bis zum Anfang des 15. Jahrhunderts, Bd. 2, Bristol/Berlin 2006, 52f, Nr. 38. Die Grabplatte befindet sich heute im westlichen Bereich der Kirchennordwand eingemauert. Zum Begräbnis Burchards II. siehe Seite 38f., Historische Vorbemerkungen.

231 Urkunde gedruckt bei Winter (1874, 84f.); Übersetzung bei Rieger (1927, 149–151).

232 Vgl. Höse 1913, 75ff.

Abbildung 13: Barby, St. Johannis, Ansicht von Südosten (Foto: Todenhöfer 2009).

1370 und 1381 das Kloster abgebrannt sein, wofür es bislang keine baulichen Hinweise gibt.[233] Eine Urkunde von 1381 überliefert lediglich, dass Graf Günther von Barby und Mühlingen dem Guardian Nicolai Brunoni und dem Konvent die bei einem Brand zerstörten Privilegien bezüglich eines Asylhauses erneuert.[234] In einem Ablass des Jahres 1474 ruft Papst Sixtus IV. zu Spenden für die Minoritenkirche auf.[235] Größere Renovierungsarbeiten sind für 1694, 1715, 1776/77 und 1886/87 verzeichnet.[236] Bei letzteren müssen wohl die barocken Emporeneinbauten entfernt worden sein.[237] Ob die Planung einer Niveauerhöhung des Fußbodens um mehr als einen halben Meter in die Tat umgesetzt wurde, konnte nicht geklärt werden (Abbildung 14). Bei Außenreparaturen in den 30er Jahren des 20. Jahrhunderts wurde der Verputz vom Mauerwerk abgenommen und damit das äußere Erscheinungsbild des Bauwerks nachhaltig verändert.

Architektur und Datierung

Bei der ehemaligen Franziskanerkirche handelt es sich um einen rechteckigen Saalbau aus sehr gutem, in durchgehenden Lagerfugen verlegtem Mauerwerk aus hammergerecht zugehauenen Blockformaten (Abbildung 12). Der Steinverband ist homogen und ohne Brüche. Die Färbung des kaum verwitterten Materials ist graugelblich. Tür- und Fenstergewände sind aus hellgelblichem Sandstein gefertigt. Die Herkunft der Gesteine ist bislang nicht untersucht worden. Möglicherweise stammen sie aus den Lagerstätten des Gommernquarzits, der im Magdeburger Raum häufig für hammergerechte Mauersteine genutzt wurde, und des Mittleren Buntsandsteins in Bernburg, der ebenfalls in der Region für Werksteine verwendet wurde.[238] Aus beiden Lagerstätten konnte das Material über die Elbe und die Saale bezogen werden.

Die flächige Architektur der ehemaligen Franziskanerkirche wird durch schmale Lanzettfenster durchbrochen. Zwölf schlanke Lanzettfenstern beleuchten den Innenraum von der Südseite. Die Nordseite besitzt nur unmittelbar an der östlichen Stirnwand ein Lanzettfenster. An der Außenseite sind im oberen Bereich in relativ kurzen Abständen steinerne Balkenkonsolen im Außenmauerwerk eingelassen. Fenster waren hier nicht

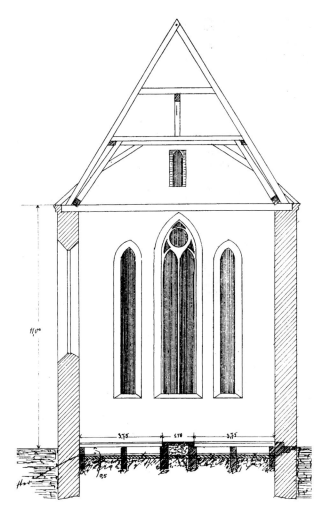

Abbildung 14: Barby, St. Johannis, Querschnitt (Zeichnung: Fiebelkorn 1884, Pfarrarchiv Barby).

vorhanden. An den Stirnseiten befindet sich jeweils eine gestaffelte Lanzettfenstergruppe, die sich bis auf das etwas größere Mittelfenster der Chorseite in Größe und Anlage gleichen (Abbildung 14 und 15). Beide mittleren Fensterbahnen sind nicht höher als die Traufe. Während das westliche dieser Fenster vermauert ist, besitzt das östliche über zwei spitzbogigen Fensterbahnen einen einfachen Maßwerkkreis. Die Giebel sind mit kleinen Spitzbogenfensterchen versehen. Auf dem Ostgiebel hat sich ein Kreuz erhalten. Die Mauerstärke des Bauwerks beträgt gut einen Meter. Die Dachkonstruktion ist ein Kehlbalkendach mit darüber liegender

---

233 Vgl. ebd., 80f.
234 CDA 5, 21, Nr. 22.
235 Der genaue Textlaut ist unbekannt. Vgl. Stegmann 1931/32, 46.
236 Vgl. Höse 1913, 88.
237 Ebd.
238 Vgl. Ehling, Bausandsteine, 8, Abb. St. 2.

Abbildung 15: Barby, St. Johannis, Innenansicht von Westen (Foto: Todenhöfer 2009).

Kreuzverstrebung, die teilweise in modernerer Konstruktion verändert ist (Abbildung 14). Auf dem First des mit Bieberziegeln gedeckten Satteldaches sitzt ein schiefergedeckter Dachreiter. Kurz über den Traufen sind über die Südseite vier kleine Fledermausgauben verteilt. Der Innenraum hat die Ausmaße von 38,90 x 9,05 Meter und wird mit einer Flachdecke begrenzt, der schmale Blendbalken in regelmäßigen Abständen untergezogen sind. Der Innenraum weist bis auf die neuzeitliche Orgelempore keine weiteren konstruktiven Elemente auf und vermittelt einen einfachen aber weiten Raumeindruck.

Die Kirche ist bis auf den Sakristeianbau und den neuzeitlichen Dachstuhl mit liegenden Stuhlsäulen des 16. Jahrhunderts noch größtenteils ursprünglich. Der Bau wird zwischen 1264 und 1271 errichtet worden sein. Das einfache an klassisch-französischen Formen orientierte Maßwerk des Scheitelfensters dürfte zeitlich auf die in den späten 1260er Jahren entstandene Maßwerke am Langhaus der Marburger Elisabethkirche zurückgehen, wo die Laibung des Kreises bereits mit dem Fenstergewände verschliffen wird. Auch die Formen des Hauptportals der Südseite entsprechen der Bauzeit (Abbildung 214 und 215). An der Nordwand der Kirche befindet sich ein vermauertes gotisches Portal, dass vom Sakristeianbau aus sichtbar ist. Da es vom Bodenniveau ca. zwei Meter erhöht und etwa 16 Meter von der Ostseite entfernt liegt, handelt es sich mit großer Wahrscheinlichkeit um den ehemaligen Zugang zur Lettnertribüne,[239] wie er sich noch in der Franziskanerkirche in Salzwedel oder in der Dominikanerkirche in Halle erhalten hat. Mit einem Seitenverhältnis von 1:4,4 von Breite zu Länge besitzt der Saalraum in Barby die gängige Grundrissproportion von mendikantischen Saalkirchen. Im Aufriss ergeben sich einige Abweichungen. Das Verhältnis von Raumhöhe zu Raumbreite ist mit 1,2:1 im Vergleich mit den anderen untersuchten Kirchen bis auf Zerbst sehr gedrückt. Das Verhältnis des Raumquerschnitts von Aschersleben kommt mit 1,3:1 dem von Barby noch am nächsten, woraus aber bis auf den Saaltyp keine näheren architektonischen Verwandtschaften abgeleitet werden können.[240]

Die Südseite ist mit zwölf maßwerklosen Lanzettfenstern als Schauseite gestaltet. Die Lanzettform und die relativ enge Reihung der Fenster findet sich schon bei recht frühen Bettelordensbauten der ersten Zerbster Franziskanerkirche (um 1230/40) und dem Chor der ersten Dominikanerkirche in Halberstadt (um 1240).[241] Daher mutet diese Fensterdisposition in Barby um 1270 recht altertümlich an. Es zeichnet sich daher in der zweiten Hälfte des 13. Jahrhunderts ein Unterschied etwa zu den thüringischen Mendikantensaalbauten in Mühlhausen, Arnstadt, Saalfeld oder in Zeitz ab, die mit weiterem Fensterraster und größeren Fensterflächen ausgestattet sind. Jedoch finden wir die enge Reihung mit Lanzettfenstern noch an zeitnahen Bauten in der zweiten Hälfte des 13. Jahrhunderts im regionalen Umfeld: St. Marien in Barby, St. Jakobi in Schönebeck und dem Chor von St. Stephani in Calbe.[242] Deshalb offenbart sich hier wohl ein generell längeres Festhalten an ‚übergangszeitlichen' Formen im Saale-Mündungsgebiet, während in anderen südlich und westlich angrenzenden Gebieten modernere gotische Elemente eher übernommen werden. Gewölbe waren bei derartig eng aufgereihten Fenstern und dem fehlenden Strebepfeilerkranz nicht geplant. Die Traufhöhe der Stirnseitenfenster sowie das Vorhandensein von Flachdecken in den bereits genannten Kirchen des regionalen Umfeldes dürften eine offene beziehungsweise mit Holztonnen versehene Dachkonstruktion bei der Franziskanerkirche weitestgehend ausschließen.[243] Die heutige Flachdecke konnte zeitlich nicht genau eingeordnet werden (Abbildung 15). Sie dürfte jedoch wie die Stuhlkonstruktion des Dachwerkes frühestens neuzeitlichen Ursprungs sein[244]. Die Franziskanerkirche orientiert sich damit an der regionalen Baukunst. Der Unterschied zwischen der Franziskanerkirche und der städtischen Pfarrkirche, die wohl etwas älter ist, offenbar sich nur im Fehlen des Turmes, der Einschiffigkeit gegenüber der Dreischiffigkeit der Pfarrkirche. Der flache

---

239 Der spitzbogige Zugang (ca. 90 x 220 Zentimeter) befindet sich westlich der renaissancezeitlichen Sakristei, in deren Treppenaufgang. Die ehemalige Türschwelle erhebt sich ca. 180 cm über dem heutigen Fußbodenniveau. Danach beansprucht der Chorbereich ca. 16 Meter der gesamten Saallänge von ca. 39 Meter.

240 Aufgrund fehlender Querschnittszeichnungen konnten die Proportionen der regionalen Kirchen leider nicht mit einbezogen werden.

241 Siehe Seite 190ff. und 65ff.

242 Die enge architektonische Abhängigkeit von St. Marien und St. Johannis wurde erst vor kurzem betont. im Dehio Sachsen-Anhalt I, 2002, 7.

243 Die östlichen Dreifenstergruppen der Bautengruppe im Saale-Mündungsgebiet reichen ebenfalls nicht über die Traufhöhe hinaus. St. Marien und St. Nikolai in Aken, St. Jakobi in Schönebeck und St. Marien in Barby besitzen flach gedeckte Innenräume. St. Bartholomäi in Zerbst und St. Stephani in Calbe sind mit gotischen Gewölben ausgestattet, waren aber ursprünglich auch auf Flachdecken angelegt.

244 Die für eine Tragfunktion zu schmalen Balken entpuppen sich als eine aus Brettern gefertigte Imitation, die den eigentlich tragenden Dachstuhlbindern samt Bretterschalung untergehängt sind.

Abbildung 16: Barby, St. Johannis, Grabplatten der Grafen von Barby an der südlichen Chorwand (Foto: Todenhöfer 2009).

Chorschluss, die engen Lanzettfenster, die flache Decke und die Gedrungenheit des Raumes orientierten sich am regionalen Baukontext. Die schlichte Ausstattung der Pfarrkirche mit Baudekor konnte an der Franziskanerkirche nicht unterboten werden. Allerdings zeichnet sie sich durch die gräflichen Grablegen aus (Abblildung 16), womit das Franzikanerkloster als Hauskloster der Grafen von Barby bezeichnet werden kann.

Die Franziskanerkirche in Burg

Kustodie Magdeburg, Bistum Brandenburg, Archidiakonat Brandenburg[245]

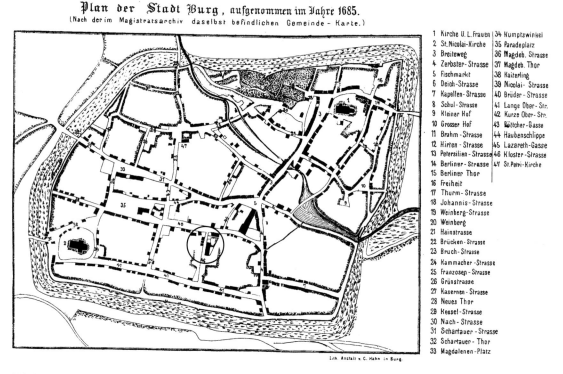

Abbildung 17: Burg, Nienborgscher Stadtplan von 1685 (SHStA, nicht StA Burg, Wolter 1881).

Lage

Die Lage des zerstörten Franziskanerklosters war lange Zeit nicht genau bekannt. Man konnte lediglich aufgrund der Straßennamen Brüder- und Klosterstraße und der aus dem Kloster hervorgegangene Schule auf dessen ungefähre Lage schließen.[246] Das Kloster, dessen Patrozinium nicht überliefert ist, befand sich im südlichen Teil der gegen 1160/70 unter Heranziehung niederländischer und flämischer Kolonisten südwestlich der Oberstadt planmäßig gegründeten Unterstadt (Abbildung 17).[247] Über die nördlich am Kloster verlaufende Brüderstraße bestand eine direkte Verbindung zum Markt der Neustadt mit dem von Erzbischof Wichmann von Magdeburg im Jahr 1176 den Burger Kaufleuten geschenkten Kaufhaus.[248] Das Klostergelände lag etwa auf halber Strecke zwischen der Pfarrkirche der Oberstadt St. Marien und deren Filialkirche St. Nikolai in der Neustadt. Zusammen mit der Petrikirche im Norden waren somit die drei Pfarrkirchen und das Kloster relativ gleichmäßig im mittelalterlichen Stadtgebiet verteilt.

Im Hinblick auf den Zusammenhang zwischen Stadtausbau und Klostergründung gibt es nur spärliche Hinweise. Nach Fritz Menz wurde die um 1160/70 planmäßig angelegte Neustadt erst Anfang des 14. Jahrhunderts mit einer Stadtmauer befestigt, was auf einen

---

245 Schlager 1914, 231 ff.; Mitteldeutscher Heimatlas 1958, Karte 16.
246 Gustav Fritz: Chronik von Burg, Burg 1851, 120. Wilhelm Nitze (Unsere deutsche Heimat. Die Geschichte der Stadt Burg und der Lande Jerichow, Burg 1940, 145–152, hier 147) vermutete irrtümlich ein Kalandsgebäude an Stelle des Franziskanerklosters.
247 Vgl. Eberhard Lorenz: Die Anfänge des Burger Tuchhandels und die wirtschaftliche Entwicklung der Stadt Burg im hohen Mittelalter, in: Zur städtischen Entwicklung Burgs im Mittelalter (Veröffentlichen zur Burger Geschichte, Heft 8), Burg 1964, 1–14.
248 Vgl. Berent Schwineköper: Art. Burg, in: Handbuch der historische Stätten, Bd. 11, Stuttgart 1987, 59f.

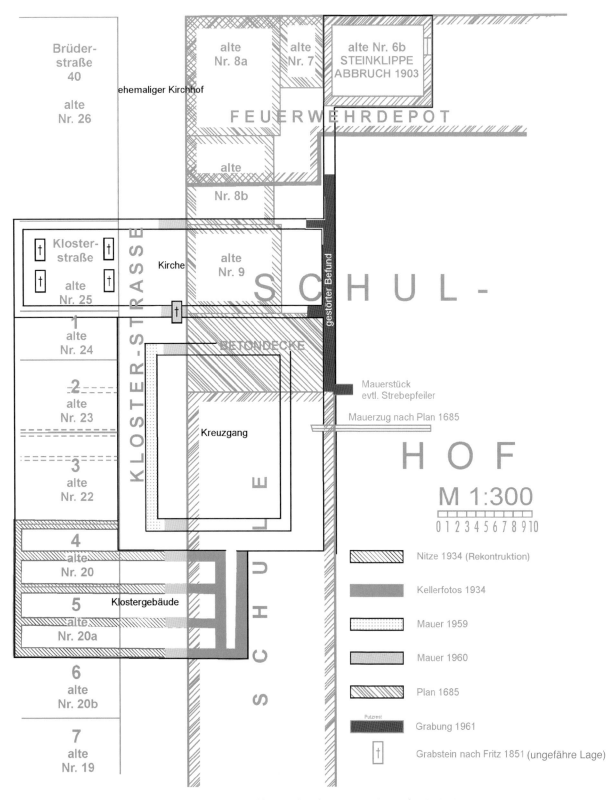

Abbildung 18: Burg, Rekonstruktion des Franziskanerklosters (Zeichnung: Hornbogen/Todenhöfer 2003 unter Benutzung des Befundplans im StA Burg).

langfristigen Prozess des Stadtausbaus hindeutet.[249] Das Kloster war parallel zur Brüderstraße ausgerichtet, doch dürfte das Straßennetz älter gewesen sein als das Franziskanerkloster und sich auf die gegen Ende des 12. Jahrhunderts entstandenen Nikolaikirche und den Neustädter Markt bezogen haben, sodass sich das Kloster in das bestehende Straßenraster einfügte[250]. Das Areal, auf dem sich später das Kloster errichtet wurde, dürfte jedoch weitgehend unbebaut gewesen sein. So war ein mittelalterliches Gebäude, die so genannte ‚Steinklippe', das bis zu seinem Abriss anscheinend im baulichen Zusammenhang mit dem Kloster stand, ohne Vorgängerbauten auf Schwemmsand gebaut (Abbildung 18).[251]

Historisches Schicksal

Aus der Absetzung eines Guardians wird gemutmaßt, dass das Burger Kloster im Jahr 1507 reformiert worden ist.[252] Im Jahr 1523 wurden bei einem Stadtbrand ein Klostergebäude und der Dachreiter der Kirche zerstört[253]. Für 1529 und 1532 ist überliefert, dass die Mönche größere Teile des mobilen und immobilen Besitzes verpfänden mussten.[254] Diesbezüglich erfolgte durch den Magdeburger Möllenvogt Bastian Langhans 1532 die Anweisung zur Inventarisierung des Klostergutes.[255] In den Aufzeichnungen wurden ein Gewölbe unter dem Schlafhaus, ein Siechenhaus (firmerey), der Remter, ein Keller und die Küche erwähnt.[256] Bereits im Jahre 1533 kam eine erzbischöfliche Kommission nach Burg um die Inventarisierung des Klostergutes durch den städtischen Rat zu überprüfen.[257] So ist auch aktenkundig, dass bei der Visitation des Klosters 1533 die letzten vier Mönche vor Langhans klagten, dass das Kloster verfallen würde, wenn der Erzbischof nichts dagegen unternimmt.[258] Der städtische Rat konnte infolge der schlechten Erhaltung des Klosters sein Eigentum am Kloster sukzessive erweitern.[259] Im Zuge dieser Verpfändungen genehmigte Kardinal Albrecht, Erzbischof von Magdeburg, im Jahr 1536 die Abtretung der Schaffnerei samt dazugehörigem Platz, welche sich zwischen dem Kirchenchor und dem Brauhaus befand, an die Stadt.[260] Bereits 1538 war das Kloster von den Mönchen verlassen.[261] Der letzte Guardian, Stephan Brandt, der die Verwaltung einer Landpfarre übernommen hatte, sollte 1538 auf Anweisung des Brandenburger Bischofs mit Restmitteln des Konventes die Klostergebäude und die Kirche zu seinem eigenen Unterhalt reparieren lassen.[262] Beim Entwurf der ersten evangelischen Kirchenordnung 1542 wurden für die Franziskanerkirche Gottesdienste vorgesehen und wohl längere Zeit gehalten.[263] Im Kloster wurde nach der Säkularisierung eine Lateinschule eingerichtet.[264] Anscheinend waren Teilbereiche des ehemaligen Klosters bereits ab 1571 parzelliert und mit Wohnhäusern überbaut worden (Abbildung 18).[265] Durch die Bebauung entstand im Laufe der Zeit eine

---

249 Vgl. Fritz Menz: Ein Überblick über die mittelalterlichen Wehrbefestigungen der Stadt Burg, in: Zur städtischen Entwicklung Burgs im Mittelalter (Veröffentlichen zur Burger Geschichte, Heft 8), Burg 1964, 28–41, hier 31. Die Vermutungen für eine Stadtmauer im 13. Jahrhundert sind unwahrscheinlich. Vgl. Schwineköper 1987, 60; Dehio Sachsen-Anhalt I, 2002, 131.

250 Vgl. Dehio Sachsen-Anhalt I, 2002, 136.

251 Der Eingang der ‚Steinklippe' befand sich auf dessen Ostseite und war nicht in Richtung Klosterhof ausgerichtet. Nitze 1934, 2.

252 Fritz Bünger, Gottfried Wentz: Das Bistum Brandenburg (Germania Sacra: Die Bistümer der Kirchenprovinz Magdeburg, 1. Abt, 2. Teil), Berlin 1941, 397–400, hier 398.

253 In einem Brief an Fürstin Margarethe von Anhalt berichtet der Magdeburger Kustos Christian Wolter, dass bei einem Stadtbrand ca. 75 Häuser zerstört worden sind; vom Kloster habe er nur angegeben, dass der Dachreiter der Kirche und ein Haus des Klosters abgebrannt seien. Ebd.

254 Agnes Bartscherer: Aus den letzten Tagen des Burger Barfüßerklosters, in: Jerichower Land und Leute, 12. Jg., Nr. 8 (1933), 33; Bünger/Wentz 1941, 399f.

255 Bartscherer 1933, 33; Bünger/Wentz 1941, 399.

256 Ebd.

257 Bartscherer 1933, 33; Bünger/Wentz 1941, 399.

258 Agnes Bartscherer: Aus den letzten Tagen des Burger Barfüßerklosters, in: Jerichower Land und Leute, 12. Jg., Nr. 9 (1933), 37f., hier 38.

259 Ebd.

260 „[…] als wir [Albrecht] […] zulassen, das die personen berurtes Closters die Schefferey mitt eynem rawme von der Schefferey an vnd kegen dem kohre der kirchen bis an das Brawhauss, weyl jhnen solchs wenigk nutze, vnd das Closter solchs zur noth nicht bedarf, auch furmals dozu nicht gehortt noch dorbey gewesen yst […]". Zitiert nach Adolph Friedrich Riedel (Hg): Codex diplomaticus Brandenburgensis. Sammlung der Urkunden, Chroniken und sonstigen Quellenschriften für die Geschichte der Mark Brandenburg und ihrer Regenten, Bd. I,11, Berlin 1856 (Nachdruck 1997), 469, Nr. 256. Bei der ‚Schefferey' dürfte es sich nicht, wie Bünger/Wentz (1941, 399) annimmt, um eine Schäferei, sondern um eine Schaffnerei (Prokuratorenhaus) handeln. Zu einem ähnlichen Fall in Quedlinburg bereits Hermann Lorenz: Die beiden Bettelmönchs-Klöster in Quedlinburg, in: Am Heimatborn. Beilage zum Quedlinburger Kreisblatt, Nr. 197 v. 6.11.1928, 805f., hier 806. Siehe auch Seite 125, Anm. 712.

261 Bünger/Wentz 1941, 400.

262 CDA I,11, 470f., Nr. 257; vgl. Bünger/Wentz 1941, 400.

263 C. Kretschmar: Eine evangelische Kirchenordnung der Stadt Burg von 1542, in: Geschichts-Blätter für Stadt und Land Magdeburg, 9. Jg. (1874), 70–73, hier 71; StA Burg, *Beschreibung der Stadt Burg, welche der hiesige Stadt-Sindicus Herr Licentiat David Meise gemacht.* Manuskript aus dem Jahr 1724, 81.

264 Nitze 1940, 149, Bünger/Wentz 1941, 400.

265 Eberhard Lorenz: Alt-Burger Straßennamen, in: Beiträge zur Burger Geschichte, Heft 5, Burg 1957, 62. Die Straße ist in der Flurkarte von Samuel Nienborg 1685 (SHStA Dresden, Riss Schrank C, Fach II, Nr. 5) erstmalig nachgewiesen. Der Nienborgsche Plan wurde vereinfacht bei F.A. Wolter (Mittheilungen aus der Geschichte der Stadt Burg, Burg 1881) abgedruckt. Siehe Abbildung 17.

Verbindung zwischen Ober- und Brüderstraße, die 1685 und 1738 ‚im Klosterhof' genannt wird und die heutige Klosterstraße bildet.[266] Das Kloster wurde am 10. Februar 1626 durch ein Bombardement der Stadt durch kaiserliche Truppen zerstört.[267] Jedoch wurden bei Grabungen in den 1930er Jahren im Bereich der ehemaligen Schule an der Klosterstraße keine Brandschichten in den Resten der ehemaligen Südklausur entdeckt.[268] Laut Nitze wurde das Klostergebäude, in dem sich die Schule befand, nach dem Dreißigjährigen Krieg wegen Baufälligkeit abgebrochen und 1675 in verändertem Grundriss längs zur Klosterstraße errichtet.[269] Diese Schule wurde bereits 1822 abgebrochen und bis 1829 neu errichtet.[270] Eine Brandschicht ist hingegen im Bereich Ecke Klosterstraße/Brüderstraße im Bereich des ehemaligen Kirchhofes gefunden worden.[271] Ob diese Brandschicht im Zusammenhang mit der Zerstörung der Kirche stand, kann nur durch erneute Ausgrabungen geklärt werden.

Geschichtliches zur Klostergründung

Über die Umstände der Gründung des Burger Franziskanerklosters ist urkundlich nichts überliefert.[272] Das Begräbnis eines Magdeburger Domherrn, bei dem es sich möglicherweise um Otto (Edler) von Dobien (gest. 1283?) handelt, setzt das Bestehen des Klosters und der Kirche zu dieser Zeit voraus.[273] Die erste urkundliche Erwähnung der Franziskaner erfolgte 1303, als Erzbischof Gieselbert von Bremen unter anderen die Bettelmönche in den märkischen Niederlassungen zum Vollzug des Bannes über die Markgrafen von Brandenburg anwies.[274] In der Ordensgeschichtsschreibung des 13. Jahrhundert für den deutschen Sprachraum, der Chronik des Giordano de Giano, der Sächsischen Chronik sowie den Epitome Lipsiensis, wird der Burger Konvent nicht erwähnt.[275] Die spät einsetzende Überlieferung deutet daher auf eine relativ späte Klostergründung vielleicht im ausgehenden 13. Jahrhundert hin. Da in Burg offenbar keine Provinzkapitel abgehalten wurden, wird der Konvent nur eine unscheinbare Rolle im Ordensverband gespielt haben.[276] Als Initiatoren der Franziskanerniederlassung mit einer umfangreichen Grundstücksstiftung kommen vor allen die Magdeburger Erzbischöfe als Stadtherren in Frage. Auch das erwähnte Begräbnis des Magdeburger Domherrn weist in diese Richtung. Nach Buchholz sind gegen Ende des 13. Jahrhunderts Emanzipierungsbestrebungen der Stadt gegenüber den erzbischöflichen Ministerialen feststellbar.[277] Möglicherweise wurde in dieser Zeit die Gründung des Franziskanerkonventes initiiert, weil dadurch der Einfluss des Stadtherrn auf das städtische Allgemeinwesen gesichert und ausgebaut werden konnte. Das Begräbnis des Domherren gegen Ende des 13. Jahrhunderts, das Grab des Ritters Werner Kracht aus Parchen aus dem 15. Jahrhundert,[278] das Begräbnis des Hans von Treskow im Jahr 1532[279] und verschiedene Spenden aus der Bürgerschaft[280] sprechen jedenfalls für eine privilegierte Klientel der Mönche.

---

266 Lorenz 1957, 62.
267 Fritz 1851, 120; Bartscherer 1933, 38; Bünger/Wentz 1941, 400.
268 Nitze 1940, 149.
269 Vgl. ebd.
270 Ernst Wernicke: Bau- und Kunstdenkmäler der Kreise Jerichow, Halle 1898, (zu Burg) 44–69, hier 66.
271 Wilhelm Nitze ging bei seinen Grabungen allerdings noch nicht von einem Franziskanerkloster, sondern von einer Kalandskapelle aus (Die ehemalige Kapelle der Kalandsbrüderschaft, in: Jerichower Land und Leute, 13. Jg, Nr. 12 (1934), 2). Die Brandschichten fanden sich westlich von einem mittelalterlichen, erst 1903 abgetragenen kapellenartigen Häuschen, der sogenannten Steinklippe. Dieses gehörte aufgrund seiner Lage höchstwahrscheinlich zum Kloster (ebd.).
272 Ein von Eberhard Lorenz verfasstes Manuskript ‚Urkundenbuch der Stadt Burg bis 1550' muss als verschollen gelten. Es existiert allerdings ein Manuskript zur Burger Geschichte von Gerhard Mittendorf (Burg) mit Quellenangaben, dessen kurzer Abschnitt zum Burger Franziskanerkloster mir dankenswerterweise vom Stadtarchiv Burg zur Verfügung gestellt worden ist (StA Burg, Manuskript Mittendorf, o.J.). In der handschriftlichen Chronik der Stadt Burg des David Meise wird ein Gedicht über einen großen Brand von 1268 wiedergegeben, das wohl aus einem verloren gegangenen Pergamentkodex aus dem Besitz des Klosters stammte (StA Burg, Manuskript David Meise 1724, 102). Mittendorf sieht darin die frühe Existenz des Klosters belegt. Vgl. StA Burg, Manuskript Mittendorf, o.J.
273 Vgl. Kleine Mitteilungen, in: Aus der Frühgeschichte der Stadt Burg (Veröffentlichungen zur Burger Geschichte, Heft 7), Burg 1962, 27f. Otto von Dobien wird 1255 und 1271 als Magdeburger Domherr erwähnt. Gottfried Wentz, Berent Schwineköper: Das Domstift St. Moritz in Magdeburg (Germania Sacra: Das Erzbistum Magdeburg, 1. Bd., 1. Teil), Berlin/New York 1972, 475. Zwei Abbildungen des Grabsteines befinden sich im Stadtarchiv Burg (StA Burg, Fotothek Kreisheimatmuseum Burg, K/4). Über den heutigen Verbleib der Grabplatte ist nichts bekannt.
274 CDB I, 8, 193, Nr. 135.
275 Hardick, Chroniken, 1957; Boehmer 1908.
276 Vgl. ebd.
277 Wolfgang Buchholz: Die Bürger von Burg und die Herren von Borch, in: Zur städtischen Entwicklung Burgs im Mittelalter. (Veröffentlichen zur Burger Geschichte, Heft 8), Burg 1964, 15–27.
278 Fritz 1851, 49f.
279 Bartscherer 1933, 37.
280 Eine Spende Hans Teschners von einer halben Mark im Jahr 1395. Magdeburger Geschichtsbl. 55, 86. Im Jahr 1496 eine Spende von einem Pfund Wachs von Hans Roleken und Simon Sydow. Urkunden, StA Burg, Nr. 33. Eine weitere Wachsspende von 1517. Urkunden, StA Burg, Nr. 88. Quellenangabe nach StA Burg, Manuskript Mittendorf, o.J.

Rekonstruktion

Bereits im Jahr 1934 wurden bei Ausschachtungsarbeiten für ein Feuerwehrdepot im Eckgrundstück von Koster- und Brüderstraße Mauerreste aufgedeckt, die zu dem kleinen Gebäude der ‚alten Steinklippe' gehörten, das 1903 abgetragen wurde (Abbildung 18).[281] Das 12,5 Meter lange und 8,5 Meter breite Gebäude war aus massiven Feldsteinmauern errichtet und nach den Befunden höchstwahrscheinlich mittelalterlichen Ursprungs.[282] Dieser Bau wurde von dem Ausgräber Wilhelm Nitze fälschlich als Kalandskapelle gedeutet.[283] Nitze zufolge schloss an die Südwestecke dieses Gebäudes eine weniger starke, jedoch im Verbund gemauerte Mauer parallel zur Klosterstraße an, die nach Süden verlief, wo sie rechtwinklig nach Westen abbog.[284] Gerade diese Disposition lässt diese Mauer in der zeichnerischen Rekonstruktion zu den Mauerzügen gehörig erkennen, die 1961 erneut auf dem jetzigen Schulhof gefunden wurden und die zum Kloster gehörten (Abbildung 18). Es handelt sich bei der ‚Steinklippe' wahrscheinlich um die ehemalige Schaffnerei, die 1536 in der Urkunde von Kardinal Albrecht genannt wird.[285] Ende der 1930er Jahre fand man im Zuge von Arbeiten an einem Gasschutzkeller im südwestlichen Kellerbereich der ehemaligen Comenius-Schule in der Klosterstraße weitere Fundamentreste aus bis zu 1,6 Meter starken Feldsteinfundamenten, deren aufgehendes Mauerwerk sich stufenförmig bis auf 0,7 beziehungsweise 0,9 Meter verjüngte.[286] In den Kellern der Wohnhausbebauung auf der westlichen Seite der Klosterstraße konnten durch Nitze die passenden Anschlussfundamente entdeckt werden.[287] Die Mauerstreifen gehörten offensichtlich zu einem 13,3 Meter breiten und 24 Meter langen Klausurgebäude, das parallel zu Brüderstraße ausgerichtet war.[288] Demnach wurden die Fundamente des Klosters bei der teilweisen Bebauung des ehemaligen Klostergeländes ab 1571 zumindest teilweise für die Abtrennung der kleinen Flurgrundstücke und für die Errichtung von Wohnhäusern genutzt. Es ist sehr wahrscheinlich, dass die Westausdehnung des südlichen Klausurgebäudes ebenfalls mit der Bebauung der westlichen Seite der Klosterstraße identisch ist. Im Jahr 1960 grub man bei Kanalarbeiten in der Klosterstraße den mittelalterlichen Grabstein des Magdeburger Domherren und weitere Feldsteinfundamente aus.[289] Damit besaß man die Gewissheit, das alte Franziskanerkloster gefunden zu haben. Eine Ausgrabung im Jahr darauf förderte auf dem angrenzenden Schulhof unter anderem ein östliches Anschlussfundament aus Feldstein zu Tage,[290] das nach der zeichnerischen Befundlage höchstwahrscheinlich dem flachen Chorschluss der Franziskanerkirche zuzuordnen ist, da östlich keine Bebauung festgestellt werden konnte.[291] Demnach befand sich neben dem Chor eine größere Freifläche, die später irrtümlich mit der sogenannten „Schäferei" in Verbindung gebracht wurde.[292] Wahrscheinlich handelt es sich bei dieser

---

[281] Eine Beschreibung der Funde bei den Ausschachtungsarbeiten am Feuerwehrdepot und der Anlage eines Gasschutzkellers in den 1930er Jahren in der Comenius-Schule erfolgte bei Wilhelm Nitze (Die ehemalige Kapelle der Kalandsbrüderschaft, in: Jerichower Land und Leute, 13. Jg, Nr. 12 (1934), 1f. und ders.: Unsere deutsche Heimat. Die Geschichte der Stadt Burg und der Lande Jerichow, Burg 1940, 145–152).

[282] Die ‚Steinklippe' gelangte im 16. Jahrhundert in städtischen Besitz und wurde inschriftlich 1556 umgebaut. Leider geht aus den Ausführungen von Nitze nicht hervor, ob die im Inneren der Steinklippe in einer Planierschicht aus Abbruchmaterial gefundenen Rippensteine aus Backstein zu dem von Nitze (1934, 2) bereits früher beschriebenen Ziegelgewölbe gehörten.

[283] Vgl. Nitze 1934, 2; Ders. 1940, 145–152. Die irrtümliche Ableitung des Namens ‚Brüderstraße' von Kalandsbrüdern bereits bei Friedrich Kausch (Chronik der Stadt Burg, Burg 1927, 39).

[284] Nitze geht nicht genauer auf diese Reste ein (1934, 1).

[285] Siehe Anm. 260.

[286] Nitze 1940, 146–149. In den Mauern befanden sich Türgewände aus Backstein, die jedoch sekundär eingebaut gewesen sein sollen.

[287] Ebd., 145.

[288] Ebd., Taf. 21.

[289] Kleinere Mitteilungen, in: Aus der Frühgeschichte der Stadt Burg. Veröffentlichungen zur Burger Geschichte, Heft 1, Burg 1962, 27f. Siehe Anm. 273.

[290] StA Burg, Protokoll *Auswertung der Grabung auf dem Schulhof der Comeniusschule*, Sommer 1961 von Herrn Beutler, masch., 3 S.; dazu gehörig drei Handzeichnungen (Klosterrekonstruktion, Fundplan sowie Detailumzeichnung des sog. Nienborg'schen Planes von 1685) nach telefonischer Auskunft des ehemaligen Mitarbeiters des Kreisheimatmuseums in Burg, Herrn Wolfgang Buchholz (Magdeburg), von ihm selbst angefertigt; Teile der Grabungsdokumentation (handschriftl.) fanden sich im Bestand StA Burg, Burg des Kulturhistorischen Museums Magdeburg, Abt. Vor- und Frühgeschichte, waren jedoch für die Architektur nicht ergiebig. Fotografien der o.g. Ausgrabungen bzw. 1961 sowie 1960 im StA Burg (Fotothek des Kreisheimatmuseum Burg, K/4). Letztere sowie die Zeichnungen von Wolfgang Buchholz konnten jedoch für die Rekonstruktion verwendet werden. Sein Plan mit der Eintragung der Funde beziehungsweise Altfunde diente der Rekonstruktion als Grundlage.

[291] Kleinere Mitteilungen, in: Aus der Frühgeschichte der Stadt Burg. Veröffentlichungen zur Burger Geschichte, Heft 1, Burg 1962, 28; StA Burg, Grabungsprotokoll Beutler, 1961. Der Mauerrest besaß laut der Fundzeichnung im westlichen Bereich noch Reste von Verputz. Leider haben sich über das Baumaterial und dessen Aussehen keine schriftlichen Angaben gefunden. Die Fotografien der Ausgrabung, welche sich im Stadtarchiv von Burg befinden, sind kaum aussagekräftig und geben nur die Lage der Mauerzüge wieder, jedoch keine Details. Anhand der Fundamente wurde von den Mitarbeitern des Kreisheimatmuseums eine Rekonstruktion des Kloster angefertigt, die nur sporadisch mit den wirklichen Funden übereinstimmen. Sie erkannten allerdings die Lage von Kirche und Kreuzgang richtig. Auf eine Wiedergabe dieser Rekonstruktion wird daher verzichtet.

[292] Vgl. Anm. 260.

Freifläche um dieselbe, welche im Flurplan von Samuel Nienborg aus dem Jahre 1685 östlich der Klosterstraße wiedergegeben wird (Abbildung 17).[293] Heute befindet sich hier der Schulhof des Roland-Gymnasiums. Durch die begründete Annahme, dass die westliche Ausdehnung des südlichen Klausurgebäudes identisch mit der der Kirche war, ist ein Anhaltspunkt für die Länge des Kirchenraumes gegeben. Der ungefähre Verlauf des Westabschluss wird durch vier mittelalterliche Grabplatten, die bereits gegen Mitte des 19. Jahrhunderts auf dem ehemaligen Grundstück der Klosterstraße 25 im westlichen Bereich der Kirche gefunden wurden, untermauert.[294] Eine dieser Grabplatten gehörte dem 1483 verstorbenen Ritter Werner Kracht aus Parchen und seiner Ehefrau Anna, geborene von Falkenhayn, und gilt als verschollen.[295] Spätestens Anfang des 20. Jahrhunderts verbrachte man die Grabplatte, vielleicht durch die Nachfahren veranlasst, in die Magdeburger Domklausur, wo sie nicht mehr auffindbar ist.[296] Die Rekonstruktion ergibt eine einfache Saalkirche von ca. zehn Meter Breite und 40 Meter Länge. Der Bau entspricht damit den gängigen Grundrissproportionen mendikantischer Saalkirchen.[297] Zudem kann festgestellt werden, dass die Kirche ca. 20 Meter von der Flucht der Brüderstraße zurückgesetzt lag und damit eine Art Vorplatz bildete, wie er auch anderen Orts für Mendikantenkirchen als Kirchhof nachweisbar ist.[298]

Diese Funktion wird gestützt durch den Fund eines Friedhofs an dieser Stelle mit ca. 40 Bestattungen in den 1930er Jahren.[299] Den westlichen Bereich Kreuzgang kann man durch zwei der 1960 aufgedeckten Fundamentstreifen rekonstruieren, die parallel zur Kirche verliefen und auffälligerweise mit einem bereits ein Jahr früher freigelegten Fundamentstreifen, der im rechten Winkel zu Kirche verlief und genau in ihrer Höhe abbrach, korrelierten. Über den Aufriss der Burger Franziskanerkirche besitzen wir leider keine Kenntnisse. Ihr Äußeres muss schlicht gewesen sein, denn in einer im Jahr 1540 entstandenen Stadtvedute sind Gestalt und Lage des Klosters nicht sichtbar beziehungsweise von der umgebenden Bebauung unterscheidbar.[300] Wahrscheinlich war die Kirche nach den oben genannten Befunden aus Feldsteinen beziehungsweise aus einer Mischung aus Feld- und Backsteinen wie die Saalkirche der Zerbster Franziskaner erbaut worden. Die ab 1350 in Feld- und Backsteinen errichtete Maria-Magdalenen-Kapelle in Burg besitzt Stufengiebel mit Spitzbogenblenden. Es wäre daher möglich, jedoch nicht mehr feststellbar, dass sich die Burger Franziskanerkirche wie die Bettelordensarchitektur anderenorts gemäß des franziskanischen Schlichtheitsgebotes an derartigen Gestaltungsmerkmalen des lokalen Architekturkontextes orientierte.

---

293 SHStA Dresden, Flurplan von Samuel Nienborg aus dem Jahr 1685, Riss Schrank C, Fach II, Nr. 5. Der Plan konnte von Sächsischen Hauptstaatsarchiv Dresden aufgrund seiner Größe leider nicht als fotografische Reproduktion zur Verfügung gestellt werden.
294 Fritz 1851, 49f.
295 Ebd., 49; Wolfgang Grune: Art. ‚Auf den Spuren des Klosterdenkmals von Burg. 1851 gefundener Grabstein scheint verschollen zu sein', in: Volksstimme (Ausgabe Burg) v. 01.08.96.
296 Der Grabstein lässt sich Anfang des 20. Jahrhunderts in der Klausur des Magdeburger Domes nachweisen, wo er sich allerdings heute nicht mehr befindet. Vgl. Führer durch den Magdeburger Dom / im Auftr. des Magdeburger Architekten- und Ingenieur-Vereins bearb. von B.[artel]. Hanftmann, Magdeburg 1909, 52f., Nr. 55; Günther Deneke: Magdeburgische Bildhauer der Hochrenaissance und des Barock, Diss. Univ. Halle 1911, 147, Nr. 49.
297 In näheren Umkreis entsprechen die Franziskanerkirchen in Barby, Aschersleben und Zerbst diesen Proportionen.
298 Vgl. Seite 319f., Zugangssituation und Platzbildung.
299 Nitze 1934, 2; ders. 1940, 152. Der Fundort wird zwischen der Brüderstraße und südwestlich der ‚Steinklippe' angegeben.
300 StA Burg, Vedute der Stadt Burg aus dem Jahr 1540, B 89, Nr. 12.

Die Dominikanerkirche St. Katharinen in Halberstadt
Ordensnation Sachsen, Bistum und Archidiakonat Halberstadt[301]

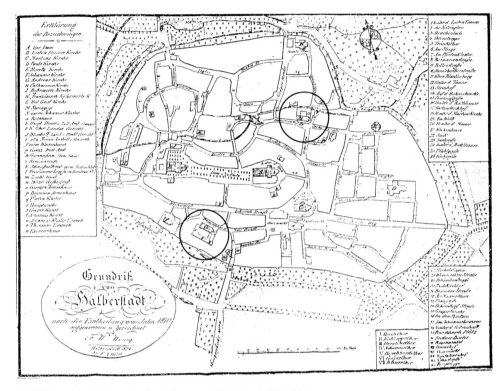

Abbildung 19: Halberstadt, Stadtplan von 1810 (Kopie LDASA).

Lage

Das ehemalige Kloster der Halberstädter Dominikaner liegt nördlich des Domhügels (Abbildung 19).[302] Es befand sich am Südufer eines Seitenarms der Holtemme, welcher im 20. Jahrhundert zugeschüttet wurde.[303] Der Flussarm trennte ursprünglich die Pfarrbezirke von St. Martini und St. Moritz und die Rechtsbereiche zwischen städtischem Rat und Domimunität. Das Kloster gehörte noch zum Pfarrbezirk von St. Martini und damit zur Marktgerichtsbarkeit der Stadt.[304] Das Kloster war sehr gut an das städtische Wegesystem angebunden. Der Hohe Weg, die Hauptverbindung zwischen Markt (Martinipfarrei) und Moritzpfarrei, verlief östlich des

---

301 Löe 1910, 12f.; Mitteldeutscher Heimatlas 1958, Karte 16. Die Kirche wird heute Katharinenkirche genannt. Die verschiedenen überlieferten Bezeichnungen des Klosters: St. Katharina und Barbara, Pauler- oder Predigerkloster, St. Katharina-Barbara, am geläufigsten Päweler- oder Pevlerkloster. Selten erscheint der Provinzpatron St. Paulus als Nebenpatron. Angela Koch: Mendikanten in Halberstadt. Ein Beitrag zur Gründung, Etablierung und Auflösung von Bettelordenskonventen im mittelalterlichen und frühneuzeitlichen Halberstadt, in: Dieter Berg (Hg.): Bürger, Bettelmönche und Bischöfe in Halberstadt: Studien zur Geschichte der Stadt, der Mendikanten und des Bistums vom Mittelalter bis zur Frühen Neuzeit (Saxonia Franciscana, Bd. 9), Werl 1997, 147f. In den mittelalterlichen Urkunden wird m. W. kein Patrozinium überliefert.

302 Eine Zusammenfassung folgenden Ergebnisse in: Achim Todenhöfer: Die Kirchen der Franziskaner und Dominikaner in Halberstadt, in: Geschichte und Kultur des Bistums Halberstadt 804–1648 (Protokollband des Halberstädter Symposiums ,1200 Jahre Bistumsgründung Halberstadt', 24. bis 28. März 2004, hg. v. Adolf Siebrecht), Halberstadt 2006, 535–554.

303 Die südliche Holtemme regulierte man sukzessive im Laufe des Mittelalters durch Dammbauten, bis sie Anfang des 20. Jahrhunderts gänzlich überdeckt wurde. Später wurde das ehemalige Flussbett trockengelegt und zugeschüttet. Adolf Siebrecht: Halberstadt aus stadtarchäologischer Sicht. Die Bodenfunde des 8. bis 13. Jahrhunderts aus dem mittelalterlichen Stadtgebiet und ihre historische Erschließung (Veröffentlichungen des Landesmuseum für Vorgeschichte in Halle, Bd. 45, hg. v. Dieter Kaufmann), Halle 1992, 74f.

304 Ebd., 65, Abb. 33; Franz Schrader: Gestalt und Entstehung der mittelalterlichen Pfarrorganisation der Stadt Halberstadt, in: Jahrbuch für die Geschichte Mittel- und Ostdeutschlands, Bd. 26 (1977), 1–52, hier 1f.

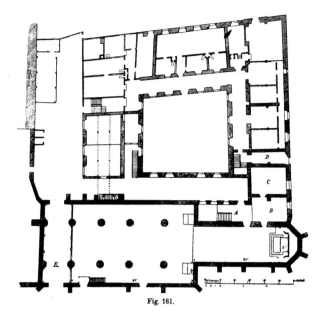

Abbildung 20: Halberstadt, Dominikanerkloster, Grundriss (Döring 1902, 423, Fig. 181).

Klosters und überquerte hier den Flussarm in mittelbarer Nähe zum Wassertor und der Neustadt. Über den Hohen Weg, die Dominikanerstraße und den Düsteren Graben bestanden ebenfalls direkte Verbindungen zum Domberg und dessen geistlichen Institutionen. Der Kirchhof des Klosters dürfte sich nach Stadtplänen des 18. und 19. Jahrhunderts als schmaler Streifen südlich und östlich um das Kloster gezogen haben (Abbildung 20). Die Kirche lag südlich der Klausur und war damit zur Stadt ausgerichtet, während die Klausur direkt am Fluss angrenzte.

Für das 13. Jahrhundert lassen sich in der Nähe des Klosters vorwiegend Felder[305], Hofstellen[306] und eine Mühle nachweisen.[307] Man nimmt an, dass das Stadtgebiet nördlich der Holtemme erst im 12. und 13. Jahrhundert wohl aufgrund fortschreitender Entwässerungsmaßnahmen besiedelt und vorwiegend landwirtschaftlich genutzt worden war.[308] Bis dahin bildete der Flussarm anscheinend eine Siedlungsgrenze.[309] Demnach wurde durch die Gründung des Halberstädter Dominikanerklosters im zweiten Viertel des 13. Jahrhunderts das bis dahin nur lose bebaute Gebiet baulich verdichtet.

Historisches Schicksal

Die lutherische Reformation ging am Halberstädter Dominikanerkloster nicht spurlos vorüber. Jedoch konnte sich der Konvent mit längeren Unterbrechungen bis 1810 behaupten.[310] Zunächst wurde das Kloster vor allem durch das Domkapitel, welches bis 1591 den alten Glauben vertrat, gestützt.[311] Allerdings bestand der Konvent im Jahr 1550 nur noch aus zwei Mönchen, weshalb das Domkapitel 1566 im Kloster, welches bereits verfallen und verwüstet war, eine Schule einrichtete, die bis 1591 bestand.[312] Teile des Klosters wurden ab 1573 vom Hamersleber Augustinerkloster genutzt, jedoch hielt sich der letzte Dominikanerprior Wolfgang Plattner (gest. 1597) ein Verfügungsrecht offen.[313] Im zweiten Jahrzehnt des 17. Jahrhundert erstarkte der Katholizismus in Halberstadt wieder, in Zuge dessen sich im Jahre 1624 wieder Dominikaner in Halberstadt nachweisen lassen.[314] Im Jahr 1628 übergaben schließlich das Halberstädter Domkapitel und das Kloster Hamersleben das Kloster wieder den Dominikanern, welche zusammen mit den Franziskanern die katholisch gebliebene Restbevölkerung betreuten.[315] Im Jahr 1632 mussten die Dominikaner wegen des Einzugs der Schweden aus Halberstadt fliehen, konnten jedoch nach dem Prager Frieden bereits 1635 wieder in das Kloster zurückkehren.[316] Wohl in dieser Zeit wurde das westliche Joch der Kirche als Tordurchfahrt zum Kloster abgetrennt.[317] Auch als das Bistum Halberstadt durch den Westfälischen Frieden an Brandenburg fiel, konnten sich die Dominikaner in Halberstadt behaupten. Erst die Regierung der französischen Besatzungszeit lösten im Jahr 1810 alle katholischen Klöster des Landes und damit auch den Halberstädter Dominikanerkonvent auf.[318] Erst 1857 wurde das Gelände des Klosters der Katharinengemeinde vom preußischen Staat übertragen.[319] 1910

---

305 UB Halberstadt, 48, Nr.: 42 (1240); 61, Nr. 58 (1246); 63, Nr. 61 (1247); 77, Nr. 82 (1252).
306 Ebd., 63, Nr. 62 (1247).
307 Ebd., 77, Nr. 82 (1252).
308 Siebrecht 1992, 74f.
309 Ebd., 65ff.
310 Koch 1992, 163ff.
311 Ebd.
312 Ebd.
313 Ebd.
314 Ebd.
315 Ebd.
316 Ebd.
317 Art. ‚Die Katharinenkirche in Vergangenheit und Gegenwart', in: Halberstädter Zeitung, Nr. 204 vom 01.09.1934.
318 Koch 1992, 163ff.
319 Art. ‚Der Kirchturmknopf von St. Katharinen', in: Halberstädter Zeitung, Nr. 116 vom 19.05.1929.

Abbildung 21: Halberstadt, St. Katharinen von Südosten (LHASA Magdeburg, Rep C35 HBA MD Nachtrag Nr. 82).

kaufte der Kirchenvorstand die Gebäude dem Staat ab,[320] in Zuge dessen 1859 das Dach und weitere Teile der Kirche laut der 1926 im Turmkopf aufgefundenen Dokumenten repariert wurden.[321] Seit 1920 befinden sich im Kloster ein Konvent der Karmelitinnen vom göttlichen Herzen Jesu und mehrere soziale Einrichtungen.[322] 1934 wurde westlich der Kirche die sogenannte Spiegelsche Reitbahn abgerissen, woraufhin auf dem Gelände nach Entwürfen des Paderborner Dombaumeisters Matern durch den Bildhauer Spalthoff aus Paderborn ein Denkmal aus westfälischem Dolomit für den Papst Clemens II. und 42 Bischöfe aus Halberstadt geschaffen wurde.[323] Gleichzeitig schuf man ein neues Westportal.[324] Die Kirche wird derzeit als katholische Pfarrkirche genutzt.

Architektur

Die ehemalige Dominikanerkirche St. Katharinen überstand die Bombardierung Halberstadts am 8. April 1945 unbeschadet. Sie präsentiert sich heute als dreischiffige Staffelhalle mit wuchtigen Achteckpfeilern und fünf ungewölbten Langhausjochen (Abbildung 22). Im Osten schließt der gewölbte einschiffige Chor mit drei Jochen und einem 5/8-Chorpolygon an (Abbildung 21). Die östlichen Joche von Langhaus und Chor sind etwas größer als die restlichen Joche. Über dem Langhaus erhebt sich ein schiffsüberspannendes Satteldach, das mit dem Satteldach des Chores eine gemeinsame Firstlinie bildet.

320 Art. ‚Die Katharinenkirche in Vergangenheit und Gegenwart', siehe Anm. 317.
321 Art. ‚Der Kirchturmknopf von St. Katharinen', siehe Anm. 319.

322 Art. ‚Die Katharinenkirche in Vergangenheit und Gegenwart', siehe Anm. 317.
323 Ebd.
324 Ebd.

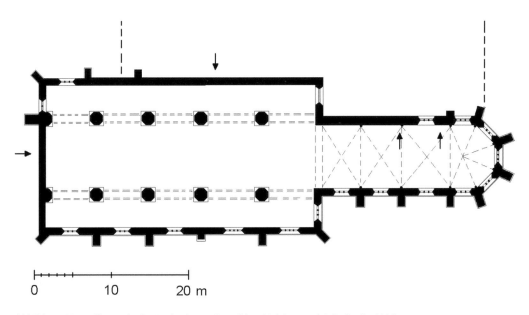

Abbildung 22: Halberstadt, St. Katharinen, Grundriss (Zeichnung: Todenhöfer 2004).

Die Fassaden sind durch Strebepfeiler gegliedert, die bis nah an das Traufgesims reichen. Da das Traufgesims des Chores sich an der Höhe des Mittelschiffs orientiert, sind die Chorstrebepfeiler dementsprechend höher. Die Form der Strebepfeiler ist schlicht, nur durch ein verkröpftes Kaffgesims unterteilt. Die Strebepfeiler des Chores haben in der oberen Hälfte zusätzlich Wasserabschläge. Der Eckpfeiler im Nordwesten, der erste Strebepfeiler an der Nordseite sowie der Strebepfeiler zwischen drittem und viertem Joch an der Südseite sind etwas niedriger als die restlichen und enden unterhalb des Fensterscheitels. Zudem verändert sich über dem Strebepfeiler zwischen drittem und viertem Joch an der Südseite das Profil des Traufgesims von einem konvexen (westlich) zu einem konkaven Profil (östlich). Die unterschiedlichen Strebepfeilerhöhen und der Profilwechsel des Traufgesimes am Langhaus gehen auf einen Bauphasenwechsel zurück (s. u.). In den Wandsegmenten der Südseite und des Polygons sind dreibahnige und im vierten und fünften Langhausjoch vierbahnige Maßwerkfenster mit einfachen abgeschrägten Fenstergewänden eingesetzt worden (Abbildung 219). Es handelt sich um Einsatzfenster, da man zwischen Fenstergewänden und Strebepfeilern Mauerflächen beließ. Im ersten Langhausjoch der Nordseite der Kirche befindet sich nur ein dreibahniges Maßwerkfenster.

Ein kleineres zugemauertes Seitenschiffsfenster an der Westfassade besitzt über zwei genasten Lanzettbahnen einen kleinen Maßwerkkreis mit eingeschriebenen stehenden Dreipass. Die Seitenschiffsfenster der ersten drei Langhausjoche besitzen hingegen nur ein Maßwerkmotiv: die Bogenschenkel der drei gleichhohen genasten Lanzettbahnen werden zu zwei sich überschneidenden Halbrundbögen zusammengeführt. Die mittleren Fensterstäbe laufen als gegenläufige Bögen weiter und verschleifen mit dem Fenstergewände im Scheitel zu einem mandelförmigen Gebilde (Abbildung 23). Östlich des dritten Langhausjoches variieren die Maßwerkformen. So finden wir im vierten und fünften Langhausjoch vierbahnige Fenster. Am Bogenbeginn überfängt ein Rundbogen ähnlich den vorangegangenen Jochen jeweils zwei genaste Lanzetten, allerdings ohne den anderen Bogen zu kreuzen. Im Fenstercouronnement des vierten Jochs befindet sich darüber ein Kreis mit einem stehenden Dreiblatt, dessen ‚Blätter' kleeblattförmig genast sind und deren Zwischenstege Lilien ausbilden. Im fünften Joch sind antithetisch zwei breite Schneuße in das Couronnement gesetzt. Die beiden Fenster des vierten und fünften Langhausjochs sind nicht nur breiter als die übrigen, sondern reichen auch weiter an das Traufgesims heran. Am Übergang vom Langhaus zum Chor trägt das Bogenfeld im Stirnfenster des südlichen Seitenschiffs nur einen einfachen Kreis über drei rundbogigen Fensterbahnen. Im ersten Chorjoch werden die Bogenstäbe der mittleren Bahn gegenläufig in einer leichten S-Kurve in das Bogenfeld geführt, wo sie ‚sphärisch' mit dem Fenstergewände verschliffen werden. In die Bogenzwickel wurden kleine Kreise eingepasst. Im zweiten Chorjochfenster sitzt

Abbildung 23: Halberstadt, St. Katharinen, Maßwerk (Bauarchiv Halberstadt).

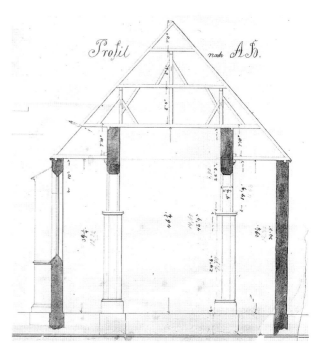

Abbildung 24: Halberstadt, St. Katharinen, Querschnitt von Osten von 1887 (Bauarchiv Halberstadt).

über der mittleren Lanzettbahn ein kleiner Kreis. An den Rändern des Couronnements füllt je ein aufwärts strebendes Fischblasenmotiv die Zwickel aus. Die Fenster des dritten Chorjoches erhielten einen rundbogigen Abschluss. Dem Stab- und Maßwerk wurden zusätzlich, wie beim klassischen Maßwerk, ein Rundprofil mit kleinen Kapitellen am Bogenansatz vorgeblendet. Auch durch die etwas komplexere Maßwerkform hebt sich dieses Fenster von den übrigen ab. So werden drei gestaffelte Lanzettbahnen bis in das Couronnement geführt, das von zwei kreisgerahmten Sechspässen dominiert wird. Das mittlere Lanzettprofil wird als Kielbogen mit den Kreisen verschliffen. Darüber erhebt sich ein Kleebattabschluss, der ebenfalls mit dem äußeren Kreisprofil der Pässe verschliffen wird, sodass er wie ein Falchon wirkt. Im Polygon zeigt sich hingegen wieder einfaches gekehltes Stabwerk. An den Polygonseiten wiederholt sich die schlichte Form von zwei parallelen, sphärisch gerahmten Dreiblättern. Die gleich hohen, genasten Lanzettbahnen reichen weit in das Bogenfeld hinein, sodass die dort befindlichen Maßwerke ‚gedrückt' und fast deplaziert wirken. Im Polygonscheitel wird in kleinerer Ausformung das Fischblasenmotiv des fünften Langhausjochs über drei Lanzettbahnen wiederholt.

Offensichtlich besaß die Kirche im Laufe ihrer Baugeschichte acht Portale. An der Südseite befinden sich zwei Portale. Das ältere mit einem knospenbesetzten Rahmenprofil befindet sich im zweiten Langhausjoch von Westen und kann noch geöffnet werden. Ein spitzbogiges Portal im vierten Langhausjoch ist hingegen vermauert. An der Südseite finden sich zwei Portale im Langhausbereich. Davon bildet ein barockes Plattbogenportal am Übergang vom dritten zum vierten Joch den heutigen Hauptzugang von der Klausur. Die spätgotischen Gewände eines kleinen spitzbogigen Portals im fünften Langhausjoch sind vom südlichen Kreuzgangflügel aus noch sichtbar. Die Portalschwelle liegt unterhalb des heutigen Fußbodenniveaus des Kreuzganges. An der Nordseites des Langchores können drei Portale lokalisiert werden. Zwei dieser Portale, die sich heute zum östlichen Sakristeiraum öffnen, sind durch ihre rechteckigen Gewände als neuzeilich zu interpretieren. Das ursprüngliche Chorportal dürfte ein heute vermauertes großes Spitzbogenportal im ersten Chorjoch gewesen sein. An der mittleren Westseite kommt ein spitzbogiges Portal hinzu, das sich durch seine Bearbeitungs- und Einsetzspuren als moderne Zutat zu erkennen gibt.

Den Innenraum bestimmen die acht gedrungenen Achteckpfeiler mit ihren schmalen Kämpfergesims und den kräftigen quadratischen Pfeilersockeln (Abbildung 25). Die obere Sockelkante wird von einem Stabprofil abgeschlossen. Der sich darüber erhebende

Abbildung 25: Halberstadt, St. Katharinen, Innenansicht von Westen (Foto: Todenhöfer 2003).

quadratische Pfeilerquerschnitt wird durch mäßig ansteigende Eckgrate zum oktogonalen Pfeilerquerschnitt vermittelt (Abbildung 203). Die schlichte Eckbetonung hat sich nur an den westlichen Pfeilersockeln erhalten, an den restlichen Säulen wurde sie abgearbeitet. Die Massigkeit der Pfeiler wird durch die auf ihnen ruhenden schmaleren Scheidarkaden betont. Diese sind in den ersten drei Langhausjochen spitzbogig und in den beiden folgenden Jochen rundbogig ausgebildet. Hier überspannen sie breitere Joche. Langhaus und Chorbereich werden von einem kräftigen seitlich abgeschrägter Triumphbogen getrennt. Unterhalb des Triumphbogens befinden sich flache Kämpferplatten mit kleinen figürlichen Szenerien, deren Motive kaum noch erkennbar sind. Das gesamte Langhaus wird schließlich von einer Flachdecke begrenzt. Der Chor ist hingegen mit Kreuzrippengewölben versehen. Deren Rippenprofile besitzen einfache schräg zulaufende Profile. Die Bogenanfänge steigen ohne Kämpferzone aus schlicht abgekragten dreiviertelrunden Diensten hervor. Die Dienstkonsolen sind als einfache Kegel mit schmalem Schaftring gebildet. Nur an der Südwand wurde eine Konsole mit einem Wappenschild versehen (Abbildung 201).

Das jetzige Dachwerk birgt vermutlich noch wesentliche Teile der mittelalterlichen Dachkonstruktion.[325] Heute wird das Dachwerk von drei verschiedenen stehenden Stuhlkonstruktionen mit seitlichen Stützen bestimmt. Eine Dachwerkskartierung aus dem Jahr 1856 gibt diese Konstruktion samt den zu jener Zeit veränderten Bestandteilen wieder (Abbildung 26).[326] Letztere sind rot eingezeichnete Kreuzverstrebungen, die nochmals von Hand durchgestrichen wurden. Für diesen Umbau kommen nur die Jahre zwischen 1856 und 1859 infrage.[327] Nach den nicht mehr erhaltenen Bestandteilen befand sich ursprünglich über den drei

---

325 Einige Hölzer sind sichtbar zweitverwendet worden. Allerdings wurden sie bislang nicht gefügekundlich und dendrochronologisch untersucht.

326 Bauarchiv Halberstadt, Planmappe St. Katharinen, Gespärreplan, dat. 4. Mai 1856.

327 Offensichtlich fanden noch 1859 Umbauten am Dachwerk statt. Vgl. Art. ‚Der Kirchturmknopf von St. Katharinen', siehe Anm. 319.

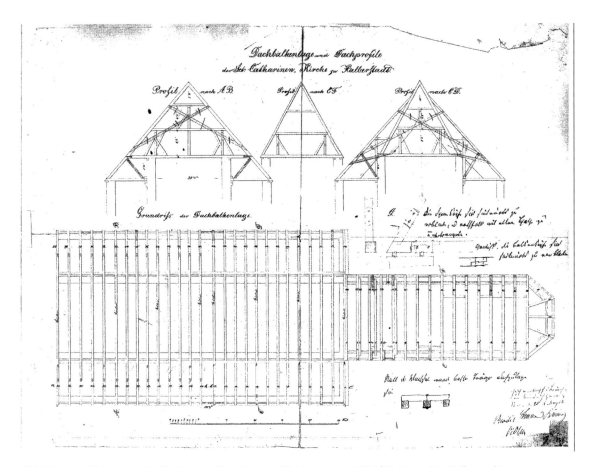

Abbildung 26: Halberstadt, St. Katharinen, Gespärreplan (Zeichnung von 1856/59, Bauarchiv Halberstadt).

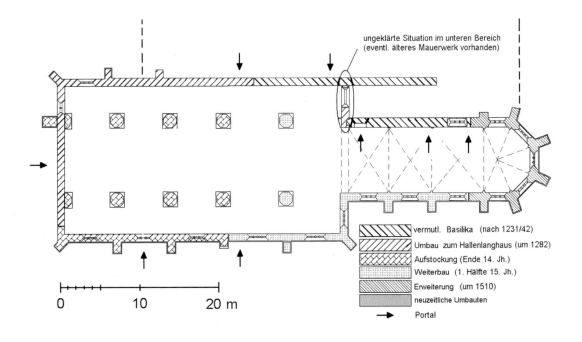

Abbildung 27: Halberstadt, St. Katharinen, Bauphasenplan (Zeichnung: Todenhöfer 2003)

64

westlichen Langhausjochen ein einfaches schiffsübergreifendes Kehlbalkendach mit Kreuzverstrebungen. Die Binderbalken des Mittelschiffs sind bis zu den Sparren verlängert, die ihrerseits etwa zweieinhalb Meter tiefer auf den Seitenschiffsmauern stehen. Ab dem 14. Gespärre beziehungsweise vierten Langhausjoch verändert sich die Konstruktion. Über dem Mittelschiff steht nun ein separates Kehlbalkendach. Die Sparren werden auf die Mauerkronen des Mittelschiffs und nicht der Seitenschiffe herabgeführt. Die Seitenschiffe sind mit Schleppdächern überdacht worden, deren Sparren etwas unterhalb des Firsts in die Sparren des Mittelschiffssattels eingebunden werden. Kreuzstreben versteiften beide Konstruktionsbestandteile miteinander. Über dem Chor erhebt sich hingegen ein einfaches Kehlbalkendach mit stehendem Stuhl. Kreuzbänder waren hier offenbar nicht vorhanden.

Daten zur mittelalterlichen Baugeschichte

Daten zur mittelalterlichen Baugeschichte existieren nur dürftig. Die Ankunft der Mönche in Halberstadt ist chronikalisch für 1224 überliefert.[328] Im Jahr 1231 schenkte Bischof Friedrich den Dominikanern einen ehemaligen Hof der Präfektenfamilie der Cesarii.[329] Ein Ablass zur Unterstützung des Klosterneubaus wurde 1233 ausgestellt.[330] 1240 erwähnte man den Chor bei einer Grundstücksübertragung.[331] In den Jahren 1241 und 1242 war eine Fertigstellung der Kirche absehbar.[332] Insgesamt 13 Ablässe in den Jahren 1281[333], 1282[334] und 1283[335] lassen einen erhöhten Finanzbedarf möglicherweise für Bautätigkeiten vermuten. Im Jahre 1415 wurde in der Kirche ein Marienbild aufgestellt und Ablass gegeben.[336] Im Jahr 1510 erfolgte unter dem Prior Heinrich Leucker eine letzte Erweiterung der Kirche.[337]

Bauphasen

1. Bauphase: Basilika (nach 1231 bis 1241/42)

Wilhelm Lotz und Oskar Döring datierten das Bauwerk in das 14. Jahrhundert.[338] Spätere Autoren übernahmen diesen Datierungsansatz ungeprüft.[339] Während der Untersuchung der Katharinenkirche wurden jedoch fünf mittelalterliche Bauphasen beobachtet, deren älteste bis in die erste Hälfte des 13. Jahrhunderts zurückreicht (Abbildung 27). So konnten im Dachbereich des an die Kirche anschließenden Kreuzgangs und des östlichen Klausurgebäudes[340] erstmals ein Mauerabschnitt des Chorobergadens der ersten Bauphase beobachtet werden, in dem sich Fenstergewände drei eng aneinander gereihter Lanzettfenstern erhalten haben (Abbildung 28). Die Gewände weisen die gestreckte ‚übergangszeitliche' Form auf, wie sie in der Region an der Franziskanerkirche in Zerbst (um 1235, der Klosterkirche in Nienburg (ab 1242) oder der Moritzkirche in Halberstadt (ab 1238) oder noch an der Franziskanerkirche in Barby (um 1270) auftritt.

---

328 Koch 1997, 143.
329 UB Halberstadt, 35, Nr. 27.
330 In der Ablassurkunde wird von dem beginnenden Bau der Predigermönche gesprochen: „[…] novella plantatio domus fratrum ordinis Predicatorum in Halverstat, opere tam pio quam sumptuoso inchota […]". UB Halberstadt, 36, Nr. 28.
331 Das Kloster erhält ein Stück Land, welches an das „[…] sanctuario fratrum Predicatorum […]" angrenzt. UB Halberstadt, 48, Nr. 48.
332 Zwei nahezu identische Ablässe gehen 1240 und 1241 von einer Einweihung der Kirche im nächsten Sommer aus: „[…] ecclesie sue consecrationem proponant in estate proxima procurare […]". UB Halberstadt, 52, Nr. 48; 55, Nr. 52. Der Wert des angegebenen ungefähren Weihetermins daher kann angezweifelt werden. Allerdings tritt die Gültigkeit dieser Ablässe erst mit dem angenommenen Kirchweihtag ein: „[…] annum primum dedicationis ecclesie memorate […]" (ebd.). Diese Aussage spricht wiederum für eine baldige Weihe zu diesem Zeitpunkt. Koch (1997, 152.) tendiert zu 1242, ohne jedoch dafür Gründe zu nennen.
333 UB Halberstadt, 135f., Nr. 157, 158.
334 UB Halberstadt, 136ff., Nr. 161, 162, 163, 164, 165, 166, 167, 174, 175.
335 UB Halberstadt, 144f., Nr. 176, 178.
336 Vgl. Gustav Schmidt: Urkundenbuch der Stadt Halberstadt, Teil 2 (1401–1500), Halle 1879, 52, Nr. 752.
337 „Sub hoc, qua Priore Halberstadtiensi [Henricus Leucker], Ecclesia nostra fuit amplificata." P. Raimundus Bruns O.P.: Annales Conventus Halberstadiensis. Eine Chronik der Militärfürsorge und Missionstätigkeit der deutschen Dominikaner in Brandenburg-Preußen im 18. Jahrhundert (Quellen und Forschungen zur Geschichte des Dominikanerordens in Deutschland, Heft 8), Leipzig 1913, 7.
338 Wilhelm Lotz: Kunsttopographie Deutschlands. Ein Haus- und Reise-Handbuch für Künstler, Gelehrte und Freunde der alten Kunst. Bd. 1 Norddeutschland (Statistik der Deutschen Kunst des Mittelalters und des 16. Jahrhunderts, 1), Kassel 1862, 270; Oskar Döring: Beschreibende Darstellung der älteren Bau- und Kunstdenkmäler der Kreise Halberstadt Land und Stadt, Halle 1902, 412.
339 Horst Scholke: Halberstadt, Leipzig 1974, 61; Koch 1997,152; Karl-Heinz Rohde: St. Katharinen und St. Barbara in Halberstadt, in: Halberstadt. Vom Bischofssitz zur Hansestadt, Skizzen zur Halberstädter Geschichte mit einem Exkurs zur Halberstädter Münzgeschichte, hg. v. Adolf Siebrecht, Halberstadt 2002, 271–274, hier 272 und Dehio Sachsen-Anhalt I, 2002, 339f.
340 Die Untersuchung beschränkte sich auf den o.g. Bereich und die Sakristei, da die übrigen an die Kirche grenzenden Räumlichkeiten wegen privater Nutzung nicht zugänglich waren.

Abbildung 28: Halberstadt, St. Katharinen, Fenstergewände um 1240, nördliche Chorwand (Foto: Todenhöfer 2003).

Der äußere Gewändeabstand zwischen dem östlichen Fenster und dem westlich davon liegenden ist mit ca. 1,2 Meter mehr als doppelt so weit als der zum folgenden Fenster mit 0,5 Meter (Abbildung 29). Möglicherweise schloss zwischen dem größerem Fensterabstand die Außenmauer eines Klausurgebäudes an oder es befand sich im Inneren an dieser Stelle eine Gewölbevorlage. Denkbar ist ebenfalls, dass die Fenster paarweise angeordnet waren, wie an der Zisterzienserkirche in Riddagshausen (um 1240). Der Obergaden setzte etwa in acht Meter Höhe vom heutigen Fussbodenniveau an. Etwas unterhalb fanden sich kräftige Mauerkonsolen. Offensichtlich handelt es sich hierbei um Balkenauflager für ein Schleppdach, das zu einem seitenschiffsartigen Seitenraum gehörte. Die mutmaßliche Außenwand dieses Baukörpers dürfte noch in der Sakristeinordwand erhalten sein, da diese genau mit einem etwa viereinhalb Meter hohen Mauersegment in der heutigen nördlichen Seitenschiffswand eine Flucht bildet. Dieses Teilstück in der nördlichen Seitenschiffswand ist durch eine horizontale Baufuge vom oberen Mauerbereich deutlich abgesetzt.[341] Offenbar besaß die Kirche einst einen basilikalen Aufriss. Die Dachneigung des Chornebenraumes/Seitenschiffs betrugt den Befunden zufolge ca. 40 Grad, was romanischen Schleppdächern entspricht. Leider konnte nicht geklärt werden, ob die heutige Stirnwand des nördlichen Seitenschiffs, welche das Seitenschiff und den Chornebenraum trennt, zum ursprünglichen Bestand gehörte. Solche abgetrennten Chornebenräume besitzen etwa die ehemaligen Dominikanerkirchen in Eisenach oder in Konstanz. Ein heute vermauertes Spitzbogenportal in der Nordwand des Chores erschloss ursprünglich diesen Seitenraum und unterstützt gleichzeitig die These eines vom Seitenschiff abgetrennten Chornebenraumes als Begrenzung eines Binnenlangchores.

Der ältere Mauerzug verläuft im Sockelbereich der Chornordwand bis kurz vor dem Polygonansatz. Hier befindet sich ein vertikal verlaufender Mauerversprung, der trotz Verputzung mit großer Sicherheit eine abgetreppte Baufuge markiert. Etwas weiter östlich wird der östliche Abschluss des überlieferten Sanktuariums gelegen haben. Der Chor dürfte flach geschlossen gewesen sein, denn die Basilika des benachbarten Moritzstifts wurde ab 1338 mit flachem Chorschluss errichtet.[342] Weitere Beobachtungen geben möglicherweise Hinweise zur ursprünglichen Breite des ersten Chorbaues. So ist die südliche Chorwand wie die des gesamten Langhauses bei den späteren Umbaumaßnahmen gänzlich ersetzt worden. Es hat sich dort kein älteres Mauerwerk im aufgehenden Mauerwerk erhalten. Dennoch dürfte die heutige Chorbreite von knapp acht Meter der ursprünglichen Breite entsprechen, da sie ungewöhnlich schmal für polygonal geschlossene Langchöre ist. Es ist sehr wahrscheinlich, dass man sich beim Bau der südlichen Außenmauern an der bereits vorhandenen Grundstücks- beziehungsweise Baugrenze orientiert hat, da sonst für den Chorneubau eine Mindestbreite von rund zehn Meter möglich gewesen wäre, wie es bei Bauten dieser Größe allgemein üblich war. Aufgrund der geringen Chorbreite ist ein Saalbau unwahrschein-

---

341 Diese Mauer ist nur im Erdgeschoss der Sakristei massiv, wie es aus verschiedenen Geschossgrundrissen hervorgeht. In den Obergeschossen verjüngt sie sich erheblich.
342 Dehio Sachsen-Anhalt, 2002, 341.

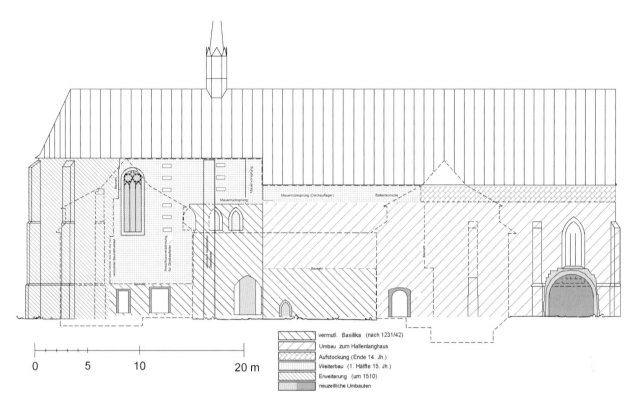

Abbildung 29: Halberstadt, St. Katharinen, Befundplan der Nordwand (Zeichnung: Todenhöfer 2003).

lich.³⁴³ Das ursprüngliche Seitenschiff nahm durch den Mauerbefund genau die Breite des heutigen Seitenschiffs auf. Die heutige Grundrissproportion von Seitenschiff zu Mittelschiff von 1:2 widerspiegelt noch spätromanische Baugepflogenheiten.³⁴⁴ Über die Länge des Langhauses kann man nur spekulieren. Möglicherweise lag die ursprüngliche Westfassade in der Flucht der Westklausur. Die heutige Kirchenfassade ist aus dieser Flucht nach Westen verschoben. Demnach wäre unter Vorbehalt weiterer Forschungen die erste Halberstädter Dominikanerkirche als dreischiffige querhauslose Basilika mit flach geschlossenem Chorhaupt von ca. 40 Meter Länge und 20 Meter Breite oder als zweischiffige Stutzbasilika zu rekonstruieren (Abbildung 30). Möglicherweise war die Kirche wie die eng verwandte Moritzkirche in Halberstadt flach gedeckt. Lediglich für den Binnenlangchor wären zu jener Zeit aufgrund der Ordensvorschriften Gewölbe denkbar, jedoch konnten bis auf eine mögliche paarweise Anordnung der Chorobergadenfenster keine weiteren direkten Hinweise gefunden werden, die diese Hypothese stützen.³⁴⁵ Die Halberstädter Basilika entspräche damit den bei den Dominikaner als frühe Gründungsbauten errichten Basiliken im südwestdeutschen Gebiet und in Köln, die sich an der regionalen Architektur der Reformorden orientierten.³⁴⁶ Bekannten Vergleichsbeispiele sind die frühen Dominikanerkirchen in Konstanz (nach 1236), Regensburg (vor 1246), Zürich (1231/40), aber auch die Franziskanerkirchen in Köln (nach 1248), Zürich (vor 1250), Konstanz (1250/55) und Würzburg (nach 1250).³⁴⁷ Franziskanische Basiliken existierten vermutlich in Niedersachsen in Stade (um 1240?) und in Bremen (ab 1253).³⁴⁸ Im mitteldeutschen Raum sind dagegen zeitlich entsprechende Basiliken der

---

343 So lässt sich bei den Saalbauten der Bettelorden in der Regel eine Grundflächenproportion von 1:4 bis 1:5 bei einer lichten Saalbreite von 9–11 m feststellen. So beträgt die lichte Breite bei Saalbauten im zwischen neuneinhalb Meter bei der Franziskanerkirche in Aschersleben bis elf Meter bei der Franziskanerkirche in Zeitz. Vgl. Schenkluhn, 108f.; Friedrich Möbius: Die Kirchen der Prediger- und Minderbrüder (des Dominikaner- und Franziskanerordens), in: ders.; Helga Sciurie (Hg.): Geschichte der deutschen Kunst 1200–1350, Leipzig 1989, 146–189, hier 150.

344 Ein entsprechendes Verhältnis weist auch die erwähnte Moritzkirche auf. Vgl. Döring 1902, 378, Fig. 154.

345 Vgl. Todenhöfer 2007, 57–61.

346 Graf 1995, 246f. Graphik 20 und 21. Vgl. Schenkluhn 2000, 118. Vgl. unten Seite 243ff., 1228 bis 1250 – Anfänge des Kirchenbaus.

347 Zu den oberrheinischen Bettelordensklöstern Konow (1954); Wild (1999, 195ff.) Zu Regensburg Kühl (1986). Zu Köln Schenkluhn (1985, 214ff.).

348 Zahlen 1985, 373.

Bettelorden selten nachgewiesen.[349] Mit Sicherheit war der Gründungsbau der Dominikaner in Erfurt (1238 geweiht) eine Basilika.[350] Die einzig erhaltene frühe Dominikanerkirche Mitteldeutschlands mit basilikalen Aufriss dürfte die asymmetrisch zweischiffige Dominikanerkirche in Eisenach sein, die ab 1235 zunächst als Nonnenklosterkirche geplant und in Angriff genommen, aber bereits ab 1240 unter den Dominikanern zu großen Teilen errichtet wurde (Abbildung 162).[351] Die frühe zweischiffig asymmetrische Kirche weist mit der Rekonstruktion der Halberstädter Dominikanerkirche große Übereinstimmung auf. Wie Halberstadt besitzt Eisenach schmale und enge gereihte Obergadenfenster. Die Öffnung der Seitenkapellen erfolgte zum Chor und nicht zum Seitenschiff. Das Hauptschiff war ebenfalls mit nicht ganz acht Metern sehr schmal und die Traufhöhe mit ca. zwölfeinhalb Metern relativ gering.

2. Bauhase: Hallenkirche (um 1280)

Die Strebepfeiler in den ersten beiden Jochen der Langhausnordseite sind wesentlich niedriger als die der Südseite. Auch der Abstand der Strebepfeiler fällt mit ca. sechs Metern geringer aus, als an der Südseite. Das einzige Fenster der Langhausnordwand im ersten Langhausjoch reicht bis in Höhe des Strebepfeilerabschlusses und orientiert sich nicht an der Jochmitte. Der nordwestliche Bereich ist durch zwei Baufugen vom anschließenden Mauerwerk getrennt. Eine nach Westen abfallende Baunaht zeichnet sich an der Innenseite der Nordwand deutlich am Übergang zum vierten Joch ab. Das aufgehende Mauerwerk östlich davon ist in gut viereinhalb Metern Höhe durch einen horizontalen Rücksprung in zwei Abschnitte gegliedert (Abbildung 30). Eine weitere Baunaht grenzt als schräger Mauerabbruch an der Westfassade unweit des südwestlichen Eckpfeilers diesen Bauabschnitt ab.[352]

Der Umbau der Basilika lässt sich wie folgt rekonstruieren: Man baute zunächst das Langhaus teilweise zurück. Das aufgehende Mauerwerk des nördlichen Seitenschiffs ließ man möglicherweise aufgrund der konstruktiven Einheit mit dem Kreuzgang stehen und stockte es bis in eine Höhe von elf Metern auf, was der ursprünglichen Chorhöhe entspricht.[353] Die Erhöhung der Seitenschiffswände auf die Traufhöhe des Chors spricht eindeutig für einen Hallenaufriss des Umbaus. Allerdings ist dieser Bauabschnitt offenbar in zwei Phasen ausgeführt worden, denn das westlich folgende Teilstück der Nordwand wurde der leicht nach Osten abgetreppten Baunaht zufolge erst nach der Aufstockung des alten Seitenschiffssegmentes angesetzt (Abbildung 29). Den Abschluss der offenbar unvollständig gebliebenen Arbeiten bildet die vertikale Baunaht an der südlichen Westfassade. Der breite Strebepfeiler der Westfassade gehört hingegen einer späteren Bauphase an, denn er bindet erst oberhalb des durchgezogenen Traufgesims' in das Mauerwerk des Giebels ein. Zwischen dem Strebepfeiler und dem nordwestlichen Eckpfeiler hat sich ein vermauertes Spitzbogenfenster mit Maßwerk erhalten. Über zwei genasten Lanzettbahnen liegt im Couronnement ein Kreis mit einem stehenden Dreipass. Die einfache Maßwerkform findet man im letzten Drittel des 13. Jahrhunderts in der Nachfolge von Straßburg.[354] Damit wäre für diesen Bauabschnitt eine zeitliche Orientierung gefunden, die sehr wahrscheinlich mit der regelrechten ‚Ablassflut' der frühen 1280er Jahre korreliert.[355] Demnach begann man gegen Ende des 13. Jahrhunderts die Basilika zu einer Halle umzubauen, die vermutlich weiter nach Westen reichte als der Ursprungsbau. Die Strebepfeiler der Nordseite legen zudem eine Gewölbe-

---

349 Über die Gründungsbauten in Magdeburg und Leipzig sind wir nicht unterrichtet. Zur Leipziger Dominikanerkirche Elisabeth Hütter (Die Pauliner-Universitätskirche zu Leipzig. Geschichte und Bedeutung, (Diss. Univ. Leipzig 1966) Leipzig 1993). Zuletzt zur mittelalterlichen Baugeschichte: Inventar Leipzig 1995, Bd. 1, 487–495. Elisabeth Hütter möchte ohne Belege den Leipziger Gründungsbau der Dominikaner (1240 geweiht) als Hallenkirche ähnlich der Dominikanerkirche in Halberstadt sehen, deren Hallenaufriss sie fälschlicherweise mit den mutmaßlichen Fertigstellungsdaten 1241/42 in Verbindung bringt. Zeitlich ist jedoch eine Hallenkirche um 1240 für den mitteldeutschen Raum sehr unwahrscheinlich. Dagegen nahm Gurlitt, zwar ohne Belege anzuführen, eine Basilika der Leipziger Dominikaner an. Cornelius Gurlitt: Stadt Leipzig (Beschreibende Darstellung der älteren Bau- und Kunstdenkmäler des Königreichs Sachsen, Heft 17), Dresden 1895, 88ff. Was zumindest statistisch nach Graf (1995, 246f. Graphik 20 und 21) wahrscheinlich ist.
350 Thomas Eißing: Kirchendachwerke in Thüringen, in: Dächer in Thüringen (Arbeitshefte des Thüringischen Landesamtes für Denkmalpflege, 2), Erfurt 1996, 21–60, hier 27f.; Thomas Nitz: Das Stifterbuch des Erfurter Predigerklosters als Quelle für die Baugeschichte der Predigerkirche, in: Mitteilungen des Vereins für die Geschichte und Altertumskunde von Erfurt, 62. Heft, Neue Folge. Heft 9 (2001), 71–101, hier 87ff. Vgl. Pelzaeus 2004, 39ff. und ebd., Katalog, 310ff.
351 Die Rekonstruktion von Scheerer (1910, 106ff.) ist nach wie vor gültig. Die Baugeschichte muss jedoch nach den Ausführungen von Pelizaeus (2004, Katalog, 406f.) ausdifferenziert werden.
352 Das Mauerwerk nördlich dieser Fuge bis einschließlich des Gesimsbandes gehört zu dieser Bauphase. Darüber und südlich davon beginnt ein neuer Bauabschnitt mit homogenen Lagerfugen. Das Spitzbogenportal der Westseite wurde erst 1934 eingesetzt.
353 Eine horizontale Baunaht im Dachgeschoss des südlichen Kreuzganges und das kleinere Steinformat über den Strebepfeilern der Nordwand weist die gegenüber dem endgültigen Plan niedrigere Mauerhöhe nach.
354 Günther Binding: Maßwerk, Darmstadt 1989, 210, Abb. 239.
355 Siehe Seite 65.

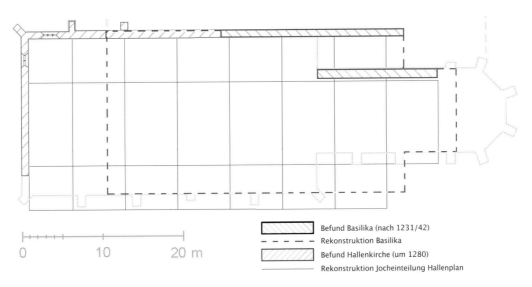

Abbildung 30: Halberstadt, St. Katharinen, Grundrissrekonstruktion der 1. und 2. Bauphase (Zeichnung: Todenhöfer 2003).

planung nah. Die Aufrissplanung, ob als Staffelhalle oder Hallenraum mit angeglichenen Schiffshöhen, ist nach heutigem Kenntnisstand nicht endgültig zu klären, da die Befundsituation an der Westwand diesbezüglich keine Hinweise bietet. Wenn der ältere Chor in diesem Zusammenhang nicht aufgestockt werden sollte, wofür es keine Hinweise gibt, dürften die Seitenschiffe etwa die Höhe des Hauptschiffes besessen haben. Ebenfalls ist die Ausdehnung dieser Bauphase nach Süden nicht geklärt. Auch lässt sich die Frage stellen, ob man langfristig den alten Chor in das neue Langhaus einbinden wollte, wie es die gemeinsame Traufhöhe nahe legt. Dagegen spräche zumindest die Lage des westlichen Stirnfensters des nördlichen Seitenschiffs. Aufgrund der mutmaßlichen Gewölbeplanung muss das Fenster in der ursprünglichen Jochmitte gelegen haben, um den geplanten Gewölbescheitel nicht zu schneiden. Bei dieser Rekonstruktion ergibt sich jedoch ein Problem, da in diesem Fall das Seitenschiff breiter als das heutige ausfallen und so nicht mehr die Flucht der Chorwände aufnehmen würde. Eine weitere Unregelmäßigkeit ergibt sich bei den rekonstruierten Jochweiten, da sich diese, wie sie sich aus den Strebepfeilern an der westlichen Nordwand ergeben, weder auf das jetzige Langhaus noch auf die rekonstruierte Basilika gleichmäßig verteilen lassen. Offensichtlich hat man schon in dieser Umbauphase mit unregelmäßigen Jochweiten gerechnet oder plante, den Chorbereich nachträglich anzupassen.

Die zeitnahen Vergleichsbeispiele der Dominikanerkirchen in Halle (nach 1271/um 1280), Prenzlau (nach 1275) und Stralsund (Chorweihe 1286) entstanden als gestreckte Hallenbauten mit kurzem polygonalem Chorhaupt.[356] Der erste Hallenplan in Halberstadt gehört mit seiner Errichtungszeit um 1280 nach der Errichtung der Seehausener Dominikanerkirche (um 1260)[357] zu den frühen Hallenkirchen in Mitteldeutschland und damit in die Hauptzeit des mendikantischen Hallenkirchenbaus gegen Ende des 13. Jahrhundert[358]. Gerade im letzten Viertel des 13. Jahrhundert entwickelte sich die Hallenform bei den Dominikanern zum bestimmenden Raumtyp.[359] Möglicherweise war in Halberstadt ein vergleichbarer Bau geplant, dessen genauere Disposition sich jedoch bislang unserer Kenntnis entzieht.[360]

---

356 Die nachweisbare Jochlänge lässt mit ca. 6,20 Metern auf Jochproportionen im Mittelschiff von etwa 3:2 schließen, wie sie an den Dominikanerkirchen in Halle, Stralsund, Prenzlau und Seehausen anzutreffen sind.
357 Siehe Seite 142ff.
358 Vgl. Graf 1995, 174ff., 253, Graphik 27.
359 Ebd.

360 Es ist bekannt, dass der Prenzlauer Konvent mit Halberstädter Dominikanern besetzt worden ist. Der ehemalige Subprior von Halberstadt wurde Prior in Prenzlau. Finke 1891, 93f.; vgl. Hillebrand 2003, 25f. Allerdings kann man aus dieser Beziehung nicht zwingend auf eine Ähnlichkeit zwischen beiden Bauwerken schließen.

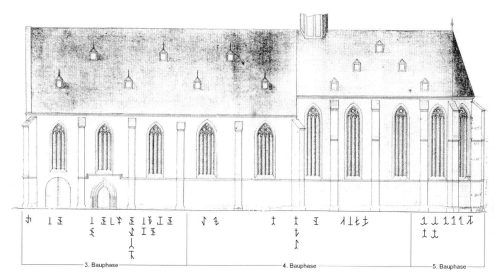

Abbildung 31: Halberstadt, St. Katharinen, Steinmetzzeichen der Südseite (Zeichnung: Todenhöfer 2004 unter Verwendung eines Aufmaßes von 1887, Bauarchiv Halberstadt).

3. Bauphase: Aufstockung und Planänderung der Hallenkirche (Ende 14. Jahrhundert)

Der Hallenplan des späten 13. Jahrhunderts wurde in der nächsten Bauphase verändert. Man errichtete die ersten drei Joche der heutigen Hallenkirche, wobei man die Jochweite gegenüber der ersten Hallenplanung vergrößerte und die bestehenden Seitenschiffsmauern um ca. eineinhalb Meter auf gut zwölfeinhalb Meter erhöhte und überdachte (Abbildung 27). Das mit Knospen besetzte Spitzbogenportal im zweiten Joch der südlichen Seitenschiffsmauer wurde wahrscheinlich dem Gründungsbau entnommen,[361] dessen Ostteile noch gestanden haben müssen (Abbildung 208 und 29). Die Indizien für einen Bauphasenwechsel zwischen dritten und vierten Langhausjoch sind außer der veränderten Jochweite und Fenstergestaltung vor allem eine Baunaht, die einen Profilwechsel des 'Traufgesims' nach sich zieht, eine Konstruktionsänderung des Dachwerkes und der kleinere Strebepfeiler am Übergang zum vierten Joch. Die Achteckpfeiler gehören ebenfalls bis zum fünften Joch zu dieser Bauphase. Ein wuchtiger Strebepfeiler wurde als Widerlager der nördlichen Langhausarkaden vor die Westfassade gesetzt und in den Giebel eingebunden, welcher wiederum mit den Arkadenmauerwerk einheitlich errichtet und verzahnt ist. Das Pendant des Fassadenpfeilers für die südliche Langhausarkatur fehlt hingegen. An dieser Stelle der Westfassade schloss einst ein niedriges Gebäude an, dessen Dach im Fassadenmauerwerk der Kirche die giebelförmige Anschlussfuge hinterlassen hat. Eine Einwölbung des Langhauses war aufgrund der Strebe- und Raumpfeiler wohl in Betracht gezogen, jedoch nie ausgeführt worden.[362] Unklar ist auch wie der Weiterbau nach Osten geplant war. Die Weiterführung der westlichen Jochweite war ohne Veränderung des alten Chores nicht möglich. Möglicherweise bestand schon in dieser Umbauphase die Planung mit größeren Jochen im östlichen Langhaus, die Rücksicht auf den Chor nahm, denn die Ausrichtung der nördlichen Arkadenreihe auf die bestehende Chormauer bezeugt die Einbeziehung des älteren Bauteils. Die Datierung dieses Bauabschnitts kann nur mit Hilfe der Maßwerktypologie erfolgen (Abbildung 23). Die Maßwerkform der überfangenen Lanzettbahnen dürfte das Blendmaßwerk des dritten Turmgeschosses des Magdeburger Domes und das Maßwerk des um die Mitte des 14. Jahrhunderts begonnenen Chorbaus des Halberstädter Doms voraussetzen. Das Mandorlamotiv im Couronnement wiederholt möglicherweise stark vereinfacht eine Grundform, wie sie am Parler'schen Maßwerk am Südquerschiff des Prager Veitsdoms erscheint,[363] sodass eine Entstehungszeit dieses Bauabschnitts gegen Ende

---

361 Vgl. Rohde 2002, 272 und Dehio Sachsen-Anhalt I, 2002, 340.
362 An den Seitenschiffswänden sind keine Dienste vorhanden. An der Westwand befinden sich in den Mauerecken zur Südwand und am südlichen Wandpfeiler jeweils eckige Konsolen in Traufhöhe, die möglicherweise als Balkenauflagen für eine provisorische Balkendecke gedacht, jedoch nicht für Gewölbe vorgesehen waren, wie Scholke (1974, 61) vermutete.
363 Zu Magdeburg vgl. Ernst Schubert: Der Magdeburger Dom, Leipzig 1984, 39, Abb. 35. Zu Prag vgl. Binding 1989, 320, Abb. 362.

des 14. Jahrhundert in Betracht zu ziehen ist. Ein 1415 ausgestellter Ablassbrief zugunsten eines in der Kirche aufgestellten Marienbildes könnte im Zusammenhang mit der Fertigstellung der ersten drei Langhausjoche zusehen sein.[364]

4. Bauphase: Vollendung des Langhauses und des Flachchores (1. Hälfte 15. Jahrhundert)

In einem vierten Bauabschnitt wurden die beiden längeren östlichen Langhausjoche mit Rundbogenarkaden und die südliche Chorwand auf Länge von drei Chorjochen errichtet (Abbildung 27). Dieser Mauerabschnitt weist im Quadermauerwerk durchgehende Lagerfugen und übereinstimmende Steinformate auf. Das Dach dieses Mauerabschnitts errichtete man nun in einer abgewandelten Konstruktionsform (Abbildung 26). Die Strebepfeiler- und Kaffgesimsform wurde beibehalten. Das Traufgesims bekam analog zur ersten und zweiten Bauphase ein gekehltes Profil. Die Form des Chorschlusses konnte nicht endgültig geklärt werden. Vermutlich handelte es sich um einen flachen Chorschluss. Dafür spricht das dritte, gegenüber den ersten beiden Jochen vergrößerte Chorjoch, dessen Rundbogenfenster durch das traditionelle Stabwerk mit Rundprofil hervorgehoben ist. Im Vergleich dazu zeichnete sich auch das um 1300 entstandene Stirnfenster im Chorpolygon der Halberstädter Franziskanerkirche durch eine solche Würdeform des Profiles aus. Die Maßwerkformen der beiden vierbahnigen Langhausfenster können aufgrund des einfach bewegten Fischblasenmotives sowie des genasten und mit Lilien versehenen Dreipasses in die 1420/30er Jahre datiert werden.[365]

5. Bauphase: Anbau des Chorpolygons (um 1510)

Die Bauweise des Chorpolygons unterscheidet sich von der des Chorhalses durch das Baumaterial. Für die Wandflächen verwendete man statt sauber gearbeiteten Quadern grob behauene Bruchsteine. Die Form und die Bearbeitung der Architekturglieder wie Strebepfeiler, Gesimse oder Fenster wurden weitestgehend beibehalten. In diese Bauphase fällt auch die Einwölbung des Chores

Abbildung 32: Halberstadt, St. Katharinen, Baufuge zwischen Chorhals und Polygon (Foto: Todenhöfer 2003).

mit Kreuzrippengewölben. Die Steinmetzzeichen des Chorpolygons sind andere als in den vorangegangenen Bauphasen und verweisen somit ebenfalls auf einen neuen Bauabschnitt mit einem anderen Bautrupp (Abbildung 31).

Die Maßwerkformen unterliegen ebenfalls einem veränderten Formenverständnis. Alle Motive sind gleichsam an den oberen Rand des Couronnements ‚gedrückt' worden. Die Schneuße und Dreiblätter sind klein und unscheinbar gegenüber den Fenstern des Langhauses und des Chorhalses. Anscheinend hat man hier weniger auf eine repräsentative Ausgestaltung der Fenster geachtet. Vielmehr scheint es, als hätte man die Kirche endlich mit einem in Halberstadt und anderswo längst geläufigen Chorpolygon versehen und damit quasi den ‚Gepflogenheiten' angleichen wollen. Diese letzte spätmittelalterliche Umbaumaßnahme dürfte mit der überlieferten Kirchenerweiterung unter dem Prior Heinrich Leucker im Jahre 1510 identisch sein.

---

364 Vgl. UB Halberstadt, Teil 2, 52, Nr. 752.
365 Vgl. Binding 1989, 332, Abb. 375, 376 und 340f., Abb. 383, 384. Für die Maßwerke der drei Chorjoche ließen sich leider nur ungenügenden Vergleichsbeispiele finden, allerdings gehören sie wohl mit ihren einfachen, noch leicht statisch wirkenden Formen in die erste Hälfte des 15. Jahrhunderts.

Die Franziskanerkirche St. Andreas in Halberstadt
Kustodie Halberstadt, Bistum Halberstadt[366]

Abbildung 33: Halberstadt, St. Andreas, Ansicht von Nordosten (Foto: Pieper 2004, Münster).

Lage

Das heute noch beziehungsweise wieder von den Franziskanern genutzte Kloster liegt südlich des Domberges im Westendorf, welches zum südlichen Gebiet der ehemaligen Vogtei und damit ursprünglich zum Verwaltungsbereich des Dombezirks gehörte (Abbildung 20). Ursprünglich war das Westendorf wohl bäuerliches Siedlungsgebiet, das ab dem 11. und 12. Jahrhundert schließlich überwiegend von Ministerialen und anderen Bediensteten der Halberstädter Kurie bewohnt wurde.[367] Das Klostergelände befand sich nur unweit des Harsleber- beziehungsweise Johannestores.[368] Durch das Tor führte ehemals die wichtige Nordharzstraße nach Quedlinburg, Aschersleben in Richtung Halle und Leipzig. Im Norden läuft in Ost-West-Richtung die Franziskanerstraße direkt an der Klosterkirche entlang (Abbildung 33). Der Marktplatz mit dem Rathaus, die Martinikirche im Osten sowie der Dom im Norden sind durch ein System von kurzen Nebenstraßen gut erreichbar. Das Kloster lag südlich der Kirche. Vermutlich grenzte das dem Kloster gehörige Areal im Mittelalter nicht direkt an die nah gelegene Stadtbefestigung an.[369] Da man seit der ersten Hälfte des 13. Jahrhunderts offenbar an einer ersten Stadtmauer südlich des Klosters baute,[370] dürfte die Errichtung des Klosters mit einer geplanten Stadtentwicklung zusammenhängen. Heute erstreckt sich westlich der Kirche ein Vorplatz. Da dieser Vorplatz bereits auf älteren Stadtplänen erscheint und das Westportal der Kirche auf den Platz ausgerichtet ist, dürfte er wohl spätesten im Zuge der Klosterbebauung Ende des 13. Jahrhunderts entstanden sein.

---

366 Schlager 1914, 231ff.; Mitteldeutscher Heimatlas 1958, Karte 16.
367 Siebrecht 1992, 69f. Vgl. Ingo Ulpts: Die Geschichte des Franziskanerkonvents in Halberstadt vom 13. bis zum 16. Jahrhundert, in: Dieter Berg (Hg.): Bürger, Bettelmönche und Bischöfe in Halberstadt. Studien zur Geschichte der Stadt, der Mendikanten und des Bistums vom Mittelalter bis zur Frühen Neuzeit (Saxonia Franciscana 9), Werl 1997, 213–252, hier 220.
368 Siebrecht 1992, 74f.
369 Zwischen dieser und dem Klosterbezirk befand sich noch ein anderes Grundstück, das erst im 20. Jahrhundert für das Kloster erworben wurde.
370 Siebrecht mit Angabe der archäologischen und historischen Quellen (1992, 78f.).

Abbildung 34: Halberstadt, St. Andreas, Ansicht von Nordosten (Foto: o.N. 1948, LDASA, Nr. 1678).

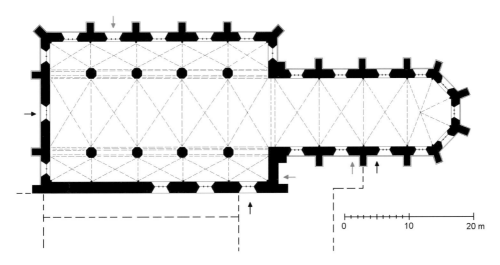

Abbildung 35: Halberstadt, St. Andreas, Grundrissrekonstruktion (Zeichnung: Todenhöfer 2003).

Historisches Schicksal

Seit 1540 war das Halberstädter Kloster von Reformation und Bauerkrieg betroffen.[371] Es diente in den Wirren dieser Zeit als Auffangstation von Mitgliedern aufgelöster Franziskanerkonvente sowohl von Konventualen, Martinianer als auch Observanten. Durch die nicht ausbleibenden Spannungen zwischen den Mönchen der franziskanischen Gruppierungen trat der Konvent 1541 selbst der Observantenprovinz vom Heiligen Kreuz bei. Nachdem 1547 die protestantischen Verbündeten im Schmalkaldischen Krieg Halberstadt erobert hatten, wurde der Konvent vertrieben. Aufgrund einer kaiserlichen Intervention konnte der Konvent bereits im folgenden Jahr wieder sein Kloster beziehen. 1567 besetzten Protestanten jedoch das Kloster. Die Mönche mussten sich auf den Chorbereich beschränken, den sie 1589 schließlich abgeben mussten. 1596 lebten nur noch drei Brüder im Kloster, sieben Jahre darauf nur noch ein einziger. Allerdings konnte das Absterben des Konventes mit Mönchen aus der kölnischen Provinz aufgehalten werden. Einer Inschrift zufolge wurden die Klostergebäude im Jahre 1630 erneuert.[372] Das Kloster entwickelte sich zum Mittelpunkt der wiedererrichteten sächsischen Provinz zum Heiligen Kreuz und zählte 1803 insgesamt 28 Patres und neun Laienbrüder.[373] 1810 wurde der Konvent während des Westfälischen Königreiches aufgelöst. Das Kloster diente danach als Schule, während die Kirche noch als katholische Pfarrkirche genutzt wurde. Laut eines in der Kirchturmbekrönung von St. Katharinen gefundenen Schriftstückes wurde 1859 die Andreaskirche für rund 4000 Taler renoviert.[374] Dabei wurde der Kalkbewurf der Wände und Pfeiler entfernt.[375] Gleichzeitig errichtete man für rund 17000 Taler ein neues Pfarr- und Schulhaus.[376] Erst 1920 besetzten Franziskaner wieder das Kloster. Am 8. April 1945 wurden Kirche und Kloster durch Luftangriffe bis auf die Außenmauern zerstört (Abbildung 34). Bis 1951 baute man den Chor wieder auf. Das ehemalige

Abbildung 36: Halberstadt, St. Andreas, Querschnitt von Osten (Zeichnung: Varnhagen 1889, Bauarchiv Halberstadt).

Langhaus wurde nach 1981 als großer Saal ausgebaut, dem man eine moderne Dachkonstruktion aus Stahlträgern aufsetzte.[377] Vom Kloster konnte nur der östliche Gebäudetrakt als Neubau errichtet werden.

Architektur

Nach der Zerstörung blieben einige Gewölbeteile im Chorpolygon und im dritten und vierten Joch des Langhauses erhalten (Abbildung 34).[378] Letztere wurden allerdings Anfang der 1950er samt den noch erhaltenen Langhauspfeilern abgerissen. Aufgrund von Grundrisszeichnungen[379] und Fotografien[380] sind wir

---

371 Im Folgenden nach Ulpts 1997, 241ff.
372 Karl Scheffer: Inschriften und Legenden Halberstädter Bauten. Ein Beitrag zu der Geschichte der Stadt aus den letzten vier Jahrhunderten, Halberstadt 1864, 29; vgl. Doering 1902, 421f.
373 Ulpts 1997, 244.
374 Art. ‚Der Kirchturmknopf von St. Katharinen', siehe Anm. 319.
375 Ebd..
376 Ebd.
377 Vgl. Dehio Sachsen-Anhalt, 2002, 338.
378 Eine Fotografie vom 20.04.1948 (StA Halberstadt, Fotosammlung, Nr. 1678) zeigt aus Richtung des Chors die Zerstörungen des Langhauses. Vgl. Anm. 380. Zum Folgenden auch Todenhöfer (2006a: 535–554).

379 Döring 1902, 422, Fig. 169 (derselbe Grundriss bei Günther Binding; Matthias Untermann: Kleine Kunstgeschichte der mittelalterlichen Ordensbaukunst in Deutschland, Darmstadt 1985, 378, Abb. 487; Schenkluhn 2000, Abb. 2, Taf. 22, 210). Ein mit Maßen versehener Grundriss aus dem Jahr 1844 und ein Grundriss (1:200) samt Querschnitt des Langhauses (1:100) aus dem Jahr 1889 wurde erst vor einigen Jahren auf dem Boden des Bauaktenarchivs der Stadt Halberstadt entdeckt.
380 Das Fotoarchiv des Landesamtes für Denkmalpflege und Archäologie Sachsen-Anhalt bietet eine umfangreiche Sammlung (LDASA, Fotoarchiv, Halberstadt, St. Andreas). Die Fotosammlung des Stadtarchivs Halberstadt besaß keine relevanten Aufnahmen. Foto Marburg besitzt einige Aufnahmen nach den Kriegszerstörungen. Ebenso das Fotoarchiv der Firma Mahlke in Halberstadt mit ca. acht Aufnahmen aus dem Jahr 1948.

Abbildung 37: Halberstadt, St. Andreas, Innenansicht von Westen (Foto o.J. [vor 1945] Franziskanerkonvent Halberstadt).

jedoch über das ursprüngliche Aussehen der Kirche im Bilde. Der restaurierte Chor und die instand gesetzten Außenmauern des Langhauses vermitteln zudem auch heute noch ein ausreichendes Bild der ursprünglichen Architektur. Im Folgenden soll der mittelalterliche Bau beschrieben werden, wie er bis 1945 bestand.

Bei der St. Andreaskirche handelte es sich um eine dreischiffige fünfjochige Staffelhalle mit einem dreijochigen einschiffigen Langchor und einem 5/8-Polygon (Abbildung 35 und 37). Als Material dienten sauber gearbeitete Quader aus regional anstehendem Sandstein.[381] Ursprünglich war der Innenraum samt Pfeiler und Gewölbe mit einem Kalkputz versehen. Dieser wurde 1859 bei einer Renovierung entfernt, um Steinsichtigkeit herzustellen.[382] Das Dachwerk bestand aus einem kreuzverstrebten Kehlbalkendach über dem Chor und dem Mittelschiff (Abbildung 36).[383] Vom diesem reichten Schleppdächer, die durch die verlängerten Zerrbalken und Querstreben abgesteift waren, auf die Mauern der niedrigeren Seitenschiffe herab. Ursprünglich besaßen Langhaus und Chor einen durchgehenden Dachfirst, auf dem ein Dachreiter über dem Triumphbogen am Übergang vom Chor zum Langhaus saß.[384] Die Fassadenmauern werden durch Strebenpfeiler gegliedert, die bis auf einen Strebepfeiler an das Traufgesims heranreichen.[385] Die Fassadenmauer des südlichen Seitenschiffs besitzt keine Strebepfeiler.[386]

Abbildung 38, Halberstadt, St. Andreas, Ansicht von Südwesten (Foto: Bellmann o.J. [um 1950], LDASA, Neg. 16070, 6 x 9).

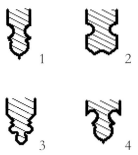

Abbildung 39: Halberstadt, St. Andreas, Rippenquerschnitte: Querrippen im Chorpolygon (1), Gurtrippen im Chor (2), Gurt vor dem Chorpolygon (3), Querrippen im Langhaus (4) (Zeichnung: Todenhöfer 2003).

381 Nach Valentin Arnrich (Die St. Andreas-Kirche zu Halberstadt [Peda-Kunstführer, Nr.: 387/1996] Passau 1996, 11) handelt es sich um Regensteiner Sandstein. In den Akten des Preußischen Hochbauamtes wurde das Material als „[...] ziemlich fester Sandstein (wahrscheinlich vom Hoppelberge) [...]" beschrieben. Landeshauptarchiv Magdeburg, Rep. C 35 Halberstadt I, Nr. 3, Acta des Kgl. Kreis-Bauinsp. Halberstadt, St. Andreaskirche und Pfarre Halberstadt.

382 Artikel: „Der Kirchturmknopf von St. Katharinen", siehe Anm. 319.

383 Bauarchiv Halberstadt, Planmappe St. Andreas, Querschnitt dat. 1889. Siehe Abbildung 36.

384 Fotografie mit Blick auf das Kloster von Südwesten aus der Postkartenserie des O. Herder Verlages. LDASA, Fotoarchiv, Halberstadt, St. Andreas.

385 Der südliche Eckstrebepfeiler der Westfassade besitzt eine geringere Höhe und Tiefe und ist sekundär angesetzt worden.

386 In zwei Plänen (Bauarchiv Halberstadt, Planmappe St. Andreas, Grundriss dat. 1889; Döring 1902, 422, Fig. 169) sind an der Südwand irrtümlicherweise Strebepfeiler eingezeichnet. Eine Messung der Südwand ergab eine Wandstärke von 1,80 Meter. Dass sind ca. 0,5 Meter mehr als die restlichen Wände. Durch die Wandverstärkung konnte auf Strebepfeiler an der Fassade des südlichen Seitenschiffs verzichtet werden. Auf dem Plan von 1844 sind diese folgerichtig nicht eingezeichnet, allerdings mit unkorrekter Wandstärke. Der einzige Plan, der diese richtig abbildet, stammt aus dem Jahr 1956 (LDASA, Kartenarchiv, Fach Halberstadt). Der Chor hatte bis zu seiner teilweisen Zerstörung an allen Seiten Strebepfeiler. Die südöstlichen Chorjoche wurden nach 1945 ohne Strebepfeiler erneuert.

Zwischen den Strebepfeilern befinden sich über einem Kaffgesims hohe dreibahnige Spitzbogenfenster. Die Stirnseitenfenster der Seitenschiffe sind schmaler und zweibahnig ausgeführt. Die Fenster im Chor und der Langhausnordwand sind von den Innenwänden aus nur leicht in die Mauer eingetieft und mit einem leicht gekehlten Gewändeprofil versehen. Demzufolge reichen die Gewände an der Außenseite tiefer in die Wand hinein. Sie wurden mit einem zweigeteilten Profil versehen. Die Fenstergewände des Polygonfenster widerspiegeln durch ihre aufwendige Profilierung die Hierachie des Raumes (Abbildung 218).

Das Fenstermaßwerk ist nach der Zerstörung im zweiten Weltkrieg zumeist in den ursprünglichen Formen restauriert worden. Die Fenster des Chores zeichnen sich im Bogenfeld durch drei gestaffelte und genasten Lanzettbahnen aus, über denen zwei Kreise mit je einem stehenden Vierpass angeordnet sind. Darüber befindet sich ein stehendes, sphärisch gerahmtes Vierblatt. Zusätzlich füllt die Polygonfenster ein Maßwerkkreis die Fensterflächen etwas oberhalb der Fenstermitte aus. An den Längsseiten des Langhauses besteht das Maßwerk über gestaffelten Lanzettbahnen aus gestapelten, sphärisch gerahmten Vierblättern. Die sphärischen Rahmungen sind dem Bogenverlauf des Couronnements bündig angepasst, sodass die beiden unteren Vierblätter angekippt stehen. Die Couronnements der drei Langhausfenster des südlichen Seitenschiffs besitzen ein einfaches überstabendes Maßwerk, das modernistisch begradigt ist. Nach Fotografien, die den Zustand während des Wiederaufbaus in den 1950er Jahren wiedergeben, glich das ursprüngliche Maßwerk der Südseite dem der Langhausnordseite (Abbildung 38).[387] Die Couronnements der westlichen Stirnfenster der Seitenschiffe sind mit zwei liegenden, antithetisch gestellten Schneußen versehen. Das zentrale im Krieg zerstörte Fenster der Westfassade besaß vermutlich ein liegendes, genastes Dreiblatt.[388] Jetzt befindet sich über den gestaffelten Lanzetten eine Maßwerkrose aus sechs gegen den Uhrzeigersinn gedrehten, ungenasten Fischblasenmotiven. Ungefähr eineinhalb Meter darunter überfängt in der Breite des Fensters ein Spitzbogen drei Lanzettbögen; die Fensterstäbe der Bahnen führen durch die Bögen hindurch. Die beiden westlichen Joche der Südseite blieben aufgrund der ursprünglich hier anschließenden mittelalterlichen Klausurgebäude ohne Fenster.[389]

Vor dessen Zerstörung dominierten vier oktogonale Pfeilerpaare ohne Kämpferzone das Langhausinnere. Die Kreuzrippengewölbe des Hauptschiffes und des Chors besaßen im Scheitel eine Höhe von fast 20 Meter, die Seitenschiffgewölbe waren knapp 16 Meter hoch.[390] Die Quer- und Gurtrippen im Langhaus waren als Birnstab profiliert.[391] Die Gurtrippen waren bis auf den Gurt zwischen Chorhals und Polygon schlichter und kräftiger als die Querrippen gehalten (Abbildung 39).[392] Alle Rippen saßen auf einfachen Blattkapitellen, welche auf Gewölbediensten ruhten. Die meisten Dienste haben sich an den Innenwänden des Baues erhalten. Die Höhe der Dienstanfänge variiert. Nur die Dienste des Chorpolygons reichen bis zum Boden herab. Alle weiteren Dienste beginnen erst oberhalb der halben Wandhöhe in ca. zwölf Meter Höhe. Ausgenommen sind die Dienste in den Ecken des Langhauses, die in ca. fünf Metern Höhe beginnen. Die abgekragten Dienstanfänger wurden teilweise als Kopf oder Faltkonsole gestaltet. Das Langhaus- und das Chorgewölbe wurden nur durch einen breiten abgefasten Gurtbogen geschieden, der auf abgekragten Konsolen saß.[393] Das Fußbodenniveau des Chores lag nur wenige Stufen über dem des Langhauses.[394]

---

387 LDASA, Fotoarchiv, Halberstadt, St. Andreas, Neg. 16105, 6 x 9 v, Dr. Schuster
388 Die recherchierbaren Fotografien, welche die Westseite von innen zeigen, sind im Fensterbereich überbelichtet, sodass man die Maßwerkform nur erahnen kann.
389 Die Angaben der südlichen Langhausfenster sind in den überlieferten Pläne fehlerhaft. Nach dem Grundriss von 1844 fehlt nur im westlichen Joch des südlichen Seitenschiffes ein Fenster, das das Fenster im östlichen Seitenschiffsjoch ist nicht eingezeichnet. Dafür überliefert der Plan die Lage des anschließenden Kreuzgangs (Bauarchiv Halberstadt, Planmappe St. Andreas). Der bei Döring (1902, 411, Fig. 169) abgebildete Plan lässt die gesamte Südwand des Langhauses fensterfrei. Einzig der Grundriss von 1889 gibt die Gesamtzahl und die Lage der Fenster korrekt wieder. Bauarchiv Halberstadt, Planmappe St. Andreas.
390 Die Maße wurden dem Querschnitt von 1889 entnommen (Abbildung 36). Vgl. Bauarchiv Halberstadt, Planmappe St. Andreas.
391 Eine vermutlich Anfang der1950er Jahre angefertigte Fotografie zeigt noch die nach der Zerstörung vorhandenen Reste der Polygonkappen, auf denen die Rippen erkennbar sind. LDASA, Fotoarchiv, Halberstadt, St. Andreas. Danach konnten die Rippenquerschnitte rekonstruiert werden.
392 Der Plan von 1844 gibt die Gurte in Chor und Langhaus breiter als die Querrippen an. Bauarchiv Halberstadt, Planmappe St. Andreas.
393 Der Triumphbogen von 1952 setzt bedeutend tiefer als der ursprüngliche Gurtbogen an.
394 Damit entspricht es in etwa dem heutigen Niveau.

Daten zur mittelalterlichen Baugeschichte

Der Chronik des Giordano de Giano zufolge, die im Halberstädter Konvent verfasst wurde, kamen die Franziskaner bereits 1223 nach Halberstadt.[395] Die Mönche wohnten in einer bürgerlichen Behausung am Markt, an dem Ort, wo offenbar im 16. Jahrhundert der bischöfliche Palast, die sogenannte Kommisse errichtet wurde.[396] Nach der Chronologia Almae Provinciae schenkte im Jahre 1246 Graf Heinrich V. von Regenstein den Brüdern einen Hof auf seinem Sitz Klein-Blankenburg, dem heutigen Gelände.[397] In den Jahren 1244/45, 1250 und 1262 hielt man bereits Provinzialkapitel in Halberstadt ab.[398] Spätestens 1274 wurde der Halberstädter Konvent zu einer der insgesamt zwölf franziskanischen Kustodien der sächsischen Provinz erhoben.[399] Die Konvente in Braunschweig, Hildesheim, Goslar und Quedlinburg zählten zur Halberstädter Kustodie; 1288 kam Hannover hinzu.[400] In den Jahren 1284 und 1289 überließ man auf Vermittlung Bischof Volrads von Kranichfeld (1257–1295) beziehungsweise des Domkapitels unter weiteren Liegenschaften auch die benachbarten Grundstücke des Heiliggeistspitals dem Franziskanerkonvent.[401] Nach einer erst 1722 angebrachten Grabinschrift ließ Graf Heinrich VI. von Regenstein im Jahr 1289 seine offenbar unmittelbar benachbarte Kurie abreißen und auf dem Grundstück den Grundstein für das Kloster und die Kirche legen, in deren Chor er selbst 1311 im Gewand eines Franziskaners begraben wurde.[402] In den Jahren 1308 und 1324 erweiterten die Franziskaner durch Schenkungen des Grafen Heinrich VI. von Regenstein sowie des Bischofs Albrecht von Anhalt-Bernburg (1304–1324) beziehungsweise des Domkapitels erneut ihr Gelände.[403]

Baugeschichte

Die Existenz eines Vorgängerbaus kann aufgrund der Grundstücksstiftung von 1246 vermutet werden. Der Baubeginn der heutigen Kirche ist gemäß der späteren Gründungsinschrift im Jahr 1289 anzusetzen. Da der Steinverband, der durch die Kriegszerstörungen offen sichtbar war, homogen ist, wurde die Kirche ohne größere Umbauten errichtet.[404] Im Jahr 1311 dürfte der Chor bereits fertiggestellt gewesen sein, da der Erbauer des Klosters, Graf Heinrich VI. von Regenstein, im Chor bestattet wurde. Das einfache sphärisch gerahmte Maßwerk am Chor wird in diese Zeit zu datieren sein.[405] Auffällig ist im Chorscheitelfenster das traditionelle Stabwerk mit vorgeblendeten Rundstäben, auch die Maßwerkkreise inmitten der Fensterbahnen der drei Stirnseitenfenster fallen auf (Abbildung 40). Diese Formen finden sich am Polygonalchor der Stadtpfarrkirche St. Martini etwa um 1280 (Abbildung 227).[406] Wir haben es hier also mit einem Architekturzitat an der Franziskanerkirche zu tun. Offensichtlich bezieht es sich dieses Zitat auf die frühe und lang andauernde Förderung der Franziskaner durch Bürger der Stadt.[407] Zurück zum Langhaus. Dort scheint man den verwendeten sphärischen Formen zufolge wohl noch bis zu zwei Jahrzehnte länger gebaut zu haben.[408] Das einfache Schneußmotiv der Westfassade erscheint erst in der

---

395 Hardick, Chroniken, 1957, 70f.
396 Ulpts 1997, 216.
397 Zur Überlieferung ebd., 217, Anm. 31.
398 Ebd., 217f. Im Anschluss an das Kapitel von 1262 diktierte Giordano seine Ordensgeschichte einem Mitbruder.
399 Schlager 1914, 231ff.; Ulpts 1997, 216.
400 Ebd.
401 UB Halberstadt, S. 153, Nr. 190; UB Hochstift Halberstadt 2, Nr. 1444, Nr. 1488. Vgl. Ulpts 1997, 218f.
402 „Illustrissimus et excellentissimus Dominus d Henricus junior comes de reinstein ex linea heimburgensis […] insignem hunc conventum, et eccesiam ex lapide quadro sub titulo S. Andreae apostoli hoc in loco residetiae suae vulgo die kleine Blanckenburg dictae, anno 1289 pro fratribus ordinis Minorum S. Francisci fundavit et anno 1314 mortuus in medio chori huius ecclesiae in habitu ordini nostri magnifice est sepultus […]". Zitiert nach Döring 1902, 418f. Die inschriftliche Zuschreibung des Stifters zu den Regenstein-Heimburgern ist ein Missverständnis späterer Chronisten, wie aus den unten genannten Urkunden hervorgeht. Es mag daran liegen, dass der Name Heinrich in der verzweigten Familie der Regensteiner und Blankenburger sehr häufig auftritt, sodass im 18. Jahrhundert Verwechslungen auftraten. Womit nicht ausgeschlossen ist, dass die Heimburger zur Stiftung beitrugen. Heinrich starb wahrscheinlich 1311 und nicht erst drei Jahre später, wie die Inschrift angibt (Ulpts 1997, 226). Es sei darauf darauf hingewiesen, dass hier die Zählung der Regensteiner Grafen des Names Heinrich nach Gustav Schmidt (Zur Genealogie der Grafen von Regenstein und Blankenburg bis zum Ausgange des 14. Jahrhunderts, in: Zeitschrift des Harz-Vereins 22, 1889) erfolgt, die nach wie vor gültig ist. Abweichend Ulpts (1997, 219). Der Stifter war nach Schmidt (1889, Stammbaum) Heinrich VI., der Sohn Heinrichs V., wiederum Sohn Siegfrieds I. Die Person des Stifters ist mit dem von Ulpts (ebd.) genannten Heinrich V. identisch.
403 UB Halberstadt 1, Nr. 324, Nr. 409; UB Hochstift Halberstadt 3, Nr. 2118. Vgl. Ulpts 1997, 219f.
404 Der Bau weist nach Nachkriegsfotografien eine gleichmäßige Steinschichtung auf. Foto LDSA, Neg.-Nr.: 16717, 6x9; K27F1, 13x18; K27F31, 13x18.
405 Das Chorfenster der Deutschordenskommende in Frankfurt a. M., die 1309 geweiht wurde, entspricht dem Chormaßwerk in Halberstadt. Vgl. Binding 1989, 262, Abb. 295.
406 Vgl. Dehio Sachsen-Anhalt I, 2002, 335.
407 Dazu eingehend Todenhöfer (2006a, 535–554, hier 549f.).
408 Leonard Helten (Halle), dem ich für die Disskusion des Maßwerks danke, datiert die gestapelten Vierblätter, deren sphärischen Rahmen an dem Couronnement anliegen, um 1340/50. Bei Binding (1989, 263f, Abb. 297f.) sind diese Formen um 1310/20 offenbar zu früh angesetzt.

Abbildung 40: Halberstadt, St. Andreas, Chorscheitelfenster (Foto: Todenhöfer 2003).

Abbildung 41: Halberstadt, St. Martini, Chorfassade (Foto: Todenhöfer 2003).

zweiten Hälfte 15. Jahrhundert im Formenschatz der Steinmetze und wird daher vermutlich während einer Reparatur eingebracht worden sein.

Die Langhausjoche der Halberstädter Franziskanerkirche weisen im Mittelschiff eine Grundrissproportion von 3:2 auf, die mit längsoblongen Seitenschiffsjochen korrespondiert. Diese Proportionen – nicht des Chores – unterscheiden sich nicht von denen der Dominikanerkirchen in Seehausen (1266 bezogen), Halle (ab 1271), Prenzlau (ab 1275) und Stralsund (Chor 1287 geweiht), da man auch das gestreckte Langhaussystem mit den kräftigen Scheidbögen zu den Seitenschiffen beibehält (Abbildung 179). Auch in den Querschnittsproportionen des Innenraumes entspricht die Franziskanerkirche mit einem Seitenverhältnis von 1,8:1 im Mittelschiff und 3,6:1 in den Seitenschiffen den bereits genannten Longitudinalbauten (Abbildung 36). Die stärkere Höhenstaffelung der Schiffe in Halberstadt, geht im Vergleich zu den genannten Bauten, hingegen auf eine andere Gewölbebehandlung zurück.

Die Gewölbezone wurde offenbar mit sehr geringer Stichhöhe ausgeführt, sodass der Raum trotz der mit anderen Hallenkirchen vergleichbaren Höhen- und Breitenproportionen bedeutend steiler wirkte. Offensichtlich orientiert sich die Gewölbegestaltung der Halberstädter Franziskanerkirche an den Querschnittproportionen des steilen basilikalen Langhauses des Halberstädter Domes (um 1260/70).

Die Halberstädter Andreaskirche wurde folgerichtig zu der im mittel- und norddeutschen Raum gegen Ende des 13. bis in das 14. Jahrhundert verbreiteten Gruppe von zumeist mit Achteckpfeilern versehenen Hallenkirchen gezählt.[409] Dieser Gruppe stellte Schenkluhn vor einigen Jahren in der Entwicklung die Dominikanerkirchen unter anderen in Erfurt (1279 geweiht) und in Halle (ab 1271) voran, die ihrerseits auf die Grund- und Aufrissgestaltung der Dominikanerkirche

---

409 Vgl. Schenkluhn 2000, 209ff.

in Frankfurt am Main (Baubeginn um 1240/45) zurückzuführen sind (Abbildung 181).[410] Von der halleschen Dominikanerkirche scheint St. Andreas die schlanken Achteckpfeiler übernommen zu haben, deren Profil ohne Kämpferzone unterbrochenen in die abgefasten Arkaden übergeht. Im Gegensatz zu letzterer ist jedoch bei St. Andreas die Richtungsgebundenheit noch stärker auf den Chorbereich konzentriert. Während sich in der Erfurter und der halleschen Dominikanerkirche Laien und Kleriker noch den Hallenraum durch den in das Langhaus eingebundenen Chorbereich teilen, den sogenannten Binnenchor, sind die Laien in St. Andreas durch den Langchor aus dem Chorbereich der Kleriker deutlicher als nur durch einen Lettner ausgegrenzt. Der Halberstädter Gestaltung gelingt es, jedoch den Bezug von Laien- und Klerikerraum durch angeglichene Proportionen von Chor und Mittelschiff zu bewahren. Die flankierenden Ostwände der Seitenschiffe betonen die Sichtbarkeit des Chorbereiches kaum mehr als die engen Pfeilerstellungen von Binnenchoranlagen, heben aber durch die Lichtregie der großen Fenster im Inneren und die stärker differenzierten Bauteile im Äußeren das Langhaus vom Chor zusätzlich ab.[411] Wahrscheinlich wurden bei der Halberstädter Konzeption deshalb architektonische Vorbilder mit kürzeren, breiter gelagerten Langhäusern und polygonal geschlossenen Langchören wirksam. Als frühstes Beispiel dieser Bauten gilt die nicht mehr existente Dominikanerkirche in Soest, deren Konzeption sich von der westfälischen Hallenarchitektur ableitete.[412] Es folgen diesem Bau wohl die leider nur ungenügend erforschte Franziskanerkirche in Stralsund, die Dominikanerkirche in Neuruppin – letztere wohl in Abhängigkeit vom Mindener Dom um 1280 errichtet[413] - und, nur kurze Zeit vor der Halberstädter Andreaskirche, die Franziskanerkirche in Soest (1274–1292), deren Architektur sich von der Soester Dominikanerkirche ableitet[414]. Allerdings fehlt diesen Bauten die deutliche Höhenstaffelung der Halberstädter Franziskanerkirche, die sich von den Proportionen des Domaufrisses als mendikantische Reduktionsarchitektur ableiten lässt. Die Andreaskirche nimmt mit ihrer ausgereiften Konzeption eine wichtige Vermittlerrolle zu frühen Hallenarchitektur ein und beeinflusste unter anderem die Dominikanerkirchen in Braunschweig und Göttingen (ab 1294),[415] die Brüdernkirche in Braunschweig (ab 1343)[416] und wohl auch die nicht mehr erhaltene Franziskanerkirche St. Maria-Magdalena in Hamburg[417] (Abbildung 240). Auch innerstädtisch scheint die Architektur der Franziskanerkirche Wechselwirkungen hervorgerufen zu haben. Zwar ist der Hallenumbau der Halberstädter Dominikanerkirche St. Katharinen um 1280 ein etwas älteres Konzept,[418] jedoch scheinen deren Jochproportionen und die offenbar vorhandenen angeglichenen Höhen von Mittel- und Seitenschiff keine unmittelbaren Auswirkungen auf die Franziskanerkirche gehabt zu haben (Abbildung 30). Andererseits dürfte der Neubau von St. Andreas zu einer Angleichung, infolge des ausgeführten Hallenplans, der Halberstädter Dominikanerkirche an die Konzeption der Franziskanerkirche geführt haben. Wie bereits angedeutet, lassen sich an St. Andreas Ähnlichkeiten zur Gewölbebildung des Domes feststellen. Das Chorpolygon dürfte außer dem Maßwerkzitat möglicherweise auf das zehn Jahre früher entstandene 5/8-Polygon von St. Martini zurückgehen. Andererseits griff der nach 1380 entstandene Langchor der zerstörten Paulskirche mit seinen 5/8-Polygon in Verbindung mit einem geplanten Hallenlanghaus[419] wohl die Konzeption von St. Andreas auf. Die Scheitelkapelle des Domes (1354–1362) und die bischöfliche Kapelle des Petershofes (um 1300) erhielten ebenfalls das 5/8-Polygon[420].

---

410 Vgl. ebd, 128. Kürzlich auch Hillebrand (2003, 184f.).
411 Der Chor verhält sich wie ein „[…] gerahmtes architektonisches Bild, und das Mittelschiff selbst wird wie ein in sich ruhender breiter Raum erfahren, dem sich das Chorbild lichthell aufdrängt […]" Zitat Schenkluhn (1985, 163).
412 Vgl. Pieper 1993, 170f. und 174.
413 Vgl. Schenkluhn 2000, 129 und Hillebrand 2003, 186f.
414 Vgl. Pieper 1993, 158 bzw. 225.
415 Zahlten 1985, 377.
416 Ebd., 378.
417 Schliemann 2000, 162ff., Abb. 5–11.
418 Siehe Seite 68f.
419 Auf den Abbildungen bei Döring (1902, 361ff., Fig. 147 und 150f.) erkennt man die hohen Anschlussstücke der Langhausstirnseiten, welche für einen nicht ausgeführten Hallenplan sprechen. Vgl. Valentin Arnrich: Die St. Andreaskirche zu Halberstadt, in: Halberstadt. Vom Bischofssitz zur Hansestadt. Skizzen zur Halberstädter Geschichte mit einem Exkurs zur Halberstädter Münzgeschichte, Halberstadt 2002, 283.
420 Dehio Sachsen-Anhalt I, 2002, 333f.

Die Dominikanerkirche St. Pauli zu Heiligen Kreuz in Halle
Nation Sachsen, Bistum Magdeburg, Archidiakonat Kloster Neuwerk bei Halle[421]

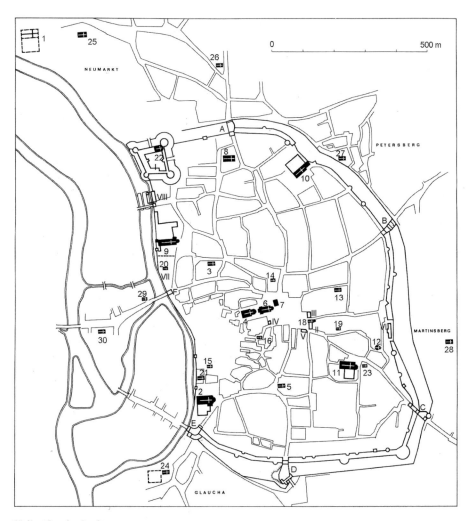

Halle, Plan der Stadt um 1510
1. Augustiner-Chorherrenstift zum Neuen Werk
2. Augustiner-Chorherrenstift und Pfarrkirche St. Moritz
3. Kapelle St. Nikolaus
4. Pfarrkirche St. Gertruden
5. Kapelle St. Michael
6. Pfarrkirche St. Marien (Marktkirche)
7. »Neuer Turm« (Roter Turm)
8. Pfarrkirche St. Ulrich
9. Dominikanerkloster
10. Franziskanerkloster
11. Servitenkloster
12. Kapelle St. Jakob
13. Kapelle St. Paul
14. Kapelle St. Lambert
15. Kapelle zum Heiligen Grab
16. Kapelle zu den Heiligen Drei Königen
17. Kapelle St. Matthias
18. Kapelle zum Heiligen Kreuz
19. Kapelle St. Anna
20. Hospitalkapelle St. Cyriacus
21. Hospitalkapelle St. Johannes
22. Maria-Magdalenen-Kapelle der Moritzburg
23. Kapelle St. Wolfgang
24. Zisterzienserkloster Marienkammer (St. Georg)
25. Pfarrkirche St. Laurentius
26. Kapelle St. Andreas
27. Kapelle St. Peter
28. Kapelle St. Martin
29. Kapelle St. Alexander
30. Kapelle St. Maria Magdalena, Wenzel und Wolfgang

Abbildung 42: Halle, Plan der Stadt um 1510 (Krause 1991, 340).

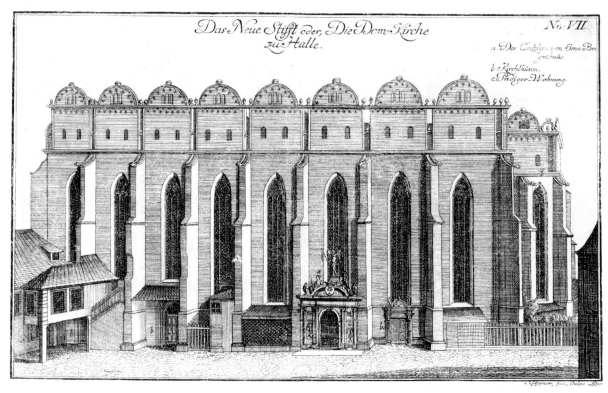

Abbildung 43: Halle, Domkirche, Ansicht von Süden (Kupferstich: Krügner Jun. o.J., Dreyhaupt 1749, Theil 1, 1096f.)

Lage

Das ehemalige Kloster[422] der Prediger befand sich am westlichen Rand der Altstadt auf einem flachen Felsplateau oberhalb der Saale (Abbildung 42).[423] Dieses Plateau mit dem heutigen Domplatz und dem Gebiet zwischen Großer Nikolai- und Klausstraße wurde im Osten vom sogenannten Schlamm, einem bis ins 13. Jahrhundert existierenden Sumpfgebiet, und zwei davon abgeleiteten Bächen begrenzt.[424] Das Gebiet gehört zu den siedlungsgeschichtlich ältesten Plätzen im Stadtgebiet Halles.[425] Hier vermutet man ein im Jahr 806 erwähntes fränkisches Kastell, das jedoch archäologisch nicht nachgewiesen werden konnte.[426] Das zum Kloster gehörige Gelände erstreckte sich nördlich der Kirche bis zur Mühlpforte und im Westen bis zur parallel zum Fluss verlaufenden Stadtmauer, in deren Anlage die westliche Klausur und Langhausfassade einbezogen waren.[427] Die östliche Begrenzung folgte dem Verlauf des Mühlberges, allerdings reichten die Klausurgebäude nicht bis an die dort verlaufende Gasse heran, sondern verliefen westlich der erhaltenen Sakristei ca. 30 Meter in Richtung Norden, wo die Nordklausur fast bis auf Höhe des Chores aus dem Ensemble

421 Löe 1910, 12f.; Mitteldeutscher Heimatlas 1958, Karte 16.
422 Dazu kürzlich der Verfasser (Steinernes Gotteslob – die mittelalterlichen Kirchen der Stadt Halle, in: Geschichte der Stadt Halle, Bd. 1, Halle im Mittelalter und in der Frühen Neuzeit, hg. v. Werner Freitag und Andreas Ranft, Halle 2006, 207–226, hier 214–217).
423 Die Dominikaner siedelten sich damit im Pfarrbezirk von St. Gertruden an. Rolf Hünicken: Geschichte der Stadt Halle, Erster Teil: Halle in deutscher Kaiserzeit. Ursprung und Entfaltung einer mitteldeutschen Stadt (Die fünf Türme, Reihe A, Bd. 1), Halle 1941, 60.
424 Volker Hermann: Die Entwicklung von Halle (Saale) im frühen und hohen Mittelalter, Topographie und Siedlungsentwicklung im heutigen Stadtgebiet von Halle (Saale) vom 7. bis zur Mitte des 12. Jahrhunderts aus archäologischer Sicht (Veröffentlichungen des Landesamtes für Archäologie Sachsen-Anhalt, Bd. 56), Halle 2001, Taf. 11.
425 Ebd.
426 Vgl. Siegmar Baron von Schultze-Galléra: Das mittelalterliche Halle. Von der Gründung der Stadt bis zur Entwicklung des städtischen Rates, Bd. 1, Halle 1925, Abb. 21. Ausgrabungen im ehemaligen Kreuzgang förderten 1962 u.a. Reste eines frühmittelalterlichen Salzwerks zu Tage. Gerhard Billig: Die Reste eines frühmittelalterlichen Salzwerkes im Domhof von Halle (Saale), in: Jahresschrift für mitteldeutsche Vorgeschichte Bd. 50, Halle 1966, 293–306.
427 Kupferstich „Hall in Sachsen, Ansicht gegen Abend" in: Mattheus Merian: Topographia Saxoniae inferioris: das ist Beschreibung, der vornehmsten Stätte unnd Plätz in dem hochlöbl. NiderSachß. Crayß, Franckfurt 1653 (Faksimile Kassel 1962).

herausragte.⁴²⁸ Reste der Klausur beziehungsweise des Kreuzgangs haben sich noch nordwestlich und nordöstlich der Kirche erhalten. Südlich des Domes erstreckten sich der Kirchhof und dahinter bis zu Erbauung der Neuen Residenz von Kardinal Albrecht das 1341 gegründete Hospital St. Cyriakus.⁴²⁹ In südlicher Richtung waren auch das Klaustor, die westliche Fernverbindung ins Mansfeldische Land, und das Hall, der Produktionsort der Salzpfänner, auf kürzestem Wege zu erreichen. Über die Kleine Klausstraße gelangt man direkt zum Marktplatz und zum Rathaus.

Historisches Schicksal

1520 wurden die Mönche auf Betreiben Kardinal Albrechts von Brandenburg in das Moritzkloster umgesiedelt, um das Kloster und die Kirche für die Kanoniker des Neuen Stifts einzurichten.⁴³⁰ Auf dem benachbarten Gelände des Cyriakushospitals errichtete man die Gebäude für die neue Residenz des Kardinals. Die ehemalige Dominikanerkirche ließ er bis 1525/26 umbauen und stattete sie prachtvoll aus (Abbildung 43). Eine Weihe des neuen ‚Domes' fand bereits 1523 statt. Der wichtigste Umbau, da er das Äußere bestimmte, war der umlaufende Giebelkranz aus halbrunden, mit Ornamentfriesen und Kugeln dekorierten Giebelfeldern in frühen Renaissanceformen (Abbildung 44). Das Dachwerk wurde neu errichtet, es entsprach aber in seiner äußeren Form weitgehend der Form des hochmittelalterlichen Daches. Die Hölzer konnten in die Jahre 1518 bis 1521 dendrochronologisch datiert werden.⁴³¹ In die Ecken des Kirchenraumes wurden bis auf die nordwestliche Ecke Wendeltreppen eingefügt (Abbildung 49). Die Langhauspfeiler erhielten einen bedeutenden, noch heute erhaltenen Figurenzyklus von Peter Schroh.⁴³² Die mit prächtigen Reliefs ausgestattete Kanzel wird seit den Forschungen von Rolf Hünicken dem Bildhauer Ulrich Creutz zugerechnet.⁴³³ Östlich der Kirche ließ Albrecht im Jahr 1536 einen Campanile errichten, dessen bei Grabungen aufgefundene Fundamente sogar die des Roten Turms (errichtet 1418 bis 1506) auf dem Marktplatz übertrafen.⁴³⁴ Der Campanile musste jedoch 1541 im Zuge der Stiftsauflösung wieder abgetragen werden. Nachdem der Kardinal und das Stift aufgrund von Schulden und Reformation Halle verlassen hatte, kehrten die Dominikaner noch einmal für zwei Jahrzehnte in ihr Kloster zurück.⁴³⁵ Bei einer Inventarisierung der verbliebenen hallesche Klöster 1561 befanden sich im Dominikanerkloster noch vier Mönche.⁴³⁶ Nachdem ihnen verboten worden war, neue Personen in den Konvent aufzunehmen, verließen sie Halle 1565 endgültig.⁴³⁷ Erst 1589 richtete man die bis dahin leer stehende Kirche unter dem Administrator des Erzstifts, Joachim-Friedrich von Brandenburg (1566–1598), als Schlosskirche her.⁴³⁸ Unter dem Administrator August von Sachsen-Weißenfels (1628/35-1680) wurde die Kirche schließlich barock ausgestaltet.⁴³⁹ Vor allem die heute noch teilweise erhaltenen Emporeneinbauten, die Orgel von 1667 und der Altar von 1662 bestimmen seitdem den Innenraum. Im Zuge des Westfälischen Friedens, bei dem das Erzstift 1680 an Kurbrandenburg fiel, erhielten 1688 die französisch-reformierte und deutsch-reformierte Gemeinde die ehemalige Klosteranlage und Kirche zur dauerhaften Nutzung.⁴⁴⁰ Ab 1704 wurde an Stelle einer Kloster-

---

428 Alfred Koch: Der Dom St. Pauli zum heiligen Kreuz. Rekonstruktion von Arch. Alfred Koch, in: Hallische Nachrichten vom 17.10.1930, Abb. 1; Heinrich L. Nickel: Das Dominikanerkloster zu Halle (Saale). Ergebnis der baugeschichtlichen Grabungen 1962 und 1964 nördlich des halleschen Domes, in: Wissenschaftliche Beiträge der Martin-Luther-Universität Halle-Wittenberg 1966/4 (H 1), Halle 1966, Abb. 1.

429 Siegmar von Schultze-Galléra: Topographie oder Häuser- und Strassen-Geschichte der Stadt Halle a. d. Saale, 1. Bd. Altstadt, Halle 1920, 185. Vgl. Johann Christoph Dreyhaupt: Pagus Neletici und Nudzici des Ausfuehrliche diplomatisch-historische Beschreibung des zum ehemaligen primat und Ertz-Stifft […] gehoerigegem Saal-Creises […],Teil 1, Bd. 2, Halle 1749, 786f., Nr. 216 vom 15.02.1501.

430 Zur Bau- und Kunstgeschichte der Stiftskirche siehe Redlich (1900); Hans-Joachim Krause: Albrecht von Brandenburg, in: Erzischof Albrecht von Brandenburg (1490–1545). Ein Kirchen- und Reichsfürst der Frühen Neuzeit (Beiträge zur Mainzer Kirchengeschichte, 3. Bd.), Frankfurt a. M. 1991, 296–356, hier 311f.; Michael Scholz: Residenz, Hof und Verwaltung der Erzbischöfe von Magdeburg in Halle in der ersten Hälfte des 16. Jahrhunderts (Residenzenforschung, Bd. 7), Sigmaringen 1998, 187ff. mit weiterer Literatur.

431 Ich danke Herrn Dr. Eißing (Bamberg) für die Bereitstellung seines unveröffentlichten Manuskriptes zu den halleschen Dachwerken, dessen Veröffentlichung in einer Publikationsreihe des LDASA Halle vorgesehen ist.

432 Krause 1991, 318.

433 Ebd., 318f.

434 Ebd., 337ff.

435 Scholz 1998, 318f.

436 Franz Schrader (Hg.): Die Visitationen der katholischen Klöster im Erzbistum Magdeburg durch die evangelischen Landesherren 1561–1651, Münster 1969, 55f.

437 Walther Delius: Die Reformationsgeschichte der Stadt Halle/Saale, Berlin 1953, 116.

438 Schultze-Galléra 1920, 186.

439 Heinrich Nickel: Der Dom zu Halle (Das christliche Denkmal, Heft 63/64), Berlin 1962, 21f.

440 Hugo Albertz: Der Dom und die Domgemeinde zu Halle an der Saale, Halle 1888, 152 und 202; Martin Gabriel: Die reformierte Gemeinde am Dom zu Halle, von ihren Anfängen bis zur Mitte des achtzehnten Jahrhunderts (1688–1750). Ein Beitrag zur Geschichte der reformierten Gemeinden in Mitteldeutschland, Diss. Univ. Halle, 1957 masch.

Abbildung 44: Halle, Dom, Ansicht von Südosten (Foto: Todenhöfer 2008).

kapelle eine Schule eingerichtet.[441] 1808 wurde die Schule aufgelöst und das Gelände der medizinischen Fakultät der halleschen Universität übertragen. Auf Teilen des Areals wurde ein Solbad eingerichtet und schließlich 1859/60 das Gebäude des jetzigen zoologischen Instituts erbaut, wofür man offenbar weitere Teile der ehemaligen Klausur abtrug. Im 19. und 20. Jahrhundert wurden an der Kirche eine Vielzahl von Ausbesserungs- und Installationsarbeiten, Fensterreparaturen, Heizungseinbauten, Fußbodenarbeiten oder die Neueindeckung des Daches vorgenommen.[442] 1991 wurde die Gesamtrestaurierung begonnen und 2006 abgeschlossen. Während der Kardinal-Albrecht-Ausstellung 2006 rekonstruierte man mit Hilfe beleuchteter Schautafeln die ursprüngliche Ausstattung des halleschen Domes mit wertvollen Altargemälden.[443]

Architektur

Der lang gestreckte dreischiffige Grundriss der gotischen Hallenkirche umfasst acht breit gelagerte queroblonge Langhausjoche, die sich nach Westen etwas weiten (Abbildung 49). Die Seitenschiffe sind um etwas weniger als die Hälfte der Mittelschiffsbreite schmal. Im Osten schließt ein kurzes einschiffiges Chorhaupt aus einem queroblongen Joch und einem 5/8-Polygon an. Als Material verwendete man Bruch- und Werksteine aus Bundsandstein, vermutlich aus den Wörmlitzer Steinbrüchen.[444]

Der Außenbau ist im Bereich des Chores und der Südseite gleichmäßig durch hohe Strebepfeiler gliedert, deren Abschlüsse mit leicht geschwungenen Wasserabschlägen wohl im 16. Jahrhundert verändert wurden. Die fast zwölf Meter hohen Spitzbogenfenster zwischen den Strebepfeilern bestehen aus drei Lanzettbahnen. Ihr Maßwerk ist alternierend aus einfachen

---

441 Schultze-Galléra 1920, 181ff.
442 Dazu detailliert LDASA Halle, Bericht zur Baugeschichte der Dom- und Schlosskirche zu Halle im 19. und 20. Jahrhundert von Andreas Stahl, 1992, 23 Seiten.
443 Thomas Schauerte (Hg.): Der Kardinal. Albrecht von Brandenburg, Renaissancefürst und Mäzen (Ausstellung vom 09.09. bis 26.11.2006), 2 Bde. (Essays und Katalog), Regensburg 2006.
444 Vgl. Eisentraut 1990, 33; Günther Krumbiegel, Max Schwab (Hg.): Saalestadt Halle und Umgebung. Ein geologischer Führer, Teil 1: Geologische Grundlagen, Halle 1974, 77.

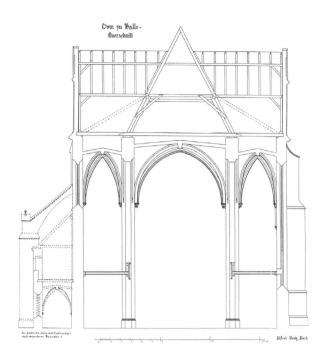

Abbildung 45: Halle, Dom, Querschnitt von Westen (Zeichnung: A. Koch o.J., LDASA).

gestapelten Kreisen oder Dreipässen gebildet. Nur das Chorscheitelfenster besitzt ein Rosettenmotiv aus fünf zentripetalen Kleeblattbögen. Vom ersten bis zum vierten Langhausjoch erscheint zusätzlich Maßwerk mit gestapelten kreisgerahmten Dreiblättern. Die Strebepfeiler der Nordseite wurden aufgrund des Kreuzgangs etwas vom Bauwerk entfernt errichtet und durch Strebebögen mit diesem verbunden. An einem Strebepfeiler im ersten Joch der Nordseite hat sich die ursprüngliche Form mit einer Blendgiebelabdeckung erhalten. Aufgrund des ursprünglich zweigeschossigen Kreuzganges erheben sich die nördlichen Langhausfenster statt gut vier Metern wie an der Südseite erst sieben Meter über dem Bodenniveau. Das Fenster des sechsten Joches der Nordseite reichte allerdings ursprünglich bis zum Kaffgesims. Es wurde offensichtlich schon im Mittelalter bis in Höhe des Kreuzgangdaches vermauert. Die Strebepfeiler der Westfassade, die seit der Renaissance durch Anbauten verstellt sind, werden in Erdgeschosshöhe durch Spitzbögen durchbrochen. Der Westgiebel weist Spuren mehrerer Bauphasen auf, auf die weiter unten eingegangen werden soll. In der

Abbildung 46: Halle, Dom, Innenansicht von Westen (Foto: Todenhöfer 2008).

Westfassade öffnete sich ursprünglich ein großes Maßwerkfenster, dessen innere Gewändepartie sich hinter dem barocken Orgelprospekt erhalten hat.[445]

Der Innenraum wirkt sehr längen- und höhenbetont. Mit über 65 Metern ist die Kirche noch heute die Längste der Stadt Halle.[446] Die Raumhöhe beträgt knapp 18 Meter. Die schlanken Achteckpfeiler stehen auf schmalen achteckigen Postamenten und leiten ohne Kapitellzone in die Scheidarkaden über, die das Profil der Pfeiler übernehmen. Allein eine eckige Nut

---

445 In der Ansicht Halles von Westen in Mattheus Merian von 1653 ist das Westfenster noch nicht vollständig von Anbauten verdeckt.
446 Die Länge des Innenraumes beträgt insgesamt 65,72 Meter, die Raumbreite des Langhauses hingegen nur 19,2 und die des Chores bzw. Mittelschiffes 9,16 Meter. (Maße nach dem Grundriss von Alfred Koch, siehe Abb. 47)

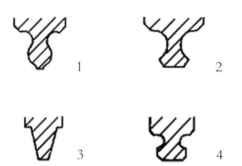

Abbildung 47: Halle, Dom, Rippenquerschnitte, Querrippen im Mittelschiff (1), Gurtrippen im Mittelschiff (2), Querrippen im Seitenschiff (3), Gurtrippen im Seitenschiff (4) (Zeichnung: Todenhöfer 2003).

umläuft die Schrägen der Bogenschenkel und differenziert damit den Übergang der Pfeiler in die Arkaden. Ohne Scheidmauerflächen folgen sogleich darüber die Kreuzrippengewölbe. Die großen Gewölbekonsolen der Mittelschiffspfeiler, die zumeist aus Blattwerk gebildet sind, mildern kaum die gestreckten Raumfluchten (Abbildung 198). Im nördlichen Seitenschiff liegen die Gewölberippen auf kleinen Blatt- oder Figurenkonsolen auf. Im südlichen Seitenschiff sind hingegen unter diese Konsolen zusätzlich kurze, ebenfalls auf kleineren Konsolen auslaufende Dienstbündel gestellt.

Im Chor sind die Profile der Quer- und der Gurtrippen als Birnstäbe geformt. Die Profile der Diagonalrippen im Mittelschiff und den Seitenschiffen wurden differenziert geformt (Abbildung 47). Im Mittelschiff sind diese als Birnenstäbe gestaltet, in den Seitenschiffen mit gerade zulaufendem Profil. Die seitlich gekehlten Gurte unterscheiden sich hingegen kaum. Den Übergang vom Langhaus zum Chorbau betont anstelle eines Triumphbogens ein etwas breiterer birnenstabförmiger Gurt. Der Chor besitzt die gleichen Raumproportionen wie das Mittelschiff. Das Chorgewölbe liegt jedoch im Polygon auf durchgehenden Diensten. Im Chorjoch sind die Dienste abgekragt. Das Bodenniveau des Chores ist knapp einen halben Meter höher als das des Langhauses.

An mittelalterlichen Zugängen haben sich insgesamt acht erhalten.[447] An Stelle des jetzigen in renaissance-

Abbildung 48: Halle, Dom, Südseite, Hauptportal (Foto: Todenhöfer 2008).

zeitlichen Formen errichteten Portals im siebenden Langhausjoch der Südseite dürfte auch im Mittelalter eine Tür gelegen haben, denn hier befand sich der Bereich des Chores, von dem im Normalfall ein Friedhofsportal zu dem außen liegenden Bestattungsplatz führt, der in Halle südlich der Kirche lag.[448] Im dritten Langhausjoch der Südseite befindet sich das sechs Meter hohe maßwerkbekrönte Hauptportal der Kirche (Abbildung 48 und 212). Auf der Nordseite liegen

---

447 Zwei weitere Türen befinden sich in den ersten beiden Jochen der Südseite. Zumindest die Tür im zweiten Joch stammt aufgrund ihres Rundbogens aus dem 16. Jh. Eine weitere konnte noch nicht untersucht werden, führte aber wahrscheinlich in das benachbarte Gebäude bzw. in dessen Vorgängergebäude. Vgl. Barbara Eisentraut (nun Pregla, LDASA Halle): Die Dominikanerkirche St. Paul zum Heiligen Kreuz in Halle/S. – Baumonographie, Dipl. Univ. Jena 1990 (masch.), 49f.

448 Siehe Seite 275ff., Portale.

drei mittelalterliche Zugänge, von denen sich einer im sechsten Joch vor dem Strebpfeiler zum siebenten Joch erhöht in der Wand befindet und damit offensichtlich der Zugang zur Lettnertribüne war.[449] Das Laufniveau der Tribüne und damit die Höhe der Lettnerwand dürfte von der Türschwelle ausgehend etwas tiefer als der Laufhorizont der jetzigen Emporen gelegen haben. Die anderen Portale sind ein renaissancezeitlich veränderter Sakristeizugang im letzten Langhausjoch und ein erst kürzlich aufgedecktes Spitzbogenportal im zweiten Joch, welches in den erhaltenen Teil des Kreuzgangs und der Westklausur führt.[450] Möglicherweise besaß ein nun wieder entdecktes Renaissanceportal in der Westwand mit dem Wappen des Baumeisters Andreas Günther bereits einen Vorgänger im Mittelalter. Dieses Portal dürfte zu dem Laufgang zwischen Stadtmauer und Westfassade geführt haben.

Daten zur Baugeschichte

Im Jahr 1271 erfolgte die Stiftung eines Hofes durch einen Ritter von Ammendorf sowie vermutlich Teile eines weiteren Hofes von zwei Rittern, von denen nur die Vornamen Volkmar und Alexander bekannt sind.[451] Im Jahr 1281 erteilte Bischof Ludolf von Naumburg Ablass zugunsten der Dominikanerkirche in Halle.[452] 1283 wurde das Kloster als Ausstellungsort einer Urkunde genannt und als ehemaliger Besitzer der benachbarten Neumühle ausgewiesen.[453] 1306 tagte in Halle ein Provinzialkapitel der Saxonia.[454] Die Kirche wird 1332 erstmals urkundlich erwähnt.[455] Laut einer Inschrift, die sich an einem später als Waschhaus genutzten Klostergebäude befand, ist das Kloster 1484 erneuert worden.[456] Im Jahr 1500 wurden u.a. ein Kornhaus des Klosters und der Stadtmauerturm neben der Kirche genannt.[457]

Bauphasen

Bevor 1990 die Kirche verputzt wurde, waren am Außenbau Baunähte sichtbar. Heute lassen sich diese Baunähte nur an den Mauerkronen im Dachbereich oder anhand von Fotografien bzw. Plänen ablesen. Der von Barbara Eisentraut rekonstruierte Bauablauf musste in Einzel- und Datierungsfragen korrigiert werden.[458] Die Dominikanerkirche ist im Rohbau nach einem nur in den Details veränderten Plan in mehreren Bauphasen im Laufe von ca. 50 Jahren entstanden (Abbildung 49). Zunächst begann man den Chor und die östlichen Stirnseiten der Seitenschiffe bis zum Ansatz des Langhausjoches zu errichten.[459] Da die Gewölberippen gegenüber den alten Anschlüssen leicht abgeknickt sind und aufgrund der schmalen Gewölbekonsolen nahe liegt, dass der Gurtbogen zwischen Chor und Mittelschiff ursprünglich schmaler geplant war, scheint die Einwölbung des Chors erst nach einer zeitlichen beziehungsweise planerischen Unterbrechung erfolgt zu sein.[460] Der Chor stand wohl einige Zeit separat, bis das Langhaus angeschlossen wurde.[461] Der strukturelle Unterschied zwischen Chor und Langhaus wird an den zum Langhaus vermittelten Choreckpfeiler am deut-

---

449 Zudem sind dort die Apostelfiguren an den Pfeiler etwas höher angebracht. wahrscheinlich nahmen diese auf den Lettner Rücksicht. Albertz (1888, 45) wies ebenfalls daraufhin, dass sich im sechsten Joch der Boden einst um eine Stufe erhöhte.
450 Die spitzbogige Tür im vierten Joch der Nordseite stammt vermutlich aus dem 19. Jahrhundert, da diese das höhere Bodenniveau des Pfarrgartens, der sich nun an Stelle des Klosters befindet, aufnimmt.
451 „[…] vnd ein closter prediger ordens bruder czum heiligen creucze an der Sal, das (MCCLXXI) gestift von einen ritter in der stat seshaftig, ist mit hulfe viler von Adel, der Amandorfer & c. da ye vnd ye rechtschuckliche geistlichkeit, der bruder vnd gots dienstes." Monachus Pirnensis, in: Johannes B. Mencken: Scriptores rerum Germanicarum, Teil 2, Leipzig 1728, Sp. 1566. vgl.; Hünicken 1941, 84; Eisentraut 1990, 13. Da die Jahreszahl 1271 auch auf den Chorgestühlen der Dominikanerklöstern Göttingen und Röbel verzeichnet war und damit die Erstzulassung des halleschen Konventes zu den Provinzialkapiteln belegt ist, scheint eine Ansiedlung schon früher, vielleicht in den späten 1260er Jahren erfolgt zu sein. Dazu ausführlicher Eisentraut (1990, 55f.).
452 Josef Dolle; Hans Patze: Urkundenbuch des Hochstiftes Naumburg, Teil 2 (1207 bis 1304), auf Grundlage der Vorarb. von Felix Rosenfeld und Walter, Köln/Weimar 2000, 535, Nr. 496.
453 Arthur Bierbach: Urkundenbuch der Stadt Halle, ihrer Stifter und Klöster, Bd. 2., Magdeburg 1939, 342, Nr. 377 und 378.
454 Ebd., Bd.1, 27, Nr. 494.
455 Ebd., Bd. 2, 218, Nr. 651.
456 „Soli Deo honor & gloria. Anno Domini M.CCCC.LXXXIV. incepta & complera est haec Structura tempore Fr. Johannis Hoxsteten de Buterfelt." Zitat nach Gottfried Olearius: Halygraphia Topo-Chronologica, das ist Ort und Zeitbeschreibung der Stadt Halle in Sachsen, Leipzig 1667, 212; vgl. Dreyhaupt 1749, Teil 1, Bd. 2, 782, §5.
457 StA Halle, Annalen des Thomas Cresse, dat. 1624, Sig. A 1,1–9, hier A 1,5, fol. 2. Vgl. Franz Wachter: Chronikalische Aufzeichnungen zur Geschichte der Stadt Halle vom Jahre 1464 bis 1512, in: Neue Mittheilungen aus dem Gebiet der historisch-antiqarischen Forschungen, Bd. 15, 1, Halle 1880, 84–151, hier 128ff.
458 Vgl. Eisentraut 1990, 59ff.
459 Anschlussfugen wurden vorort nachvollzogen, da die betreffenden Textstellen bei Eisentraut teilweise nicht eindeutig sind. Vgl. ebd., 59f.
460 Vgl. ebd., 59.
461 Vgl. ebd., 60. Das Mittelschiffsgewölbe schließt mit einer Baunaht an das Chorgewölbe an. Die Auflagepunkte der Querrippen wurden an der Chorecke verändert. Die nördliche Querrippe des Mittelschiffsgewölbes liegt westlich der ursprünglichen Konsole auf einer seperaten Kämpferplatte. Auf der Südseite lagerte man die Kämpferplatte der ursprünglichen Konsole an.

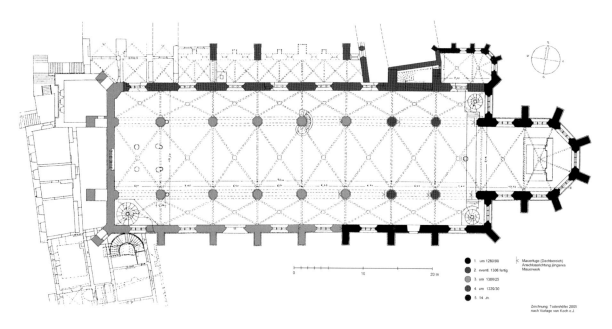

Abbildung 49: Halle, Dom, Plan der mittelalterlichen Bauphasen (Zeichnung: Todenhöfer 2005 nach Grundriss von A. Koch).

lichsten. Nur hier werden die Arkaden des Langhauses auf Kämpferplatten aufgefangen.[462] Man plante also, die Pfeiler mit Kämpfern auszustatten, wie in den Dominikanerkirchen in Erfurt und in Prenzlau.[463]

Die Chorvollendung wird in die 1280er Jahre zu setzen sein. Vom Baulanderwerb 1271 und einem baldigen Baubeginn ausgehend, spricht vor allem das Maßwerk des Chorscheitelfensters, welches ein vereinfachtes Rosenmotiv aufgreift (Abbildung 224), und das einfache gestapelte Maßwerk über drei noch ungenasten Lanzettbahnen der Flankenfenster für diese Datierung. Solche Radmotive treten verstärkt seit dem Langhausmaßwerk des Mindener Doms um 1270 auf. Auch der Treppenbogen der Mittellanzette erscheint am dritten Joch der Mindener Nordseite.[464] Die Kelch- und Blattform der Dienstkapitelle im Chor und an den Ostwänden der Seitenschiffe zeigt gegenüber den Formen im Langhaus in vereinfachender Nachfolge der Naumburger Westlettnerkapitelle ebenfalls eine Entstehungszeit gegen Ende des 13. Jahrhunderts

an (Abbildung 196 und 197).[465] Zusammen mit dem Chorhaupt wurden die Stirnseiten der Seitenschiffe und in zwei Mauerabschnitten drei Joche der südliche Langhauswand errichtet, da sich dort die Dienstkapitelle an die Wandkapitelle des Chores anlehnen.[466]

Zeitlich eng folgend müssen die zwei Chorjoche des Langhauses errichtet worden sein. Dazu musste nur die Nordwand bis zum Anfang des siebenden Langhausjoch errichtet werden.[467] Offenbar wollte man aufgrund dieser Bauabfolge zunächst den Chorbereich vervollständigen. Bei der Ausführung wurde der Wechsel zu kämpferlosen Langhauspfeilern vollzogen, was auf einen Baumeisterwechsel schließen lässt. Die Kapitelformen nehmen nun gröbere korbartige Formen auf, sind jedoch dafür sehr abwechslungsreich gestaltet. Es herrschen verschiedene Formen vor, die verschiedenen Gruppen von Knospen-, verschiedene Blatt-, Figuren-, Blattmasken- und Faltenkapitelle zugeordnet werden können.[468] Diese Kapitelle können in das erste Drittel des 14. Jahrhunderts datiert werden.[469] Eine Systematik

---

462 Eisentraut vermutet m. E. zu Recht einen Planwechsel. Vermutlich lag dort die Unsicherheit in der Bauvorführung, denn sonst hätte man die Kämpferplatten bis zu ersten Gurtbogen herumziehen können (ebd.).
463 Vgl. ebd., 60.
464 Binding 1989, 221ff.
465 Vgl. Eisentraut 1990, 92ff.
466 Ebd., 93.

467 Eisentraut (1990, 61) lässt den Bau irrtümlich bis zum vierten Joch fortführen. Beobachtungen ergaben im Dachbereich Baufugen an den Übergängen vom sechsten zum siebenten Joch. Die bei Eisentraut (1990, Anhang, Abb. 3) abgebildete Ansicht der Nordseite vom Staatshochbauamt von 1942 deutet die beobachtete Fuge ebenfalls klar an.
468 Vgl. ebd., 94ff.
469 Siehe Seite 265ff., Gewölbekonsolen, Rippenprofile und Schlusssteine.

bezüglich der Ikonografie oder des weiteren Baufortschritts kann nicht abgelesen werden.[470] Möglicherweise wurden die Kapitelle vorgefertigt und mit Baufortgang versetzt.

Anhand der Baufugenabfolge lässt sich erkennen, dass gleichzeitig die Langhauswände der West- und der Südseite ausgeführt worden sind.[471] Im Grund- und Aufriss sind hier einige Elemente gegenüber dem siebenten und achten Joch modifiziert. So sind die ersten drei Joche im Westen etwas größer und ein wenig aus der Achse verschoben. Zudem sind im Westen noch Schildrippenansätze vorhanden, die im östlichen Bereich fehlen. Eisentraut vermutet daher einen gleichzeitigen Bauanfang im Westen, der sich nach Osten fortsetzte.[472] Das Maßwerk der Südwand orientiert sich an den Formen im Chor und kann daher kaum die Datierung differenzieren. Lediglich das Strahlenmaßwerk des Hauptportals im dritten Langhausjoch trägt zu Datierung bei (Abbildung 48). Das Rosenmotiv entwickelt sich aus einem gerahmten stehenden Dreipass im Zentrum. Jeweils paarweise angeordnete Lanzetten wechseln sich mit Dreiblättern im Kranz ab. Der Formenreichtum geht über die Rose am Südseitenschiff des Freiburger Münsters hinaus und nimmt eher die Gestaltung der Westrosen des Straßburger Münster (1277–1318) und der Zisterzienserkirche in Ebrach (um 1280/85) mit ihren paarweise zusammengefassten Lanzetten und den daran anbindenden Zwickeldreiblättern auf.[473] Das unter der Rose liegende Motiv des aus zwei verlängerten Spitzbogenschenkeln gebildeten Überfangrundbogens tritt recht früh am westlichen Joch des Nordseitenschiffs des Mindener Doms (um 1270) oder 1335 im Sommerrefektorium des Zisterzienserklosters in Bebenhausen auf.[474] Jedoch dürfte erst die Rezeption dieses Motivs am Mittelgeschoss der Westfassade des Magdeburger Doms um 1320 zur Aufnahme an der halleschen Dominikanerkirche geführt haben,[475] sodass eine Entstehung des Hauptportals gegen Ende des ersten Viertels des 14. Jahrhunderts anzunehmen ist.

Die Nordwand wurde etwas später noch bis zum Ende des vierten Joch verlängert.[476] Ihre Fenster erhielten folglich im zweiten und vierten Joch eine etwas jüngere Maßwerkform mit kreisgerahmten Dreipässen über moderneren genasten Lanzettbahnen, was auf eine zeitliche Verzögerung zurückzuführen ist.[477] Ein Profilwechsel im Traufgesims der Südwand oberhalb des vorletzten Strebpfeilers des Langhauses belegt eine zeitliche Unterbrechung.[478] In einem weiteren Abschnitt verband man schließlich den östlichen mit dem westlichen Bauabschnitt im fünften und sechsten Langhausjoch und schloss die fehlenden vier Joche der Nordwand.[479] Als letzter Bauteil wurde die Sakristei nördlich des Chores sekundär angesetzt und gewölbt. Die Maßwerkkreise mit Drei- oder Vierpässen über zwei genasten Fensterbahnen lassen eine nähere Datierung im 14. Jahrhundert nicht zu wie die Birnstabform der Gewölberippen. Lediglich der Bauablauf dürfte auf eine Entstehung nach dem Anbau der Ostklausur verweisen, da die Sakristei an die Reste einer Klausurmauer gesetzt wurden, die offenbar erst im Zusammenhang mit dem Bau der Langhausnordwand entstanden war.[480] Deshalb ist von einer Fertigstellung gegen Mitte des 14. Jahrhunderts auszugehen.

Am Westgiebel sind verschiedene Bauphasen des Daches sichtbar. Der ursprüngliche nur über dem Mittelschiff stehende Giebel hat sich fast vollständig im Mauerwerk erhalten. Später wurde ein Mauerstück bis zur südlichen Mauerecke angesetzt (Abbildung 50).[481] Das ursprüngliche Dachwerk kann man mit Krautheimer als ein über dem Mittelschiff stehendes Satteldach mit „angeschifteten Querdächern" rekonstruieren, wie es in Magdeburg[482] bzw. Niedersachsen Tradition war.[483] Ob diese Querdächer zur Traufe abgewalmt oder wie in Magdeburg mit einem Giebel versehen

---

470 Vgl. Eisentraut 1990., 99f.
471 Vgl. ebd., 63.
472 Ebd.
473 Vgl. Binding 1989, 227, Abb. 260; 235 und 247, Abb. 278.
474 Vgl. Ebd., 221, Abb. 256; 301, Abb. 339.
475 Vgl. Schubert 1984, Abb. 35; Binding 1989, 291, Abb. 327.
476 Das nördliche Fenster im sechsten Joch öffnete sich schon ab Kaffgesimshöhe, wurde aber mit weiterer Baufortschritt bis auf Höhe der weiten Nordfenster geschlossen. Ursprünglich plante man daher wohl nur einen eingeschossigen Kreuzgang.
477 Die genasten Lanzettbahnen verbreiten sich erst in der Nachfolge vom Straßburger Riss B (um 1275/77). Das Couronnement wird bis in die Zwickel ausgefüllt. Binding 1989, 230ff.
478 Vgl. Eisentraut 1990, 61.
479 Vgl. ebd., 60f.
480 Zur den Grabungen im Bereich der Ostklausur Nickel (1966).
481 Erst auf diesen aus kleinteiligem Mauerwerk bestehenden Mauerstücken sitzen die Rundgiebel des 16. Jahrhunderts. Auch an den Ostenden des Langhauses über den Seitenschiffsgewölben sind die entsprechenden Giebelschrägen nachweisbar. Vgl. überarbeitete Fotogrammetrie der Westfassade, Büro Joseph Linsinger (St. Johann), Okt. 1991 bis Sept. 1992 im LDASA Halle. Die Kopien sowie die fotografische Bestandaufnahme vor den Sanierungsarbeiten stellte mir das Architekturbüro Reinhard Rüger (Halle) freundlicherweise zur Verfügung.
482 St. Ulrich, St. Katharina und St. Jakob. Vgl. u.a. Stadtansicht von Osten von Merian, vor 1631, in: Köppe 2000, 105.
483 Vgl. Krautheimer 1925, 96; Koch 1930. Eisentraut (1990, 107) hält die Dachform quergelagerten Zwerchhäusern über den Seitenschiffen ebenfalls für wahrscheinlich.

waren, ist indes nicht mehr nachweisbar, da auf den Außenwänden nun die Renaissancegiebel stehen.484 Anfang des 16. Jahrhunderts begann man das Dach als langhausübergreifendes Satteldach zu erneuert,485 wie die seitlich angefügte Seitenwange am Westgiebel zeigt. Die im heutigen Dachstuhl zweitverwendeten Hölzer aus dem frühen 16. Jahrhundert legen jedoch nah, das man diese Dachkonstruktion verwarf und zeitnah das heutige Dach ausführte.486 Das würde auch mit der Beobachtung korrelieren, dass nur eine Wange der Giebelverbreitung ausgeführt worden ist. Letztlich entschied man sich nach 1520 für eine Konstruktion, die der ersten in ihrer Form mit einem Mittelschiffsattel und jochweisen Querdächern über den Seitenschiffen entsprach.

Im Grund- und Aufriss nimmt die hallesche Dominikanerkirche typische Elemente der mittel- und norddeutschen Dominikanerarchitektur um 1300 auf, wie sie früh durch die Erfurter Predigerkirche (Chor 1279 fertig gestellt), die Prenzlauer Nikolaikirche (1275 begonnen) oder die Stralsunder Dominikanerkirche (Chor 1287 geweiht) geprägt und entwickelt wurden.487 Es sind dies die starke Richtungsgebundenheit der gestreckten Langhäuser, die Höhenangleichung von Mittel- und Seitenschiffen, der kurze polygonale Chor und die Ausstattung mit Achteckpfeilern.488 Das „Übergreifen" des Chorbereiches in das Langhaus ist noch von traditioneller Prägung, während zeitgleich Langchoranlagen mit kürzeren Hallenlanghäusern die Abgrenzung zwischen Klerikern und Laien steigern, wie bei der Franziskanerkirche St. Andreas in Halberstadt oder den Dominikanerkirchen in Göttingen und Braunschweig. Der hochmoderne profilgleiche, kämpferlose Übergang der Achteckpfeiler in die Arkaden scheint einer der ersten in der gotischen Hallenarchitektur zu sein und wird an der Halberstädter Andreaskirche und in der zweiten Hälfte des 14. Jahrhunderts an der Pirnaer Dominikanerkirche rezipiert.489 Die gestreckte Grundrissdisposition mit relativ breit gelagerten Jochen, schmalen Seitenschiffen und dem kurzen Chorhals dürfte sich an dem wohl frühesten Hallenbau der Dominikaner in Frankfurt am Main (um 1245, wohl um 1265 fertiggestellt) orientiert haben.490 Die

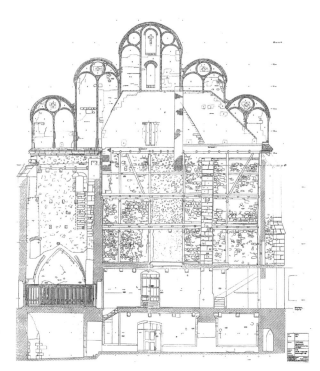

Abbildung 50: Halle, Dom, Westfassade mit Anbauten, fotogrammetrisches Aufmass (Zeichnung: Büro Linsinger 1992, LDASA).

hallesche Dominikanerkirche bildet mit den Dominikanerkirchen in Prenzlau (ab 1275), Stralsund (Chorweihe 1287), offenbar auch in Berlin-Cölln (um 1300) einen festen Typus aus gestrecktem Langhaus mit kräftigen Scheidarkaden und kurzem polygonal geschlossenem Chorhaupt (Abbildung 238). Dieser Typus ist verwandt mit den kürzeren Hallenkirchen mit polygonalem Langchor, der sowohl bei den Dominikanern (Braunschweig, Göttingen, Brandenburg, Halberstadt), als auch den Franziskanern (Halberstadt, Hildesheim, Hamburg) auftrat (Abbildung 240). Offenbar orientierten sich die Hallenbauten der Gertrauden- und der Marienkirche in Halle an der Dominikanerkirche (Abbildung 239).491 Deren Einfluss auf die zweischiffige Hallenkirche mit Achteckpfeilern des halleschen Franziskanerkonventes darf ebenfalls vorausgesetzt werden.492

484 Vgl. ebd.
485 Rekonstruktion nach Eißing (Bamberg) siehe Anm. 431.
486 Ebd.
487 Auch die verlorenen Dominikanerkirchen in Berlin, Leipzig und Seehausen können dieser Gruppe zugerechnet werden.
488 Vgl. Schenkluhn 2000, 209ff.
489 Ähnliche Tendenzen zu einem einheitlichen Arkaden-Pfeiler-Profil bei den Rundpfeilern der 1284 begonnenen Dominikanerkirche in Colmar, den Bündelpfeiler der Bremer Franziskanerkirche 1. Hälfte 14. Jahrhundert und dem Hallenchor der Stephansdom in Wien (1304/40).
490 Vgl. Seite 235ff., Zwischen Formenvielfalt und Dominanz der Hallenkirchen.
491 Todenhöfer 2006b, 207–226.
492 Siehe Seite 96ff.

Über die Bedeutung des Dominikanerkonventes kann nur spekuliert werden.[493] Die Installation eines Philosophiestudiums mit ca. zehn Studenten ab 1346 und eines *Studium particulare* im Kloster (1379 genannt),[494] kann – da ersteres lediglich eine „Vorschule" für das eigentliche theologische Studium war – kaum den baulichen Anspruch der Dominikaner erklären, der die Pfarrkirchen in ihrer Größe übertraf.[495] Die Dominikaner erhielten zwar im 14. Jahrhundert regen Zulauf, sodass sich die Augustinerchorherren von Neuwerk und St. Moritz in Ausübung ihrer Seelsorge bedroht fühlten und ein Einschreiten des Papstes forderten, allerdings beschwerten sich die Chorherren auch über die Franziskaner, Augustiner-Eremiten und Karmeliten.[496] Die engen Kontakte von halleschen Dominikanern mit bekannten Mystikerinnen jener Zeit, vor allem Mechthild von Magdeburg und Gertrut von Helfta, können ein Grund für die Niederlassung gewesen sein,[497] jedoch trug m.E. vor allem die überregionale wirtschaftliche Bedeutung Halles durch den Salzhandel als wichtige Einnahmequelle des Erzbistums Magdeburg ihr übriges für die Ansiedlung der Dominikaner bei.[498] Offenbar war es der Erzbischof als Stadtherr, der die Ansiedlung forcierte. Dies liegt nah, da die Ammendorfer, die Teilstifter des Baugrundes waren, ehemalige Ministerialen der Magdeburger Erzbischöfe gewesen sein dürften.[499] Auch suchte der Erzbischof beständig, die Unabhängigkeitsbestrebungen der ihm unterstellten Städte zu dämpfen. 1263 erlangten die Hallenser etwa das freie Besitzrecht an den Siedehütten des Erzbistums.[500] Die exempte Stellung der Bettelorden konnte dem Erzbischof dabei von Nutzen sein, da diese sicher noch nicht wie die Pfarrkirchen in die lokalen Hierarchien und Interessen eingebunden waren. Die Lage des Klosters unweit der Salzgewinnungsstätte, dem Hall beziehungsweise Tal, dürfte für den Versuch dieser Einflussnahme sprechen.[501]

---

493 Vgl. Walter Nissen: Studien zur Geschichte des geistlichen Lebens in der Stadt Halle in vorreformatorischer Zeit. 1. Teil: Die Ordensgeistlichkeit als Träger wissenschaftlicher Bildung in der Stadt, Diss. Univ. Halle 1938 (masch.), 122. In Halle fand 1306 schon drei Jahre nach der Gründung der Saxonia das erste Provinzialkapitel und im Laufe des 14. Jahrhunderts noch weitere drei Kapitel (1332, 1358 und 1386) statt.

494 Walter Delius: Das hallesche Schulwesen im Mittelalter, in: Thüringisch-sächsische Zeitschrift für Geschichte und Kunst, Bd. 24, Halle 1936, 113. Vgl. Nissen 1938, 125.

495 Vgl. Eisentraut 1990, 25f. Nissen 1938, 121ff.

496 Vgl. Nissen 1938, 124. UB Halle, Teil 2, 340, Nr. 747

497 Vgl. Eisentraut 1990, 17f. Der hallesche Konvent betreute ab 1271 das Zisterzienserinnenkloster in Helfta, in dem die Mystikerinnen Mechthild von Magdeburg und Gertrud wirkten. Der gelehrte Dominikaner Heinrich von Halle, zuerst Lektor in Neuruppin, gab die Werke der Mechthild heraus. Vgl. Seite 24ff., Die Niederlassungen auf dem Gebiet Sachsen-Anhalt. Auch Balduin, der Bruder der Mystikerin, war Dominikaner in Halle.

498 Siehe Seite 328f.

499 Aus ihren Reihen stammt der Merseburger Bischof Heinrich II. (1283–1300). Vgl. Hans Peter Illner: Der Landbesitz der Bischöfe von Merseburg im Mittelalter, Diss. Univ. Halle masch. 1925, 173.

500 Die Erzbischöfe vergaben die Salzgüter als Lehen. 1263 erlangten die Pfänner das freie Besitzrecht. Erst ab 1310 sind diese Lehen erblich, was auf eine gesellschaftliche Festigung der Pfännerschaft hindeutet. Ab 1281 ist Halle zudem in der Hanse nachgewiesen. Vgl. Gustav Friedrich Hertzberg: Geschichte der Stadt Halle an der Saale von den Anfängen bis zur Neuzeit, Bd. 1 Halle im Mittelalter, Halle 1889, 55f.; Werner Freitag: Halle: eine Salzstadt des Mittelalters, in: Halle und das Salz: eine Salzstadt in Mittelalter und Frühe Neuzeit (Forschungen zur hallischen Stadtgeschichte, Bd. 2), Halle 2002, 15–36, hier 16ff.

501 Die Dominikaner wurden schon kurz nach ihrer Niederlassung mit Einnahmen aus den Salzbrunnen bedacht. Vgl. UB Halle, Bd. 1, Nr. 469. Eine eigene Pfarrkirche für das Tal gab es nicht. Der Pfännerschatz befand sich allerdings im 15. Jahrhundert in der Sakristei von St. Moritz. Vgl. Freitag 2002, 20ff.

Die Franziskaner- oder Barfüßerkirche in Halle[502]

Kustodie Magdeburg, Bistum Magdeburg, Archidiakonat Kloster Neuwerk bei Halle[503]

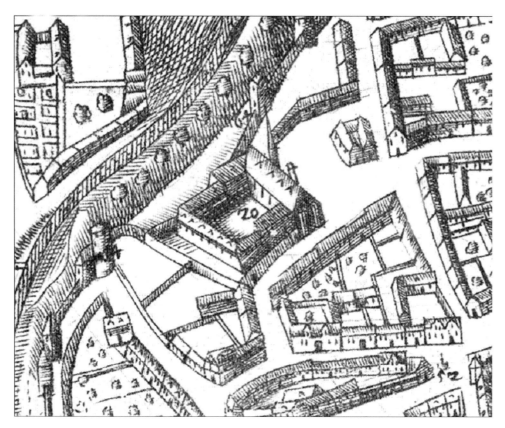

Abbildung 51: Stadtansicht Halles von Johann Wisthöfer, Detail mit Barfüßerkloster (Dreyhaupt 1749, Teil 1, Bd. 2, 698f., Taf. V).

Lage

Das hallesche Franziskanerkloster lag im Nordosten der Altstadt an der Stelle des heutigen Löwengebäudes der Universität (Abbildung 42 und 51).[504] 1942 fand man bei Ausschachtungsarbeiten für einen Luftschutzbunker vor der Westfassade des Universitätsgebäudes noch umfangreiche Reste der Westklausur, in denen sich noch die Pfeilerfundamente eines Refektoriums erkennen ließen.[505] Zum Kloster gehörten außer den Klostergebäuden und der südlich gelegenen Kirche noch ein großer Baumgarten,[506] welcher sich nördlich der Klostergebäude zum Kaulenberg hin anschloss.[507] Im Klosterhof lag ebenfalls ein kleiner Garten sowie südlich der Kirche der Kirchhof, der später Schulberg und ab 1893 Universitätsplatz hieß.[508] Das Gelände wird

---

502 Die Namen des Konventes lauteten 1266 „minneren brodher", „minneren", 1377 „barfüten brüderen", die „barwzen", „fratres S. Francisci ordinis minorum", nach 1461 „Ordinis Minorum", „S. Francisci de Observantia". Schultze-Galléra 1925, 345f.
503 Schlager 1914, 231ff.; Mitteldeutscher Heimatlas 1958, Karte 16.
504 Dazu auch Todenhöfer 2006b, 207–226, hier 217f.
505 Hallische Nachrichten, Nr. 214 v. 12./13.09.1942, 5.
506 Dreyhaupt 1749, Teil 1, Bd. 2, 795, §4.

507 Zur Situation nach den Brandkatastrophen von 1616 und 1645 die Stadtgrundrisse von Gründler und Johann Wisthöfer in: Dreyhaupt 1749, Teil 1, Bd. 2, 682f., Tab. IV. und 698f., Tab. V. Siehe Abb. 51. Vgl. Johann Babtistae Homann: *Darstellung des Grundrisses und Prospectes der Königl. Preußisch-Magdeburgischen und des SaalCrayses HauptStadt Halle […]*, o. J., Geheimes Staatsarchiv Berlin, Sig. E 50717 PFNr 7391.
508 Oliver Specht: Schenenstraße, Schulgasse, Universitätsplatz. Neueste Ausgrabungen auf dem Schulberg in Halle, in: Archäologische Berichte aus Sachsen-Anhalt, 1999/1, Halle 2000, 163–177.

Abbildung 52: Ehem. Franziskanerkloster (Städtisches Gymnasium), Replik der Medaille von Johann L. Oexlein 1765 (Landesmünzkabinett der Stiftung Moritzburg, Kunstmuseum des Landes Sachsen-Anhalt, Foto: Todenhöfer 2004).

heute ungefähr von den Straßenzügen des Kaulenbergs im Norden, der Spiegelgasse im Westen und dem sogenannten Audimax der Universität[509] im Süden sowie des Universitätsring im Osten begrenzt.

Das Kloster berührte im Osten unmittelbar die Stadtmauer. Der Chor war in die Wehranlage eingebunden, wie es eine Medaillenprägung von 1765 anlässlich eines Schuljubiläums anschaulich wiedergibt (Abbildung 52).[510] Die Klostergebäude sollen nach dem bei Dreyhaupt abgebildeten Stadtgrundriss etwas schräg zur Kirche gestanden haben, was nicht mehr nachprüfbar ist.[511] Die nach den Mönchen benannte Barfüßerstraße verband das Kloster mit dem Marktplatz, dem Rathaus und den beiden Pfarrkirchen St. Marien und St. Gertrud. Nordwestlich des Klosters befand sich in einer Entfernung von ca. 200 Metern das Ulrichstor, in deren Nähe die Ulrichskirche stand, und von dem aus die Fernstraße nach Magdeburg führte. Vor der Verlagerung der Ulrichspfarre im Jahr 1531 in die ehemalige Servitenkirche im südöstlichen Altstadtgebiet dürfte das Franziskanerkloster im Sprengel der Ulrichskirche gelegen haben.[512] Erst die Kirchenordnung von 1541 inkorporierte das Viertel in den Pfarrbezirk von St. Marien auf dem Markt.[513] Das Stadtgebiet, in dem sich die Franziskaner niederließen, wurde schon unter dem Magdeburger Burg- und Markgrafen von Meißen,

509 Im Spätmittelalter hieß die im Westen parallel zur Schulstraße verlaufende Gasse die Schenen-, Schön- oder Schonstraße. Schultze-Gallèra 1920, 115; vgl. Specht 2000, 163. Jetzt deckt sich die Nordfassade des Audimax-Gebäudes der Universität ungefähr mit der Richtung der Gasse.
510 Medaille aus dem Jahre 1765 zum 200 jährigen Jubiläum des Gymnasiums von Johann Leonard Oexlein, Replik Leipzig in der Staatlichen Münzsammlung Moritzburg Halle. Eine detailgetreue Umzeichnung befindet sich im Stadtarchiv Halle, III/1, V 3, dazu noch ein Kupferstich von G.A. Gründler, derselben in: Christian Gottlieb August Runde: Chronik der Stadt Halle, gedruckt in: Bernhard Weißenborn: Rundes Chronik der Stadt Halle 1750–1835, Halle 1933, 271.
511 Dreyhaupt 1749, Teil 1, Bd. 2, 682f., Tab. IV.
512 Ebd., 773, §8 und 1050, §4.
513 Oearius 1667, 34.

Wiprecht von Groitzsch (1118–1124), der bis dahin bestehenden mittelalterlichen Stadt hinzugefügt, in der Folgezeit ausgebaut und vermutlich mit einer Mauer umgeben.[514] So soll bereits 1203 die Stadtmauer Schutz vor der neunwöchigen Belagerung durch kaiserliche Truppen geboten haben.[515] Zur Zeit des Klosterbaus im 13. Jahrhundert konnte im näheren Umfeld eine Zunahme der Wohnhausbebauung festgestellt werden, sodass sich offenbar während des Klosterbaus das Stadtgebiet in einer größeren Ausbauphase befand.[516] Offenbar spielte dabei der Bau des Klosters eine zentrale Rolle, da der gesamte Platz westlich des Klosters, wahrscheinlich auch anstelle des Klosters selbst, während dieser Phase einheitlich planiert und völlig neu bebaut wurde.[517]

Historisches Schicksal

Bereits 1460 versuchte man das hallesche Kloster von Seiten der Provinzleitung unter dem Minister Matthias Döring zu reformieren, um offenbar Erzbischof Friedrich von Beichlingen (1445- 1464) zuvor zukommen, der eine Reformierung aller in seiner Diözense gelegenen Klöster anstrebte. Der Erzbischof schlug jedoch 1461 das hallesche und das Magdeburger Kloster der sächsischen Observantenprovinz zum Heiligen Kreuz zu, obwohl sich die sächsische Provinzleitung der Konventualen entschieden gegen eine Spaltung einsetzte.[518] Im Jahr 1561 wurde bei einer Visitation im Kloster der Guardian Ullrich Poller, fünf Mönche und zwei Laienbrüder vorgefunden. Ihnen wurde verboten neue Personen in den Konvent aufzunehmen.[519] Erzbischof Sigismund übergab am 8. September 1564 das Franziskanerkloster dem Rat der Stadt Halle zur Errichtung einer Schule. Ein Jahr später wurde diese eingeweiht.[520] Die Schule war bis 1808 im ehemaligen Kloster und im Chor der Kirche untergebracht, der vom Langhaus durch eine Mauer abgetrennt und in mehreren Stockwerken ausgebaut war.[521] Das Langhaus der Klosterkirche wurde als Schulkirche und ab 1699 als Universitätskirche genutzt. 1773 errichtete man in ihr ein Getreidelager. Ab 1770 fand nach dem akademischen Gottesdienst ein Garnisionsgottesdienst statt. Die Klostergebäude dienten 1813 als Lazarett. Um 1800 unterlag sie wechselnden Nutzungen, wurde Magazin, dann wieder Kirche. 1809 schenkte die Westfälische Regierung den Bau schließlich dem Oberbergrat Reil für ein Theater. Am 3. Februar 1811 fand hier die erste Vorstellung mit Lessings Emilia Galotti statt. Bereits 1818 wurden Gebäudeteile des ehemaligen Klosters der Stadt abgekauft und allmählich abgerissen. Ab 1820 verkaufte man den restlichen Komplex an die Universität. Im Jahr 1828 trug man das Kloster endgültig ab und errichtete ab 1832 das heutige Löwengebäude der Universität.

Daten zur mittelalterlichen Baugeschichte

Die erste Erwähnung der halleschen Franziskaner erfolgt 1247 zu einem Provinzialkapitel.[522] 1286 ist erstmals ein in Halle ansässiger Kustos der Magdeburger Kustodie bezeugt.[523] Sehr wahrscheinlich existiert zu diesem Zeitpunkt bereits ein Kloster. Allerdings wird dieses 1290 nur als „ordinis fratrum minorum domus Hallensis" bezeichnet.[524] Die erste Nennung des Klosters erfolgt nach einem Urkundenregest im Jahr 1298.[525] Im zweiten halleschen Schöffenbuch wird der Franziskanerkirchhof erwähnt, allerdings ist eine Datierung der Nennung nur grob für das 14. Jahrhundert möglich.[526] Eine Erwähnung von Bauarbeiten am

---

514 Hans-Joachim Mrusek: Strukturwandel der halleschen Altstadt, in: Wissenschaftliche Zeitschrift der Martin-Luther-Universität Halle-Wittenberg, gesellschaftlich-sprachwissenschaftliche Reihe 10/4, Halle 1961, 1071–1090. Zuletzt zur Stadtentwicklung Hermann (2001).

515 Erich Neuß: Die Wehrbauten der Stadt Halle, Teil 1, in: Sachsen und Anhalt, Jahrbuch der Historischen Kommission für die Provinz Sachsen und für Anhalt, Bd. 10, Magdeburg 1934, 156–191, hier 173.

516 Vgl. Oliver Specht: Die stadtkernarchäologische Untersuchung Juridicum in Halle (Saale), in: Jahresschrift für mitteldeutsche Vorgeschichte, 80, Halle 1998, 177–213, hier 183.

517 Specht 2000, 261.

518 Zum Streit um das hallesche Franziskanerkloster Petra Weigel (Ordensreform und Konziliarismus : der Franziskanerprovinzial Matthias Döring (1427–1461) [Jenaer Beiträge zur Geschichte, 7], Frankfurt a. M. 2005, 239ff.).

519 Visitationsakten von 1561 gedruckt bei bei Schrader (1969, 36).

520 Gottfried Olearius: Beschreibung des hallischen Schül-Jubel-Festes. Christliche Schül-Freude oder Schül-Jubel-Fest / Wegen glücklicher Einführung und hundert Jähriger Erhaltung des Gymnasii oder der Stadt-Schülen zu Hall in Sachsen/Auf E.E. Hochweisen Raths daselbst Verordnung hochfeyerlich gehalten am 17. Augusti in Jahr Christi 1665, Rudolstadt 1666, 1; Olearius 1667, 278.

521 Zum folgenden Schultze-Galléra (1920, 119ff.).

522 Vgl. Nissen 1938, 105 mit älterer Literatur.

523 UB Halle, Bd. 1, 348, Nr. 384.

524 Ebd., 372, Nr. 413.

525 Ebd., 411, Nr. 459.

526 Gustav Hertel: Die Hallischen Schöffenbücher, Teil 1 (Geschichtsquellen der Provinz Sachsen und angrenzender Gebiete, Bd. 14), Halle 1882, 165, Nr. 153.

Abbildung 53: Langhausgrundriss Erdgeschoss der ehemaligen Barfüßerkirche ohne östliches Langhausjoch von 1805 (Universitätsarchiv Halle, Rep. 3 Nr. 735).

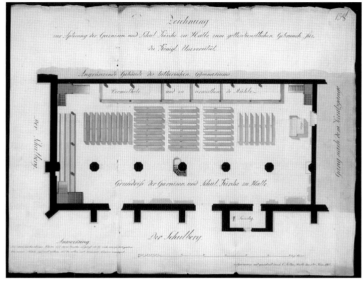

Abbildung 54: Langhausgrundriss Emporengeschoss der ehemaligen Barfüßerkirche von 1805 (Universitätsarchiv Halle, Rep. 3 Nr. 735).

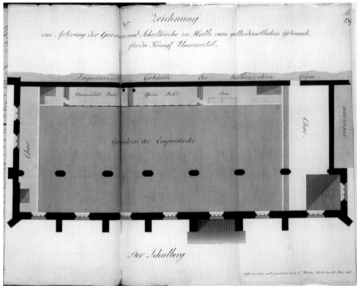

Abbildung 55: Chorgrundriss der ehemaligen Barfüßerkirche von 1770 (Stadtarchiv Halle, Sig. Kap. X, Abtlg. D, No. 6, Akte Stadtgymnasium).

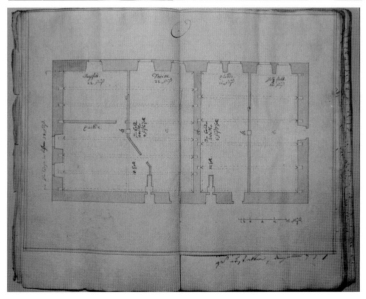

Kreuzgang erfolgte im Jahre 1462.[527] Für 1479 sind eine Reparatur des Chordaches[528] sowie weitere undefinierte Bauarbeiten 1483 und 1497 überliefert[529]. 1487 ist nach einer Inschrift die hölzerne Decke im Kircheninneren vollendet worden.[530] Im 17. Jahrhundert soll sich links des Altars ein Bild des Franziskus mit seinen Stigmata befunden haben, unter dem zehn Männer und neu Frauen kniend sowie das dieskauische Wappen dargestellt waren. Unter dem Bild befand sich die Inschrift: „Stigmata Francisci coluit seducta vetustas, Solius est Christi vulnera nostrasalus."[531]

Rekonstruktion

Folgende historische Abbildungen sind für die Rekonstruktion der mittelalterlichen Klosterkirche außer den schon erwähnten Stadtgrundrissen bei Dreyhaupt und der Jubiläumsmedaille von Oexlein relevant (Abbildung 51 und 52): Die halleschen Stadtansichten in der Topographia von Merian aus dem Jahr 1653, insbesondere die Ansicht von Osten, die den flach geschlossenen Chor mit gestaffelter Dreierfenstergruppe zeigt (Abbildung 56). Zudem die Stadtansicht von Westen von Merian auf der zwei gleichhohe Fenster in der Westfassade abgebildet sind.[532] Wichtiger sind jedoch die Grundrisse der ehemaligen Universitätskirche und des Stadtgymnasiums, welche vor dem Abbruch der Kirche angefertigt wurden (Abbildungen 53 bis 55).[533] Die Pläne zeigen den Zustand des 18. Jahrhunderts, als der ehemalige Chor vom Langhaus durch eine Mauer abgetrennt wurde und einen Teil des Gymnasiums beherbergte, während das Langhaus noch als Universitätskirche genutzt wurde.[534] Eine detaillierte Beschreibung des ehemaligen Schauspielhauses aus dem Jahr 1828 bestätigt und ergänzt zudem die Informationen über den Aufbau der Kirche.[535]

Ergänzt man die Pläne des Langhauses mit dem des Chores, erhält man den genauen Grundriss der ehemaligen Barfüßerkirche (Abbildung 57). Insgesamt ergibt sich ein siebenjochiges, asymmetrisch zweischiffiges Langhaus mit einem flach schließenden Langchor. Die Abbildung des Barfüßerklosters auf der Medaille von 1765 gibt diesen Zustand korrekt wieder (Abbildung 52). Die Länge des Innenraums betrug gut 67 Meter. Damit war die Franziskanerkir-

---

527 Dreyhaupt 1749, 1. Teil, Bd. 2, 800, Nr. 227. Für diesen Hinweis danke ich Dr. Petra Weigel.
528 Inschrift bei Olearius (1666, 91) verkürzt wiedergegeben. Bei Dreyhaupt (1749, 1. Teil, Bd. 2, 796) neu transkribiert: „Anno Domini M.CCCC.LXXIX. in Festo divisionis Apostolorum completum est & renovatum [innovatum bei Olearius] tectum chori, & hoc ex dissensione Sartaginensium & communitatum. Hoc tempore ego Johannes Kelu fui guardianus conventus hallensis, henricus lose viceguardianus, johannes hagen lector, ludowicus ab anhalt presbiter, gifilerus de disco laicus & ericus feuer clericus, nobiles, sub vicario Alberto Laffarde. amici spirituales. halle videlicet, pet. messer, Carpentarius, laurencius, theodericus, johannes & thobias".
529 Olearius 1667, 21.
530 „Anno Domini 1487, postfestum divae virginis consummata est ista pars media Ecclesiae per Johannem de Dracksted." Zitat nach ebd., 212.
531 Olearus 1666, 21; Dreyhaupt 1750, 2. Teil, 1. Bd., 203, §1. Siehe Anm. 551.
532 Merian 1653.
533 *Zeichnung zur Sptirung* [Sic!] *der Garnison und Schul Kirche zu Halle zum gottesdienstlichen Gebrauch für die Königl. Universität. Grundriß der Garnision und Schulkirche. Dazu noch ein Grundriß der Emporkirche […] aufgenommen durch C. Kellin. Halle, den 1. März 1805*, ein Exemplar im Universitätsarchiv Halle, Rep. 3 Nr. 735 ein Exemplar auch im Stadtarchiv Halle, Sig. Kap. X, Abtlg. D, No. 6, Akte Stadtgymnasium von 1770. Ein Grundriss des ehemaligen Stadtgymnasiums, StA Halle, Sig. Kap. X, Abtlg. D, No. 6, Akte Stadtgymnasium von 1770.
534 Das östliche Joch des Langhauses war in zwei Geschosse geteilt worden. Im Erdgeschoss befand sich ein Durchgang zum ehemaligen Kreuzgang, im Obergeschoss der Chor der Universitätskirche.
535 „Beschreibung des alten Schauspielhauses in Halle und seiner Nebengebäude. Das Hauptgebäude ist 143 ½ Fuß lang, 60 Fuß tief, 36 Fuß über der Erde in Mauern hoch, mit einem aus 47 Sparrgebinden bestehenden halbgewalmten Mansardedach überdeckt. Die Mauern sind von Bruchsteinen zum Teil mit behauenen Eckquadern 3 ½ Fuß stark und durch 9 Strebepfeiler verstärkt. Die Dachgiebel sind bis zum Mansardebalken von gemauertem Fachwerk und das Dach ist auf jeder Seite (incl. der Doppelreihen) mit 89 Reihen Ziegelsteinen eingedeckt. An der einen Giebelseite führt eine aus 19 Sandsteinstücken und einem Podest bestehende Freitreppe, und 9 in die Mauer gelegte Stufen zu dem mit Ziegelsteinen auf der einen Seite gepflasterten Flur. Dieser Eingang so wie die 4 anderen, sind mit zweiflügelichten Thüren versehen. Die Decke des Zuschauerraumes wird durch 22 verzahnten Balken getragen und ist mit Dielen verschalt. Das Theatergestell ist gedielt, 36 Coulishen-Ständer dienen zugleich zur Unterstützung des Dachgebälkes über diesem Raum. Ueber dem Zuschauerraum befinden sich im Dache 5 Sparrgewerke. Eine aus 48 Stufen bestehende Wendeltreppe führt zum Dachgebälke. Außerdem sind in dem Gebäude zwei Heitzvorgelege, deren Röhren zum Dache hinaus von Ziegelsteinen aufgeführt sind. Die Logen pp sind von den Verkäufer aus geräumt. Sämmtliches Holzwerk in diesem Gebäude ist, weil die Einrüstung zum Theater erst vor etwa 12 Jahren geschehen ist, noch durchgängig gesund. Das Hintergebäude [ehemals lutherisches Gymnasium; Anm. des Verfassers] ist 82 ½ Fuß lang, 41 Fuß tief, 35 Fuß in Mauern hoch, die Mauern sind ebenfalls von Bruchsteinen mit behauenen Eckquadern. Das Gebäude besteht aus 2 Etagen von denen die erste 14, die zweite aber 21 Fuß hoch ist, eine maßive Spuerwand geht durch beide Geschoße; im unteren Geschoße sind durch Holzwände kleinere Zimmer abgeteilt, das Pultdach ist in 27 Gebund verbunden und auf jeder Seite mit 86 Reihen Ziegel eingedeckt. Die Giebel sind bis zum Dache aufgemauert. Das Holzwerk in dem Gebäude ist alt und schlecht, die Fenster sind ohne Verglasung und die einflüglichten Thüren mit sehr dürftigen Beschlägen versehen. Der Anbau ehemals ein Theil des Kreuzganges ist 95 Fuß lang, 14 Fuß tief, 16 Fuß in Mauern hoch über der Erde, im Inneren durch eine maßive und 5 Holzwände abgetheilt, und zum Theil mit Kreuzgewölben überwölbt. Das aus 32 Gebind bestehende Pultdach ist mit 30 Reihen Zigel gedeckt. Die Fenster sind sehr schadhaft und zum Theil durch Laden verschachert. Das Holz ist durchgängig alt und schlecht." Universitätsarchiv Halle, *Die Abbrechung des alten Schauspielhauses und seiner Nebengebäude in Halle, sowie die baulichen Vorbereitungen zu dem neuen Universitätsgebäude betreffend*, Rep. 6, Nr. 101 [alte Signatur: Königl. Universitäts-Curatorium zu Halle, Acta Nr. 29].

che ca. zwei Meter länger als die Dominikanerkirche. Das Material bestand aus Bruchsteinmauerwerk mit Werksteinen an den Ecken.[536] Das Langhaus hatte ein schiffsübergreifendes Satteldach,[537] dessen First in den des Chordaches überging[538]. Erst 1809 wurde es zu einem „halbgewalmten Mansardedach" umgebaut.[539] Das Chordach bestand vermutlich noch bis zu seinem Abriss aus älterer Substanz, worauf ein Hinweis zum schlechten Erhaltungszustand schließen lässt.[540] Die zeichnerische Rekonstruktion zeigt eindeutig (Abbildung 57), dass sich der nördlich anschließende Kreuzgang mit dem Langhaus unter einer gemeinsamen Satteldachkonstruktion befunden haben muss, da ansonsten der First zwischen Langhaus und Chor nicht durchgehend sein konnte, wie es die Nordwestansicht des Kloster aus der Vogelperspektive von Wisthöfer wiedergibt (Abbildung 51).[541] Am Chor lehnte sich nach der Oexlein'schen Medaille das Kreuzgangdach als separate Konstruktion an. Daraus lässt sich schließen, dass die Choranlage älter als der Kreuzgang und das Langhaus war. Zudem bestand zwischen diesen beiden Bauteilen ein geringer Unterschied der Traufhöhen von einem Fuß.[542] Wir können daher im Chor den Teil einer älteren Vorgängerkirche vermuten. Ob diese eine Saalkirche oder eine Basilika war, ist letzlich nicht mehr feststellbar, jedoch sprechen Analogien für ersteres.[543] Wegen nicht überlieferter Bauornamentik ist eine stilkritische Einordnung nicht möglich. Der flache Chorschluss ist bei den Franziskanern im gesamten 13. Jahrhundert und später errichtet worden.[544] Eine Fertigstellung des Baues spätestens zum Provinzkapitel im Jahr 1247 ist ebenfalls nicht zwingend, da gerade in der frühen Niederlassungsphase offenbar noch Kapitel ohne eigene Klosteranlagen und Kirchen abgehalten worden sind.[545]

Die West- und Südseite des Langhauses war mit Strebepfeilern versehen. Der Chor besaß nur an seiner Stirnseite Strebepfeiler. Die Westseite war im Bereich des Hauptschiffes mit zwei zweibahnigen Fenstern ausgestattet. Die Fenster der Südseite sind bis auf

Abbildung 56: Stadtansicht Halles von Osten, Detail Barfüßerkirche (Kupferstich: Merian 1653).

den Chor durchweg dreibahnig angelegt worden. Die Rekonstruktion der Chorfenster gestaltete sich schwieriger, da der Grundriss von 1770 keine mittelalterlichen Fenstergewände verzeichnet (Abbildung 55).[546] Auf der Medaille lediglich kann man drei regelmäßig angeordnete Achsen stark überformter Fenster im Bereich des Untergeschosses an der Südseite erkennen (Abbildung 52). Ob diese Fensterachsen die ursprüngliche Fensteranzahl wiedergeben, ist allerdings fraglich, da sich bei einer Chorlänge von mehr als 20 Metern auch mehr als drei Fenster möglich sind. Die Chorstirn wurde hingegen weit weniger verbaut. Aufschluss über die ehemalige Fensteranordnung geben die Medaille von 1765 und die Merian'sche Stadtansicht von Osten (Abbildungen 52 und 56). Nach diesen Abbildungen befanden sich an der Chorostfassade drei Lanzettfenster, wobei bei Merian eine gestaffelte Gruppen mit zweibahnigen Fenstern mit Maßwerk angedeutet ist, während Oexlein die Fenster in Traufhöhe mit Bögen enden lässt und im Giebelbereich das zentrale Fenster aus dem Grundriss von 1770 wiedergibt. Trotz der übertrieben schematischen Wiedergabe, welche den Merian'schen Stichen oft innewohnt,[547] scheint das mittlere Chorfenster tatsächlich in das Giebeldreieck hineingeragt zu haben. Eine derartige

---

536 Siehe Anm. 535.
537 Merian 1653, Stadtansicht von Norden.
538 Medaille 1765 (Abbildung 52).
539 Siehe vollständiges Zitat Anm. 535; vgl. Runde, Chronik, 275f.
540 „Das Holz ist durchgängig alt und schlecht." Vollständiges Zitat in Anm. 535.
541 Obwohl der Maßstab der Zeichnung sein klein und damit ungenau ist, erkennt man deutlich eine symmetrische Westfassade mit zwei im Abstand des Hauptschiffes liegenden Strebepfeilern. Der anschließende Kreuzgang ist unter dem Satteldach mit dem Langhaus vereinigt.
542 Siehe Anm. 535.
543 Im mitteldeutschen Raum sind um die Mitte des 13. Jahrhunderts bei den Franziskanern wohl vorwiegend Saalbauten entstanden.
544 Graf 1995, 257, Graphik 31.
545 Vgl. Seite 302ff., Bau fester Konvente.
546 Die im Grundriss von 1770 eingezeichneten Fenster lassen bis auf das östliche Stirnseitenfenster keinen Bezug zu mittelalterlichen Strukturen erkennen, wie sie von anderen Langchören oder Saalbauten bekannt ist. Vermutlich zeigt der Plan das ausgebaute Dachgeschoss, da die Strebepfeiler fehlen.
547 In der Ostansicht fehlen die Klostergebäude. Die Abbildung deckt sich hingegen mit der von Oexlein und der Vogelflugperspektive von Wisthöfer in Hinsicht auf die Dachreiter und das Giebelkreuz (Abb. 51).

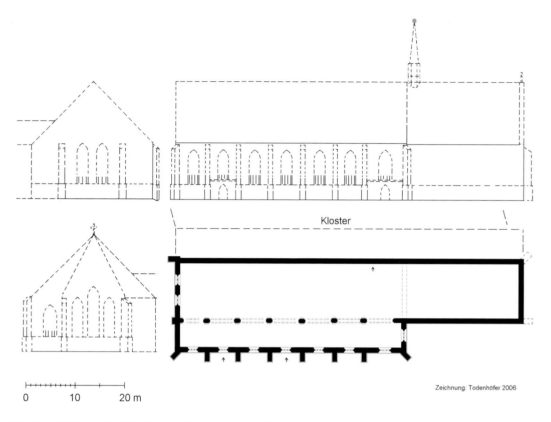

Abbildung 57: Halle, Barfüßerkirche, Rekonstruktion (Zeichnung: Todenhöfer 2006).

Anordnung der Fenster würde eine Einwölbung mit einer Holztonne oder eine offene Dachkonstruktion bedingen und damit die fehlenden Strebepfeiler an den Chorflankenmauern erklären.

Im Innenraum standen sechs Achteckpfeiler, die über der Kämpferzone wie in der Katharinenkirche in Halberstadt schmale Scheidbögen trugen, die an den Seiten schräg eingekehlt waren. Die Pfeilerkämpfer und Strebepfeiler verweisen auf die Planung von Gewölben. Allerdings befand sich in der Kirche nur eine Flachdecke.[548] Die relativ niedrige Seitenschiffswand von 36 Fuß (11,5 Meter) beziehungsweise der erhöhte Chorraum sprechen für eine Stufenhalle. Die ursprüngliche Dachkonstruktion dürfte der der Kathrinenkirche in Halberstadt entsprochen haben (Abbildung 24). Der Kreuzgang im Norden der Kirche wird dementsprechend wahrscheinlich ein Obergeschoss besessen haben, um annähernd, wie im Chorbereich überliefert, die gleiche Höhe der südlichen Seitenschiffswand zu erreichen.[549] Das östliche Joch des Seitenschiffes bildete durch den herausgezogenen Wandpfeiler am südlichen Choranschluss eine Nische aus, die möglicherweise einen Altar beherbergt haben könnte.[550] Die Kirche besaß ein Franziskuswandbild.[551] Über die restliche Ausstattung ist kaum etwas bekannt.[552]

---

548 „Sie [die Schulkirche] ist nach der Art dergleichen Closter-Kirche gantz schlecht mit einem kleinen Türmgen, darinn eine kleine Glocke hänget, jedoch gantz von Stein erbauet, und mit Schiefer gedeckt; hat aber kein Gewölbe, sondern nur eine breterne Decke, und gegen Mittag eine Reihe steinerne Pfeiler [...]". Dreyhaupt 1750, 2. Teil, Bd. 1, 203. Vgl. Universitätsarchiv, Rep. 6, Nr. 101, siehe Anm. 535. Die Erwähnung von Gewölben erfolgt nur für den ehemaligen Kreuzgang nördlich des Schulgebäudes (Chor).

549 Beispiele von anschließenden Kreuzgängen, die vom Kirchendach überdacht wurden, befinden sich im Untersuchungsgebiet bei den Franziskanerkirchen in Zerbst, Zeitz und wahrscheinlich Barby.

550 1806 scheint man dort eine Orgel eingebaut zu haben. Vgl. Rundes, Chronik, 1933, 275.

551 „Es ist in selbiger [Schulkirche] noch ein uhralt catholisch Gemählde S. Francisci, an welchen 10 Manns-Personen, unter welchen in einer grauen Franciscaner-Möchs-Kappe gemahlet ist, und 9 Weibs-Personen knien, so wegen des darauf befindlichen Dieskauischen Wapens, ein Andencken der Adel. Dieskauischen Familie und der unter denen knienden Manns-Personen befindliche Mönch Gieseler von Dieskau, welcher 1479 ein Läyen-Bruder im Closter gewesen, zu seyn scheinet." Dreyhaupt 1750, 2. Teil, Bd. 1, 203f.; vgl. Olearius 1666, 21 und ders. 1667, 496.

552 Unter anderem zum Verbleib der Bibliothek Nissen (1938).

Wann die Kirche mit einem asymmetrisch zweischiffigen Hallenlanghaus erweitert wurde, ist unklar. Ob die Erweiterung mit den Bauarbeiten in der zweiten Hälfte des 15. Jahrhunderts zusammenhängen, kann derzeit nicht geklärt werden. Eher scheinen diese Arbeiten umfangreiche Renovierungsarbeiten nach dem Übertritt zur Observanz gewesen zu sein.[553] Zumindest ist unwahrscheinlich, dass sich die halleschen Franziskaner über zwei Jahrhunderte nur mit den beengten Verhältnissen ihrer vermutlich kleinen Saalkirche vorlieb genommen haben sollen, während der spätestens 1271 niedergelassene dominikanische Ordenskonkurrent sich gleich ein monumentales Bauwerk errichten ließ.[554] Gerade die Länge von 67 Meter lässt darauf schließen, dass die Franziskaner versucht haben, den dominikanischen Bau mit seinen 65 Metern zu übertreffen. Aus der Art des Grundriss' können wir eine Erbauung des Langhauses lediglich zwischen dem 13. und 15. Jahrhundert schließen.[555] Der Typus der asymmetrisch zweischiffigen Hallenkirchen mit Langchor ist im deutschen Raum verbreitet.[556] Allerdings lassen sich für diesen Typ Vergleichsbeispiele mit flachgeschlossenen Chor relativ selten finden.[557] Die Hallenkirchen mit flachgeschlossenen Langchor sind meistens dreischiffig wie die Franziskanerkirchen in Thorn, Kulm und Frankfurt/Oder.[558] Oder sie besitzen ein symmetrisch zweischiffiges Langhaus wie die Franziskanerkirche in Zittau.[559] Die Augustinerkirche in Erfurt (ab 1286 bis Mitte 13. Jahrhundert) entspricht im Grund- und Aufriss schon eher dem Hallenser Bau.[560] Auch hier wurde vermutlich eine ältere Kirche als Chor in einen Neubau intergriert. Eventuell könnte in Halle wie in Erfurt sich das Obergeschoss des Kreuzganges als Empore zum Hauptschiff geöffnet haben. Ähnlich ist auch die Augustiner-Eremitenkirche in Lippstadt gestaltet, die 1281 begonnen und bis ca. 1320 mit einem asymmetrisch zweischiffigen Langhaus errichtet wurde.[561]

---

553 Olearius nimmt einen Neubau dea Klosters und der Kirche 1479 an, jedoch überliefert die von ihm angeführte Inschrift nur die Reparatur des Chordaches. Die beiden anderen von ihm erwähnten Inschriften von 1483 und 1497 sind nicht überliefert. Vgl. Olearius 1667, 21.

554 In den Städten, in denen beide Orden eine Niederlassung gründeten, waren diese auch darauf bedacht, gleichrangige Bauwerke zu besitzen. Zum Beispiel Köln, Erfurt, Leipzig, Magdeburg, Halberstadt usw.

555 Ein genuines asymmetrisch zweischiffiges Konzept einer sogenannten Stutzbasilka liegt wohl in der Franziskanerkirche in Seligenthal bei Siegburg vor, die 1247 im Bau begriffen war. Vgl. Schenkluhn 2000, 132, Taf. IX, 7 und Binding/Untermann 1985, 383, Abb. 504f. Doch kommt dieser Typ als Hallenform verstärkt erst nach 1300 auf. Beispiele sind die Franziskanerkirche in Höxter (ab 1281 in Bau) die Franziskanerkirche Angermünde (gegen Mitte des 14. Jahrhunderts) die Franziskanerkirche in Neubrandenburg (wohl 1. Hälfte des 14. Jahrhunderts) und die Minoritenkirche in Fritzlar (wohl 1. Hälfte des 14. Jahrhunders). Vgl. Binding/Untermann 1985, 383f., Abb. 506ff.

556 Vgl. Piper 1993, 212ff.; Graf 1995, 270ff.; Schenkluhn 2000, 132ff.

557 Zusammenstellung bei Graf (1995, 270ff.).

558 Schenkluhn 2000, 478ff., Abb. 488, 489, 491-493, 495.

559 Ebd., 382, Abb. 500, 501.

560 Inventar Erfurt 1931, 2. Bd., 1. Teil, 63ff.

561 Piper 1993, 93, Abb. 45.

Die Dominikanerkirche St. Peter und Paul in Magdeburg
Ordensnation Sachsen, Bistum Magdeburg[562]

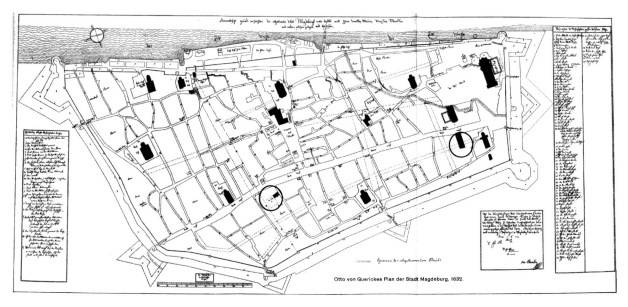

Abbildung 58: Magdeburg, Stadtplan von Otto von Guericke aus dem Jahr 1632, die Lage des Dominikaner- und des Franziskanerklosters (links) sind markiert (Wolfrom 1936, 28).

Lage

Das ehemalige Dominikanerkloster lag im südlichen Teil der mittelalterlichen Stadt westlich des Breiten Wegs (Abbildung 58). Damit befand es sich innerhalb der Domimmunität in unmittelbarer Nachbarschaft des St. Sebastian-Stifts, der St. Andreas-Kapelle und des St. Nikolaus-Stifts (Abbildung 59).[563] Die Dominikaner erwarben durch zahlreiche Schenkungen ein großes zusammenhängendes Areal an der Grenze zur Altstadt.[564] Die Lage der Klausurgebäude im nordöstlichen Eckbereich der Kirche entsprach nicht der Gepflogenheit. Möglicherweise ist dafür die unregelmäßige Erweiterung des Klostergrundstücks verantwortlich. Der Chor berührte im Osten den Breiten Weg. Urkundlich wird der Kirchhof der Dominikaner im Jahre 1497 hinter der Sebastianskirche gelegen erwähnt.[565] Auf mehreren frühneuzeitlichen Stadtveduten ist südlich der Dominikanerkirche bis zum südlich angrenzenden Sebastiansstift eine Freifläche zu erkennen.[566] Hier dürfte der Kirchhof der Dominikanerkirche gelegen haben, über den der ursprüngliche Zugang zur Kirche erfolgte. Dieser Platz wird spätestens im 16. Jahrhundert mit dem ehemaligen Roch'schen Haus (ehemals Breiter Weg 203) bebaut worden sein.[567] Auch nördlich der Kirche sind Bestattungen

---

562 Löe 1910, 12f.; Mitteldeutscher Heimatlas 1958, Karte 16.
563 Mittelalterlicher Stadtplanrekonstruktion nach Werner Priegnitz in: Helmut Asmus (Manfred Wille beteiligt): 1200 Jahre Magdeburg. Von der Kaiserpfalz zur Landeshauptstadt, Bd. 1: Die Jahre 805 bis 1631, Magdeburg/Halberstadt 2000, Abb. 260f.
564 Ebd. Hans-Joachim Krenzke: Kirchen und Klöster zu Magdeburg, (Landeshauptstadt Magdeburg – Stadtplanungsamt, 71), Magdeburg 2000, 165, auch George Adalbert von Mülverstedt: Verzeichniß der im heutigen landräthlichen Kreise Magdeburg früher und jetzt noch bestehenden Stifter, Klöster, Capellen, Calande, Hospitäler und derjenigen Kirchen, deren Schutzpatrone bekannt geworden sind, in: Geschichtsblätter für Stadt und Land Magdeburg, 5. Jg., Magdeburg 1870, 522–537, hier 534.

Eine Urkunde von 1353 nennt ein Gebäude auf dem Konventgelände in der Leder- beziehungsweise Leiterstraße.
565 Vgl. Gustav Hertel: Urkundenbuch der Stadt Magdeburg, Bd. 3, Halle 1896, 606, Nr. 1028.
566 Ansicht Madgeburgs von Sebastian Münster Anfang 16. Jahrhundert von Friedrich Hortleder 1550/51, von Georg Braun und Franz Hogenberg 1572/1617 sowie Daniel Meisner 1623. Abgebildet bei Sigrid Hinz: Das Magdeburger Stadtbild in sechs Jahrhunderten: zum 100jährigen Bestehen der kulturhistorischen Sammlungen Magdeburgs, Magdeburg 1960, Kat.-Nr. 4, 6, 7, 9, 17.
567 Vgl. Otto Peters: Magdeburg und seine Baudenkmäler, Magdeburg 1902, 194f.

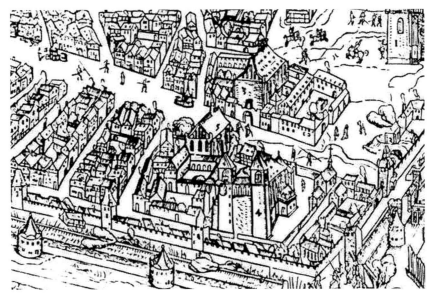

Abbildung 59: Stadtansicht von Magdeburg von Südwesten, 1552, Holzschnitt von Hans Rentz (?), Detail Dominikanerkloster (5) (Staatliche Museen zu Berlin, Repr. nach Puhle 1997).

vorgenommen worden, denn bei Grabungen im Jahr 1987 auf dem ehemaligen Grundstück Breiter Weg 202 fand man unter anderem 20 Körpergräber aus dem hohen Mittelalter und der frühen Neuzeit.[568]

Historisches Schicksal

Die Konventsgebäude verfielen nach der Schließung des Klosters im 1525 durch den Magdeburger Rat und der daraufhin erfolgten Vertreibung der Dominikanermönche. Bereits 1524 hatte der aufgebrachte Pöbel in der Kirche die Ältäre und sämtliche Einrichtungen verwüstet oder entwendet.[569] 1537 hielt sich noch der Subprior Johannes Rodolphi in Magdeburg auf.[570] Nach der Verwüstung des Klosters Berge wurde den dortigen Mönchen das Dominikanerkloster zugewiesen.[571] Die Mönche von Kloster Berge waren noch 1561 im ehemaligen Dominikanerkloster nachweisbar. Im späten 16. Jahrhundert erhielten Magdeburger Bürger die Erlaubnis, an Stelle der Klosterruinen Wohnhäuser zu errichten.[572] Die Kirche brannte am 10. Mai 1631 ab und wurde 1698 an die deutsch-reformierte Gemeinde verkauft,[573] welche die ruinöse Dominikanerkirche ausbaute[574]. Den neuen Kirchenbau weihte man am 28. Januar 1700.[575] Erst nach 1894 wurden die Deutsch-reformierte Kirche und benachbarte Grundstücke für den Neubau des Hauptpostamtes abgebrochen.[576]

Daten zur mittelalterlichen Baugeschichte

Bereits 1224 kamen die Dominikaner in die Neustadt von Magdeburg, wo sie sich ein Jahr lang an einem Ort niederließen, an dem der Überlieferung zufolge im Jahr 1230 das Zisterzienserinnenkloster St. Agnes gegründet wurde.[577] Möglicherweise lässt sich diese vorübergehende Niederlassung mit der Überlieferung

---

568 Kulturhistorisches Museum Magdeburg, Abt. Ur- und Frühgeschichte: Magdeburg Altstadt, Breiter Weg 202, Dominikanerkloster, Neubau Wohn- und Geschäftshaus Stadtabschnitt 1.1., Grabungsakte und -bericht von Volker Abrolat, 29.05.1987.
569 Hertel 1893, 320.
570 Vgl. Mülverstedt 1870, 534, Anm. 2.
571 Ralph Meyer: Geschichte der Deutsch-Reformierten Gemeinde zu Magdeburg – von den Anfängen bis auf die Gegenwart, 1. Bd., Magdeburg 1914, 98ff.
572 Ernst Neubauer; Hanns Gringmuth-Dallmer: Häuserbuch der Stadt Magdeburg, Teil 2, in: Quellen zur Geschichte Sachsen-Anhalts 4, Halle 1956, 11 und 15f. Auf diese Weise entstand die benachbarte Domvogtei Breiter Weg 199/200.
573 Mülverstedt 1870, 534.
574 Meyer 1914, 94f.
575 Ebd., 109ff.
576 Gabriele Schuster: Magdeburg. Die zerstörten Altstadtkirchen, Magdeburg 2000, 16; Neubauer/Gringmuth-Dallmer 1956, 14.
577 George Adalbert von Mülverstedt (Hg.): Regesta Archiepiscopatus Magdeburgensis – Sammlung von Auszügen aus Urkunden und Annalisten zur Geschichte des Erzstiftes und Herzogthums Magdeburg, 2. Teil (1192–1269), Magdeburg 1881, Nr. 729 und 730.

der Magdeburger Schöppenchronik in Zusammenhang bringen, nach der Probst Wichmann von Arnstein vom Liebfrauenkloster als erster Förderer gilt.[578] Am 30. Januar 1225 erhielt der Konvent von Erzbischof Albrecht II. und dem Domkapitel den ehemaligen Hof von Friedrich von Honwarde am Breiten Weg zur Nutzung.[579] Daher gelten Erzbischof und Domkapitel in Magdeburg als Klostergründer. Bereits im September 1225 leitete der Generalminister Jordan von Sachsen in Magdeburg das erste Provinzkapitel.[580] 1227 schenkte Erzbischof Albrecht den Dominikaner zur Erweiterung ihres Konventshauses einen weiteren Hof sowie im Jahr 1245 eine Domherrenkurie bei St. Sebastian.[581] 1248 erhielten sie für die Erweiterung ihres Hauses vom Erzbischof Wilbrand Land.[582] In diesem Jahr wurde erstmals eine „ecclesia sancti Pauli" der Dominikaner genannt.[583] Die Dominikaner verzichten in der Folgezeit dankbar auf weitere Geschenke,[584] erhielten jedoch 1263 für eine Klostererweiterung erneut einen Hof[585]. Im Jahr 1347 wurden neu errichtete Häuser auf dem Konventsgelände erwähnt.[586] Die Magdeburger Schöffen bezeugten 1428, dem Kloster jährlich Geld für Holz gegeben zu haben, mit dem der neue Remter beheizt werden soll.[587]

Rekonstruktion

Eine von Karl Janicke veröffentlichte Baubeschreibung von Johann Heinrich Schmutze der für die Errichtung der Deutsch-reformierten Kirche vorgesehene Ruine der Dominikanerkirche aus dem Jahr 1698 ist die wichtigste Quelle.[588] Der Vergleich der Baubeschreibung mit den ältesten erhaltenen Bauzeichnungen der

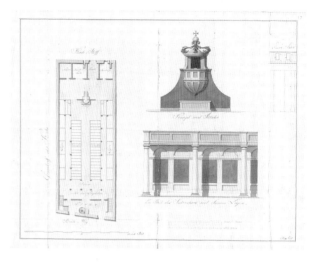

Abbildung 60: Magdeburg, Grundriss der Deutsch-reformierten Kirche vermutlich 1814 (Landeshauptarchiv Magdeburg, A 12 spez. Magdeburg, 366 Bl.16rs-17vs).

Abbildung 61: Magdeburg, Deutsch-reformierte Kirche, Ansicht von Nordosten (Wolfrom 1936).

---

578 „[…] de [Dominikaner] brachte provest Wichmann van unser vruwen […]" Karl Janicke: Die Magdeburger Schöppenchronik (Die Chroniken der niedersächsischen Städte: Magdeburg, 1. Bd.), Leipzig 1869, 146.

579 „[…] ad usus predictorum fratrum […]". Die Ansiedlung geschah auf Betreiben des Erzbischofs und des Domkapitels: „[…] fratribus eiusdem ordinis [fratres ordinis predicatorum], qui ad civitatem nostram ex nostra et fratrum nostrorum ecclesie nostre venerunt vocatione venerunt […]" UB Stadt Magdeburg, Bd. 1, 41, Nr. 84. Zu dieser Sache auch die Regesta Archiepiscopatus Magdeburgensis: „[…] locum, ubi monasterium, claustrum et officinas contstruant […]". Mühlverstedt, Regesta, 340, Nr. 735; 349, Nr. 736 oder 354f., Nr. 756.

580 Berthold Altaner: Die Briefe Jordans von Sachsen, des zweiten Dominikanergenerals (1222–37) (Quellen und Forschungen zur Geschichte des Dominikanerordens in Deutschland, 20. Heft) Leipzig 1925, 117.

581 UB Magdeburg, Bd. 1, 44, Nr. 98 und 57, Nr. 108.

582 Ebd., 59, Nr. 111 und 65, Nr. 120.

583 Ebd., 60, Nr. 113.

584 Ebd., 60, Nr. 114.

585 Ebd., 71, Nr. 132.

586 Ebd., 246, Nr. 398.

587 UB Magdeburg, Bd. 2, 126, Nr. 218.

588 „Magd. den 30. April 1689 Ist die Paulinerkirche die noch stehenden Mauern außgemessen und befunden worden. / 1. Die 2 seite Mauren so jede lang 174 ¼ fuß hoh 62 fuß und tick 3 fuß, thut nach abzug eines stük Maures, so von 39 ½ fuß die lenge, 34 fuß in die höhe heruntergebrochen, hingegen 14 Fenster vor Massiv mit gegerechnet 118 223/256 ruthen. / 2. Die 2 stiern oder gibel Mauern, so wege ungleicher Höhe und breite, verglichen, wie auch die 4 fenster vor vol gerechnet 45 239/256 ruthen. / 3. 8 Pfeiler, westseits so 4 ½ fuß breit, 5 fuß dieff und 62 fuß hoh 19 216/256 ruthen. / 4. 6 Pfeiler nord Seits 3 ½ fuß breit 4 ½ fuß dieff und 62 fuß hoh 19 216/256 ruthen. / 5. 1 Pfeiler inwendig der Kirchen 3 ½ fuß breit 6 fuß dieff und 56 fuß hoh 2 126/256 ruthen. Summa 197 ¾ ruthen." Zitiert nach dem Gutachten des Ingenieur-Hauptmanns Johann Heinrich Schmutze. Abgedruckt bei Karl Janicke (Erläuterungen zum Grundriß der Pauliner- (jetzigen deutsch-reformierten) Kirche im Jahre 1698, in: Geschichts-Blätter für Stadt und Land Magdeburg, 4. Jg. 1869, Magdeburg 1870, 258ff, hier 265f.).

Deutsch-reformierten Kirche ergibt,⁵⁸⁹ dass die Ruinen der Dominikanerkirche vollständig in den Bau der Deutsch-reformierten Kirche integriert worden sind und bis zu deren Abriss 1894 erhalten waren (Abbildung 60). Dabei wurde lediglich die ursprüngliche Zweischiffigkeit des Dominikanerbaues für den Bau eines "[…] stützenlos überspannenden, sich selber und zugleich das Dach tragenden hölzernen Hängewerks […]"⁵⁹⁰ aufgegeben. Meyer beschrieb 1914 in seiner Geschichte der Deutsch-reformierten Gemeinde in Magdeburg, dass er noch vor dem entgültigen Abriss der alten Kirche bei Schachtarbeiten im Fußbodenbereich Fundamente einer mittig verlaufenden Pfeilerreihe beobachten konnte, die er im Zusammenhang mit dem inneren Wandpfeiler der Ostseite folgerichtig einer symmetrisch zweischiffigen Kirche zuschrieb. Diese Zweischiffigkeit wird durch den Grundriss der Kirche und Stadtveduten bestätigt und darf als gesichert gelten.

Demnach handelte es sich um eine symmetrisch zweischiffige Kirche. Die überlieferten Höhen der Längswände mit 62 rheinländischen Fuß (19,5 Meter) und des *inwendigen* Pfeilers der Ostwand von 56 Fuß (17,5 Meter) erlauben,⁵⁹¹ die Kirche als Hallenkirche mit gleich hohen Schiffen zu rekonstruieren. Meyer ging ebenfalls von einer ursprünglichen Einwölbung aus, ohne dies zu begründen.⁵⁹² Da sich außer den Strebenpfeilern keine weiteren Hinweise bekannt sind, muss offen bleiben, ob eine Einwölbung ausgeführt wurde. Die Form der Arkadenpfeiler lässt sich nur aufgrund des abgebildeten Wandpfeilers an der Ostseite erahnen, der eine längsrechteckige Form besaß. Wenn man davon ausgeht, dass der massive Wandpfeiler wie üblich an seiner Stirnseite das Profil der Langhauspfeiler übernahm, dürften die Langhauspfeiler der Magdeburger Dominikanerkirche einen schlichten rechteckigen Querschnitt besessen haben. Die schlichte Form entspricht den längsrechteckigen

Abbildung 62: Magdeburg, Deutsch-reformierte Kirche, Ansicht von Südosten (Foto: Flottwell, StA Magdeburg, Alb. 39, Bild 15419).

Pfeilerquerschnitten der Hallenkirchen Magdeburgs mit abgeschrägten Kanten.⁵⁹³ Die mittelalterliche Dachkonstruktion bestand nach Schmutzes Beschreibung aus einem Satteldach.⁵⁹⁴ Dies wird durch frühneuzeitliche Stadtansichten belegt.⁵⁹⁵

Bei der Längenangabe mit gut 174 Fuß unterlief Schmutze wohl ein kleiner Messfehler,⁵⁹⁶ denn nach dem Grundriss des Landeshauptarchivs maß die längere Nordwand der Kirche lediglich 166 Fuß (Abbildung 60). Dass es sich jedoch um ein und denselben Bau

---

589 Abb. 60 sowie zwei gedruckte Grundrisse von 1811 und um 1813. Kirchenkalender der wallonisch-reformierten Gemeinde zu Magdeburg, Magdeburg 1879.
590 Meyer 1914, 109ff.
591 Vgl. Janicke 1870, 266.
592 Vgl. Meyer 1914, 101.
593 Die Magdeburger Wallonerkirche, die Nikolaikirche, die Petrikirche, die Ulrichskirche, die Jakobikirche und die Johanniskirche besitzen beziehungsweise besaßen leicht längsrechteckige Langhauspfeiler mit abgefasten Ecken.
594 „[…] 2 stiern oder gibel Mauern […]" mit insgesamt vier Fenstern, dass heißt zwei Fenster je Stirnseite. Schmutze 1698; vollständiges Zitat siehe Anm. 588.

595 Vgl. Darstellung der Belagerung Magdeburgs im Jahre 1551 nach Augustin von Brack, in: Hoffmann 1885; und Stich nach Augustin Brack um 1560, in: Köppe 2000, 110f. Der erste Stich zeigt zudem einen Dachreiter, während der Stich um 1560 einen südwestlich anschließenden Glockenturm wie an der Franziskanerkirche abbildet. Auch andere Darstellungen bilden ein Satteldach ab, ohne einen Turm oder Dachreiter genauer zu bezeichnen. Vgl. Daniel Meissners Politisches Schatzkästlein, 1623, in: Asmus 2000, Teil 1, 302 und *Die Alt- und Neustadt. Copie des von Georg Braun in seiner Beschreibung und Contrafactur der vornehmbten Stät der Welt (Theil I, 1574.) gegebenen Bildes*, in: Hoffmann 1885; vgl. Hinz 1960, Nr. 6, 7, 9, 17.
596 Schmutze 1698; vollständiges Zitat siehe Anm. 588

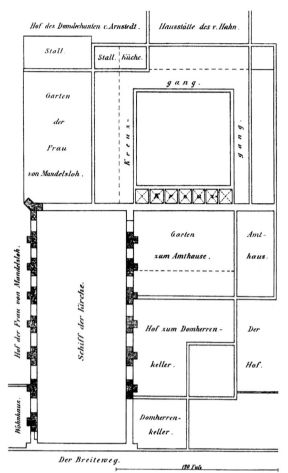

Abbildung 63: Magdeburg, Rekonstruktion von Janicke der Dominikanerkirche mit umliegenden Gebäuden (Janicke 1870, Anhang).

handelte, macht die Nennung „[…] ungleicher Höhe und breite […]" der Giebelseiten klar,[597] denn die einschlägigen Grundrisse der Deutsch-reformierten Kirche weisen eine Verschiebung der Giebelseiten zu einander auf, die offenbar aus der städtebaulichen An-

passung resultierte. Zudem weisen die Grundrisse die Lage des Wandpfeilers in der Mitte der Ostwand auf, dessen Maße mit dem *inwendigen* Pfeiler laut Schmutz übereinstimmen.[598]

Die Strebepfeiler werden in den Zeichnungen des 19. Jahrhunderts nicht wiedergegeben. Hier sind wir ebenfalls auf Schmutzes Beschreibung angewiesen, der an der Nordseite sechs Pfeiler zählte.[599] Die Zählung „8 Pfeiler, westseits" verwirrt zunächst und scheint auf dem ersten Blick einer Verwechslung mit der Südseite geschuldet zu sein. Bereits Karl Janicke vermutete darin eine fehlerhafte Angabe, wie aus seiner Rekonstruktion hervorgeht (Abbildung 63).[600] Jedoch wird aus anderen zeitgenössischen Baubeschreibungen klar, dass dies durchaus ein regulärer Zählmodus war, der die Anzahl der Strebepfeiler von West- und Südseite bei relativ spiegelsymmetrischen Bauten zusammenzog, um Verdoppelungen bei der Zählung von Baugliedern (Eckpfeilern) zu vermeiden.[601] Janicke, dem dieser Beschreibungsmodus nicht bekannt war, entschied sich offenbar für eine direkte Lesart des Textes von 1698, wobei er an der Südseite acht Strebepfeiler samt Eckstrebepfeiler rekonstruierte. Darin dürfte der hauptsächliche Grund liegen, weshalb ihm die Übereinstimmung des damals noch erhaltenen Kirchenaufrisses mit der Beschreibung von 1698 entging.

Unsere Rekonstruktion der Strebepfeiler wird durch den Mittelpfeiler an der Westfassade bestätigt, der bei Janicke übersehen wurde (Abbildung 64 und 67).[602] West- und die Südseite hatten zusammen also acht Pfeiler, wie es Schmutze 1689 beschrieb, davon sieben Strebepfeiler an der Südseite.[603] Zudem existierte an der Nordwestecke der Kirche kein Strebepfeiler.[604] So erklärt sich die geringe Anzahl von sechs Pfeilern auf der Nordseite. Nach diesen Indizien besaß die Magdeburger Dominikanerkirche sehr wahrscheinlich sechs fast quadratische Joche, wobei aufgrund der am Breiten Weg ausgerichteten Ostfassade das östliche

---

597 Ebd.
598 Ebd.
599 Ebd.
600 Janicke 1870, Anhang.
601 In einer Baubeschreibung der jetzt verlorenen Wormser Dominikanerkirche aus dem Jahr 1689, die durch einen Plan überprüft werden kann, wird ebenfalls lediglich von einer Nordseite (pars septentrionalis) – damit ist das nördliche Seitenschiff gemeint – und einer Westseite (pars occidentalis) gesprochen. Bei letzterer werden die Fenster der West- und Südseite des Langhauses durchgezählt. Für die Maßangabe reichen hingegen die Maße des südlichen Seitenschiffes. Eugen Kranzbühler: Verschwundene Wormser Bauten – Beiträge zur Baugeschichte und Topographie der Stadt, Worms 1905, 86–94, hier 89f. Es handelt sich sowohl in Magdeburg, als auch in Worms wohl um einen gängigen Beschreibungsmodus von Kirchen, bei dem der Kürze halber und bei anscheinend vorhandener Symmetrie des Bauwerks (und getrennter Chorbeschreibung in Worms), die Bauwerksparameter einer Stirn- und einer Längsseite (in beiden Fällen der West- und Südseite) unter einer Seite (in beiden Fällen der Westseite) zusammenfasst werden.
602 Vgl. Janicke 1870, Anhang.
603 Vgl. Anm. 588.
604 Janicke rekonstruiert die nordwestliche Ecke korrekt ohne Strebepfeiler. Vgl. Janicke 1870, Anhang. Da der Kreuzgang an der Nordwestecke mit einer kräftigen Mauer anschloss, die man auf der Fotografie ebenfalls erkennt (Abbildung 67), war ein zusätzlicher Stützpfeiler statisch nicht notwendig.

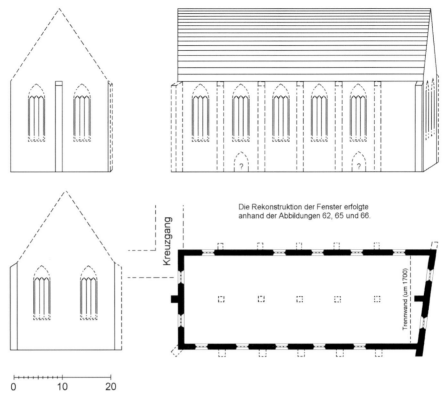

Abbildung 64: Magdeburg, Dominikanerkirche, Grundriss- und Fassadenrekonstruktion (Zeichnung: Todenhöfer 2009).

Abbildung 65: Magdeburg, Deutsch-reformierte Kirche, Innenansicht von Osten (Foto: Flottwell 1894, StA Magdeburg, Alb. 39, Bild 15422).

Joch etwas länger war. Diese These findet ihre Bestätigung in zwei Innenraumfotografien der Kirche, in der an den Längsseiten je fünf dreibahnige Fenster gezählt werden können (Abbildung 65 und 66).

Zwar sind die Abstände der südlichen Fenster auf den Fotografien relativ regelmäßig gebildet, jedoch werden bei den beiden Längsseiten Unregelmäßigkeiten zu den Stirnseiten hin sichtbar, die sich nur teilweise durch die längere Nordseite erklären lassen. Man erkennt, dass das erste Südseitenfenster von Westen auf der Nordseite ein von der Westwand nach Osten verschobenes Pendant besaß (Abbildung 65). An dieser Stelle schloss der östliche Kreuzgang an, der diese Verschiebung erklärt. Das zweite Fenster der Nordseite fehlte vollständig. Wahrscheinlich stand hier ein östliches Klausurgebäude. Auf der Südseite fehlte im östlichen Joch ein Fenster (Abbildung 66). Insgesamt entsprechen die 14 fotografisch ermittelbaren Fenster genau der im 17. Jahrhundert überlieferten Anzahl.[605] Festzuhalten bleibt zudem, dass die Sohlbänke der Nordfenster, an der sich Teile des Klosters befanden, höher lagen als die der Südseite, an welcher der Kirchhof anschloss.

Die zwei Fenster der Westseite entsprechen der Innenraumfotografie von 1894 zufolge denen der Ostseite (Abbildung 62) Die Fensterbreiten der Längsseiten stimmen mit den Stirnseitenfenstern annähernd überein. Man wird sich fragen, ob es zulässig ist, den fotografisch überlieferten Fenstern mittelalterliche Substanz zu zuschreiben, jedoch haben wir sichere Indizien, die für diese Überlegung sprechen. Bereits auf der Stadtvedute von Daniel Meisner aus dem Jahr 1623 werden auf der Ostseite zwei symmetrisch angeordnete Fenster abgebildet,[606] die mit der fotografisch überlieferten Ostfassade der Deutsch-reformierten Kirche übereinstimmen. Zudem besaßen die Fenster gotische Formen: drei Fensterbahnen mit Stabwerk, schräg zulaufende Gewände und geneigte Sohlbänke. Ebenfalls hatten die Fensterbahnen genaste Lanzettbahnen, die nicht als barocke Zutat gewertet werden können.[607] Die durch den Umbau gekürzten Fenster werden ursprünglich wohl nur im Couronnement länger gewesen sein.

Es existieren nur wage Hinweise, welche aber eine Datierung des rekonstruierten Bauwerks ab Mitte

Abbildung 66: Magdeburg, Deutsch-reformierte Kirche, Innenansicht von Westen. Der östliche Bereich war durch eine Trennwand von der schrägen Außenmauer abgetrennt (Foto Flottwell, StA Magdeburg, Alb. 39, Bild 15421).

des 14. Jahrhunderts nahe legen. Einen Anhaltspunkt geben die genasten Lanzettbahnen der dreibahnigen Fenster, welche auf eine Entstehungszeit in dieser Region frühestens in das dritte Viertel des 13. Jahrhunderts verweisen.[608] Ob die 1248 genannte Dominikanerkirche bereits den zweischiffigen Grundriss aufwies, ist hingegen unbekannt. Die Grundrissrekonstruktion mit quadratischen Jochen ähnelt der fünfjochigen Franziskanerkirche in Wittenberg 1355/um 1420.[609] Jedoch fehlen in Wittenberg die Strebepfeiler. Die zweischiffig symmetrischen Kirchen der Dominikaner in Pirna, der Franziskaner in Dresden, Zittau und Oschatz sind wie Wittenberg spätgotische Umbauten einschiffiger Kirchen. Vergleichbar sind auch die Dominikanerinnenkirche im österreichischen Imbach oder die Minoritenkirche in Enns.[610] Die österreichischen Beispiele weisen jedoch gänzlich abweichende Proportionen auf. Sie besitzen längsrechteckige Joche statt den betont querrechteckigen der obersächsischen Bauten. Die Arkaden tragen ebenfalls keine trennenden Scheidbögen. Auch entstammen die an der Mittelachse orientierten Choranlagen trotz späterer Umbauten offenbar genuinen Konzeptionen, während bei den obersächsischen Bauten die Choranlagen oft durch ältere Bauteile vor-

---

605 Vgl. Anm. 588.
606 Hinz 1960, Katalog-Nr. 17.
607 Lediglich die plattbogigen Abschlüsse der Fenster geben sich als barockes Motiv des 1700 geweihten Umbaus zu erkennen. Auch Meyer, der den Bau noch kannte, sah die Substanz der Fenster als mittelalterlich an (1914, 102).

608 Vgl. Binding 1989, 221.
609 Vgl. Seite 167ff.
610 Vgl. Donin 1935, 155ff. und 187ff.

Abbildung 67: Magdeburg, Deutsch-reformierte Kirche, Ansicht von Nordwesten. Links im Vordergrund die Reste des ehemaligen Kreuzganges (Foto: Flottwell 1894, StA Magdeburg, Alb. 39, Bild 15420).

geprägt sind. Ebenfalls sind die Raumproportionen der österreichischen Kirchen steiler als in Sachsen.

Wahrscheinlicher scheint es, dass der 1225 gegründete Magdeburger Konvent sich an den traditionsreichen Niederlassungen des Ordens in Paris oder Toulouse orientierte. Schon durch die besondere Lage des Klosters innerhalb der Domimmunität und den umfangreichen Schenkungen der Erzbischöfe wird die Bedeutung des Konventes unterstrichen, der bis zum 14. Jahrhundert ein Generalstudium beherbergte und bis zum Erstarken des Erfurter Konvents als Hauptort der 1303 gegründeten sächsischen Provinz und der sächsischen Nation gelten darf. So tritt die Anzahl von sechs Langhausjochen wohl nicht zufällig in Toulouse oder im Chor der Dominikanerkirche in Paris auf.[611] In Magdeburg selbst sind bis auf den Domremter keine zweischiffigen Bauten überliefert, denen zumindest indirekt eine Vorbildwirkung zugewiesen werden kann. Der ca. zehn mal 40 Meter große Domremter wurde offenbar vor 1363 fertiggestellt.[612] Nach Schenkluhn sakralisierte man profane Baustrukturen in bewusster Inkaufnahme eines Traditionsbruchs, um der besonderen Situation einer sich dem traditionellen Kirchengefüge entfremdeten, mithin intellektuellen Stadtbevölkerung gerecht zu werden.[613] Der Gedanke einer intellektualisierten Architektur hat auch für Magdeburgs Dominikaner etwas für sich, da sich die deren Kirche bekanntlich innerhalb der Domimmunität, dass heißt inmitten einer Vielzahl von geistlichen Institutionen und somit deren gebildeten Würdenträgern befand,[614] sodass die Wahl ihrer Bauform durchaus auf eine intellektuelle Klientel abzielte. Allerdings war die zweischiffig symmetrische Hallenform zu jener Zeit im Dominikanerorden bereits etabliert, sodass man des direkten Bezuges auf den Domremter als Ort der Gelehrsamkeit und des Disputes nicht bedurfte.[615]

In den Raumproportionen der Schiffe dürfte sich die Dominikanerkirche hingegen an den innerstädtischen Gepflogenheiten orientiert haben. Die rekonstruierte Seitenlänge der quadratischen Joche von ca. acht Metern entsprach denen der Seitenschiffe der gotischen Stadtpfarrkirchen.[616] Die Proportion des Schiffsquerschnittes von 2,2:1 ist hingegen etwas gestreckter als das gängige Querschnittsverhältnis von 1,9:1 Magdeburger Mittelschiffe.[617]

---

611 Zur Rekonstruktion Richard A. Sundt: The Jacobin Church of Toulouse the Origin of its Double-Nave Plan, in: Art Bulletin LXXI (1989), 202 Abb. 19. Die Proportionen des Raumes in Magdeburg mit 1:3 sind im Vergleich zu Toulouse mit 1:2,1 gestreckter.

612 Dehio Sachsen-Anhalt I, 2002, 546.

613 Schenkluhn 2000, 54.

614 Zu den fünf großen Institutionen Dom, Dompropstei, Liebfrauenkloster, Sebastians- und Nikolausstift kommen im Bereich der Domimmunität wohl noch etwa 20 Kapellen hinzu. Walther Priegnitz: Versuch einer schematischen Topografie kirchlicher Bauten und Anlagen des mittelalterlichen Magdeburg (Kulturhistorisches Museum Magdeburg, Nachlass Priegnitz); vgl. Asmus 2000, Bd. 1., 260f., Abb.

615 Der Magdeburger Lektor Konrad von Halberstadt (gest. 1362) wurde im Jahr 1350 auf dem Generalkapitel in Montpellier zum Provinzvikar und im selben Jahr in Göttingen zum Provinzialminister gewählt. Durch solche Kontakte kannte man offensichtlich den zweischiffigen Chorbau in Toulouse (1298 gewölbt) oder die zweischiffige schon zwischen 1229–35 errichtete Hallenkirche der Dominikaner in Montpellier, die ebenfalls ein sechsjochiges, allerdings in Anlehnung an St. Jacques in Paris, asymmetrisches Langhaus besaß. Zu Konrad Löe (1910, 17). Zu Montpellier Richard A. Sundt (The churches of the Dominican Order in Languedoc, 1216–ca. 1550, Wisconsin 1981, 108–118); vgl. Schenkluhn 2000, 164, Abb. 106.

616 Bei St. Johannis, St. Jakobi, St. Ulrich, St. Katharinen zwischen sieben bis acht Meter. Grundrisse nach Erich Wolfrom: Die Baugeschichte der Stadt und Festung Magdeburg, in: Magdeburger Kultur- und Wirtschaftsleben, 10, Magdeburg 1936. Siehe Abb. 74.

617 Bei St. Jakobi und St. Peter haben wir ein Verhältnis von Traufhöhe zu Schiffsbreite von 1,9:1 und von Gewölbe- beziehungsweise Raumhöhe zu Schiffsbreite von 1,8:1. Querschnitte bei Wolfrom (1936).

Die Franziskanerkirche in Magdeburg
Kustodie Magdeburg, Bistum Magdeburg[618]

Lage

Vom Franziskanerkloster und seiner Kirche ist heute nichts mehr erhalten. Die teilweise Neuordnung des alten Straßennetzes nach den verheerenden Zerstörungen des Zweiten Weltkrieges lässt im heutigen Stadtbild die Lage des Klosters nur schwer erahnen. Das Klosterareal befand sich nach Krenzke und Asmus nordwestlich der Kreuzung von Breiten Weg und Julius-Bremer-Straße.[619] Damit lag das Klosterareal der Franziskaner ursprünglich am nordwestlichen Rand der Altstadt, unmittelbar an den Befestigungsanlagen, welche die Altstadt von der Neustadt – eine Stadterweiterung unter Erzbischof Albrechts II.[620] – trennten (Abbildung 58). Das Klostergelände nahm den gesamten Bereich ein, der sich zwischen dem Breiten Weg und der ehemaligen Marstallstraße sowie zwischen der Großen Schulstraße und der Stadtmauer vor der Dreiengelstraße erstreckte (Abbildung 68).[621] Die Kirche tangierte mit der Südseite die Brüder- beziehungsweise spätere Schulstraße. Der Chor reichte anscheinend über die Straßenflucht hinaus auf den Breiten Weg. Das Kloster lag nördlich der Kirche und erstreckte sich bis zur Dreiengelstraße unmittelbar neben dem Übergang von der Alt- zur Neustadt. Nach den Forschungen von Walther Priegnitz gehörte der Klosterbereich zum südlichen Randgebiet des Pfarrbezirks von St. Katharina.[622] Hans-Joachim Mrusek vermutete aufgrund der erhöhten Lage des Gebietes und der infrastrukturellen Anbindung an Rathaus, Stadtwaage und die ehemalige Burg auf dem Klostergelände einen eigenbefestigten Hof.[623] Über diesen mutmaßlichen Hof und seine

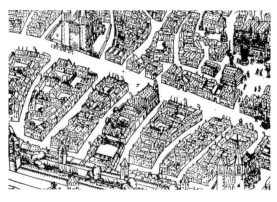

Abbildung 68: Stadtansicht von Magdeburg von Südwesten, 1552, Holzschnitt von Hans Rentz (?), Detail Franziskanerkloster (7) (Staatliche Museen zu Berlin, Repr. nach Puhle 1997).

ehemaligen Besitzer existieren keine quellenmäßigen Belege. Allerdings sind Stiftungen von Höfen an die Bettelorden die Regel, sodass Mrusek zuzustimmen ist.[624]

Historisches Schicksal

Erste Einschnitte musste der Konvent im Jahr 1462 durch den vom Erzbischof Friedrich von Beichlingen (1445–1464) erzwungenen Übertritt zur Observanz und dem damit verbundenen Austritt aus dem alten Provinzverband der Saxonia hinnehmen, in dem der Magdeburger Konvent lange Zeit eine herausragende

---

618 Schlager 1914, 231ff.; Mitteldeutscher Heimatlas 1958, Karte 16.
619 Vgl. Hans-Joachim Krenzke: Kirchen und Klöster zu Magdeburg (Landeshauptstadt Magdeburg – Stadtplanungsamt, 71), Magdeburg 2000, 171 und Asmus 2000, Teil 1, 260f., Grundrissrekonstruktion der mittelalterlichen Stadt.
620 Vgl. Asmus 2000, Abb. 204f. Die Stadterweiterung wurde offenbar unter Erzbischof Albrechts II. nach den Zerstörungen der Vorstädte durch Kaiser Otto IV. 1213 betrieben. Die älteren Befestigungsanlagen im Norden blieben trotz der neuen der Albrecht'schen Mauer, welche um 1236 gebaut wurde, innerhalb der Altstadt bis in die Frühe Neuzeit erhalten. Vgl. Hans-Joachim Mrusek: Zur städtebaulichen Entwicklung Magdeburgs im hohen Mittelalter, in: Wissenschaftliche Zeitschrift der Martin-Luther-Universität Halle-Wittenberg, Ges.-Sprachw., Jg. V, Heft 6, Halle 1956, 1240f.
621 Zum Marstall gehörte ebenfalls der Graue Hof, der wohl zum Kloster gehörte. Vgl. Ernst Neubauer: Häuserbuch der Stadt Magdeburg 1631–1720, Teil 1 (Geschichtsquellen der Provinz Sachsen und des Freistaates Anhalt, Neue Reihe, Bd. 12), Magdeburg 1931, 102, 309 und 402 zu Marstallstraße, Große Schulstraße, ehemals Brüderstraße und, Dreiengelstraße.
622 Vgl. Zeichnungen im Kulturhistorischen Museum Magdeburg, Abt. Ur- und Frühgeschichte, Nachlass von Werner Priegnitz, vgl. Asmus 2000, Teil 1, 260f., Grundrissrekonstruktion der mittelalterlichen Stadt.
623 Mrusek 1956, 1245.
624 Vgl. Seite 302ff., Bettelordenskloster und Stadt.

Abbildung 69: Magdeburg, ehemalige Westwand der Franziskanerkirche mit dem mittelalterlichen Glockenturm, Ansicht von Nordwesten. Im Hintergrund die Ulrichskirche (Foto vor 1945, Kulturhistorisches Museum Magdeburg, Nachlass W. Priegnitz).

Stellung als Hauptort innehatte.[625] 1524 versuchte der aufgebrachte Pöbel zweimal das verschlossene Kloster zu stürmen.[626] Im Jahr 1529 verlagerte der Rat eine Schule aus dem Augustiner-Eremiten-Kloster in das Franziskanerkloster.[627] Aufgrund fehlender Unterstützung und wiederholten Anfeindungen sahen sich die Franziskaner 1542 schließlich genötigt, ihr Kloster zu verlassen.[628] Lediglich ein Mönch verblieb bis zu seinem Ableben im Augustinerkloster. Die Schule wurde schließlich auf das gesamte Kloster ausgedehnt. Wahrscheinlich sind die Kirche und das Kloster schon während der Belagerung Magdeburgs durch das Heer von Kurfürst Moritz von Sachsen in den Jahren 1550 und 1551 beschädigt worden,[629] denn im Jahr 1551 verkaufte man die Grundstücke der Kirche und des Kreuzgangs an den Magdeburger Bürger Georg Wipprecht, der diese abbrechen und Wohnhäuser erbauen ließ.[630]

Die Westfassade und weitere Reste der nördlichen Kirchenwand blieben in der späteren Bebauung erhalten. Von den ehemaligen Klausurgebäuden erhielt sich an der ehemaligen Westfassade ein spätmittelalterlicher Anbau, der sogenannte Remter. Bis 1619 baute man die Schule abermals aus.[631] Inwieweit die Reste des Klosters während der Plünderung der Stadt durch die kaiserlichen Truppen Tillys 1631 weitere Zerstörungen hinnehmen mussten, ist nicht bekannt. Bei der Bombardierung Magdeburgs im Zweiten Weltkrieg wurde der Bereich zusammen mit der gesamten Altstadt stark zerstört. Vor allem die Schule, in der sich vermutlich noch weitere Teile des Klosters erhalten hatten, brannte aus. Durch Zufall erhielten sich jedoch in den Ruinen der sogenannte Remter und die ehemalige Westseite der Franziskanerkirche samt dem Glockentürmchen (Abbildung 70). Allerdings wurden diese Zeugen der mittelalterlichen Stadtgeschichte in den 1950er Jahren abgerissen.

---

625 Zum Streit um das Kloster in Magdeburg Weigel (2005, 239ff. und 259ff.).

626 Gustav Hertel (Hg.): Die „Historia" des Möllenvogtes Sebastian Langhans, betreffend die Einführung der der Reformation in Magdeburg (1524), in: Geschichts-Blätter für Stadt und Land Magdeburg, 28. Jg., 1. Heft, Magdeburg 1893, 283–366, hier 320.

627 Hugo Holstein: Das altstädtische Gymnasium zu Magdeburg von 1524–1631, in: Neue Jahrbücher für Philologie und Paedagogik, 54. Jg., Bd. 130, Leipzig 1884, 16–25, 65–74 und 129–140, hier 21.

628 Hertel/Hülße 1885, 457ff.

629 Die Klostergebäude lagen nah an der Stadtmauer zu Neustadt, von der aus die Belagerungstruppen, nachdem sie im November 1550 die Neustadt eroberten, die Altstadt unter Beschuss nahmen. Zur Belagerung: Hertel/Hülße 1885, 526ff., besonders 544.

630 Krenzke 2000, 68; Holstein 1884, 21.

631 Ebd., 133.

Abbildung 70: Magdeburg, ehemalige Westwand der Franziskanerkirche mit dem Anbau des sogenannten Remters (Foto um 1950, Kulturhistorisches Museum Magdeburg, Nachlass W. Priegnitz).

Daten zur mittelalterlichen Baugeschichte

Die Mönche ließen sich nach der Chronik von Giordano de Giano im Jahr 1223 in Magdeburg nieder.[632] Für das Jahr 1225 überliefert diese ein den Franziskanern gehöriges Hospiz in der Altstadt neben St. Peter und eine in der Neustadt gelegene, in jenem Jahr von Erzbischof Albrecht geweihte Kirche.[633] Eine Urkunde von 1266 nennt in der Neustadt dicht an der Mauer zur Altstadt gelegene Grundstücke und eine Kapelle, bei denen die Franziskaner ihre erste Niederlassung gründeten.[634] Demnach handelt es sich bei der Kapelle wahrscheinlich um jene Kirche, die Giordano überlieferte.[635] Die Gebäude, die 1266 offenbar mit *domicilium* gemeint waren,[636] dürften nicht in den ersten beiden Jahre nach der Ankunft entstanden oder erworben worden sein, da Giordano, der dem Magdeburger Konvent wohl zeitweilig angehörte, ausdrücklich darauf hinwies, dass die Brüder 1225 außer dem Hospiz und der Kirche keine weiteren Baulichkeiten besaßen.[637] Demnach haben die Franziskaner erst nach 1225 bei der Neustädter Kapelle Liegenschaften zu Wohnzwecken erworben und bis dahin offenbar in dem erwähnten Hospiz gelebt. 1238 betten die Franziskaner die Leichname ihres ersten Kustos Jakob und des ersten Lektors sowie dritten Provinzials, Simon Anglikus, um.[638] Da die bedeutenden Ordenspersonen in der Kapelle in der Neustadt beigesetzt waren,[639] ist damit die Existenz einer neuen Kirche beziehungsweise eines Klosters anderenorts sicher. Nach Mülverstedt sollen die Mönche bis etwa 1230 in der Neustadt ansässig gewesen.[640] Laut Banasch, der sich auf eine Chronik beruft, sollen die Brüder fünf Jahre in der Neustadt gelebt haben, bevor sie in die Altstadt umzogen.[641] Diese Zeitangaben dürften trotz des bei Banasch fehlenden Nachweises der Chronik wahrscheinlich sein, da die Franziskaner insgesamt erst nach der Heiligsprechung des Franziskus 1228 anfingen, feste Niederlassungen zu gründen.[642] Es ist zudem zu vermuten, dass die Umsiedlung der Franziskaner im Zusammenhang mit dem weiteren Ausbau der Neustadt beziehungsweise der Neuordnung der Neustädter Pfarrsprengel stand.[643] Zur jüngeren Konvents und Baugeschichte ist kaum etwas bekannt. Von zwölf im Urkundenbuch publizierten Urkunden erwähnen elf die Franziskaner zumeist nur beiläufig. Ansonsten schweigen alle bekannten Quellen vollständig zum Klosterbau. Lediglich im Jahr 1450 wird die Altstädter Franziskanerkirche zum ersten- und zum letzenmal erwähnt.[644]

---

632 Hardick, Chroniken, 1957, 70f., Nr. 36. Die Magdeburger Schöppenchronik nennt 1225 als Niederlassungsdatum. Vgl. Janicke 1869, 146; Mülverstedt 1881, 359, Nr. 766.

633 „Eodem etiam anno [1225] frater Jacobus custos Saxonie in nova civitate Magdeburg fundavit ecclesiam fratrum Monorum et ipsam in exaltatione sancte Crucis fecit a domino Alberto eiusdem loci archiepiscopo consecrari." Boehmer 1908, 42, Nr. 48; vgl. Hardick, Chroniken, 1957, 77, Nr. 48. Mit dem Lage des Hospizes ist vielleicht der Ort des Maria-Magdalenen-Klosters am Petritor gemeint, auf dem die ehemalige Burggrafenburg vermutet wird. Vgl. Asmus 2000, Teil 1, 101f. Nach Hertel und Hülße sollen die Gebäude nach 1230 den Beginen übergeben worden sein (1885, 100).

634 1266 werden dem Zisterzienserinnenkloster St. Laurentius vom Erzbischof Ruprecht ehemalige franziskanische Liegenschaften übertragen. „[…] areas et capellam, apud quam fratres minores primitus suum fundarant domicilium supra fossatum antique et infra muros civitatis nove ante valvas utriuslibet comprehensas, prout fratres minores illas a[rea]s antiquitus posse[derunt] et capellam." UB Magdeburg, Bd. 1, 75, Nr. 139.

635 Eine andere Kirche dürfte höchstwahrscheinlich nur mit Bezug auf die Franziskaner erwähnt werden, sodass eine Übereinstimmung hinsichtlich der Kirche Giordanos und der Kapelle von 1266 naheliegend ist.

636 UB Magdeburg, Bd. 1, 75, Nr. 139.

637 Hardick, Chroniken, 1957, 77, Nr. 48.

638 Vgl. ebd., 78, Nr. 48.

639 Vgl. ebd.

640 Mülverstedt 1870, 531f. ohne Quellenangabe und Argumentation.

641 Richard Banasch: Die Niederlassungen der Minoriten zwischen Weser und Elbe im 13. Jahrhundert, Breslau 1891, 14.

642 Siehe Seite 302ff., Bau fester Konvente.

643 Vgl. Helene Penner: Die Magdeburger Pfarrkirchen im Mittelalter, Phil. Diss. Univ. Halle 1924, 30ff.

644 UB Magdeburg, Bd. 2, 626, Nr. 597.

Abbildung 71: Magdeburg, Breiter Weg 134 nach der Zerstörung, Ansicht von Osten, im Hintergrund Glockenturm der Franziskanerkirche, rechts im Bild Rest der ehemaligen Nordwand der Kirche mit Fenstergewände (Foto: o.N. nach 1945, StA Magdeburg, Nr. 24463).

Rekonstruktion

Nach Otto Peters bestand das Baumaterial der Kirchenruine aus Sandstein.[645] Die Mauern bestanden aus Bruchsteinen, die Architekturglieder am Turm, die Strebepfeiler sowie die Eckverbände waren aus Werksteinen hergestellt (Abbildung 75). Hier dürften vor allem regionale Vorkommen genutzt worden sein.[646] In den frühneuzeitlichen Veduten Magdeburgs wird vom ehemaligen Franziskanerkloster zumeist nur ein kleines Türmchen, in der Regel als Schulturm bezeichnet, abgebildet, ohne die Kirche wiederzugeben.[647] Der nach Augustin Brack angefertigte Stich, der offensichtlich den Zustand vor den Belagerung Magdeburg durch die Truppen von Kurfürst Moritz von Sachsen in den Jahren 1550/51 zeigt und 1645 in Friedrich Hortleders Geschichte des Teutschen Krieges von 1546 bis 1558 veröffentlicht wurde, ist die genaueste Abbildung der Franziskanerkirche, da sie sich mit der Befundlage deckt (Abbildung 73).[648] Die Kirche wird als eine dreischiffige Kirche mit einem Mittelschiffssatteldach und querliegenden Zwerchhäusern über den Seitenschiffen dargestellt. Der absidale Chorschluss besitzt drei hohe Fenster, die aufgrund der Perspektive um ein weiteres Fenster im Norden zu ergänzen sind. Über der Westmauer der Kirche erhob sich ein Turm. Ein Holzschnitt aus dem Jahre 1552, der möglicherweise von Hans Rentz stammt, liefert bis auf die städtebauliche Lage keine korrekte Darstellung der Klosterkirche (Abbildung 68). Es wird ein basilikaartiges Gebäude dargestellt, deren südliches Seitenschiff sehr schmal gehalten ist und das Mittelschiff dementsprechend breit ausfällt. Das durch zahlreiche Stiche überlieferte Türmchen tritt irrtümlich in südwestlichen Eckbereich der Kirche auf. Die etwas fantasievolle Darstellung dürfte auf die Zerstörung der Kirche in den Jahren zuvor zurückzuführen sein. Der achteckige Turm und das angebaute sogenannte Remtergebäude blieben bis zu ihrem Abriss Mitte des 20. Jahrhunderts erhalten, sodass diese Bauteile durch Fotografien detailgetreuer überliefert werden (Abbildung 69 und 70). Durch die Zerstörungen des baulichen Umfeldes im Zweiten Weltkrieg kam zudem die Nordwand der Kirche samt den erhaltenen Fenstergewänden in den Häuserruinen am Breiten Weg zum Vorschein (Abbildung 71).[649] In

---

645 Peters 1902, 116.
646 Im hohen Mittelalter wurde in Magdeburg als Werkstein häufig Bernburger Bundsandstein und als Bruchstein Gommernquarzit verwendet; im späten Mittelalter sind Rhätsandstein und Magdeburger Grauwacke nachweisbar. Mrusek 1957, 641–672.
647 Eine Abbildung der Franziskanerkirche in der Ansicht Magdeburgs in Hartmann Schedls Weltchronik von 1495 ist zu schematisch. Man erkennt links im Bild lediglich ein Satteldach und den spitzenlosen Turmstumpf an der Westseite der Franziskanerkirche. Vgl. Hinz 1960, Nr. 3. Die Angabe der Franziskanerkirche bei Georg Braun und Franz Hogenberg in der Kölner Kosmographie von 1572/1617 ist nicht korrekt. Man sieht in der Vogelperspektive von Südwesten ein undifferenziertes satteldachbekröntes Schiff, dessen Turm fälschlich an der Südostecke der Kirche steht. Ebd., 29ff., Nr. 9. Offensichtlich geht diese fehlerhafte Ansicht auf den Holzschnitt Rentz'schen von 1552 zurück (Abbildung 68).
648 Abgedruckt bei Hinz (1960, 29ff., Nr. 7); Manfred Köppe: Magdeburg. Porträt einer Stadt (Deutsche Städteporträts, Bd. 1), Halle 2000, 110f.; Hertel/Hülße 1885, Anhang. In der Hortleder-Ausgabe Gotha 1645 kann man hingegen die Kirche kaum erkennen. Ebd., 29ff., Nr. 6. Die Abbildung aus Daniel Meissners Schatzkästlein von 1623 orientiert sich an der ersten Hortleder-Abbildung, zeigt jedoch nicht das Chorhaupt. Ebd., 29ff., Nr. 17.
649 Die ehemalige Norwand der Kirche wurde als Brandmauer zwischen den Häuser am Breiten Weg 134 und 135 genutzt.

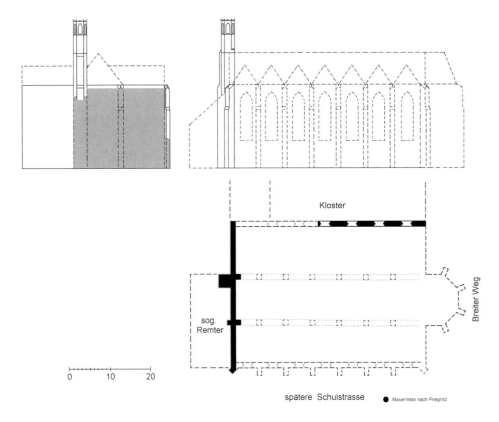

Abbildung 72: Magdeburg, Rekonstruktion der Franziskanerkirche (Zeichnung: Todenhöfer unter Verwendung von Plänen von W. Priegnitz, Nachlass im KHM Magdeburg und StA Magdeburg, Rep. KS VII/C11).

einer kleinen Grundrissskizze konnte Priegnitz nach dem Krieg diesen Befund der Franziskanerkirche zuordnen.[650] Wertvoll ist vorallem die Überlieferung der Mauerlänge und der Fensterachsen.

Die Rekonstruktion ergab eine ca. 33 Meter breite dreischiffige Hallenkirche mit angeglichenen Schiffshöhen und einem sieben Joche kurzem Langhaus von ca. 48 Meter Länge (Abbildung 72).[651] Auffällig war das nördliche Seitenschiff, an welches der Kreuzgang grenzte. Mit ca. elf Meter fiel es breiter als das Mittelschiff. Das südliche Seitenschiff war mit knapp neun Meter nur etwa einen Meter schmaler als das Mittelschiff.[652] Möglicherweise erklärt sich diese Asymmetrie aus Umbauten, die allerdings nicht mehr

nachvollziehbar sind. Der gedrungene längsrechteckige Grundriss der Franziskanerkirche tritt hingegen bei anderen Magdeburger Pfarrkirchen auf (Abbildung 74).[653] An der Südseite des sogenannten Remters hatte sich ein diagonal gestellter Strebepfeiler der Kirche erhalten; ebenso wurde ein Strebepfeiler der Westfassade im Remtergebäude integriert (Abbildung 70).[654] Das Turmuntergeschoss fungierte als Stützpfeiler für die nördlichen Arkaden. Der Eckpfeiler verjüngte sich an zwei Wasserabschlägen in der Tiefe und ragte bis zur Traufe hoch, wo er durch einen kleinen Giebel sowie etwas unterhalb durch einen figurierten Wasserspeier bekrönt wurde. Ob sich diese Form an der Süd- und Ostseite wiederholte, konnte nicht geklärt

---

650 Aufmass des Remters nach Werner Priegnitz, sig. Menzel, StA Magdeburg, Rep. KS VII/C11 und Grundrissskizze der Kirche, KHM Magdeburg, Nachlass Priegnitz.

651 Die Anschlüsse der Scheidbögen an die Westmauer erkennt man auf einer Fotografie der Remterrückwand von Nordosten vor der Zerstörung im Zweiten Weltkrieg. Im Bildhintergrund sind St. Ulrich und Levin deutlich zu erkennen. KHM Magdeburg, Nachlass Priegnitz (Abbildung 69).

652 Die Breite der Schiffe ließ sich anhand von Mauerabbrüchen, die wohl zu den anschließenden Schiffsarkaden gehörten, auf einer Fotografie und dem Aufmass des Remters nachvollziehen. Ebd.; Kopie nach Aufmass Werner Priegnitz, sig. Menzel, StA Magdeburg, Rep. KS VII/C11.

653 Vgl. Penner 1924, 14; Gabriele Schuster: Magdeburg. Die zerstörten Altstadtkirchen, Magdeburg 2000, 4, 26 und 28.

654 KHM Magdeburg, Nachlass Priegnitz, Foto der Südseite des Remters vor der Enttrümmerung; StA Magdeburg, Foto des Hauses Große Schulstrasse 2a, Nr. 24466; StA Magdeburg, Rep. KS VII/C11, Aufmass Remter.

Abbildung 73: Stadtansicht Magdeburgs um 1550/51, Detailansicht der Franziskanerkirche von Osten (Umzeichnung: Priegnitz nach Augustin Brack (um 1550/51) in Friedrich Hortleder: Geschichte des Teutschen Krieges von 1546 bis 1558, Bd. II, Gotha 1645).

werden. Für die Nordseite sind keine Strebepfeiler dokumentiert. Die Kirche besaß an der Nordecke der Westfassade keinen Strebepfeiler. Das Vorhandensein des südwestlichen Strebepfeilers deutet jedoch auf eine Gewölbeplanung hin.[655]

Die Franziskanerkirche besaß nach der Brack'schen Ansicht von 1550/51 ein Satteldach über dem Mittelschiff und quer zur Gebäudeachse liegende giebelständige Zwerchhäuser über den Seitenschiffsjochen (Abbildung 73).[656] Dies stimmt mit den Fotografien überein, nach denen ein Giebelansatz lediglich in Mittelschiffsbreite über der Traufe erhalten war. Bei einem höheren Satteldach wäre zudem das durchgehende Gesims am Glockenturm gestört gewesen (Abbildung 69).[657] Bei einem gleichschenkligen Giebeldreieck dürfte bei einer Mittelschiffsbreite von zehn Metern und gängigen 50 bis 60 Grad Giebelneigung die Dachhöhe zwischen fünfeinhalb und acht Metern betragen haben. Die Dachkonstruktion eines Mittelschiffssatteldach mit quergestellten, giebelständigen Paralleldächern war in Magdeburg an den Hallenkirchen St. Ulrich, St. Katharina und St. Jakob vorhanden, bevor sie später zur schiffsübergreifenden Satteldächern verändert wurden.[658] Auch hier orientierte sich der Bettelordensbau an der städtischen Pfarrarchitektur, die sich ihrerseits an der niedersächsischen Hallenbautradition wie bespielsweise den Stadtkirchen in Braunschweig orientierte.

Bereits Priegnitz rekonstruierte nach dem Stich von 1550/51, der schematisch nur einen halbrunden Chorschluss abbildet, in Anlehnung an Magdeburger Pfarrkirchen bei der Franziskanerkirche ein 5/8-Chorpolygon ohne Vorjoch. Zwar lässt sich dort dieser Chorschluss nicht sicher nachweisen, doch dürfte er aufgrund seiner Verbreitung in Magdeburg an der Franziskanerkirche zu rekonstruieren sein (Abbildung 74).

Das ca. elf Meter breite Nordseitenschiff, welches dem Hallenlanghaus eine auffällige Asymmetrie verlieh, legte die Vermutung nah, dass dort Brüche im Bauablauf existierten, eventuell sogar Reste eines Vorgängerbaus integriert waren. Eine Fotografie der Nordwestecke der Westfassade im Stadtarchiv zeigt, dass bis zum ersten Obergeschoss des angrenzenden ehemaligen Klausurgebäudes die Westmauer der Kirche nördlich des Remteranbaus aus einem kleinteiligeren Steinverband ohne Eckquaderung bestand, während darüber die Bruchsteinformate größer waren und eine Eckquaderung bis zur Traufe geführt wurde (Abbildung 75). Diese Beobachtung spricht für einen integrierten älteren Bauteil.[659]

Die Architektur aus leicht gestrecktem Langhauskubus mit kurzem Chorhaupt und breiten Seitenschiffen verweist, wie bereits angedeutet wurde, auf die – bis auf St. Johannis (um 1300/30)[660] – gänzlich verlorenen Magdeburger Stadtpfarrkirchen St. Ulrich (wohl vor 1300)[661], St. Jakobi (Langhaus 1381 begonnen)[662] und St. Katharina (nach 1468)[663]. Größere Ähnlichkeiten dürften zu dem 1959 gesprengten Kirchenbau von St.

---

655 Ein kleiner gewölbter Bogen am nördlichen Arkadenansatz könnte sowohl zu einem Gewölbe, aber auch zu einer Tür gehört haben, die vom Treppenturm in den Dachraum führte (Abbildung 69).
656 Abgedruckt bei Hinz 1960, 29ff., Nr. 7; Köppe 2000, 110f.; Hertel/Hülße 1885, Anhang.
657 Die Fotografie StA Magdeburg, Nr. 24466 zeigt an am Turm eine überputzte Mauerunebenheit, die wahrscheinlich den Maueranschluss des Westgiebels darstellt. Die Südostecke des Turmes ist darüber, außer einem Stück modernen Ziegelmauerwerks, in Eckquaderung gearbeitet. Ein steileres Satteldach ist damit für die Franziskanerkirche ausgeschlossen.
658 Stadtansicht von Osten von Mattheus Merian vor 1631 (vgl. Köppe 2000, 105).
659 Ob in dem breiteren Nordseitenschiff eventuell Einsatzkapellen wie an den Franziskanerkirchen in Lübeck, in Maastricht oder in Danzig die Breite verkürzten, um somit die Asymmetrie des Langhauses zu mildern, ist nicht bekannt, aber möglich.
660 Dehio Sachsen-Anhalt I 2002, 565.
661 Die Datierung erfolgt anhand des Chormaßwerkes von St. Ulrich aus einem kreisgerahmten stehenden Vierpass über zwei ungenasten Lanzettbahnen. Vgl. Schuster 2000, 4, Abb. rechts.
662 Schuster 2000, 25. Das Maßwerk des Chores schien etwas älter zu sein (erstes Drittel 14. Jahrhundert). Es handele sich drei gestaffelte und genaste Lanzettbahnen, über denen zwei stehende sphärisch gerahmte Vierblätter und darüber ein stehender kreisgerahmter Dreipass gestapelt waren. Vgl. Erich Wolfrom: Die Baugeschichte der Stadt und Festung Magdeburg, in: Magdeburger Kultur- und Wirtschaftsleben, Nr. 10 (1936), 22f.
663 Ebd., 28.

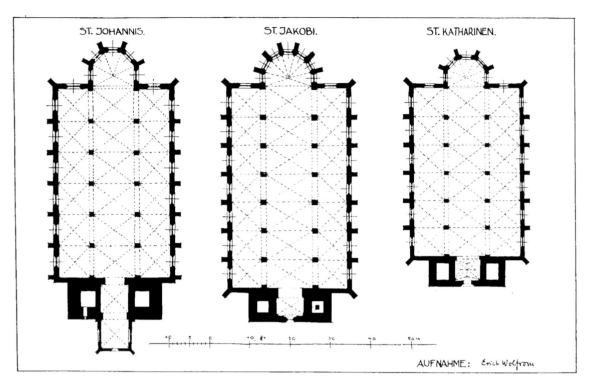

Abbildung 74: Grundrisse Magdeburgischer Pfarrkirchen (Zeichnung: Wolfrom 1936).

Abbildung 75: Magdeburg, Nordwestecke der ehemaligen Franziskanerkirche mit der Ruine eines ehemaligen Klausurgebäudes (Foto: o.N. nach 1945, StA Magdeburg, Nr. 24467).

Jakobi bestanden haben, der ebenfalls sieben Joche besaß. Bis 1253 gehörte das südliche Randgebiet der Neustadt zum Pfarrbezirk von St. Jakob.⁶⁶⁴ In diesem Sprengel waren die Franziskaner früher ansässig. St. Jakob soll sprichwörtlich als Kirche der Ärmsten gegolten haben.⁶⁶⁵ Als Hinweis einer Bezugnahme zwischen der Architektur der Franziskanerkirche und der Pfarrkirche ist dies jedoch nicht dienlich. Auch St. Ulrich kommt mit seinen acht Meter breiten Seitenschiffen als Vorbild für die Franziskanerkirche in Frage. Selbst wenn aufgrund der relativen Streuung der Erbauungszeiten jener Kirchen keine genaueren Schlussfolgerungen hinsichtlich der Erbauungszeit der Franziskanerkirche gewonnen werden können, ist zu konstatieren, dass der Bettelordensbau in enger Beziehung zur innerstädtischen Hallenbautradition der Stadtpfarrkirchen des späten Mittelalters stand. Deren charakteristische Langhäuser verweisen auf Hallenbauten, wie sie zuvor im niedersächsen Raum, etwa Braunschweig, entwickelt wurden.⁶⁶⁶ So erhielten die Seitenschiffe von St. Martini, St. Katharinen, St. Andreas und der Magnikirche ebenfalls die Breite der Mittelschiffe.⁶⁶⁷ Ebenfalls muss auf die zeitgleich zum Magdeburger Domlanghaus entstandenen mittelschiffsbreiten Seitenschiffe des Frankfurter Domlanghauses (um 1250/bis 1269) hingewiesen werden. Von den bekannten Bettelordenskirchen weist nur die Dominikanerkirche in Colmar eine ähnlich breit gelagerte Grundrissdisposition des Langhauses auf, doch rekurriert diese Architektur auf norditalienische Vorbilder.⁶⁶⁸

Außerdem orientierte sich die Magdeburger Franziskanerkirche an den Langhausaufrissen der städtischen Pfarrkirchen, deren Schiffe annähernd gleiche Höhe besaßen. Bei diesen Bauten tritt der quadratische Pfeiler mit abgefasten Ecken auf, welche die Scheidbögen ohne Kämpferzone im gleichen Profil überspannen. Die Gewölbe der magdeburgischen Pfarrkirchen sitzen zumeist auf Konsolen in Höhe der Bogenanfänger an den Arkaden auf. Ein Motiv, dass auch die hallesche Dominikanerkirche aufweist.⁶⁶⁹ Möglicherweise sind bei der Franziskanerkirche ähnliche Pfeiler zu rekonstruieren, da die bei Priegnitz im Grundriss der Westfassade überlieferten Wandvorlagen für die Langhausarkaden eine einfache eckige Form aufweisen (Abbildung 72).

Einen weiteren groben Datierungshinweis liefert uns der kleine Glockenturm an der Westfassade. Glockentürme sind in der Regel erst im 15. Jahrhundert an nordeuropäische Bettelordenskirchen angefügt worden.⁶⁷⁰ Letztere und der auf städtische Vorbilder zurückgehende Hallentyp sprechen für eine Entstehung im ausgehenden 14. und im Verlauf des 15. Jahrhunderts.

---

664 Vgl. Penner 1924, 20.
665 Schuster 2000, 27.
666 Zu den Braunschweigischen Stadtpfarrkirchen sehr ausführlich: Tassilo Knauf: Die Architektur der braunschweiger Stadtpfarrkirchen in der ersten Hälfte des 13. Jahrhunderts (Quellen und Forschungen zur braunschweigischen Geschichte, Bd. 12), Braunschweig 1974.
667 Allerdings bleibt dort die Grundrissdisposition ohne Auswirkung auf die örtlichen Bettelordenskirchen.
668 Vgl. Schenkluhn 2000, 198, Tafel XXI, Abb. 8.
669 Die Verwandtschaft unterstreicht den institutionellen Bezug der Halleschen Dominikanerniederlassung zur erzbischöflichen Hauptstadt.
670 Wir finden solche spätgotischen Turmanlagen an den Kirchenlangseiten der Franziskanerkirchen in Wien, Erfurt, Brandenburg, Arnstadt, Mühlhausen, Hildesheim und den Dominikanerkirchen in Erfurt und Frankfurt a. M. Siehe Seite 221ff., Ablehnung massiver Turmbauten – Regeln und Praxis.

Die Franziskanerkirche St. Franziskus in Quedlinburg
Kustodie Halberstadt, Bistum Halberstadt, Archidiakonat Stift St. Servatius in Quedlinburg[671]

Lage

Vom ehemaligen Quedlinburger Franziskanerkloster hat sich heute lediglich ein kleines zweigeschossiges gotisches Gebäude, die sogenannte Kapelle, erhalten (Abbildung 76). Das Kloster befand sich am nordöstlich Rand der Altstadt Quedlinburgs an der Grenze zur Neustadt, die durch einen Seitenarm der Bode (Mühlgraben) markiert wird (Abbildung 77). Die Ausdehnung des Klosterareals wurde von Hermann Lorenz nach Urkunden und Baurechnungen der Stadt untersucht.[672] Seinen Untersuchungen zufolge erstreckte sich das zum Kloster gehörige Areal vom Gelände des Hauses Breiter Weg 34 im Südwesten bis zum Bodearm.[673] An der Ostseite des Hauses Breiter Weg 34 hat sich das bereits genannte Gebäude erhalten. Südlich davon verläuft die Schulstraße, die den ehemaligen Klosterkomplex im Süden begrenzte. Ein um 1400 errichtetes Haus (Breite Straße 31/32) am nordwestlichen Rand des heutigen Schulgeländes könnte ebenfalls zum Klosterkomplex gehört haben,[674] da sich das östlich davon bis zur Bode erstreckende Gebiet dem Kloster als Garten diente (Abbildung 78). So konnte Lorenz anhand von Ratsrechnungen nachweisen, dass die unweit in Ostwest-Richtung verlaufende Mauer (Wellerwand), welche den heutigen Schulkomplex im Norden vom Grundstück Breiter Weg 31/32 trennt, erst nach dem Verkauf des Klostergartens 1560 an den Schulmeister Basilius Faber errichtet worden ist.[675] Demnach dürfte das dem Kloster gehörige Areal im Dreieck zwischen der Breiten Straße und der Bode beziehungsweise der westlich davon verlaufenden innerstädtischen Stadtmauer und der Schulstraße im Süden gelegen haben.

Abbildung 76: Quedlinburg, Schulstraße, sog. Kapelle des ehemaligen Franziskanerklosters, Ansicht von Süden (Foto: Todenhöfer 2008).

Welche Rolle der Ausbau des umfangreichen Klosterareals innerhalb Quedlinburgs topographischer Entwicklung einnahm, wurde in der Literatur bisher nicht behandelt. Man nimmt an, dass die Marktgründung des 10. Jahrhunderts sich sukzessive zur Altstadt

---

671 Schlager 1914, 231ff.; Mitteldeutscher Heimatlas 1958, Karte 16.
672 Hermann Lorenz: Die beiden Bettelmönches-Klöster in Quedlinburg, in: Am Heimatborn, Beilage Quedlinburger Kreisblatt, Nr. 197, 06.11.1928, 805f. und 810f.
673 Nach Lorenz richtete die Stadt nach 1560 ein Brauhaus im Breiten Weg 34 ein (1928, 810). Auf dem Stadtplan von Voigt liegt allerdings ein Brauhof südöstlich der ehemaligen Schule an der Bode. Offensichtlich kam es zu einer Verlagerung der Brauerei. Vgl. Grundriss der Stadt Quedlinburg. Entworfen von C.C. Voigt, Halle 1782 abgedruckt in: Falko Grubitzsch: Landkreis Quedlinburg, Stadt Quedlinburg (Denkmalverzeichnis Sachsen-Anhalt, Bd. 7.1), Halle 1998, 22.
674 Es handelt sich um den Südwestflügel der Breiten Straße 31/32. Eine dendrochronologische Untersuchung ergab 1398/99 für umfangreiche Teile des Dachstuhls. Auf dieses Gebäude machte mich Frau Reitzammer (Schlossmuseum Quedlinburg) freundlicherweise aufmerksam. Vgl. Frank Högg: Bauforscherische Dokumentation zur Dendrochronologischen Untersuchung: Bürgerhaus Kornmarkt 5; Bürgerhaus Breite Straße 32; Bürgerhaus Klink 8/9 zu Quedlinburg, Schauenteichen 1999 (masch.), 2, Sig. 3783
675 Vgl. Lorenz 1928, 810. An den Resten jener Mauer befindet sich noch heute das Haus des Schulmeisters aus dem Jahr 1562. Für den freundlichen Hinweis danke ich der Familie Rienecker (Quedlinburg).

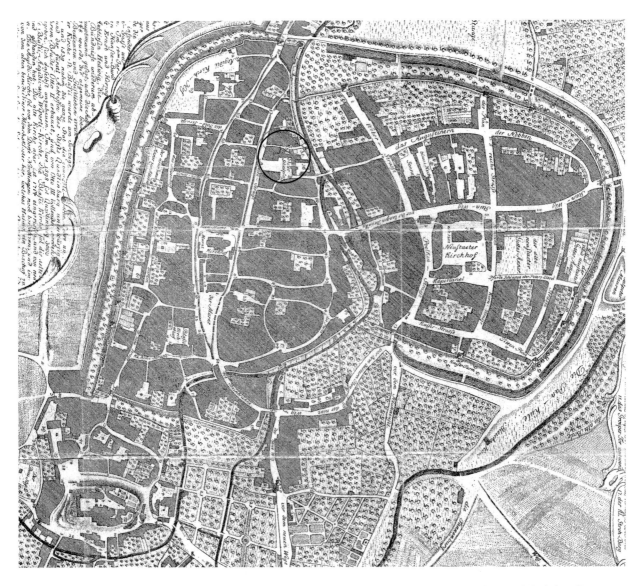

Abbildung 77: Quedlinburg, Stadtplan von C.C. Voigt 1782, Lage des Franziskanerklosters markiert (Brinkmann 1922, Anlage 2).

entwickelt hat, die bereits 1179 mit einer Mauer umgeben war. Zu den beiden älteren Kirchsprengeln des Blasii- und des Benediktiviertels kamen die im Norden liegende Siedlung mit der Kirche St. Ägidii, das Pöllenviertel und die Siedlung an der Steinbrücke im Süden hinzu.[676] Bereits Brinkmann betonte, dass das Gebiet zwischen Franziskanerkloster und Klink im Norden sowie dem Stieg im Süden als nachträgliche Besiedlung anzusehen ist.[677] Massive Umstrukturierungen sind jedenfalls nördlich des ehemaligen Franziskanerklosters belegt. So lag die Pfarrkirche St. Ägidii des Dorfes Nördlingen, heute im Norden der heutigen Altstadt gelegen, 1179 noch außerhalb der Stadtmauer.[678] Anfang des 13. Jahrhunderts wurde die Stadtmauer wohl in Folge der Auseinandersetzungen zwischen Friedrich II. und Otto IV. umstrukturiert.[679] Die Pfarrkirche und das zugehörige

---

676   Klaus Militzer, Peter Przybilla: Stadtentstehung, Bürgertum und Rat. Halberstadt und Quedlinburg bis zur Mitte des 14. Jahrhunderts (Veröffentlichungen des Max-Planck-Institutes für Geschichte, 67), Göttingen 1980, 118.

677   Die kleinteilige rasterartige Straßenstruktur des Blocks spricht dafür, dass das an den Mühlgraben angrenzende Sumpfgebiet zunächst nicht besiedlungsfähig war. Adolf Brinkmann: Bau- und Kunstdenkmäler des Kreises Stadt Quedlinburg, Teil 1, Berlin 1922, 16 (Stadtgrundriss in Teil 2, 1923, Anhang).

678   Karl Janicke: Urkundenbuch der Stadt Quedlinburg, Teil 1 (Geschichtsquellen der Provinz Sachsen und angrenzender Gebiete, 2. Bd.), Halle 1873, 15, Nr. 17.

679   Seit 1225 kann die Stadt über ihre Mauer selbst verfügen. Militzer 1980, 133.

Dorf konnten frühestens mit diesem Mauerausbau in die Altstadt einbezogen werden, was nach einem Eintrag im Stadtbuch bis spätestens 1310 erfolgte.[680] Folglich musste auch das angrenzende Gebiet baulich umstrukturiert werden. Es ist daher wahrscheinlich, dass das Franziskanerkloster Teil dieser Umstrukturierungen war, denn die ältere nordwärts gelegene Altstadtbefestigung verlief nach Beobachtungen des Verfassers auf der Höhe des ehemaligen Franziskanerklosters.

Dazu sollen die Indizien aufgezeigt werden, die diese Vermutung untermauern: In der erwähnten Urkunde von 1179 ist von einer Marktmauer (*murus forenses*) und einer Stadtmauer (*murus civitates*) die Rede.[681] Die jüngere historische Forschung geht davon aus, dass beide Mauern identisch sind.[682] Die Bezeichnung Markmauer macht einen Verlauf der Stadtmauer in der Nähe des Marktes plausibel. Interessant ist, dass der östliche Verlauf der Schulstraße am ehemaligen Franziskanerkloster, das bekanntlich in der Altstadt lag, die Fluchtlinie des Straßenzugs in der Neustadt aufnimmt, an dem man um 1300 das Augustiner-Eremiten-Kloster errichtete. Die Neustadt wurde wohl schon im 12. Jahrhundert mit regelmäßigem Straßenraster auf stiftischem Land angelegt und sukzessive besiedelt.[683] Brinkmann vertrat seinerzeit, dass unter anderem der Bereich nördlich der Augustinernstraße zu einer Stadterweiterung des 14. Jahrhunderts gehörte, die später mit einer großzügigen Mauer umschlossen wurde, welche eine ältere Mauer ersetzt haben soll.[684] Diese ältere Befestigung dürfte der Augustinernstraße und in der Verlängerung nach Westen der Stobenstraße in einem gleichmäßigen Bogen gefolgt sein. Da die Schulstraße exakt die Ausrichtung der Stobenstraße aufnimmt, ist die Schlussfolgerung konsequent, dass die Neustädter Wallanlage sich vor ihrer Verlegung nach Norden an der Flucht der älteren Altstädter Stadtmauer orientierte. Westlich des ehemaligen Franziskanerklosters verliert sich die mutmaßliche Mauerflucht in den Grundstücksstrukturen. Erst beim Marschlinger Hof nimmt eine nach Osten gekrümmte Straße diese Flucht wieder auf.[685] Auffällig ist, dass gerade im westlichen Bereich einer zwischen diesen Punkten gedachten Verbindungslinie ein Übergang vom größeren Flurstücken des Marktbereichs zu kleinteiligeren an der Schmalen Straße von Süden noch Norden verläuft, also innerhalb der Grundstückstruktur ein eindeutiger Wechsel vorliegt, der städtebaulich weit zurückliegende Ursachen haben muss.[686] Deshalb ist es sehr wahrscheinlich, in diesem Übergang die ursprüngliche Flucht der nördlichen Stadtbegrenzung der Altstadt zu sehen. Der Bereich um die Breite Straße nördlich der Schulstraße besitzt wiederum größere Flurstücke. Hier dürfte eine ältere außerstädtische Randbesiedlung vorliegen, wie es bereits für das Grundstück Breite Straße 18 als vermutlich romanisch-übergangszeitliche Eigenbefestigung indirekt angedeutet wurde (Abbildung 78).[687] Nehmen wir diese städtebaulichen Entwicklungen als Grundlage, dürfte nach dem Abriss der nördlichen Altstadtmauer eine Neuplanung der angrenzenden Grundstücke notwendig gewesen sein, die mit dem Klosterbau den Randbereich optimal nutzte und infrastrukturell ausbaute.

Historisches Schicksal

Im Jahr 1525 wurde das Kloster durch den Pöbel verwüstet und schließlich aufgehoben.[688] Schon 1540 erhielt der städtische Rat von Äbtissin Anna I. des Quedlinburger Stifts das Recht, in den Räumen des Klosters eine Schule einzurichten. Nachdem es zu Kompetenzstreitigkeiten gekommen war, kam es zu einem Vergleich, worauf Äbtissin Anna II. von Stolberg und Wernigerode 1589 nochmals die Erlaubnis der Schulgründung gab und gegen strenge Auflagen ein Erbzinsbrief ausstellte.[689] Zwischen 1656 und 1665 wurden die ehemaligen Klostergebäude um zwei Auditorien erweitert.[690] Erst um 1890 wurden die als Schule genutzten Klosterbauten bis auf ein gotisches Gebäude, der sogenannten Kapelle, abgetragen und der heute existente Schulbau errichtet.[691]

---

680 Brinkmann 1922, 15f.
681 UB Quedlinburg, Teil 1, 15, Nr. 17.
682 Militzer 1980, 133, Anm. 2.
683 Brinkmann 1922, 16; Lorenz 1922, 112; Militzer 1980, 132. Die erste sichere Erwähnung der Neustadt erfolgte 1222. UB Quedlinburg, Teil 2, 388, Nr. 20a.
684 Vgl. Brinkmann 1922, 17. Brinkmann denkt an eine Umwallung, aber schon 1255 wird eine Mauer der Neustadt genannt. UB Quedlinburg, Teil 1, 28, Nr. 28. Die zweite Mauer stammt aus der zweiten Hälfte des 14. Jahrhunderts. Militzer 1980, 135.
685 Der Mauerverlauf ergänzt sich mit dem von Brinkmann rekonstruierten Verlauf im Osten. Seine Vermutung, dass der nördliche Mauerverlauf nicht weiter als bis zur Goldstraße gereicht haben soll, greift m.E. zu weit nach Norden aus. Vgl. Brinkmann 1922, 14.
686 Vgl. Brinkmann 1923, Karte.
687 Vgl. Grubitzsch 1998, 97.
688 Vgl. Lorenz 1928, 810.
689 StA Quedlinburg, Erbzinsbrief, Nr. 605. Vgl. Adalbert Düning: Geschichte des Gymnasiums zu Quedlinburg. Festschrift zur Feier des 350jährigen Bestehens des Königlichen Gymnasium zu Quedlinburg, Quedlinburg 1890, 10. Siehe Anm. 719.
690 Düning 1890, 21.
691 Vgl. Lorenz 1928, 810.

Daten zur mittelalterlichen Konvents- und Baugeschichte

Nach den Epitome Lipsiensis fand bereits unter dem fünften Minister Konrad von Braunschweig im Jahr 1252 ein Provinzkapitel der Franziskaner in Quedlinburg statt.⁶⁹² Die erste urkundliche Erwähnung eines Hauses der Franziskaner in Quedlinburg ist für den 13. Juni 1257 nachweisbar, als der Halberstädter Bischof Volrad in „[…] Quidelingeborg, in domo fratrum minorum […]" urkundet.⁶⁹³ Wo dieses Haus lag ist nicht überliefert. Für die Franziskaner kommen drei Förderer infrage: das Quedlinburger Stift, die Halberstädter Bischöfe und die Quedlinburger Vögte. Über frühe Beziehung zum Kanonissenstift gibt es keine Überlieferung, jedoch ist vorauszusetzen, dass die Franziskaner das Einverständnis der Äbtissin als Stadtherrin für ihre Ansiedlung einholen mussten. Der Aufenthalt des Bischofs Volrad bei den Franziskanern stellt wiederum eine Legitimierung der Niederlassung dar und lenkt den Blick auf das Bistum. Da die Franziskaner schon seit 1223 im nahen Halberstadt ansässig waren, dürfte eine Ansiedlung vom Halberstädter Kloster ausgehend in Quedlinburg am wahrscheinlichsten sein. Für eine Förderung des Klosterbaus durch Bischof Volrad von Kranichfeld (1254/55-1296) sind keine stichhaltigen Anhaltspunkte bekannt. Nach Winningstädts Chronik (um 1540) soll der Halberstädter Bischof Hermann mit Hilfe seiner Brüder, Bürgern und Bauern den Klosterbau im Jahr 1271 begonnen haben.⁶⁹⁴ Noch zu seinen Lebzeiten soll einer seiner Brüder im Chor der Klosterkirche unter einer „Messingen Decke" bestattet worden sein.⁶⁹⁵ Die chronikalische Überlieferung ist problematisch, da Hermann I. von Blankenburg (1303 gestorben) erst 1296 Bischof in Halberstadt wurde.⁶⁹⁶ Er hätte dieses Kloster bereits als Domherr gründen müssen. Ebenfalls ist zweifelhaft, dass einer der Brüder von Bischof Hermann I. zu seinen Lebzeiten im Chor begraben wurde, denn bis auf Johann haben ihn alle Brüder überlebt.⁶⁹⁷ Das hervorgehobene Begräbnis im Chor der Kirche mit einer wertvollen bronzenen Grabplatte ist kaum Johann, der lediglich Domherr war, zuzuschreiben. Die Urheberschaft des Klosterbaus von Bischof Hermann I. ist deshalb zu Recht anzuzweifeln.⁶⁹⁸ Jedoch dürfte der Überlieferung ein wahrer Kern zu entnehmen sein, da gerade die Beschreibung dafür spricht, dass der Chronist das Begräbnis selbst gesehen hatte. Zudem wird dem ehemaligen Halberstädter Franziskaner Winningstädt die Geschichte des Nachbarkonventes auch durch die ordensinterne Geschichtschreibung bekannt gewesen sein.⁶⁹⁹ Als massgeblichen Förderer ist eher an einen regierenden Grafen von Blankenburg als Vogt des Quedlinburger Stifts oder eines in der Vogtei folgenden Grafen der verwandten Regenstein-Heimburger zu denken, die durch ihr Amt in besonderer Stellung zur Stadt und zum Stift standen.⁷⁰⁰ Es ist wahrscheinlich, dass der Begrabene mit dem Klosterstifter identisch war, wie Vergleichsbeispiele von Stifterbegräbnissen in Halberstadt, Barby, Wittenberg und anderen Bettelordenskirchen nahe legen.⁷⁰¹ Nehmen wir zudem an, dass das überlieferte Datum 1271 für den Baubeginn des Klosters korrekt wiedergegeben ist, woran m.E. nicht zu zweifeln ist, da 1257 nur von einem Haus der Franziskaner die Rede ist, aber 1300 schon ein Kloster bestand, so dürfte der Klosterbau unter Graf Siegfried II. von Blankenburg (erwähnt 1225 bis 1283) und Graf Albrecht I. von Regenstein-Heimburg (1287 gestorben) errichtet worden sein. Es ist nicht ganz klar, wann genau die Quedlinburger Vogtei der Blankenburger an ihre Verwandten der Regenstein-Heimburger Grafen überging. Nach Lorenz erfolgte dies spätestens 1273, kurz nach der überlieferten Klosterstiftung.⁷⁰² Wenn die Nachricht Winningstädts, dass der Verstorbene zur Blankenburger Grafenlinie gehörte, der wahre Kern der Überlieferung ist, sprechen auch die restlichen Indizien eher für diesen Familienzweig als für ihre nahen Verwandten, die Regenstein-Heimburger. Abgesehen von diesen Erwägungen spricht die quellenmäßige wie die chronikalische Überlieferung in jedem Fall dafür, dass die Fertigstellung des erwähnten Chores

---

692 Boehmer 1908, 77.
693 Vgl. Adolph Friedrich Riedel: Codex Diplomaticus Brandenburgensis, Bd. 2,1, Berlin 1843, 49–53.
694 Abel, Winningstädts Chronik, 499f.
695 Ebd.
696 Die Genealogie der Grafen von Regenstein und Blankenburg ist sehr komplex. Um Verwechslungen in den häufig vorkommenden Namen vorzubeugen, beziehe ich mich auf die Stammtafel bei Gustav Schmidt. Vgl. Schmidt 1889, Anhang.
697 Seine Brüder waren Burchard, Erzbischof in Magdeburg (1296–1305), Siegfried III. (erwähnt 1251 bis 1304), Domdekan in Halberstadt und Dompropst in Hildesheim, Johann (erwähnt 1275 bis 1285), Domherr in Hildesheim und Heinrich II. (erwähnt 1251 bis 1308), der regierende Graf des Hauses und Vogt in Quedlinburg. Schmidt 1889, Stammtafel.
698 Mit anderem Argument vgl. Lorenz 1922, 221.
699 Vgl. Ulpts 1992, 241, Anm. 193.
700 In den 1230er Jahren verkauft Graf Hoyer von Falkenstein die Vogtei über Quedlinburg an Graf Siegfried II. von Blankenburg. UB Quedlinburg I, 20f., Nr. 27 und 28.
701 Siehe Seite 313, Tabelle 3.
702 Vgl. Lorenz 1922, 385.

beziehungsweise des Klosters im letzten Viertel des 13. Jahrhunderts mit dem Adelsbegräbnis aus dem Blankenburger und Regensteiner-Heimburger Umfeld erfolgte.[703] Möglicherweise wurde ein Teil des Baugrundes von den Regenstein-Heimburger gestiftet, denn sie besaßen umfangreichen Besitz in der Altstadt und verkauften 1287 den Mauergraben (*fossatum civitatis*) an die Altstadt.[704] Es ist wahrscheinlich, dass das Gebiet der innerstädtischen Stadtmauer östlich des Klosters zu diesem Besitz gehörte. Die weiteren historischen Daten zu den Franziskanern fallen ebenfalls bescheiden aus: Um 1300 beschweren sich die Franziskaner bei Papst Bonifatius VIII. (1294–1303) über die in zu geringem Abstand von ihrem Kloster „[…] infra mensuram centum quadraginta cannarum […]" erbauten Gebäude der Augustiner-Eremiten und forderten deren Abbruch.[705] Das Recht hierzu gab ihnen die 1268 ausgestellte Bulle *Quia plerumque* von Clemens IV. (1265-1268), die festgelegte, dass innerhalb eines Ortes zwischen Bettelordenskonventen eine Distanz von mindesten 140 cannae bestehen soll, um Überschneidungen in der Seelsorge zu vermeiden und die Existenzgrundlage zu sichern.[706] Der Papst entschied den Streit in einer Urkunde vom 15. Januar 1300 zugunsten der Augustiner-Eremiten, da sich deren Kloster in der Neustadt (*castrum novum*) befand, also zu einem anderen Gemeinwesen gehörte.[707] Im Jahr 1349 gestattete der Rat den Franziskanern, sich einen Turm zum Waschen und zur Notdurft bei ihrem Kloster hinter der Stadtmauer an der Bode zu bauen.[708] Die Kirche und zwei Altäre wurden erstmals im Jahr 1462 urkundlich genannt.[709] 1468 erhielten die Mönche die Erlaubnis, einen Graben zwischen der Bode und ihrem Baumgarten durch die Stadtmauer zu legen. Im Gegenzug hatten sie für zukünftige Schäden an der Mauer aufzukommen.[710] 1471 erwähnte eine Urkunde das Kirchenpatrozinium des heiligen Franziskus.[711] Im gleichen Jahr konnte der Konvent sein Prokuratorenhaus (Schaffnerei) aufgrund einer Schenkung in die Breite Straße verlagern, dabei wurde, wie bereits erwähnt, auch die Lage des Kirchenchores bei der Kurzen Brücke angegeben, womit die Brücke zwischen heutiger Schul- und Stobenstraße gemeint ist.[712] Winnigstädt überlieferte einen bis 1517 bestehenden Jahrmarkt der Franziskaner, bei dem eine von zwei Kinderreliquien, die ein Franziskanerbischof 1368 in Portugal erstand und jeweils dem Quedlinburger und Hannoveraner Konventen überließ, gezeigt wurden.[713]

Rekonstruktion

Über die genaue Anlage des Klosters war bis auf den genannten mittelalterlichen Gebäuderest der sogenannte Kapelle westlich des heutigen Schulgebäudes und bis auf einen zumeist übersehen Lageplanentwurf von Adolf Brinkmann nichts bekannt,[714] obwohl einige Indizien dafür sprachen, in den Gebäuden der 1540 eingerichteten Schule umfassende Reste des Klosters zu lokalisieren (Abbildung 78). Obwohl Brinkmann die Lage der alten Schule in seiner Rekonstruktion des mittelalterlichen Stadtgrundrisses als „gotisch" und damit zum Kloster gehörig bezeichnete, schrieb er zu den alten Schulgebäuden unverständlicherweise von nachklösterlicher Substanz des 16. Jahrhunderts.[715] Diese Einordnung entsprach bis auf den gotischen „Kapellen"-Rest zwar dem äußeren Erscheinungsbild der Schule, jedoch nicht ihrer Bausubstanz.

Städtischen Baurechnungen zufolge beauftragte der Rat im Jahr 1560 den Zimmermann Bartel, Teile des Klosters wegzureißen und zu erneuern.[716] Jedoch

---

703 Möglicherweise wurde das Grab im 16. Jahrhundert in die Nikolaikirche überführt. Bis 1866 sollen sich dort noch in einer Gruft drei Grafenbestattungen aus der Regensteiner Familie befunden haben, wobei nicht bekannt ist, ob es sich um Blankenburger oder Regenstein-Heimburger handelte. Brinkmann 1923, 117.
704 UB Quedlinburg, Teil 1, 41, Nr. 58.
705 Ed. Jakobs: Augustiner-Einsiedler in Quedlinburg 1300, in: Zeitschrift des Harz-Vereins für Geschichte und Alterthumskunde, 15. Jg. (1882), 213f.
706 Vgl. Bullarium Franciscanum, Bd. III, 158; Bullarium ordinins fratrum praedicarum, Bd. I, 495. Die verwendete römische Maßeinheit canna (dt. Röhre) umfasste acht Palmi (vermutlich Maß einer gespreizten Hand), welches 20 bis 22,3 cm maß.
707 Jakobs 1882, 213f.
708 UB Quedlinburg, Teil 1, 124, Nr. 154.
709 „[…] dar vor de sulven brodere holden schullen de twey lecht up unser leven fruwen altare unde dat stinislecht to der hilgen driger koninge altare bynnen orer kerken […]". Ebd., 468, Nr. 444.
710 Ebd., 487, Nr. 471.
711 „[…] unser kerken sancti Francisci […]" Vgl. ebd., 502, Nr. 490.
712 Ebd., 503f., Nr. 492. Die irrtümliche Übersetzung Janickes (UB Quedlinburg) von *schefferige* als Schäferei wurde von Lorenz (1928, 806) berichtet. Die Schaffnerei wurde laut der Urkunde in ein steinernes Haus gegenüber dem Torweg des Klosters an der Breiten Straße verlegt. An der fraglichen Stelle, heute Breite Straße 18, befinden sich noch die Reste eines aus Quadern errichtetes Haus aus dem frühen 13. Jahrhundert. Lorenz (ebd.) erkannte darin folgerichtig die ehemalige Schaffnerei der Franziskaner. Vgl. Grubitzsch 1998, 97; Dehio Sachsen-Anhalt I, 2002, 749.
713 Abel, Winnigstädts Chronik, 504. Die Reliquie ging dem Konvent verloren, da sich Kardinal Albrecht von Brandenburg ihrer für sein Hallesches Heiltum bemächtigte.
714 Vgl. Brinkmann 1923, 1923, Kartenanhang.
715 Vgl. ebd., 140.
716 „26 fl. 4 gr. Barteli de Zimmermeister vor etliche als gebeude umbzubrechn und zu beide Schulen neu wiederzumachn." StA Quedlinburg, Ratsrechnungen von 1560, fol. 41 r.

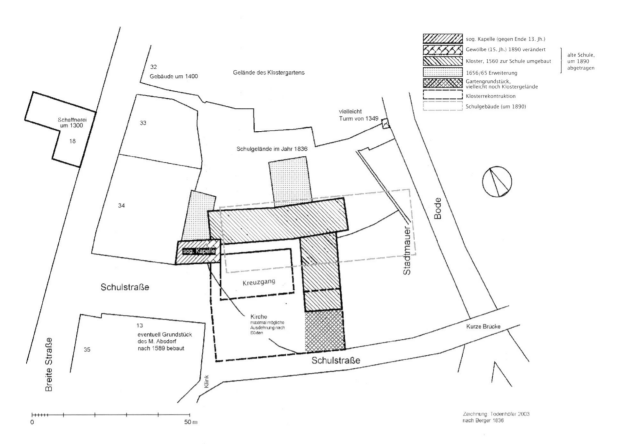

Abbildung 78: Quedlinburg, Grundrissrekonstruktion des Franziskanerklosters (Zeichnung: Todenhöfer 2003).

Abbildung 79: Quedlinburg, ehemalige Schule (Kloster) von Südwesten (Foto vor 1890, Stadtarchiv Quedlinburg, Nr. 20).

Abbildung 80: Quedlinburg, ehemalige Schule (Kloster) von Nordosten (Foto vor 1890, Stadtarchiv Quedlinburg, Nr. 23).

Abbildung 81: Quedlinburg, Aquarell „Das alte Gymnasium zu Quedlinburg" von A.H.A. Reffenbach 1882 (Stadtarchiv Quedlinburg, Nr. 19).

rechnete man ebenfalls Arbeiten ab, die nahe legen, dass andere Teile des Klosters erhalten blieben und repariert wurden.⁷¹⁷ Insgesamt wendete der Rat die Summe von 350 Gulden für Bauarbeiten, für „Holz, Bernsteine, Kalk, Oefen, Tische, Bänke, Fensterscheiben […]" auf.⁷¹⁸ Dass bei den Zeitgenossen des 16. Jahrhunderts die Schule noch als Kloster galt, verdeutlicht zudem der Erbzinsbrief der Äbtissin Anna II. des Quedlinburger Stifts aus dem Jahr 1589, in dem die Schule im Kloster liegend bezeichnet wird.⁷¹⁹ Auch wird der Rat verpflichtet, die Gebäude, den Kirchhof und die gesamte Einrichtung zu erhalten.⁷²⁰ Zu diesem Zeitpunkt stand offenbar noch der Chor (*Corys*) der Kirche, der in dem Erbzinsbrief genannt wird.⁷²¹ Die Kirche beziehungsweise deren Langhaus trug man schon 1560 ab. In den Ratsrechnungen erhielt sich nur der Vermerk über den Abbruch des Daches sowie den Verkauf des daraus gewonnenen Materials.⁷²²

Fotografien, ein Aquarell und ein Lageplan des alten Quedlinburger Gymnasiums lassen zusammen mit den urkundlichen Nachrichten zumindest eine grobe Rekonstruktion des Klosters zu.⁷²³ Auf dem Situationsplan des Schulgrundstückes erkennt man annähernd rechtwinklig zu einander stehende Gebäudeteile mit zwei axial davon abweichenden Anbauten im Norden (Abbildung 78).⁷²⁴ Die Kapelle nimmt zwar die Achsausrichtung des rechtwinkligen Baukörpers auf, liegt jedoch davon etwas nach Süden versetzt. Während die Kapelle und den Hauptbaukörper des ehemaligen Klosters massive Quaderbauweise auszeichnet, sind die beiden nördlichen Annexbauten in teils verkleideten Fachwerk errichtet (Abbildung 80).⁷²⁵ Das östliche Annexgebäude dürfte aufgrund der großen Fensterflächen das überlieferte Auditorium von 1656/65 sein.⁷²⁶ Ein westlich am Kloster gelegenes Fachwerkgebäude ist ein separat angesetzter Wohnbau neuzeitlichen Ursprungs.⁷²⁷ Diese Gebäudeteile werden aufgrund ihrer Fassadenstruktur nicht dem ursprünglichen Kloster zugerechnet. Die Kapelle war ursprünglich in östlicher Richtung ca. fünf Meter länger und hatte anstelle des heutigen westlichen Fensters der Südseite ein spitzbogiges Portal, wie es die historischen Abbildungen überliefern (Abbildung 80 und 81).⁷²⁸ Der doppelgeschossige Bau ist im Erdgeschoss über zwei Jochen mit Kreuzrippengewölben versehen worden. Während sein schlichtes Maßwerk aus gestaffelten genasten Fensterbahnen eine grobe Datierung des Baus frühestens gegen Ende des 13. Jahrhunderts zulässt (Abbildung 76), deuten die seitlich gekehlten Gewölberippen auf eine sekundäre Einwölbung im 15. Jahrhundert hin (Abbildung 82).⁷²⁹ Im östlichen Bereich der Südseite befand sich einst ein großer vermauerten Spitzbogen und an der südöstlichen Ecke ein Strebepfeiler (Abbildung 79 und 81). Die Größe und Lage des Bogens gibt offensichtlich den Anschluss des westlichen Kreuzgangflügels wieder, sodass mit dem rechtwinklig angeordneten Gebäudetrakt des späteren Gymnasiums das klassische Klostergeviert gebildet wurde. Für ältere und damit ursprüngliche Bausubstanz spricht auch die mit unregelmäßigen Fensteröffnungen versehen hofseitigen Fassaden der Schulgebäude, welche wohl ursprünglich im unteren Bereich durch

---

717 „15 fl. 13 gr. Nickel dem Maurer vor 99 schogk steine am barfüßer Closter zu Mauren sollen zubrechen […]"; „22 fl. Nickel den maurer vor Schornstein bank thüren und fenster zu machen zu beiden Schulen auch etliche löcher zubrech und auszuflicken."; „21 fl. 3 gr. 9 ch. Dem glaser lirnk vor 17 fenster zu die Schulen." StA Quedlinburg, Ratsrechnungen von 1560, fol. 41 r/v.

718 Lorenz 1928, 810. Mit Bernstein ist möglicherweise der Involutus-Sandstein aus der Quedlinburger Gegend gemeint.

719 Die Stadträte beider Städte sollen „[…] die Schule zu ewigen Zeiten darinnen [im Kloster] halten, an andere Orten nicht transferieren, auch Stuben, Gemächer und das gantze Corys im baulichen Wesen erhalten, davon nichts ohne uns [der Äbtissin] hoher Nohtdurft, zu Verbesserung geschehen müsste, einreißen und in Abgangkommen lassen, den Kirchhof von Alters gewesen und sonst gebräuchlichen hinwiederum bezirken und vor einen locum Religiosum erhalten und künftig nicht profanieren, auch sonst dasselbige Kloster mit seiner sonst oberührigen Zubehörung […] besitzen und gebrauchen sollen und mögen." StA Quedlinburg, Erbzinsbrief von Äbtissin Anna II. von Stollberg-Wernigerode, Nr. 605.

720 Ebd.

721 Ebd.

722 „4 fl. und 1 [gr.] maldken dem Schiferdeker vor das dach von der Kirchen des barfüssers closters abzubrechn und beizuräumen sa pg. purificationis." StA Quedlinburg, Ratsrechnungen von 1560, 41v; vgl. Lorenz 1928, 810.

723 StA Quedlinburg, Fotografien des Quedlinburger Gymnasiums o.J. (vor 1890), Sig. 19–23, darunter eine fotografische Reproduktion eines Aquarells „Das alte Gymnasium zu Quedlinburg" von A.H.A. Reffenbach aus dem Jahr 1882; Bauarchiv Quedlinburg, „Situations-Plan von dem Gymnasium zu Quedlinburg. Aufgenommen im Mai 1836 durch den Conducteur Berger.", Akten zum Gymnasium. Siehe Abbildung 78–81.

724 Ebd.

725 Vgl. auch Fotografie, StA Quedlinburg, Sig. 22.

726 Vgl. Düning 1890, 21.

727 Die Datierung des Gebäudes ist unsicher, jedoch scheint es aufgrund der Fächerausmauerung mit Ziegel ebenfalls erst jüngeren Datums zu sein.

728 Nach 1890 wurde das Gebäude nach Abriss seines östlichen Teiles, mit einem Treppengiebel versehen und die gesamte Fassade einheitlich gestaltet, indem man das gotische Portal entfernte und gegen ein Fenster austauschte, das den originalen Fenstern nachgestaltet wurde. Bauarchiv Quedlinburg, Umbaupläne der Kapelle um 1890, Akten zum Gymnasium. Grubitzsch (1998, 240) unterscheidet trotz der genauen Beschreibung bei Brinkmann (1923, 140f.) nicht zwischen neogotischer und originaler Substanz.

729 Eine eingehende Bauuntersuchung zu dem Gebäude fehlt bislang. Dem Verfasser bot leider nicht die Möglichkeit in das Obergeschoss und zum Dachwerk zugelangen, wo eventuell weitere Befunde für eine Datierung zu erwarten sind.

Abbildung 82: Quedlinburg, Wandvorlage in der sog. Kapelle (Foto: Todenhöfer 2004).

den Kreuzgang verdeckt waren (Abbildung 79 und 81). Die Nord- und Westfassaden hinterlassen hingegen einen geschlossenen, regelmäßigen Eindruck, der auf wenige Veränderungen hinweist (Abbildung 80). Die Legende des Voigt'schen Stadtplans von 1782 bezeichnet unter der Nummer 39 den Platz zudem als „Klosterhof", während die direkte Beschriftung lediglich von „Schulplatz" spricht (Abbildung 76).[730] Die Verschiebung der sogenannten Kapelle aus der Längsachse der Nordklausur geht vermutlich auf die städtebauliche Situation und den Anschluss des nördlichen Kreuzgangsflügel zurück.[731]

Die Funktion des aus dem Klostergeviert heraustretenden Gebäudes als Kapelle ist nicht gesichert.[732] Eventuell diente das Bauwerk im unteren Bereich auch als Klosterpforte und Vestibül. Für ein abseitiges Refektorium scheint der Raum zu gering dimensioniert zu sein. Eine andere Interpretationsmöglichkeit ergibt sich aus dem Vergleich mit dem ehemaligen Dominikanerkloster in Lübeck. Dieses besitzt ebenfalls ein aus dem Klostergeviert herausspringendes, zweistöckiges und allerdings durch Säulen im Untergeschoss geteiltes Bauwerk, das sogenannte Beichthaus, welches zwischen zwei Kirchhöfe lag.[733] Das aufgrund der Niederlassung weit größere Gebäude wurde jüngst als multifunktionales Laiengebäude interpretiert, welches der nebenkirchlichen Interaktion zwischen Konvent und Bürgerschaft diente, wo man die Beichte nahm, Treffen veranstaltete und Mitglieder von Bruderschaften begrub.[734] Die gebräuchliche Funktion als Kapelle, etwa für Begräbnisfeiern, ist jedoch plausibel,[735] da sich der Kirchhof unmittelbar westlich des Klosters befand[736]. Dies würde auch die Einwölbung bzw. die Erhaltung jenes Gebäudeteils nach dem Teilabbruch und Umbau des Klosters erklären, denn 1589 verlangte bekanntlich Anna II., Abtissin des Quedlinburger Stifts, den Kirchhof zu „bezirken", nicht zu „profanieren" und als „locum Religiosum" zu halten.[737] Die Forderungen erscheinen verständlich, wenn nach der Aufgabe des Klosters die Gefahr der Entweihung der Bestattungen auf dem Kirchhof zu erwarten war.

---

730 Vollständiger Plan bei Brinkmann abgedruckt (1922, Anlage 2).
731 Die Breite des Kreuzganges wurde anhand des abgebildeten Bogens auf der Südseite der sog. Kapelle rekonstruiert (Abbildung 81).
732 Mehrere vermauerte Fensteröffnungen an der West- und der Nordseite zeigen, dass das Gebäude an drei Seiten frei stand. Einer Deutung als Rest der Klosterkirche ist aufgrund der geringen Größe, dem oberen Geschoss und der Lage im Bezug auf das relativ große Kloster nicht zuzustimmen. Vgl. Brinkmann 1923, 140.
733 Vgl. Ursula Radis: Ergebnisse der neuesten archäologischen Untersuchungen auf dem Gelände des ehemaligen Dominikanerklosters zu Lübeck, in: Klöster und monastische Kultur in den Hansestädten (Stralsunder Beiträge, Bd. 4), Rahden 2003, 41–56.
734 Ebd. 49.
735 Inwieweit das Obergeschoß genutzt worden ist, lässt sich nicht sagen. Eine Funktion als Bibliothek, als Armarium, dürfte unwahrscheinlich sein, da solche in Anlehnung an ältere Gewohnheiten der Benediktiner zumeist unmittelbar an der Kirche eingerichtet wurden. Vgl. Edgar Lehmann: Die Bibliotheksräume der deutschen Klöster im Mittelalter (Schriften zur Kunstgeschichte, Bd. 2), Berlin 1957, 3.
736 Eventuell zog sich der Klosterhof noch südlich bis zur Kirche, denn 1589 räumte die Äbtissin Anna II. dem Hofprediger Matthaÿ Absdorfius (Matthias Absdorf) dem Älteren das Recht ein, auf einem kleinen Stück des Kirchhofs, welches an sein Grundstück grenzte, für seinen Sohn Friedrich ein Gebäude zu bauen. StA Quedlinburg, Erbzinsbrief, Sig. 605 (Zitat vgl. Anm. 719). Da jedoch nach Lorenz (1928, 810) in der Breite Straße 34 bereits nach 1560 eine Brauerei eingerichtet wurde, käme dafür am ehesten die Schulstraße 13 in Frage (Abbildung 78). Dieses Grundstück ist auch das einzige, welches sich mit seiner Ostecke nicht organisch in den Straßenverlauf einfügt und mit Sicherheit erst nach dem Abbruch der Kirche errichtet werden konnte, da es nach der Rekonstruktion zu nah an diese herangereicht hätte.
737 StA Quedlinburg, Erbzinsbrief, Nr. 605 (Zitat vgl. Anm. 719).

Die Kirche konnte nach der Rekonstruktion nur südlich des Klosters gelegen haben. Diese Annahme wird durch die urkundliche Überlieferung bestätigt, nach der sich der Chor bei der Kurzen Brücke befand,[738] der Brücke am östlichen Ende der Schulstraße.[739] Der Grundriss der Kirche und damit die Südausdehnung des Klosters sind nicht überliefert. Es ist jedoch mit großer Wahrscheinlichkeit anzunehmen, dass sich das Kloster nicht über die Schulstraße hinweg zog, die aufgrund der Brücke und anderen Hinweisen bereits in Mittelalter vorhanden war (Abbildung 78). Ein in der Achse des östlichen Klausurgebäudes liegendes und 1836 verzeichnetes Gartengrundstück, das mit der heutigen Flurgrenze zur Straße identisch ist, dürfte die südliche Grenze des Klosters und der Kirche wiedergeben.[740] Die als Klink bezeichnete Gasse, welche in Süd-Ost-Richtung auf die Kirche stieß, lässt sich damit als Zuweg zur Südseite der Kirche erklären.

Reste des Chores ließen sich auf den einschlägigen Fotografien sich nicht erkennen, da weder Fensterachsen, noch Mauerstrukturen auf einen wie auch immer gearteten gotischen Chorbau hinzuweisen scheinen. Allerdings erkennt man auf den insgesamt vier in Frage kommenden Ansichten,[741] dass der südliche Teil des östlichen Klausurtraktes, welcher an den Garten grenzte, vermutlich ursprünglich separat erbaut wurde, da man diesen sowohl mit einem eigenen giebelständigen Dach versah, wie auch eine andere Mauerwerksstruktur zur restlichen Klausur bestand (Abbildung 81). Die Breite des Gebäudeteiles, die bei sieben bis acht Meter gelegen haben dürfte,[742] ist zu schmal für Choranlagen von ca. acht bis zehn Metern Breite. Es bleibt daher lediglich festzuhalten, dass dieser Gebäudeteil wohl ursprünglich eine eigene Funktion gegenüber der anschließenden Klausur besaß; mag es, wie auch immer gestaltet, ein Rest eines sakristeiartigen Anbaus oder der Teil eines Seitenschiffs gewesen sein. Auch der Nachweis, dass die Entfernung zwischen dem Franziskanerkloster und dem unmittelbar östlich des am anderen Ufer des Mühlgrabens befindliche Bethaus der Augustiner-Eremiten unter 240 Meter lag,[743] führt nicht weiter, da wir über die genaue Lage von Letzterem nichts wissen.[744] Wann der im 16. Jahrhundert wohl noch existente Chor abgebrochen wurde, ist ebenfalls unbekannt. Letztlich können weder zur Gestalt der Franziskanerkirche noch zu deren Chor aufgrund des bisherigen Forschungsstandes genaue Aussagen getroffen werden.[745] Allerdings können die flach geschlossenen Choranlagen an den benachbarten altstädtischen Pfarrkirchen St. Blasii und St. Ägidii aus dem 13. Jahrhundert einen Hinweis auf die Architektur des Franziskanerchores liefern,[746] da sich die Kirchen der Franziskaner in der Regel an der Pfarrkirchenarchitektur orientierten.[747]

---

738 UB Quedlinburg, Teil 1, 503f., Nr. 492.
739 Nicht zu verwechseln mit der Kurzen Brücke zwischen St. Annen-Stift und dem Eingang der Bockstraße. Die ursprüngliche Kurze Brücke ist jene, welche zwischen Schul- und Stobenstraße später wegen ihrer Überdachung auch Düstere Brücke genannt wurde. Vgl. Lorenz 1928, 806; Kleemann 1922, 19.
740 In Quedlinburg hat sich größtenteils das mittelalterlicher Straßennetz mit samt seinen mittelalterlichen Flurstücken bis heute erhalten.
741 Fotografien, StA Quedlinburg, Sig. 19–21, 23.
742 Die Breite wurde geschätzt, da in der einzig erhaltenen Grundrisszeichnung von Berger dieser Teil nicht hervorgehoben wurde. Hier bot sich die fast frontale Abbildung der Westseite an (Fotografie, StA Quedlinburg, Sig. 20), die mit den Maßen der Zeichnung von Berger ins Verhältnis gesetzt wurde (Abbildung 79).
743 Vgl. Jakobs 1882, 213f.
744 Die in der Urkunde erwähnten Gebäude der Augustiner-Eremiten befanden sich zwischen Weberstraße und Mühlgraben nördlich der Stobenstraße. Das vermutlich erst nach 1317 errichtete Augustiner-Eremiten-Kloster lag östlich der Weberstraße. Noch heute wird durch den Straßennamen *Augustinern* seine Lage angedeutet. Vgl. Lorenz 1928, 811.
745 Weitere Informationen zur Gestalt der Kirche und der westlichen Klostergebäude könnten Ausgrabungen auf dem Schulhof zu Tage fördern.
746 St. Blasii, heute eine barocke Anlage, war aufgrund des schmalen frühromanischen Westriegels ursprünglich eine Saalkirche. Ein Ablass 1267/68 spricht von einem begonnenen Erneuerungsbau, anscheinend einer größeren Anlage, wohl dreischiffig ohne Querhaus. Der einschiffige Rechteckchor dieser Bauphase steht noch heute. Brinkmann, Inventar II, 12ff.; Dehio Sachsen-Anhalt I, 2002, 734ff. Auch St. Ägidii besitzt einen frühgotischen Rechteckchor. Brinkmann, Inventar II, 73ff.; vgl. Dehio Sachsen-Anhalt I, 728. St. Benedikti war im 13. Jahrhundert offenbar eine romanische dreischiffige Basilika mit Querhaus und Doppelturmanlage. Brinkmann, Inventar II, 33ff.; vgl. Dehio, Sachsen-Anhalt I, 2002, 730ff. St. Nikolai in der Neustadt war eine Basilika. Die Chorform des 13. Jahrhunderts ist unbekannt. Brinkmann, Inventar II, 109ff.; vgl. Dehio Sachsen-Anhalt I, 2002, 736f.
747 Vgl. Seite 205ff., Lokaler Architekturkontext als Maßstab; Seite 232, Tabelle 1.

Die Franziskaner- oder Mönchskirche in Salzwedel[748]

Kustodie Brandenburg, Bistum Verden, Archidiakonat St. Marien in Salzwedel[749]

Lage

Die Gebäude des ehemaligen Franziskanerklosters liegen im Norden der Altstadt in einem Bereich, in dem einst die innerstädtische Befestigungsanlage die Neustadt von der Altstadt trennte (Abbildung 83). Die Neustadt wurde 1247 gegründet und war lange Zeit eigenständig.[750] Unmittelbar westlich des ehemaligen Klosters fließt die Jeetze, die im Mittelalter bis zur Elbe schiffbar war. Parallel zum Fluss verläuft die Burgstraße, einst die wichtigste Verbindung zwischen beiden Städten, die in der Nähe des Klosters das Sieltor passierte. Die Burgstraße war eine von drei Fernverbindungen, die sich in Salzwedel trafen: Eine von Magdeburg kommende Straße überschritt in Salzwedel die Jeetze und verzweigte sich über Lüneburg nach Hamburg und über Lüchow und Hitzacker nach Lübeck. Eine andere Straße kam von Braunschweig und fächerte sich zu verschiedenen Elbübergängen auf.[751] Auf der westlichen Seite dieser Straße liegt vis a vis vom Kloster das Areal der ehemaligen markgräflichen Burg. Das Kloster gehörte wahrscheinlich zu einer späten und letzten nordöstlichen Erweiterung der Altstadt, die der stadtgeschichtlichen Forschung zufolge gegen 1280 ihren Abschluss fand.[752]

Historisches Schicksal

Bereits um 1500 wurde der Provinzial des Ordens, Johann Heynstede, mit der ordensinternen Reformierung des Konvents beauftragt.[753] Im Jahre 1514 befanden sich noch 28 Mönche im Kloster.[754] Doch muss ihre Zahl während der Reformation rapide abgenommen haben. Bereits 1522 starb der letzte Guardian Kamrath.[755] Einige wenige Mönche durften bis zu ihrem Ableben in ihren Zellen verbleiben. 1541 wurde schließlich eine Schule in das Kloster verlegt, die dort bis 1882 verblieb.[756] Zwischen 1575 und 1581 ließ der Superintendent Johannes Cuno die Kirche sanieren und umgestalten.[757] Dabei wurde laut Hartleb der Lettner verändert, dessen Rückwand zum Langhaus in drei spitzbogige Öffnungen durchbrochen, die bemalte Orgelempore im Westen errichtet und ein neuer Hochaltar im Chor aufgestellt, auf dem ein Jahr später ein von Cranach dem Jüngeren gemaltes Retabel aufgestellt wurde. 1806 musste man den Dachreiter abbrechen, der erst 1830 ersetzt werden konnte.[758] Bereits ein Jahr zuvor wurde die Kirche abermals saniert, 1837 ausgemalt und zwei Jahre später mit einer Orgel versehen.[759] 1821 riß man den Westflügel des Klosters wegen Baufälligkeit ab und ließ unter Verkleinerung des Kreuzganghofes ein neues Gebäude errichten.[760] Die Kirche wurde schließlich als Schul- und Garnisonskirche genutzt. Im Jahr 1891 tauschte man das reformationszeitliche Kirchengestühl aus.[761] Nach der Brandzerstörung des Rathauses im Jahr 1895 verlagerte man die Stadtverwaltung in das ehemalige Kloster.[762] Während der DDR-Zeit verfiel die Kirche zunehmen. 1985 sanierte man schließlich den Bau und wandelte sie in eine Ausstellungs und Konzerthalle um.

---

748 1444 wird die Kirche „brodere kerke", 1445 „Parfoter" bzw. „Barvoter Kercken" und 1487 „kerken […] to den baruoten" genannt. CDB I, 5, 412, Nr. 218; 421, Nr. 223.

749 Schlager 1914, 231ff.; Mitteldeutscher Heimatlas 1958, Karte 16.

750 Vgl. Hans K. Schulze: Art. Salzwedel, in: Handbuch der historischen Stätten Deutschlands, Bd. 11, Stuttgart 1987, 404f.

751 Heinz Stoob: Salzwedel (Deutscher Städteatlas, Lieferung 3, Nr. 8), 1984; Schultze, Historische Stätten 11, 405.

752 Richard Aue: Zur Entstehung der altmärkischen Städte, in: 37. Jahresbericht des Altmärkischen Vereins für vaterländische Geschichte zu Salzwedel, Magdeburg 1910, 5–71, hier 27; Stoob 1984, Anm. 26 und Tafel 2.

753 Johann Friedrich Danneil: Das Franziskaner-Kloster, in: Kirchengeschichte der Stadt Salzwedel. Mit einem Urkundenbuch, Halle 1842, 68–77 und 156–158, hier 72.

754 Franz Hartleb: Die Mönchskirche und das ehemalige Franziskanerkloster in Salzwedel, in: Jahresbericht des Altmärkischen Vereins für vaterländische Geschichte zu Salzwedel, 46/47 (1930), 5–28, hier 12.

755 Ebd.

756 Ebd., 31

757 Ebd., 12ff.

758 Ebd., 10f.

759 Ebd., 23f.

760 Ebd., 30.

761 Ebd., 18.

762 Ebd., 31.

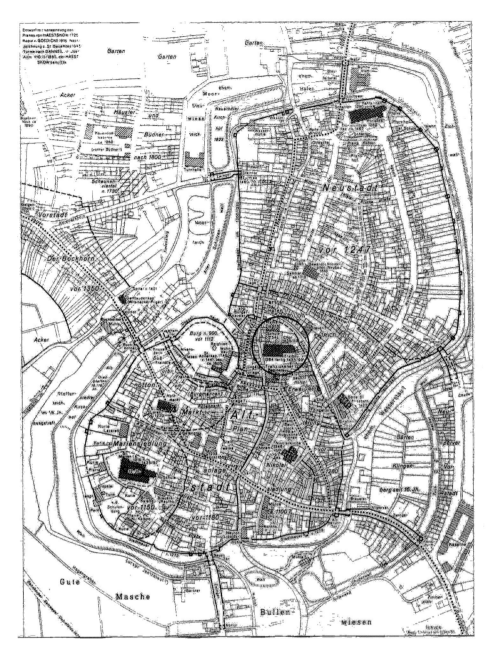

Abbildung 83: Salzwedel, Plan der mittelalterlichen Stadt (Stoob 1984, Taf. 2).

Abbildung 84: Salzwedel, Mönchskirche, Ansicht von Südosten (Foto: Todenhöfer 2008).

Architektur

Die Mönchskirche stellt sich heute als einheitliche asymmetrische zweischiffige Hallenkirche dar, deren sechs Joche im Langhaus eine annähernd gleiche Breite von ca. sechs Meter aufweisen (Abbildung 88). Der Grundriss der Joche ist im Hauptschiff queroblong, im Seitenschiff quadratisch. Ein dreijochiger Langchor setzt im Osten an das Hauptschiff in nahezu gleicher Breite an und endet in einem 5/10-Polygon mit einem gewölbten Halbjoch.[763] Die Chorjoche sind mindestens um einen Meter schmaler als die Joche im Langhaus und nehmen in ihrer Breite bis zum Halbjoch stetig ab. Außer an der Südseite umringen das Bauwerk schlichte Strebepfeiler, die annähernd bis zur Traufe reichen. Der östlichste Strebenpfeiler der Langhausnordseite wurde im oberen Bereich abgetragen. Der Maueransatz ist deutlich über dem Dach des anschließenden Klostergebäudes zu erkennen.

Über Langhaus und Chor befinden sich separate Satteldächer.[764] Das Dachwerk des Langhauses ist eine imposante, beide Schiffe überspannende spätgotische Konstruktion aus einem unregelmäßigen vierfachen Kehlbalkendach mit drei Standsäulen, deren mittlere Stuhlsäule bis zum dritten Kehlbalken durchgeht, und bis zum zweiten Kehlbalken sparrenparallel geführten Steigbändern. Jeder Sparren wird darüber hinaus von einer Fußstrebe und einer über den zweiten Kehlbalken hinausreichenden Sparrenstrebe verstcift.[765] Zwischen dem zweiten und dritten Kehlbalken sind zusätzlich Kreuzstreben angeblattet. Kurz hinter dem östlichen Giebel befindet sich ein schlanker Dachreiter auf dem First des Langhauses. Da die gebusten Gewölbekappen des Hauptschiffes weit über die Traufe reichen, konnten jeweils über fünf Gespärre keine Binder durchgezogen werden. In den Bindergespärren errichtete man Stützkonstruktionen, welche die Stuhlsäulen über den Gewölbekappen abfangen. Die Binder werden hier zusätzlich durch Streben, die in den Sargkammern verankert sind, abgestützt. Diese Überbrückungskonstruktionen wurden anscheinend im 19. Jahrhundert aufgrund geschraubter Verbindungen verstärkt.[766] Das Dachwerk des Chores besteht aus einem dreifachen Kehlbalkendach mit Kreuzverstrebung. Der Dachan-

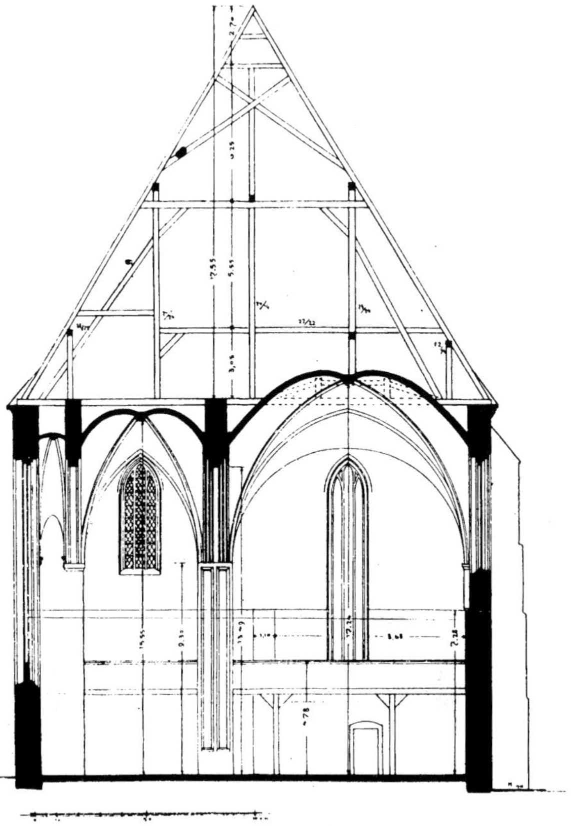

Abbildung 85: Salzwedel, Mönchskirche, Querschnitt von Osten (Hartleb 1930, 4).

schluss an die Giebelmauer des Langhauses ist mit einer vereinfachten Kehlbalkenkonstruktion über dem ersten Chorjoch bewerkstelligt. Unter den ersten Kehlbalken befinden sich wie über dem Hauptschiff nachträglich eingefügte Stützen wohl aus dem 19. Jahrhundert.

Als Baumaterial der Mauern wurden vorwiegend Ziegel verwendet, die entweder in bündig verfugtem Läufer-Läufer-Binder-Verband oder im Läufer-Binder-Verband auf einem niedrigen Feldsteinsockel leicht rückspringend verlegt sind.[767] Der Feldsteinsockel ist an den Außenmauern des Hauptschiffs im Westen und Norden um ca. das Vierfache höher als im Süden. Nur auf der Westseite des Hauptschiffes springt das Ziegelmauerwerk über dem Sockel zweimal aufeinander folgend leicht nach innen. Aufgrund des ehemaligen Kreuzganges an der Nordseite, dessen Gewölbeanschlüsse zum Teil erkennbar

---

763 Das „Halbjoch" ist nur der Gewölbeform nach ein halbes Joch, da es nicht eine halbe Jochbreite aufweist.
764 Leider sind die vorgefundenen Querschnitte im Bezug auf die Dachwerke teilweise ungenau. Dies ist zu einen ein Plan um 1930, der bis in die heutige Zeit als Zeichenvorlage benutzt wird, abgedruckt in Hartleb 1930, 4 sowie ein Plan von 1873 in Bauakte A–4, StA Salzwedel.

765 Die Streben sitzen über dem Seitenschiff etwas höher.
766 Für diesen Hinweis danke ich Dr. Thomas Eißing (Bamberg).
767 Die Zuordnung von gotischen und wendischen Verband wird in der Literatur bisweilen sehr diffus gehandhabt, weshalb die Verbände nach dem Ziegelschema benannt werden.

Abbildung 86: Salzwedel, Mönchskirche, Innenansicht von Nordwesten (Foto: Todenhöfer 2008).

sind, verzichtete man dort vermutlich auf einen gestaffelten Maueraufbau. Allenfalls die mächtigen an diesen Seiten sekundär angesetzten Strebepfeiler sind mit leicht vorkragenden Wasserabschlägen versehen,[768] zwischen denen sich im Bereich zum ehemaligen Kreuzganghof drei dreibahnige Fenster im oberen Wandbereich befinden, von denen eines vermauert ist. An der Südseite sind die Strebepfeiler bis auf den nordöstlichen Eckpfeiler in den Innenraum verlegt worden, sodass die Außenwand bis auf ein feines Kaffgesimsband lediglich durch die sehr hohen Fenster beziehungsweise die spitzbogigen Portale im zweiten und fünften Joch und deren seitlich angebrachten Blendbögen und -okuli gegliedert wurden. Dem gegenüber ist der Chor etwas feingliedriger gestaltet. Bei annähernd gleicher Fenstergröße stehen die Strebepfeiler dort aufgrund der schmaleren Joche enger beieinander und verleihen dem Bauteil einen sakraleren Charakter. Auffallend ist hier eine äußerst sparsame Verwendung von unterschiedlichen Schmuck- und Formziegeln. Ausnahmen sind lediglich im konstruktiven Bereich die abgerundeten Binder an den Fenstergewänden und die typischen Formsteine für die Fensterlanzettstäbe.

Der Innenraum der Kirche ist ein großer, übersichtlicher spätgotischer Hallenraum, der trotz der großen Fenster im Chor und an der Langhaussüdseite durch die verbliebenen Wandflächen für den Betrachter fest umgrenzt ist (Abbildung 86). Sechs hohe Arkaden auf Rundpfeilern mit jeweils vier profilierten Diensten trennen und öffnen gleichermaßen die Schiffe zueinander. Die Gewölbehöhen sind von der Südwand des Langhauses bis zum Hauptschiff gestaffelt, ohne jedoch den Hallencharakter auch in umgekehrter Blickrichtung zu mindern. Die Gewölbe erreichen in den Wandpfeilernischen bis zum Schlussstein eine Höhe von 14,68 Meter, im Seitenschiff 15,55 Meter und im Hauptschiff 17,24 Meter.[769] Da die Gewölbe je nach Schiffshöhe zunehmend gebust sind, liegen die Kappen etwas höher als die Schlusssteine und deutlich höher als die Gurtbögen, sodass jedes Schiffsjoch mit einem eigenen Baldachin überwölbt ist. Der additive Eindruck

---

768 In den unteren Bereichen der Nord- und Westwand sind die Pfeiler nicht in den Mauerwerksverband eingebunden. Auch unterscheidet sich das hellere Rot des Materials von dem der unteren Wandzonen.

769 Die Höhe wurde dem Plan bei Hartleb (1930, 4) entnommen (Abbildung 84). Die Maße werden durch eine Zeichnung aus den 1980er Jahren bestätigt, allerdings wird die Gewölbeform im Dachwerk weniger gestelzt wiedergeben, als tatsächlich vorhanden. Der Plan von 1873 gibt die Gewölbe in ihrer Form korrekt wieder, verzichtet aber auf eine Bemaßung der Gewölbehöhe. StA Salzwedel, Bauakte A–4.

Abbildung 87: Salzwedel, Mönchskirche, Chor, Innenansicht von Westen (Foto: Todenhöfer 2008).

wird allerdings durch die rippengleichen Gurte gemindert. Die zurückspringenden Gewölbekappen betonen die Rippenführung, die scharfkantig hervortritt.

In Chor sind die Gewölbekappen nicht so kräftig gebust wie im Langhaus, aufgrund einer geringeren Jochweite. Dennoch hob man durch eine zusätzliche Scheitelrippe die Chorgewölbe hervor (Abbildung 87). Zwischen Chor und Langhaus trennt ein etwas breiterer Gurtbogen Langhaus und Chor. Darunter befindet sich der mittelalterliche Lettner. Dieser ist aus Ziegeln gemauert und öffnet sich mit drei gleichgroßen Spitzbogenarkaden zum Chor. Die Bögen füllen nicht die gesamte Chorbreite aus, so dass südlich noch ein schmaler Mauerstreifen mit einer plattbogigen Nische bis zur südlichen Chorwand vermittelt. Vom unteren und oberen Laufhorizont des Lettners führt je eine Tür in die Ostklausur. Auffällig sind im Chor die zahlreichen Bogennischen im Sockelmauerwerk. Drei dieser Bögen an der Nordseite weisen noch die ursprünglichen Spitzbögen auf. Bei restauratorischen Untersuchungen in den 1980er Jahren fanden sich zahlreiche spätmittelalterliche Malereifragmente im Langhausbereich aus der letzten mittelalterlichen Bauphase. Bemerkenswert sind vor allem die zahlreichen Drolerien, die an den Gewölbeanfängen um kleine Öffnungen in den Gewölben gemalt wurden. Die Funktion dieser regelmäßig angeordneten Löcher ist umstritten. Allgemein wird angenommen, dass es sich hierbei um Lüftungsöffnungen handelt, was bei der Größe der Bauwerke unwahrscheinlich ist.[770] Wahrscheinlich ist eine Funktion als Wasserableitung, um größere Schäden bei undichten Dächern vorzubeugen.[771] Die Funktion deckt sich auch mit den figürlichen Malereien, denn die Löcher sind ähnlich Wasserspeiern immer als Mund gestaltet.

Daten zur Baugeschichte

Bereits 1261 wird in Salzwedel ein Kapitel der sächsischen Franziskanerprovinz abgehalten.[772] Urkundlich werden die Franziskaner erst am 24. Mai 1280 erwähnt, wobei von einem Haus (*domus*) der Minoriten und einem benachbarten Platz die Rede ist, den die Schulenburgs, die markgräfliche Vögte, dem Rat zum Besten der Franziskaner angewiesen hatten.[773] Einen ersten Hinweis auf eine Kirche gibt die Stiftung eines

---

770 Vergleichbare Öffnungen existieren in der Marienkirche und im Dom zu Brandenburg und in St. Stephan in Tangermünde. Dort letztes Viertel 15. Jahrhundert. Vgl. Dehio Sachsen-Anhalt I, 2002, 923.

771 Vgl. Stefan Bürger: Figurierte Gewölbe zwischen Saale und Neisse. Spätgotische Wölbkunst von 1400 bis 1600, Bd. 1, Weimar 2007, 350.

772 Aus den Epitome Lipsensis geht hervor, dass in Salzwedel das letzte Kapitel von insgesamt 16 unter der Leitung des Ministers Konrad von Braunschweig abgehalten wurde (Boehmer 1908, 77). Das letzte datierte Kapitel fand 1256 in Leipzig statt und vier weitere werden aufgezählt. Heinrich wurde 1262 auf dem Kapitel in Halberstadt abgelöst (vgl. Hardick, Chroniken, 1957, 94, hier 78,1), sodass für das Salzwedeler Kapitel nur die Jahre 1260/61 in Frage kommen, wie es bereits Gottfried Wentz annahm (Erläuterungsheft zur Übersichtskarte der kirchlichen Einteilung der Mark Brandenburg und der angrenzenden Gebiete im Jahre 1500, in: Historischer Atlas der Provinz Brandenburg, Reihe 1, Kirchenkarten, Nr. 1, Berlin 1929, 13).

773 StA Salzwedel, Urkunde Nr. 12. Vgl. Helmut Schotte: Repertorium der Urkunden des Stadtarchivs Salzwedel. Angefertigt auf Grundlage des Dannei'schen Repertoriums…, Salzwedel 1939, 307; CDB I, 14, 23, Nr. 20.

ewigen Lichts im Jahr 1287.[774] 1345 verkauften die Schulenburgs urkundlich den Franziskanern ihr benachbartes großes Steinhaus und erhielten dafür einen Altar für jährliche Seelenmessen in der Franziskanerkirche, die damit erstmalig erwähnt wird.[775] In diesem Zusammenhang wurde zwei Tage zuvor eine Urkunde ausgestellt, nach der die Schulenburgs ihren Altar im „olden Kore" aufstellen durften, der zusammen mit dem neuen Altar im neuen Chor geweiht werden sollte.[776] Sechs Jahre später verkaufen dieselben Herren abermals ein benachbartes Haus samt Hof dem Konvent.[777] Der an der östlichen Lettnerseite angebrachten Inschrift zufolge erbaute man zwischen 1435 und 1453 einen neuen Chor.[778] 1457 nahmen die Franziskaner die Krämergilde der Neustadt in die Franternität des Ordens auf und empfingen dafür ein Fenster für die neue Kirche.[779] Eine testamentarische Stiftung erwähnt erneute Bauarbeiten im Jahr 1490, ohne diese zu benennen.[780] Drei Jahre später belegt eine Pfeilerinschrift Abrucharbeiten am Kirchenschiff.[781] Im Jahr 1500 forderte Markgraf Albrecht von Brandenburg vom städtischen Rat, das Kloster in einen besseren Stand zu setzen.[782] 1514 wurde der Dachreiter vom Chor auf das Langhaus versetzt.[78]

Bauphasen

1. Bauphase: Saalkirche (vor 1287)

Bereits Danneil und Hartleb erkannten die ursprüngliche Saalkirche, deren Nord- und Westwand sich im aufgehenden Mauerwerk der heutigen Kirche erhalten haben (Abbildung 88 und 89).[784] Das Ziegelmaterial der ersten Bauphase zeichnet sich durch sein dunkleres Rot gegenüber dem in den späteren Bauphasen verwendeten Material aus. In dieser Phase wurde ausschließlich im Läufer-Läufer-Binder-Verband gemauert. Die Ziegel besitzen ein gängiges mittelalterliches Format (L. 28 cm, B. 13 cm, H. 8,5 cm), welches auch in den spätmittelalterlichen Bauphasen auftritt. Die Mauerstärke beträgt mit 1,1 Meter etwa 20 Zentimeter mehr als in den spätgotischen Bauphasen. Das Mauerwerk der ehemaligen Nordwand dürfte sich annähernd in seiner ursprünglichen Höhe von ca. 7,3 Meter (vom heutigen Bodenniveau) erhalten haben. Hinweise geben dafür die einheitliche Mauerhöhe und die niedrigen Gewölbespuren des nördlich anschließenden Kreuzganges, die auf einen ursprünglich niedrigeren Laufhorizont auf der Klosterseite hinweisen.[785] Die Höhe der Portalschwelle des sekundär eingesetzten Westportals stimmt hingegen mit dem heutigen Laufhorizont der Kirche überein.[786]

Durch die Ausgrabungen 1985 im Innenraum konnte der flache Chorabschluss westlich des heutigen Lettners und zugleich das Fundament der Südwand der ersten Kirche nachgewiesen werden.[787] Die Südwand

---

774 Vgl. CDB I, 14, 33, Nr. 33. Im Gegensatz zu den Angaben von Hartleb (1930, 3) und Rosemarie Leineweber (Die „Mönchskirche" in Salzwedel. Erkenntnisse zur Baugeschichte vom 13.–15. Jh., in: Bodendenkmalpflege, Archäologische Informationen aus der Altmark 3, 1992, 68–75, hier 73) wird in der Urkunde weder eine Kirche oder Kapelle genannt. Dennoch kann man indirekt von einer Kirche ausgehen, da der Konvent zu der Zeit schon über 25 Jahre in der Stadt ansässig war und die Franziskaner in der Regel nach einer Dekade seit ihrer Niederlassung eine Kirche errichteten. Vgl. Graf 1995, 114 od. 235.

775 Vgl. CDB I, 5, 322, Nr. 48 vom 7. Juni 1345, wohl mit StA Salzwedel, Urkunde Nr. 14 identisch, die nach Schotte allerdings auf den 23. Juni 1346 datiert (1939, 307).

776 "[…] datsulue altar scholle wy [der Konvent] wyen laten in de eere der dryer koninge, sunte barbera uns sunte merten to dersuluen tyd wenn wy laten wyen dat hoge altar up unsem kore." CDB I, 5, 323, Nr. 59. Danneil nahm die Aussage zu wörtlich und interpretiert das Untergeschoss des Lettner unzutreffend als alten und das Obergeschoss desselben als eigentlichen Chor (1842, 73).

777 StA Salzwedel, Urkunde Nr. 12; CDB I, 5, 329, Nr. 64; vgl. Schotte 1939, 308.

778 „Anno MCCCCXXXV inceptum fuit praesens opus novi chori et completum est anno MCCC[C]LIII. in die S. Marcii per magistrum Henricum Reppenstorff; Die autem beneficio repurgari et renovari coepit anno MDLXX VII." Nach Hartleb fand man 1926 bei Renovierungsarbeiten die originale Inschrift am Lettner, die ihrerseits bereits 1577 eine Ergänzung erhielt (1930, 6).

779 „Des so hebben se uns gheottert und willichliken ghcghcuen eyenen vynster von XX marken in unse nighe kerke, dat to beteren wen de noth is […]". CDB I, 14, 302f., Nr. 382.

780 „Item gheue ick [Beata van der bynde] den Baruoten teyn marck to hulpe to orem buwe […]". CDB I, 14, 437, Nr. 517.

781 „Anno dm Mo CCCCLXCIII; diu wart se gebraken; pet. Brant gardian; simon breslaw de murman." Zitat nach Hartleb (1930, 6. Siehe Abb. 93).

782 Danneil 1842, 71

783 Ebd., 75; Hartleb 1930, 10.

784 Danneil (1842, 73f.) datierte den Bau in die 1280er Jahre; vgl. Hartleb 1930, Bauphasenplan.

785 Die erwähnten Gewölbeanschlussspuren im Sockelbereich der äußeren Nordwand gehören einer späteren Bauphase des Kreuzganges an, da die erhaltenen Auflager der Kappen nachträglich aus den Ziegellagen heraus geschlagen wurden.

786 Leider sind in den Ausgrabungsberichten keine Angaben zu eventuell älteren Fußböden enthalten.

787 Die Ostwand befand sich in dem Bereich einer heute noch sichtbaren Baunaht an der Nordwand westlich des Lettners.

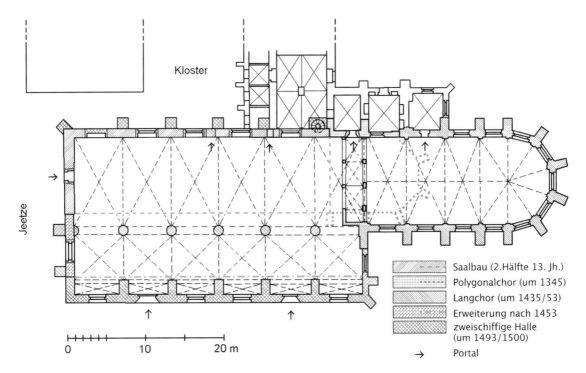

Abbildung 88: Salzwedel, Mönchskirche, Bauphasenplan (Zeichnung: Todenhöfer 2009).

Abbildung 89: Salzwedel, Mönchskirche, Westseite des Hauptschiffs, Reste der Saalkirche, (Foto: Todenhöfer 2008).

Abbildung 90: Salzwedel, St. Lorenz (um 1250), Ansicht von Nordosten (Foto: Todenhöfer 2008).

verlief nördlich der heutigen Pfeilerstellung kurz vor dem ersten Lettnerbogen und schloss ehemals an der Westwand an, wo sich ein Mauerabbruch befindet.[788] An dieser Stelle nördlich des mittleren Strebepfeilers markiert an der Außenseite eine flache Mauerlisene die ursprüngliche Südwestecke der Saalkirche. Eine schmale Verzahnung an der inneren Nordwand zwischen dem Übergang vom vierten zum fünften Langhausjoch wurde als Dienstansatz einer gesamten Einwölbung der Kirche interpretiert.[789] Da jedoch weitere dieser Dienstansätze fehlen, wird eine mumaßliche Einwölbung nur im Chorbereich wahrscheinlich sein. Das Fehlen von Gewölbeabbrüchen, Fragmenten von gemauerten Gewölben im ehemaligen Chorbereich und von bauzeitlichen Strebepfeilern an den Außenseiten lässt lediglich eine Einwölbung mit einer Holztonne vermuten, die mit einem gemauerten Triumphbogen (Dienstansatz) zum Laienbereich abgegrenzt war.[790]

Zur ursprünglichen Fensterform sind bislang keine Aussagen möglich, da sich sowohl an der erhaltenen Nord- als auch Westwand keine Gewände erhalten haben.[791] Erhalten ist hingegen ein originales Portal im Norden, dessen zugesetztes Portalgewände auf der Klosterseite westlich des dritten Strebenpfeilers hervorragt.[792] Das Westportal wurde erst später eingesetzt (Abbildungen 89 und 216).[793]

Eine genaue Datierung der ersten Kirche ist aufgrund fehlender Bauornamentik nicht möglich. Auch die Ersterwähnung des Konvents zu einem Provinzkapitel 1260/61 kann die Existenz einer Kirche in diesen

---

788 Vgl. Leineweber 1992, 74, Abb. 9 a. In der kleinformatigen Abbildung (ebd.) scheint die ehemalige Südwand etwas nach Süden verrutscht zu sein und nicht direkt auf die Mauerecke der Westwand zu zulaufen. Nach freundlicher Auskunft von Frau Dr. Leineweber trifft jedoch die ehemalige Südwand nach den Grabungsbefunden direkt auf die südliche Wandecke der Westwand.

789 Vgl. ebd., 69.

790 Die Überwölbung des Chorbereiches mit vier längsrechteckigen oder zwei sechsteiligen Gewölben ist aufgrund des kurzen Chorbereiches unwahrscheinlich. Vgl. Roland Piper, Jürgen Werinard Einhorn: Franziskaner zwischen Ostsee, Thüringer Wald und Erzgebirge. Bauten – Bilder – Botschaften, Paderborn 2005, 119.

791 Die vermauerten plattbogigen Gewände im ersten Joch der Nordwand, stammen vermutlich erst aus der Erweiterungsphase, da diese erst im oberen Mauerbreich liegen. Sie gehörten wahrscheinlich nicht zu einem Fenster, sondern zu einen Zugang von der ehemaligen, nicht mehr erhaltenen Westklausur.

792 Leider können durch die Vermauerung und die fast vollständige Verdeckung des Portals deren Ausmaße und Formen nicht rekonstruiert werden.

793 Auffällig die unterschiedliche Färbung der Gewändeformsteine. Während für den inneren Bogen dunkel gebrannte Formstein verwendet wurden, besteht der äußere aus dunkelorangen Ziegeln. Beide Ziegelfarben unterscheiden sich von der im aufgehenden Mauerwerk verwendeten. Das hellere Rot der beiden Ziegelfarben entspricht in etwa dem späteren Ziegelmaterial von Chor und Langhaus. Weiterhin tritt der gleiche Formstein am Sakristeiportal im 2. Chorjoch auf. Leineweber (1992, 74) datiert das Portal um 1345, was allerdings wegen der identischen Profilsteine mit dem Sakristeiportal des heutigen Chores (1435/53) nicht wahrscheinlich ist.

Jahren nicht belegen, da der Orden wie in Halberstadt und Quedlinburg noch im 13. Jahrhundert derartige Provinzkapitel ohne eigene Klosterbauten abhielt. Eine grobe zeitliche Einordnung ist lediglich über die Struktur des Baukörpers möglich, der eine Länge von 31 Metern, eine Breite von 8,7 Meter und eine Mauerhöhe von ca. siebeneinhalb Metern besaß. Das Seitenverhältnis des Grundrisses von ca. 1:3,6 verweist auf einen ausgesprochen kleinen und gedrungenen Saalraum, wie er im Backsteingebiet wohl bei der Franziskanerkirche in Kyritz bestand, aber im weiteren Untersuchungsgebiet nicht mehr auftritt. Im innerstädtischen Vergleich nimmt der flache Chorschluss der Franziskanerkirche Bezug auf die ehemaligen Choranlagen der Pfarrkirchen St. Marien, St. Katharinen und St. Lorenz, deren basilikale Vorgängerbauten um die Mitte des 13. Jahrhunderts entstanden sind (Abbildung 90 und 178).[794] Der Querschnitt der Franziskanerkirche besaß mit 0,8:1 einen gedrungenen Querschnitt, der dem der ersten Zerbster Franziskanerkirche (um 1240) vergleichbar ist.[795] Die niedrige Traufhöhe unterstützt die bereits geäußerte Vermutung, dass die Kirche zumindest über dem Chor eine Holztonnenwölbung besaß. Solche Konstruktionen sind seit dem Ende des 13. Jahrhunderts im nördlichen Mitteldeutschland nachgewiesen, können jedoch, vergleichbar dem thüringischen Raum,[796] schon um die Mitte des 13. Jahrhunderts existiert haben.[797] Der gedrückte Querschnitt könnte vergleichbar ländlichen Bauten der Mark Brandenburg für eine Entstehung der Franziskanerkirche im dritten Viertel des 13. Jahrhunderts sprechen, doch wissen wir über derartige Entwicklungen nur wenig.[798]

Abbildung 91: Salzwedel, Mönchskirche, 1. Chorjoch von Süden, Mauerabbruch und Fenster (unten) des ersten Polygonalchores (Foto: Todenhöfer 2008).

---

794 Der Rechteckchor der ergrabenen St. Katharinenkirche der Neustadt (nach 1247) war nach Gerhard Leopold und Pia Roland offensichtlich flachgedeckt (Die Katharinenkirche in Salzwedel, in: Denkmalpflege in Sachsen-Anhalt, Weimar 1986², 190–206, hier 199f., Abb. 135A). Der Querschnitt des Chors, von dem die Raumecken in den Raumstützen erhalten sind, hatte ein leicht hochrechteckiges Seitenverhältnis. Der mit einer inneren Apsis versehene Recheckchor von St. Marien war nach Pia Roland über einem quadratischen Joch gewölbt. Die Höhe des spätromanischen Chores aus dem zweiten Viertel des 13. Jahrhunderts ist an der Chornordwand noch ablesbar. Dessen Querschnitt hatte wohl ein annähernd quadratisches bis leicht hochrechteckiges Seitenverhältnis. Vgl. Pia Roland: Kirchen in Salzwedel (Das Christliche Denkmal, Heft 131/132), Berlin 1987, 10ff. Nur die Lorenzkirche (um 1250) hat sich im Aufriss erhalten. Das später angefügte Mittelschiff des Langhaus' wurde bereits mit sechsteiligen Gewölben geplant, war gegenüber dem Chor erhöht und hat einen eindeutig hochrechteckigen Querschnitt. Der ältere Chorraum besaß hingegen einen annähernden quadratischen Querschnitt und war höchstwahrscheinlich flach gedeckt. Die Dreifenstergruppe reicht nur bis zur Traufhöhe. Vgl. Irene Roch: Die Lorenzkirche in Salzwedel, Dipl.-Arbeit Univ. Halle 1962 (masch.); dies.: Zur Baugestalt und Baugeschichte der Lorenzkirche in Salzwedel, in: Kunst im Ostseeraum. Mittelalterliche Architektur und ihre Rezeption (Wissenschaftliche Beiträge der Ernst-Moritz-Arnt-Universität Greifswald 71) Greifswald 1990, 41–48.

795 Siehe Seite 201ff.

796 Eißing 1996, 27ff.

797 Dem Verfasser sind bis auf Kloster Neuendorf keine (potenziellen) Holztonnenkonstruktionen oder offene Dachwerke in der Altmark bekannt. Das in der Altmark dominierende binderlose Kehlbalkendach ist in seiner späteren Form mit Kreuzstreben den frühen Holztonnen- oder offenen Dachkonstruktionen zumindest verwandt. Vgl. Ulf Frommhagen: Dendrochronologische Untersuchungen an romanischen Dorfkirchen in der Altmark, in: Bernd Janowski; Dirk Schumann (Hg.): Dorfkirchen. Beiträge zu Architektur, Ausstattung und Denkmalpflege (Kirchen im ländlichen Raum, Bd. 3), Berlin 2004, 153–236, hier 158 und 176. Allerdings gibt es, wie bereits erwähnt, Hinweise auf offene Dachwerke beziehungsweise Holztonnenkonstruktionen in der benachbarten Prignitz, dem Ruppiner Land und der Uckermark. Thilo Schöfbeck: Dachwerke mittelalterlicher Dorfkirchen in Brandenburg, in: Janowski/Schumann 2004, 237–250, hier, 239f.; vgl. ders.: Quitzow und Perleberg. Ein Einblick in die Bachsteinarchitektur der Prignitz, in: Ernst Badstübner, Gerhard Eimer, Ernst Gierlich, Matthias Müller (Hg.): Licht und Farbe in der mittelalterlichen Backsteinarchitektur des südlichen Ostseeraums (Studien zur Backsteinarchitektur, Bd. 7), Berlin 2005, 464–479.

798 Die Dorfkirche von Groß Welle (Prignitz) aus dem dritten Viertel des 13. Jahrhunderts besitzt einen querrechteckiger Querschnitt des Raumes bis zur Traufe von 0,8:1 (Höhe zu Breite). Mit halbrunder Tonne erreicht der Raum ein Höhen-Breiten-Verhältnis von ca. 1,2:1. Vgl. Schöfbeck 2000, 239ff. Der Querschnitt des Chores der Stadtkirche in Altlandsberg/Niederbarnim (um/nach 1249 d) ist beispielsweise leicht hochrechteckig mit einem Höhen-Breiten-Verhältnis von 1,1:1. Vgl. Matthias Friske: Die mittelalterlichen Kirchen auf dem Barnim. Geschichte – Architektur – Ausstattung, in: Kirchen im ländlichen Raum, Bd. 1, Berlin 2001, 44ff. Querschnitt im Inventar Niederbarnim, 47.

2. Bauphase: Erweiterung um ein Chorjoch und ein 5/8-Chorpolygon (um 1345)

Bereits im aufgehenden Mauerwerk des ersten Joches der Chornordwand finden sich die sichtbaren Reste einer Chorerweiterung (Abbildung 91). Ab dem sechsten Langhausjoch verjüngt sich die Nordwand um 20 Zentimeter auf 90 Zentimeter Mauerstärke. Dieses Mauerstück und ein ca. sechs Meter hohes und einen Meter breites dreibahniges Spitzbogenfenster im unteren Bereich, dessen Gewände vermauert sind, gehören zu einer Chorerweiterung, die als 5/8-Polygon gestaltet war. Im Abstand von 3,15 Meter von der Lettnerostwand findet sich an der Nordwand ein senkrechter knapp 90 Zentimeter breiter Mauerabbruch, an der die nördliche Schräge des Polygons ansetzte. 1985 konnte das Stirnfundament des Chorpolygons ergraben werden.[799] Zudem vermutete die damalige Ausgräberin, dass sich im südlichen Stützpfeiler der heutigen Lettnerostwand ein weiteres Mauerstück des alten Chores erhalten hat.[800] Der neue Chor war offenbar höher als das ältere Langhaus, da die ehemalige Chornordwand mit einer Höhe von ca. zehn Metern zweieinhalb Meter höher als die Mauer des Langhauses ist. Die Fundamentreste von Stütz- beziehungsweise Strebepfeilern verweisen auf eine geplante Einwölbung, weitere Spuren konnten nicht nachgewiesen werden. An Stelle des mutmaßlichen Triumphbogens am Übergang vom vierten zum fünften Joch des heutigen Langhauses wurde der Ausbauphase des Chors zugehörig ein schmaler Mauerzug lokalisiert,[801] den man als Fundament eines im Zuge der Chorerweiterung errichteten Lettners interpretieren kann. Dieser Befund wird durch eine östlich dieses Mauerzuges anschließende und im Wandbereich erhöht liegende Tür gestützt, die offenbar als Zugang zur Lettnertribüne diente.[802] Die Datierung dieser Bauphase liefert uns die urkundliche Nennung eines zu weihenden neuen Chores im Jahre 1345.[803]

Abbildung 92: Salzwedel, Mönchskirche, Lettnersäule (Foto: Todenhöfer 2008).

3. Bauphase: Errichtung und Einwölbung des Langchores und Bau des Lettners (1435–1453)

Nach der 1577 an der östlichen Lettnerseite aufgefundenen Inschrift, wurde der dreijochige Langchor mit seinem 5/10-Polygon mit Halbjoch zwischen 1435 und 1453 von dem Meister Heinrich Reppenstorff errichtet.[804] Dafür war es notwendig, das alte Chorpolygon abzubrechen. Nicht ganz geklärt werden konnte, ob eine erste Seitenschiffserweiterung schon zu diesem Zeitpunkt bestand und deshalb ebenfalls partiell im Osten abgebrochen werden musste, da in der östlichen Stirnwand des bestehenden Seitenschiffs ein Strebepfeiler des Langchores vermauert ist, der keinen Hinweis auf einen Abbruch liefert. Der Chorneubau war breiter als der bestehende Saal. Der südliche innere Choreckpfeiler mit seinem Arkadenanschluss ist an-

---

799 Leineweber 1992, 68–74, hier 74, Abb. 9 b.
800 Ebd., 69.
801 Vgl. ebd., 74, Abb. 9 b.
802 Vgl. Piper/Einhorn 2005, 121.
803 CDB I,5, 323, Nr. 59.
804 Hartleb 1930, 6.

scheinend im Verband mit dem eingebauten Strebepfeiler in der östlichen Seitenschiffsstirn errichtet worden. Aufgrund der Übermalung des Mauerwerks bleibt ein gewisser Unsicherheitfaktor bestehen. Letztlich kann man schlussfolgern, dass bereits mit dem Chorbau vermutlich eine Hallenkirche geplant war, deren Hauptschiff jedoch schmaler als die heutige angelegt war, da sich der zeitgleich errichtete Lettner an der Breite des schmaleren Saalbaues orientierte und somit Rücksicht auf das alte Langhaus nahm.[805]

Die Kapitellbänder der Lettnerstützen mit flachem Pflanzendekor gehen auf ähnliche Gestaltungen der Berliner Franziskanerkirche gegen Ende des 13. Jahrhunderts und damit auf den Paradiessaal im Stiftsgebäude des Havelberger Doms und die sogenannte Bunte Kapelle des Brandenburger Doms zurück (Abbildung 92). Entweder wurden am Lettner Bauteile des älteren Lettners wieder verwendet oder diese Formen wurden durch die Backsteintechnik über einen längeren Zeitraum tradiert.

Ob der Chor bereits gewölbt war, als man das neue Langhaus anfügte, lässt sich nicht sicher sagen, da sich die Rippen und Schlusssteine von Langhaus und Chor sehr ähnlich sind, die lange Bauzeit von 18 Jahren scheint jedoch darauf hinzuweisen. Auch die geringere Busung der Chorgewölbe als im Langhaus weist als Indiz auf eine frühere Entstehung vor den Langhausgewölben hin, obwohl man dies auch konstruktiv auf die geringere Jochgröße zurückführen kann.

Die hohen Gewölbe stellten auch besondere Anforderungen an die Dachkonstruktion. Die doppelte Stuhlkonstruktion mit zwei Kehlbalkenlagen musste auf die wenigen Zerrbalken abgeleitet werden, die zwischen den Gewölbekappen durchgeführt werden konnten. Deshalb wurden auf den Zerrbalken Unterkonstruktionen aus zwei stehenden Stuhlsäulen mit seitlichen Schrägstützen aufgesetzt, auf denen ein Unterzug in Längsrichtung und die quergespannten Kehlbalken der ersten Lage ruhen, auf denen wiederum die weiteren Stuhlsäulen stehen.

4. Bauphase: Erweiterung zu einem zweischiffigen Langhauses (nach 1453?)

Wie bereits erwähnt wurde, besteht der Mauerverband der Westfassade bis in den Fensterbereich aus mehreren Mauerabschnitten (Abbildung 88). Besonders das Sockelmauerwerk am südlichen Seitenschiff verdeutlicht den Baufortgang. Das Ziegelformat ist gegenüber der ersten Bauphase etwas flacher und die Farbigkeit des Material weniger ausgeprägt. Der Mauerstreifen schließt südlich der Südwestecke der Saalkirche im gleichen Läufer-Läufer-Binder-Verband an. Den oberen Abschluss des Sockels bildet ein durchgehendes Gesimsband, welches um die Strebepfeiler herumgeführt wird. Die Steinlagen der Strebepfeiler binden allerdings erst über dem Gesims in die Mauern ein. Somit können die Strebepfeiler samt dem Gesimsband einer späteren Bauphase zugeordnet werden. Der Mauerstreifen setzt sich noch bis zum südlichen Strebepfeiler fort, an dessen Südseite nun jüngeres Mauerwerk im Läufer-Binder-Verband aus hellerem Ziegelmaterial anschließt, das einer neuen Bauphase zuzuordnen ist, der auch die Strebepfeiler angehören. Der besagte Mauerstreifen selbst ist von einem Gesims geteilt, welches die Sockelgesimshöhe des ersten Baues übernimmt.

Es handelt sich hierbei um Mauerreste des Südseitenschiffs, dessen Südwand vor den inneren Wandpfeilern ergraben wurde.[806] Über die Binnengliederung dieses Baues wissen wir nichts, auch nicht ob er jemals vollständig ausgeführt wurde. Eine Langhauseinwölbung ist aufgrund der oben genannten Indizien nicht zu erwägen, zumal auch dieser Anbau ohne Strebepfeiler blieb. Der östliche Teil des Seitenschiffes blieb wohl aufgrund der nach Westen herausgezogenen Chorsüdwand mit ihren Strebepfeiler räumlich etwas separiert. Fest steht, dass die südliche Langhauserweiterung an den Saal angebaut wurde und eine Erweiterung frühestens nach dem Bau des älteren 5/8-Chorpolygons erfolgte, da dieses in Teilen umbaut wurde. Die genaue Datierung dieser Bauphase ist etwas unsicher. Die archäologische Befundlage war an der östlichen Seitenschiffsmauer durch neuzeitliche Grabanlagen gestört und durch die spätere Überbauung überdeckt, sodass man weder den Anschluss an den 5/8-Chor

---

805 Die Lettnerbögen orientierten sich in ihrer Achse an der ehemaligen Saalkirche. Ein nachträglicher Einbau des Lettners um 1500 macht mit diesen Bogenstellungen keinen Sinn, da man den Lettner dann bereits auf die neue Schiffsbreite hätte ausrichten können. Hartleb zufolge soll die östliche Lettnerrückwand und die Brüstung nach 1575 erneuert worden sein, da sich das Chorgestühl (um 1500) ursprünglich noch um die Seitenwangen des Lettners zog und die Inschrift an der Ostseite eine Ergänzung erhielt. Die Reste dieser Gestühlteile wurden in dem Neubau der westlichen Orgelempore verbaut und haben sich dort erhalten. Hartleb 1930, 11ff.

806 Vgl. Leineweber 1992, 69.

aufdecken noch prüfen konnte, inwieweit der eingebaute westliche Südstrebepfeiler des heutigen Chors auf Vorgängerfundamenten sitzt.[807] So lässt sich nicht mit letzter Gewissheit ausschließen, dass es sich hierbei um eine Bauphase nach dem Chorbau von 1345 und vor dem Chorbau von 1435 handelt, wie es Leineweber vertrat.[808] Allerdings spricht der schmale westliche Lettnerabschluss dafür, dass es sich bei der Erweiterung um einen aufgegebenen Hallenplan mit schmalerem Hauptschiff und ohne Einsatzkapellen handelte, der erst nach dem Bau des Langchors (1435 bis 1453) erfolgte. Daraufhin deutet die Nachricht, dass die Franziskaner von der Krämergilde 1457 ein Fenster für die neue Kirche (*nighe kerke*) erhielten.[809] Für eine Aufgabe des Planes schon während der Arbeiten spricht auch die horizontale Baunaht, auf welcher der neue Hallenplan ansetzt. Wäre die Mauer bereits weiter gediehen gewesen, hätte man diese wohl nicht so weit abgetragen.

Abbildung 93: Salzwedel, Mönchskirche, Bauinschrift von 1493 am zweiten Langhauspfeiler (Foto: Todenhöfer 2008).

5. Bauphase: Planwechsel und Neubau des Hallenlanghauses (nach 1493)

Die alte Saalkirche beziehungsweise deren erste zweischiffige Erweiterung wurde nach der Baumeisterinschrift am zweiten Langhauspfeiler bis 1493 (teilweise) abgebrochen (Abbildung 93).[810] Auch der nördliche Kreuzgangflügel wurde wohl für die neuen Strebepfeiler abgerissen. Teile des alten Langhauses blieben dabei im Norden und Westen erhalten. Offenbar begann man im gleichen Jahr mit dem Neubau der sechsjochigen Hallenkirche mit vorlagenbesetzten Rundpfeilern und der durch Einsatzkapellen gegliederten Südwand. Kurz nach Baubeginn setzte man wohl im Westen die Inschriftentafel ein, die von den Arbeiten berichtet.

Das Hauptschiff der Hallenkirche orientiert sich an der Breite des zuvor errichteten Chores.[811] Beim Neubau verwendete man offenbar älteres Ziegelmaterial wieder, das sich durch seine dunklere Farbe vom neuen helleren Material absetzt. Als Verband wurde nun der einfache Läufer-Binder-Verband gewählt.[812] Der Lettner musste für das neue Hauptschiff durch Maueranstückungen im Süden erweitert werden.

Die originale Dachkonstruktion ist in weiten Teilen noch erhalten als dreifaches Kehlbalkendach mit drei gestaffelten Stuhlreihen, sparrenparallelen Steigbändern und Kreuzverstrebungen im oberen Bereich (Abbildung 85). Der asymmetrische Unterbau bedingte, dass über dem Hauptschiff wegen der höheren und breiteren Gewölbe die Lasten der Stuhlsäulen lediglich auf fünf Zerrbalken abgeleitet werden konnten. Daher übernahm man eine Konstruktion, die vereinfacht schon über dem Chor aufgeschlagen wurden. Man stützte die Zerrbalken über dem Hauptschiff durch zusätzliche diagonale Stützen ab, die in den Sargmauern eingelassen sind. Auf den Zerrbalken sitzen wiederum kleinere Stuhlkonstruktionen aus zwei stehenden Stuhlsäulen mit seitlichen Schrägstützen, auf denen die im Gesamtaufbau des Dachwerkes wieder symmetrisch angeordenen Stuhlsäulen ruhen. Zwischen diesen Unterkonstruktionen und auf diesen ruhend sind über den hohen Gewölbekappen in Längsrichtung verlaufende Unterzüge gespannt, die wiederum die Stuhlsäulen über

---

807   Die unklare Befundlage wurde mir von Frau Dr. Leineweber bestätigt.
808   Vgl. Leineweber 1992, 74, Abb. 9 c.
809   Siehe Anm. 779. Diese Nachricht kann sich auch auf den neuen Chor von 1453 bezogen haben, zumal der Stiftungsakt ein kostbares Fenster mit Glasmalereien vermuten lässt, das eher im Chor eingebaut worden wäre. Dennoch wird die Wortwahl „neue Kirche" in diesem Fall nicht nur den Chorbau gemeint haben, sondern auch den Neubau des Langhauses.
810   Siehe Anm. 781.
811   Man kann zwar vermuten, dass schon bei Konzipierung des breiten Langchores an einen Weiterbau des Langhauses mit breiterem Hauptschiff gedacht worden ist, sicher ist dies aufgrund des Lettners keinesfalls.

812   Die Wiederverwendung ist am mittleren westlichen und dem nördlichen Strebepfeiler der Westfassade gut zu erkennen, wo im unteren älteren Mauerbereich noch Ziegel mit einem kräftigeren Rot verwendet wurden, mauerte man die neuen Pfeiler bis zu dieser Höhe mit dem gleichen Material auf. Das neuere hellere, bisweilen unregelmäßig farbige Material wurde erst oben gleichmäßig verbaut. So entstand eine farblich angeglichene Wand. Dieses Prinzip wurde bis auf moderne Ausbesserungen vermutlich auch an der Nordwand angewandt.

Abbildung 94: Salzwedel, Mönchskirche, Ansicht von Süden (Foto: Todenhöfer 2008)

den Leergespärren tragen. Die aufwendige Konstruktion zeigt, dass der asymmetrische Aufbau der Kirche mit nur zwei Schiffen nicht zu einer konstruktiven Vereinfachung führte, sondern besondere Anforderungen an die kräfteneutrale Konstruktion des Dachwerkes stellte.

Vergleiche

Die Baugestalt der ersten drei Bauphasen bis Ende des 14. Jahrhunderts reiht sich nahtlos in die Entwicklung vieler vergleichbarer Bauwerke der Franziskaner in Sachsen-Anhalt und anderen Orts ein. Beispiele für einen rechteckigen Saal, an dem ein Polygonalchor angesetzt wurde und der später einen Seitenraum erhielt, finden wir beispielsweise in Zeitz, Zerbst, Angermünde oder Weida. Auch die Bauphasen vier und fünf, Langchorbau und Hallenlanghaus, wiederholen dieses Schema in monumentalem Umfang und spätgotischer Baugestalt. Diese über das normale Maß hinausgehende Bautätigkeit spiegelt das wirtschaftliche Potenzial der Stadt und die Unterstützung der Franziskaner durch potente Förderer wider. Die Familie der Schulenburgs, welche als Förderer der Franziskaner auftreten, dürfte im Interesse der brandenburgischen Markgrafen gehandelt haben, in deren Dienst sie wohl standen. Möglicherweise stellt die frühe Verwendung des Backsteins ein besonderes Repräsentationsniveau dar, das im Zusammenhang mit territorialen Einflusssphären der Askanier steht.[813] Auch die repräsentative Gestaltung des mächtigen Westgiebels mit Blendlanzetten lässt sich nur durch den Sichtbezug zur Salzwedler Burg erklären. Die Gestaltung erinnert an den Westgiebel der ebenfalls zweischiffig asymmetrischen Franziskanerkirche von Angermünde und den Giebel der nördlichen Klausur des Tangermünder Dominikanerklosters.

Heinrich Reppenstorff schuf einen schlichten, durch seine Wandstaffelung dennoch eleganten Langchor.[814] Die Grund- und Innenwandaufrisse des Chores

---

813 Vgl. Seite 258ff., Exkurs: Zur Materialästhetik von Backstein und dessen Bedeutung.
814 Statt eines Dienstbündels oder Dienstes verwendet Reppenstorff flache Lisenen. Diese eigentümliche Gestaltung konnten bislang an anderen Backsteinbauwerken nicht beobachtet werden. Der Aufbau ist jedoch mit anderen Langchören der Zeit verwandt. Die flache Wandvorlage und die direkte Rippenauflage auf abgekragten Konsolen erinnert an Gewölbekonsolen an kämpferlosen Achteckpfeilern, wie in der Franziskanerkirche Halberstadt (zerstört) und der Dominikanerkirche Halle, wo ebenfalls die Pfeilerkanten als profilierte Scheidbögen auslaufen. Bei den Bettelordenskirchen spielte bei der Wahl der Profilierung die Beschränkung auf wenige Steinprofile eine wichtige Rolle. Vgl. Seite 265ff.

sind m.E. in der Nachfolge der Choriner Klosterkirche (Chorbau 1273 bis Ende 13. Jahrhunderts)[815] zu sehen, die unter anderem in den Choranlagen der Berliner Franziskanerkirche (nach 1271, um 1290)[816] und Angermünder Franziskanerkirche (Anfang 15. Jahrhundert begonnen)[817], der Wilsnacker Heiligblut-Kirche (Chor 1412 vollendet)[818] und dem Stendaler Dom (Chor um 1430 vollendet)[819] ihre Nachfolge erfuhren. Allerdings verweist die Ausformung als 5/10-Chorpolygon mit Halbjoch auch auf den Binnenchor des Verdener Doms (kurz nach 1300)[820] sowie den Langchor des Bardowicker Domes (um 1400)[821]. Die niedersächsische Beeinflussung wäre aufgrund der Zugehörigkeit Salzwedels zum Verdener Bistums plausibel.

Auch die Wahl eines Breslauer Meisters für den Hallenneubau zeugt von überregionalen Verbindungen, die möglicherweise auf die Förderer des Baus zurückgehen.[822] Ob die ungeschmückte, kaum gegliederte Betonung der Mauerfläche der Langhausschauseite in diesem Zusammenhang als schlesische Eigenart interpretiert werden kann, wie es seinerzeit Alfons Märksch vertrat, ist eher unwahrscheinlich.[823] Die ungegliederte schlichte Wandgestaltung tritt auch an der Süd- und Westwand der um 1518 (d) fertig gestellten Franziskanerkirche in Frankfurt/Oder auf und verweist damit auf die Baugesinnung des Ordens. Der Bau besitzt ansonsten eine ähnliche Jochdisposition mit relativ schmalen queroblongen Hauptschiffs- und fast quadratischen Seitenschiffsjochen wie die zerstörte hallesche Franziskanerkirche, deren Baudaten nicht überliefert sind.[824] Das Salzwedeler Gewölbe-Pfeiler-System der gebusten und gekuppelten Gewölbe mit querrippengleichen Gurten, ihren breiten abgestuften Scheidarkaden auf Rundpfeilern findet sich häufig in der Altmark[825] und an älteren niedersächsische Bauten.[826] Auch die Proportionen der Hauptschiffjoche von 1,8:1 treten bei anderen Bauten des 15. Jahrhunderts der Altmark auf, etwa im Chor von St. Stephan und in der Dominikanerkirche (ab 1438) in Tangermünde, dem Dom und St. Marien in Stendal beziehungsweise St. Katharinen (Langhaus um 1400) und St. Gotthardt in Brandenburg. Bei den drei zuletzt genannten Bauten begegnen wir auch den Einsatzkapellen.[827] Der Typus der raumhohen Einsatzkapellen zwischen den vollständig nach innen gezogenen Wandpfeilern tritt offenbar erstmals bei der um 1371 in Bau befindliche Walburgakirche in Zutphen (Geldern/Niederlande) auf.[828] Ein weiterer früher Bau mit dieser Kapellenform ist die 1379 entstandene Marienkirche in Danzig.[829]

Die Vorbildwirkung der Salzwedeler Pfarrarchitektur ist im Bezug auf die Raumgestalt der Franziskanerkirche sehr begrenzt, da die Hallenlanghäuser der Pfarrkirchen viel stärker als bei der Franziskanerkirche auf ältere Bauteile Rücksicht nehmen mussten und daher Kompromislösungen darstellen. Lediglich in der Mäßigung der Raumhöhen beziehungsweise den Gewölbejochproportionen der Marienkirche kann eine gewisse Verwandtschaft erkannt werden. Auch die Fenstergewände von Chor und Langhaus korrespondieren mit der Fenstergestaltung der Katharinenkirche.

---

815 Vgl. Dehio Brandenburg, 2000, 176.
816 Stefan Breitling: Zwischenstand der Bauforscherischen Untersuchungen der Klosterkirche, in: Die Klosterkirchenruine. Eine Innenstadtruine mit Zukunft, Landesdenkmalamt Berlin 2003, 143–160.
817 Vgl. Dehio Brandenburg, 2000, 23
818 Folkhard Cremer: Die St. Nikolaus- und Heiligblut-Kirche zu Wilsnack (1383-1552), Eine Einordnung ihrer Bauformen zwischen Verden und Chorin, Doberan und Meißen im Spiegel bischöflicher und landesherrlicher Auseinandersetzungen, Teil 1 (Beiträge zur Kunstwissenschaft, Bd. 63) München 1996, 247.
819 Vgl. Dehio Sachsen-Anhalt I, 2002, 883.
820 Vgl. Dehio Bremen/Niedersachsen, 1992, 1299f.
821 Ebd., 184.
822 Breslau selbst besitzt bzw. besaß herausragende Backsteinkirchen, die sich durch ausgeprägte Vertikalität und schlichte Mauerbehandlung auszeichnen. Vgl. Hans Lutsch: Bildwerk Schlesischer Kunstdenkmäler, Mappe I, Breslau 1903, passim; Ludwig Burgemeister, Günther Grundmann (Hrsg.): Die Kunstdenkmäler der Stadt Breslau (Die Kunstdenkmäler der Provinz Niederschlesien, Die Stadt Breslau, 2. Teil) Breslau 1933, passim.
823 Vgl. Alfons Märksch: Mittelalterliche Backsteinkirchen in Schlesien. Versuch einer stilkritischen Gruppierung, Phil. Diss. Univ. Breslau, Breslau 1936, 49.
824 Siehe Seite 92ff.
825 St. Marien in Salzwedel, St. Peter in Seehausen, St. Stephan und Dominikanerkirche in Tangermünde, Dom und St. Marien in Stendal.
826 Jürgen Michler stellt die niedersächsischen Bauten um den Kernbau von St. Johannis in Lüneburg als verwandte Baugruppe heraus. Mit etwas breiteren Gurten findet sich ein ähnliches Gewölbesystem am Dom in Verden, das auf die sogenannte „Lüneburger Gruppe" übertragen wird (Gotische Backsteinhallenkirchen um Lüneburg St. Johannis – Eine Bautengruppe im nordöstlichen Niedersachsen, Phil. Diss. Univ. Göttingen 1965, 261).
827 An St. Nikolai in Berlin (Chor vor 1379 begonnen) sind die Strebepfeiler nur zum Teil nach innen gezogen worden, sodass die Kapellen außen noch als Kranz erscheinen.
828 Leonard Helten: Kathedralen für Bürger. Die St. Nikolauskirche in Kampen und der Wandel architektonischer Leitbilder städtischer Repräsentation im 14. Jahrhundert, Utrecht 1994, 56ff.
829 Ulrike Gentz: Der Hallenumgangschor in der städtischen Backsteinarchitektur Mitteleuropas 1350 – 1500. Eine kunstgeographisch vergleichende Studie, Berlin 2003, 38.

Die Dominikanerkirche St. Cyriakus in Seehausen
Ordensnation Mark Brandenburg, Bistum Verden, Archidiakonat St. Peter in Seehausen[830]

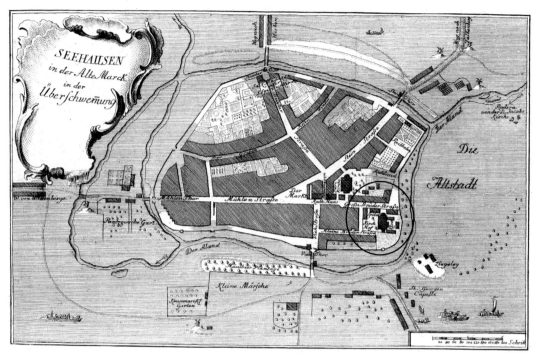

Abbildung 95: Seehausen, Stadtplan von Johann Gottfried Paalzow 1772 (Haetge 1938, 290).

Lage

Nach einem Stadtplan von 1772 lag das zerstörte Dominikanerkloster im Südwesten Seehausens in der sogenannten Neustadt in einem Winkel der Stadtmauer (Abbildung 95).[831] Östlich des Klosters verlief die Brüderstraße, über die auf kürzestem Weg der Markt, die Stadtpfarrkirche St. Peter und das weiter nördlich gelegene Mühlentor erreicht werden konnte. Im Süden schloss die Stadtmauer direkt am Klosterbezirk an. Südlich der Kirche lag die Klausur, während der geräumige Kirchhof nördlich der Kirche lag.

Die Altstadt wurde um 1174 erstmalig erwähnt und befand sich im Süden der Neustadt am linken Ufer des Aland außerhalb des späteren befestigten Stadtgebietes.[832] Ihre Anlage geht eventuell auf flämische Siedler zurück, welche um 1150 bei der Trockenlegung der Wische halfen.[833] Dem gegenüber ist die Neustadt gegen 1170 als planmäßige Stadtgründung in einer natürlichen Flussschleife des Alands angelegt worden, den man zum Zweck der rückwärtigen Befestigung des Ortes mit einem östlich verlaufenden Grabendurchstich versah.[834] Die Altstadt wurde wohl um 1260 aufgegeben.[835] Das Stadtrecht ist für Seehausen 1256

---

830 Löe 1910, 12f.; Mitteldeutscher Heimatlas 1958, Karte 16.
831 Vgl. Stadtplan „Seehausen in der AlteMarck in der Überschwemmung" von Johann Gottfried Paalzow: J.G. Paalzows lehrreiches Denkmal von der doppelten Ueberschwemmung des Seehausenschen Districts in der Altenmarck…[1771], Berlin 1772, abgedruckt in Ernst Haetge: Der Kreis Osterburg (Die Kunstdenkmale der Provinz Sachsen, Bd. 4), Burg 1938, 290. Siehe Abb. 95.

832 Richard Aue: Zur Entstehung der altmärkischen Städte, in: 37. Jahresbericht des Altmärkischen Vereins für vaterländische Geschichte zu Salzwedel, Magdeburg 1910, 5–71, hier 40ff.; Otto Korn: Seehausen (Altmark) Kr. Osterburg, in: Deutsches Städtebuch. Handbuch Städtischer Geschichte, hg. v. Erich Keyser, Stuttgart/Berlin 1941, 685.
833 Ebd.
834 Ebd.
835 Ebd.

nachgewiesen.⁸³⁶ Die rechwinklige Ausrichtung des Klosters zwischen dem Stadtmauerwinkel und der Brüderstraße und dessen Erbauungszeit ab 1262 spricht für eine planmäßige Anlage des Klosters im Zuge des Ausbaus der Neustadt.

Historisches Schicksal

Im Jahr 1537 verkaufte der Konvent das Terminierhaus in Salzwedel an den dortigen Rat.⁸³⁷ 1539 fand man, „dass das Kloster überal baufällig vnd tacheloss [sei], so dass es sich selbst nicht lankk ertragen müge, besondern, wo nicht In der Zeit dazu gethan vnd da Kloster unter Tach gebracht vnd nach aller Nothdurff gebauet vnd gebessert würde, einfallen müsse."⁸³⁸ Dem Prior Johann Berns, den Mönchen Joachim Wendermann, Thomas Schultze und dem Laienbruder Joachim wurden während der Reformation vom Rat Wohnungen außerhalb des Klosters zugesprochen, wo sie bis zu ihrem Ableben wohnen durften.⁸³⁹ Im Kloster selbst richtete der Rat frühestens 1548, nachdem dieser es für 800 Gulden vom brandenburgischen Kurfürsten abkaufen musste, ein Hospital, eine Schule und Armenunterkünfte ein.⁸⁴⁰ Während ihres Winterquartiers 1641/42 sägten schwedische Soldaten zur Gewinnung von Brennholz Balken und Stützen des Kirchendaches in solchen Mengen heraus, dass die Gewölbe von herabstürzenden Balken und Ziegeln durchschlagen wurden.⁸⁴¹ Der ruinöse Zustand ist auf einem Kupferstich von Petzold um das Jahr 1710 festgehalten (Abbildung 96). Die Reste der Ruine wurden schließlich gegen 1820 vollständig abgetragen.⁸⁴²

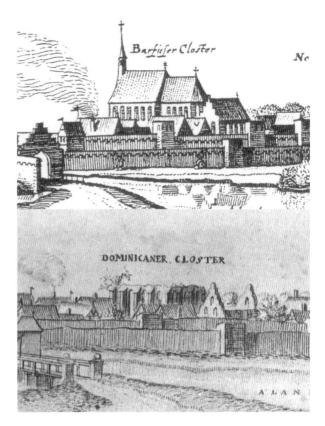

Abbildung 96: Seehausen, Ansicht der Stadt von Westen, Detail: Dominikanerkirche, oben von Merian als Barfüßerkloster bezeichnet, seitenverkehrt und mit Langchor, unten von Petzold (Merian 1652; Petzold 1710, Taf. 69).

Daten zur Konvents- und Baugeschichte

Vor der Errichtung des Klosters wies im Jahre 1253 Markgraf Otto III. von Brandenburg den Mönchen die ehemalige Burg zwischen der Alt- und Neustadt zu,⁸⁴³ die sie abrissen und dadurch eine geräumige Hofstatt gewannen, welche sie bis spätestens 1262 bewohnten.⁸⁴⁴ Seehausen ist damit nach Neuruppin (1246) und Strausberg (1252) der drittälteste Dominikanerkonvent in der Mark Bran-

---

836 Ebd.
837 Der Verkäufer, der Propst Wedermann, ist anscheinend identisch mit dem Mönch Joachim Wendermann. Johann Friedrich Danneil: Kirchengeschichte der Stadt Salzwedel, Halle 1842, 76.
838 CDB, Supplement, 447, Nr. 72; Johann Christoph Bekmann: Historische Beschreibung der Chur und Mark Brandenburg […], 5. Theil, 1. Buch, 5. Kap., Berlin 1751, 22f.; zitiert nach Müller 1914, 77.
839 Die Wohnungen standen dicht bei dem Beginenhaus an der Klosterkirche. Die letzten beiden wurden kurz nach 1744 abgerissen. Ebd.; vgl. Wilhelm Zahn: Geschichte des Dominikanerklosters in Seehausen, in: Siebenunddreißigster Jahresbericht des Altmärkischen Vereins für vaterländische Geschichte zu Salzwedel, Magdeburg 1910, 80–89, hier 85; Müller 1914, 77.
840 Ebd.
841 Bekmann 1751, 23f.; Paalzow 1772, Vorrede; Zahn 1910, 88.
842 Zahn 1910, 88.
843 Otto stiftete 1252 bereits das Strausberger Dominikanerkloster.
844 „Anno domini M.CC.LIII, XI. kalendas Augusti, ipso [Ottone III.] procurante receperunt fratres ordinis predicti domum Sehusen, et manserunt inter duas civitates in curia […]" Genealogia illustrium marchionum de Brandenburch [13. Jahrhundert] aus der Cronica marchiorum Brandenburgesium et Brunsvicensium [Stadtarchiv Trier], Auszug gedruckt bei G. Sello: Zur Geschichte Seehausens, in: Einundzwanzigster Jahresbericht des Altmärkischen Vereins für vaterländische Geschichte und Industrie zu Salzwedel, Abtheilung für Geschichte, 1. Heft, Magdeburg 1886, 17–32, hier 25f.

denburg. Markgraf Otto III. schenkte den Mönchen in der Neustadt ein Grundstück, auf dem sie 1262 den Grundstein zu ihrem Kloster legten.[845] 1266 fand die feierliche Überführung der Dominikaner von St. Jakob in ihr neues Kloster unter Teilnahme des Havelberger Bischofs Heinrich und zahlreicher anderer Kleriker statt.[846] Bis 1266 nutzten sie zumindest die Altstädter Kirche St. Jakob,[847] einst eine romanische Pfeilerbasilika, von der nach Bekmann noch im 18. Jahrhundert Reste aufrecht standen, die laut Müller erst Anfang des 19. Jahrhundert abgetragen wurden.[848]

Rekonstruktion

Für die Rekonstruktion der Dominikanerkirche stehen uns verschiedene Abbildungen zur Verfügung, die mit einer Ausnahme schon Gottfried Müller verwendete.[849] Er hielt sich in seiner Rekonstruktion an die Stadtansicht von Matthäus Merian und der ihr ähnlichen Ansicht von Petzold (Abbildung 96).[850] Beide Ansichten unterscheiden sich insofern, als die Merian'sche Ansicht die Kirche unbeschädigt wiedergibt, während die Petzold'sche Ansicht realistisch eine giebelose Ruine zeigt. Zudem wurde das Kloster bei Merian irrtümlich als Barfüßerkloster bezeichnet, das nie in Seehausen existiert hat. Aus der Beschreibung der Dominikanerkirche von Bekmann geht hervor, dass auf der Nordseite des Langhauses „[…] 6 schöne hohe fenster, und südwärts so viel halbe gewesen [sind], unter welchen ein niedriges gebäude langgegangen […]".[851] Der Bau wird zumindest bei Merian folgerichtig als sechsjochige Hallenkirche wiedergegeben, deren Strebepfeiler bis an die Traufe reichten. Die Westfassade war mit drei gleich hohen Lanzettfenstern und schräg gestellten Eckstrebepfeilern sowie zwei Strebepfeilern in Traufhöhe für Mittelschiffsarkaden ausgestattet.

Einen Grundriss überliefert der Stadtplan von Paalzow, aus dem hervorgeht, dass sich ein kurzes Chorhaupt im Osten der Kirche befand (Abbildung 95). Die Wiedergabe eines dreijochigen Langchors bei Merian und Petzold, der zudem in beiden Ansichten auf der Westseite der Kirche abgebildet wird, entspricht daher nicht den Tatsachen und muss als als künstlerische Übersteigerung der vorhandenen Architektur gewertet werden. Die Chordisposition im Paalzow'schen Stadtplan wird durch einem Klosterplan aus dem Jahr 1723 bestätigt, der ein einfaches 5/8-Chorpolygon ohne Chorjoch abbildet (Abbildung 97).[852]

Die Angabe eines genauen Maßstabes ermöglicht zudem die Korrektur der Maße des Baues, die Müller vermutlich aus dem zu ungenauen Stadtplan von Paalzow entnommen hatte.[853] Nach dem Klosterplan von 1723 betrug die Gesamtlänge des Bauwerkes genau 180,5 rheinländische Fuß (56,6 Meter), die Länge des Langhauses 150 Fuß (47,1 Meter) und seine Breite 80,5 Fuß (25,3 Meter), die Länge des Chores betrug 50 Fuß (15,7 Meter). Bedauerlicherweise gibt der Plan (wie schon der Stadtplan) nur die Baufläche der Kirche an.[854] Die Baudetails bleiben damit ungeklärt. Allerdings lässt sich aus der ungewöhnlichen Breite des Chores von 16 Metern schließen, dass die Strebepfeiler, die durch die Stadtveduten überliefert werden, offensichtlich in den Plan einbezogen wurden.

Zusammenfassend kann die Kirche der Seehausener Dominikaner als gewölbte dreischiffige Hallenkirche mit einem sechsjochigen Langhaus und einem 5/8-Chorpolygon rekonstruiert werden (Abbildung 98). Als Baumaterial kommt Backstein in Kombination mit Feldstein in Frage, wie es bei der städtischen Pfarrkirche St. Peter verwendet worden ist. Der gestreckte Grundriss mit dem kurzen Chorpolygon und der Aufriss erinnern deutlich an die Dominikanerkirchen in Halle (nach 1271 begonnen), in Prenzlau (um 1275 begonnen), in Berlin (um 1300) und Stralsund (Chor 1287 geweiht), aber auch an das sechsjochige Langhaus der Dominikanerkirche in Neuruppin (um 1280). Diese

---

845 „Anno autem domini M.CC.LXII. idem illustris marchio Otto in loco, ubi diciores manserunt, in nova civitate Sehusen fratribus pro C viginti talentis aream comparavit; et positus est lapis primarius monasterii III. idus Junii, et fratres operi fortiter insistebant." Sello 1886, 25. Ebenfalls enthalten in „[…] abbas qvidam cinnensis, cvjvs annales Fridericvs Dionysivs Pastor Lvckenwaldensis, Anno 1575 […]", in: Paul Jakob Eckhard (Hg.): […] scriptores rervm Jvtrebocensivm […], Wittenberg/Leipzig 1743, 140. Vgl. CDB 4, 1, 279.

846 „[…] iidem fratres ecclesiam sancti Jacobi deserentes ad locum sibi preparatum domino Henrico Havelburgensi episcopo et multis aliis religiosibus presentibus […]". Sello 1886, 25

847 Ebd.

848 Vgl. Bekmann 1751, 4; Müller 1914, 76..

849 Vgl. Müller 1914, 79.

850 Vgl. Merian 1653; Meisner 1927.

851 Bekmann 1751, 24.

852 Brandenburgischen Landeshauptarchivs, Rep. 2, Kurmärkische Kriegs- und Domänenkammer, S 7146, „Plan Des alten Closters und Rauens Hof ein publiques Brauhauss und Darre einzurichten" sig. von Oberbaudirektor Stoltz, dat. 1723. Ein Hinweis zu diesem Plan fand sich bei Carl Schulze: Das Dominikanerkloster Seehausen, in: Seehäuser Wochenblatt, 79. Jg., Nr. 176 v. 28.07.1936.

853 Vgl. Müller 1914, 79.

854 Die Form des schematischen Kirchengrundrisses legt mit einiger Sicherheit nah, dass es dem Vermesser bzw. dem Zeichner nur um die Wiedergabe der Bebauungsfläche ging, das heißt, die überlieferten Strebepfeilerenden bildeten die äußeren Umfassungslinien der wiedergegebenen Fläche und nicht das Mauerwerk der Wände.

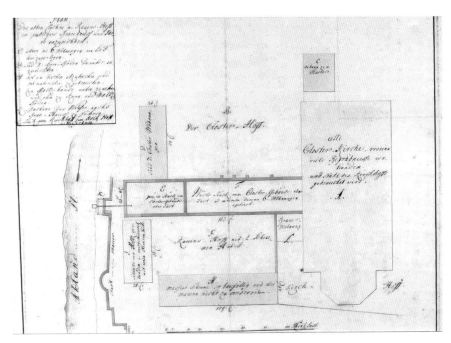

Abbildung 97: Seehausen, Grundriss des ehemaligen Dominikanerklosters von Stoltz 1723 (Akte des Brandenburgischen Landeshauptarchivs, Rep. 2, Kurmärkische Kriegs- und Domänenkammer, S 7146).

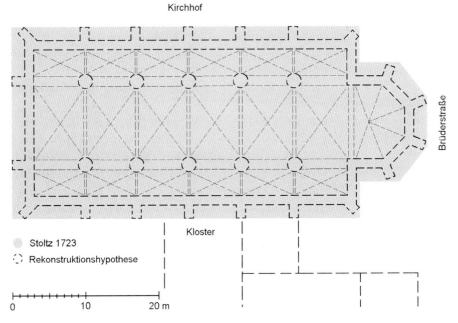

Abbildung 98: Seehausen, Grundrissrekontruktion der Dominikanerkirche (Zeichnung: Todenhöfer 2005).

Verwandtschaft spricht für angelichene Schiffshöhen und gleichermaßen für einen einheitlichen Bau, der aufgrund der Überlieferungslage, die keine Bauaktivitäten im 14. und 15. Jahrhundert erwähnt, möglicherweise schon zwischen 1262/66 begonnen wurde. Mit dem mutmaßlichen Baubeginn in den 1260er Jahren wäre mit Seehausen nach Frankfurt a. M. (um 1240/45) eine der ältesten Hallenkirchen der Dominikaner im deutsprachigen Raum überliefert, die zusammen mit der hallenähnlichen Basilika in Erfurt (um 1265/79) den sukzessiven Übergang der Dominikaner zur Hallenbauweise in der zweiten Jahrhunderthälfte markiert. Gerade das kurze polygonale Chorhaupt ohne vorgesetztes Chorjoch verweist noch auf eine Verwandtschaft mit den basilikalen Dominikanerbauten um die Jahrhundertmitte in Regensburg, Esslingen oder Koblenz, was wiederum für eine frühe Bauzeit der Seehausener Dominikanerkirche spricht. Man kann deshalb in Seehausen einen Vermittlungsbau des longitudinalen Langhauses mit kurzem Chorhaupt in die nordöstlichen Gebiete Mitteldeutschlands nach Stralsund, Prenzlau und Berlin sehen. Die rekonstruierten Joch- beziehungsweise Aufrissproportionen sprechen für eine Entstehung in der zweiten Hälfte des 13. Jahrhunderts oder der ersten Hälfte des 14. Jahrhunderts.

Wie sieht der Vergleich mit den frühen Hallenkirchen der nahen Küstenregionen aus? St. Marien in Lübeck (um 1250/60),[855] St. Marien in Rostock (nach 1262/65 bis 1279)[856] und St. Nikolai in Stralsund (bis um 1260)[857] entstanden beispielsweise aus Umbauten romanischer Kirchen. Die Lübecker Kirche besaß deshalb quadratische Mittelschiffsjoche und längsoblonge Seitenschiffsjoche wie die Dome in Herford, Paderborn und Minden. Mit diesen Gestaltungen dürfte Seehausen nichts gemein haben, da sich die sechs überlieferten Langhausjoche und das Chorpolygon auf eine Innenraumlänge von annähernd 50 Metern nicht als quadratische Joche rekonstruieren lassen.[858] Eine Jochproportion von 3:2 für die Mittelschiffsjoche ist daher wahrscheinlich. Die „schönen hohen" Fenster, die Bekmann beschrieb, sprechen deutlich für einen ausgeprägt gotischen Bau.[859] Die Pfeiler des Langhauses könnten wie die spätmittelalterlichen Backsteinpfeiler von St. Peter in Seehausen rund und mit vier Dienstvorlagen besetzt gewesen sein. Nach 1274 erhielt auch das Langhaus des Verdener Domes Rundpfeiler mit vier flankierenden Diensten.[860] Seehausen lag zudem im Verdener Bistum, wo diese Pfeilerform bei Hallenkirchen weit verbreitet ist.[861] Auch das Hallenlanghaus der Neuruppiner Dominikaner erhielt um 1280 Rundpfeiler.[862]

Ob der für die Mark Brandenburg offenbar sehr frühe gotische Hallenbau mit dem Priorat des weitgereisten Otto von Stendal im Seehausener Konvent in Zusammenhang gebracht werden kann, ist ungewiss. Jedoch entbehrt die Vermutung nicht aller Grundlagen,[863] denn Otto besaß durch sein Studium in Paris gewiss weitreichende Kenntnisse zeitgenössischer Architektur. Diese dürfte er als Kaplan des Kardinals Hugo von Ostia und Velletri auf Italien ausgeweitet haben. 1267 trat er als einer der ersten Dominikaner das Bischofsamt in Minden an, das er sieben Jahre innehatte. Unter seiner Ägide wurde vermutlich das Hallenlanghaus des Mindener Domes mit den außergewöhnlich reichhaltigen Maßwerkformen beendet.[864] Vielleicht vermittelte Otto den Hallenplan der Frankfurter Dominikanerkirche beziehungsweise den Hallenplan des Mindener Doms an seinen Heimatkonvent, allerdings ohne deren Jochdispositionen zu übernehmen. Diese Annahme ist insofern interessant, da das um 1280 erbaute Langhaus der Dominikanerkirche in Neuruppin, der ältesten Dominikanerniederlassung auf märkischem Gebiet, sich an der Gewölbesystematik des Mindener Domes orientierte.[865] Seehausen könnte in diesem Falle den Mindener Hallenplan nach Neuruppin vermittelt haben, da diese Anlehnung politisch Sinn machen würde, denn der Neuruppiner Bau der Grafen von Lindow-Ruppin aus dem arnsteinschen Haus bezieht sich damit auf einen aktuellen Dominikanerbau des mächtigen markgräflichen Nachbarn, in dessen direkter Einflusssphäre das Gebiet der Grafen lag. Dass die Neuruppiner sich in ihren Bauten auf die Askanier bezogen, zeigt das Beispiel der turmartig verstärkten Eckpfeiler der Westfassade der Lehniner Grabeskirche an der Neuruppiner Dominikanerkirche.[866]

---

855 Dietrich Ellger/Johannes Kolbe: St. Marien zu Lübeck und seine Wandmalereien, Neumünster 1951; vgl. Max Hasse: Die Marienkirche zu Lübeck, München 1983, 20–25, vgl. Dehio Hamburg/Schleswig-Holstein, 1994, 452. Das Langhaus war bereits 1257 in Benutzung.

856 Mecklenburgische Küstenregion, in: Die Bau- und Kunstdenkmale in der DDR, Berlin 1990, 380ff.; vgl. Dehio Mecklenburg-Vorpommern, 2000, 467.

857 Vorpommersche Küstenregion, in: Die Bau- und Kunstdenkmale in Mecklenburg-Vorpommern, Berlin 1995, 124ff., vgl. Dehio Mecklenburg-Vorpommern, 2000, 579.

858 Als gängige mittelalterliche Mauerstärke wurde ca. dreieinhalb Fuß (ca. ein Meter) angenommen. Dazu kommt die gängige Strebepfeilertiefe von ca. fünf Fuß (ca. eineinhalb Meter). Zieht man jeweils den zweifachen Wert von der überlieferten Gesamtlänge 180,5 rheinländische Fuß (56,6 Meter) ab, erhält man eine lichte Weite von 163,5 Fuß (ca. 51 Meter), die realistisch für einen Hallenbau jener Zeit ist.

859 Vgl. Bekmann 1751, 24.

860 Vgl. Hans-Joachim Kunst: Die Entstehung des Hallenumgangschores. Der Dom zu Verden an der Aller und seine Stellung in der gotischen Architektur (Marburger Jahrbuch für Kunstwissenschaft, 18), Marburg 1969.

861 Vgl. Michler 1965.

862 Schenkluhn 2000, 129.

863 Zu Otto von Stendal Löe (1910, 23f. und 49, Beilage 3).

864 Vgl. Annette Fiebig: Das Hallenlanghaus des Mindener Doms. Neue Beobachtungen zu Datierung und architekturgeschichtlicher Stellung, in: Niederdeutsche Beiträge zur Kunstgeschichte, Bd. 30, München/Berlin 1991, 9–28.

865 Schenkluhn 2000, 129.

866 Zum Zitatcharakter turmartig verstärkter Eckstrebepfeiler an Westfassaden siehe Seite 322ff., Architektur als Stifterrepräsentation.

Die Franziskaner- oder Brüderkirche in Stendal[867]

Kustodie Brandenburg, Bistum Halberstadt, Archidiakonat Balsamgau[868]

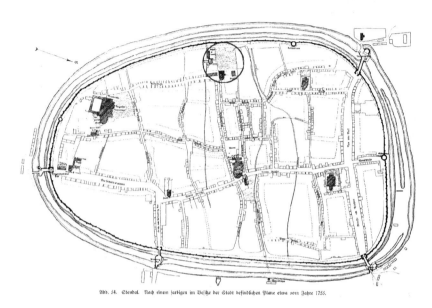

Abbildung 99: Stendal, Stadtplan von 1755, Lage des Franziskanerklosters markiert (Siedler 1914).

Lage

Das ehemalige Franziskanerkloster, von dem sich nur das Refektorium erhalten hat, lag am westlichen Ende des mittelalterlichen Stendals, an der Schnittstelle von zwei Straßen, von denen die Brüderstraße in östlicher Richtung zum Rathaus und der Hauptpfarrei St. Marien und die andere in südlicher Richtung zum Dom, dem ehemaligen Kollegiatstift St. Nikolaus und Bartholomäus führte (Abbildung 99). Das Kloster befand sich nördlich der Kirche. Von der Nordklausur ist das spätgotische Refektorium erhalten geblieben.

Der ehemalige Kirchhof lag westlich der Kirche, wo sich noch heute ein Platz mit dem Namen Mönchskirchhof befindet. Südlich des Mönchskirchhofes liegt die ehemalige Klosterkirche der Franziskanerinnen in direkter Nachbarschaft. Weiter westlich befand sich nach dem Stadtplan von Kunckel um 1750 die Stadtmauer. Ursprünglich bog diese Mauer nördlich des Klosters nach Osten ab, da nach einer Urkunde bis 1288 der Vorort um St. Petri noch nicht zum Stendaler Weichbild gehörte.[869] Erst ab 1306 gehört dieser Stadtteil zu Stadt Stendal.[870] Stendal war lange Zeit Mitglied der Hanse und galt bis zum Dreißigjährigen Krieg als bedeutendste Stadt der Altmark, was der Ort der zentralen Lage und den guten Fernverkehrsanbindungen nach Lübeck und Magdeburg sowie dem regen Tuchhandel verdankte. Der Ort wurde schon früh von den askanischen Markgrafen gefördert. Die Einwohner erhielten um 1160 von Albrecht dem Bären das Marktrecht und das Magdeburger Stadtrecht.[871] Das Stadtbild wuchs aus verschiedenen Siedlungskernen (Marktsiedlung, Schadewachten,

---

867 Im Jahr 1452 „bröder kerke" genannt. CDB I, 15, 276f., Nr. 334. Im Jahr 1479 „broder kerken". CDB I, 15, 370, Nr. 414.
868 Schlager 1914, 231ff.; Mitteldeutscher Heimatlas 1958, Karte 16.
869 CDB I, 35, 38, Nr. 39; vgl. Ludwig Götze: Urkundliche Geschichte der Stadt Stendal, Stendal (1873)²1929, 16; Richard Aue: Zur Entstehung der altmärkischen Städte, in: 37. Jahresbericht des Altmärkischen Vereins für vaterländische Geschichte zu Salzwedel, Magdeburg 1910, 5–71, hier 18; Max Bathe: Das Werden des alten Stendal, in: Altmärkisches Museum Stendal, Jahresgabe 1954, Nr. 8 (1954), 3–42, hier 40.
870 CDB I, 15, 53, Nr. 67.
871 Ebd., 6, Nr. 3; vgl. Eckard Müller-Mertens: Die Entstehung der Stadt Stendal nach dem Privileg Albrechts des Bären von 1150/1170, in: Altmärkisches Museum Stendal, Jahresgabe 1957, Nr. 11 (1957), 25–36, hier 26.

Abbildung 100: Stendal, Refektorium des ehemaligen Franziskanerklosters, Ansicht von Nordwesten (Foto: Todenhöfer 2008).

Domstift, Parochie St. Peter) zusammen.[872] Vermutlich wurde das Kloster aus fortifikatorischen Gesichtspunkten in die ehemalige Ecksituation der Stadtbefestigung eingefügt. Auch topografisch macht die Lage zwischen den zusammenwachsenden Siedlungen Sinn, denn als die nördliche Stadtmauerbegrenzung wegfiel, konnte durch den Ausbau des Klosters die Besiedlungslücke zwischen der Markssiedlung und der Petri-Siedlung geschlossen werden.[873]

Historisches Schicksal

Das Kloster geriet während der Reformation in Verfall, nachdem es schon 1523 von einem Brand betroffen war, der unter anderem die Dächer von Chor und Langhaus zerstörte.[874] 1540 verkauften der Guardian Nicolaus Bodenstede, Petrus Witte und alle Brüder des Franziskanerklosters ihre Terminei in Gardelegen.[875] Im selben Jahr wurde der Konvent aufgelöst und die Einrichtung einer Knabenschule im Kloster befohlen.[876] Der Rat wurde verpflichtet, die Gebäude zu erhalten. Kurfürst Joachim I. überwies dem Rat 1553 das ehemalige Kloster abermals mit der Erlaubnis die verfallenen Klostergebäude abzubrechen.[877] 1575 wurde die Bibliothek aus dem Kloster entfernt und 1576 und 1578 ein Teil der Gebäude abgebrochen.[878] Die Schulräume befanden sich im ehemaligen Chor der Kirche.[879] Eine überlieferte Inschrift an der Südseite des Gebäudes berichtete von der Renovierung desselben 1589.[880] Das Langhaus verfiel offenbar nach dem Brand von 1523 weiter, da es auf einer Stadtansicht von 1569 nur

---

872 Zu Stendal Aue (1910, 9–20); Bathe 1954, 3–42.
873 Siehe Seite 305ff., Stadtwerdungsprozess und Bettelordenniederlassung.
874 Johann Christoph Bekmann: Historische Beschreibung der Chur und Mark Brandenburg nach ihrem Ursprung, Einwohnern, Natürlichen Beschaffenheit […], 2. Bd., Berlin 1753, 94; vgl. Ludwig Götze: Geschichte des Gymnasiums zu Stendal von den ältesten Zeiten bis zur Gegenwart, Stendal 1865, 47ff.
875 CDB I, 6, 165, Nr. 234; vgl. Götze 1929, 364.
876 CDB I, 15, Nr. 645.
877 Bekmann 1753, 92; vgl. Götze 1865, 314f.
878 StA Stendal, Stadtrechnungen; vgl. StA Stendal, Winfried Korf: Inventar Stendal, Stadt Stendal, masch. Manuskript 1968, unveröffentlicht, 476.
879 Götze 1865, 47f.
880 „Anno Domini 1589, ist dies Gebaw gebessert worden, und die verordnente Bauherrn Rath vorwanten waren die erbar wolweise hern Hinricus Asseborch, Nicolaus Soltwedel, Nicolaus Morinck. MR ME CR VM." Bekmann 1753, 93, vgl. Götze 1865, 49.

Abbildung 101: Stendal, Umzeichnung einer verlorenen Stadtansicht von 1569, Detail der Ruine der ehemaligen Franziskanerkirche (Altmärkisches Museum Stendal, Jahresgabe 1954, Nr. 8).

Abbildung 102: Stendal, Ansicht der Stadt von Westen von 1753, Detail mit ehemaligem Franziskanerchor (Bekmann 1753).

als Ruine abgebildet wurde (Abbildung 101).[881] Nach Wilhelm Zahn wurden 1688 die verfallenen Klausurgebäude mit Ausnahmen des Nordflügels abgerissen und ein Teil der Kupferbedachung des Chores vom Rat verkauft.[882]

1749 wurde die Ruine des Langhauses niedergelegt, das Material verkauft und mit diesen Mitteln die Schulräume im Chor ausgebessert.[883] Bei dieser Gelegenheit hielt man den Grundriss des Chores in einer Zeichnung fest (Abbildung 103).[884] Im Jahr 1784 wurde auch der ehemalige Chor abgetragen und die Schule durch einen Neubau ersetzt, der 1788 fertig gestellt und ab 1789 genutzt wurde.[885] Nach Umbauten 1840 und 1859/60 befindet sich in diesem Gebäude bis heute das Stadtarchiv.

Daten zur Konvents- und Baugeschichte

Zur Baugeschichte geben die überlieferten Daten kaum Auskunft. Die Ansiedlung der Mönche erfolgte nach Wilhelm Zahn kurz vor Mitte des 13. Jahrhunderts, was aus dem Vorhandensein einiger päpstlicher Originalurkunden den Franziskanerorden betreffend geschlussfolgert wird.[886] Unter dem Minister Bartholomäus ist 1264 erstmals ein Provinzkapitel im Stendaler Konvent nachgewiesen.[887] Die älteste urkundliche Erwähnung eines eigenen Grundstücks erfolgte erst 1267, der zufolge sich die Stendaler Brüder verpflichteten, keine weiteren Hausstellen zu erwerben, um dadurch den Rat nicht weiter zu beunruhigen.[888] Über die Stifter des Klosters beziehungsweise des Grundstückes haben wir keine direkten Nachrichten. Wegen Begräbnisstreitigkeiten mit den Franziskanern im Jahr 1285 scheidet das Kollegiatstift jedoch als Förderer aus.[889] Im Jahre 1287 wurde Jutta, die zweite Frau des Markgrafen Johann I. (1220–1266), bei den Franziskanern begraben, was letztlich auf eine Stiftung der Brandenburger Markgrafenfamilie schließen lässt.[890] Ein Kirchenbau wird erst 1452 und 1479 in den Quellen greifbar.[891] 1523 brach im klostereigenen Malzhaus der bereits erwähnte Brand aus, welcher auch die Dächer des Langhauses und des Chores zerstörte. Dabei sollen die Glocken (vermutlich zwei) in die Kirche gestürzt sein und starke Beschädigungen angerichtet haben, was vermutlich die Zerschlagung von Langhausgewölben betraf.[892]

---

881 Westansicht der Stadt Stendal von 1569. Das Original aus der Petrikirche ist verschollen. Eine Kopie soll sich im Altmärkischen Museum befunden haben, die jedoch nicht auffindbar war. Detailumzeichnung des Klosters gedruckt in Altmärkisches Museum Stendal, Jahresgabe 1954, Nr. 8 (1954); die Kopie wurde in minderer Qualität abgedruckt in: Wilhelmine Krause-Kleint, Reinhard Schmitt: Das Katharinenkloster in Stendal. Zur Geschichte und Baugeschichte von Kirche und Stift (Altmärkisches Museum Stendal, 1990), 13, Abb. 8. Siehe Abbildung 101.

882 Wilhelm Zahn: Geschichte des Franziskanerklosters in Stendal, in: 34. Jahresbericht des Altmärkischen Vereins für vaterländische Geschichte zu Salzwedel, Magdeburg 1907, 18–32, hier 31.

883 Bekmann 1753, 92f.

884 StA Stendal, ‚*Plan wornach die Schule in Stendall reguliret und das alte Mauerwerk abgebrochen werden kann. Soh das gelbe wird neu gebauet, das blasse wird abgebrochen und theils [nach dem blauen] zugemauert das grüne wird durchgebrochen und zeiget die neuen Ofen an.*' Sig. J. Schulz um 1749. Mit Anmerkungen und Abweichungen in der Umzeichnung abgedruckt in Götze 1865, Anhang.

885 Götze 1865, 202ff.

886 Die Urkunden zu Problemen hinsichtlich der Nachahmung der Mönchskleidung und des Begräbnisrechts sind auf innerstädtische Konflikte mit dem Domstift zurückzuführen. Die Urkunden gelangten vermutlich im Zuge der Reformation in das benachbarte Franziskanerinnenkloster St. Annen. Vgl. Zahn 1907, 19f.

887 Epitome Lipsensis, in: Boehmer 1908, 78; Hardick, Chroniken, 1957, 96.

888 Vgl. CDB I, 15, 18, Nr. 23. Dazu auch Zahn 1907, 20.

889 Unter den Unterzeichner ist auch ein Frater Johannes de Magdeburg, ein Mitglied des Konventes, der vielleicht identisch mit dem gleichnamigen Lektor in Magdeburg ist, welcher 1285 den Kompromiss zwischen den Stendaler Domherrn und dem Konvent bezüglich eines Begräbnisrechtsstreites vermittelt. CDB, I, 5, 46, Nr. 53. Zahn (1907, 19) möchte daher die Gründung des Stendaler Konventes von Magdeburg aus sehen.

890 Vgl. Chronica principium Saxoniae, abgedruckt in: MGH SS 25, 479; MGH SS 30, 34.

891 CDB I, 15, 276f., Nr. 334, 370, Nr. 414.

892 Vgl. Bekmann 1753, 94. Die Kirche bekam 1530 eine neue Glocke. Letztere dürfte sich noch in der Kirche von Bündfelde bei Stendal befinden. Vgl. Götze 1865, 48.

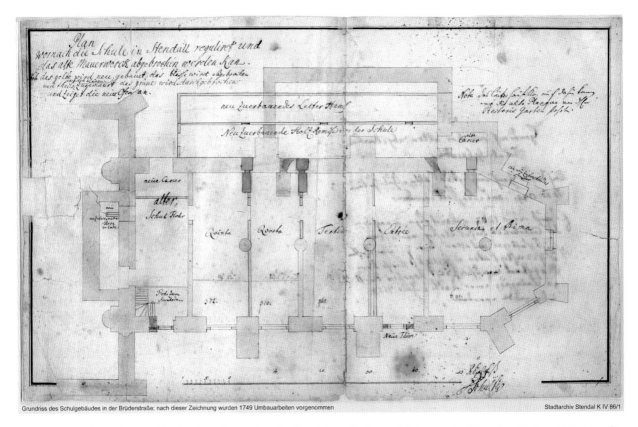

Abbildung 103: Stendal, Grundriss des ehemaligen Chors der Franziskanerkirche von J. Schulz um 1749 (Stadtarchiv Stendal, K IV 85/1)

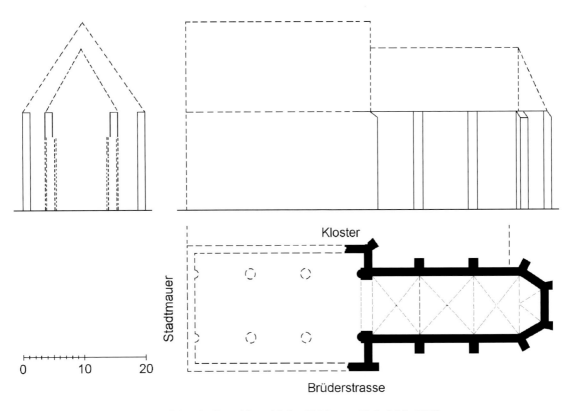

Abbildung 104: Stendal, Rekonstruktion der Franziskanerkirche (Zeichnung: Todenhöfer 2005).

Rekonstruktion

Die wichtigste Quelle für die Rekonstruktion der Kirche ist ein Chorgrundriss aus dem Jahr 1749 im städtischen Archiv (Abbildung 103). Die Zeichnung gibt einen dreijochigen Langchor mit einem unregelmäßigem 3/6-Polygonschluss und die östlichen Anschlussmauern des dreischiffigen Langhauses wieder.[893] Die Strebepfeiler längs des Chores sind kräftig, die des Polygons und der Langhausecken etwas schmaler ausgebildet.[894] Der westliche Strebepfeiler an der nördlichen Längsseite des Chores ist wohl irrtümlich etwas nach Osten aus der Flucht des südlichen Strebepfeilerpendants gerückt.[895] Die Chorjoche besaßen einen fast quadratischen Zuschnitt.

Aus der Bauakte des 18. Jahrhunderts, die Kostenanschläge für die Beräumung und den Verkauf des gewonnenen Baumaterials des alten Chors enthält, geht hervor, dass das Mauerwerk „gröstentheils aus Feld-Steinen" bestand.[896] Es handelt sich vermutlich um Mischmauerwerk mit Ziegelausfüllungen, wie es am Chor von St. Peter in Stendal verwendet wurde. Fenster- und Türgewände dürften aus Ziegelsteinen bestanden haben, da das überlieferte Feldsteinmaterial nur grob bearbeitet wurde.[897]

Laut der Akte und den im Plan überlieferten Maßangaben besaß der Chor eine Länge von 95 rheinländischen Fuß (29,8 Meter), eine äußere Breite von 36 Fuß (11,3 Meter) und eine lichte Breite von 30 Fuß (9,6 Meter).[898] Die Höhe des Chormauerwerks betrug 50 Fuß (15,7 Meter).[899] Interessant sind Bemerkungen, die Aufschluss über den konstruktiven Aufbau des Daches geben.[900] So bestand die Dacheindeckung zumeist aus Dachziegeln; ein kleinerer Bereich samt dem Dachreiter war mit Kupferblech versehen.[901] Das Chordachwerk bestand aus 21 Sparrengebinden aus Kiefern- und Fichtenholzbalken.[902] Es ist davon die Rede, dass sich die Balken (gemeint sind die Binderbalken) nicht im Dach „befinden", da „[…] die Bogen von dem Gewölbe im Dach hereinstehen."[903] Es dürfte sich also um kräftig gebuste Gewölben gehandelt haben, wie sie im Stendaler Dom (1423 bis 1473), im Chor der Jakobikirche (um 1460/69 vollendet), in der Marienkirche (Anfang 15. Jahrhundert, Einwölbung 1447) eingezogen worden sind.[904] Die Franziskanerkirche wird einfache Kreuzrippengewölben besessen haben, wie sie in den Stendaler Kirchen die Regel sind, etwa im Chor der Jakobikirche, die noch heute ein der Franziskanerkirche vergleichbares 3/6-Polygon besitzt, oder der Kapelle des Gertraudenhospitals (nach 1370)[905] und der ehemaligen Franziskanerinnenkirche St. Annen (zweite Hälfte 15. Jahrhundert)[906], die ebenfalls dreiseitige Chorpolygone aufweisen (Abbildung 104).

Das Langhaus war nach dem Plan von 1749 dreischiffig ausgebildet. Die Eckstrebepfeiler der östlichen Stirnmauern legen eine Gewölbeplanung nah. Die innere Breite des Langhauses betrug gut 17 Meter. Das Mittelschiff besaß eine etwas geringere Breite als der Chor. Da die Choreckpfeiler halbrund gebildet waren, war das Langhaus vermutlich mit Rundpfeiler ausgestattet. Die Seitenschiffe sind sehr schmal gewesen. Auffallend ist, dass das nördliche Seitenschiff schmaler als das südliche ausfiel. Auf der verschollenen Stadtansicht von 1569 dürften nach Götze, Zahn und Korf das Langhaus drei Joche besessen haben, während die Umzeichnung an der Nordseite des Langhauses wohl irrtümlich nur zwei Fensterachsen abbildet (Abbildung 101).[907] Zu den Schiffen öffnete sich in der Westwand je ein hohes Fenster, welches sich, soweit erkennbar, fast bis zur Traufe erstreckte. In den Stadtveduten des 18. Jahrhunderts ist nach dem Abriss des Langhauses der ruinöse Ostgiebel des Langhauses mit den Seitenschiffsfenstern an den Stirnwänden und darüber eine Art waagerechtes Band zuerkennen, womit möglicherweise Gewölbeabrisse gemeint sind (Abbildung 102).[908] Die Traufhöhe des

---

893   Die schräg gestellten Pfeiler am Polygon verweisen auf ein 3/8-Polygon, jedoch liegen die drei Wandsegmente genau auf einem Sechseck als Konstruktionsgrundlage auf.
894   Nach Götze ist dies dem Feldsteinmaterial des Chors geschuldet (1865, 47).
895   Wahrscheinlich handelt es sich um einen Fehler, da für die überlieferten Chorgewölbe ein solche Disposition keinen Sinn ergibt.
896   StA Stendal, *Acta Die Abrechung des alten Schul-Gebäudes und Erbauung eines neuen masziven Schul-Gebäudes betreffend, Ao: 1784*, K IV 86/1. Die Feldsteinmauern im Keller des heutigen Stadtarchivs bestehen wahrscheinlich aus wiedergewonnenem Steinmaterial des Franziskanerchores, der laut der Bauakte bis auf den Grund abgebrochen werden sollte. Vgl. Korf 1969, 477.
897   StA Stendal, K IV 86/1; vgl. Korf 1969, 476f.
898   Ebd.
899   Das Maß bezog sich im Aktentext auf die Höhe des Daches, doch kann es sich realistisch gesehen nur auf die Traufhöhe bezogen haben.
900   StA Stendal, K IV 86/1.
901   Ebd.
902   Ebd.
903   Ebd.
904   Vgl. Dehio Sachsen-Anhalt I, 2002, 881ff., 888ff., 892ff.
905   Ebd., 902.
906   Ebd., 901.
907   Götze 1865, 47; Zahn 1907, 29; Korf 1969, 476.
908   Dem Plan von 1749 zufolge blieb nur die östliche Stirnwand des Langhauses bestehen. Der im 18. Jahrhundert abgebildete Giebel kann nicht die Westfassade gewesen sein (Abbildung 100), die in der Ansicht von 1569 bereits ohne Giebel war (Abbildung 99). Vgl. Winckelmann-Museum Stendal, Prospect der Königl. Preuss. Stadt Stendal, Johann Gottfried Schleuen, 2. Hälfte 18. Jahrhundert (Kopie der Stadtansicht nach Bekmann), abgedruckt in: Jochen Kleinert: Winckelmann und seine Vaterstadt. Zeugnisse, Erinnerung, Gedanken, Stendal 1988, 26f.

Langhauses ist nicht bekannt. Auf der Ansicht von 1569 scheint die Traufhöhe des Langhauses der des Chores zu entsprechen.

Der 3/6-Chorschluss findet sich bei den Bettelordenskirchen im deutschen Sprachgebiet kaum.[909] Dagegen ist eine starke Annäherung der Architektur an die Stendaler Pfarrarchitektur zu konstatieren. Zudem ist der 3/6-Chor als Binnenchorpolygon in den brandenburgischen Chorumgangshallen des 14. und 15. Jahrhunderts verbreitet wie in St. Marien in Frankfurt, St. Stephan in Tangermünde, St. Gotthardt in Brandenburg (dort auch mit relativ breiten Vorjochen), St. Katharinen in Brandenburg, St. Marien in Beeskow und St. Marien in Luckau. Der Chorschluss sowie die gebusten Gewölbe, die freilich auch später eingezogen worden sein können, sprechen für eine Erbauung zumindest des Chores frühestens ab der zweiten Hälfte des 14. Jahrhunderts. Die innerstädtischen Vergleiche sprechen für eine Errichtung des Chores während des Stendaler Baubooms im 15. Jahrhundert (St. Nikolai, St. Marien, St. Jakobi). Die Gestalt des im Jahr 1287 genannten Gründungsbaus bleibt hingegen unbekannt.

Zusammen mit der Mönchskirche in Salzwedel ist in Stendal ein weiterer später Langchorbau der Franziskaner in der Altmark überliefert. Die Bautätigkeit um 1500 lässt auf eine erneute Förderung des Ordens in der Mark Brandenburg unter den Hohenzollern schließen. Bekanntlich genoss etwa der Konvent in Berlin hohes Ansehen, da sich dort aus dem 15. Jahrhundert mehrere Grablegen der Hohenzollern nachweisen lassen.[910]

---

909   Nach Otto Graf tritt der 3/6-Chorschluss von 194 Bettelordenskirchen in den deutschen Provinzen nur einmal in Haarlem (Niederlande) auf. Man findet verwandte 3/8-Polygone an den Franziskanerkirchen in Hannover, Löbau oder 4/6-Polygone an der Franziskanerkirche in Lübeck. Graf 1995, 261ff. und 270ff.

910   Bünger/Wentz 1941, 373.

Die Dominikanerkirche Allerheiligen in Tangermünde
Ordensnation Mark Brandenburg, Bistum Halberstadt, Archidiakonat Balsamgau[911]

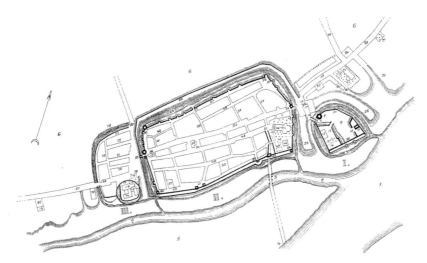

Abbildung 105: Tangermünde, Stadtgrundriss im Mittelalter, Rekonstruktion (Zahn 1903).

Lage

Das Tangermünder Dominikanerkloster lag in einem südlichen Abschnitt der westlich vor den Mauern der Altstadt gelegenen Neustadt, innerhalb deren Eigenbefestigungen (Abbildung 105). Die Kirche erhob sich im Norden des Klosterkomplexes, direkt an der nach Magdeburg führenden Fernstraße. Im Norden mündete die Stendaler Fernstraße in die Neustadt, sodass sich das Kloster direkt an einer wichtigen Straßenkreuzung Tangermündes befand. Der Kirchhof des Klosters war zur Straße ausgerichtet und zog sich in nördlicher und östlicher Richtung um den Kirchenbau.

Von einem städtischen Weichbild wird vermutlich erst Anfang des 13. Jahrhunderts auszugehen sein.[912] Noch 1196 wird Tangermünde als Burgward genannt, erst 1275 wird die Stadt in einem Zollprivileg schriftlich greifbar.[913] Die regelmäßige Straßenstruktur der Altstadt lässt auf eine planmäßige Gründung schließen.[914] Bei der Neustadt handelt es sich ebenfalls um eine planmäßige Anlage unter den Hohenzollern im 15. Jahrhundert.[915] Nach der Erbteilung 1437 bauten die Söhne des ersten Markgrafen von Brandenburg aus hohenzollerschem Hause, Friedrich I. (1371–1440), die ehemalige kaiserliche Residenz zum Verwaltungszentrum aus.[916] Dabei ist die Festlegung von Friedrichs Söhnen interessant, dass „unser deutsche lespücher, die wollen wir bei unserm leben […] an ein stat oder closter orden und schicken, do sie alweg bleiben und da nit verrucket werden süllen"[917]. Möglicherweise sollte das ein Jahr später gegründete Dominikanerkloster diese Funktion übernehmen. Mit Sicherheit diente die Klostergründung auch dazu, gebildetes Personal für die Verwaltungsaufgaben heranzuziehen. Parallel zum Klosterbau vollzog sich der Ausbau des benachbarten Neustädter Tores[918] sowie der gesamten Befestigungsanlagen[919]. Die Neustadt war nach dem ältesten Kataster von 1567 vor allem von Bauern, Tuchmachern, Leinewebern und Windmüllern bewohnt.[920]

---

911 Löe 1910, 12f.; Mitteldeutscher Heimatlas 1958, Karte 16.
912 Richard Aue: Zur Entstehung der altmärkischen Städte, in: 37. Jahresbericht des Altmärkischen Vereins für vaterländische Geschichte zu Salzwedel, Magdeburg 1910, 5–71, hier 34ff.
913 Ebd.
914 Ebd.
915 Aue 1910, 40.
916 Die besondere Stellung Tangermündes betonte die Festlegung, dass alle Urkunden der Mark Brandenburg zu ewigen Zeiten in Tangermünde aufgehoben werden sollten. Vgl. Schultze, Bd. 3, 1963, 45. Vgl. Ingo Materna, Wolfgang Ribbe (Hg.): Brandenburgische Geschichte, Berlin 1995, 199.
917 Zitat nach Schultze (Bd. 3, 1963, 45f.).
918 Zahn setzt den Ausbau des Neustädter Tor in die Regierungszeit Friedrichs I. zwischen 1436–40 (1903, 30). Ähnlichkeiten zum Elbtor in Werben und dem Uenglinger Tor in Stendal legen eine Entstehung tatsächlich gegen Mitte des 15. Jahrhunderts nah. Dehio Sachsen-Anhalt I, 2002, 930.
919 Vgl. ebd., 931.
920 Zahn 1903, 35.

Abbildung 106: Tangermünde, Ansicht des ehemaligen Dominikanerklosters von Nordosten, Lithographie von J.H. Streck u. F.E. Meyerheim 1833 (Stadtarchiv Tangermünde).

Abbildung 107: Tangermünde, innere Chorsüdwand der Dominikanerkirche (Foto: Todenhöfer 2003).

Historisches Schicksal

1538 wurde in Tangermünde die Reformation eingeführt und das Kloster zwei Jahre später visitiert.[921] Im gleichen Jahr wurde das Kloster aufgehoben und dem Rat erlaubt, dort ein Hospital einzurichten.[922] 1544 übergab man dem Rat die Liegenschaften des Klosters offiziell und vereinigte das Hospital mit St. Elisabeth und St. Gertrud.[923] Die Kirche diente bis Anfang des 17. Jahrhunderts als evangelisches Gotteshaus.[924] Im Dreißigjährigen Krieg kam es durch dänische und kaiserliche Truppen wiederholt zur Entnahme von Dachbalken, sodass die Kirche zunehmend verfiel.[925] Im 18. Jahrhundert bestand laut Bekmann das Innere der Kirche nur noch aus einem Schutthaufen.[926] 1749 plante man einerseits, das Kirchenschiff abzubrechen und zum Bau einer Mauer um das sogenannte Hühnerdorf zu verwenden, andererseits wurde die Sanierung des Chores und der Neubau des Langhauses zu gottesdienstlichen Zwecken in Betracht gezogen.[927] Das Hospital im Klosterbereich ging im Laufe der Zeit ein. Um 1750 fanden lediglich vier arme Bürgerfrauen noch darin Unterkunft.[928] Im letzten Jahrzehnt des 18. Jahrhunderts wurden die Reste der Klosterkirche entgültig abgetragen.[929] 1829 verkaufte die Stadt das Gelände der ehemaligen Klausur schließlich an den Ackerbürger Daniel Sempf, das auf diesem Weg in Privatbesitz gelangte.[930]

Architektur

Während sich umfangreiche Reste der Klosteranlage durch die spätere wirtschaftliche Nutzung erhielten, trug man das Mauerwerk der Kirche ab. Lediglich die südliche Wand des Chorhalses und die anschließende Stirnwand des südlichen Seitenschiffs blieben im Verband mit einem ehemaligen Klausurgebäude erhalten (Abbildung 106). Die Stärke der Chorwand beträgt 85 Zentimeter. Die ehemaligen Jochweiten im Chor sind an den Gewölbevorlagen mit einheitlich 6,10 Meter ablesbar. Zwischen dem ersten und zweiten Joch hat sich die südliche Mauer noch in einer Höhe von gut zwölf Metern erhalten. Das Material besteht aus hell- bis dunkelroten Backsteinziegeln, deren Format zwischen 28 bis 28,5 Zentimeter Länge und 13,5 bis 14 Zentimeter Breite bei einer Höhe von acht Zentimeter variiert. Das Mauerwerk wurde in einem Läufer-Binder-Verband errichtet, auch als Gotischer oder Märkischer Verband bekannt, dessen Schichten um je einen Dreiviertelstein versetzt sind. Der klosterseitig im Chormauerwerk integrierte Wendelstein, über den das ehemalige Kirchendach erreicht werden konnte, bietet der mittelalterlichen Mauer zusätzlichen Halt. Ein etwa zweieinhalb Meter hoher Stumpf eines ursprünglich an der Westfassade befindlichen Strebepfeilers ist nun in einem westlich gelegenen Wohngebäude integriert.

An der ehemaligen Südwand des Chores haben sich ca. 2,7 Meter breite Blendfenster mit steil ansteigender Sohlbank erhalten. Von denen das östliche Blendfenster mit vier Lanzettbahnen ausgebildet ist. Das westliche Blendfenster schließt über der Sohlbank eine niedrige, rundbogige Doppelblendarkade und einen darüber gelegenen fragmentarisch erhaltenen Rundbogen ein, der aufgrund seiner sekundären Vermauerung wohl zum Kloster geöffnet war. Die anderen Bogenflächen dieses Blendfensters sind unverputzt. Ihr Mauerverband ist mit dem des Chormauerwerks in gleichem Material und Schichtenhöhe verzahnt und damit original. Weiterhin haben sich zwei Wandvorlagen und ein Gewölbeansatz erhalten (Abbildung 107). Die flachen an den Kanten abgefasten Wandvorlagen, die am ersten Joch durch eine Kehle und eine flache Stufe abgekragt sind, gehen nahtlos in spitze Schildbögen über. Am Übergang vom zweiten Chorjoch zum ehemaligen Polygon läuft die Wandvorlage bis zum Boden durch. An den Wandvorlagen sitzen Dienstbündel aus vorgefertigten Formsteinen, die ihrerseits auf kelchförmigen Konsö-

---

921 Wilhelm Zahn: Geschichte der Kirchen und kirchlichen Stiftungen in Tangermünde, in: 24. Jahresbericht des Altmärkischen Vereins für vaterländische Geschichte und Industrie zu Salzwedel, Heft 2, Magdeburg 1897, 9–60, hier 10.
922 Wilhelm Zahn: Geschichte der Kirchen und kirchlichen Stiftungen in Tangermünde (Fortsetzung und Schluss), in: 25. Jahresbericht des Altmärkischen Vereins für vaterländische Geschichte und Industrie zu Salzwedel, Magdeburg 1898, 25–68, hier 43.
923 August Wilhelm Pohlmann: Historische Wanderungen durch Tangermünde, Tangermünde 1846, 276. In der älteren Literatur erscheint deshalb irrtümlich das Patrozinium St. Gerdrudis für die ehemalige Dominikanerkirche.
924 Friedrich Hossfeld, Ernst Haetge (unter Beteiligung von D. Herrmann Alberts): Kreis Stendal Land (Die Kunstdenkmale der Provinz Sachsen, 3. Bd.), Burg 1933, 246.
925 Müller 1914, 159.
926 Vgl. Bekmann 1753, 25.
927 Ein diesbezüglich von Müller (1914, 159) im Stadtarchiv Tangermünde eingesehener Kostenvoranschlag sowie eine dazugehörige Zeichnung sind verschollen.
928 Bekmann 1753, 24.
929 Friedrich Adler: Die Mark Brandenburg. Mittelalterliche Backstein-Bauwerke des preussischen Staates, Bd. 1, Berlin 1862, 71.
930 Zahn 1903, 36.

Abbildung 108: Tangermünde, östliche Stirnwand des ehemaligen südlichen Seitenschiffs mit einem Choreckpfeiler (Foto: Todenhöfer 2003).

len aufliegen. Zwischen den beiden Chorjochen erhielt sich ein Gewölbeansatz aus zwei Diagonalrippen und einem rippengleichen Gurt. Rippen und Dienstbündel sind durch einen schlichten Kämpfer verbunden. Am Übergang des zweiten Chorjoches zum Chorpolygon erhielt sich ebenfalls ein Strebepfeilerfragment, dessen Mauerwerk ursprünglich nicht mit dem des angrenzenden Klostergebäudes verzahnt war.

Zwischen Chorsüd- und Seitenschiffsostwand liegt ein dreiviertelrunder Choreckpfeiler mit drei Dienstbündeln, der den Übergang zu den zerstörten Langhausarkaden markiert (Abbildung 108). Das südliche Dienstbündel, welches als Eckvorlage zum Seitenschiff schwächer aus dem Steinverband heraustritt, reicht bis zum Boden. Die anderen Dienstbündel waren in ca. dreieinhalb Meter Höhe auf den gleichen kelchförmigen Konsolsteinen wie an der inneren Chorwand abgefangen. Der Mauerverband des Choreckpfeilers besteht aus Formsteinen. In den Lagerschichten wechseln sich Läufer- und Bindersteine ab. Die Binder sind schwarz glasiert. Jede folgende Schicht ist um einen Viertelstein verschoben worden, sodass ein dekoratives Spiralmuster entstand, welches sich in jeder sechsten Schicht wiederholt. Über einer kurzen Kämpferzone erhielt sich im Ansatz ein Profilstück der einst dreifach abgestuften Langhausarkaden, dessen abgestuftes Profil durch Wülste und Kehlen verziert ist.

Die östliche Stirnwand des ehemaligen Seitenschiffs ist einschließlich der Verzahnung der ehemaligen Langhaussüdmauer 6,27 Meter lang und ein konstruktiver Bestandteil des erhaltenen Klostergebäudes. Die einst zum Seitenschiff gerichtete Seite besitzt eine Reihe von ungleich geformten Blendbögen im oberen Bereich. Ein fragmentarisch erhaltener Spitzbogen im unteren Bereich ist sekundär vermauert worden. Letzterer war Bestandteil des einst anschließenden Kreuzgangs. Die ehemalige Stirnmauer reichte im Giebelbereich ursprünglich noch etwas höher, wie an einer Mauerverzahnung an der äußeren Chorwand zu erkennen ist.

Daten zur Baugeschichte

1729 überlieferte Georg Gottfried Küster eine Bauinschrift, welche seinerzeit mit großen Buchstaben fast die gesamte westliche Innenwand (wohl des Mittelschiffes) einnahm: „Anno 1438. hat Markgraf Friedrich der Jüngere mit Willen und Vollword / diß Kloster Prediger Ordens, Gott dem Allmächtigen zu ewigen Lobe / der Hochgelobten Jungfrauen Marien der Mutter Gottes und allen Gottes Heiligen zu Ehren und Würdigkeit gestifftet / und die Stätte und Plan dazu verehret. Welche Fundation Pabst EVGENIVS IV. im selbigem Jahre confirmiret / auch mit Privilegien und Indulten bewidmet / Ferariae 14. Cal. Decembr. Ao pontificatus sui octavo."[931] Bei Friedrich dem Jüngeren dürfte es sich wohl um Kurfürst Friedrich II. von Hohenzollern (1437–1470) gehandelt haben, dem Sohn des ersten Markgrafen von Brandenburg aus dem Hause Hohenzollern und Burggrafen von Nürnberg, Friedrich I. (1371–1440).[932] Sein jüngerer Bruder Friedrich (1431–1463), genannt

---

931 Georg Gottfried Küster, Denckwürdigkeiten, in: ders. (Hg.): Antiqvitates Tangermvndenses […], Berlin 1729, 47f.

932 Müller (1914, 156) ging seinerzeit von einer Stiftung des Klosters von Friedrich des Fetten (1431–1463) aus.

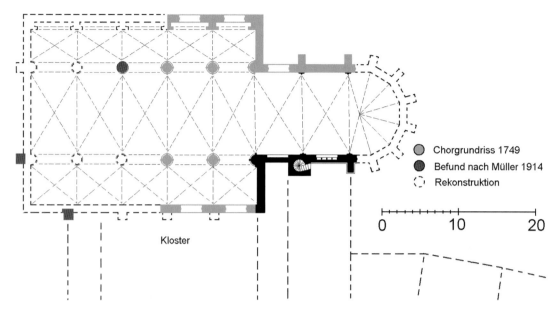

Abbildung 109: Tangermünde, Rekonstruktion der Dominikanerkirche (Zeichnung: Todenhöfer 2005).

der Fette, der 1438 noch minderjährig war, erhielt erst bei der Landesteilung 1447 die Altmark mit Tangermünde, die Priegnitz und das Bistum Havelberg.[933] Der Konvent wurde 1442 zu Avignon offiziell zu den Ordenskapiteln zugelassen.[934] Wahrscheinlich bestand bereits zu diesem Zeitpunkt die Kirche. Die Stiftung „[…] eyner ewigen lampen in Iren kirchen […]" durch Friedrich den Jüngeren ist nach Riedel entweder 1442 oder 1447 zu datieren.[935]

Rekonstruktion

Küster und Bekmann überlieferten zwölf Pfeiler sowie Gewölbe im Langhaus.[936] Die Zählung der Pfeiler bezog auch die beiden Chorecksäulen und die beiden westlichen Wandvorlagen ein, sodass von insgesamt acht freistehende Rundpfeiler mit vier schematischen Dienstbündeln im Langhaus auszugehen ist, wie Gottfried Müller zutreffend rekonstruierte (Abbildung 112).[937] Bekmann berichtete zudem von Schiefer als Dachdeckung, der bei Ausschachtarbeiten auf dem

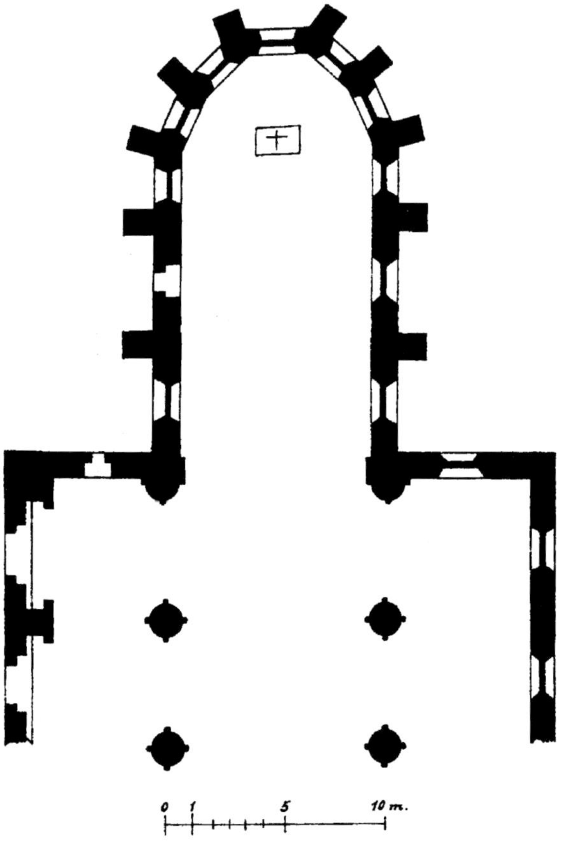

Abbildung 110: Tangermünde, Kopie eines verschollenen Grundrisses von 1749 (Zahn 1903).

933 Ebd. 1914, 65f. Vgl. Schultze, Bd. 3 1963, 44f.
934 Löe 1910, 12f.
935 CDB I, 16, 73 und 77. Zitiert nach Müller (1914, 156).
936 Küster 1729, 47; Bekmann 1753, 25.
937 Müller 1914, 160; vgl. Friedrich Hossfeld/Ernst Haetge/Alberts 1933, 245.

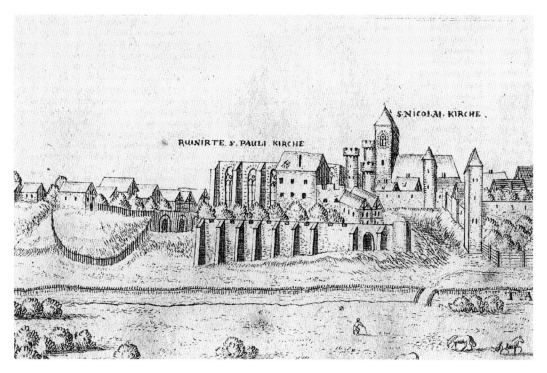

Abbildung 111: Tangermünde, Stadtansicht von Süden, Detail der Ruine des Dominikanerklosters (Petzold 1710, Repr. Meisner 1927).

benachbarten Friedhof seinerzeit zutage trat, sowie von Gewölbetrümmern, die als Schuttberge im ehemaligen Innenraum der Kirche lagen.[938] Anfang des 20. Jahrhunderts dürften außerdem Fundamentreste des zweiten Pfeilers von Westen der nördlichen Arkade sichtbar gewesen sein.[939] Nach der überzeugenden Rekonstruktion von Gottfried Müller handelt es sich um ein fünfjochiges dreischiffiges Hallenlanghaus mit Rundpfeilern und einen dreijochigen einschiffigen Langchor mit einem 7/12-Chorschluss.[940]

Der von Zahn überlieferte Grundriss von 1749 bildet jochweise Einsatzkapellen im nördlichen Seitenschiff ab (Abbildung 110). Die Jochlänge des Langhauses entsprach mit ca. sechs Meter der des Chores. Die Chorjoche waren anhand der Gewölbereste mit einfachen Kreuzrippengewölben überwölbt. Ähnliches wird für das Langhaus zu rekonstruieren sein, das mit Sicherheit Gewölbe besaß. Die Schiffe wurden durch kräftige profilierte Scheidbögen von einander getrennt. Bis auf die Nordwand waren die Fassaden der Kirche mit traufhohen Strebepfeilern versehen, wie es unter anderem die Stadtansichten von G. P. Busch von 1729 und Petzold von 1710 wiedergeben (Abbildung 111 und 112). Der Innenraum wurde im Bereich des Chorhalses durch vierbahnige Spitzbogenfenster erhellt, wo sie an der südlichen Chorflanke als Blendfenster erhalten sind. Aufgrund der übereinstimmenden Jochlänge von Chor und Langhaus dürften die Fenster des Langhauses in ähnlichen Dimensionen gestaltet gewesen sein. Die Ansicht von Petzold gibt trotz der ungenauen Darstellung auf der gesamten Südseite der Kirche zumindest gleiche Fensterdimensionen an. Ob sich in den Fenstern gestapeltes Maßwerk befand, wie es der Stich von Busch andeutet, ist aufgrund der vorhandenen Fensterreste nicht mehr nachweisbar, auch scheint die Abbildung von zweibahnigen Fenstern den tatsächlichen Bestand zu vereinfachen. Doch lassen sich maßwerktragende Fenster im Langhaus nicht gänzlich ausschließen, da die ehemalige Stiftkirche St. Stephan in Tangermünde an den Seitenschiffswänden Fenstermaßwerk aus Werkstein besitzt.[941] Dem Gewänderest am Polygonansatz zufolge waren die Fenster des Chorpolygons schmaler und höher als die Fenster im Chorhals.[942]

---

938 Bekmann 1753, 25.
939 Vgl. Müller 1914, 161, Bl. 19.
940 Ebd., 160ff.
941 Vgl. Dehio Sachsen-Anhalt I, 2002, 923.

942 Besser zu erkennen in: StA Tangermünde, Lithographie „Gertrauds- und Paulinerkirche zu Tangermünde" von J. H. Strack und F. E. Meyerheim von 1833. Siehe Abbildung 106.

Langhaus und Chor besaßen nach dem Stich von 1729 eine einheitliche Traufhöhe. Dies wird auch durch die rekonstruierbare Arkadenhöhe des Langhauses gestützt. Die ursprüngliche Höhe des südlichen Seitenschiffes ist nicht erhalten, allerdings war die östliche Stirnwand des Seitenschiffs einst höher. Die Höhe der Langhausarkaden besaß die Höhe der Schildbögen im Chor. Dies macht gewölbetechnisch nur Sinn, wenn die Höhe der Seitenwände angepasst ist. Offensichtlich war die Höhe der Seitenschiffe der des Mittelschiffs angepasst wie an den älteren Dominikanerkirchen in Halle, Prenzlau oder Stralsund. Die Firsthöhe des Chores dürfte bei einer angenommenen Neigung um 60 Grad bei 20 bis 25 Metern gelegen haben. Nimmt man die märkischen Dominikanerkirchen in Neuruppin, Prenzlau oder Brandenburg zum Vergleich, ist es wahrscheinlich, dass der Dachfirst des Langhauses über dem des Chores gelegen haben dürfte, was einen Giebel zwischen Chor und Langhaus notwendig macht.

Die gestreckteren längsoblongen Mittelschiffsjoche mit einem Seitenverhältnis von 1,7:1 und quadratische Joche in den Seitenschiffen, die im nördlichen Seitenschiff durch innere Wandpfeiler etwas schmaler ausfielen, findet man in ähnlicher Form im ausgehenden 15. Jahrhundert in der Franziskanerkirche in Salzwedel und St. Stephan in Tangermünde. Bei St. Stephan in Kombination mit einem Hallenumgangschor. Wahrscheinlich wurde diese Jochdisposition generell aus der Architektur von Hallenumgangschören abgeleitet, an denen sich die Verformungsdifferenz zwischen Seitenschiff und Chorumgang bei differierenden Innen- und Außenpolygonen des Chores konstruktiv am beste durch quadratische Seitenschiffsjoche überwinden ließ.[943]

Die Rekonstruktion des Kirchenquerschnitts verdeutlicht, dass das Querschnittsverhältnis zwischen Traufhöhe und Chor- beziehungsweise Mittelschiffsbreite mit 1,1:1 sehr gedrückt ausfiel (Abbildung 113). Zudem lag der Scheitel der Schildbögen im Chor und wohl auch im Langhaus nur unwesentlich unterhalb der Traufe. Bei einer Einwölbung mit geradem Stich würde ein tunnelartiger Raum entstehen, was für ein genuin spätgotisches Baukonzept unwahrscheinlich ist. Deshalb wird man von kräftigen Gewölbebusungen ausgehen müssen. Der Vergleich mit den Langhausgewölben der Salzwedeler Franziskanerkirche ist, trotz des etwas vertikaleren Raumquerschnitts (1,5:1),

943 Vgl. Gentz 2003, passim.

Abbildung 112: Tangermünde, Ansicht der Stadt von Süden, Kupferstich von G.P. Busch 1729, Detail Ruine der Dominikanerkirche (George Gottfried Küster: Antiquitates Tangermundensis, 1729).

angebracht. Hier reichen die Gewölbekappen weit über die Sargmauern in den Dachraum hinein und bestimmen erheblich den Raumeindruck. Zeitnah vergleichbar sind ebenfalls die gedrungenen Querschnitte der Mittelschiffe von St. Gotthardt in Brandenburg (Chor ab 1456), von St. Marien in Stendal (erste Hälfte 15. Jahrhundert) und der Chor von St. Stephan in Tangermünde (um 1460/70). Die genannten Kirchen besitzen auch den Rundpfeiler mit vier Vorlagen – St. Gotthardt und St. Marien auch das aus glasierten Bindern gebildete Spiralmuster, das Gewölbesystem mit rippengleichen Gurten und kräftigen abgestuften Scheidbögen. Eine ähnliche Grundrissproportion, die Pfeiler und Gewölbesystematik verweist ebenfalls auf das basilikale Langhaus des Stendaler Doms (ab 1423). Bis auf die Pfeilermusterung lassen sich diese Eigenschaften auf den Dom von Verden zurückführen. Bei stark gekuppelten Jochen dürfte der gewölbte Raum der Tangermünder Dominikanerkirche ein Höhen-Breiten-Verhältnis von 1,5:1 nicht überschritten haben, da es sonst zu Überschneidungen mit dem Dachwerk gekommen wäre.

Der 7/12-Chorschluss ist eine seltene Erscheinung an Bettelordenskirchen. Bei den bekannten Chorschlüssen von 194 überlieferten Kirchen der Franziskaner

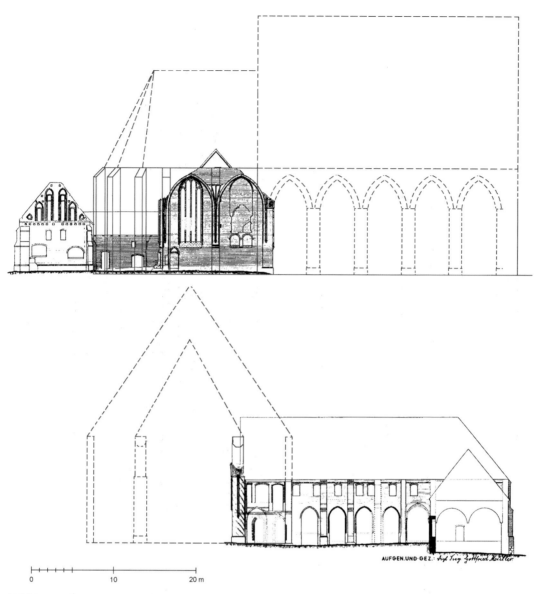

Abbildung 113: Tangermünde, Aufrissrekonstruktion der Dominikanerkirche (Zeichnung: Todenhöfer 2004 unter Verwendung eines Aufmasses von Müller 1914).

und Dominikaner im deutschen Sprachraum ist er insgsamt nur mit achteinhalb Prozent vertreten.[944] Schon dadurch ergibt sich eine Besonderheit. Auch der Chorbau der ältesten Dominikanerniederlassung der Mark Brandenburg in Neuruppin weist ein 7/12-Polygon auf. Da Tangermünde die jüngste mittelalterliche Niederlassung in der Mark Brandenburg ist, dürfte der architektonische Bezug die Traditionslinie zur ältesten Niederlassung vergegenwärtigen.

Die Details der Wandgliederungen an der Dominikanerkirche sind denen der Nordwand der Marienkirche und dem Chor und Querschiff des Domes in Stendal sehr ähnlich. Auch treten in der Marienkirche die dienstbesetzten Rundpfeiler mit dem Spiralmustern aus glasierten Bindern auf, sodass bereits Friedrich Adler in diesen drei Bauwerken eine starke Verwandtschaft, ja sogar einen gemeinsamen Baumeister konstatierte.[945]

944 Graf 1995, 255, Graphik 29. Bei den deutschen Franziskanerkirchen ist das 7/12-Polygon nur mit 3,3 Prozent belegt.

945 Friedrich Adler: Die Mark Brandenburg (Mittelalterliche Backstein-Bauwerke des preussischen Staates, Bd. 1), Berlin 1862, 71f.

Die Franziskanerkirche in Wittenberg

Kustodie Magdeburg, Bistum Brandenburg, Archidiakonat Kloster Leitzkau[946]

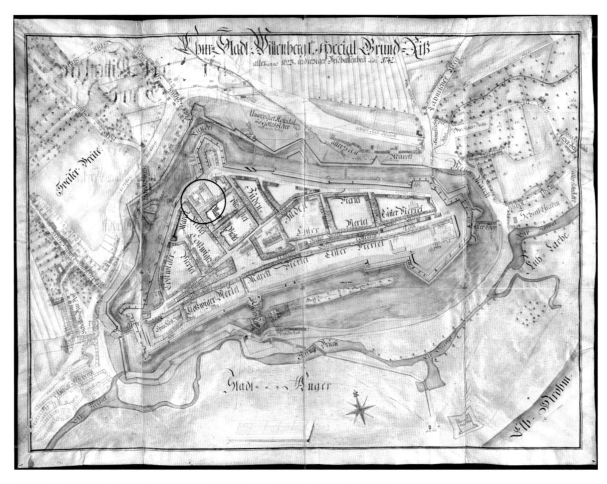

Abbildung 114: Wittenberg, Stadtplan von 1742, (Ratsarchiv Wittenberg, Nr. 744 d).

Lage

Der ehemalige Klosterbezirk der Franziskaner liegt im Nordwesten der Altstadt im Winkel zwischen Juristen- und Klosterstraße, ursprünglich Große und Kleine Barfüßerstraße, sowie der Bürgermeisterstraße südlich der Stadtmauer,[947] an die später das Rondel, eine Bastion, angelegt wurde (Abbildung 114).[948] Pläne aus dem 18. Jahrhundert überliefern uns die genaue Lagesituation des ehemaligen Klosters (Abbildung 115).[949] Die Kirche befand sich direkt an der Klosterstraße. An der ehemaligen Eingangsseite existierte im Süden kein Vorplatz. Nördlich der Kirche erstreckte sich bis zur Stadtbefestigung das Kloster. Östlich der Kirche lag der

---

946 Schlager 1914, 231 ff.; Mitteldeutscher Heimatlas 1958, Karte 16.
947 Beschreibung nach dem Stadtrundgang aus dem Jahr 1507 von Andreas Meinhardi. Bünger/Wentz 1941, 385.
948 Ältester Stadtplan Wittenbergs, 1623, Feder, getönt, 95x155, RaA Wittenberg, Karten-Nr. 32. Vgl. Fritz Bellmann; Marie-Luise Harksen; Roland Werner: Die Denkmale der Lutherstadt Wittenberg (Die Denkmale im Bezirk Halle, Weimar 1979), Abb. 24.

949 SHStA Dresden, Schrank 26, Fach 95, Nr. 25p, Lageplan des ehem. Franziskanerklosters, wohl erste Hälfte 18. Jahrhundert, Feder, getönt, 31,1 x 43,5 cm. Die Abbildungen in den Wittenberger Urbaria (Stadtbücher) sind mit den Exemplaren des Hauptstaatsarchivs Dresden identisch. Vgl. RaA Wittenberg, Kap. 14, Nr. 16, fol. 67, Ehemaliges Klostergelände, 1714 u. 1732, Feder getönt, 27 x 41,5 cm. Vgl Bellmann/Harksen/Werner 1979, 197 und 277f.

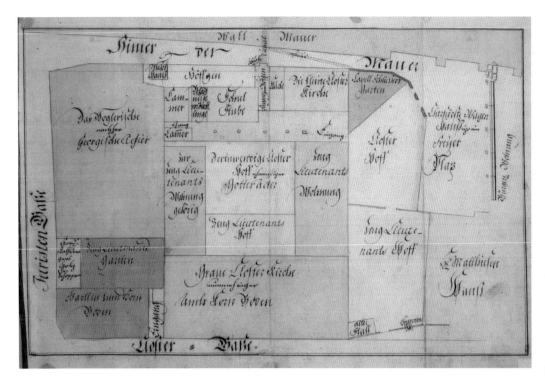

Abbildung 115: Wittenberg, Lageplan des ehemaligen Franziskanerklosters aus dem 18. Jahrhundert (Ratsarchiv Wittenberg, Urbar 9 Bb 6, Karten Nr. 388).

Kirchhof,[950] welcher 1764 „Klosterhof" genannt und als Friedhof gekennzeichnet wurde.[951] Der Klosterhof war im 17. Jahrhundert mit Häusern umgeben, wie es aus einigen historischen Plänen hervorgeht.[952] Über die Juristenstraße (Große Barfüßerstraße) bestand eine direkte Verbindung zum Markt mit dem Rathaus und der benachbarten Pfarrkirche St. Marien. Zur herzoglichen Burg, dem späteren kurfürstlichen Schloss, führte die Pfaffengasse direkt an der Stadtbefestigung entlang.

Der rasterartige Grundriss von Wittenberg gleicht denen planmäßig angelegter Gründungsstädte.[953] Die Anlage der deutschrechtlichen Stadt erfolgte an einem erstmals 1180 erwähnten Burgward in einem von Slawen besiedelten Gebiet.[954] Mit dem Ausbau des askanischen Herzogtums Sachsen dürfte der Ort frühestens unter Herzog Bernhard von Sachsen (1170–1212) angelegt worden sein.[955] Aufgrund der zunehmenden Residenzen der Herzöge in Wittenberg dürfte der Ausbau der Stadt nach 1250 zu neuer Bedeutung gelangt sein.[956] Die Klostergründung dürfte beim Stadtausbau und als Grablege der sächsischen Herzöge eine wichtige Rolle gespielt haben. Die Wittenberger Franziskanerkirche diente als dynastische Grablege des Reichsfürstengeschlechts.

Historisches Schicksal

Nach der frühen Vertreibung der Bettelmönche 1522 durch den Rat und nach dem Tod Kurfürst Friedrich des Weisen 1525 ging das Kloster mit Genehmigung seines Nachfolgers Johann im Jahr 1535 endgültig an die Stadt über, die darin bereits ein Armenspital einge-

---

950 Nach dem Plan von 1623 war die heutige Straße östlich der Klosterkirche noch nicht vorhanden.
951 SHStA Dresden, Schrank 26, Fach 95, Nr. 25i, Stadtplan von Wittenberg *Grund Riss der Chur-Stadt und Festung Wittenberg* von 1764.
952 RaA Wittenberg, Nr. 32 und 744 d, Stadtpläne von 1623 und 1742. 1998 wurde mindestens eine mittelalterliche Zufahrt im Bereich des Klosterhofes ergraben. Boris Canje: Art. Zweite Zufahrt zum Klosterhof gefunden, in: Mitteldeutsche Zeitung, Ausgabe Wittenberg, vom 05.08.1998, Nr. 179, 13.
953 Bellmann/Harksen/Werner 1979, 13.
954 Ebd.
955 Lorenz Friedrich Beck: Herrschaft und Territorium der Herzöge von Sachsen-Wittenberg (1212–1422), Potsdam 2000, 80ff.
956 Die ältesten Teile der Stadtpfarrkirche St. Marien lassen sich lediglich in das zweites Drittel des 13. Jahrhunderts datieren, wonach ein wirklicher Stadtausbau vermutlich erst unter Albrecht I. erfolgte. Vgl. Bellmann/Harksen/Werner 1979, 158. Wittenberg teilte sich lange mit Aken die Residenzen der sächsischen Herzöge. Vgl. Beck 2000, 233ff.

Abbildung 116: Wittenberg, Außenmauern des ehemaligen Stadthauses mit Mauerresten der Franziskanerkirche, Ansicht von Südosten (Foto: Todenhöfer 2008).

richtet hatte.[957] Die Klosterkirche baute man aufgrund einer drohenden Belagerung durch den sich verschärfenden Religionskonflikt ab 1537 unter der Leitung von Conrad Krebs in ein Proviantmagazin um.[958] Die kurfürstlichen Rechnungen von 1537 überliefern die einzelnen Umbaumaßnahmen und geben damit auch Auskunft zum spätmittelalterlichen Kirchenbau.[959] 1760 erlitt das Kloster während der Bombardierung Wittenbergs im Siebenjährigen Krieg starke Zerstörungen.[960] Das Spital wurde zwischen 1765 und 1769 wieder aufgebaut.[961] In der Kirche standen laut den Wittenberger Stadtbüchern im Jahr 1791 noch ein Bogen der ehemaligen Langhausarkade, der abgetragen wurde.[962] Anfang des 19. Jahrhunderts wurde unter der französischen Besatzung in den Ruinen ein Pulverhaus und 1818 unter der preußischen Verwaltung später ein Artilleriewagenhaus errichtet.[963] 1883 stockte man die Mauern um ein Geschoss auf und gestaltete den Innenraum zur Kaserne um.[964] Nach dem Ersten Weltkrieg diente das Gebäude als Gefängnis und später der städtischen Verwaltung,[965] nach dem Zweiten Weltkrieg wurde es von der Roten Armee genutzt.[966] Nach deren Abzug Anfang der 1990er Jahre gelangte das Gebäude wieder in den Besitz der Stadt, die es in den letzten Jahren für einen Umbau bis auf die Außenmauern abtragen ließ (Abbildung 116).

957 Wentz/Bünger 1941, 383.
958 Bellmann/Harksen/Werner 1979, 198.
959 Thüringisches Hauptstaatsarchiv Weimar, Reg. S, fol. 36a, Nr. 1b, *einnahm unnd ausgabegeldis vor dem Baue des Neuen Kornhaußs anngefangenn die woche Bonefatii Anno mccd xxxvii*. Vgl. Bellmann/Harksen/Werner 1979, 277.
960 Das Proviantmagazin (ehemalige Kirche) wurde bis auf die Südwestecke zerstört. RaA Wittenberg, Sig. VK 2708, nach Zeichnung von Ehrlich 1774. Ebenso zeigen zwei Stiche das Kloster vollständig in Ruinen (sig. Schleuen nach M.C.G. Gilling, abgedruckt in: Christian Siegfried Georgi: Wittenbergische Klage-Geschichte […], Wittenberg 1760, Reprint Stuttgart 1993, Tab. I u. II.). Allerdings blieb ein wohl nicht zum Kloster gehörender Turm (auf Tab. I mit der Nr. 31 gekennzeichnet) verschont.
961 Heinrich Kühne: Der Wittenberger Arsenalsplatz im Wandel der Jahrhunderte, Wittenberg 1992, 19.
962 RaA Wittenberg, Rep. Act. Cap. 8, Nr. 1090, *Acta Den von dem Herrn Amts-Inspectore Gottfried Joachim Thomas Georgi sich angemaaßten Klosterhof und Gotts Acker bey dem grauen Kloster alhier, sowohl als die von demselben angeordnete Niederreissung des in der alten Franciscaner-Kirche annoch stehenden Bogens betr. Ergangen beym Rathe zu Wittenberg Anno 1791*.
963 Kühne 1992, 20f.
964 Ebd., 24.
965 Ebd., 28f.
966 Ebd., 38.

Abbildung 117: Wittenberg, Südwestecke der ehemaligen Franziskanerkirche mit mittelalterlichen Mauerwerk, Ansicht von Süden (Foto: Todenhöfer 2008).

Architektur

Das spätere Stadthaus wurde auf den Fundamenten der Franziskanerkirche errichtet.[967] Der Grundriss des ehemaligen Langhauses besteht aus einem annähernden Rechteck von 44 Meter Länge und 19,4 Meter Breite.[968] An der Süd- und der Nordwestecke der heutigen Außenmauern des ehemaligen Stadthauses erhielt sich

Abbildung 118: Wittenberg, Büstenkonsole aus der Franziskanerkirche, heute Lutherhaus und reformationsgeschichtliches Museum Lutherstadt-Wittenberg (Foto: Todenhöfer 2004).

mittelalterliches Mauerwerk der Kirche (Abbildung 117).[969] Die Eckquaderung besteht aus Sandstein, das Füllmauerwerk der Wände aus abgeflachten Feldsteinen, deren Fugen mit Ziegelstücken ausgefüllt sind. Das restliche aufgehende Mauerwerk wurde entweder stark verändert beziehungsweise älteres Mauerwerk mit Ziegeln verblendet, so dass mittelalterliche Strukturen nur kurz über dem Fußbodenniveau zu Tage treten. So kann an der Südfassade im Bereich des ersten Jochs von Westen ein Gewänderest eines mittelalterlichen Portals lokalisiert werden. Reste einer Portalschwelle mit rechwinkligen Gewändefragmenten, etwas unter dem heutigen Laufhorizont an der ehemaligen südlichen Westfassade gelegen, könnten ebenfalls auf mittelalterlichen beziehungsweise frühneuzeitlichen Baubestand zurückgehen, da sie in ungestörtem Feldsteinmauerwerk der mittelalterlichen Kirche eingesetzt wurde.[970] Die 2008 durchgeführten Ausgrabungen brachten

---

967 Die mittelalterlichen Feldsteinfundamente konnten von einer westlich des Stadthauses gelegenen Baugrube aus beobachten werden.
968 Die Westseite steht nicht ganz im rechten Winkel zu den Längsseiten, deren südliche um etwa einen halben Meter länger ist.
969 Eine Bauuntersuchung wurde durch das Büro ASD (Berlin) durchgeführt. Die Dokumentation konnte jedoch vor Drucklegung nicht mehr eingesehen werden. Deren Ergebnisse dürften jedoch durch die jüngsten Ausgrabungen überholt sein. Siehe Anm. 971.
970 Die Gewändereste des Portals kamen erst nach dem Abriss eines Verbindungsbaues in den 1990er Jahren zwischen einem barocken Gebäude an der Juristenstrasse und dem ehemaligen Stadthaus/Kirche zum Vorschein.

Abbildung 119: Wittenberg, Schlosskirche, Sandsteinplatte (Stipes?) aus der ehemaligen Franziskanerkirche (Foto: Todenhöfer 2004).

an der inneren Nordwand im Bereich des östlichen Jochs ebenfalls Reste eines mittelalterlichen Portals über einem spätmittelalterlichen Ziegelfußboden zum Vorschein, das zur abgerissenen Klausur führte.[971] Die Gewände sind leicht abgeschrägt und laufen unten in einer Schiffskehle aus. Die jetzige Fensterstruktur des Untergeschosses ist den Umbauten Anfang des 19. Jahrhunderts zu zuordnen und steht in keinem Zusammenhang mit mittelalterlicher Fenstersubstanz.[972]

Eine spätgotische Gewölbekonsole, welche aus einem mit Blätterkranz bekrönten männlichen Oberkörper gebildet wird, sitzt sekundär an der nördlichen Ostwand des Stadthauses (Abbildung 199). Eine weitere gleichartig gestaltete Konsole befindet sich im Wittenberger Luthermuseum (Abbildung 118). Teile der Ausstattung wurden 1537 in die Schlosskirche überführt.[973] Darunter befinden sich eine Sandsteinplatte mit neun spitzbogigen Nischen (Abbildung 119), in denen weiblichen Heiligenfiguren stehen, und die möglicherweise zu einem Altarstipes oder Sarkophag gehörten, sowie zwei Grabplatten der askanischen Herzogsfamilie aus der zweiten Hälfte 14. Jahrhundert.[974]

Daten zur mittelalterlichen Konvents- und Baugeschichte

Das Franziskanerkloster wurde laut Grabinschrift und Totenbucheintrag von Herzogin Helene, der dritten Gemahlin des Herzogs Albrecht I., Tochter Herzogs Otto von Braunschweig-Lüneburg und Witwe des 1241 verstorbenen Thüringer Landgrafen Hermann, als Familiengrablege gestiftet.[975] Am 6. September 1273 starb die Gründerin des Franziskanerklosters und wurde in der Klosterkirche beigesetzt. Dies ist die früheste gesicherte Nachricht über die Existenz des Klosters und der Kirche. Da der bereits am 8. November 1261 gestorbene Ehemann, Herzog Albrecht, noch in der Gruft der brandenburgischen Askanier im Kloster Lehnin begraben wurde, dürfte die Kirche zu diesem Zeitpunkt noch nicht bestanden haben.[976] Ihre Erbauung fällt also in die Jahre zwischen 1261 und 1273.[977] Die Wittenberger Stadtbücher überliefern die Fertigstellung der Kirche für das Jahr 1269.[978] Da dieses Datum den Sterbedaten des Herzogspaares nicht widerspricht, handelt es sich offenbar um eine korrekte Überlieferung. Möglicherweise siedelten sich die Franziskaner schon zu Herzog Albrechts I. Zeiten in Wittenberg an. Herzog Johann I. von Sachsen trat kurz vor seinem Tod 1286 in das Wittenberger Franziskanerkloster ein, auch sein Bruder Albrecht II. wurde 1298 im Kloster begraben.[979] 1336 stellte Erzbischof

---

971 Die Ausgrabungen fanden unter der Leitung von Holger Rode von Landesamt für Denkmalpflege und Archäologie Sachsen-Anhalt noch während der Drucklegung statt. LDASA, Berichte der Ausgrabung Franziskanerkirche Wittenberg 1 und 2, Bearbeiter Holger Rode, 2008.
972 Vgl. Kühne 1992, passim
973 Bellmann/Harksen/Werner 1979, 199; Dehio Sachsen-Anhalt II, 1999, 493.
974 Grabmal Elisabeth von Sachsen (gest. 1353) und Herzog Rudolf II. von Sachsen (gest. 1370). Bellmann/Harksen/Werner 1979, Abb. 91 und 91.
975 Die Gründungsdaten 1238 (RaA Wittenberg, Stadtbücher Wittenberg, Urbare) oder 1246 (Monachus Pirnensis, in: Mencken, SS. rer. Germ. II 1610) sind für das Wittenberger Kloster nicht haltbar. Dazu die Ausführungen bei Wentz und Bünger (1941, 376f.).
976 Ebd., 376.
977 Vgl. Bellmann/Harksen/Werner 1979, 196.
978 RaA Wittenberg, Urbarium 9 Bb 6, fol. 308.
979 Beck 2000, 148.

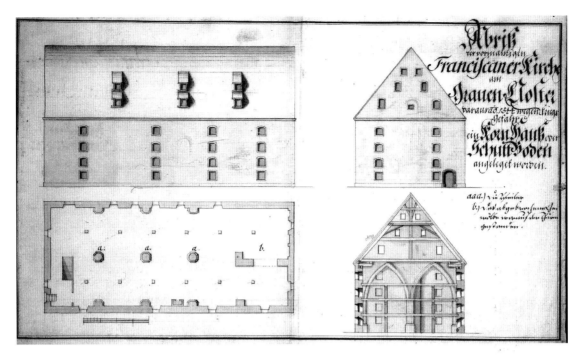

Abbildung 120: Wittenberg, Aufmass des ehemaligen Franziskanerklosters vor 1760 (Ratsarchiv Wittenberg., Urbarium 9 Bb 6, fol. 333, Karten Nr. 389).

Otto von Magdeburg einen Ablass zugunsten der Kirche aus.[980] Ein weiterer Ablass von Bischof Albert von Passau folgte 1337 ohne Zweckbestimmung.[981] Urkundlich ist für das Jahr 1355 eine Weihe der Kirche sowie des gesamten Klosterkomplexes durch Frater Johann, Titularbischof von Hebron beim Erzbischof von Madgeburg, überliefert.[982] Im gleichen Jahr wird Herzog Rudolf I. von Sachsen-Wittenberg durch die Goldene Bulle Karls IV. zum Kurfürsten erhoben. 1363 stiftete Johann Lösser einen Altar in der Kirche.[983] 1454 wird bei einer Kerzenstiftung ein Heiliges Grab genannt.[984] Nach der erzwungenen Observanz 1489 lässt Kurfürst Friedrich der Weise die Klostergebäude großzügig erneuern und 1515 ein Fenster mit dem kurfürstlichen Wappen für die Kirche anfertigen.[985]

Bauphasen

1. Bauphase: Saalkirche (um 1269)

Nach den jüngsten Ausgrabungen 2008 wurden im nordöstlichen Bereich des heutigen Gebäudes unter einem mittelalterlichen Ziegelfußboden die Fundamentreste einer einfachen Saalkirche entdeckt (Abbildung 123).[986] Der freigelegte Fundamentzug ist identisch mit einem L-förmigen Mauerzug im östlichen Teil des in den Plänen des 16. und 19. Jahrhunderts überlieferten Bauwerks (Abbildung 120 und 121). Der 1,2 Meter breite Feldsteinstreifen, der mittig durchbrochen ist, lag etwas südlich der ehemaligen Pfeilerreihe und war im Westen gekappt. Der nach Norden gerichtete Knick am Westende des Mauerzuges war eine spätere Anfügung.[987] Am Ostende knickte der Mauerzug mit dem heutigen Giebel, der stumpf an den älteren Mauerzug anstößt,[988] hingegen ursprünglich etwas nach Norden

---

980 Archiv der Stadtpfarrkirche (AStK), Inv.-Nr. 5, Urkundenkassette I, Nr. 5, Urkunde des Franziskanerklosters vom 24.06.1336. Vgl. Wentz/Bünger 1941, 374.
981 AStK Wittenberg, Inv.-Nr. 5, Urkundenkassette I, Nr. 5, Urkunde vom 16.03.1337. Vgl. Wentz/Bünger 1941, 374.
982 AStK Wittenberg, Inv.-Nr. 7, Urkundenkassette I, Nr. 7, Urkunde vom 02.05.1355. Vgl. Wentz/Bünger 1941, 374.
983 RaA Wittenberg, Kap. XIV n. 16, fol. 16v, Bc 4, fol. 21e. Vgl. Wentz/Bünger 1941, 384.
984 RaA Wittenberg, Urbarium Bc 94, fol. 189v. Vgl. Wentz/Bünger 1941, 384.
985 Aus den Kämmereirechnungen geht hervor, dass 1492, 1493 und 1499 größere Mengen an Kalk, Ziegel- und Mauersteine geliefert wurden. Cornelius Gurlitt: Die Kunst unter Kurfürst Friedrich dem Weisen (Archivalische Forschungen, 2), 51. Vgl. Wentz/Bünger 1941, 384.
986 Rode, Bericht 1, 2008, Schnitt IV, Befund 7, Schnitt VII, Befund 13. Siehe Anm. 971.
987 Ebd., 7 (Befund 6).
988 Ebd., 11 (Schnitt VII, Befund 14).

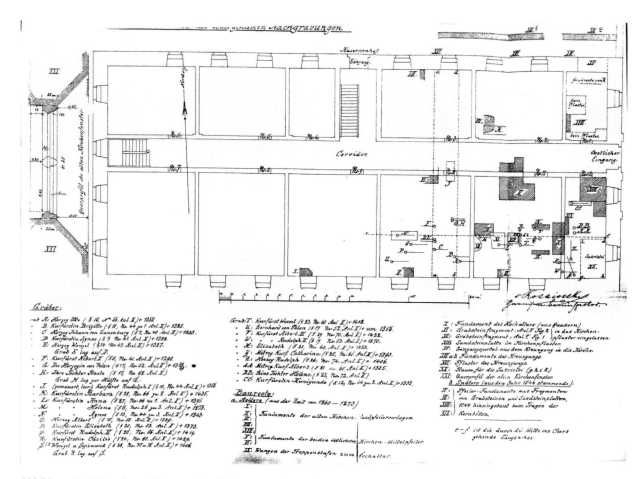

Abbildung 121: Wittenberg, Grabungsplan der Herzogsgräber in der ehemaligen Franziskanerkirche von Kosainsky (Hirschfeld 1884).

ab.[989] Nach der Zeichnung der umgebauten Kirche stand die Mauer beziehungsweise der angefügte rechteckige Eckpfeiler nach dem Umbau in vorher Raumhöhe. Der Mauerrest wird aufgrund der sorgfältigen Mauertechnik in das 13. Jahrhundert datiert.[990] An der Nordseite des Mauerstreifens befand sich ein geglätteter Verputz von 40 Zentimeter Höhe, sodass es sich um ein Stück aufgehendes Mauerwerk handelt.

Der nun ergrabene Bau erstreckte sich nach Westen über die gesamte Länge des spätgotischen Baues. Demnach ging die Saalkirche im nördlichen Schiff der späteren Hallenkirche auf. Der Saal besaß eine gesicherte Gesamtlänge von 44 Meter und eine lichte Breite von neun Meter. Der Bauablauf, die Datierung des Mauerwerks und der Bautyp lassen sich mit der für 1269 ersmals überlieferten Kirche in Einklang bringen. Ob der Chorannex (s. u.) bereits zur ersten Bauphase gehörte, bleibt ohne weitere Grabungsergebnisse unklar. Eine derart gestreckte Grundrissproportion inklusive des Chorpolygons von 1:5,7 wäre für Saalbauten unüblich, da die Proportionen in der Regel zwischen 1:4 und 1:5 lagen (Abbildung 175). Zumindest wird man die Erweiterung vor der dritten Bauphase ansetzen müssen.

2. Bauphase: Erweiterung mit einem Seitenschiff (wohl bis 1355)

Die Ausgrabungen im Frühjahr 2009 ergaben ebenfalls eine zweite Bauphase, in welcher der Saalbau um einen südlichen Anbau eines Seitenschiffes erweitert wurde.[991] Offensichtlich bestanden hier Parallelen zum zweischiffig asymmetrischen Chor der Stadtpfarrkirche (um 1280).

989 Rode, Bericht 2, 2008, 1, Abb. 9 (Schnitt VII, Befund 13).
990 Rode, Bericht 1, 2008, 7 (Befund 7).
991 Freundliche Auskunft des Ausgräbers Holger Rode. Bezüglich der genaueren Ergebnisse ist die Publikation der Ergebnisse und Pläne abzuwarten, vgl. Anm. 971.
992 Ebd.

Den wichtigsten Hinweis zur zeitlichen Einordnung geben die Ablässe von 1336 und 1337 sowie die Neueinweihung der Kirche 1355. Diese sprechen für eine umfangreiche Bauphase, die auf einen Umbau schließen lassen, dessen Binnengliederung derzeit nicht bekannt ist. Zudem sind wie in Salzwedel und Zeitz auch anderenorts Erweiterungen von franziskanischen Saalbauten durch Seitenschiffe im 14. Jahrhundert nachgewiesen, die für eine analoge Entwicklung in Wittenberg sprechen.

Östlich der späteren flachen Chormauer konnte jüngst die Fundamentgräben eines ca. zwölf Meter langen polygonalen Chores ergraben werden, dessen Datierung im 13. Jahrhundert angesetzt wird.[992] Bereits die Baurechnungen zum Umbau der Kirche zu einem Magazin von 1537 legen nah, dass mit dem Umbau zum Getreidemagazin östlich des nördlichen Seitenschiffs, wo ursprünglich die Saalkirche stand, ein Chorbau abgetragen und aus dem gewonnenen Material der Ostgiebel erneuert und Stützenfundamente für die Zwischendecken errichtet wurden.[993] Die Rechnungen erwähnen weiterhin für den Innenbereich der östlichen Giebelwand den Altar und ein „Mäuerlein von denn Chore",[994] womit offensichtlich der Kreuzaltar und die Chorschranken gemeint waren. Demnach muss entgegen früheren Annahmen das ursprüngliche Chorpolygon in das zweischiffige Langhaus des 15. Jahrhunderts integriert worden sein.[995] Die Pläne der späteren Hallenkirche lieferten zudem für einen Chorannex deutliche Hinweise. Während die Wandstärke des zweischiffigen Langhauses bei ca. zwei Ellen (ca. 1,10 Meter) lag, ist die östliche Mauer des Nordschiffes nur gut eine Elle stark und dazu sehr unregelmäßig errichtet (Abbildung 120). Offensichtlich handelt es sich bei diesem Mauerabschnitt um eine nachträgliche Einfügung von 1537, da hier laut der Rechnungen der Giebel nach dem Teilabriss „wieder berappt" worden war.[996] Einen weiteren Beleg für den Chorannex gibt eine Ostansicht des ehemaligen Klosters aus der ersten Hälfte des 18. Jahrhunderts (Abbildung 122). Die östliche Außenseite des spätgotischen Nordseitenschiffs weist einen vermauerten Bogen auf, der die Breite und Höhe des Hauptschiffs besaß. Dies lässt sowohl Rückschlüsse auf die Aufrissdimension des Chorbaues als auch der Höhe der ursprünglichen Saalkirche zu. Damit ist die Verortung des Chores von Hirschfeld im östlichen Teil des südlichen Schiffes anhand eines Altarfundamentes endgültig hinfällig (Abbildung 121).[997] Wahrscheinlich handelte es sich bei diesem Altar um einen Nebenaltar, der in der dritten Erweiterungsphase des Langhauses errichtet wurde, da zum einen der Altar außerhalb der Saalkirche lag und die Ziegel der „Treppenwangen" auf eine spätmittelalterliche Konstruktion hinweisen.[998]

3. Bauphase: Hallenkirche mit Gewölben (1. Viertel 15. Jahrhundert)

Wohl in einer dritten Bauphase wurde die Kirche zu einer zweischiffig symmetrischen Hallenkirche erweitert.[999] Der Grundriss des 1760 zerstörten Langhauses lässt sich anhand der erhaltenen Planzeichnungen der zum Kornhaus umgebauten Klosterkirche rekonstruieren (Abbildung 120 und 123).[1000] Danach stimmen die Längen- und Breitenmaße des Kornhauses mit denen des jetzigen Gebäudeumrisses überein.[1001] Die Höhe des aufgehenden Mauerwerks betrug ursprünglich ca. elf Meter. Ein profiliertes Traufgesims umzog den Bau auch an den Giebelseiten. Der Innenraum bestand aus zehn annähernd quadratisch gewölbten Jochen. Die Jochweite betrug ca. 8,1 Meter, die eines

---

993 „xxiiii fl. Hans Bronz vnnd Felix Wegnere haben die woche [...] denn chor einen Spannen weit abgebrochen. Vomit die Maurer den giebel gemacht Vnnd iiii gründe noch inn der Kirchen zu den Säulen." ThHStA Weimar, Reg. S, fol. 36a, Nr. 1b, fol. 14.

994 „xvi fl. Hansenn Brooz vnnd Felix Wegnere haben iiii tage Inn der Kirchenn außerhs Altarn vnnd das Mauerlein von denn Chore abgebrochen vnd aufgereumet. [...] Sonntags nach Viti". Ebd., fol. 3.

995 Noch mit irrtümlicher Annahme eines Binnenchores Bellmann/Harksen/Werner 1979, 199; Wentz/Bünger 1941, 385 und Dehio Sachsen-Anhalt II, 1999, 486.

996 „xxiii fl. Hans Bronz vnnd Felix Wegnere haben die woche denn giebel neben dem chore die [- - -] abgebrochen vnnd weggeräumt." ThHStA Weimar, Reg. S, fol. 36a, Nr. 1b, fol. 13; „xxiiii fl. Hermann Sprengel Virtus Keyser maurer vf vi tage haben den giebel vo man das chor abgebrochen widder berapt [...]". Ebd., fol. 25.

997 Vgl. Hirschfeld 1884, 83 u. 107. Der Hinweis auf einen Altar sichere ebenfalls nicht die Existenz des Chores im Südschiff, da insgesamt sechs Altäre in der Kirche überliefert sind. Die Grabung wurde nach dem damaligen Stand der Archäologie bzw. aufgrund des Ausgrabungszieles: die Umbettung der fürstlichen Gräber, kaum dokumentiert. Vgl. Heinrich Heubner: Der Bau des kurfürstlichen Schlosses und die Neubefestigung Wittenberg durch die Kurfürsten Friedrich der Weise, Johann des Beständigen und Johann Friedrich des Großmutigen, Wittenberg, 62.

998 Vgl. Hirschfeld 1884, 83 u. 107.

999 Friedrich Leopold (Wittenberg und die umliegende Gegend. Ein historisch, topographisch statistischer Abriß zur dritten Secularfeyer der Universitäts-Stiftung, Meissen 1802, 100) und Heinrich Christoph Gottlieb Stier (Wittenberg im Mittelalter, Wittenberg 1855, 30) vermuteten einen Neubau der zweischiffigen Kirche.

1000 Unter anderem SHstA Dresden, Schrank XXVI, Fach 95, Nr. 25p, Grundriss, Querschnitt, Trauf- und Giebelfrontriss zw. 1714 u. 1732 (?), Feder, getönt, 26,5 x 40,8 bzw. RaA Wittenberg, Kap. XIV, Nr. 16, fol. 66, Kopie vermutl. vor 1760 RaA Wittenberg., Urbarium 9 Bb 6, fol. 333. Bei letzteren ist allerdings dem Maßstab keine Einheit beigefügt. Vgl. Bellmann/Harksen/Werner 1979, 277f.

1001 Nach dem in sächsischen Ellen bemaßten Plan handelt es sich um ein Rechteck von 80 x 35 Ellen, also ca. 45,3 x 19,8 Meter. SHstA Dresden, Schrank XXVI, Fach 95, Nr. 25p.

Schiffes ca. 8,6 Meter.[1002] Die Scheidarkaden wurden von Achteckpfeilern getragen. Nach dem im Dresdner Hauptstaatsarchiv befindlichen Plan besaßen die Pfeiler runde, nach den Wittenberger Plänen achteckige Basen.[1003] Über den Basen befand sich ein niedriges Profil. An den Längsseiten saßen aus Ziegelsteinen gemauerte Wandpfeiler, welche das Halbprofil der freistehenden Pfeiler aufnahmen. Sie waren baueinheitlich mit der Wand.[1004] Die überlieferten Mittelpfeiler konnten bei den Ausgrabungen nachgewiesen werden.[1005] Über die Gewölbefiguration und Rippenquerschnitte ist nichts bekannt. Der Abriss eines Pfeilers und eines Fensters, das neben dem Chor lag, wird in den Rechnungen des Umbaues von 1537 berichtet.[1006] Wahrscheinlich stand der Pfeiler auf der L-förmigen Anstückung an das ehemalige Saalkirchenfundament oder es handelte sich um ein Strebepfeiler (Abbildung 120 und 121).[1007] Südlich dieser Mauer, die den Chor in voller Raumhöhe zum südlichen Seitenschiff abschrankte befand sich ein Altarfundament, das Hirschfeld im südlichen Schiff aufgedeckt hatte.[1008]

Drei Portale konnten diesem Bau zugewiesen werden. Ein Zugang befand sich an der südlichen Westseite. Dieser dürfte im 16. Jahrhundert zumindest verändert worden sein (Abbildung 120). Ein weiterer Zugang befand sich im ersten Joch der Südseite zur Straße und im östlichen Joch der Nordseite zur Klausur. Mittelalterliche Kirchenfenster überliefern uns die überlieferten Zeichnungen nicht. Den horizontalen Querschnitt eines gotischen Fensterprofils, das Hirschfeld abbildet, konnte nicht aufgefunden werden (Abbildung 121).[1009] Es handelt sich um ein zweibahniges Fenster mit den für die Gotik typischen abgeschrägten Gewänden und mit

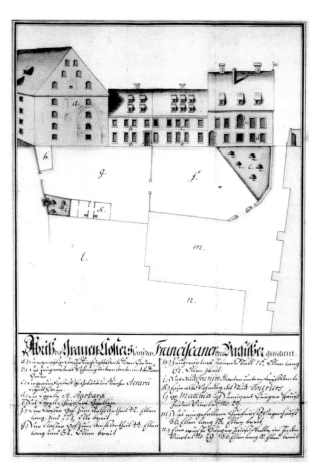

Abbildung 122: Wittenberg, ehemaliges Franziskanerkloster, Ansicht von Osten vor 1760 (Ratsarchiv Wittenberg, Urbarium 9 Bb 6, fol. 331).

einer lichten Breite von 1,67 Meter und einer äußeren von drei Meter.[1010] Das schlichte abgeschrägte Stabwerk kann frühesten in die zweite Hälfte des 13. Jahrhunderts

---

1002 Ein bei Bellmann, Harksen und Werner (1979, 198, Abb. Franziskanerkirche) abgedruckter Querschnitt mit Arkaden aus dem Hauptstaatsarchiv Dresden dürfte nicht zur Franziskanerkirche sondern zum Klausurbereich gehören. Alle Maße dieser Zeichnung weichen von den eindeutig durch Beschreibung der Franziskanerkirche zugewiesenen Plänen und den erhaltenen Gebäuderesten der Kirche ab. Die abgebildeten Dachkonstruktionen sind in ihrem Aufbau zwar ähnlich, aber nicht identisch. Zudem besaß das abgebildete Gebäude an einer Seite Strebepfeiler, die für das Kirchenlanghaus nicht überliefert sind (s.u.). Vermutlich handelt es sich um einen Kapitelsaal oder ein Refektorium, die sich durch Arkaden zum Kreuzgang öffneten. Bei den abweichend eingetragenen Firstlinien handelt es sich möglicherweise um Planungänderungen. Nach bisheriger Kenntnis ist es ebenfalls unwahrscheinlich, dass die Abbildung die im Nordflügel der Klausur nachgewiesene Kapelle SS. Barbara, Crispini et Crispiniani darstellt (vgl. Wentz/Bünger 1941, 379), da es sich um ein zum Kreuzgang geöffnetes Gebäude handelt. Möglicherweise handelt es sich gänzlich um ein fremdes Gebäude, da die jeweiligen Proportionen mit keinem der in Lageplan überlieferten Gebäude zu korrelieren zu scheinen (Abbildung 113).

1003 Vgl. SHstA Dresden, Schrank XXVI, Fach 95, Nr. 25p. u. RaA Wittenberg, Urbarium 9 Bb 6, fol. 333.

1004 Rode Bericht 2, 2008, 2, Schnitt IX, Befund 15.

1005 Mündliche Auskunft von Holger Rode.

1006 „xxiiii fl. Hansen Bronz vnnd Felix Wegnere habenn die woche denn einen pfeiler gleich gebrochenn. Vorann ein Altar gestanden vnnd das fenster neben dem Chor herunter gebrochen." ThHStA Weimar, Reg. S, fol. 36a, Nr. 1b, fol. 10.

1007 Die aufgehende Wand ist in der Dresdener Zeichnung als vertikaler rötlicher Balken gekennzeichnet, der von einer Säule teilweise verdeckt wird. Vgl. SHstA Dresden, Schrank XXVI, Fach 95, Nr. 25p.

1008 Vgl. Hirschfeld 1884, 83 u. 107, Abb. (Befund IX u. X).

1009 Man kann davon ausgehen, dass sich Reste mittelalterlicher Fenster an bislang unbekannter Stelle erhalten haben. Vgl. Georg von Hirschfeld: Geschichte der Sächsisch-Ascanischen Kurfürsten (1180-1422), ihre Grabstätten in der ehemaligen Franciscaner-Kirche zu Wittenberg, die Überführung ihrer Gebeine in die dortige Schlosskirche und die Stammtafeln ihres Geschlechts. In: Vierteljahrsschrift für Heraldik, Sphragistik und Genealogie (Sonderdruck), Berlin 1884, Anlage I, Befund-Nr. XXI.

1010 Hirschfeld 1884, Anlage I, Befund-Nr. XXI beschrieb dieses als „Querprofil der alten Kirchenfenster". Der mittlere Stab wurde von ihm folgerichtig aufgrund des Gewändeprofils rekonstruiert.

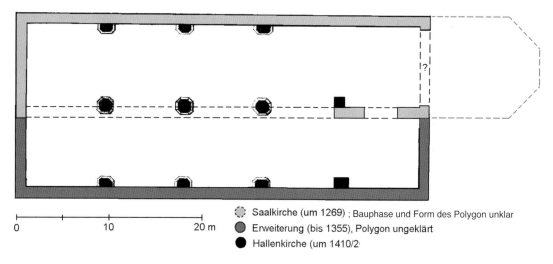

Abbildung 123: Wittenberg, Franziskanerkirche, Bauphasenplan (Zeichnung: Todenhöfer 2009).

datiert werden, wenn man das zentrale Ostfenster der Franziskanerkirche in Barby (bis 1271) oder die Chorobergadenfenster der Erfurter Predigerkirche (bis 1273) heranzieht.[1011] Die jüngsten Grabungen brachten jedoch ein Maßwerkfragment und Fragmente von Stabwerk mit Resten von roter Farbe zutage. Die Fragmente reichen derzeit für eine stilkritische Einordnung nicht aus.

Das Dachwerk war ein dreifaches Kehlbalkendach mit einem liegenden Stuhl, welcher bis zu den mittleren Kehlbalken reichte und einer zentralen Hängesäule bis zum First (Abbildung 120). Die Sattelschrägen besaßen eine Neigung von ca. 52 Grad. Die Binderenden lagen nicht direkt auf den jeweiligen Schwellen und waren scheinbar nur indirekt mit den Sparren verbunden, indem man sie mit den Sattelbalken verzapfte, auf denen sie lagen. Hohe Aufschieblinge lehnen sich an die Sparren an. Eine Spitzsäule war nach dem Wittenberger Plan in den First angeplattet und mit zwei Kopfbändern am oberen Sparrenende abgefangen worden. Allerdings zeigt der Dresdner Plan eine kurz über den Hahnenbalken abgeschnittene Säule.[1012] Die überlieferte Konstruktion kann nicht zum mittelalterlichen Bestand der Kirche gehört haben, da liegende Stuhlkonstruktionen erst ab Mitte des 15. Jahrhunderts auftraten. Bei diesem Beispiel handelt es sich zudem um eine ausgereifte Konstruktion, die eindeutig auf die Schaffung von Zwischenböden ausgelegt ist, wie es

die die Anhebung des Zerrbalkens auf die beidseitigen Stummelbalken und die Ausrichtung der Giebelfenster auf die Dachebenen nahe legen.[1013] Daher wird man nicht fehlgehen, dieses Dachwerk dem Umbau zu einem Lagerhaus ab 1537 zuzuschreiben.[1014] Offensichtlich war der Umbau notwendig gewesen, da die Hallenkirche durch einen Brand zerstört wurde, wie flächendeckende Verkohlungsspuren und Brandschutt auf dem Ziegelpflaster zeigten.[1015]

Die Datierung des Langhauses erfolgt durch zwei Gewölbekonsolen, die aus der Franziskanerkirche stammen. Eine stark verwitterte Konsole wurde sekundär an der nördlichen Ostfassade des Stadthauses eingemauert. Eine andere befindet sich nun im Stadtmuseum (Abbildung 118). Es handelt sich um Konsolfiguren mit Kopf und Schulterpartie, über denen sich ein Laubwerkkranz und eine polygonal gebrochene Deckplatte erheben. Die Form entspricht den Gewölbekonsolen im Langhaus der Wittenberger Stadtpfarrkirche St. Marien (1411 bis 1439) und leitet sich von der Konsolplastik der Moritzkirche in Halle ab. Ein weiteres Beispiel findet sich in der Marienkirche in Bernburg (Saale) um 1430.[1016] Damit fällt die Errichtung des zweischiffig symmetrischen Hallenlanghauses in die Zeit der Übernahme des Kurfürstentums Sachsen durch die Wettiner, die nach der Belehnung in Wittenberg einen Bautyp errichteten, der bereits zuvor in Dresden und Pirna entstand.[1017]

1011 Die lichte Weite des zweibahnigen Maßwerkfensters in Barby beträgt eineinhalb Meter. Siehe Seite 306ff., Fenstergewände- und Stabwerkprofile.
1012 Vgl. SHstA Dresden, Schrank XXVI, Fach 95, Nr. 25p.
1013 Für die Hinweise danke ich Dr. Thomas Eißing (Bamberg).
1014 Liegende Stuhlkonstruktionen waren in Wittenberg ab dem 16. Jahrhundert im Profanbau weit verbreitet. Paul Mannewitz: Das Wittenberger und Torgauer Bürgerhaus vor dem Dreissigjährigen Kriege, Borna-Leipzig 1914, 42ff.
1015 Rode, Bericht 2, 2008, 9, Schnitt XV, Befund 12.
1016 Bellman/Harksen/Werner 1979, 152f; 167 und 199.
1017 Siehe Seite 326–328, Architektur als Stifterrepräsentation.

Die Franziskanerkirche St. Franziskus, Antonius und Klara in Zeitz

Kustodie Leipzig, Bistum Naumburg/Zeitz, Archidiakonat Kollegiatsstift Zeitz[1018]

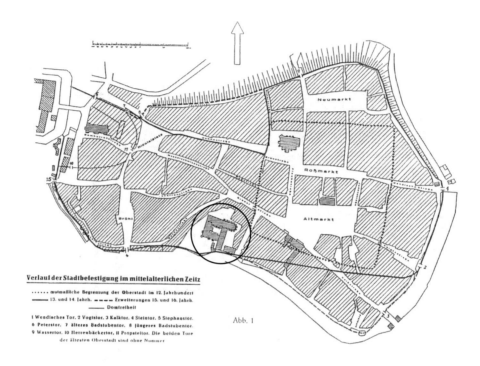

Abbildung 124: Zeitz, Rekonstruktion des mittelalterlichen Stadtgrundrisses (Günther 1957, Abb. 1).

Lage

Das ehemalige Franziskanerkloster liegt im Süden des mittelalterlichen Zeitz zwischen Brüderstraße, Schulstraße und Steingraben oberhalb eines Geländeabbruchs, der den Übergang zwischen Ober- und Unterstadt markiert (Abbildung 124).[1019] Der Geländeabbruch ist im Westen mit mittelalterlichen Stützmauern befestigt und bildet zum Klostergarten hin eine Terrasse. Die Klostergebäude lagen südlich der Kirche. Hinter ihnen erstreckte sich der Klostergarten bis an die Stadtmauer, die erst 1900 abgetragen wurde.[1020] Nördlich der Kirche schließt sich der geräumige Kirchhof an, dessen Nordseite von der Brüderstraße begrenzt wird. Ein Friedhof wird 1282 östlich der Kirche erwähnt.[1021] Die Brüderstraße gehörte zu einer städtischen Hauptverbindung zwischen der Burg und dem Markt der Unterstadt (Brühl) sowie dem Markt der Oberstadt mit dem Rathaus. Diese Verbindung gehörte zu einer alten Handels- und Heerstraße, die von Westen über Naumburg, Meineweh, Grana, Zeitz und Altenburg nach Osten führte.[1022]

Die Anlage des Klosters erfolgte zwischen zwei Siedlungskernen. Zum einen der im 12. Jahrhundert regelmäßig angelegten Oberstadt und dem offenbar auf

---

1018 Schlager 1914, 231 ff.; Mitteldeutscher Heimatlas 1958, Karte 16.
1019 Vgl. Hans Günther: Die Entwicklung des Zeitzer Stadtbildes im Mittelalter (Schriften des Städtischen Museums Zeitz, 1), Zeitz 1957, Abb. 1.
1020 Vgl. Adolf Brinkmann: Die mittelalterliche Stadtbefestigung der Stadt Zeitz, Zeitz 1902, 10.

1021 Das Areal *retro chorum* wurde 1282 den Franziskanern vom Naumburger Bischof Ludolf von Mihla (1280-1285) überlassen. Domstiftsarchiv Naumburg, Naumburg-Zeitzische Stiftschronik von Johann Zader, um 1650, Folio-Autograph, fol. 287.
1022 Günther 1957, 10.

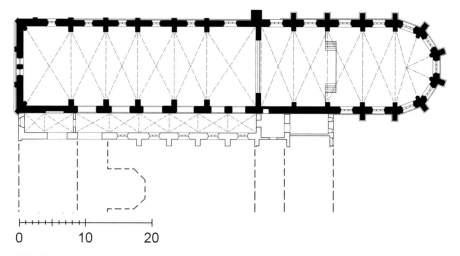

Abbildung 125: Zeitz, Grundriss der ehemaligen Franziskanerkirche (Zeichnung: Todenhöfer 2000).

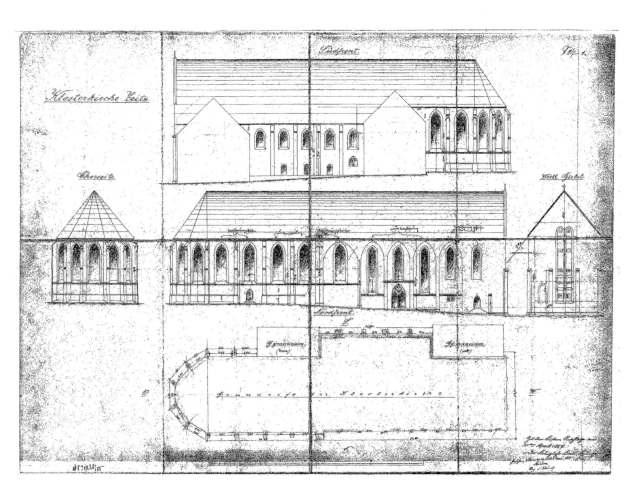

Abbildung 126: Zeitz, Aufmass der ehemaligen Franziskanerkirche von 1887 (Prokuraturamt Zeitz, Bausachen).

wendische Wurzeln zurückgehenden Burgsuburbium der Ottonenzeit nahe der Unterstadt.[1023] Weil zur Zeit des Klosterbaus ebenfalls der Ausbau der Stadtbefestigung um beide Siedlungskerne greifbar wird,[1024] liegt ein Zusammenhang zwischen Stadtausbau und Klosterbau nah. Auch zum Erhalt der angrenzenden Stadtmauer wurden die Franzskaner herangezogen, wie es für das 14. Jahrhundert mehrfach nachgewiesen ist.[1025] Offenbar forcierten die Naumburger Bischöfe als Stadtherren den Ausbau des Ortes, in dem sie im 13. Jahrhundert wieder zunehmend residierten und urkundeten.[1026]

Historisches Schicksal

Im Jahr 1517 besaß der Zeitzer Franziskanerkonvent noch 19 Mönche, drei Novizen und fünf Laienbrüder.[1027] Während der Säkularisierung des Klosters im Jahre 1541 auf Anordnung des sächsischen Kurfürsten Johann Friedrich schätzte man den Besitz der Mönche auf 200 Gulden.[1028] Alte und kranke Mönche durften im Kloster bleiben.[1029] Der letzte Guardian Johannes Pistor (gest. 1550) wechselte der überlieferten Grabinschrift zufolge den Glauben und wurde der erste evangelische Prediger der Kirche.[1030] Die Gebäude des Klosters beherbergten kurz darauf eine Lateinschule, deren Nachfolger noch bis in die 1990er Jahre existierte.[1031] Unter dem letzten katholischen Bischof, Julius von Pflug (1546–1564),[1032] und in der unmittelbaren Folgezeit ließen sich Katholiken in der Kirche begraben.[1033] Offenbar wurde noch katholischer Gottesdienst durch Stiftskanoniker in der Kirche gehalten.

Die Kirche bekam 1567 eine von Melchior Tatze geschaffene Kanzel,[1034] möglicherweise auch eine Orgel, die man 1606 reparierte[1035]. Herzog Moritz Wilhelm von Sachsen-Zeitz (amt. 1681–1718) ließ die Kirche zwischen 1688 und 1692 für 4184 Gulden erneuern und mit beheizbaren Logen ausstatten.[1036] 1813 wurde der Kirchenraum als Magazin zur Truppen- und Gefangenenunterbringung genutzt.[1037] 1842 mauerte man die Emporenöffnungen zu und erhöhte 1854 den Altarraum um gut einen Fuß. Zwischen 1870 und 1874 regotisierte man die Kirche und entfernte fast sämtliche barocke Einbauten.[1038] Bei diesen Arbeiten sanierte man unter anderem das Maßwerk und veränderte abermals das Fußbodenniveau im Altarraum. Zwischen 1876 und 1877 wurde der Ostflügel der ehemaligen Klausur zu Schulzwecken bei unverändertem Kreuzgang komplett umgebaut und ab der ersten Etage neu errichtet. 1908/09 wurden die Öffnungen der Südempore wieder freigelegt. Bei den folgenden Putz- und Malereiarbeiten im Innenraum entdeckte man Teile des Zelebrantensitzes im ursprünglichen Presbyterium und ein gemaltes Weihekreuz im Langchor.[1039] Bereits um 1900 deckte man im Kreuzgang und der Klausur umfangreiche spätgotische Wandmalereien auf.[1040] 1944 wurde die Empore im Obergeschoss des Nordkreuzganges von einer Bombe getroffen.[1041] 1952/53 wurden die Schäden

---

1023 Ebd., 8ff.
1024 1255 werden das Steintor am Brühl und 1278 das Wendische Tor im Osten genannt. Otto Dobenecker: Regesta diplomatica necnon epistolaria historiae Thuringiae (1152–1288), Bd. 3, Jena 1896, Nr. 2327; Gustav Sommer: Die Kreise Zeitz, Weissenfels, Langensalza, Mühlhausen und Sangerhausen (Bau- und Kunstdenkmäler der Provinz Sachsen, 1. Bd.), Halle 1882, 35.
1025 Zader/Autogr./2°/DArNb, fol. 97f. und Quart-Exemplar, Domstiftsarchiv Naumburg [Zader/4°/DArNb], 531f. Siehe Anm. 1021.
1026 1285 nehmen die Naumburger Bischöfe wieder offiziell ihre Residenz in Zeitz. Dazu Heinz Wiessner; Ernst Devrient: Das Bistum Naumburg (Germania sacra, NF 35, Die Bistümer der Kirchenprovinz Magdeburg: Die Diözesen, Bd. 1), Berlin 1997, 41 u. 199ff.
1027 Zader/Autogr/2°/DArNb, fol. 82; Zader/4°/DArNb, 534 (siehe Anm. 1021); vgl. Mark Zeitz Nr. 120 (1930), 77; Jubelt 1930, 38.
1028 Mark Zeitz, Nr. 120 (1930), S. 77f.
1029 Ebd. Der Laienbruder Hans Pirner starb erst 1556 und wurde in der Kirche beigesetzt. Vgl. Arthur Jubelt: Das Heim des Zeitzer Stiftsgymnasiums und seine Vergangenheit, in: Unsere Heimat im Bild, Beilage zu den Zeitzer Neuesten Nachrichten und Nebenausgaben, Nr. 9/10, Zeitz 1930, 38.
1030 Martina Voigt; unter der Verwendung von Vorarbeiten von Ernst Schubert: Die Inschriften der Stadt Zeitz (Die deutschen Inschriften 52, Berliner Reihe 7), Berlin 2001, 64, Nr. 95.
1031 Das Kloster wurde während der Regierungszeit des protestantischen Bischofs und Lutherfreundes Nikolaus von Amsdorf (amt. 1541–1546) aufgelöst. Luther selbst predigte schon ein Jahr später am 22. Januar 1542 in der Klosterkirche. Zur Geschichte der Schule Stiftsarchiv Zeitz, Kat. Pag. 77, Nr. 15, *Bibliotheca Scholae Cizensis*, handschriftliche Schulchronik aus dem 17. Jahrhundert.
1032 Offiziell wurde von Pflug schon 1541 zum Bischof ernannt, er konnte sein Amt jedoch erst 1546 nach dem Sieg des Kaiser im Schmalkaldischen Krieg antreten, da von Amsdorf zuvor vom Kurfürsten handstreichartig eingesetzt worden war. Wiessner/Devrient 1998, 986ff.
1033 Voigt 2001, 79ff, Nr. 119 und 127. Für die Folgezeit sind viele Begräbnisse angesehener Bürger, Stiftsangehöriger und des niedrigen Adels in der ehemaligen Klosterkirche nachgewiesen.
1034 Vogt 2001, 89, Nr. 130. Zur nachmittelalterlichen Baugeschichte Achim Todenhöfer: Das Franziskanerkloster in Zeitz. Zur Baugeschichte der Kirche, Mag.-Arbeit Univ. Halle-Wittenberg 2000 (masch.).
1035 Jubelt 1930, 35; vgl. Voigt 2001, 153, Nr. 230.
1036 Prokuraturamt Zeitz, Bausachen Nr. 4; vgl. Jubelt 1930, 38.
1037 Jubelt 1930, 38.
1038 Prokuraturamt Zeitz, Bausachen Nr. 2 (3. Bde.).
1039 Stiftsarchiv Zeitz, Nachlass von Adolf Brinkmann.
1040 Adolf Brinkmann: Die Wandmalereien im Franziskanerkloster in Zeitz, in: Jahrbuch für Denkmalpflege Provinz Sachsen, Magdeburg 1902, 64–66; Ingeborg Schulze: Nikolaus Eisenberg, ein sächsischer Maler aus der zweiten Hälfte des 15. Jahrhunderts, in: Wissenschaftliche Zeitschrift der Universität Halle-Wittenberg, Nr. 10, Halle 1961, 163–189.
1041 Mitteldeutsche Zeitung, Ausgabe Zeitz, Nr. 156 (1992), 17.

Abbildung 127: Zeitz, ehemalige Franziskanerkirche, Gewölbedienst im südlichen Triumphbogengewände, Ansicht von Westen (Foto: Todenhöfer 2009).

behoben, ohne die Gewölbe im Erdgeschoß wiederherzustellen.[1042] Seit den 1970er Jahren verfiel die Kirche aufgrund des Auszugs der evangelischen Gemeinde. Erst 1993 setzten Erhaltungsmaßnahmen ein, die bis heute andauern. Derzeit wird die teilsanierte Kirche zunehmend zu kulturellen Veranstaltungen genutzt. Im ehemaligen Kloster befinden sich die Archive des Prokuraturamtes und des Domstiftes Zeitz.

1042 LDASA, Objektakten zur Franziskanerkirche Zeitz.

Architektur

Die Franziskanerkirche in Zeitz ist ein lang gestreckter Saalbau. An das sechsjochige Langhaus schließt ein vierjochiger Langchor mit einem 5/10-Polygon an. Das Obergeschoss des an der Südseite anschließenden Kreuzganges ist durch breite Spitzbögen als Empore zum Saalraum geöffnet. Im unteren Bereich sind die Bogenlaibungen mit Ziegelstein zugesetzt worden. Vermutlich war auch ein Teil des unteren Kreuzgangs zum Saal geöffnet. Das Material der Mauern besteht vorwiegend aus Bruchsteinen des verwitterungsanfälligen gelblich grauen Sandsteins der Region. Die aus Werkstein gearbeiteten Architekturglieder wurden aus dem gleichen Material gefertigt. Für das Mauerwerk wurde der Sandstein grob in handliche Formate zugehauen.

Der Chor ist mit Strebenpfeilern einheitlich gegliedert. Im Bereich des Polygons und des letzten Chorjoches besitzen die Strebepfeiler im oberen Teil kleine Blendgiebelchen, die in den vorangehenden Jochen fehlen. In den Jochsegmenten der Wände befinden sich über einem hohen Kaffgesims breite dreibahnige, maßwerktragende Spitzbogenfenster. Die Grenze zum Langhaus bildet ein massiger Strebepfeiler, der mit einem erhöht liegenden Kanzelräumchen ausgestattet ist, das ursprünglich vom Chorinneren, als auch vom Vorplatz begehbar war (Abbildung 128). Eine rechteckige Öffnung öffnet sich zum Vorplatz. Sekundär eingebrochen bestand auch eine Öffnung zum Langhaus westlich des Triumbogens.

Die Schauseite des Langhauses gliedert sich entsprechend der inneren Jochbreite durch spitze Blendbogen. Die Höhe des Kaffgesimses verspringt mehrfach. Das erste Langhausjoch von Westen weist aufgrund etwas stärkerer Mauern weder Blendbogen noch eine Sockelzone auf. Das erste und das sechste Langhausjoch sind erheblich breiter als die restlichen Travéejoche, dennoch vermittelt die Fassade einen relativ harmonischen Gesamteindruck. Dieser unterscheidet sich allerdings wesentlich von der einheitlichen Strebepfeilergliederung des Chores, da hier nur flache, sich verjüngende Wandlisenen die Fassade gliedern. Die Langhausfenster sind, bis auf das dreibahnige im sechsten Joch, schmale zweibahnige Spitzbogenlanzetten mit einfachen Maßwerkmotiven.

Die Westfassade besitzt einen massigen, mehrfach gestuften Sockel. Flache Eck- und zwei fensterflankierende Wandlisenen teilen den unteren Wandbereich in drei Segmente. Zwei hohe und schmale, im unteren Bereich vermauerte Spitzbogenlanzetten liegen in

Abbildung 128: Zeitz, ehemalige Franziskanerkirche, Ansicht von Nordosten (Foto: Todenhöfer 2008).

der Gebäudeachse. Ihre Bogenfelder reichen über die Traufhöhe in die Giebelzone hinaus. Auf dem Giebel steht ein Steinkreuz.

Der Haupteingang befindet sich auf der Nordseite des vierten Langhausjochs. Er besteht aus einem zweiteiligen Portal mit einem eingestellten Trumeaupfeiler, auf dessen vorgeblendeten Halbrundsäule ein schlankes Kelchblattkapitell aus gebranntem Ton sitzt (Abbildung 136). Die Türöffnungen werden von genasten Spitzbögen und einem stehenden Vierblatt im Couronnement überfangen. Desweiteren existieren noch kleine Spitzbogenportale im ersten Langhausjoch und im dritten Chorjoch. An der Südseite führt ein plattbogiges Portal im ersten Langhausjoch zum Kreuzgang. Auf der Südseite des zweiten Chorjoch besteht ein Eingang zur Sakristei, der wohl Anfang des 19. Jahrhunderts mit einem Schulterbogen versehen wurde. Weiterhin können in der Westfassade, der Süd- und Nordseite des sechsten Langhausjochs vermauerte Portale lokalisiert werden, die mittelalterlichen Ursprungs gewesen sein dürften. Zudem existieren aus dem 17. und 18. Jahrhundert stammende Portale im zweiten, fünften und sechsten Langhausjoch der Nordseite, welche bis auf das Portal im sechsten Langhausjoch einst zu barocken Kapellenanbauten führten.[1043] Im dritten Chorjoch auf der Südseite zeichnet sich das barocke Gewände eines ehemaligen Friedhofsportals im Mauerverband ab.

Der Innenraum ist ein 11,5 Meter breiter Saal mit einer Länge von 61,5 Meter. Er erscheint einheitlicher als der Außenbau angesichts der relativ gleichmäßig verteilten, kräftig heraustretenden Wandpfeiler, auf denen einfache Kreuzrippengewölbe ruhen. Der Fußboden erhöht sich ab den weit in den Innenraum gezogenen Mauerzungen des Triumphbogens um ca. 40 Zentimeter und ab den zweiten Wandpfeilern des Chores nochmals um einen Meter. In der oberen Südwand des Langhauses befinden sich in unregelmäßigen Abständen große spitzbogige Emporenöffnungen, die den Blick in das überwölbte, durch Maßwerkfenster beleuchtete Obergeschoss des anschließenden Kreuzganges freigeben. Die Jochweiten des Bauwerks differieren. Das erste und sechste Langhausjoch fallen mit ca. sieben Metern bedeutend weiter aus als die restlichen mit ca. fünf Metern annähernd gleichweiten Joche von Langhaus und Chor. Da das Lanzettfenster im ersten Langhausjoch der Nordseite nicht in der Jochmitte sitzt, wurde das Gewölbe im ersten Langhausjoch höher ausgeführt, um nicht den Fensterbereich zu überschneiden. Die Überwölbung des 5/10-Chorpolygons orientiert sich an einem 5/8-Polygon, wobei der Schlussstein der Polygonrippen aus dem Konstruktionspunkt nach Osten verschoben wurde (Abbildung 233). Die Gewölbeanfänger und Gewölbe des Chores liegen etwas höher als im Langhaus. Sowohl die Gurte und Querrippen besitzen ein einfaches durch beidseitige Kehlen zugespitztes Profil. Lediglich die Gurte der letzten drei Langhausjoche erhielten einen rechteckigen

---

1043 Elektronisches Kartenarchiv der Universitäts- und Landesbibliothek Sachsen-Anhalt, Halle), *Das Stifft Naumburg und Zeitz nebst einen grossen Theil derer angraenzenden Laender. Verfertiget und in Kupfer gestochen von Johann George Schreibern,* Leipzig um 1716/19.

Abbildung 129: Zeitz, ehemalige Franziskanerkirche, Innenansicht von Nordwesten (Foto: Todenhöfer 2008).

Rippenquerschnitt. In den Ecken der Westwand sowie im Chorpolygon sind die Wandvorlagen als kräftige Dreiviertelsäulen gebildet. Im ersten Langhaus- und im ersten Chorjoch sind die Wandpfeiler auf massiven Profilkonsolen abgekragt. Offenbar befanden sich darunter einst Einbauten. An den Wandpfeilern liegen jeweils drei Gewölberippen abwechselnd auf schlichten Kämpferprofilen oder auf drei schlichten kegelförmig auslaufenden Konsolen mit doppelten Schaftringen auf. Nur eine Konsole am Südpfeiler des vierten Langhausjoches ist als Kopfmaske gestaltet worden (Abbildung 200). In den Zwickeln der Schlusssteine befinden sich in Form von Ranken, teils mit musizierenden Engelsfiguren, Fragmente spägotischer Gewölbemalereien (Abbildung 130). Bei restauratorischen Untersuchungen in jüngster Zeit kamen zudem an den Wandvorlagen im Chorpolygon rötliche Malereifragmente zum Vorschein, die je Wandvorlage einen Heiligen zeigen. Trotz der Beschädigung vieler Wand- und Gewölbebereiche kann man an den Rippen und Wandvorlagen noch rote Farbfassungen erkennen, die offenbar zu einer spätmittelalterlichen Ausstattungsphase gehören.

Die Dachkonstruktion des Langhauses besteht aus einem doppelten Kehlbalkendach mit Sparrenknechten und liegendem Stuhl mit überblatteten Kopfbändern (Abbildung 131). Auf zwölf Vollgebinde kommen insgesamt 35 Gespärre. Über dem ersten, höher überwölbten Langhausjoch befinden sich insgesamt fünf Leergespärre. Ansonsten wechseln sich ein Vollgebinde mit zwei Leergespärren ab. Die Sparren sind an der Nordseite mit etwas Vorholz in die Binder gezapft, so dass kurze Aufschieblinge nötig wurden. Auf der Südseite wurden die Sparren bis auf die Mauern des Kreuzganges verlängert.

Der Chor besitzt zwei getrennte Abbundeinheiten. Die ersten neun Gespärre wurden im 17. Jahrhundert erneuert, indem man in die Binderebenen zusätzlich Kreuzstreben einband, deren Enden zugfest an Sparren beziehungsweise Stuhlsäulen angeblattet sind. Die Sattelhölzer sind in diesem Bereich in einen Wechselbalken eingezapft. Die zweite östlich folgende Abbundeinheit entspricht der des Langhauses. Anstatt der in die Mauerschwellen aufgekämmten Binder befinden sich hier oberhalb der Sparrenknechte verblattete Zugbalken. Der Längsverband wird größtenteils durch einfache Riegel und zwei Kopfrispen bewerkstelligt, die durch rückseitige Verblattungen mit den Stuhlsäulen und Rähmhölzern verbunden sind. Über dem Chorpolygon

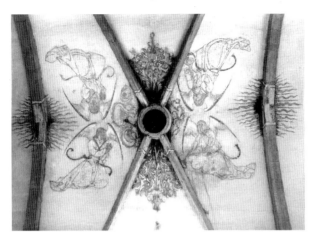

Abbildung 130: Zeitz, ehemalige Franziskanerkirche, Deckengewölbe im 4. Joch (Foto: o. N. um 1980, LDASA).

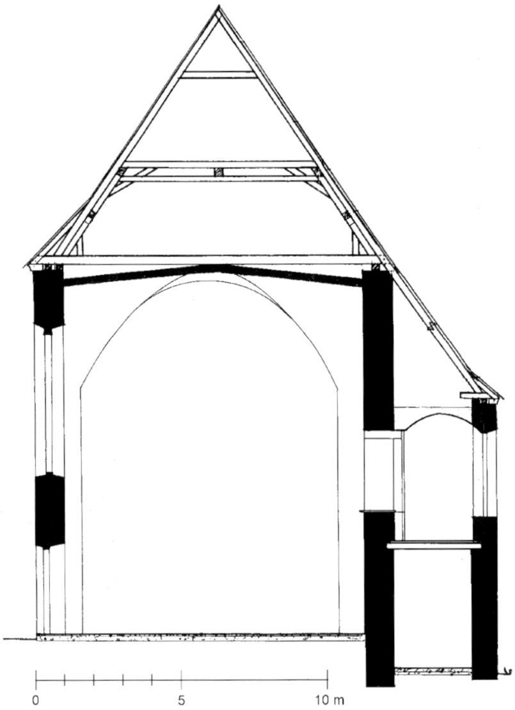

Abbildung 131: Zeitz, Franziskanerkirche, Querschnitt durch das Langhaus im 4. Joch (Zeichnung: Todenhöfer 2009 unter Verwendung von Planmaterial von Büro Boy und Partner/Naumburg).

stellte man zur Aufnahme der Gratsparren einen sogenannten Kaiserstiel. Die Walme bestehen allerdings ohne Stuhlkonstruktion nur aus in die Sattelhölzer eingezapften Sparren und schräg angeschlossenen Zughölzern, welche bis auf die zwei äußeren Zwischenwalmsparren, deren Kräfte bis in die 18. Gespärreebene geführt werden, die Schubkräfte in das Anfallgespärre ableiten, indem sie über die Binder gekämmt werden.

Daten zur mittelalterlichen Baugeschichte

Im Jahr 1238 stellte der Naumburger Bischof Engelhard in Zeitz den Franziskanern ein Empfehlungsschreiben für seine Diözese aus, mit dem sie sich in Zeitz niederließen.[1044] 1266 erwähnte ein Schreiben des päpstlichen Legaten Guido erstmals die Kirche und gewährte allen Besuchern zum Kirchweihtag Ablass.[1045] Da in dem Ablass von einem Kirchweihtag und nicht von einer bevorstehenden Weihe die Rede ist, besitzen wir für 1265 einen Terminus ante quem für die Fertigstellung des ersten Baues. Nach der Statistik von Otto Graf, wonach bei der franziskanischen Ansiedlung in den deutschen Provinzen um 1240 der Klosterbau ca. zehn Jahre später erfolgte, dürfen wir von einem Baubeginn um 1250 ausgehen.[1046] Bischof Berthold von Bamberg lud am 30. April 1279 zu einer abermaligen Einweihung der Kirche ein und stiftete hierzu ein Jahresgedächtnis in Form eines Ablass.[1047] Im gleichen Jahr stellte Bischof Friedrich von Merseburg für den gleichen Zweck einen weiteren Ablass aus.[1048]

1044 UB Hochstift Naumburg 2, 191f., Nr. 166.
1045 „[…] omnibus vere poenitentibus et confessis, qui ecclesiam ipsam […] ac etiam in die dedicationis eiusdem ecclesiae […] visitaverint […] relaxamus." Ebd., 377, Nr. 348. In der Diözese Naumburg/Zeitz gab es nur das Zeitzer Mönchskloster. Zwar betreuten auch in Weißenfels Franziskaner den Klarissinnenkonvent, aber dieser wurde erst in der zweiten Hälfte des Jahrhunderts gegründet. Vgl. Astrid Fick (Hg.): Das Weißenfelser Klarenkloster zum 700-jährigen Bestehen, Weißenfels 2001.
1046 Graf 1995, 114 u. 235, Grafik 9; vgl. Achim Todenhöfer: Die Franziskanerkirche in Zeitz, in: Zur Architektur und Plastik des Mittelalters in Sachsen-Anhalt (Hallesche Beiträge zur Kunstgeschichte, Heft 2), hg. v. Wolfgang Schenkluhn, Halle 2000, 81–96, hier 82.
1047 „[…] monebus […] dedicationem fratrum minorum in Cyce celebrandam in dominica cantate reverenter et devocius accedatis, omnibus vere penitentibus et confessis, […] in dedicatione prehabita […]". UB Hochstift Naumburg 2, 504, Nr. 468.
1048 Die Urkunde ist zwar auf 1278 datiert, aber das Pontifikatsjahr weist auf 1279. UB Hochstift Naumburg 2, 493, Nr. 460.

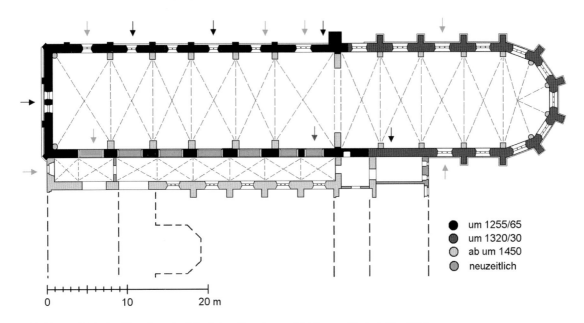

Abbildung 132: Zeitz, Plan der mittelalterlichen Bauphasen (Zeichnung: Todenhöfer 2004).

Einer Inschrift zufolge wurde im Jahr 1447 im Chor ein Altarretabel des Malers und Zeitzer Franziskanermönchs Nikolaus Eisenberg aufgestellt und im selben Jahr geweiht.[1049] Im Jahr 1505 baten die Mönche den Stadtrat, sich vom Kirchhof eine Wasserleitung in ihr Kloster legen zu dürfen.[1050] Die im Turmkopf des Dachreiters gefundene Urkunde überliefert die Sanierung des Kirchendaches im Jahr 1517.[1051]

Bauphasen und Rekonstruktion

1. Bauphase: Saalkirche (bis 1265)

Als stilistisch ältesten Bauteil erkannte bereits Arthur Jubelt die sechs Joche des Langhauses mit den strebepfeilerlosen Blendarkaden sowie die unteren Wandbereiche des anschließenden östlichen Chorjochs (Abbildung 132).[1052] Das im ersten Chorjoch und am Kanzelpfeiler teilweise erhaltene Sockelgesims ist in Form und Höhe mit den im östlichen Langhausbereich erhaltenen Sockelgesimsen identisch. Es bricht zum zweiten Chorjoch mit einer Baunaht ab. Das Kaffgesims führt ungestört um den Strebepfeiler herum, der den Triumphbogen stützt. Die Baufuge zieht sich erst in den höheren Wandzonen östlich am Kanzelstrebepfeiler empor und mündet in Dachbereich.

Der Kanzelstrebepfeiler war ursprünglich vom Innenraum von der Ostseite des Triumphbogens über Stufen begehbar. Die integrierte Anlage kombiniert Gliederbau und Ausstattung zu einer einmaligen Lösung.[1053]

Die Reste eines 1908 an der Südwand des ersten Chorjochs freigelegten Zelebrantensitzes mit eingestelltem Säulchen, attischer Basis und mit einem schlichten Kelchkapitell markieren den ursprünglichen Bereich des Presbyteriums (Abbildung 133).[1054] Somit besitzen wir einen Hinweis für die Lage des ursprünglichen Chorschlusses, der nur wenige Meter östlich des Zelebrantensitzes vermutet werden darf. Vermutlich orientierte sich der Chorschluss an der Flucht der

---

1049 Das Altarretabel, das 1713 anscheinend noch vorhanden war, gilt als verschollen. Voigt 2001, 20, Nr. 26.
1050 Zader/4°/DArNb, 533 (siehe Anm. 1021) ; vgl. Mark Zeitz, Nr. 124 (1931), 95.
1051 Zader/Autogr/2°/DArNb, 82; Zader/4°/DArNb, 534 (siehe Anm. 1021); vgl. Mark Zeitz Nr. 120 (1930), 77; Jubelt 1930, 38. Dort Abschrift der Urkunde. Das Datum wird durch die dendrochronologische Untersuchung gestützt. Das Holz über dem Langhaus wurde 1515/16 und das über dem Chor 1516/17 geschlagen. LDASA, Franziskanerkloster Zeitz. Bauhistorische Dachwerkuntersuchung von Thomas Eißing (Univ. Bamberg), 1996, 3ff.
1052 Jubelt 1930; vgl. Dehio Sachsen-Anhalt II, 1999, 920ff.; vgl. Todenhöfer 2000; vgl. LDASA, Bauhistorische Untersuchung des Franziskanerklosters von Yngve Jan Holland, Andreas Potthoff und Irene Antonia Graf, 2001.
1053 Siehe Seite 320, Zugangssituation und Platzbildung.
1054 Jubelt 1930, 36.

Abbildung 133 links: Zeitz, ehemalige Franziskanerkirche, Reste eines Zelebrantensitzes in der Chorsüdwand (Foto: Todenhöfer 2008).

Abbildung 134 oben: Zeitz, ehemalige Franziskanerkirche, 1. Langhausjoch, Rekonstruktion des Blendbogens (Foto: Todenhöfer 2000).

anschließenden Ostklausur. Der Chor wird flach geschlossen gewesen sein wie bei den meisten Saalbauten um 1250. Zudem bezeugt der Zelebrantensitz, dass der Psallierchor ursprünglich im letzten Langhausjoch vor dem spätmittelalterlichen Triumphbogen lag, womit eine Erklärung für die abweichende Jochweite und Fenstergröße gegeben ist. Der Größensprung vom fünften bis zum sechsten Langhausjoch, der sich auch auf die Blendbögen überträgt, definiert sich somit nicht als Planänderung, sondern als logische Folge der Innenraumgestaltung, denn der Aufbau aus Sockel, Kaffgesims, Wandlisenen und Blendbögen bleibt auch hier erhalten.[1055] Auch dürfte das dreibahnige Fenster durch den Chorbereich erklärbar sein. Das Maßwerk des Fensters stammt hingegen aus dem 14. Jahrhundert und greift die Formen des späteren Langchors auf. Die Fenstersohlbank war ursprünglich bis auf die ursprüngliche Kaffgesimshöhe herabgezogen. Wohl erst mit dem Einbau einer Tür nach Aufgabe des Psallierchores erhöhte man das Kaffgesims und verkürzte das Fenster dementsprechend. Aufgrund des ehemals vorhandenen Chorgestühls wird verständlich, weshalb man das heute vermauerte Portal in diesem Joch nicht in der Jochmitte, sondern an dessen östlichen Rand platzierte.

Planwechsel im ersten Langhausjoch

Der von Osten nach Westen vorangetriebene Bau erfuhr kurz vor dem Abschluss im Westen einen Planwechsel. Der Rest eines Lisenensockels zeigt an, dass

---

1055 Das Kaffgesims wurde erst nachträglich im sechsten Langhausjoch mit dem Einbau eines Portals erhöht.

Abbildung 135: Zeitz, ehemaliges Franziskanerkloster, Ansicht von Westen (Foto: Todenhöfer 2008).

das westliche Langhausjoch ursprünglich die gleiche Breite der darauffolgenden Joche von gut fünf Meter und an der Fassade einen Blendbogen erhalten sollte. Auch die Lage des ausgeführten Fensters orientiert sich noch an der urspünglichen Jochbreite (Abbildung 134). Die Bauabfolge wird aus dem Mauerverband ersichtlich, denn dass zweite Langhausjoch und dessen westliche Lisene bestand schon in etwa zur Hälfte der Wandhöhe, als man das Mauerwerk und die Jochweite verbreiterte und die westliche Ecke der Lisene im oberen Bereich nicht mehr ausarbeitete.

Die Veränderungen gehen womöglich auf statische Schwierigkeiten zurück, die durch den Abhang bedingt waren, der sich nur wenige Meter westlich der Kirche befindet und durch eine Bruchsteinmauer gestützt wird (Abbildung 135).[1056] Offenbar plante man, das Langhaus ursprünglich mit sieben Jochen um ein Joch länger auszuführen, da der erhaltene Lisenensockel im ersten Joch keine diagonale Eckstellung zeigt. Das siebende Joch wurde um die Hälfte gekürzt und die Außenmauer stärkter ausgeführt, womit der westliche Blendbogen der Schauseite wegfiel. Aufgegeben wurde auch ein teilweise ausgeführtes Westportal, dessen Gewändereste sich an der Innenseite der Westwand abzeichnen. Von Außen erhielt die Westfassade einen kräftigen mehrfachgestuften Sockel. Zudem wurden die Gewände eines einzelnen spitzbogigen Obergadenfensters im Anschlussbreich des heutigen Westklausurdaches an die Außenwand der Kirche lokalisiert, welches den Schluss nahelegt, dass man ursprünglich an der Südseite einen eingeschossigen Kreuzgang mit kleinen Obergadenfenstern errichten wollte.[1057] Vermutlich wurde dieser Plan zusammen mit den Veränderungen am westlichen Gebäudeabschluss aufgegeben, da davon auch die Planung der Klausur beziehungsweise seiner westlichen Ausdehnung betroffen war. Es ist zu vermuten, dass dem Planwechsel ein Baumeisterwechsel vorausging, denn die Fensterlaibungen des ersten Langhausjoches und der Westfassadenfenster besitzen gegenüber den restlichen ein verändertes

---

1056 In dieser Hangmauer befindet sich ein langer bisher übersehener unterirdischer Zugang, der zur Brunnenkapelle im Kreuzganghof und den Klosterkellern führt.

1057 Vgl. Todenhöfer 2000, 87.

Laibungsprofil. Der Innenraum dürfte sich höher als die spätgotischen Gewölbe über die Traufe hinaus in den Dachbereich erstreckt haben, denn die beiden Lanzettfenster der Westwand reichen bis in das Giebelfeld (Abbildung 135).[1058] Wahrscheinlich war der Raum von einem hölzernen Tonnengewölbe begrenzt. Über den Gewölben fanden sich sowohl an den Längsseiten der Mauerkronen als auch an der Giebelinnenseite noch Reste eines Verputzes. Allerdings ließen sich Abdrücke einer mutmaßlichen Holzschalung nicht finden, da dem Schichtenverband zufolge die Mauerkronen offenbar im Mittelalter ein- bis zweimal saniert wurden. Entsprechend der geschätzten Raumhöhe musste der Triumphbogen ursprünglich höher gewesen sein (Abbildung 127). Spätestens 1265 war dieser Saalbau fertig gestellt worden. Aus dieser Zeit stammen wohl nur die frühen Maßwerkformen der zweibahnigen Fenster der Nordfassade. So treten über den ungenasten Lanzettbahnen ein einfaches Herz, ein stehender Dreipass oder ein schlichter Kreis auf.[1059]

Exkurs: Holztonnengewölbe

Die Zeitz Franziskanerkirche besaß in der ersten Bauphase eine normale Grundrissproportion von ca. 1:4. Die lichte Breite des Innenraums fällt indes mit 11,5 Meter weiter als bei gängigen Gewölbebauten aus. Dies dürfte ein Indiz für eine ursprüngliche Holztonnenwölbung sein. Nach Eißing konnten Spannweiten zwischen ca. zehn bis zwölf Metern bis zur Einführung von Hängewerken in der zweiten Hälfte des 15. Jahrhunderts nur durch Holztonnenkonstruktionen überbrückt werden.[1060] Die ursprünglich mit einer Holztonne gewölbte Franziskanerkirche in Mühlhausen besitzt eine Raumbreite von ca. zwölf Meter. Die Franziskanerkirche in Arnstadt kommt auf elf Meter. Bei der Letzteren ist noch eine Holztonnenwölbung aus dem Jahr 1725 vorhanden.[1061] Die Konstruktion des ursprünglichen Daches und der Holztonne der Zeitzer Franziskanerkirche dürfte der Franziskanerkirche in Saalfeld entsprochen haben. Dort ist zwar die Schalung der Spitzbogen verloren gegangen, dafür blieb das originale Dachwerk mit den für die Tonne vorgesehenen Bogenlaibungen erhalten. Die ursprüngliche Raumhöhe wird in Zeitz bei mindestens 17 Metern gelegen haben.[1062] Die Proportionen des Raumquerschnittes von Gewölbehöhe zu Raumbreite entsprächen mit 1,5:1 den holztonnengewölbten Bauten in Mühlhausen und Saalfeld.[1063] Auch die etwas älteren Franziskanerkirchen mit gemauerten Gewölben in Aschersleben und Prenzlau weisen ähnliche Aufrissproportionen auf. Bei den holztonnengewölbten Saalkirchen wurden demnach keine steileren Proportionen angestrebt, als im zeitnahen Gewölbebau. Gleichwohl ist das Erscheinungsbild jener Räume durch ihre ungegliederten Flächen monumentaler gewesen. Der Vorteil dieser Bauweise lag wohl letztlich sowohl in der größeren Spannweite der Räume[1064] als auch in der Einsparung von Baumaterial und aufwendigen Steinmetzarbeiten. Die Höhe der Mauerkronen musste sich nicht an den Gewölbekappen von gemauerten Gewölben orientieren und konnte dementsprechend niedriger ausgeführt werden. Auf aufwendige und teure Wandvorlagen, Rippen und Kappen konnte ebenfalls verzichtet werden. Die Holztonnen ermöglichten einen visuellen Raum-/Höhen-Gewinn, wie er in der Spätgotik durch gebuste Gewölbe erzielt worden ist.[1065] Ebenfalls ist zu bedenken, dass bei Bettelordensbauten Gewölbe bis auf den Chorbereich aufgrund der apostolischen Repräsentation des Ordens verboten waren und sich erst gegen Ende des 13. Jahrhunderts durchsetzten.[1066]

1058 Vgl. ebd.
1059 Das spätestens 1268 an den Langhausobergaden fertig gestellte Maßwerk in Schulpforte weist schon modernere gestaffelte Dreipässe auf. Dehio Sachsen-Anhalt II, 1999, 770.
1060 Vgl. Eißing 2004, 153.
1061 Zur Tonnenrekonstruktion in Mühlhausen Sareik (1980, 17).
1062 Die Westfenster geben eine Mindesthöhe von ca. 16 Metern von Fußbodenniveau vor. Der Fußpunkt der Holztonne wird durch die Bogenscheitel der Längsseitenfenster bestimmt, wenn diese nicht durch Stichkappen in die Längstonne eingepasst wurden. Eine weitere Begrenzung bilden die inneren Sparrenseiten mit einem Winkel von ca. 55 Grad. Das Dachwerk des 16. Jahrhunderts nimmt die Giebelneigung des 13. Jahrhunderts und damit des ursprünglichen Daches auf.
1063 Vgl. Sareik 1980, 17 (Mühlhausen); Scheerer 1910, 103, Fig. 80 (Saalfeld). Arnstadt besaß hingegen ein gestreckteren Raumaufriss von 2,1:1. Vgl. Scheerer 1910, 85, Fig. 63.
1064 Beindruckende Spannweiten finden sich beispielsweise an der Andreaskirche in Erfurt mit 13,5 Meter oder mit 13,7 Meter an der Klarakirche in Nürnberg. Vgl. Eißing 2004, 153; Binding 1991, 45.
1065 Das die Holztonnenwölbung zu einen auch in der profanen Baukunst gängigen Typen wurde, lag wahrscheinlich an den genannten Vorteilen. Profane Beispiele finden sich etwa in Rathaus- und Herrschaftssälen, wie dem Hansesaal in Lübeck, dem Rathaussaal in Nürnberg, dem Bischofspalais in Auxerre (Binding 1991, 46) oder der Königshalle des Schlosses in Blois. Zur Laufzeit von Holztonnenkonstruktionen in Thüringen und dem südlichen Sachsen-Anhalt Eißing 2004, 153. Demnach treten diese bis in die zweite Hälfte des 15. Jahrhunderts auf und werden wohl durch Hängewerkkonstruktionen abgelöst. Ab der Mitte des 16. Jahrhunderts sind dann wieder Holztonnen nachweisbar. Beispiele für weitere Holztonnenkonstruktionen bei Binding (1991, 44ff) sowie bei Eißing (1996, 29ff).
1066 Todenhöfer 2007, 57–61. Siehe Seite 219ff., Gewölbebau – Regelung und Ausnahmen.

Holztonnengewölbe dürften hier eine Ausnahme gebildet haben, da diese offensichtlich im Vergleich zu gemauerten Gewölben günstiger waren, zur notwendigen Dachkonstruktion gezählt werden konnten und ein nötiges Maß an Schlichtheit aufwiesen.

Der Chor- und der Altarbereich besaßen ursprünglich in den Wandzwickeln halbrunde Dienstvorlagen auf schräg gestellten quaderförmigen Plinthen wie im Mühlhauser Franziskanerchor (Abbildung 127).[1067] Dies weist analog zu Mühlhausen[1068] auf ein gemauertes Chorgewölbe hin, im Gegensatz zu einer Holztonne im Langhaus. Der erhaltene Strebepfeiler am Choranfang unterstützt diese Deutung, da er einst den Gurtbogen stützte.[1069] In Mühlhausen wurde allerdings das Chorrechteck gegenüber dem Langhaus etwas eingezogen und damit die Spannweite verringert. Damit gehören Zeitz und Mühlhausen zu jener Gruppe von Saalbauten, die nach Krautheimer den Altarbereich beziehungsweise das Sanktuarium und das Presbyterium durch einen Triumphbogen und ein Gewölbe vom Laienraum ausscheiden.[1070] Diese Trennung erinnert stark an die Raumaufteilung und das Schaubarkeitsmotiv der Dreikapellensäle,[1071] wobei in Zeitz und Mühlhausen die Reduktion auf eine Chorkapelle erfolgte.

2. Bauphase: Fenster- und Portalmodernisierung (Neueinweihung 1279)

Gründe für die erneute Einweihung der Kirche im Jahr 1279 sind uns nicht bekannt. Dennoch scheinen Modernisierungen am Maßwerk der Langhausfenster im dritten und vierten Langhausjoch sowie ein neues Portal im vierten Joch damit im Zusammenhang zu stehen. Sowohl im Fenster- als auch im Portalcouronnement tritt nun die modernere Form der über genasten Lanzettbahnen stehenden Vierblätter auf, die mit den Stäben der Lanzettbahnen verschliffen werden (Abbildung 136 und 211). Das Portal wurde zwar Ende des 19. Jahrhunderts stark restauriert, jedoch bewahrt das Trumeaukapitell, welches übrigens aus Ton gebrannt wurde, offenbar die

Abbildung 136: Zeitz, ehemalige Franziskanerkirche, Langhausportal der Nordseite (Foto: Todenhöfer 2008).

Kelchblattform des Originals. Die Struktur zweier genaster Portalbahnen mit einem Vierblatt im Couronnement wird beispielsweise im 14. Jahrhundert am Nordportal der Liebfrauenkirche in Arnstadt aufgegriffen.

3. Bauphase: Langchor mit polygonalem 5/10-Schluss (bis um 1320/30)

Das verwendete Steinmaterial im ersten Chorjoch, dem Bereich des ursprünglichen Chores und am Zelebrantensitz weist rötlich bis schwarze Versinterungsspuren

---

1067 In Zeitz sind zwei Wandvorlagen mit Tellerbasen im südlichen Triumphbogengewände verbaut. Die Tellerbasen mit eingeschnittener Ringkehle entsprechen beispielsweise denen in der Mühlhäuser Franziskanerkirche und der Blasiuskirche. Dort werden die Tellerbasen 1276/78 datiert. Vgl. Wedemeyer 1997, Bd. 2, Abb. 93ff. Auch in Vierung von Schulpforta sind Tellerbasen mit quadratischen Sockeln vorhanden. Dort gehören sie wohl der zweiten Umbauphase in den 1240er Jahre an (Dehio Sachsen-Anhalt II, 1999, 770). Demnach dürfte die Dienstvorlage trotz der gewissen Laufzeit in Zeitz original sein.

1068 Dehio Thüringen, 1993, 884; Pelizaeus 2004, Katalog, 386f.

1069 Vgl. Todenhöfer 2000, 91. Der Verfasser ging damals von einer Datierung der Dienstvorlage in das 14. Jahrhundert mit der Errichtung des polygonalen Langchors aus. Die tief eingekehlten Tellerbasen dürften jedoch in die Mitte des 13. Jahrhunderts zu datieren sein.

1070 Krautheimer führt als weiteres Beispiel nur die Franziskanerkirche Schwäbisch Gmünd an (1925, 15). Dieser Gewölbebau ist jedoch eher mit Aschersleben und Prenzlau verwandt.

1071 Vgl. Schenkluhn 2000, 64ff.

auf, die eine teilweise Brandzerstörung der Kirche belegen. Großflächige Brandspuren sowie ein älterer, bedeutend niedrigerer Dachanschluss sind ebenfalls im Anschlussbereich der Westklausur sichtbar. Das Kloster dürfte vermutlich zur gleichen Zeit wie die Kirche zerstört worden sein. Das Mauerwerk im westlichen Langhaus ist offensichtlich von dieser Zerstörung verschont geblieben. Möglicherweise handelte es sich um einen partiellen Stadtbrand, da auch im weiteren Umfeld der Kirche archäologisch Brandschichten nachgewiesen wurden, die auf partielle Flächenbrände um 1300 hinweisen.[1072]

Nach dieser partiellen Zerstörung trug man den Ostabschluss bis an den Triumphbogen ab und vergrößerte den ursprünglichen Kirchenbau um einen vierjochigen Chor mit einem polygonalen 5/10-Schluss (Abbildung 128 und 132).[1073] Das dafür notwendige Bauland östlich des alten Chores war seit 1282 im Besitz der Mönche. Bischof Ludolf von Naumburg (1281–1285) hatte den Mönchen das Areal „retro chorum" übergeben, welches als Friedhof genutzt wurde.[1074] Für den Chorneubau verwendete man das alte und durch Brandspuren gekennzeichnete Steinmaterial wieder. Die Mauerkrone wurde saniert und ein neues Dachwerk errichtet. Über dessen Konstruktion nur bekannt ist, dass es nicht als Schleppdach auf den anschließenden Kreuzgang wie das heutige Dachwerk herabreichte. Der Kreuzgang war nach den Putz- und Verwitterungsspuren im Dachbereich mit einem Pultdach gedeckt.[1075] In Breite und Höhe orientierte sich der Chor am Langhaus, wobei man näherungsweise die Weite der Langhausjoche von ca. 4,4 Metern übernahm. Der Strebepfeilerkranz geht auf eine Gewölbeplanung zurück. Ob Gewölbe tatsächlich eingezogen worden sind, entgeht unserer Kenntnis. Die Spannweite des Gewölbes betrug elfeinhalb Meter.[1076] Als Gewölbeform war ein 5/10-Polygon mit Halbjoch vorgesehen, da das östliche Chorjoch um 40 Zentimeter kürzer als

die vorangehenden Joche ist.[1077] Die Bauformen, etwa Strebepfeiler mit Giebelchen oder das Maßwerk, glich man denen des kurz zuvor fertiggestellten Chores der Stiftskirche in Zeitz an. Die Fertigstellung des Rohbaues erfolgte nach der Datierung der sphärischen Maßwerkformen in den 1320/30er Jahren.[1078] Wahrscheinlich war der Chor bereits im Jahre 1335 zu dem in Zeitz stattfindenden Provinzkapitel benutzbar.[1079] Durch Verlängerung des Chores nach Osten wurde der ursprüngliche Standort für das Chorgestühl im sechsten Langhausjoch unnötig. An einer im Innenraum westlich des Triumphbogens nachträglich eingefügten Öffnung zur Strebepfeilerkanzel lasssen Abbruchspuren am Mauerwerk auf eine Art Plattform schließen.[1080] Es handelt sich hierbei offensichtlich um den Zustieg zu einer Lettnertribüne, die mit der Chorverlängerung möglicherweise mit dem Psallierchor nach Osten verlegt wurde. Gleichzeitig bekam die Nordwand des sechste Langhausjochs ein Portal in der Jochmitte und die Kanzel einen Zugang vom Kirchhof.

4. Bauphase: Umbau und Sanierung (um 1447 bis um 1517)

Vor der Mitte des 15. Jahrhunderts war mit einer Einwölbung der Kirche begonnen worden.[1081] Da das Langhaus keine Strebepfeiler besaß, konnte es nur unter Einbeziehung kräftiger Wandpfeiler im Innenraum überwölbt werden, die ihrerseits Einsatzkapellen bilden (Abbildung 129).[1082] Der Trend zu Einsatzkapellen in der spätgotischen Kirchenarchitektur wird bei der Wahl der Konstruktion ausschlaggebend gewesen sein.[1083] Dass man nicht nur Einsatzkapellen errichten wollte, sondern auch die Spannweite verkleinern musste, zeigen die pfeilerartigen Wandvorlagen im Chor, wo sie für den Standort des Chorgestühls lediglich abgekragt

---

1072 Freundlicher Hinweis von Dr. Holger Trimpert (LDASA).
1073 Die Baunaht wird durch einen Vorsprung im Sockel- und Kaffgesims im ersten Chorjoch der Nordfassade gekennzeichnet.
1074 Zader/2°/DArNb, fol. 287. Siehe Anm. 1021.
1075 Die oberen Mauerflächen der südlichen Außenmauer der Kirche waren verputzt und der Witterung ausgesetzt.
1076 Die gängige Breite überwölbter Kirchenschiffe bzw. Langchöre liegt in Mitteldeutschland zwischen rund acht und zehn Metern.
1077 Die kürzere Jochweite bietet die Möglichkeit, die äußeren Polygonrippen durch den Schlussstein mit beibehaltener Richtung auf die am Ende des angrenzenden Jochs befindlichen Strebepfeiler abzuleiten. Zu Grundrissdispositionen bei Gewölbeplanungen in polygonal gebrochenen Umgangs- und Binnenchören Helten (1994, 39ff.).

1078 Dehio Sachsen-Anhalt II, 1999, 920ff.; vgl. Formen bei Binding 1989, 264ff.
1079 Vgl. Hardick, Chroniken, 1957, 101.
1080 Todenhöfer 2000, 86, Abb. 3
1081 Das Profil der Rippen ist mit denen in der Domstiftstiftskirche identisch. Dort ist ein Schlussstein in das Jahr 1444 datiert.
1082 Todenhöfer 2000, 91.
1083 Einsatzkapellen sind Ausdruck einer zunehmenden Privatmemoria im Spätmittelalter. Vgl. Antje Grewolls: Die Kapellen der norddeutschen Kirchen im Mittelalter, Kiel 1999; Isnard Wilhelm Frank: Die architektonischen Konsequenzen der Häufung der missae pro defunctis im Mittelalter, in: Die sakrale Backsteinarchitektur des südlichen Ostseeraums - der theologische Aspekt (Kunsthistorische Arbeiten der Kulturstiftung der deutschen Vertriebenen, Bd. 2), Berlin 2000, 15–32.

wurden, denn Einsatzkapellen machen hier keinen Sinn. Die 1820 abgetragene Franziskanerkirche in Göttingen, eine Saalkirche mit Einsatzkapellen und einem eingezogenen polygonalen Langchor, entsprach beispielsweise der Zeitzer Lösung weitgehend.[1084] Die Weihe des Hauptaltares im Jahr 1447 zeigt die Fertigstellung der Gewölbe an. Der Wechsel des Gurtprofils im vierten Langhausjoch lässt sich nicht mit einer Bauunterbrechung verbinden, hier spielte wohl eher die Hierarchie des Raumes eine Rolle.[1085] Die Überwölbung des Chorpolygons weicht vom ursprünglichen Plan ab. Statt des 5/10-Schluss mit Halbjoch wurde eine 5/8-Konstruktion eingefügt,[1086] wie sie auch im Chor der Domstiftskirche auftritt. Statt eines ausgewogenen Höhe-Breiten-Verhältnisses erscheint nun der Innenraum mit 1,2:1[1087] weit gedrungener und mit einem Längenverhältnis von 1:5,5 fast tunnelartig[1088]. Lediglich im Chor versuchte man durch minimale Stelzung des Gewölbes auf ein Verhältnis 1,3:1 zur Raumbreite dem gedrungenen Raumeindruck entgegenzuwirken.

Die Öffnung sowohl des Unter-, als auch des Obergeschosses des anschließenden Kreuzgangflügels als Neben- und Emporenraum zum Langhaus durch fast jochbreite Arkaden ist mit Sicherheit erst nach der Einwölbung der Kirche und im Zusammenhang mit dem Neubau des nördlichen Kreuzgangs erfolgt, da die Emporenöffnungen auf die Jocheinteilung des gewölbten Kreuzgangs, aber weniger auf die Langhausjoche Rücksicht nehmen.[1089] Die Fertigstellung des Kreuzgangflügels steht im Zusammenhang mit der Errichtung des Dachwerks nach 1517 (d) über der Kirche und dem nördlichen Kreuzgang.[1090] Aufgrund der starken Verwitterung des minderwertigen Steinmaterials lässt sich nicht mit Sicherheit feststellen, ob das Fischblasenmaßwerk nicht einer Restaurierung gegen Ende des 19. Jahrhunderts angehört. Die Formen lassen sich der Bauzeit zuordnen. Die Erweiterung von Saalkirchen durch Anbauten oder Verschmelzung mit Kreuzgängen ist im späten Mittelalter ein weit verbreitetes Phänomen.[1091] Als Beispiele seien die Franziskanerkirchen in Erfurt, Dresden Salzwedel, Weida, Zerbst oder Trier genannt. Offensichtlich hing dies mit einem vermehrten Platzbedarf im Zusammenhang mit Begräbnissen und Seelgerätschaften zusammen.[1092] In Zeitz führte der Bau der Einsatzkapellen ebenfalls zu einer Verkleinerung der für die Laien nutzbaren Fläche. Durch die Öffnung des Kreuzganges konnte man diesen Platzbedarf kompensieren und erweitern.[1093] Wie der Einbau des Obergeschosses des Kreuzganges in den Hallenraum der Domstiftskirche in Zeitz zeigt, handelt es sich nicht nur um ein Phänomen bei den Bettelorden.

1084 Vgl. Zahlten 1985, 375f.
1085 In der Zisterzienserarchitektur kann man ebenfalls beobachten, dass Formenwechsel der Wand- und Gewölbevorlagen im Langhaus die Trennung der Laienbrüder von den übrigen Teilnehmern anzeigen. Vgl. Ambrosius Schneider (Hg.): Die Cistercienser, Geschichte – Geist – Kultur, Köln 1974, 69, Abb.
1086 Häufig ist in der Literatur die Bezeichnung ‚gedrücker 5/10-Schluss' zu finden, die jedoch nicht adäquat die Projektionsmethode der Gewölbefiguration bezeichnet.
1087 Man mag einwenden, dass zwischen Raumhöhe und lichter Breite zwischen Wandpfeiler ein gängiges Verhältnis von 1,5:1 besteht. Dennoch wurde der Bereich zwischen den Wandpfeilern nicht separat eingewölbt und durch Scheidbögen abgegrenzt wie in der Mönchskirche Salzwedel, Gotthardtkirche in Brandenburg oder anderenorts, sodass bis zu den Außenmauern keine Unterscheidung des Raumgefüges erfolgte.
1088 Längenproportionen von 1:6, so ungewöhnlich sie uns erscheinen (Scheerer 1910, 80), sind, mit Hauptschiffproportionen zeitgleicher Hallenkirchen oder erweiterter Saalbauten (Mühlhausen) verglichen, völlig normal. Für die ursprünglichen Saalbauten sind Seitenverhältnisse zwischen 1:4 und 1:5 festzustellen (Schenkluhn 2000, 108f.) Lediglich Arnstadt ist als genuiner Saalbau mit einem Seitenverhältnis von 1:5,3 etwas gestreckter und geht als jüngerer Bau (letztes Viertel des 13. Jahrhunderts) schon auf die längeren Proportionen gleichzeitiger beziehungsweise erweiterter Bauten ein.
1089 Vgl. Dehio Sachsen-Anhalt II, 1999, 921.
1090 Vgl. Eißing 1996, 3ff., siehe Anm. 1051
1091 Piper 1993, 208ff.; Graf 1995, 195ff.; Frank 1996, 107f.; Schenkluhn 2000, 136f.
1092 Graf 1995, 215ff. Neuerdings zu diesem Thema Bruzelius (2007).
1093 Siehe Seite 247., 1350 bis zur Reformation – Die Bautätigkeit der Bettelorden zwischen Krise, Tradition und Anpassung.

Die Franziskanerkirche St. Johannis in Zerbst
Kustodie Magdeburg, Bistum Brandenburg, Archidiakonat Kloster Leitzkau[1094]

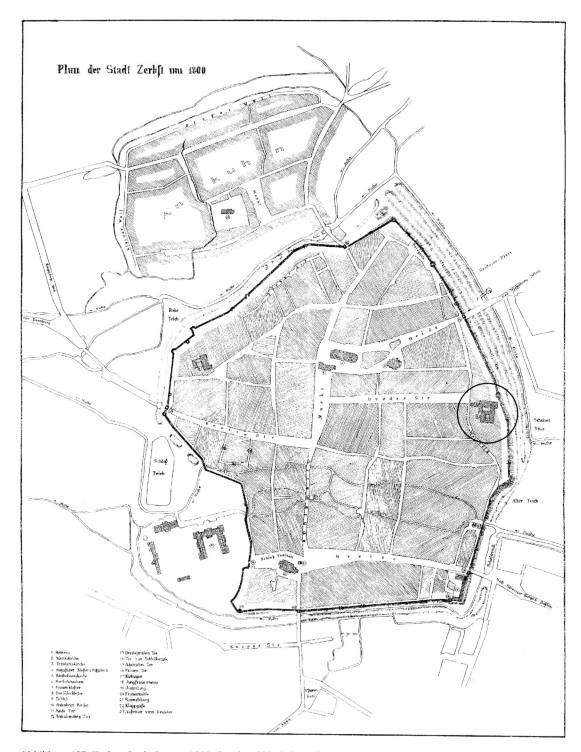

Abbildung 137: Zerbst, Stadtplan um 1800 (Specht 1929, Anhang 2).

Lage

Das ehemalige Kloster der Franziskaner befindet sich im Osten der ehemaligen mittelalterlichen Stadt unmittelbar neben Resten der Stadtbefestigung (Abbildung 137).[1095] Nordöstlich der ehemaligen Kirche steht ein Mauerturm, der vermutlich aus dem 15. Jahrhundert stammt. Die Brüderstraße verband den Konvent mit dem zentral gelegenen Markt. Das Klostergelände orientierte sich jedoch nicht an Stadttoranlagen oder Hauptverkehrsstraßen. Der Aufbau des Klosters mit seinen zwei Kreuzgängen folgte nach kanonischem Prinzip südlich der Kirche (Abbildung 138). Im Norden und Westen erstreckt sich ein Platz, der heute als Schulhof dient.

Das ostelbische Zerbst entwickelte sich nach bisheriger Kenntnis aus vier Siedlungskernen: der älteren Burg-Siedlung, der Breite-Siedlung, der sogenannten Käsperstraßen-Siedlung (einem zweiten Burgsuburbium) und der Markt-Siedlung.[1096] Zur Zeit des Klosterbaus der Franziskaner müssen innerhalb des späteren Stadtgebietes noch weite Flächen unbebaut gewesen sein, denn die Franziskaner besaßen neben ihrem Kloster einen Weinberg und noch Ende des 13. Jahrhunderts konnte das Zisterzienserinnenkloster aus dem Vorort Ankuhn mit seinem großen Wirtschaftshof in die Brühl-Siedlung verlegt werden. Bereits Wilhelm Müller schloss aufgrund der Verbindung der Brüderstraße mit dem Markt auf eine zeitnahe Entwicklung von Klosterareal und der 1214 genannten Mark-Siedlung.[1097] Gerade die Rasterstruktur des südlichen Teils der Marksiedlung dürfte auf einen planmäßigen Aufbau hinweisen. Gegen Mitte des 13. Jahrhunderts erreichte die Stadtentwicklung einen ersten Höhepunkt. Im Jahr 1253 wurde Zerbst bereits *civitas* genannt.[1098]

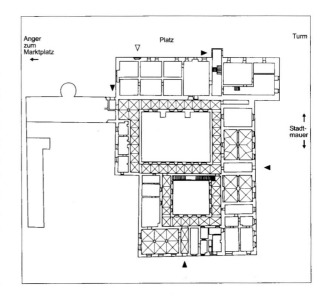

Abbildung 138: Zerbst, Grundriss des ehemaligen Franziskanerklosters (Zeichnung: Schievink, Pieper/Einhorn 2005, 143).

Historisches Schicksal

Der Konvent war schon zeitig von den Wirren der Reformation betroffen. Eine erste Inventarisierung des Klosterguts erfolgte 1523. Ab 1526 befand sich das Kloster fest im Besitz des Rates. Eine allmählich abnehmende Anzahl von Brüdern nutzte bis 1534 die Gebäude.[1099] Danach wurde das Kloster umgebaut und ein Laufgang zwischen Kloster und Stadtmauer abgebrochen.[1100] Während man das Kloster als Schule nutzte und später zum sogenannten Gymnasium illustre ausbaute, verfiel die teils als Lagerraum und zum evangelischen Gottesdienst genutzte Kirche stetig.[1101] Im Jahr 1686 entschloss man sich, den einfallenden Dachstuhl zu beseitigen.[1102] In der Folgezeit blieb das Bauwerk dem Verfall preisgegeben. Den inneren Bereich nutzte man nach einer Beschreibung von 1798 als Baumgarten, Holz-, Mist- und Schuttplatz.[1103] Zwischen 1798 und 1803 wurden zunächst der westliche Teil der ehemaligen Kirche zu Klassenräumen

---

1094 Schlager 1914, 231ff.; Mitteldeutscher Heimatlas 1958, Karte 16.
1095 Bis zu ihrer fast völligen Zerstörung am 16.4.1945 durch Fliegerbomben war die Altstadt von Zerbst eine historisch gewachsene Residenzstadt. Der Wiederaufbau hielt sich nur ungenügend oder gar nicht an die vorhandenen Stadtstrukturen. Das Franziskanerkloster gehört zu den wenigen im Krieg unversehrt gebliebenen Bauwerken mit vorwiegend mittelalterlicher Substanz.
1096 Specht 1940, 131–163. Der Ankuhn blieb ein selbständiger Ort außerhalb der Mauern.
1097 Müller 1912, 31.

1098 CDA 2, 152, Nr. 197.
1099 Vgl. Reinhold Specht: Zur Geschichte des Franziskanerklosters St. Johannis in Zerbst, in: Zerbster Jahrbuch, 18. Jg., Zerbst 1933, 17–42, hier 32f.
1100 Specht 1933, 34f.
1101 Ebd., 35f.
1102 Ebd., 37.
1103 Francisceumbibliothek Zerbst, *Beschreibung des Klosters zu St. Johannis vor dem Anfange des Baues desselben im Jahre 1798 entworfen vom Herrn Rektor Richter*, Abschrift von Franz Münnich (6 Seiten masch.), 2.

Abbildung 139: Zerbst, ehemalige Franziskanerkirche von Norden (Foto: Todenhöfer 2009).

und erst zwischen 1871 und 1873 der östliche Teil als Aula umgestaltet, überdacht und damit der ehemalige Kirchenraum fast vollständig verbaut.[1104] Bis heute beherbergen die Mauern in den oberen Geschossen das Zerbster Gymnasium Francisceum und die historische Francisceumbibliothek, die nach Fürst Franz von Anhalt benannt sind. In den Kreuzgängen, im Erdgeschoss der Klausur und im westlichen Teil ehemaligen Kirche ist das städtische Museum beheimatet.

Architektur

Vom neuzeitlichen Innenausbau und den neuen Dächern abgesehen, präsentiert sich die mittelalterliche Substanz der ehemaligen Franziskanerkirche mit architektonischen Brüchen und Umbauphasen (Abbildung 139). Ihr heutiges Bild vermittelt einen lang gestreckten Rechteckbau ohne Strebepfeiler, mit einem vom Langhaus differenzierten Chorbereich, welcher die Breite des Langhauses aufnimmt und dessen Fensterachsen weiter als die des Langhauses auseinanderliegen. Das Material der Kirchenmauern besteht aus einem ca. zwei Meter hohen Sockelstreifen aus grob behauenen Feldsteinen. Größere und besser verarbeitete Feldsteine verwendete man für die Eckquaderungen. Über dem Sockel befindet sich an der Nord-, West- und Ostseite als vorherrschendes Material am westlichen Langhaus und im Chorbereich Ziegelmauerwerk. An der Südmauer des Chores und im Bereich zwischen den Fenstern im Langhaus wechselt das Material partiell zwischen den Sandsteingewänden der Langhausfenster zu grobem Mischmauerwerk aus Bruch- und Feldsteinen. Das gut erhaltene Mauerwerk der östlichen und nördlichen Chorfassade wurde aus dunkelroten Ziegeln in einem einfachen Läuferverband aufgemauert, in dem in unregelmäßigen Abständen Binder eingebunden sind. Ab und zu lockern dunkel gebrannte Ziegel den Verband auf, ohne dass ein Gestaltungsschema zu erkennen ist. Das im Gegensatz zu den Westteilen hellere Ziegelmauerwerk des Chores wurde in einem bisweilen unregelmäßigen Läufer-Läufer-Binder-Verband gemauert.

Insgesamt zwölf hohe Spitzbogenfenster erhellen die heutigen Innenräume von der Nordseite. Allerdings sind vor allem die Gewände des Langhauses mit Ziegelmauerwerk und Werksteingewänden stark erneuert, sodass die ursprüngliche Anordnung gestört ist. Die Fenster des Langhauses weisen zweibahnige Lanzetten auf. Die drei östlichsten Fenster der Nordseite sind den originalen Gewände- beziehungsweise Maßwerkresten zufolge als dreibahnige Fenster restauriert. Die Fensterlaibungen bestehen hier aus verputzten Ziegelmauerwerk. In der Südseite des Chores befinden sich noch die vermauerten Gewände von zwei dreibahnigen

---

1104 Ebd. und Franz Münnich: Geschichte des Francisceums zu Zerbst 1526–1928, Festschrift zum 125-jährigen Jubelfeier des Francisceums zu Zerbst 1928, 49ff.

Abbildung 140: Zerbst, Chor der ehemalige Franziskanerkirche, Ansicht von Südosten (Foto: Todenhöfer 2009).

Abbildung 141: Zerbst, ehemalige Franziskanerkirche, Kreuzgangobergeschoss mit Schulraumeinbauten, Ansicht von Osten (Foto: Todenhöfer 2009).

maßwerktragenden Spitzbogenfenstern. Das östliche Fenster der Chorsüdseite entspricht den dreibahnigen Fenstern der Chornordseite. Das westliche Fenster der Chorsüdseite ist etwas kleiner und in seiner Achse etwas nach Osten verschoben. Der obere Teil des Fensters bildet in der zur Schule umgebauten Ostklausur den nördlichen Abschluss des sogenannten Allumnatskorridors im Obergeschoss. Es ist das einzige Fenster bei dem sich das mittelalterliche Maßwerk, wenn auch vermauert, vollständig erhalten hat. Über drei genasten Lanzettbahnen erhebt sich ein stehender Vierpass mit je einem abwärts gerichteten Schneuß im Zwickelfeld des Couronnements. In der ehemaligen Chorstirn öffnet sich eine Dreifenstergruppe, deren Gewände aus Sandstein bestehen (Abbildungen 140 und 228). Das Maßwerk in den Couronnements ist nach erhaltenen Gewänderesten rekonstruiert. Es besteht aus gestapelten Vierpässen im dreibahnigen Hauptfenster und gestapelten kreisgerahmten Fünfpässen in den zweibahnigen Seitenfenstern. Das Hauptfenster ragt wie das Westgiebelfenster über die Traufhöhe hinaus in das Giebeldreieck. Das spitzbogige Westfenster ist vierbahnig und mit historisierendem Maßwerk aus zwei Schneußen und einem darüberstehenden Vierblatt versehen. Über dem Westfenster öffnet sich zum Dachboden ein schmales Lanzettfensterchen mit Sandsteingewänden.

Ein rundbogiges Tor befindet an der Westfassade aus der Achse nach Norden gerückt und gehört seiner Form nach nicht mehr zum mittelalterlichen Bestand. An mittelalterlichen Zugängen sind nur zwei erkennbar. Ein in die Tiefe dreifach gestuftes Portal mit einer genasten Spitzbogenöffnung, eingestellten Säulchen, attischen Basen mit Ecksporen und einer mit Flechtbändern geschmückten kelchförmigen Kapitellzone befindet sich auf Nordseite ca. fünf Meter von der westlichen Gebäudeecke entfernt (Abbildung 145). Heute liegt die Portalschwelle ca. einen Meter unter

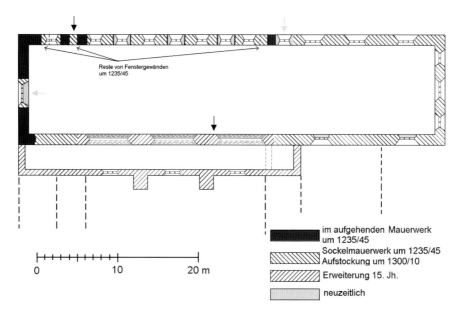

Abbildung 142: Zerbst, Bauphasenplan und Rekonstruktion des mittelalterlichen Zustands (Zeichnung: Todenhöfer 2005).

dem heutigen Laufhorizont eingetieft. Ein weiteres, jedoch sehr schlichtes Spitzbogenportal befindet sich auf der Südseite im östlichen Teil des Kreuzganges.

Im ehemaligen Innenraum des Langhauses sind nun über drei Geschosse verteilt Museums- und Schulräume untergbracht. Der einstige Chorbereich ist in zwei Geschosse geteilt. Hier befindet sich die Aula. Das Obergeschoss des Kreuzganges öffnete sich einst mit drei hohen Bogenöffnungen zum Langhaus (Abbildung 141). Heute erschließen dort ein Korridor und ein Treppenhaus die Klassenräume. Vier hohe historisierende Spitzbogenfenster erhellen die ehemalige Empore beziehungsweise den Korridor.

Daten zur Baugeschichte

Nach einer im Zweiten Weltkrieg vernichteten Chronik des Konvents aus dem frühen 16. Jahrhundert sollen die Franziskaner schon am Tage Navitatis Mariae 1235 ihr Kloster bezogen haben.[1105] Im Jahr 1252 gewährte der Kardinallegat Hugo den Barfüßern zu Zerbst Ablass, wobei die Kirche erstmalig genannt wurde.[1106] Gräfin Sophie von Barby gilt laut der Inschrift ihrer nun im nördlichen Kreuzgang aufgestellten Grabplatte als Gründerin (*fundatrix*) des Klosters.[1107] Sie wurde im Jahr 1276 im Zentrum der Kirche begraben.[1108] In jener Sophie sieht man die Gemahlin des Grafen Burchard II. von Barby, der 1264 das Franziskanerkloster in Barby gründete.[1109] Zur Zeit der Klostergründung im Jahre 1235 waren die Grafen von Barby noch nicht im Besitz der Stadt. Der Verkauf von den Herren von Zerbst fand erst 1264 statt. Specht vermutete aufgrund des Begriffes *loci* nur eine Stiftung des Baugrundes

---

1105 Bünger und Wentz deuten die Nachricht eines Zerbster Franziskanermönches auf den 8. September als einen *dies dedicationis* (1941, 361–371, hier 363). Sie verweisen dazu auf einen vorgesehenen, jedoch aus Kriegsgründen nicht erschienenen Aufsatz von Reinhold Specht. Specht bestätigte nach dem Krieg die Authentizität des Archivfunds, der durch die Bombardierung verloren ging. Reinhold Specht: Ein neuer Fund zur Gründung des Franziskanerklosters in Zerbst, in: Das mittelalterliche Zerbst. Neue Forschungen zur Stadtgeschichte (Beiträge zur Zerbster Geschichte, Heft 3), Zerbst 1955, 10f.

1106 Vgl. CDA 2, 149, Nr. 193. Ob ein 1928 an der Südseite unter einem Sandsteinblock freigelegter, nun verschollener Ziegelstein mit der Zahl 1250 ein Gründungsdatum angibt, ist strittig. Ebenfalls ist 1246 als Gründungsdatum nicht nachgewiesen. Specht 1933, 20f.

1107 „[…] obiit […] fundatrix hujus loci in medio ecclesie tumulata […]". Die Grabplatte stammt der Schriftform nach aus dem 14. Jahrhundert.

1108 Specht 1933, 20f.

1109 Zu Sophie von Barby, vermutlich geborene Gräfin von Woldenberg Heinrich (1961, 177 und 186).

Abbildung 143: Zerbst, ehemalige Franziskanerkirche, Westfassade (Foto: Todenhöfer 2009).

durch Sophie.[1110] Bünger und Wentz gingen von einer Klosterstiftung aus.[1111] 1287 und 1288 stellten sieben Erzbischöfe und Bischöfe in Rom den Besuchern und Wohltätern der Zerbster Franziskaner einen Ablass aus.[1112] 1307 ging die Stadt und Herrschaft Zerbst von den Barbyer Grafen an die Fürsten von Anhalt der Köthener Liene über.[1113] Im Jahr 1332 wurden von einer Anzahl von Bischöfen zwei fast identische Ablässe in Rom ausgestellt.[1114] 1400 gewährte man den Besuchern der Donnerstagsmesse eine Art Dauerablass.[1115] Dieser wurde 1403 erneuert.[1116] Zwischen 1470 und 1472 finanzierte die Stadt den Bau des Remters und der Bibliothek.[1117] Das Kloster wurde nach 1485 durch Fürst Magnus von Anhalt reformiert.[1118] 1492 gab der Zerbster Rat das Geld für fünf Fenster des Klosters.[1119] Im Jahr 1494 tagte der Rat mit den Räten von Magdeburg und weiteren Städten im Zerbster Kloster.[1120]

Bauphasen und Rekonstruktion

1. Bauphase: Saalkirche (um 1235/45)

Am Mauerwerk der Westfassade der ehemaligen Franziskanerkirche kann man drei mittelalterliche Bauphasen anhand von Baunähten unterscheiden (Abbildung 143). Über einem Feldsteinquadersockel erhebt sich bis in Traufhöhe das dunkelrote Ziegelmauerwerk der ersten Saalkirche.[1121] Der gesamte erhaltene Sockelbereich aus Feldsteinen dürfte zur ersten Bauphase gehören, da hier keine Baufugen sichtbar und die Steinformate homogen sind (Abbildung 142). Franz Münnich rekonstruierte anhand des erhaltenen Giebels für diesen Bau irrtümlich ein 60 Grad steiles Dach,[1122] jedoch lässt das Giebeldreieck nur eine Giebelneigung von ca. 50 Grad zu, was durch Vergleiche mit zeitnahen Dachwerken im deutschsprachigen Gebiet bestätigt wird.[1123]

Abbildung 144: Zerbst, ehemalige Franziskanerkirche, Fenstergewände an der Nordfassade um 1235/45 (Foto: Todenhöfer 2009).

Der Bau war wegen fehlender Strebepfeiler und der niedrigen Traufhöhe von ca. acht Meter wahrscheinlich nicht für eine Einwölbung vorgesehen. Ursprünglich dürfte vielleicht eine kreuzstrebenverstärkte Kehlbal-

---

1110 Specht 1933, 23f.
1111 Vgl. Wentz/Bünger 1941, 363.
1112 Vgl. CDA 3, 439, Nr. 622 und 443, Nr. 628.
1113 Heinrich 1961, 321.
1114 Vgl. CDA 3, 432f., Nr. 605 und 606.
1115 Vgl. CDA 5, 257, Nr. 315.
1116 Vgl. Hermann Wäschke: Regesten der Urkunden aus dem herzoglichen Haus- und Staatsarchiv zu Zerbst aus dem Jahre 1401–1500, Dessau 1909, 11, Nr. 23.
1117 Nach den nicht mehr erhaltenen Stadtbüchern Specht (1933, 21).
1118 Ebd., 29.
1119 Ebd., 26.
1120 Gustav Hertel: Urkundenbuch der Stadt Magdeburg, Bd. 3 (1465–1513), Halle 1896, Nr. 942.

1121 Im Bereich der Nordwestecke hat sich die ursprüngliche Traufhöhe am vollständigsten erhalten. Zusammen mit dem Fussbodenniveau am Eingangsportal ergibt sich die Höhe.
1122 Vgl. Franz Büttner Pfänner zu Thal: Die Kunstdenkmale der Kreise Ballenstedt, Bernburg, Köthen, Dessau, Zerbst (Kunstdenkmalinventare des Landes Sachsen-Anhalt, Nachdruck der Veröffentlichungen 1879–1943, Bd. 13), Halle 1998, 452.
1123 Vgl. Binding 1991, passim. Danach überschreiten die Neigungswinkel genuin romanischer beziehungsweise frühgotischer Dächer 50 Grad kaum. Steile Neigungswinkel von 60 Grad und mehr sind eher ein Phänomen der Spätgotik. Sekundär erneuerte Dächer wie an der Franziskanerkirche in Zeitz oder der Dominikanerkirche in Halle können hingegen die Dachneigung der älteren Vorgänger aufnehmen.

kenkonstruktion in Kombination mit einer flachen oder holztonnengewölbten Deckenlösung bestanden haben.[1124] Letztere sind für die zweite Hälfte des 13. Jahrhundert in den Franziskanerkirchen in Zeitz, Mühlhausen, Arnstadt oder Saalfeld nachgewiesen.

In den beschriebenen Mauerpartien an der Nordseite erhielten sich zum Teil vollständige Gewände von drei Fenstern, die eine gedrungene Spitzbogenform aufweisen. Die maßwerklosen Fenster entsprechen wegen ihrer geringen Höhe von etwa drei Meter und hoch liegenden Sohlbänken noch ganz spätromanischen Formen (Abbildung 144).[1125] Münnich rekonstruierte schlüssig anhand der erhaltenen Gewändeabstände ca. 14 Fenster auf der Nordseite (Abbildung 174).[1126] Aufgrund der späteren Umbauten können an der östlichen Stirnseite und der Südseite keine Fenster dieser Bauphase nachgewiesen werden. Der flachgeschlossene Chor wird eine gestaffelte Gruppe aus drei Fenstern besessen haben, die in der zeitnahen Kirchenarchitektur verbreitet ist. Die Mauerpartie der Westseite lässt hingegen ein oder zwei schmale Fenster zu. An der Südseite bleibt die ursprüngliche Wanddisposition ungeklärt.

Das ehemalige Hauptportal an der Nordseite kann mit seinen Kelchblockkapitellen, der gedrungenen Spitzbogenform und den kräftigen Profilierungen um 1235/45 datiert werden (Abbildung 145). Es entspricht in Aufbau und Formenschatz dem Portal der Coswiger Stadtkirche St. Nikolaus (Abbildung 207). 1928 wurde hinter der Grabplatte der Stifterin ein weiteres gotisches Portal unter dem Wandputz aufgedeckt.[1127] Da das Portal wieder verdeckt wurde, muss seine Datierung offen bleiben.

Die erste Franziskanerkirche in Zerbst gehört mit der Datierung um 1235/45 zu den frühesten in Resten nachweisbaren franziskanischen Saalbauten in Deutschland, wie sie beispielsweise wohl in Leipzig (1231), Görlitz (1234/45), Eisenach (1236) oder Mühlhausen (um 1238) bestanden.[1128] Mit einen Seitenverhältnis von 1:3,9 besitzt der Bau annähernd eine Grundrissproportion späterer Franzikanersäle.[1129] Die

Abbildung 145: Zerbst, ehemalige Franziskanerkirche, Portal der Nordfassade um 1235/45 (Foto: Todenhöfer 2009).

Innenraumgliederung ist nicht bekannt. Da weder der Chorbereich eingezogen ist, noch im Sockelbereich Hinweise auf eine Stützvorlage für einen Triumphbogen bestehen, scheint in Zerbst anfänglich keine architektonische Trennung von Laienraum und Sanktuarium erfolgt zu sein. Der Nachweis eines Lettners war nicht möglich. Auch bei der umfassende Erneuerung und Aufstockung der Kirche nach 1300 wurde der Grundriss beibehalten, allerdings wurde zwischen Kleriker- und Laienbereich nun Wert auf eine architektonische Differenzierung gelegt, indem man den Chor erhöhte und dieser größere Fenster erhielt.

1124 Ein Holztonnengewölbe stände im Gegensatz zur regionalen Tradition der flach gedeckten Kirchenräume um 1250 (vgl. Franziskanerkirche Barby). Jedoch ist zumindest in der zweiten Bauphase aufgrund des hohen Zentralfensters im Chor eine Tonnenkonstruktion wahrscheinlich.

1125 Zeitlich stehen die Zerbster Fenster den Chorfenstern der Benediktiner-Klosterkirche St. Marien und St. Cyprian in Nienburg (Saale) (nach 1242) nahe und lehnen sich an die engen Fensterabstände der Dominikanerkirche in Halberstadt um 1241/42 an. Diese Disposition findet zwar im Kirchenbau des Saale-Elbe-Gebiets in der zweiten Hälfte des 13. Jahr-

hunderts eine rege Nachfolge, aber die Fenstergröße entspricht eindeutig spätromanischen Fenstern, wie sie in Zerbst noch an den Längsseiten des 1215 geweihten Rechteckchors von St. Bartholomäi bestehen.

1126 Vgl. Münnich 1228, 6.

1127 Richter 1935, 77.

1128 Graf 1995, 270ff.; Dehio Sachsen I, 1996, 375 (Görlitz); Scheerer 1910, 58ff. (Eisenach); Sareik 1980, 12ff. (Mühlhausen).

1129 Im Schnitt liegen die Grundrissproportionen zwischen 1:4 bis 1:5. Schenkluhn 2000, 108f.

2. Bauphase: Umbau und Aufstockung (nach 1300/10)

Am Westgiebel lässt sich eine Aufstockung des Gebäudes ablesen (Abbildung 143). Trotz der partiellen Wiederverwendung des älteren Ziegelmaterials zeichnet sich das jüngere Mauerwerk durch eine hellere Farbe sowie eine stärkere Verwitterung aus. Zudem wurde ein großes Spitzbogenfenster in das Zentrum der Fassade eingesetzt und die Gewände ausgemauert, dessen Maßwerk wohl aufgrund der unbeholfenen Geometrie einer Erneuerung um 1800 zuzuschreiben sein wird. Über dem Fensterscheitel erhebt sich noch ein kleines in Sandstein gefasstes Spitzbogenfenster, das zu diesem Umbau gehört. Die Giebelneigung ist gegenüber der ursprünglichen etwas steiler. Es wurde demnach auch ein neues Dach errichtet. Der Umbau griff massiv in das weitere bestehende Mauerwerk ein (Abbildung 139). Man brach in die Nordwand des Langhauses bis zum heutigen Schuleingang fünf große zweibahnige Spitzbogenfenster ein, deren Scheitel nach Münnichs Beobachtung einen Meter unter ihrer heutigen Höhe lagen.[1130] Die restlichen Fenster der Langhausnordseite sind um 1800 entstanden.[1131] Die ursprünglichen Fensterachsen lagen zwischen fünfeinhalb und sechseinhalb Meter. Die Mauern sind im Bereich der nördlichen Schauseite in Mischmauerwerk aus Feld- und Bruchsteinen ausgeführt, während das Chormauerwerk über dem Granitsockel des Vorgängerbaus nur aus Backsteinen besteht. Die dem Kloster zugewandte Seite des Chores weist hingegen wieder Mischmauerwerk auf. Der Chor besaß an der Längsseite insgesamt drei Fensterachsen im Abstand von gut fünf beziehungsweise sechs Meter. Nicht nur das Ziegelmauerwerk betont den Chorbereich, sondern auch die breiteren dreibahnigen Fenster, die mit schlichtem Werksteinmaßwerk ausgestattet waren.[1132] Nach einem Grundriss von 1853 sollen auf der Südseite des Chores ebenfalls drei Fenster gelegen haben, von denen das kleinere westliche (heute vom Alumnatskorridor des Gymnasiums aus zu sehen) aus der Achse etwas nach Osten verschoben ist.[1133] Laut Richter soll deshalb die Ostklausur ursprünglich weniger nach Osten gerückt gewesen sein, was nach derzeitigem Kenntnisstand nicht bestätigt werden kann.[1134] An der Chorstirn kam eine traditionelle gestaffelte Dreifenstergruppe zur Ausführung (Abbildung 228).

Die Traufhöhe des gesamten Bauwerkes wurde nicht einheitlich ausgeführt. Wenn man das Mauerwerk des Chorgiebels betrachtet, erkennt man nur eine geringe Sanierung der Mauerkrone beziehungsweise deren Aufstockung. An den ehemaligen Chorflanken wurden die etwas herab gebrochenen Kronen in ursprünglicher Höhe wieder errichtet. In einer Lithographie von Albert Emil Kirchner aus dem Jahr 1841 ragen bereits vor dem Umbau die Fenster in das östliche Giebeldreieck hinein (Abbildung 146).[1135] Die von Richter vertretene Auffassung, dass auch die Ostgiebelfenster im 19. Jahrhundert erhöht worden sind, trifft daher nicht zu.[1136] Da das Westfenster ebenfalls in den Giebel hineinragt, ist eine offene Dachkonstruktion beziehungsweise eine Holztonneneinwölbung für diese Umbauphase in Betracht zu ziehen, jedoch nicht mehr nachzuweisen.

Eine Datierung dieser Bauphase kann aufgrund fehlender Quellen nur stilkritisch anhand der Maßwerktypologie erfolgen. Das Motiv des Zerbster Mittelfensters tritt erstmals an den Seitenschiffsfenstern des Magdeburger Doms um 1260 auf (Abbildung 229).[1137] Die Verbreitung des Vielpassmotivs der flankierenden Stirnfenster reicht weit im 13. Jahrhundert zurück, jedoch wird sich die Gesamtgestaltung der drei Fenstermotive strukturell auf die Chorstirn der Zerbster Bartholomäikirche bezogen haben. Es finden sich dort im Mittelfenster gestapelte Dreipässe und Sechspässe in den korrespondierenden Fenstern. Also eine motivische Ähnlichkeit, die nicht zufällig sein kann und am Chor

---

1130 Vgl. Münnich 1928, 12. Die einheitliche Sohlbankhöhe und die geringen Höhenunterschiede der Chor- und der Langhaustraufe lassen eine einheitliche Höhe mit den Chorflankenfenstern wahrscheinlich sein.

1131 Von den heutigen zwölf Fenstern der Nordseite sind mit Ausnahme von Restaurierungen und partiellen Veränderungen nur die Fenster 1, 2, 4, 6, 8, 10, 11 und 12 (von Westen gezählt) mittelalterlichen Ursprungs. Der Rest wurde erst im 19. Jahrhundert bzw. 1911 in angeglichener Form zur besseren Beleuchtung der dahinter befindlichen Schulräume eingefügt. 1843 erhöhte man zudem die Fenster im zum Schulhaus umgebauten Langhaus um ca. einen Meter. Münnich 1928, 12.

1132 Die heutigen Maßwerkformen der Schulaula orientieren sich an der originalen Maßwerksubstanz, z.B. des in der östlichen Südchorwand vermauerten Fensters. Augenscheinlich wurden ältere, verwitterte Gewändereste in die Rekonstruktion einbezogen, während sich das jüngere Steinmaterial durch eine hellere Farbe und glatte Oberfläche auszeichnet.

1133 Vgl. Friedrich Sintentis: Zur Geschichte des Zerbster Schulwesens. Einladungsschrift zur Feier des fünfzigjährigen Bestehens des Herzoglichen Franzisceums zu Zerbst am 18. und 19. Mai 1853, Zerbst 1853, Abb.

1134 Vgl. Richter 1935, passim. Das mittlere Chorfenster der Südseite ist nicht vorhanden. Es handelt sich offenbar um einen Irrtum. Vgl. Münnich 1928, 13.

1135 Kirchner bildet den Ostgiebel mit schemenhaftem Maßwerk ab.

1136 Vgl. Richter 1935, 77f.

1137 Vgl. Schubert 1984², 38.

Abbildung 146: Zerbst, Ruine der ehemaligen Franziskanerkirche, Ansicht von Nordosten (Radierung von Albert Emil Kirchner, Puttrich/Geyser 1841, 15).

der Franziskanerkirche anhand der Maßwerkanleihen an der wichtigsten Kirche im Erzbistum Magdeburg in gewisser Weise gesteigert wird. Die Erweiterung des eingezogenen Rechteckchores von St. Bartholomäi erfolgte mit der Erhebung zum Kollegiatstift kurz vor 1300 unter Graf Burchard IV. von Barby,[1138] sodass man das Maßwerk der Franziskanerkirche trotz der stilistisch älteren Formen gegen 1310 ansetzen sollte.[1139] Eine umgekehrte Bezugnahme ist sehr unwahrscheinlich, da St. Bartholomäi als Archidiakonskirche ranghöher als die Franziskanerkirche war. Es liegt nah, den umfangreichen Umbau der Franziskanerkirche im Zusammenhang mit der Machtübernahme der Köthener Linie der Anhaltiner im Jahr 1307 in Zerbst zusehen, die damit vermutlich ihren Anspruch als neue Stadtherren unterstrichen, indem sie die Klosterstiftung der Barbyer Grafen einer Erneuerung unterzogen.[1140] Der Bezug zum Magdeburger Dom lässt sich durch das erzbischöfliche Amt Heinrichs von Anhalt zwischen 1305 und 1307 untermauern.[1141]

1138 Vgl. Heinrich 1961, 332f.; Inventar Anhalt 1879–1943 (Nachdruck), 438.
1139 Die Datierung von Münnich (1928, 11) um 1350 ist zu spät angesetzt. Richter (1935, 77) datiert die Erweiterung der Kirche in die zweite Hälfte des 13. Jahrhunderts.
1140 Ähnliche Bauaktivitäten bei Dynastiewechsel lassen sich vielerorts nachweisen. Als Beispiel kann etwa der Umbau der Wittenberger Franziskanerkirche unter den Wettinern angeführt werden. Architektursymbole der Vorgänger werden dadurch sowohl angeeignet als auch im Sinne von Legitimation weitergeführt.
1141 Siehe Seite 288, Maßwerk.

3. Bauphase: Aufstockung des Kreuzganges und Arkadeneinbau zum Langhaus (2. Hälfte 15. Jahrhundert)

Die Aufstockung des Kreuzganges und die Öffnung des Obergeschosses als Empore zum Langhaus durch große spitzbogige Arkaden erfolgte in der letzten mittelalterlichen Bauphase (Abbildung 141 und 142).

Ob die in Läufer-Binder-Verband gemauerten Arkadenbögen in der nachmittelalterlichen Zeit zeitweilig vermauert gewesen waren, wie es ein Plan des Obergeschosses von 1853 andeutet, ist nicht geklärt.[1142] 1757 müssen sie noch offen gewesen sein, da man bei einer Renovierung 1928 an ihnen eine eingeritzte Inschrift mit diesem Datum fand.[1143] Zu diesem Zeitpunkt war die Kirche schon verfallen, da seit 1686 das Dach bereits fehlte.[1144]

Eine Datierung der Bauphase nach 1526 ist unwahrscheinlich, denn Richter wies bei der Sichtung der seinerzeit noch erhaltenen Quellen lediglich für 1566 Ziegelreparaturen an der Kirche nach, während gleichzeitig das Kloster zum Gymnasium illustre umgebaut wurde.[1145] Zudem ist die Öffnung und Vergrößerung von Saalkirchen zum Kreuzgang im späten Mittelalter gängige Praxis.[1146] Als Vergleiche können unter anderem die Franziskanerkirchen in Angermünde, Salzwedel, Weida und Zeitz genannt werden. Die Fenster des nördlichen Kreuzgangobergeschosses beziehungsweise der Emporen sind wohl in nachmittelalterlicher Zeit erneuert worden. Richter nimmt sogar ihre Entstehung während des Umbaues von 1798/1803 an, was jedoch unwahrscheinlich ist.[1147] Dagegen spricht vorallem, dass die Fenster die Höhe der Arkaden aufnehmen und mit der mittelalterlichen Giebelverbreiterung über dem Kreuzgang korrelieren, die sich am Westgiebel deutlich ablesen lässt (Abbildung 143).[1148] Das Dach von 1798/1803 orientiert sich zudem nicht an der mittelalterlichen Giebelschräge, da es tiefer liegt. Daher scheint es wahrscheinlich, dass die Fenster im Obergeschoss des nördlichen Kreuzgangs zumindest die mittelalterliche Disposition aufnehmen. Für die einfach gestuften Fenstergewände ließe sich am spätgotischen Langhaus der Bartholomäikirche für das frühe 15. Jahrhundert sogar ein lokaler Vergleich anführen.[1149] Wenn das Maßwerk auf die Ursprungsformen zurückgeht, was nicht geklärt ist, könnte man die drei gestaffelten, genasten Lanzettbahnen mit den abwärts zur Mitte geschwungenen Zwickelfischblasen wohl frühestens in den Anfang des 15. Jahrhunderts datieren. Möglicherweise hängen die für die Klausur quellenmäßig belegten Baumaßnahmen in der zweiten Hälfte des 15. Jahrhunderts mit dieser Bauphase zusammen.[1150] Diese waren spätestens mit einer großen Tagung mitteldeutscher Stadträte im Kloster im Jahr 1494 abgeschlossen.[1151]

1142 Vgl. Sintenis 1853, Abb.
1143 Vgl. Richter 1935, 78. Die Inschrift konnte nicht lokalisiert werden. Sie wurde offenbar wieder verdeckt.
1144 Vgl. Specht 1933, 37.
1145 Ebd., 35ff.
1146 Graf 1995, 215ff.
1147 Vgl. Richter 1935, 78f.

1148 Richter (ebd.) datiert die Giebelverbreiterung irrtümlich in die Ausbauphase 1798/1803. Als Beweis führt er nicht nachvollziehbar die fehlende Giebelspitze [sic!] an. Diese und der vollständige Westgiebel sind jedoch in der Ansicht von 1841 vollständig abgebildet (Abbildung 143).
1149 Vgl. Dehio Sachsen-Anhalt II, 1999, 935.
1150 Vgl. Specht 1933, 21ff.
1151 Vgl. UB Magdeburg, Bd. 3, 1896, Nr. 942.

III Die Bettelordensarchitektur

Gebautes Ideal – Zur Genese der Bettelordensarchitektur

Im europäischen Vergleich zeigt sich die Bettelordensarchitektur vielgestaltig, während sie im regionalen Vergleich relativ homogen ausgeprägt ist.[1152] Die heterogene Ausprägung der europäischen Bettelordensarchitektur wurde von der Forschung bislang durch kunstlandschaftliche Ordnungsprinzipien erklärt. Eine anerkannte Methode, die allerdings sowohl spezifische Eigenheiten der Bauten als auch ihre allgemeingültigen Merkmale nicht zu fassen vermag, da sie die kunstlandschaftlichen Prinzipien unbefragt voraussetzt.[1153] Diese Herangehensweise stellt zudem die kunsthistorische Kategorie Bettelordensarchitektur indirekt in Frage, da diese nur dann Gültigkeit besitzt, wenn sie auch über regionale „Grenzen" hinweg im Sinne eines besonderen bildhaften Ausdrucks, eines Wertes oder äußeren Alleinstellungsmerkmals – um einen Marketingausdruck zu verwenden – der Architektur der Bettelorden verstanden werden kann.

Bauvorschriften und Bauverhalten

Dass die Kategorie Bettelordensarchitektur jedoch legitim ist, ohne den Bauten ihre Einzigartigkeit abzusprechen, kann durch eine Analyse der Wirksamkeit der ordensinternen Bauvorschriften aufgezeigt werden, denn diese übertrugen letztlich das Selbstverständnis der Gemeinschaften auf einen architekturspezifischen Gestaltungswillen. Dabei zeigt ein Blick in die Forschungsgeschichte, dass sich diejenigen wissenschaftlichen Erklärungsmodelle, die eine Wirksamkeit der Vorschriften bezweifelten, letztlich unhaltbar sind.

So waren beispielsweise die Vorschriften für das abstrakt teleologische Entwicklungsmodell der Bautypen Saalkirche, Basilika hin zur Hallenkirche von Krautheimer und Nachfolger unbrauchbar, da es nicht am historischen Kontext ausgerichtet war.[1154] Andererseits negieren die noch bis in jüngste Zeit geläufige Begründungen, dass architektonische Ausnahmeerscheinungen bei den Bettelorden – man denke an Kathedralchöre, monumentale Bauwerke und dergleichen – und die „Tendenz", die Vorschriften zu unterlaufen, deren Bedeutungslosigkeit beweisen sollen, kurzerhand ein historisches Faktum, wie noch zu zeigen ist.[1155] Hierbei wird ausgeblendet, dass die transterritorial wirksamen Bauvorschriften der Orden mit unterschiedlichen gesellschaftlichen Kontexten konfrontiert waren, in denen sie sich bewähren mussten. Nur die Rekonstruktion der jeweiligen Bezugskontexte kann letztlich befriedigende Urteile zulassen.[1156] Eine andere Forschungsmeinung vertrat eine historische Entwicklung, der zufolge die Vorschriften anfänglich umgesetzt wurden, die weitere Entwicklung jedoch eine allmähliche Ablösung von den Reglementierungen nach sich zog.[1157] Diese Entwicklung wurde – wohl in Hinblick auf den franziskanischen Armutstreit – als eine Aufgabe des Armutsideals gedeutet,[1158] wovon jedoch in Hinblick auf das mendikantische Selbstverständnis sowohl bei armutskritischen als auch den gemässigten Gruppierungen innerhalb der Orden nicht die Rede sein kann. Bisher wenig beachtet blieb hingegen eine These Hans Erich Kubachs, der die Vorschriften „als geistiges Fluidum [, denn] als faßbare Form" interpretierte.[1159] Dieser Ansatz Kubachs ermöglicht einen differenzierteren Blick auf die Funktionsweise der Bauvorschriften. So dürfte Katja Hillebrands Annahme den Kern treffen, dass die Bettelorden nur Rahmenbedingungen und keine konkreten Richtlinien schufen, da sie sich innerhalb regional unterschiedlich ausgeprägten Architekturkontexten orientieren mussten, in denen sie ihr Armutsideal gewahrt sehen wollten.[1160]

1152 Graf (1995) wies als erster mit statistischen Erhebungen für die deutschen Ordensprovinzen eine heterogene Bautypenverbreitung nach.
1153 Siehe Seite 14ff., Forschungsgeschichtlicher Abriss; Todenhöfer 2007, 43–45.
1154 Vgl. Scheerer 1910, 10; Krautheimer 1925, 9.
1155 Vgl. Thode (1885) ²1904, 311; Pieper 1993, 28f. und Schenkluhn 2000, 33.
1156 Die ansich berechtigte Forderung Schenkluhns nach einer kontextuellen Erforschung blendet jedoch die Wirksamkeit der Ordensvorschriften aus 2005, 42.
1157 Vgl. Donin 1935, 20; Fait 1954, 15ff.
1158 Ebd.
1159 Zitat: Hans Erich Kubach: Ordensbaukunst, Kunstlandschaft und „Schule", in: L'architecture monastique. Actes et travaux de le rencontre franco-allemande des historiens d'art (Bulletin des relations artistiques France-Allemagne, Nr. spécial, Mai 1951), 91–94, hier 94.
1160 Vgl. Hillebrand 2003, 158–167.

Abbildung 147: Rom, Dominikanerkirche Sta. Sabina, Ansicht von Nordosten (Bildarchiv Foto Marburg, Z 21419).

Übergangszeiten

Die frühesten Vorschriften, die 1220 in Bologna ausgearbeiteten Konstitutionen der Dominikaner, beschränkten sich noch auf die grundlegende Festlegung, dass die Brüder lediglich einfache und bescheidene Häuser (*domus*) besitzen dürfen, „[...] damit weder weltliche oder geistliche Betrachter an unseren aufwendigen Bauten Anstoß nehmen."[1161] Vom Bau eigener Kirchen und Klöster war nicht die Rede.[1162] Die zweite Vita des Franziskus von Thomas de Celano überliefert für die gleiche Zeit, dass der Ordensgründer bereit war, unangemessene Gebäude eigenhändig einzureißen, die Mitbrüder beispielsweise in Bologna errichtet hatten, beziehungsweise Gebäude räumen ließ.[1163] Erst nachdem die Brüder bezeugten, dass die Bauten nicht ihnen gehörten, war er bereit, nachzugeben. Den Brüdern gestand Franziskus lediglich Holzhütten zu.[1164] Im Hinblick auf die späteren Vorschriften wird hier bereits die Prozesshaftigkeit, die Suche nach den richtigen Antworten angedeutet, welche der Widerspruch zwischen den menschlichen Bedürfnissen und dem apostolischen Lebensideal hervorrief. Umfangreiche Klosterbauten widersprachen dem Ideal und konnten die Glaubwürdigkeit der Gemeinschaften gerade in der Anfangszeit gefährden.

Für die meisten frühen Niederlassungen der Dominikaner und Franziskaner ist in der Tat nachweisbar, dass die Konvente viele Jahre provisorisch untergebracht waren.[1165] Es gab jedoch gravierende Unterschiede. Der statistische Mittelwert zwischen Niederlassungszeit und Baubeginn eines Klosters betrug beispielsweise bis 1230 bei den deutschen Franziskanern mehr als 16 Jahre.[1166] So harrten die Halberstädter Brüder über 20 Jahre seit ihrer Ankunft 1223 provisorisch in einem Bürgerhaus aus, bis man ihnen ein Grundstück stiftete.[1167] 1225 übernahmen die Brüder beispielsweise in Mühlhausen von einem gräflichen Stifter ein im Bau befindliches Haus, das sie nicht fertig stellten. Sie gingen ihrer Wege, nachdem sie eineinhalb Jahre genügsam im Keller des Gebäudes gelebt hatten. Erst 1231 kamen sie zurück und übernahmen ein Spital,[1168] welches sie nach Baubefunden erst in der zweiten Hälfte des 13. Jahrhunderts zum Kloster ausbauten[1169]. Bei den deutschen Dominikanern lag um 1230 die Differenz zwischen Niederlassung und Klosterbau nur bei neun Jahren.[1170] Dies widerspiegelt gegenüber dem Konkurrenten ein deutlich effizienteres Vorgehen. So verwundert es nicht, dass es bis 1228 bei den Dominikanern zumindest schon zu Übernahmen älterer Klosteranlagen und bestehender Kirchen kam, jedoch nicht zu Neubauten im eigentlichen Sinn.[1171] Gilles Meersseman nannte diese Übergangszeit für den Dominikanerorden deshalb „Période de gestation".[1172] Bekannte und kennzeichnende Fälle für jene Übernahmephase sind beispielsweise St. Romain in

---

1161 „Mediocres domos et humiles habeant fratres nostri, ita quod nec ipsi expensis graventur, nec allii seculares vel religiosi in nostris sumptuosis edificiis scandalizentur." Zitat nach Richard Alfred Sundt: Mediocres domos et humiles habent fratres nostri. Dominican Legislation on Architecture and Architectural Decoration in the 13th Century, in: The Journal of the Society of Architectural Historians, 46 (1987), 394–407, hier 396 und 405. Dass man nicht von Klöstern sprach, sondern lediglich von Häusern, unterstreicht die anfängliche Abstinenz von traditionellen Ordensbauten.
1162 Siehe Seite 302ff., Bau fester Konvente.
1163 Thomas de Celano: Vita Secunda S. Francisci, Caput 28. Übersetzung bei Engelbert Grau: Thomas von Celano. Leben und Wunder des hl. Franziskus von Assisi (Franziskanische Quellenschriften, 5), Werl ⁴1988, 217–416, hier 275.
1164 Grau, Celano, 1988, 274 (Caput 26).
1165 Schenkluhn 2000, 27–34; Wiener 2004, 220f.
1166 Graf 1995, 113f.; 235f., Graphik 8f.
1167 Hardick, Chroniken, 1957, 70f.; vgl. Ulpts 1997, 217, Anm. 31.
1168 Hardick, Chroniken, 1957, 75f., Nr. 45.
1169 Sareik 1980, 12ff.
1170 Graf 1995, 113f.; 235f., Graphik 8f.
1171 Schenkluhn 2000, 27 und 244, Anm. 46.
1172 Gerard-Gilles Meersseman: L'architecture Domincain au XIIIe siècle. Legislation et pratique, in: Archivum Fratrum Praedicatorum, Volumen XVI, Rom 1946, 136–190, hier 142ff.

Toulouse im Jahr 1216, das Hospital St. Jacques in Paris, die frühchristliche Kirche Sta. Sabina in Rom im Jahr 1218, ein jahr später die Kapelle S. Nicolò delle vigne in Bologna und S. Eustorgio in Mailand im Jahr 1220 (Abbildung 47). Dieses Verhalten korreliert eindeutig mit dem Aussagegehalt der frühen Ordensregel, keinen öffentlichen Anstoss durch Überfluss zu erregen. Hintergründig ermöglichte die Übernahme frühchristlicher Kirchen es dem Dominikanerorden, an das frühe Christentum sowohl als Sinnbild des apostolischen Ideals als auch der Wiege bedeutender Kirchentraditionen anzuknüpfen, stammte doch S. Eustorgio noch aus der Zeit von Ambrosius und Augustinus und beherbergte einst die Reliquien der Hll. Drei Könige, die 1164 als Beutestücke nach Köln kamen.[1173]

Solche frühen Übernahmen wie die eines Hospitals in Köln gegen 1224 konnten im Untersuchungsgebiet Sachsen-Anhalt nicht nachgewiesen werden.[1174] Scheinbar waren die Dominikaner allerdings noch gegen Mitte des 13. Jahrhunderts (zumindest als Übergangslösung) bereit, ältere Kirchenbauten zu akzeptieren. So nutzten die Dominikaner in Seehausen (Altmark) noch zwischen 1253 und 1266 die romanische Jakobskirche in der Altstadt, wohnten jedoch auf dem ehemaligen askanischen Burggelände in mittelbarer Nähe.[1175]

Die frühe Franziskanergemeinschaft verhielt sich in der Frühphase ihrer Ausbreitung gemäß den Anweisungen des Franziskus weit kritischer zu festen Unterkünften beziehungsweise zu Neubauten als die Dominikaner. Auch die Übernahme überlassener Gebäude wurde sehr zurückhaltend aufgenommen. Diese apostolische Einstellung findet sich in aller Deutlichkeit im Testament des Franziskus, welches er kurz vor seinem Tode 1226 verfasste: „Hüten sollen sich die Brüder, daß sie Kirchen, ärmliche Wohnungen und alles, was für sie gebaut wird, keinesfalls annehmen, wenn sie nicht sind, wie es der heiligen Armut gemäß ist, die wir in der Regel versprochen haben".[1176] So sind außer Reparaturen an kleinen Kapellen wie der alten Portiuncula-Kapelle bei Assisi, die Franziskus selbst mit eigenen Händen ausbesserte, keine Bautätigkeiten im Sinne von Kirchenbauten nachgewiesen (Abbildung 148). Brüder, die es gewagt hatten, in der Nähe der Kapelle Hütten zu errichten, wurden von ihm persönlich bestraft.[1177]

Abbildung 148: Assisi, Santa Maria degli Angeli (Portincula), Außenansicht (Schenkluhn 2000, 32, Abb. 5).

Der Umgang mit Architektur im Sinne des apostolischen Ideals zeigt sich somit bei den Dominikanern von Beginn an als ein interlektuelles, kirchengeschichtlich beeinflusstes Handeln, das gezielt auf historisch theologische Verknüpfungen setzte, während die Franziskanern das Thema Architektur zumindest in der Anfangsphase mehr im Sinne des laienfrömmigen Nachempfindens behandelten und daher für sich extrem reduzierten.

[1173] Schenkluhn 1985, 205; ders. 2000, 29.
[1174] Vgl. Schenkluhn 1985, 206.
[1175] Siehe Seite 141ff.

[1176] Lothar Hardick und Engelbert Grau: Die Schriften des Heiligen Franziskus von Assisi, in: Franziskanische Quellenschriften, Bd. 1, Werl ⁸1984, 219.
[1177] Grau, Celano, 1988, 274f.

Nießbrauch

Schenkluhn wies im Zusammenhang mit den frühen Äußerungen von Franziskus zu Recht daraufhin, dass trotz des strengen Armutsgebotes eine Nutzung von Bauten oder eine Bautätigkeit zugunsten der Franziskaner durch Dritte nicht ausgeschlossen war.[1178] Es scheint fast so, dass Franziskus die Unmöglichkeit der Einhaltung des strikten Armutsgebotes geahnt hätte, denn er sprach bereits 1223 in der von ihm verfassten Regula bullata von *amicos spirituales*, die berechtigt waren, für die Brüder treuhänderisch Geld anzunehmen.[1179] So war potenziell die Möglichkeit gegeben, die kirchenrechtliche Treuhänderschaft, wie sie bereits im Instrument der Vogtei bestand, neu zu beleben,[1180] was schließlich 1230 durch die päpstliche Bulle *Quo elongati* geregelt wurde.[1181]

Ein sehr früher Fall dieser Treuhänderschaft ist uns für Magdeburg überliefert, wo Erzbischof Albrecht II. von Käfernburg den Franziskanern bereits zwei Jahre nach ihrer Ankunft eine Kirche im Jahre 1225 weihte.[1182] Es ist bedauerlich, dass dieser Bau nur aus den Schriftquellen fassbar ist und sich seine Existenz mit der Übertragung im Jahr 1266 an die Zisterzienserinnen von St. Laurentius verliert.[1183] Allerdings dürfte es sich bei diesem Bau nicht um eine Kirche in unserem Verständnis gehandelt haben, wie der Ordenschronist Giordano de Giano ein wenig mit seiner Demut übertreibt, sondern um ein kleines Oratorium, eben eine *capella*, wie es in der Übertragungsurkunde überliefert ist.[1184] Auch widerspricht die kurze Bauzeit von maximal zwei Jahren einem größeren Projekt, sodass die asketisch geprägte Gründergeneration wohl kaum daran Anstoss genommen haben wird. Der Sonderfall in Magdeburg dürfte mit Sicherheit auf die ambitionierte Politik des Erzbischofs Albrecht II. von Käfernburg zurückzuführen sein, der zwischen 1222 und 1224 als kaiserlicher Legat und Graf der Romagna in Italien weilte und dort vermutlich den Franziskanerorden kennenlernte.[1185]

Sehr treffend gab Giordano de Giano die Haltung der ersten Franziskanergeneration in den deutschen Provinzen zu Klosterbauten und deren Initiatoren wieder. So lebten die Brüder in Erfurt seit 1224 sechs Jahre unter seiner Führung in einem Spital und nutzten die verlassene Heiliggeistkirche. Die Frage eines städtischen Prokurators, ob er ein „Haus nach Art eines Klosters gebaut haben möchte", beantwortete Giordano in seiner Chronik mit den oft zitierten Sätzen: „Ich weiß gar nicht, was ein Kloster ist. Baut uns das Haus nur nahe am Wasser, damit wir zum Füßewaschen hineinsteigen können"[1186].

San Francesco in Assisi und die Anfänge mendikantischer Bautätigkeit

Erst der Tod des Franziskus im Jahr 1226 und seine Heiligsprechung am 16. Juli 1228 gaben einen neuen Impuls für die Entwicklung der mendikantischen Gemeinschaften hin zu eigenen Klosterbauten. Im Dienste der päpstlichen Interessen wurden nun die zögerlichen Franziskaner, was Sesshaftigkeit und Bautätigkeit anbelangte, sukzessive zu einem Orden umgeformt. Dies zeigen vor allem die päpstliche Aneignung der Reliquien, der für deren Inszenierung vorgesehene Bau der Grabeskirche, deren Grundsteinlegung durch Papst Gregor IV. bereits einen Tag nach der Heiligsprechung erfolgte, und die Annullierung des Testamentes des Heiligen.[1187]

S. Francesco ist damit der erste genuine Bettelordensbau an sich und markiert somit die Zäsur zwischen dem apostolischen Lebensideal der frühen Gemeinschaft, die den Bau fester Kirchen ablehnte (Testament des Franziskus), und der Transformation zu einem kirchlichen Orden mit den dafür notwendigen Strukturen wie Ordenshierarchie, theologische Bildung, Seßhaftigkeit und Klosteranlagen (Abbildung 149 und 150). Der T-förmige Grundriß mit direkt am Querhaus anschließender Apsis ist in der mittelitalienischen Romanik verbreitet: in den umbrischen Bauten S. Maria di Vescovio, S. Giacomo de muro rupto (Assisi), S. Benedetto am Subasio, S. Maria a Conéo, S. Allesandro a Badia Berardenga, SS. Trinità a Spineta, S. Lorenza Coltibuono oder toskanischen Bauten, wie einschiffigen Kirchen S. Salvatore al Monte Amiata,

---

1178 Schenkluhn 2000, 33.
1179 Regula bullata 1223, Caput IV. Vgl. http://www.intratext.com/IXT/ LAT0823/_P4.HTM (November 2009).
1180 Vgl. Stüdeli 1969, 48ff.
1181 Ebd., 56f.; Moorman 1988, 90.
1182 Hardick, Chroniken, 1957, 77, Nr. 48,1.
1183 UB Magdeburg, Bd. 1, 75, Nr. 139. Siehe Seite 110, Anm. 634.
1184 Ebd.
1185 Vgl. Die Bischöfe des Heiligen Römischen Reiches 1198 bis 1448, Berlin 2001, 385.
1186 Hardick, Chroniken, 1957, 73, Nr. 43.
1187 Vgl. Wolfgang Schenkluhn: San Francesco in Assisi: Ecclesia specialis, Darmstadt 1991, 208ff.; Schenkluhn 2000, 42f.; Wiener 2004, 216f.

Abbildung 149: Assisi, S. Francesco, Ansicht von Südosten (Foto: Todenhöfer 2007).

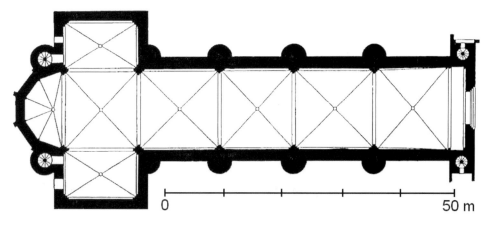

Abbildung 150: Assisi, S. Francesco, Grundriss der Oberkirche (Schenkluhn 2000, 57, Taf. II).

SS. Trinitá in Spineta, S. Michele Archangelo in Vico Alto, Tecciano, S. Simone in Radicondoli, S. Stefano in Vicoduoedecim, S. Rabano in Albarese oder S. Bruzio bei Magliano. Ein Bautyp der letzlich die frühchristliche Bautradition fortschreibt.[1188] S. Francesco hat diesen alten und in den wohlhabenden Städten schon überholten Typ im modernen Gewand aufgegriffen, weil er den Vorzug besaß, durch die Einschiffigkeit noch am ehesten an die Kapellen der Gründungsgeneration und die örtliche Tradition anknüpfen zu können. In diesem Sinn verdeutlicht die Grabeskirche des Franziskus in gewissem Grad die mendikantische Gesinnung. Durch das Aufgreifen überholter Formen wurde Potenzial für Neues geschaffen. Weitere Elemente wie das Decorum unterstreichen das Neue dieser Architektur. In Assisi findet beispielsweise erstmals hochgotischer Baudekor (Kapitellplastik) aus dem Umfeld der Ste. Chapelle Eingang in Italien.[1189] Vorallem die kompromislose Inszenierung einer der wichtigsten Reliquien der römischen Kirche durch die Architektur hebt die Bedeutung und Besonderheit S. Francescos hervor. Die Doppelgeschossigkeit leitet sich vom Typus der Krypta als Grabraum für Reliquien ab, die hier unter den gesamten Grundriß erweitert wurde. Beispiele für weiträumige Krypten finden sich bei S. Nicola Pellegrino in Trani oder S. Nicola in Bari in Süditalien,[1190] jedoch entstand in Assisi im Wortsinn eine Unterkirche, deren Altar mit dem Grab für ca. 50 Jahre durch einen Lettner (*pulpitum*) abgeschrankt war. Bei dem Lettnereinbau handelt es sich nach Hueck um die in Mittel- und Norditalien verbreitete Tradition von Kryptenlettnern.[1191] Das bedeutet, dass der Altarbereich für Pilger nicht uneingeschränkt begehbar war. Offenbar erlaubten drei Lettnerportale den Blick und den beschränkten Zugang zum Altarbereich mit dem Grab.[1192] Die Wendeltreppen in den Apsistorrioni stellten vor den Einbau des heutigen Zugangs die Verbindung über die Kreuzgangplattform zwischen Unter- und Oberkirche her. Es verwundert daher nicht, dass Bezüge zu den doppelgeschossigen Herrscherkapellen gezogen wurden,[1193] die trotz funktionaler Ähnlichkeit durch die parallele Kryptenfunktion jedoch hinfällig werden.[1194] Abgesehen von der typologischen Besonderheit Assisis sind Krypten in Bettelordensbauten außerordentlich selten.[1195] Dadurch wird der Sonderfall Assisi, trotz der traditionellen Hülle umso deutlicher und kann nur aus der besonderen Bedeutung der Reliquien des Hl. Franziskus und der Kirche als *caput mater* des Franziskanerordens unter päpstlicher Protektion erklärt werden.[1196] Ob mit der Westung der Kirche ein spezieller Bezug zu Alt-St. Peter oder die Grabeskirche in Jerusalem bezweckt war, wie sie von Schenkluhn vermutet worden ist, entgeht hingegen unserer Kenntnis.[1197] In diesem Fall hätten weitere wichtige Pilgerkirchen gewestet sein müssen, was offensichtlich nicht der Fall war. Letzlich dürfte diese Frage mit der Bauplatzbeschaffenheit am Rande eines westlich der Stadt gelegenen Abhanges beantwortet sein. Eine Ostung der Kirche hätte den stadtseitigen Zugang der Pilgerströme und die Inszenierung der Reliquie deutlich beeinträchtigt.[1198]

In gewisser Weise markiert auch die ab 1228 entstandene Kirche S. Domenico in Bologna als erster Neubau des Dominikanerordens den Spagat zwischen apostolischem Ideal und gesellschaftlichen Ambitionen, obwohl die Niederlassung dieses Orden zielgerichteter verlief als bei den Franziskanern, die sich in Assisi, auch nach dem Bau von S. Francesco weiterhin zu Pfingsten bei der Portiuncula-Kapelle trafen und sich erst im Laufe der 1230er Jahre unter päpstlichem Einfluss zu einem Orden wandelten. Offenbar führte die päpstliche Instrumentalisierung des Franziskuskultes zu einer verstärkten baulichen Eigendynamik bei den Dominikanern, die zunächst darin mündeten, den eigenen Ordensgründer heilig

---

1188 Ebd.; Irene Hueck, Rezension von Wolfgang Schenkluhn, San Francesco in Assisi: Ecclesia specialis. Die Vision Papst Gegors IX. von einer Erneuerung der Kirche, Darmstadt 1991, in: Kunstchronik, 45 (1992), 296–306, hier 302; vgl. Wolfgang Schenkluhn: Die Doppelkirche San Francesco in Assisi – Stand und Perspektiven der deutprachigen Forschung, in: Franziskus von Assisi. Das Bild des Heiligen aus neuer Sicht (Beihefte zum Archiv für Kulturgeschichte), Köln/Weimar/Wien 2005, 271–282.

1189 Jürgen Wiener: Die Bauskulptur von San Francesco in Assisi (Franziskanische Forschungen, 37), Werl 1991.

1190 Vgl. Schenkluhn 1991, 132ff.

1191 Irene Heck: Der Lettner der Unterkirche von S. Francesco in Assisi, in: Mitteilungen des kunsthistorischen Instituts in Florenz, 28 (1984), 173–202, hier 177.

1192 Ebd., 179 und 194f., Abb. 20–22.

1193 Wiener 1991; Schenkluhn 1991, 132ff. Seine Interpretation der Unterkirche als Konventskirche und der Oberkirche als päpstliche Aula führt hingegen zu weit.

1194 Maßgebend ergibt sich die Doppelgeschossigkeit durch den heilswirksamen Ortsbezug.

1195 Siehe unten Seite 265ff., Ausnahmeerscheinung Krypta.

1196 Der Papst besaß eigene Gemächer neben der Kirche und offenbar im nördlichen Apsistürmchen einen eigenen Zugang. Schenkluhn 1991, 132ff.

1197 Vgl. ebd.

1198 Giuseppe Rocchi nahm irrtümlich noch eine ursprüngliche Ostung an. Giuseppe Rocchi: La Basilica die San Francesco ad Assisi, Interpretatione e Relievo, Florenz 1982.

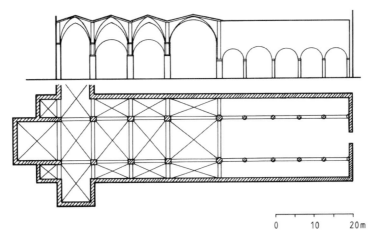

Abbildung 151: Bologna, S. Domenico, Grund- und Aufrissrekonstruktion (Schenkluhn 1985, 91, Abb. 55).

sprechen zu lassen.[1199] Diese Ambitionen wurden bei den Franziskanern, die sich ihrer besonderen Rolle sicher bewusst waren, bekanntlich argwöhnisch betrachtet. Vom franziskanischen Chronisten Salimbene ist etwa der sakastische Ausspruch überliefert: „Jetzt, wo die Minoriten einen Heiligen haben, schafft euch auch einen und wenn ihr ihn aus Pfählen zimmern müßt."[1200] Dominikus, der bereits 1221 verstorben war, wurde bekanntlich erst 1234 heilig gesprochen. Im Gegensatz zur Heiligsprechung des Franziskus, die vom Papst initiiert wurde, lag die Initiative des Kanonisationsverfahrens für Dominikus allein beim Dominikanerorden und den lokalen Institutionen. Sein Vermächtnis wurde also hier vorwiegend vom Orden selbst getragen. Dies wurde, schenkt man der schlüssigen These Schenkluhns Glauben, durch den Kirchenneubau in Bologna angestrebt.[1201] Möglicherweise ließ man es vorsätzlich an Vorsorge für das Dominikusgrab fehlen, was schließlich eine Translation nötig machte und eine Petition an die Kurie zur Folge hatte. Die Architektur von S. Domenico sollte sich schließlich auf die zisterziensische Bautradition mit Kastenchor und flankierenden Chorkapellen, dem sogenannten bernhardinischen Chorschema und somit programmatisch auf den größten Reformorden vor der Verbreitung der Bettelorden beziehen (Abbildung 151).[1202]

In der unmittelbaren Folgezeit trat vor allem der Dominikanerorden mit Klosterbauprojekten hervor.[1203] Im Jahr 1229 begann man St. Jacques in Toulouse.[1204] S. Domenico in Piacenza wurde um 1230 begonnen.[1205] Im deutschen Sprachraum folgten Köln vor 1229,[1206] Zürich ab 1231,[1207] Leipzig[1208] und Halberstadt[1209] ab 1231. Glaubt man den bekannten Daten etwa für den deutschen Sprachraum,[1210] setzten bei den Franziskanern um 1230 ebenfalls Bautätigkeiten ein, jedoch wissen wir über diese frühen Kirchen in der Regel kaum etwas. Die bekanntesten Beispiele sind Erfurt ab 1228 bis 1231,[1211] Lübeck ab 1230, Hamburg um 1230, Limburg um 1232, Braunschweig um 1235, Görlitz ab 1234, Mechelen um 1235, Ziesar/Brandenburg (1237 erwähnt)[1212]. Möglicherweise lassen sich viele der bekannten Daten wie in Magdeburg nicht zwangsläufig auf Klosterbauten zurückführen.

1199 Wolfgang Schenkluhn: Zum Verhältnis von Heiligsprechung und Kirchenbau im 13. Jahrhundert, in: Hagiographie und Kunst. Der Heiligenkult in Schrift, Bild und Architektur, hg. von Gottfried Kerscher, Berlin 1993, 301–315, hier 307ff.
1200 Zitert nach ebd., 314, Anm. 12.
1201 Ebd., 307ff.
1202 Ebd., 310.
1203 Gerard-Gilles Meersseman, L'architecture domincain au XIIIe siècle. Legislation et pratique, in: Archivum Fratrum Praedicatorum, 16 (1946), 142f; Graf 1995, 82f.; Schenkluhn 2000, 27ff.
1204 Sundt 1987, 185ff.
1205 Schenkluhn 2000, 100.
1206 Ebd., 206.
1207 Wild 1999, 36.
1208 Hütter 1993, 34; zuletzt Heinrich Magirus; Hartmut Mai; Thomas Trajkovits; Winfried Werner: Die Bau- und Kunstdenkmäler von Sachsen. Stadt Leipzig. Die Sakralbauten, 1, München/Berlin 1995, 487.
1209 Todenhöfer 2006a, 535–554. Siehe Seite 58ff.
1210 Im Folgenden nicht gesondert belegte Daten nach Graf (1995, 277–282).
1211 Ernst Haetge et al.: Die Stadt Erfurt. Allerheiligenkirche, Andreaskirche, Augustinerkirche, Barfüsserkirche (Die Kunstdenkmäler der Provinz Sachsen, 2/1), Burg 1931, 144f.
1212 Gustav Abb; Gottfried Wentz: Das Bistum Brandenburg (Germania Sacra: Die Bistümer der Kirchenprovinz Magdeburg, 1. Abt., 1. Teil), Berlin 1929, 364f.

Die von Graf ermittelte Statistik der Hauptbauphasen für die deutschen Provinzen zeigt, dass bei den Franziskanern erst um 1250, zirka zwanzig Jahre später als bei den Dominikanern, ein rasanter Bauschub einsetzte.[1213] Offenbar wirkte die apostolische Grundhaltung der ersten Ordensgeneration noch stark nach. Da die recht zeitnahe Verbreitung der Orden in vielen Nachbarregionen Europas ähnlich verlief, wird man auch dort auf ähnliche Bautendenzen schließen können.

Der Ausweitung der mendikantischen Bautätigkeit folgte parallel die Konkretisierung von Vorschriften bezüglich der Architektur in den jeweiligen ordensinternen Regelkatalogen. Dabei wurde offenbar die Praxis des Zisterzienserordens aufgenommen, durch verbindliche Generalkapitelsbeschlüsse den asketischen Habitus der Gemeinschaft auf die Architektur zu übertragen.[1214] Bereits in der zweiten Redaktion der dominikanischen Konstitutionen, die Richard Sundt zwischen 1232 und 1235 datiert, erschienen die wesentlichen Passagen zum Wölbungsverbot und den Mauerwerkshöhen, die bis zum Ende des 13. Jahrhunderts bestehen blieben.[1215] Die Franziskaner verabschiedeten nach Franz Ehrle ihre ersten Generalkonstitutionen, in denen bereits Vorschriften zur Architektur enthalten waren, offenbar 1247 in Rom.[1216] Diese Konstitutionen wurden auf dem Generalkapitel von Narbonne 1260 größtenteils bestätigt, lediglich die Ausführungen zu den Gewölben dürften erst dort hinzugekommen sein.[1217] Vermutungen, dass bereits in den durch die Chroniken von Giordano de Giano, Bernard von Bessa oder Salimbene überlieferten Verfassungsänderungen von 1239 und 1240 Bauvorschriften enthalten gewesen sein könnten, sind m. E. abwegig,[1218] da derartige Bestimmungen zu diesem Zeitpunkt nicht genannt werden[1219]. Der zeitliche Abstand zu den dominikanischen Vorschriften erklärt sich somit aus dem tendenziell späteren Bauaufkommen des Franziskanerordens.

Die franziskanischen Generalkonstitutionen von 1260, in denen die umfangreichsten mendikantischen Bestimmungen zur Architektur zusammengefaßt worden sind, können uns als allgemeines Muster für die mendikantische Baugesinnung dienen.[1220] Der Absatz zur Architektur erschien im Kapitel „De observantia paupertatis – Rubrica tertia" und lautet übersetzt: „Weil aber die Erlesenheit und der Überfluß der Armut direkt entgegenstehen, ordnen wir an, dass die Erlesenheit der Gebäude an Malerei, getriebenen Dekor, Fenstern, Säulen und dergleichen, ebenso das Übermäßige an Länge, Breite und Höhe gemäß dem Brauch des Ortes noch strenger vermieden werden. Die aber, die diese Konstitutionen übertreten haben werden, sollen schwerwiegend bestraft werden [...]. Die Kirchen sollen aber in keiner Weise gewölbt werden, mit Ausnahme über der Hauptkapelle. Im Übrigen soll der Campanile der Kirche nirgends nach Art eines Turms errichtet werden; ferner sollen die Glasfenster nirgends mit Historien oder Bildern bemalt werden, mit der Ausnahme, dass im Hauptfenster hinter dem Hochaltar Abbildungen des Kruzifix', der hl. Jungfrau, des hl. Franziskus' und des hl. Antonius' gestattet sind; und wenn weitere gemalt worden sind, so sollen sie durch die Visitatoren entfernt werden".[1221]

1213 Graf 1995, 45ff. und 57, 227, Graphik 1.
1214 Vgl. Matthias Untermann: Forma Ordinis. Die mittelalterliche Baukunst der Zisterzienser, München/Berlin 2001, 113ff.
1215 Sundt 1987, 405, zur Datierung 399f.
1216 Franz Ehrle: Die ältesten Redactionen der Generalconstitutionen des Franziskanerordens, in: Archiv für Literatur- und Kirchengeschichte des Mittelalters, 6 (1892), 1–138, hier 33. Ähnlich schon Rosalind B. Brooke, Early Franciscan Goverment. Elias to Bonaventure (Cambridge Studies in medieval life and thought, N.S. 7), Cambridge 1959, 261, Nr. 4 und 5 sowie 297, welche die Konstitutionen zwischen 1247 und 1257 datiert, für die Fensterausführungen jedoch den Zeitraum auf 1242 bis 1257 erweitert. Zum Hinweis auf frühere Vorschriften siehe unten Anm. 1226.
1217 Vgl. Ehrle 1892, 33. Dass die Bestimmungen zu den Gewölben erst in Narbonne den Konstitutionen beigefügt wurden, ergibt sich m.E. aus der Tatsache, dass es diese sind, die zuvor in den Beschlüssen der Verhandlungen zum Generalkapitel auftauchen, während sie in den früheren Narbonne vorangegangenen, aber nur chronikalisch überlieferten Statuten fehlen. Da die Chronologia historico-legalis und die Fundamenta trium ordinum S. Francisci nach Ehrle Originaldokumente der Statuten verwenden, sind die Inhalte glaubhaft. Vgl. ebd., 34 und 36.
1218 Es handelt sich hier offenbar um einen Analogieschluss der Autoren zur zweiten Redaktion der dominikanischen Vorschriften. Vgl. Heinrich Denifle, Die ältesten Konstitutionen des Predigerordens, in: Archiv für Literatur-und Kirchengeschichte des Mittelalters, 1 (1885), 165; Donin 1935, 19; Günther Binding; Matthias Untermann: Kleine Kunstgeschichte der mittelalterlichen Ordensbaukunst in Deutschland, Darmstadt 1985, 332. Zur Datierung einiger der Narbonner Konstitutionen auf 1239 Gratien de Paris: Histoire de la fondation et de l'évolution de l'Ordre des Frères Mineurs au XIIIe siècle (Bibliotheca Seraphico-Capuccina, 29), Rom 1982, 165.
1219 Auf diesen Kapiteln wurden wohl hauptsächlich Verfassungsänderungen bezüglich der administrativen Ordenstrukturen nach dem Generalat von Elias vorgenommen. Ehrle 1892, 19f.
1220 Zu den dominikanischen Bauvorschriften: Meersseman 1946; Sundt 1987 und Hillebrand 2003, 158–167. Zum Verhältnis der mendikanitischen Gesetzgebung und der Bettelordensarchitektur Todenhöfer (2007).
1221 "Cum autem curiositas et superfluitas directe obviet paupertati, ordinamus, quod edificiorum curiositas in picturis, celaturis, fenestris, columnis [Sic!] et huiusmodi; aut superfluitas in longitudine, latitudine et altitudine secundum loci conditionem arctius evietur. Qui autem transgressores huius constitutionis fuerint, graviter puniantur, [...] Ecclesiae autem nullo modo fiant testudinate, excepta maiori cappella. Campanile ecclesie ad modum turris de cetero nusquam fiant; item fenestre vitree ystoriate vel picturate de cetero nusquam fiant, excepto quod in principali vitrea post maius altare chori haberi possint imagines crucifixi, beate Virginis, beati Francisci et beati Antonii tantum; et si de cetero facte fuerint per visitatores amoveantur [...]". Zitiert nach Ehrle (1892, 94f.).

Durch den Beginn genuin mendikantischer Bauten wurde hiermit das leitende Grundprinzip der Armut mit dem Verbot handwerklicher Erlesenheit (*curiositas*) und architektonischem Überfluß (*superfluitas*) bei den Franziskanern im Sinne von Genügsamkeit uminterpretiert. Dieses pragmatische Prinzip beinhaltete bereits die Dominikanerregel von 1220: „Mediocres domos et humiles habeant fratres nostri".[1222]

Lokaler Architekturkontext als Maßstab

Die franziskanischen Konstitutionen lassen unzweideutig erkennen, dass als Maßstab der Ordensarchitektur der sakrale Architekturkontext vor Ort galt.[1223] Die lokalen beziehungsweise regionalen „Architekturstandards" bestimmten, was innerhalb der Städte als eine der mendikantischen Armut gemäße Gestaltung angesehen werden konnte.[1224] Angemessen erschienen dem Orden diejenigen Bauwerke, die vermieden, was nach den Gepflogenheiten des Ortes als handwerklich erlesen und architektonisch überflüssig galt. Damit war eine flexiblere Regelung gefunden als bei den Dominikanern, die ab der zweiten Redaktion ihrer Konstitutionen mit der Vorgabe von Obergrenzen für Mauerhöhen die Richtlinien zu ihren Bauwerken restriktiver gestalteten und damit rigider handhabten. So sollten die Klausurgebäude ohne Obergeschoß in ihrer Höhe 12 Fuß und mit Obergeschoß 20 Fuß, Kirchen 30 Fuß nicht überschreiten.[1225] Diese Differenzen lassen sich offenbar auf den abweichenden Habitus und das unterschiedliche Niederlassungsverhalten beider Orden zurückführen. So gab sich der Dominikanerorden bekanntlich gebildeter, elitärer und zielgerichteter als der frühe Franziskanerorden, dem eher der Ruf von demütigen Laienbrüdern anhing.[1226] Zudem ließen sich die Dominikaner zumeist in den städtischen Zentren nieder, während die Franziskaner zugleich in zahlreichen kleineren Städten seßhaft wurden.[1227] Es ist wahrscheinlich, dass die Franziskaner, gerade weil sie sich auch in weniger großen und nachwachsenden Städten ansiedelten, auf die Unterschiede örtlicher Wohlstandsniveaus und Baustandards mehr Rücksicht nehmen mußten als die Dominikaner. Ein einheitlicher Baustandard, wie er dem dominikanischen Generalminister Humbert de Romans 1255 wohl in Anlehnung an den Zisterzienserorden vorschwebte, wäre im städtischen Kontext problematisch gewesen,[1228] da die Bettelorden unter einem erheblichen Anpassungsdruck standen. Schließlich installierten sie mit ihrer Seelsorgetätigkeit (*cura animarum exordinaria*) eine Art Nebenpfarrsystem in Konkurrenz zum örtlichen Pfarrklerus.[1229] Die Traditionen der regionalen Bauformen und damit die Unterschiede zwischen den „Kunstlandschaften" dürften sich so auf den Ordensbau übertragen haben.[1230] Zwar wurde der lokale Bezug als Regel in den Statuten der Dominikaner explizit nicht erwähnt, jedoch beeinflußte er mit Ausnahmen prinzipiell auch deren Architektur.[1231]

1222 Vgl. Sundt 1987, 405. Zum Vergleich der Konstitutionen ebd., 402.

1223 Bereits bei Wiener, ohne konkrete architektonische Bezüge zu benennen (2004, 226). Der Versuch von Markschies, die „Matrix" der Bettelordensarchitektur darzulegen, greift zu kurz, wenn lediglich Referenzen (hier als Differenzen) zur traditionellen Kanoniker- bzw. Kathedralarchitektur für Bettelordenskirchen konstatiert werden. Vgl. Alexander Markschies, Armut, Einfachheit oder „affektierte Bescheidenheit"? Ein Versuch zur Matrix franziskanischer Ordensarchitektur, in: Armut und Armenfürsorge in der italienischen Stadtkultur zwischen 13. und 16. Jahrhundert. Bilder, Texte und soziale Praktiken (Inklusion/Exklusion. Studien zu Fremdheit und Armut von der Antike bis zur Gegenwart, 2), hg. von Philine Helas und Gerhard Wolf, Frankfurt a. M. 2006, 69–76, hier 73.

1224 Die Wendung „[…] secundum loci conditionem arctius evietur" enthält den Komparativ von mittellateinisch arctus (eng, straff, fest) im Sinne von strenger, der darauf verweist, daß die Regelung zuvor offenbar nicht befriedigend eingehalten wurde beziehungsweise es eine frühere Regelung gab (siehe oben). Für diesen Hinweis danke ich Dr. Franz Jäger (Halle). Vollständiges Zitat siehe Anm. 1223. Vgl. Wiener 2004, 226.

1225 „[…] murus domorum sine solario non excedat in altitudine mensuram duodecim pedum et cum solario viginti, ecclesia triginta." Zitiert nach Sundt 1987, 405. Je nach Fußmaß, welches nördlich der Alpen um 30 Zentimeter, südlich der Alpen um 35 bis 38 cm schwankte, dürften für die Klostergebäude Höhen von ca. 6 bis 7,5 Meter und für die Kirche zwischen 9 bis 11,5 Meter angesetzt worden sein. Vgl. ebd., 398f., Anm. 31.

1226 Bei den Dominikanern konnte anfänglich ein höherer Anteil Adliger festgestellt werden, während die Franziskaner mehr Mitglieder aus den bürgerlichen Schichten besaßen. Freed 1977, 109ff.; Vöckler 1992, 89–106, hier 102ff. Zudem waren die Dominikaner ab 1231 mit der Inquisition beauftragt, was ihnen offenbar in den 1240er Jahren einige Sympathien kostete. Vgl. Freed 1977, 24 und 142ff.; Dieter Berg, Armut und Wissenschaft. Beiträge zur Geschichte des Studienwesens der Bettelorden im 13. Jahrhundert, Düsseldorf 1977, 102; Graf 1995, 57ff.

1227 Zu Frankreich: Jacques Le Goff: Ordres mendiants et urbanisation dans la France médiévale, in: Histoire et Urbanisation (Annales Économies, Sociétés, Civilisations, 49, 1970), 924–946, hier 932; zum deutschen Reichsgebiet Freed (1977, 21). Dort gründeten die Dominikaner 94 und die Franziskaner 199 Niederlassungen, wobei sich die jeweiligen Ordenszentren deckten. Auf die unterschiedliche Dynamik im Niederlassungsprozeß kann hier nicht weiter eingegangen werden. Vgl. ebd., 22ff., Tabelle I bis III; Graf 1995, 46.

1228 Humbert beklagte die Vielfalt der dominikanischen Architektur: „[…] nos autem fere quot domos, tot varias formas et dispositones officinarum et ecclesiarum habemus […]. Humbertus de Romanis, Opera de vita regulari, 2, hg. von Joachim Joseph Berthier, Rom 1889, 332. Zitiert nach Kühl (1986, 179).

1229 Zur mendikantischen Seelsorge Frank (1990, 132ff.).

1230 So ähnlich schon Donin (1935, 20). Zum Verhältnis der Zisterzienserarchitektur mit dem regionalen Baukontext Jiří Kuthan (Die Architektur der Zisterzienserklöster und ihre regionalen Varianten, in: Stephan Gasser; Christian Freigang; Bruno Boerner (Hg.), Architektur und Monumentalskulptur des 12.–14. Jahrhunderts. Produktion und Rezeption [Festschrift Peter Kurmann], Bern [u. a.] 2006, 281–304).

1231 Vgl. Kühl 1986, 183; Wild 1999, 182f.; Hillebrand 2003, 158.

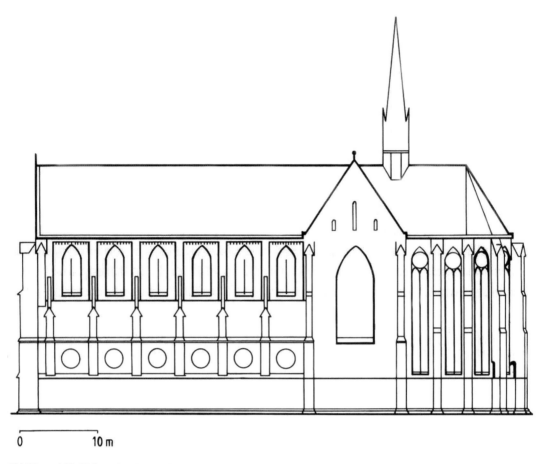

Abbildung 152: Köln, Minoritenkirche, Rekonstruktionsversuch (Schenkluhn 1985, 221, Abb. 145).

Der lokale Bezug lässt sich beispielhaft anhand des lokalen Architekturkontextes der Franziskanerkirche in Salzwedel erläutern.[1232] Der erste Bau der Franziskaner, ein schlichter Backsteinsaal von ca. 10 x 34 Meter im Grundriß, einer Traufhöhe von ca. 7,5 Meter, mit flachem Chorschluss, entstand möglicherweise kurz nach der Jahrhundertmitte (Abbildung 88). Die kurz zuvor errichtete Pfarrkirche St. Katharinen der Salzwedeler Neustadt war eine dreischiffige Basilika von ca. 41 Meter Länge ohne Querhaus, mit Westturm und flachem Chorschluss (Abbildung 178). Beide Bauten wurden archäologisch nachgewiesen und sind noch partiell in den Nachfolgebauten erhalten.[1233] Auch die Lorenzkirche in der Altstadt von Salzwedel war eine querschiffslose Basilika mit flachem Chor aus der Zeit um 1250 (Abbildung 90).[1234] Bis auf den Turm glich letztere der Pfarrkirche St. Katharinen. Zwischen der Ordenskirche und den Stadtpfarrkirchen lassen sich sowohl Bezüge als auch Unterschiede deutlich erkennen. Als schlicht galt offenbar der flach geschlossene Chor. Die Länge der Franziskanerkirche blieb hinter den Maßen der Pfarrkirchen zurück. Die Traufhöhe unterschritt die von St. Lorenz. Statt einer Basilika errichtete man eine Saalkirche. Der Baudekor (*celaturis*) war durch die Verwendung von Backstein eingeschränkt, jedoch konnten an der Franziskanerkirche Zierformen wie Rundbogenfries, Okoli oder glasierte Backsteine, wie sie an St. Lorenz auftreten, nicht nachgewiesen werden. Den Bau eines Querhauses erwog man nicht, da er an den Pfarrkirchen ebenfalls nicht auftrat. Da sich solche Parallelen häufig feststellen lassen, können sie nicht zufällig sein (vgl. Seite 232, Tabelle 1).

1232 Siehe Seite 131ff.
1233 Rosemarie Leineweber: Die „Mönchskirche" in Salzwedel. Erkenntnisse zur Baugeschichte vom 13.–15. Jahrhundert, in: Archäologische Informationen aus der Altmark, 3 (1992), 68–75; Gerhard Leopold; Pia Roland: Die Katharinenkirche in Salzwedel, in: Denkmalpflege in Sachsen-Anhalt, Weimar 1983, 190–206.
1234 Irene Roch: Zur Baugestalt und Baugeschichte der Lorenzkirche in Salzwedel, in: Kunst im Ostseeraum. Mittelalterliche Architektur und ihre Rezeption, in: Wissenschaftliche Beiträge der Ernst-Moritz-Arndt-Universität Greifswald, 71 (1990), 41–48.

Ausnahmeerscheinungen – Architekturen besonderer Bedeutung

Ablehnung von Querhausbauten

Insgesamt treten Querhäuser an Bettelordensbauten im nordalpinen Bereich selten auf. Offenbar galt diese Form nicht als zwingend notwendig und daher bei den Bettelorden zunächst als überflüssig. Dies zeigt sich beispielsweise auch an irischen und einigen bretonischen Bettelordenskirchen, deren klosterabseitige Querhausarme erst ab dem 14. Jahrhundert errichtet worden sind.[1235] Als regulierte Orden nahmen die Mendikanten die Bauform des Querhauses nur in Einzelfällen für sich in Anspruch. Mehrere Motive scheinen für einen Verzicht gesprochen haben. Zum einem wird die selbst auferlegte apostolische Lebensweise und Demut kaum mit einer Würdeformel wie dem Querhaus in Einklang zu bringen gewesen zu sein. Allerdings weisen die bezüglich des Kirchenbaus erlassenen Leitlinien weder in den sukzessive überarbeiten Konstitutionen der Dominikaner noch in den statuta capituli generalis Narbonnensis der Franziskaner Äußerungen bezüglich von Querhausbauverboten auf. Man gewinnt den Eindruck, dass es sich um eine Selbstverständlichkeit handelte. Meines Erachtens dürfte eine grundlegende Zielstellung der Mendikanten dafür ausschlaggebend gewesen sein: der Aufbau eines paraparochialen Systems, wie es Isnard Wilhelm Frank als Hauptmerkmal der mendikantischen Mission herausgestellt hat,[1236] und die daraus resultierende Orientierung der Bettelorden an den Pfarrkirchen als Leitmedium.[1237]

Querhäuser sind beispielsweise in einfachen Pfarrkirchen des ländlichen Raumes, aber auch bei frühstädtischen Pfarrkirchen Ausnahmen. Auch im späten Mittelalter können Querhäuser bei städtischen Pfarrkirchen nicht als Regel angesehen werden, weshalb Klaus Jan Phillips in Bezug auf die süddeutsche Kirchenarchitektur zu der These gelangte, dass die Querhauslosigkeit der Bettelordesarchitektur von den Pfarrkirchen übernommen worden sei.[1238] Mit Sicherheit wohnten den

Abbildung 153: Erfurt, Chor der Barfüßerkirche, Ansicht von Südwesten (Möbius/Möbius/Beyer 1967, Abb. 89)

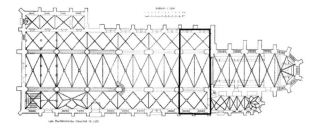

Abbildung 154: Erfurt, Barfüßerkirche, Grundriss mit mutmaßlicher Lage des Querhauses (Zeichnung: Todenhöfer 2006 unter Verwendung Inventar Erfurt 2, I, Abb. 146).

1235 Beispiele in Irland sind die Dominikanerkirchen in Athenry und Sligo oder die Franziskanerkirchen in Quin, Moyne, Muckross und Adare. In der Bretagne und der Normandie weisen die zweischiffigen Franziskanerkirchen in Quimper, Le Mans und Caen einen asymmetrischen Querschiffsarm auf. Vgl. Canice Mooney: Franciscan Architecture in Pre-Reformation Ireland, in: Journal of the Royal Society of Antiquaries of Ireland, 85 (1955), 135–173; 86 (1956), 125–169; 87 (1957), 103–124; Francesca Picou: Églises et couvents de Frères mineurs en France – recueil de plans, in: Bulletin archéologique du Comité des Travaux Historiques et Scientifiques, N.S. 17/18, fasc. A (1984), 115–176, hier 135ff., 159f., 167; Schenkluhn 2000, 153–156. Möglicherweise entstanden diese im Zusammenhang mit bedeutenden Kapellenstiftungen. Zusammen mit dem Kirchenbau in Adare wurden nach 1464 drei Adelskapellen am Querhausarm erbaut. Mooney 1955, 171.

1236 Isnard Wilhelm Frank: Die Bettelorden im mittelalterlichen Mainz, in: Mainzer Zeitschrift (Mittelrheinisches Jahrbuch für Archäologie, Kunst und Geschichte, 84/85), Mainz 1989/90, 132ff.

1237 Vgl. Seite 218ff., Lokaler Architekturkontext als Maßstab

1238 Klaus Jan Phillip: Pfarrkirchen. Funktion, Motivation, Architektur. Eine Studie am Beispiel der Pfarrkirchen der schwäbischen Reichsstädte im Spätmittelalter (Studien zur Kunst- und Kulturgeschichte, Bd. 4), Marburg 1987, 118.

Querhäusern besondere Repräsentationsmotive inne, weshalb sie vielfach an traditionellen Stifts-, Ordens- und Kathedralkirchen auftreten.[1239]

Von den ursprünglich 293 Bettelordenskirchen im deutschen Sprachraum können nur etwa acht Kirchen mit Querhäusern beziehungsweise Querhausplanungen nachgewiesen werden. Diese Ausnahmen haben ihre Gründe. An der Minoritenkirche in Köln führte etwa der bauarchäologische Nachweis eines ursprünglichen Querhausplans zu Ableitung dieser Bauform bis in Detailformen wie den Seitenschiffsokuli von S. Francesco in Bologna (Abbildung 152).[1240] Die Franziskaner standen im Schatten der durch Albertus Magnus berühmt gewordenen Ordensschule der Dominikaner und konnten nur mit Hilfe eines auswärtigen Bischofs einen innerstädtischen Bauplatz requirieren, worauf sie ab 1248 ihre anspruchvolle Kirche errichteten, deren 1260 geweihter Polygonalchor in der nachfolgenden Bettelordensarchitektur Schule machte.[1241]

Vergegenwärtigt man sich das Anspruchniveau für eine einst als basilikaler Querhausbau geplante beziehungsweise in Teilen ausgeführte Kirche wie die der Franziskaner in Köln, mag es nicht verwundern, dass die Barfüßerkirche des anderen prominenten Studienstandorts in Erfurt nach ihrer Zerstörung im Zweiten Weltkrieg ebenfalls Bauspuren aufwies, die auf eine ursprüngliche Querhausplanung schließen lassen. So kann ein über die Höhe der heutigen Langhauspfeiler hinausreichendes Profil eines Choreckpfeilers am Übergang zum Langchor als Überrest eines Querhauses gedeutet werden (Abbildung 153 und 154). Ein Hallenplan, wie einst Drachenberg vermutete, ist wie in Köln aufgrund der Langhauspfeiler unwahrscheinlich.[1242] Das Material des Choreckpfeilers bestand wie das der urprünglichen Langhauspfeiler aus Backstein.[1243] Auch die vom Magdeburger Domlanghaus entlehnte Jochweite des Mittelschiffs mit je zwei Seitenschiffsjochen und der Pfeilerquerschnitt

Abbildung 155: Lübeck, St. Katharinen, Ansicht von Westen vor 1900 (Bildarchiv Foto Marburg, KBB 13 533).

mit halbrunden durchgehenden Vorlagen verweisen auf einen basilikalen Aufriss mit einer Querhausplanung.[1244] Die Datierung der Backsteinpfeiler ins zweite Viertel des 13. Jahrhunderts und damit in die zeitliche Nähe des ersten Klosterbaus zwischen 1228 und 1231 ist schon wegen des Magdeburger Vergleichs zu früh angesetzt und zudem für die franziskanische

---

1239 Auch hier gibt es regionale Unterschiede. Im süddeutschen Raum traten beispielsweise bis in das 13. Jahrhundert auch an älteren Klosterkirchen Querhäuser selten auf. Vgl. Kühl 1986, 132f., Anm. 16f.

1240 Zu Köln Schenkluhn (1985, 214ff.); zur Kölner Rezeption von Bologna ebd. (221ff.).

1241 Die Frage, ob die erste deutsche Dominikanerkirche in Köln (ab 1229) möglicherweise eine querhauslose Hallenkirche oder eine Basilika mit Querhaus war, wird aufgrund der beschränkten Quellenlage nicht geklärt werden können. Vgl. Hans Erich Kubach, Albert Verbeek: Romanische Baukunst an Rhein und Maas. Katalog der vorromanischen und romanischen Denkmäler, Bd. 1, Berlin 1976, 528; Schenkluhn 1985, 204ff.; Wild 1999, 192f.

1242 Die ursprünglich aus zum Teil glasierten Backsteinen bestehenden Langhauspfeiler sind noch sichtbar. Der Choreckpfeiler wurde hingegen bei der Restaurierung des Langchores vermauert. Vgl. Erhard Drachenberg, Karl-Joachim Maercker, Christa Schmidt: Die mittelalterliche Glasmalerei in den Ordenskirchen und im Angermuseum zu Erfurt (Corpus Vitrearum Medii Aevi, Bd. 1,1), Berlin 1976, 7.

1243 Letztlich fehlt zur Barfüßerkirche in Erfurt noch eine befriedigende Bauuntersuchung.

1244 Vgl. Krautheimer 1925, 110ff.; Schenkluhn 2000, 198f. Leider haben wir keine Kenntnis der Magdeburger Franziskanerkirche des 13. Jahrhunderts, am Ort des ersten franziskanischen Generalstudiums. Es wäre denkbar, dass, gerade im Hinblick auf den mutmaßlichen Bildungsanspruch bei der Rezeption der franziskanischen Architektur Bolognas in Padua, Piacenza und Köln, die Magdeburger Konventskirche die gleichen Formen aufwies, die heute Erfurt mit dem Magdeburger Domlanghaus verbinden.

Niederlassung sehr unwahrscheinlich.[1245] Eher dürfte das Bauwerk nach den derzeitigen Kenntnissen um die Mitte des 13. Jahrhunderts anzusetzen sein. Vermutlich war das Querhaus in Erfurt wie in Köln und Lübeck nicht breiter als die Seitenschiffe geplant, wodurch bei der Planänderung die Langhausflucht nicht wesentlich verändert werden musste. Möglicherweise ergab sich auch hier der gesteigerte Repräsentationswillen aus der Konkurrenzsituation zu den Dominikanern, die zwar nicht früher als die Franziskaner in Erfurt ansässig wurden, deren Konvent jedoch offenbar durch den in Paris ausgebildeten Elger von Honstein zu einer schnelleren Blüte heranwuchs, welche sich in der richtungweisenden Architektur der ab den 1260er Jahren errichteten hallenähnlichen Basilika der Prediger manifestierte[1246]. Schon im 14. Jahrhundert beherbergten beide Ordenshäuser bedeutende Studien. Das Studium Franziskaner lief im Zusammenhang mit der 1379 gegründeten Universität dem ursprünglichen Generalstudium in Magdeburg schließlich den Rang ab.[1247]

Auch die Grund- und Aufrissplanung der monumentalen Franziskanerkirche St. Katharinen in Lübeck weist Besonderheiten innerhalb der Bettelordensarchitektur auf (Abbildung 155).[1248] Hier ist es vor allem der Chor mit drei polygonalen Apsiden, bei dem die Scheitel der Seitenpolygone wie an der Elisabethkirche in Marburg nach außen gerichtet sind,[1249] der jedoch auf innerstädtische Pfarrarchitektur von St. Jakobi und St. Petri zurückgeführt werden kann. Das Querhaus tritt an St. Katharinen ebenfalls nicht über die äußere Flucht der Seitenschiffe heraus. Diese Eigentümlichkeit geht wohl wie in Köln und Erfurt auf die dreischiffigen Franziskanerkirchen in Bologna, Piacenza oder Todi zurück beziehungsweise ist der städtebaulichen Einbindung geschuldet. Vermutlich beruht die anspruchsvolle Architektur auf der besonderen Rolle der Franziskaner in der wohlhabenden Reichsstadt, da ein größeres Studium des Konvents nicht nachgewiesen ist.[1250] Gerade die Minoriten waren im letzten Viertel des 13.

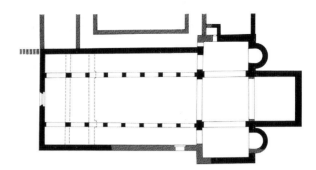

Abbildung 156: Zürich, Rekonstruktion der ersten Dominikanerkirche nach den Grabungsbefunden (Wild 1999, 176, Abb. 220).

Jahrhunderts in scharfe Auseinandersetzungen mit dem Lübecker Bischof und der Pfarrgeistlichkeit wegen ihres freien Begräbnisrechts verwickelt, was zu tätlichen Auseinandersetzungen und 1277 zu Exkommunikation der Mendikanten durch den Bischof führte. Infolge dieser Auseinandersetzungen vertrieb die Bürgerschaft den Bischof und die gesamte Pfarrgeistlichkeit aus Lübeck.[1251] Der juristische Prozess vor der Kurie in Rom wurde 1281/82 letztlich zur vollen Genugtuung der Mendikanten entschieden. Ab 1299 kam es erneut zu heftigen Konfrontationen zwischen dem Bischof Burchard von Serken und der Bürgerschaft, während dieser für 18 Jahre das Interdikt über die Stadt verhängt wurde.[1252] Wie Ingo Ulpts nachwies, stiegen während des Interdikts, bei dem die Franziskaner mit der Bürgerschaft solidarisiert das Verbot kirchlicher Seelsorge unterliefen, die bürgerlichen Stiftungen an den Konvent sprunghaft.[1253] Vor dem Hintergrund dieser Ereignisse kann die um 1300 entstandene Lübecker Katharinenkirche mit ihrem pfarrkirchlichen Chorzitat und dem repräsentativen Querhaus als eine Art ‚vera ecclesia parochialis' gedeutet werden.

Die 1999 von Dölf Wild veröffentlichten Ergebnisse der Grabung und Bauuntersuchung an der Predigerkirche St. Nikolaus in Zürich lieferten einen wei-

---

1245 Vgl. Dehio Thüringen, 1993, 351. Siehe Seite 225ff., 1228 bis 1250 – Anfänge des Kirchenbaus.
1246 Vgl. Schenkluhn 2000, 113, 196f.; Pelizaeus 2004.
1247 1307 wird in Erfurt ein Lektor Thomas von Kyritz erwähnt, der dort auf dem Kapitel zum Minister der sächsischen Franziskanerprovinz gewählt wurde. Hardick, Chroniken, 1957, 99. Die Dominikaner unterhielten in Erfurt ein Studium partikulare, die Augustiner-Eremiten ein Generalstudium, außerdem existierten bis zu Gründung der Universität 1379 vier berühmte, städtische Hauptschulen. Schwineköper: Art. Erfurt, in: Historischen Stätten, Bd. 9, 1989, 113.
1248 Zur Baugeschichte Jaacks 1968; Heike Trost: Die Katharinenkirche in Lübeck: franziskanische Baukunst im Backsteingebiet. Von der Bettelordensarchitektur zur Bürgerkirche, (Franziskanische Forschungen, 47) Kevelaer 2006.
1249 Vgl. Schenkluhn 2000, 200f.
1250 Der Konvent besaß in der zweiten Hälfte des 13. Jahrhundert einen Lektor, den vermutlich als Chronisten tätigen Detmar, dessen „Geschichte der Streitigkeiten der Stadt und der Mönchsklöster…" die aktive Rolle der Lübecker Franziskaner in innerstädtischen Auseinandersetzungen beschreibt. Vgl. Karl Koppmann: Die Chroniken der niedersächsischen Städte, Bd. 10/2, Leipzig 1899 (Nachdruck Göttingen 1967), 319–332.
1251 Ulpts 1992, 137ff.
1252 Ebd., 141ff.
1253 Ebd., 142f.

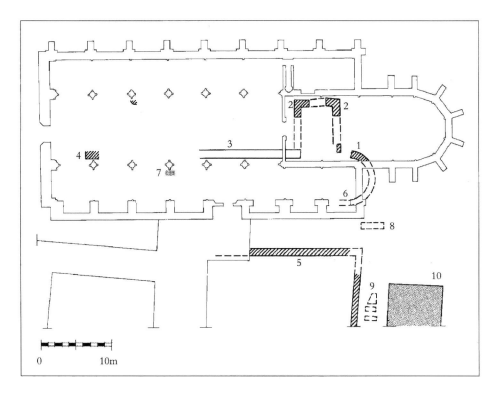

Abbildung 157: Maastricht, Franziskanerkirche, Grabungsbefunde des mutmaßlichen Gründungsbaus (Coomans 2005, 104, Fig. 6).

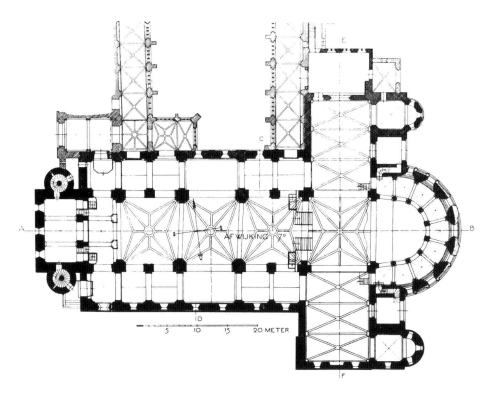

Abbildung 158: Maastricht, O.L.Vouwenkerk, Grundriss (Zeichnung: Wijking 1970, Bosman 1990, 8).

teren Bettelordensbau der Ordensprovinz Teutonia mit Querhaus (Abbildung 156).[1254] Die spätromanische seit 1231 im gebundenen System errichtete Basilika besaß ein nur wenig über die Seitenschiffsflucht hinaus reichendes Querhaus mit östlichen Apsiden, die das schlichte Chorquadrat flankierten. Die Querhausgestaltung mit Nebenapsiden zeigt deutlich Architekturzüge, die sich eher an die traditionelle Stifts- und Ordensarchitektur anlehnen, als an die regionale Zisterzienserarchitektur beziehungsweise die zisterziensisch geprägte Ordensarchitektur wie in Bologna. Da die Züricher Stiftskirchen selbst keine Querhäuser aufweisen,[1255] kann zu diesen eine gewisse abgrenzende Tendenz konstatiert werden.[1256] Lediglich das Fraumünster des Benediktinerinnenkonvents besaß ein Querhaus, an dem ein Flachchor mit Nebenapsiden anschloss.[1257] Möglicherweise bestanden enge Kontakte zu dem Frauenkloster, zumal sich die Dominikaner häufig in der Betreuung von Frauenkonventen hervortaten. Der Bezug zum Ordenszentrum in Bologna, den Wild konstatierte, ist m. E. unwahrscheinlich, weil die zum Vergleich herangezogenen quadratischen Pfeiler des Züricher Langhauses nicht auf S. Domenico zurückgeführt werden können, da sie ebenfalls an der Franziskanerkirche in Zürich auftraten, und auch das an der Jocheinteilung des Langhauses orientierte Bologneser Querhaus einem gänzlich anderen Aufbau entspricht als Zürich.[1258]

Auf ein völliges Novum in der nordeuropäischen Mendikantenarchitektur soll die 1995 aufgedeckten Grabungsbefunde in der Franziskanerkirche in Maastricht nach Thomas Coomans verweisen (Abbildung 157).[1259] Innerhalb der gegen Ende des 13. Jahrhunderts begonnenen, von der Kölner Minoritenkirche abhängigen querschiffslosen Basilika fanden sich Mauerreste, die als einschiffige Saalkirche mit ausladendem Querhausriegel im Osten und direkt anschließender Apsis gedeutet wurden.[1260] Ein Baudatum für die frühe Franziskanerkirche ist nicht überliefert, wie auch die Konventsgeschichte durch den Verlust des Konventsarchivs kaum bekannt ist. Jedoch soll der Bischof von Lüttich den Franziskanern 1234 erlaubt haben, ihre Niederlassung zugründen. Laut Coomans könnte sich bei einem Baubeginn kurz nach 1234 die Maastrichter Franziskanerkirche auf italienische Bettelordensbauten mit S. Francesco in Assisi als berühmtesten Vertreter beziehen.[1261] Dies scheint jedoch aus einfachen Gründen fraglich, denn die Franziskanerkirche dürfte eher auf die lokale Kirchenarchitektur rekurrieren, die architektonisch und kirchenrechtlich zu dieser Zeit von den romanischen Stiftskirchen von St. Servatius und Liebfrauen dominiert wird.[1262] Die dreischiffige Basiliken buhlten mit stark ausladenden Querhäusern, Chorflankentürmen sowie Westwerken nicht nur um die architektonische Vorherrschaft.[1263] So weist Liebfrauen (um 1220/25) interessanterweise, der frühchristlichen Bautradition von St. Peter oder S. Giovanni in Laterano in Rom folgend, einen halbrunden Chor mit Chorumgang ohne Chorquadrat auf, der wie bei der Franziskanerkirche direkt an einem ausladenden Querhaus anschließt (Abbildung 158). Da die Franziskanerkirche in Maastricht in der Parochie der einst mächtigen Kirche stand, ist es wahrscheinlich, dass die Franziskanerkirche den typischen Saalraum-Kapellentyp der Franziskaner mit der durch Liebfrauen verkörperten örtlichen Bautradition gemäß dem apostolischen Ideal des Ordens in reduzierter Form verband.

Querhäuser an Bettelordenskirchen blieben im nordalpinen Bereich Ausnahmen,[1264] die, wie die Beispiele zu zeigen versuchten, sowohl aus einem gestei-

---

1254 Wild 1999, 46ff.
1255 Das Großmünster in Zürich, das Prämonstratenserstift Rüti im Kanton Zürich oder die Stiftskirche St. Martin auf dem Zürichberg. Vgl. ebd., 206.
1256 In der Anfangszeit der dominikanischen Ansiedlung bestanden nach Martina Wehrli-Johns (Geschichte des Züricher Predigerkonvents (1230-1524). Mendikanten zwischen Kirche, Adel und Stadt, Zürich 1980, 67ff.) Spannungen mit der wichtigsten Kircheninstitution in Zürich, der Propstei des Großmünsters, der in den 1250er Jahren anscheinend wissenschaftlichen Austausch und gute Beziehungen folgten. So widmete Konrad de Mure, der Leiter der Stiftsschule des Großmünsters, um 1250 eine theologische Schrift dem langjährigen Prior und Subrior des Züricher Konvents Hugo Ripelin.
1257 Vgl. Wild 1999, 205ff.
1258 Ebd., 208f.
1259 Coomans 2005, 104, Fig. 6.
1260 Vgl. ebd., 105ff. Der Bezug auf Köln ergibt sich anscheinend aus der engen Bindung von Kirche und Konvent in Maastricht sowohl an die Kirchen- als auch Ordensprovinz von Köln.
1261 Ebd.
1262 Zu Liebfrauen A.F.W. Bosman: De Onze Lieve Vrouwekerk te Maastricht. Bouwgeschiedenis en historische Betekenis van de Oostpartij (Clavis Kunsthistorische Monografieen, Deel IX), Utrecht 1990; zu St. Servatius Aart J.J. Mekking: De Sint-Servaaskerk te Maastricht, in: Clavis Kunsthistorische Monografieen Deel II, Utrecht 1986.
1263 Es wird angenommen, dass vor der Verlegung des Bistums im 8. Jahrhundert aus Maastricht nach Lüttich der ursprüngliche Bischofssitz bei Liebfrauen lag. Darüber gab es mit dem mächtigen Servatiusstift Streitigkeiten, die sich anscheinend im architektonischen Anspruch der beiden Stiftskirchen widerspiegeln. Zusammenfassend Bosman (1990, 234ff.). Bei Servatius spielen zudem ‚kaiserliche' Formen eine Rolle, die mit der Bedeutung von St. Servatius als kaiserlicher Eigenkirche und seiner stetigen Verbindung mit der kaiserlichen Politik zusammenhängen. Zusammenfassend Mekking (1986, 374ff.).
1264 Auch die kreuzförmigen polnischen Bauten wie der Franziskaner in Krakau (Krakow) und der Dominikaner in Breslau (Wroclaw) und Teschen (Cieszyn) können auch auf die besondere Bedeutung ihrer Konvente zurückgeführt werden. Vgl. Andrej Grzybkowski: Early Mendicant Architecture in Central-Eastern Europe. The present state of research, in: Arte medievale. Periodico internationale di critica dell'arte medievale 1, Roma 1983, 135-153, hier 149f.

gerten Repräsentationsbedürfnis mit dem Bezug auf überregionale Ordenszentren als auch aus besonderen lokalen, regionalen und überregionalen Kontexten errichtet wurden. Man kann insgesamt in Bezug zu Querhausbauten wie zu Umgangschören eine größere Zurückhaltung bei den Dominikanern feststellen. Bei diesem Orden erscheinen architektonische Bezüge eigenständiger und zu ordensexternen Bauten seltener, die auf lokale oder regionale Machtstrukturen verweisen.[1265]

Der Architekturform Querhaus wohnte ein deutliches Würdeniveau inne, das gewissermaßen nur hochrangigen Trägern und damit Bischofs-, traditionellen Ordens- und Wallfahrtskirchen zustand. Über besondere Funktionen der Querhäuser ist bislang wenig bekannt. Cluniazensischen und hirsauischen Quellen zufolge mussten beispielsweise die Konversen oder die Unpässlichen im südlichen Querschiff am Gottesdienst teilnehmen, durch das nördliche Querschiffsportal wurden die Toten aus der Kirche getragen.[1266] Dennoch galt nach Hugo von St. Viktor das Querschiff als abkömmlich.[1267] So verwundert es auch nicht, dass etwa die Toten- oder Klausurportale der Querhäuser ohne weiteres in die querhauslosen Choranlagen der Bettelordenskirchen integriert werden konnten.[1268]

In den südalpinen Ländern traten Querhäuser an Bettelordensbauten zwar häufiger auf, jedoch blieben diese bis zum letzten Drittel des 13. Jahrhunderts ebenfalls Ausnahmen. Hier kann aufgrund der Forschungslage lediglich auf die Ordensbauten Italiens oder im spanischen Galizien verwiesen werden.[1269] Die Errichtung von Querhäusern steht in diesen Ländern anscheinend ebenfalls im Zusammenhang mit der historisch bedingten Orientierung an reformmonastischen (oft im regionalen Umfeld) oder lokalen Kirchenbauten. Beispiele sind die bereits genannte Bologneser Dominikanerkirche, die sich auf die Zisterzienserarchitektur etwa von Chiaravalle Milanese bezog (Abbildung 151)[1270] oder die Bauten im Umfeld von S. Francesco in Assisi wie S. Chiara, S. Francesco al Prato in Perugia oder der mutmaßliche Gründungsbau des Santo in Padua, die auf die traditionelle Ordensarchitektur Italiens zurück geführt werden können.[1271] Auch die ursprüngliche Querhaus- und Chordisposition der ältesten Dominikanerkirche Spaniens, Sto. Domingo im Wallfahrtszentrum Santiago de Compostela, bezieht sich nach Carmen Manso Porto auf die regionale Zisterzienserarchitektur.[1272] Es handelt sich demnach um bedeutende Ordensniederlassungen, die entweder durch die Grablege von Ordensheiligen (Assisi, Perugia, Padua) beziehungsweise als Pilgerzentrum (Santiago) eine gewisse Ausnahmestellung innerhalb des Ordensverbandes besaßen.

Erst frühestens gegen Ende des 13. Jahrhunderts kam es offenbar ohne ordensinterne Beweggründe vermehrt zu Querhausbauten an südeuropäischen Bettelordenskirchen. So stammen die Querhausbauten der Bettelordenskirchen Galiziens bis auf die Dominikanerkirche in Santiago aus dem 14. Jahrhundert.[1273] Im norditalienischen Veneto begann man, von einer frühen Ausnahme in Padua (1238–1256) abgesehen, erst 1281 mit S. Lorenzo in Vicenza Querhäuser zu errichten.[1274] Die Querhausbauten wie in Lübeck, Florenz oder Neapel entstanden vorzugsweise in größeren Niederlassungen beziehungsweise in großstädtischen Wirtschaftszentren. Möglicherweise hängt dieser Wandel mit den gleichen Ursachen zusammen, die auch das Unterlaufen des Wölbungsverbotes bedingten.[1275]

1265 Ursula Kleefisch-Jobst wies beispielsweise nach, dass die Dominikanerkirche S. Maria sopra Minerva mit ihrer für römische Verhältnisse neuen gotischen Architektur und ihren architektonischen Bezug auf die Florentiner Dominikanerkirche S. Maria novella mehr Unabhängigkeit und dynamische Entwicklung des Ordens vermittelte, als die an die in Rom und Italien verbreitete Tradition der frühchristlichen Basiliken anknüpfende Franziskanerkirche S. Maria in Aracoeli (Die römische Dominikanerkirche Santa Maria sopra Minerva. Ein Beitrag zur Architektur der Bettelorden in Mittelitalien, Münster 1991, 69 und 100f.).
1266 Sancti Willhelmi Constitutiones Hirsaugienses, in: Jacques-Paul Migne: Patrologiae cursus completus. Series latina Bd. 1–217, 4 Registerbde., Paris 1841–1864, hier Bd. 150, Sp. 1059; Bd. 177, Sp. 901. Vgl. Lexikon der Kunst, Bd. 5, 836.
1267 Ebd.
1268 Siehe Seite 275ff., Portale.
1269 Zu italienischen Bauten des 13. Jahrhunderts siehe u.a. Schenkluhn 2000, 64, Taf. III; zu weiteren galizischen Bauten siehe Carmen Manso Porto, Arte Gótico en Galicia. Los Dominicos, 1, La Coruna 1993, 106, Fig. 38.
1270 Schenkluhn 1985, 94ff.
1271 Ebd., 132ff.; Schenkluhn 2000, 56ff. u.a. Zu Francesco siehe hier Seite 200–202.
1272 Carmen Manso Porto: Santiago de Compostela y la arquitectura mendicante europea del siglo XIII, in: Christian Freigang (Hg.), Gotische Architektur in Spanien (Ars Iberica, 4), Frankfurt a. M. 1999, 59–82, hier 75 u.a.
1273 Vgl. Manso Porto 1993, 106, Fig. 38.
1274 Vgl. Herbert Dellwing: Studien zur Baukunst der Bettelorden im Veneto. Die Gotik der monumentalen Gewölbebasiliken (Kunstwissenschaftliche Studien, 43), München 1970, 11. Zu Padua Marcello Salvatori (Costruzione della Basilica dall'origine al secolo XIV, in: Giovanni Lorenzoni (Hg.), L'edificio del Santo di Padova, Vicenza 1981, 31–81).
1275 Siehe Seite 223ff., Architektonischer Wandel im letzten Viertel des 13. Jahrhunderts.

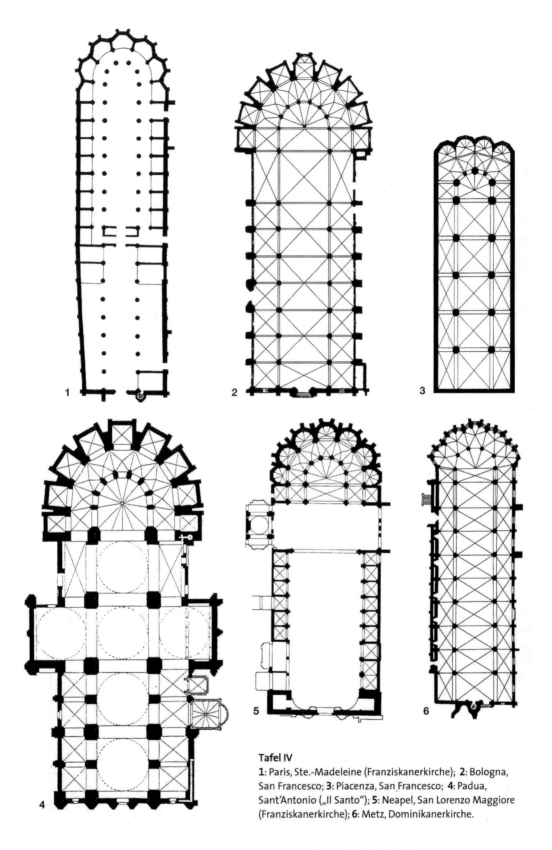

Tafel IV
1: Paris, Ste.-Madeleine (Franziskanerkirche); 2: Bologna, San Francesco; 3: Piacenza, San Francesco; 4: Padua, Sant'Antonio („Il Santo"); 5: Neapel, San Lorenzo Maggiore (Franziskanerkirche); 6: Metz, Dominikanerkirche.

Abbildung 159: Bettelordenskirchen mit Umgangschören (Schenkluhn 2000, 70, Taf. IV).

Abbildung 160: Bologna, S. Francesco um 1900/40, Ansicht von Nordosten (Bildarchiv Foto Marburg,

Ausnahmeerscheinung Umgangschor

Umgangschöre sind nur bei sechs Bettelordensbauten in Europa nachgewiesen (Abbildung 159).[1276] Bis auf die Dominkanerkirche in Metz sind es Franziskanerkirchen, bei denen diese hochrepräsentative Bauform errichtet wurde.[1277] Sedlmayr deutete beispielsweise die französischen Kathedralen und ihre Chorumgangschöre als ‚Königskunst'.[1278] Jeder dieser in europäischen Zentren gelegenen Bauten lässt sich in der Tat mit besonderen historischen Bezügen in Verbindung bringen. In Neapel und Paris sind Stiftungen und Grablegen von königlichen Familienmitgliedern nachgewiesen. In Bologna, Paris und Neapel existieren die ältesten Universitäten Europas. Padua und Piacenza nehmen ihrerseits Bezug auf das berühmte Studienzentrum Bologna (Abbildung 159 und 160).

Der Aspekt des wichtigen Studienortes kam zwar in Metz, dem einzigen dominikanischen Bau mit einem Chorumgang, nicht zum tragen, allerdings geht dieser Bau nach Christoph Brachmann auf die Förderung eines wichtigen Parteigängers von Wilhelm von Holland (amt. 1254–1256), dem Metzer Bischof Jacques von Lorraine (amt. 1239–1260), zurück.[1279] Der Chorumgang der

---

1276 Todenhöfer 2007, 53f.
1277 Die Franziskanerkirchen in Paris (um 1236 bis 1262), Bologna (ab 1236 bis 1263), Neapel (Chor um 1300 begonnen), Padua (ab 1265) und Piacenza (ab 1280) sowie als einzige Dominikanerkirche Metz (um 1250). Überblick bei Schenkluhn mit weiterer Literatur (2000, 71–81).
1278 Hans Sedlmayr: Die gotische Kathedrale Frankreichs als europäische Königskirche, in: Anzeiger der Phil.-Hist. Klasse der Österreichischen Akademie der Wissenschaften, 17 (Jg. 1949), Wien 1950, 390-409; ders.: Die Entstehung der Kathedrale, Zürich 1950, 349ff.
1279 Vgl. Christoph Brachmann: Gotische Architektur in Metz unter Bischof Jacques de Lorraine (1239-1260). Der Neubau der Kathedrale und seine Folgen, Berlin 1998, 93f.

Metzer Dominikanerkirche lässt sich zudem von der Utrechter Kathedrale ableiten, deren Bistum Bischof Otto (amt. 1233–49), ein Onkel Wilhelms, viele Jahre regierte.[1280] Im Zusammenhang mit der Geschichte des Interregniums gewinnt die hochrepräsentative Chorform in Metz offenbar eine eigene Bedeutung.

Die bereits ab 1236 errichteten franziskanischen „Prunkbauten" in Paris und Bologna wurden hingegen vor dem Hintergrund der ordensinternen Grabenkämpfe um Armut und Wissenschaft als Demonstrationen wissenschaftlicher Betätigung des Ordens gedeutet.[1281] Offensichtlich gedachte man, die Niederlassungen gegenüber dem dominikanischen Ordenskonkurrenten zu nobilitieren, da dieser sich bereits zuvor mit bedeutenden Konventen in den Städten etabliert hatte.[1282] Mit diesen Bauten wurde jedoch die Grenze der juristischen Armut, wie sie mit den päpstlichen Bullen *Quo elongati* (1230), *Ordinem vestrum* (1245) und *Quanto studiosus* (1247) geregelt war, deutlich überschritten. Deshalb verwundert es nicht, dass sich gerade zu jener Zeit die Kritik am offiziellen Verständnis der mendikantischen Armut entzündete.[1283] Vor diesem Hintergrund gewinnt die Verabschiedung verbindlicher Bauvorschriften bei den Franziskanern 1247 im Sinne des durch Armut geprägten Selbstverständnisses eine neue Dimension, denn darin lässt sich der Versuch der Ordensleitung vermuten, den Kritikern innerhalb und außerhalb des Ordens zu begegnen. Und dennoch wurden mit Padua (ab 1265), Piacenza (ab 1280) und Neapel (ab ca. 1280) drei weitere Bauten mit Umgangschören errichtet. Möglicherweise musste man sich bei S. Antonio in Padua politischem Druck beugen, denn 1256 war die Stadt mit der Vertreibung der Ezzelins zum venezianischen Herrschaftsgebiet gelangt und wurde seitdem durch eine Reihe venezianischer Podestà regiert, die nach einer These von Cesira Gasparotto nicht nur mit einem Neubau der Pilgerkirche, sondern auch mit dem konkreten Zitat der Kuppelgewölbe von S. Marco dem venezianischen Einfluß in Padua ein ‚Denkmal' setzten.[1284] Politischer Wille der jeweiligen Herrschaftsträger dürfte auch bei den ab 1280 erbauten Umgangschören in Piacenza und Neapel eine Rolle gespielt haben.[1285]

Aufgrund der zu dieser Zeit entstandenen Monumentalbauten erscheint die Baukontrolle seitens des Franziskanerordens in den Zentren eingeschränkt gewesen zu sein, in denen seitens der Herrschaftsträger repräsentative Ziele verfolgt wurden. Dennoch kann nicht von einer völligen Aufgabe der mendikantischen Baugesinnung gesprochen werden, da selbst die Bauten mit repräsentativen Formen durch Bautypen und Überflussvermeidung als Bettelordenskirchen erkennbar bleiben. So kombiniert beispielsweise die Franziskanerkirche in Neapel den Chorumgang mit dem Saalraum im Langhaus und schafft damit eine innere Chorfront in Form eines typisch mendikantischen Dreikapellensaals.

Ausnahmeerscheinung Krypta

Eine weitere Ausnahmeerscheinung in der Bettelordensarchitektur sind Krypten. Die Definion des Bautyps hilft uns zu klären, weshalb die Krypten bei den Bettelorden und generell im 13. Jahrhundert zu einer Ausnahmeerscheinung wurden, nachdem diese Bauform in den Jahrhunderten zuvor eine so reiche Ausprägung erhielt. „Die Krypta ist ein unter einem Altarbereich von Kathedrale, Abtei- oder Stiftskirchen gelegener und bei einem Chor betretbarer Raum, der ein gegenüber dem Langhaus meist niedrigeres Fußbodenniveau hat. Die Krypta beinhaltet ein Heiligengrab oder eine bedeutende Reliquie und einen Altar; sie ist zur Verehrung der Heiligen zugänglich."[1286] Als voll oder eingeschränkt begehbare Heiligengräber oder Aufbewahrungsorte von Reliquien mit Altar sind auch die sogenannten Unterkirchen nichts anderes als

---

1280 Ebd., 118, Anm. 64 und 131.
1281 Schenkluhn 1985, 158–163. Da Franziskus selbst nach Celano wissenschaftliche Betätigung ablehnte und nach Einfalt strebte, mußte es schon früh zu Kontroversen im Orden zu diesen Bauten gekommen sein. Vgl. Grau, Celano, 1988, 313, 385.
1282 Schenkluhn 1985, 76ff., 114ff., 159; ders. 2000, 72ff. Zu Neapel ähnlich Krüger (1986, 126).
1283 Zum Armutsstreit u.a. die Zusammenfassung siehe Erwin Iserloh: Die Spiritualenbewegung und der Armutsstreit, in: Hubert Jedin (Hg.), Handbuch der Kirchengeschichte, 3/2, Freiburg i.Br. ²1973, 453–460.
1284 Bauherr war die Stadt, an welche mit Baubeginn des Chores 1265 die Baufabrik überging. Diese war den Podesdà Rechenschaft über den Bau schuldig. Vgl. Cesira Gasparotto: Guide e illustrazioni della basilica di Sant'Antonio in Padova, in: Il Santo, 2 (1962), 229–255. Dieser These ablehnend gegenüber Herbert Dellwing, Der Santo in Padua. Eine baugeschichtliche Untersuchung, in: Mitteilungen des Kunsthistorischen Institutes in Florenz, 29 (1975), 197–240, hier 199 und 203, Anm. 40. Vgl. Salvatori (wie Anm. 1276), 31–81.
1285 In Neapel wird S. Lorenzo Maggiore etwa zu der Zeit begonnen, als die Anjou 1282 durch einen Aufstand aus Sizilien (Sizilianische Vesper) vertrieben wurden und ihre Residenz in Neapel ausbauten. Dazu Christian Freigang: Kathedralen als Mendikantenkirchen. Zur politischen Ikonographie der Sakralarchitektur unter Karl I., Karl II. und Robert dem Weisen, in: Tanja Michalsky (Hg.): Medien der Macht. Kunst zur Zeit der Anjous in Italien [Akten der Tagung im Liebighaus, Frankfurt a.M., 21.–23. November 1997], Berlin 2001, 33–60; zuletzt Caroline Astrid Bruzelius: The stones of Naples. Church building in Angevin Italy, 1266–1343, New Haven [u.a.] 2004, 47–74.
1286 Hans-Peter Glimme: Die Krypten in England. Eine Architekturform und ihre kirchengeschichtlichen Bezüge, Weimar 1995, 69.

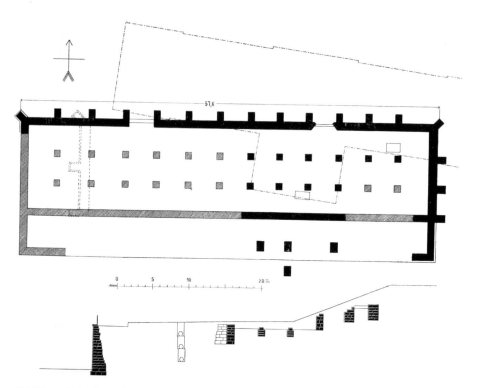

Abbildung 161: Eisenach, Franziskanerkirche, Grabungsplan von 1883 (Scheerer 1910, 59, Fig. 48).

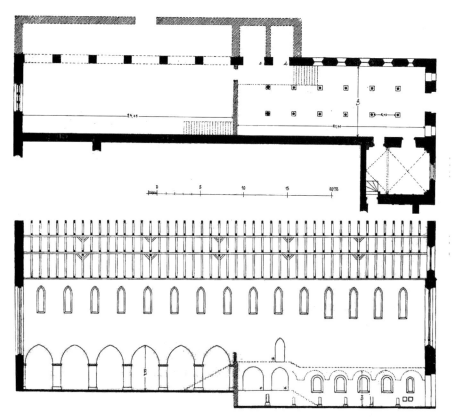

Abbildung 162: Eisenach, ehemalige Dominikanerkirche, Grund- und Aufriss (Scheerer 1919, 109, Fig. 82f.).

überdimensionierte Krypten, deren Räume nicht auf den Chorbereich einer Kirche beschränkt sind, sondern sich in der Regel unter dem gesamten Langhaus erstrecken. Typologisch ist die Doppelgeschossigkeit von Krypten und Altarbereichen sowie von Doppel- oder Herrschaftskapellen verwandt.[1287] Ihr Unterschied besteht zumeist im Fehlen der zentralen Öffnungen in den Zwischendecken bei den Krypten. Jüngeren Forschungen zufolge weisen aber auch Krypten Verbindungsöffnungen (*fenestellae*) zu den Oberkirchen auf, die bei eingeschränkter Begehbarkeit (z.B. Schranken, Lettner, Gitter) zum Schutz von Gräbern und Reliquien einen Blick auf diese erlaubten.[1288] Ein weiterer maßgeblicher Grund für die Doppelgeschossigkeit und die Öffnungen zum Chor ist der Ortsbezug von Grab und darüberliegendem Hauptaltar, welcher die *Virtus*, die heilspendende Kraft der Reliquien, auf das Sanktuarium übertrug, um so den heiligen Patron an seine Kirche und seine schutzbepfohlene Klientel zu binden.[1289] Diese Wirkung wurde durch die Lage der Reliquien entweder unter oder am beziehungsweise im Altar hergestellt. Bei den späteren Aufbewahrungsorten von Reliquien in den Armaria genügten kleinste Öffnungen und die prinzipielle Nähe zum Altarraum.[1290]

Das älteste Beispiel einer mendikantischen Krypta besitzt S. Francesco in Assisi, deren Unterkirche seit 1230 als Aufbewahrungsort für den Leichnam des nach der Legende durch seine Stigmata jesusgleichen Ordensgründers dient (Abbildung 149). Eng verwandt mit S. Francesco ist S. Chiara in Assisi, welche ab 1260 errichtet wurde. Diese Kirche erhielt allerdings ursprünglich nur eine winzige Krypta für das Grab der hl. Klara.[1291] Bei anderen mendikantischen Grabbauten Italiens scheint m.W. wie für den hl. Antonius in Padua die Kryptenform nicht gewählt worden zu sein. Für die deutschen Provinzen sind Krypten an der Dominikanerkirche in Eisenach, der dortigen Franziskanerkirche sowie an den Franziskanerkirchen in Lübeck und Greifswald nachgewiesen (Abbildung 161).[1292] Für 1230 ist offenbar im Zusammenhang mit der Translation des Franziskus in Assisi die Überführung von Franziskusreliquien in den Franziskanerkonvent von Eisenach durch Giordano de Giano überliefert.[1293] Ab 1236 errichtete man daraufhin eine flach geschlossene Saalkirche mit Krypta, die mutmaßlich für die bedeutenden Reliquien gedacht war.[1294] Die Eisenacher Dominikaner übernahmen im gleichen Jahr eine seit 1235 im Bau befindliche Nonnenkirche, die ursprünglich als Sühneleistung vom Schwager der hl. Elisabeth, dem thüringischen Landgrafen und späteren Gegenkönig Heinrich Raspe, zu Ehren der Heiligen begonnen wurde (Abbildung 162).[1295] Baubeginn und Patrozinium lassen auf eine Reliquie der 1235 heiliggesprochenen Landgräfin für die Krypta schließen, in der 1247 ebenfalls das Herz des Stifters beigesetzt wurde.[1296] Zu Greifswald und Lübeck besitzen wir keine Kenntnisse über die Reliquien. Die Ausstattung der beiden Kirchen mit Krypten erfolgte nach 1300 und in Greifswald zudem sekundär.[1297] Möglicherweise griff man auf diese zu der Zeit schon antiquierte Form aus Legitimitätsgründen zurück. Aus Spanien und Frankreich sind m.W. keine Krypten in Bettelordenskirchen bekannt. Die Gebeine des hl. Thomas von Aquin sind in der Dominikanerkirche zu Toulouse nicht in einer Krypta bestattet. In England sind nur die Franziskanerkirchen von Lincoln und Reading als doppelgeschossige Bauten überliefert. Der ursprünglich einfache Saalbau in Lincoln wurde allerdings erst in einer zweiten Bauphase in der zweiten Hälfte

---

1287 Günther Bandmann trat für eine nicht allzu strenge Scheidung zwischen Doppelkirchen und Doppelkapellen ein. In Deutschland kommt die Deckenöffnung oft vor, während sie in Frankreich fehlt. Vgl. Günther Bandmann: Doppelkapelle, -kirche, in: Reallexikon zur Deutschen Kunstgeschichte, 4, hg. von Ernst Gall und Ludwig Heinrich Heydenreich, Stuttgart 1958, 196–215, hier 196f.

1288 Almuth Klein: Santo Subito! Die Promotion der Heiligen in den Krypten Italiens, Diss. Basel 2008 (masch.), 122-133, hier 125–127. Die Verfasserin stellte mir freundlicherweise einen Textauszug zur Verfügung.

1289 Zum Bezug von Grab und Altar siehe Arnold Angenendt: Heilige und ihre Reliquien. Die Geschichte ihres Kultes vom frühen Christentum bis zur Gegenwart, München 1994, 167ff.

1290 Dazu Clemens Kosch: Armaria. Hochmittelalterliche Schatzkammern, Archivräume und Sakristeien (unter besonderer Berücksichtigung der Liebfrauenkirche in Halberstadt) [Vortrag auf dem Kolloquium „Kunst, Kultur und Geschichte im Harz und Harzvorland um 1200" in Halberstadt 27.–28. Oktober 2006], im Druck.

1291 Marino Bigaroni, Hans-Rudolf Meier, Elvio Lunghi: La Basilica di S. Chiara in Assisi, Perugia 1994, 34–37.

1292 In Aschersleben wurde 2000 eine ca. zehn Quadratmeter große gewölbte Kammer unter dem östlichen Joch entdeckt, die eine neuzeitliche Bestattung enthielt. Eine bauhistorische Untersuchung und Dokumentation der Kammer blieb aus. Eine mittelalterliche Entstehung kann daher nicht ausgeschlossen werden, zumal die Kirche für die Askanier offenbar eine besondere Bedeutung hatte. Siehe Seite 33ff. und Seite 322–326.

1293 Hardick, Chroniken, 1957, 85ff., Kap. 59.

1294 Schenkluhn 2000, 61ff. Der Ausgrabungsplan läßt nicht zwingend auf eine Unterkirche schließen. Vgl. Scheerer 1910, 59ff.

1295 Der flach geschlossene Chor der ehemaligen Nonnenkirche wurde in spätromanischen Formen bis zur Kryptenoberkante begonnen. In der weiteren Bauphase unter den Dominikanern treten lanzettförmige Fensterformen auf. Auch die Krypta erhält erst in dieser Bauphase ihre Säulenschäfte. Vgl. Scheerer 1910, 106ff.; Pelizaeus 2004, Teil II, 404ff.

1296 Vgl. Hans Patze: Art. Eisenach, in: Handbuch der historischen Stätten, 9, Stuttgart 1989, 90. Nichtkanonisierte Herrscher- und Klerikergräber sind in Krypten oft belegt. Glimme 1995, 115.

1297 Zu Greifswald Werinhard Einhorn (Zur Architektur von Franziskanerklöstern in Brandenburg und Mecklenburg-Vorpommern: Prenzlau, Angermünde, Greifswald, Stralsund, in: Berg 1992, 35–46, hier 38ff.) Zu Lübeck Jaacks (1968) und Trost (2006).

des 13. Jahrhunderts doppelgeschossig ausgebaut und im Untergeschoß mit einer Pfeilerreihe und Gewölben versehen.[1298] Da bei der ehemals zweigeschossigen Kirche von Reading (1239 geweiht) nach einer Quelle von 1282 die Doppelgeschossigkeit aufgrund der permanenten Hochwassergefahr ausgeführt wurde, vermutete man auch für Lincoln, dass das gewölbte Untergeschoß lediglich als geländebedingter Unterbau errichtet worden ist.[1299]

Die Ablehnung der Kryptenbauform und in dieser Entsprechung doppelgeschossiger Bauten dürfte mehrere Gründe gehabt haben. So ist festzustellen, dass die Bettelorden nicht die ersten waren, die diese Bauform so gut wie nie beziehungsweise nur in Ausnahmenfällen aufgriffen. Bereits bei Pfarr- und bei Zisterzienserkirchen treten Krypten kaum auf. Möglicherweise hängt dies zum einen mit der „Qualität" der Reliquien und mit dem Repräsentationsniveau der Kryptenarchitektur zusammen. Ab der karolingischen Zeit waren Reliquien zur Gründung einer Kirche notwendig, jedoch konnten nicht alle notwendigen Reliquien aufgrund der zahlreichen Gründungen von Pfarrsprengeln mit den vorhandenen Heiligengräbern oder Reliquien bestritten werden, so dass man oft nur sogenannte Berührungsreliquien einsetzte.[1300] Dies betrifft wahrscheinlich auch die vielen europäischen Pfarrkirchen, die erst während der territorialen Besiedlungs- beziehungsweise Urbanisierungsphasen im 12. und 13. Jahrhundert entstanden. Umgekehrt läßt sich daher schlussfolgern, dass die mit bedeutenden Reliquien ausgestattete Kryptenarchitektur zu jener Zeit ein Repräsentationsniveau besaß, das in der Regel elitären Kongregationen und Institutionen vorbehalten war. Zum anderen beginnt sich im 12. Jahrhundert die Präsentation von Reliquien zu ändern.[1301] Sukzessive verbarg man Reliquien nicht mehr, sondern zeigte sie in dafür geschaffenen Reliquiaren. Gerade Bernhard von Clairvaux verpönte diese *Schaufrömmigkeit*, indem er zum „Fasten der Augen" aufrief.[1302] Die volkstümliche Einstellung, dass Reliquien die Heilswirkung der Sakramente besäßen, stieß außerdem bei scholastischen Theologen wie den berühmten Dominikanern Thomas von Aquin und Meister Eckart auf Ablehnung.[1303] Möglicherweise ist die ablehnende Haltung von einflußreichen Zisterziensern und Mendikanten gegenüber der volkstümlichen Überbewertung des Reliquienkultes auch eine der Ursachen für die Ablehnung der Bauform der Krypta bei diesen Reformorden, da Krypten die Reliquien prinzipiell erst zugänglich machten. Zudem dürfte bei diesen das elitäre Repräsentationsniveau, welches den bedeutenden Reliquien und damit ihrer Bauform innewohnte, aus Gründen der *superfluitas* und *superbia* abgelehnt worden sein. Andererseits bewirkte der bereits angesprochene Wandel im Umgang mit Reliquien in der zweiten Hälfte des 12. Jahrhunderts, dass Krypten im 13. Jahrhundert kaum noch errichtet wurden.[1304] Seit dieser Zeit begann man sukzessive andere Aufbewahrungsarchitekturen zu bevorzugen: die bereits genannten Armaria, Kammern die gegen unerlaubten Zugriff geschützt waren und oft in baulichem Zusammenhang mit Sakristeien standen und zur Aufbewahrung wertvoller sakraler Gegenstände wie Reliquien dienten.[1305] Zudem gibt die Ausformung der Lettner möglicherweise einen weiteren indirekten Hinweis auf das Fehlen von Krypten. Gerade die Bettelorden werden für die Verbreitung einer neuen Lettnerarchitektur mit Fenstern und Türen verantwortlich gemacht, da sie der *Elevatio corporis* am Hochaltar größte Bedeutung beimaßen.[1306] Wir erinnern uns, dass bereits die Unterkirche von S. Francesco einen solchen Lettner besaß.[1307] Über mendikantische Messbücher soll die Elevatio corporis schließlich in das *Missale Romanum* gelangt sein.[1308] Diese ‚Schaubarkeit' stellt de facto eine Intensivierung der Messzelebration dar. Es ist daher m. E. nicht auszuschließen, dass damit das ‚Fehlen' von Krypten und Reliquien in gewisser Weise kompensiert werden konnte. So ist es wahrscheinlich, dass die Reformorden, die offenbar einen übersteigerten Reliquienkult ablehnten wie die Zisterzienser und im 13. Jahrhundert besonders die Bettelorden, durch ihr hohes Bauaufkommen und ihre intellektuelle Vorrangstellung diesen architektonischen Wandel zumindest indirekt maßgeblich beeinflussten.

1298 Alan R. Martin: Franciscan Architecture in England (British Society of Franciscan Studies, 18), Manchester 1937, 89ff.
1299 Vgl. ebd., 106ff. Vgl. Schenkluhn 2000, 150f.
1300 Vgl. Angenendt 1994, 169.
1301 Vgl. Christof Diedrichs: Kunst versus Kirche. Zum Wandel des Reliquienkults im 12. Jahrhundert, in: Uta Schedler (Hg.): Kunst und Kirche (Kulturregion Osnabrück, 19), Osnabrück 2001, 41–52.
1302 Ebd., 45.
1303 Angenendt 1994, 157f.
1304 Vgl. Glimme 1995, 157.
1305 Vgl. Clemens Kosch, Armaria. Hochmittelalterliche Schatzkammern, Archivräume und Sakristeien (unter besonderer Berücksichtigung der Liebfrauenkirche in Halberstadt) [Vortrag auf dem Kolloquium „Kunst, Kultur und Geschichte im Harz und Harzvorland um 1200" in Halberstadt 27.–28. Oktober 2006], im Druck.
1306 Georges Descoeudres: Choranlagen von Bettelordenskirchen. Tradition und Innovation, in: Kunst und Liturgie. Choranlagen des Spätmittelalters – ihre Architektur, Ausstattung und Nutzung, hg. v. Anna Moraht-Fromm, Ostfildern 2003, 11–30, hier 23ff. und 27.
1307 Siehe oben Seite 200ff., San Francesco in Assisi und die Anfänge mendikantischer Bautätigkeit.
1308 Descoeudres 2003, 23ff. und 27 nach Miri Rubin: Corpus Christi. The Eucharist in Late Medieval Culture, Cambridge 1991, 56.

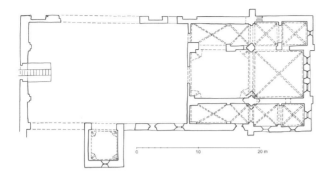

Abbildung 163: Sisteron, Dominikanerkirche (ab 1248), Grundriss (Montagnes 1979).

Gewölbebau – Regelung und Ausnahmen

Die bisher behandelten Bauformen sind in den mendikantischen Bauregeln nicht ausdrücklich genannt worden. Trotzdem ist festzustellen, dass man diese Formen bis zum Ausgang des 13. Jahrhundert größtenteils vermied. Regelungen zu den Gewölben waren hingegen sowohl Bestandteil der dominikanischen als auch der franziskanischen Konstitutionen. Dies unterstreicht die besondere Rolle dieser Bauform im Kirchenbau. Bereits in den dominikanischen Konstitutionen, die zwischen 1228 und 1235 redigiert worden waren, bereicherte man die bekannte Formulierung „Mediocres domos" im Kapitel 35 um konkrete Vorschriften, deren Kontrolle in jedem Fall drei Ordensbrüdern oblag.[1309] Zum einen sollten die Kirchen steinerne Gewölbe (*lapidibus testudinata*) nur über dem Chor und der Sakristei erhalten, zum anderen die Höhe, womit offenbar die Mauerhöhe gemeint war, 30 Fuß nicht überschreiten. Über die Architekturtypen und die Ausstattung ließ man nichts verlauten, so dass die Bestimmungen zu Gebäudehöhe und -einwölbung anscheinend dem Schlichtheitsgebot genüge taten und zu den zweiteiligen Raumkonzeptionen in der Nachfolge von Bologna führten (Abbildung 151).[1310] Die Gewölbe überdeckten in der Regel den Chor bis zur Chorschranke im Langhaus (Abbildung 163). Auch bei den Dominikanerkirchen in den deutschen Provinzen wie in Regensburg, Esslingen oder Erfurt übernahm man offenbar zunächst dieses Schema, denn dort können erst ab dem ausgehenden 13. Jahrhundert sekundäre Einwölbungen der Laienräume beziehungsweise in sekundären Bauphasen die Errichtung gewölbter Laienräume nachgewiesen werden (Abbildung 180).[1311]

Bei den Franziskanern untersagte ebenfalls eine Vorschrift, die wahrscheinlich erst 1260 in Narbonne den Generalkonstitutionen beigefügt wurde,[1312] die Einwölbung der Kirchen in jeglicher Form mit Ausnahme der Hauptkapelle, womit das Presbyterium mit dem Sanktuarium gemeint war, und dies nur, wenn der Generalminister dafür seine Einwilligung gab.[1313] Ein Unterschied zu den dominikanischen Bestimmungen bestand darin, dass bei Einwilligung das Gewölbe nur über dem Altarraum (wohl auch Nebenaltären) errichtet werden durfte, jedoch nicht, wie es bei den Dominikanerkirchen oft vorkam, über dem Psallierchor. Auf diese Regelung gehen vermutlich die sogenannten Dreikapellensäle zurück, deren Prototyp offenbar in Cortona (ab 1245) steht (Abbildung 177),[1314] und die in Italien mit Ausnahmen (u.a. die monumentalen Dreikapellensäle in Pisa und Pistoia) häufig in kleineren Orten vorkommen. Dies gilt auch für Kirchen weiterer europäischer Regionen, die nur eine gewölbte Kapelle besitzen.[1315] Daneben tritt beispielsweise in Deutschland bei den frühen Gründungsbauten auch der ungewölbte Typ oft auf.[1316] Nach heutiger Bautenkenntnis wurde diese Vor-

---

1309 „Mediocres domos et humiles habeant fratres nostri, ita quod murus domorum sine solario non excedat in altitudine mensuram duodecim pedum et cum solario viginti, ecclesia triginta. Et non fiat lapidibus testudinata nisi forte super chorum et sacristiam. Si quis de cetero contrafecerit, pene gravoris culpe subiaceat. Item, in quodlibet conventu tres fratres de discretioribus eligantur, sine quorum consilio edificia non fiant." Zitat nach Sundt (1987, 405). Nach Sundt dürften in Paris 1228 die Höhenrichtlinien noch nicht eingeführt worden sein, da die 1229 fertig gestellte Kirche in Toulouse die Höhe von 30 Fuß überschritt und ein Abweichen zu der Zeit ungewöhnlich gewesen wäre. Vgl. ebd., 398ff. Zu den Höhen siehe hier Anm. 1225.
1310 Schenkluhn 2000, 27.
1311 Zu Regensburg Kühl 1986, (75–211, hier 175) zu Esslingen Falk Jaeger (Das Dominikanerkloster in Esslingen. Baumonographie von Kirche und Kloster (Esslinger Studien, 13), Sigmaringen 1994, 93, zu Erfurt Pelizaeus (2004, 46).
1312 Siehe oben Anm. 1217.
1313 „[…] Ecclesiae autem nullo modo fiant testudinate, excepta maiori cappella." Siehe vollständiges Zitat in Anm. 1221.
1314 Vgl. Schenkluhn 2000, 64-71; Wiener 2004, 237.
1315 Ursprüngliche Altarraumraumgewölbe befanden sich beispielsweise an den deutschen Franziskanerkirchen in Görlitz, Mühlhausen und Zeitz. Erinnert sei hier auch an die recht ursprünglich gebliebenen Bauten in Apulien oder die kleineren Kirchen in Umbrien, der Toskana oder Lazio. Vgl. u.v.a. Michela Tocci: Problemi di architettura minorita. Esemplificationi in Puglia, in: Bollettino d'arte, Serie V, Anno LX, 1975 I-II, Rom 1975, 201-208; dies.: Architettura mendicanti in Puglia, in: Storia della città. Rivista Internationale di storia urbana e territoriale, 3, Milano 1978, 24–27; Wolfgang Kroenig: Caratteri dell'architettura degli ordini mendicanti in Umbria, in: Storia e Arte in umbria nell'età comunale (Atti del VI convegno di studi Umbri Gubbio 26.30. maggio 1968, parte 1, 1971), 165–198; Gerard Gilles Meerseman: Origini del tipo di hiesa umbro-toscano degli ordini mendicanti, in: Il gotico a Pistoia nei suoi rapporti con l'arte gotica italiana (Atti di 2° convegno internazionale di studia, Pistoia 24.–30. aprile 1966) Pistoia 1966, 63–77; Joselita Raspi Serra: Esempi e diffusione della tipologia architettura minorita nell'alto Lazio, in: ebd., 207–212.
1316 Bespiele sind etwa die franziskanischen Gründungsbauten in Salzwedel, Brandenburg, Neubrandenburg, Angermünde, Barby und Zerbst.

schrift, auch bei den Dominikanern vorerst eingehalten. Nachweisbare Einwölbungen über Psallierchören und Laienbereichen entstanden erst ab dem ausgehenden 13. Jahrhundert.[1317]

Ausnahmen sind bis zum letzten Viertel des 13. Jahrhunderts selten nachweisbar und lassen sich meistens durch konstruktive Eigenschaften oder durch besondere Repräsentationsmotive der Architekturen erklären. Bei den einschiffigen Franziskanerbauten Galiziens, die in Abhängigkeit zu mittelitalienischen Bauten mit Querhaus und Chorkapellen gesehen worden sind,[1318] werten Rippengewölbe lediglich die Chorkapellen auf; erhielten beispielsweise die Langhäuser von San Francesco in Viveiro, Lugo, Betanzos oder A Coruna jochweise Schwibbögen und bisweilen Tonnengewölbe.[1319] Möglicherweise widersprach die Ausführung von Schwibbögen nicht den Vorschriften, da diese für die Dachkonstruktion notwendig waren. Ähnlich dürften auch die Holztonnengewölbe der thüringischen Mendikantensäle wie Mühlhausen, Arnstadt, Saalfeld oder Zeitz zu bewerten sein. Auch hier sind die Holzschalungen in die Dachkonstruktion eingebunden und versteifen diese zusätzlich.[1320] Nur wenige um 1250 datierte Bauten weisen in der Nachfolge von S. Francesco in Assisi[1321] eine primäre Einwölbung des Gesamtraumes auf wie S. Chiara in Assisi, der Grabbau der Heiligen, oder S. Francesco al Prato in Perugia, der Grabbau des seligen Ägidius, einem der ersten Mitbrüder von Franziskus.[1322] Bei diesen Bauten dürfte der besondere Bedeutungsgehalt als Grabeskirche für einen Ordensheiligen die Abweichung von der Vorschrift beeinflusst haben. Möglicherweise waren es diese bekannten Bauten, welche den Franziskanern erst kurz vor den Narbonner Konstitutionen die Problematik von Gewölben als ‚überflüssige' und repräsentative Bauform evident werden ließen. Die wenigen frühen deutschen Bauten, die schon um 1240/50 auf eine gemauerte Gesamtwölbung angelegt waren, sind die Franziskanerkirchen in Kiel, Aschersleben und Prenzlau sowie möglicherweise Eisenach.[1323] Bei den drei norddeutschen Bauten dürfte ein besonderer Bedeutungsgehalt in Form dynastischer Repräsentation gegeben sein. Das Kloster in Kiel wurde um 1240 durch den regierenden Grafen Adolf IV. von Schauenburg errichtet, der kurz darauf selbst dem Konvent beitrat.[1324] Die nahezu identischen Kirchen in Aschersleben und Prenzlau entstanden im engen Zusammenhang mit den askanischen Dynastien der anhaltischen Fürsten und Brandenburger Markgrafen (Abbildung 4 und 235).[1325] Die Gewölbe erhielten sie jedoch erst im späten 13. beziehungsweise 14. Jahrhundert. Möglicherweise sanktionierte die Ordensleitung die Gewölbeplanungen. Für Kiel und Eisenach lässt sich der Zeitpunkt der Einwölbung nicht mehr rekonstruieren.[1326] In Eisenach kann die ursprüngliche Doppelgeschossigkeit und in diesem Zusammenhang auch das Gewölbe mit der Translation mehrerer Franziskusreliquien in Zusammenhang gebracht werden (Abbildung 162).[1327] Auch in Köln oder Erfurt sind Langhausgewölbe um 1250/60 geplant worden (Abbildung 152 und 154). Das Kölner Langhaus begann man wohl bald nach der Fertigstellung des Chores 1260 und vollendete es vermutlich in der Regierungszeit Erzbischofs Siegfrieds von Westernburg (1275–97).[1328] Für Erfurt fehlt bisher eine eingehende Bauuntersuchung, jedoch lassen die überkommenen quadratischen Pfeilerreste mit halbrunden Vorlagen m.E. auf eine Gewölbeplanung einer um 1250 erbauten Basilika schließen.[1329] Die vor dem letzten Viertel des 13. Jahrhunderts datierbaren Gewölbeplanungen über den Laienbereichen hängen offenbar mit der überregionalen Bedeutung der Konvente als Studienorte (Köln, Erfurt) oder der Bedeutung der Stifterfamilien (Kiel, Aschersleben und Prenzlau) zusammen. Die Gewölbeplanungen dieser Bauten lassen in gewisser Weise einen Grauzone für

---

1317 Die bisherige Denkmälerkenntnis bestätigt dies auch für die Franziskanerbauten anderer europäischer Länder. Überblicke u. a. bei Martin 1937; Picou 1984; Beatu Kitsiki Panagopoulos: The Churches of the Mendicant Orders in Greece, in: Medival Greece, Chicago/London 1979, 64–123; Mooney 1955–57. Zu italienischen Bauten siehe Literatur bei Schenkluhn (2000, 278ff.).
1318 Vgl. ebd., 61.
1319 Übersicht der Grundrisse bei Manso Porto 1993, 106, Fig. 38.
1320 Vgl. Eißing 1996, 27ff.
1321 Zu S. Francesco in Assisi siehe Seite 212ff.
1322 Vgl. Schenkluhn 2000, 56f.
1323 In Eisenach sind auf dem Grabungsplan Strebepfeiler nachgewiesen. Vgl. Scheerer 1910, 59, Fig. 48.
1324 Helmut G. Walther, Bettelordenskloster und Stadtgründung im Zeichen des Landesausbaus. Das Beispiel Kiel, in: Berg 1992, 19–32.
1325 Siehe Seite 322ff.
1326 Die Kieler Franziskanerkirche wurde im 19. Jahrhundert abgebrochen. Zu Eisenach Scheerer (1910, 58ff.).
1327 Schenkluhn 2000, 61ff.
1328 Schenkluhn 1985, 214.
1329 Die Langhauspfeiler aus Backstein mit quadratischem Querschnitt und halbrunden Vorlagen sind, wie die Pfeiler der allerdings erst Ende des 13. Jahrhunderts entstandenen Berliner Franziskanerkirche, zusammen mit der Jochdisposition in Abhängigkeit des Langhauses des Magdeburger Doms (um 1230/40) zu sehen. Krautheimer 1925, 110ff.; Schenkluhn 2000, 198f. Diese Disposition dürfte zudem nicht mit dem frühen um 1230 datierten Ursprungsbau vereinbar sein (vgl. Haetge 1931, 143–182), weil die deutschen Franziskaner den Bautyp Basilika erst um 1250 aufgriffen. Graf 1995, 165f.; Schenkluhn 2000, 118; siehe auch oben Seite 222f.

die Errichtung bestimmter Bauformen erahnen, die vor der Verabschiedung der Konstitutionen im Jahr 1260 bestand. Eine Regelung wurde offenbar erst mit der Herausbildung von Rangunterschieden zwischen den Konventen notwendig. Aus den unterbrochenen Wölbungsvorhaben in Aschersleben und Prenzlau oder den nicht fertig gestellten Querhäusern in Köln und Erfurt wird man ableiten dürfen, dass es seitens der Ordensleitung möglicherweise zu Sanktionen kam.

Ablehnung massiver Turmbauten – Regeln und Praxis

Die franziskanischen Konstitutionen verboten ausdrücklich den Bau von Glockentürmen nach Art massiver Türme.[1330] Man orientierte sich an den frühen Vorschriften der Zisterzienser, die bereits 1157 steinerne Glockentürme verboten hatten.[1331] In der Tat herrscht im nordalpinen Reichsgebiet, in den skandinavischen und ostmitteleuropäischen Ländern bei den Bettelordenskirchen analog zu den Zisterzienserkirchen der hölzerne Dachreiter vor, der sich im Regelfall über der Schnittstelle von Kleriker- und Laienraum erhebt (Abbildung 164);[1332] während in den südalpinen Ländern, aber auch in Irland und England massive Turmanlagen häufiger auftreten (Abbildung 166). In den südalpinen Ländern sind diese Türme als seitlich stehende Campanile im Zwickel zwischen Querhaus und Langhaus beziehungsweise dem Chorhaupt ausgebildet. In Irland und England stehen die massiven Türme in der Regel über dem sogenannten Walking place,[1333] einem Chor- und Laienbereich trennenden, oft massiv gemauerten Laufgang, der offenbar die Lettnerfunktion übernahm.

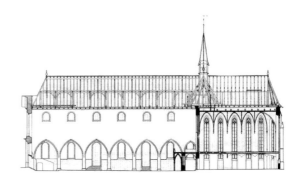

Abbildung 164: Bern, ehemalige Franziskanerkirche, Längsschnitt (Binding/Untermann 1985, 348, Abb. 406).

Damit markieren sowohl die Campanile, die Walking-Place-Türme als auch die Dachreiter den Übergang vom Kleriker- zum Laienraum.[1334] Doch lassen sich auch im deutschen Sprachgebiet Campanile nachweisen, die zwar nicht die visuelle Dominanz der Turmanlagen von Dom-, Pfarr- und anderen Ordenskirchen besitzen, aber dennoch aufgrund ihrer massiven Bauweise offenkundig von den Bauvorschriften abwichen (Abbildung 182). Anscheinend gab es hier eine Vorliebe für achteckige Ausführungen mit flachem Abschluss.[1335] Wir können derartige Turmanlagen an den Franziskanerkirchen in Wien, Magdeburg, Erfurt, Rothenburg o.d. Tauber, Schlettstadt, Brandenburg, Arnstadt, Mühlhausen, Hildesheim, Görlitz, Cottbus, Löbau, Oschatz, Zittau, Kyritz und Königsberg (Kaliningrad) sowie an den Dominikanerkirchen in Erfurt, Frankfurt a. M., Esslingen[1336], Gebweiler, Brandenburg, Neuruppin, Pirna und Breslau (Wrocław) nachweisen. Sie befinden sich meistens im Zwickel von Langhaus und Chor. An der Erfurter Franziskanerkirche wurde der Turm seitlich auf den Triumphbogen gesetzt und durch einen Laufgang,

---

1330 "Campanile ecclesie ad modum turris de cetero nusquam fiant". Siehe vollständiges Zitat in Anm. 1221. Die Bezeichnung *campanile* dürfte in diesem Zusammenhang eher im Sinne von Glockenstuhl (*campanarium*) oder Glockenträger zu lesen sein, denn als freistehender oder angebauter Turm (Thode), wie es seit dem 12. Jahrhundert geläufig war. Vgl. Thode 1904, 310. *Turres* wird wohl ähnlich den zisterziensischen Verboten als massives Bauwerk (*turres lapide*) zu deuten sein, da die Zisterzienser wie die Bettelorden zunächst hölzerne Dachreiter bevorzugten. Vgl. Günther Binding; Susanne Linscheid-Burdich; Julia Wippermann: Planen und Bauen im frühen und hohen Mittelalter nach den Schriftquellen bis 1250, Darmstadt 2002, 420–423.

1331 „Turres lapideae ad campanas non fiant." Statuta Capitulorum Generalium Ordinis Cisterciensis. Ab anno 1116 ad annum 1786, Tomus 1 (1116–1220), hg. von D. Josephus-Mia Canivez, Louvain 1933, 61, Nr. 15. Vgl. Untermann 2001, 114f.

1332 An den meisten Kirchen im Untersuchungsgebiet können Dachreiter nachgewiesen werden.

1333 Martin 1937; Mooney 1955/57.

1334 Erich Bachmann deutete einst bei den Chorturmkirchen die Lage der Türme über dem Hauptaltar als Altartürme beziehungsweise überhöhtes Allerheiligstes (Chorturmkirche, in: RDK III, 568ff.). Adolf Reinle suggerierte mit dem Begriff ‚Sanktuariumstürme' ebenfalls einen symbolischen Bezug (Zeichensprache der Architektur. Symbol, Darstellung und Brauch in der Baukunst des Mittelalters und der Neuzeit, Zürich (1976) ²1984, 205). Die Turmanlagen der Bettelorden und verwandter Bauwerke analog zu diesen Interpretationen symbolisch auf den Lettnerbereich und damit auf den Kreuzaltar zu beziehen, ist jedoch in Hinblick auf Westturmanlagen, die keinen Altar oder Sanktuariumsbezug aufweisen, zweifelhaft. Möglicherweise impliziert die Lage der Türme am Übergang zwischen Chor- und Laienbereich lediglich praktische Beweggründe, das Geläut in relativer Altarnähe zu bedienen.

1335 Vgl. Parucki 1995, 251.

1336 An der Dominikanerkirche in Esslingen war der südlich am Übergang von Langhaus und Chor errichtete Treppenturm wahrscheinlich höher als bis zur Traufhöhe vorgesehen, da seine Treppenstufen über das Traufenniveau hinausreichen. Vgl. Jaeger 1994, Abb. 81; bereits Scheerer (1910, 46) zählt Esslingen zu den Kirchen mit Turm.

der über dem Bogen verläuft, erschlossen. An der Barfüßerkirche in Magdeburg baute man den fast 40 Meter hohen Turm hingegen an die Westfassade (Abbildung 165).[1337] Die Bauzeiten der massiven Türme fallen jedoch im Regelfall in das 15. Jahrhundert.[1338] Wir können somit konstatieren, dass sich die Franziskaner lange an die Vorschiften hielten und auch die Dominikaner, welche keine explizite Vorschrift zum Turmbau erließen, Turmbauten vermieden. Zudem beträgt auf den deutschen Sprachraum bezogen der Anteil der erhaltenen Bettelordenskirchen mit massiven Turmanlagen lediglich 19 Prozent.[1339]

Die Ablehnung massiver Türme bei den Reformorden lässt sich zum einen auf die Symbolik und zum anderen die Kosten für diese Baukörper zurückführen. So ist bekannt, dass Türme eine gewisse Macht- beziehungsweise Rechtssymbolik besaßen.[1340] Das mit den Türmen verbundene Geläut war im hohen Maße auch ein Privileg der weltlichen Obrigkeit,[1341] welches außer zum Gottesdienst auch zu vielen weltlichen Anlässen angewandt wurde.[1342] Zudem riefen Turmbauten eine beachtliche Steigerung der gesamten Baukosten für Kirchen hervor. Die nach mittelalterlichen Preisangaben von Christoph Hermann angestellten Modellrechnungen für Kirchenbauten im Ordensland Preußen ergaben, dass ein dreigeschossiger Turmbau die Gesamtkosten für einen kleineren Kirchenbau um 1400 auf das Eineinhalbfache bis Doppelte steigerten.[1343] Wohl aus diesem Grund sind nach neueren Forschungen zum ländlichen Pfarrkirchenbau in Deutschland mehr als die Hälfte aller nachgewiesenen Turmanlagen teilweise erheblich später als die Langhäuser fertig gestellt worden.[1344] Sowohl die weltliche Symbolik als auch die zusätzlichen Baukosten dürften letztlich nicht mit der apostolischen Demut und der Genügsamkeit der Bettelorden vereinbar

Abbildung 165: Magdeburg, Turm der Franziskanerkirche, Foto um 1950 (Foto: Nachlass Priegnitz, Kulturhistorisches Museum Magdeburg).

gewesen sein. Erst im Spätmittelalter kam es vermehrt und regional unterschiedlich ausgeprägt zu Turmbauten, was möglicherweise mit der gesteigerten öffentlichen Nutzung der Ordensbauten zu weltlichen Anlässen zusammenhängen mag.[1345]

1337 Siehe Seite 100ff.
1338 Zu den Bettelordenskirchen in Thüringen Scheerer (1910, 45f.); zur Mark Brandenburg Marcus Cante (Bettelordensklöster in der Mark Brandenburg, in: Brandenburgische Denkmalpflege, 14/2 (2005), 4–60, hier 22). Für die weiteren europäischen Länder ergab sich stichprobenartig ein ähnliches Bild.
1339 Von 122 erhaltenen beziehungsweise rekonstruierbaren Bettelordenskirchen können bislang 23 mit massiven Türmen nachgewiesen werden. Zur Statistik verlorener und rekonstruierbarer Bettelordenskirchen in Deutschland Graf (1995, 45, 127ff.).
1340 Vgl. Lexikon der Kunst VII, Leipzig 1987ff., 459ff. Zu den Zisterzienserbauten Untermann (2001, 673).
1341 Philipp 1987, 39f., 146.
1342 Man läutete jeweils zu kirchlichen und weltlichen Anlässen die Bet-, Angelus-, Friedens-, Vaterunser-, Tauf-, Toten-, Kreuz-, Evangelien-, Wandlungs-, Festtags-, Wetter-, Irr-, Pest-, Zins-, Rats-, Stadt-, Stadttor-, Uhren-, Richt-, Mord- und viele weitere Glocken mit dem Namen des jeweiligen Anlasses. Vgl. http://www.glocken-online.de/glocken/index_glocken_asp.htm. (November 2009).
1343 Christopher Herrmann: Die mittelalterliche Architektur im Gebiet der ehemaligen preussischen Bistümer (Kulm, Pomesanien, Ermland und Samland). Untersuchungen zur Frage der Kunstlandschaft und -geographie, Allenstein (Olsztyn) 2003, 246ff.
1344 Vgl. Klaus Mertens: Romanische Saalkirchen innerhalb der Grenzen des Bistums Meißen (Studien zur katholischen Bistums- und Klostergeschichte, 14) Leipzig 1973, 76; Jochen Roessle: Turmbau romanischer Dorfkirchen. Bestimmung des Bauverlaufs an Beispielen des Magdeburger Raumes, in: Die mittelalterliche Dorfkirche in den neuen Bundesländern. Forschungsstand, Forschungsperspektiven, Nutzungsproblematik (Hallesche Beiträge zur Kunstgeschichte, 3), Halle 2001, 75-88, hier 86; Rainer Müller: Mittelalterliche Dorfkirchen in Thüringen dargestellt anhand des Gebietes des ehemaligen Archidiakonats St. Marien zu Erfurt (Arbeitshefte des Thüringischen Landesamtes für Denkmalpflege, N.F. 2), Altenburg 2001, 62, 146; Matthias Friske: Die mittelalterlichen Kirchen auf dem Barnim. Geschichte, Architektur, Ausstattung (Kirchen im ländlichen Raum, 1), Berlin 2001, 405; auch Herrmann 2003, 97f.
1345 Vgl. Stüdeli 1969, 84ff.; Ulpts 1992, 131–152; Gudrun Wittek: Franziskanische Friedensvorstellungen und Stadtfrieden. Möglichkeiten und Grenzen franziskanischen Friedewirkens in mitteldeutschen Städten im Spätmittelalter, in: Berg 1992, 153–178.

Abbildung 166: Venedig, Santa Maria Gloriosa di Frari, Ansicht von Nordwesten, 1967 (Bildarchiv Foto Marburg, 799.434).

Architektonischer Wandel im letzten Viertel des 13. Jahrhunderts

Mit ihrem Auftreten dürften die Regelungen zur Architektur mehrere Jahrzehnte befolgt worden sein.[1346] Dieser Befund bestätigt die Wirksamkeit der Konstitutionen, die von der historischen Forschung nicht in Zweifel gezogen wird.[1347] Erst gegen Ende des 13. Jahrhunderts kam es zu einer gewissen Beeinträchtigung ihrer Wirksamkeit. Ab dieser Zeit errichtete man häufiger Bauten an bedeutenden Niederlassungen, in städtischen Zentren oder für besondere Repräsentationszwecke von Förderern, deren Proportionen die bisherige Architektur der Bettelorden an Größe überboten. Erinnert sei an die Monumentalbauten in Bologna, Siena, Florenz, Perugia, Gubbio, Treviso, Vicenza, Venedig und Neapel, an St. Jacques in Toulouse, Ste. Madeleine in Paris, Ste. Madeleine in Sainte-Maximin in der Provence, der Blackfriars in London oder der Franziskanerkirchen in Lyon, Erfurt, Basel, Maastricht und Lübeck oder der Dominikanerkirchen im portugiesischen Batalha und im elsässischen Colmar (Abbildung 166).

Das veränderte Bauverhalten wird zu Recht mit der Stärkung der Franziskaner und Dominikaner in den 1270/80er Jahren als Folge des Pariser Mendikantenstreit und einem allgemein höheren Lebensstandard in Zusammenhang gebracht.[1348] Zwischen 1270 und 1330 befanden sich die Bettelorden auf dem Höhepunkt ihres gesellschaftlichen Einflusses, die Gesellschaft jedoch in einer Krise.[1349] Die urbane und wirtschaftliche Expansion stagnierte, Hungersnöte traten auf und verhinderten eine weitere Ausbreitung der Orden. Nach Wolfgang Schenkluhn trat deshalb

---

1346 Schon Donin (1935, 20) und Fait (1954, 15ff.) befürworteten eine zeitweise Einhaltung der Bauvorschriften.
1347 Zu den dominikanischen Konstitutionen Florent Cygler (Zur Funktionalität der dominikanischen Verfassung im Mittelalter, in: Gert Melville; Jörg Oberste (Hg.), Die Bettelorden im Aufbau. Beiträge zu Institutionalisierungsprozessen im mittelalterlichen Religiosentum (Vita Regularis, 11), Münster 1999, 385–428).
1348 Vgl. Schenkluhn 2000, 175ff.
1349 Le Goff 1965, 277ff.

„an die Stelle weiterer Expansion […] der Ausbau bestehender Konvente, zum Teil in gewaltigen Dimensionen."[1350] Getragen wurde diese Entwicklung durch die wirtschaftliche Potenz und die Repräsentation der fördernden Herrschaftseliten und Städte.[1351]

Zu jener Zeit sind nicht nur bei den Bettelordenskirchen Veränderungen architektonischer Formen festzustellen. Auch an weiteren Bauwerken und am Architekturdekor wie dem Maßwerk, der Wand- und Glasmalerei lassen sich bedeutende Veränderungen hinsichtlich von Umfang, Vielfalt und Charakter der Formen konstatieren.[1352] Der Formenapparat der Gotik war fast vollständig entwickelt. Ein variierendes Spiel mit den bekannten Motiven begann, welches zu verschleifenden und harmonisierenden, aber auch standardisierten Formen führte. Es kann deshalb kein Zufall sein, dass gerade für diese Zeit erstmals maßstabsgerecht verkleinerte Planzeichnungen als visuelle Speichermedien des komplexen Formenapparates sicher nachgewiesen sind.[1353] Die Arbeitsteilung des Bauhandwerks differenzierte sich durch den erheblichen Ausbau der Städte weiter aus.[1354] Die vergleichbaren ‚Anpassungstendenzen' an die Kathedralarchitektur dieser Zeit, die an Pfarrkirchen größerer Handelsstädte und anderen institutionellen Bauten zu beobachten sind, werden in der Forschung analog zu den Bettelorden auf gestiegenen Wohlstand und angepasstes Anspruchsniveau etwa städtischer Bauträgerschaften zurückgeführt.[1355] Wolfgang Brückles interessante Ansicht, in der mittelalterlichen Rezeption der Aristotelischen *Politica* die hauptverantwortliche „Schuld" für die ästhetische „Säkularisierungstendenz" gegen Ende des 13. Jahrhunderts zu suchen, überansprucht m.E. jedoch den Einfluss scholastischer Spekulationen auf die tief greifenden gesellschaftlichen Veränderungen.[1356]

Die Architektur der Bettelorden profitierte von den angesprochenen Entwicklungen weiterhin zumeist maßvoll, da man sich an den veränderten Wohlstandsbeziehungsweise architektonischen Gestaltungsniveaus im Sinne der vorgeschriebenen Genügsamkeit orientierte. Jedoch dürfte die Errichtung von Langhausgewölben, Querhäusern und gelegentlich Umgangschören oder die Herstellung von umfangreichen Wand- beziehungsweise figürlichen Glasmalereien eine nicht unbeträchtliche Entfremdung gegenüber den Bauten der älteren Generationen bedeutet und damit die latenten ordensinternen Diskussionen der *Imitatio Christi* angefacht haben. Der Dominikanerorden reagierte pragmatischer als der Ordenskonkurrent und stellte sich früh auf den neuen Zeitgeist ein, als man um 1300 die Vorschriften zu den Gewölben aus den Konstitutionen strich.[1357] Die Franziskaner taten sich hingegen mit einer Anpassung ihrer Statuten schwer. Vermutlich führten die massiven Spaltungstendenzen im Orden zwischen Konventualen und Spiritualen zu Lähmung und Konfusion, denn erst in den Constitutiones Caturcenses (Cahors) von 1337 wurden durch den Generalminister Geraldus Odonis Änderungen vorgenommen, die man allerdings schon 1343 auf dem Kapitel in Marseille kassierte, um wieder die Narbonnenser Statuten einzuführen.[1358]

1350 Schenkluhn 2000, 177.
1351 Vgl. ebd., 189; Freigang 2001.
1352 Zur Architektur (mit weiterer Literatur) vgl. Wolfgang Brückle: Civitas terrena. Staatspräsentation und politischer Aristotelismus in der französischen Kunst 1270-1380, München/Berlin 2005, 200–212; Leonhard Helten: Mittelalterliches Maßwerk. Entstehung – Syntax – Topologie, Berlin 2006, 224–231; Andeas Köstler: Stilgeschichte rezeptionsästhetisch: Der kognitive Stil, in: Bruno Klein; Bruno Boerner (Hg.), Stilfragen zur Kunst des Mittelalters. Eine Einführung, Berlin 2006, 257–270; Marc Carel Schurr: Gotische Architektur im mittleren Europa, 1220–1340, von Metz bis Wien, Berlin/München 2007, 247–283; zur Wandmalerei Joachim Poeschke: Wandmalerei der Giottozeit in Italien 1280–1400, München 2003; zur Glasmalerei Wolfgang Kemp: Sermo corporeus. Die Erzählung mittelalterlicher Glasfenster, München 1987, 263–272; Rüdiger Becksmann: Kathedral- und Ordensverglasungen in hochgotischer Zeit. Gegensätze – Gemeinsamkeiten – Wechselwirkungen, in: Österreichische Zeitschrift für Kunst und Denkmalpflege, 54, 2/3 (2000), 275–286, hier 281–286.
1353 Vgl. Marc Steinmann: Die Westfassade des Kölner Domes. Der mittelalterliche Fassadenplan F (Forschungen zum Kölner Dom, 1) Köln 2003; ders., Funktion und Bedeutung mittelalterlicher Architekturzeichnungen am Beispiel des Kölner Fassadenplanes ‚F', in: Dispositio. Der Grundriss als Medium in der Architektur des Mittelalters, hg. von Leonhard Helten (Hallesche Beiträge zur Kunstgeschichte, 7) Halle 2005, 59–72; Günther Binding et al., Baubetrieb im Mittelalter, Darmstadt 1993, 191–218, hier 198.
1354 Die Erforschung des Differenzierungsprozesses der mittelalterlichen Bauorganisation birgt zwar noch viele offene Fragen, jedoch ist das Auftreten komplexerer Bauorganisationen und -verwaltungen in der zweiten Hälfte des 13. Jahrhunderts evident. Vgl. Martin Warnke: Bau und Überbau. Soziologie der mittelalterlichen Architektur nach den Schriftquellen, Frankfurt a. M. (1976) 1984, 139–145; Günter Binding: Meister der Baukunst. Geschichte des Architekten- und Ingenieurberufs, Darmstadt 2004, 65–142, hier 86–91.
1355 Vgl. Helten 1994; Köstler 2006, 263.
1356 Vgl. Brückle 2005, 212–230, hier 213.
1357 Vgl. Sundt 1987, 405.
1358 Vgl. Ehrle (wie Anm. 1218), 8f.

Entwicklung und Typen – Die Kirchen in Sachsen-Anhalt

1228 bis 1250 – Anfänge des Kirchenbaus

Die Bettelordenskirchen in Sachsen-Anhalt widerspiegeln die generelle Entwicklung des mendikantischen Kirchenbaus. Der erste Kirchenbau, wenn man von der im Jahr 1225 in Magdeburg geweihten Franziskanerkapelle absieht, wird mit dem Baubeginn des Halberstädter Dominikanerklosters im Jahr 1231 in greifbar, dessen Kirche um 1241/42 fertiggestellt war (Abbildung 167).[1359] Halberstadt gehört damit zusammen mit Wien (1237 geweiht)[1360], Köln (vor 1229 begonnen)[1361], Zürich (ab 1231)[1362], Leipzig (ab 1231, 1240 geweiht)[1363], Löwen (ab 1233)[1364], Erfurt (1234 d; 1238 geweiht)[1365] und Konstanz (ab 1236)[1366] zu den ältesten nachgewiesenen dominikanischen Kirchenbauten in den deutschen Provinzen. Auch im europäischen Vergleich zählt der erste Halberstädter Kirchenbau zu den frühesten, wie die Baubeginne um 1228 in Bologna,[1367] 1229 in Toulouse[1368] und um 1230 in Piacenca[1369] zeigen.

Die Halberstädter Dominikanerkirche wird als querhausloser basilikaler Bau mit einem flach geschlossenen Binnenlangchor mit einem oder zwei flach geschlossenen Chornebenräumen zu rekonstruieren sein (Abbildung 30 und 167).[1370] Der Bautyp deckt sich weitestgehend mit der Dominikanerkirche in Konstanz (Abbildung 168 und 170),[1371] den ersten drei Bauphasen der Dominikanerkirche in Basel,[1372] dem von Schenkluhn rekonstruierten Grundriss der ersten

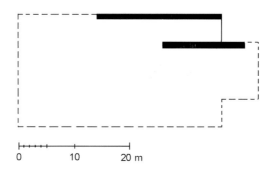

Abbildung 167: Halberstadt, Dominikanerkirche, Rekonstruktionsversuch (Zeichnung: Todenhöfer 2003).

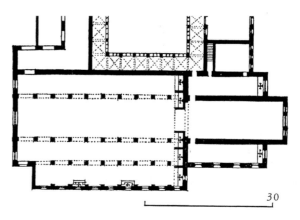

Abbildung 168: Konstanz, ehemalige Dominikanerkirche, Grundriss (Köpfli 1961).

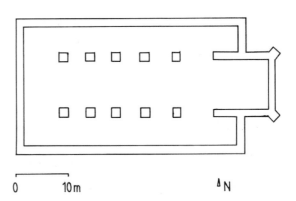

Abbildung 169: Köln, Dominikanerkirche, Grundrissrekonstruktion (Schenkluhn 1985, 208, Abb. 136).

1359 Siehe Seite 58ff.
1360 Donin 1935, 295.
1361 Schenkluhn 1985, 206.
1362 Wild 1999, 36.
1363 Hütter 1993, 34; zuletzt Heinrich Magirius; Hartmut Mai; Thomas Trajkovits; Winfried Werner: Die Bau- und Kunstdenkmäler von Sachsen. Stadt Leipzig. Die Sakralbauten, Bd. 1, München/Berlin 1995, 487.
1364 Graf 1995, 262.
1365 Nitz 2001, 89, 97.
1366 Konow 1954, 5
1367 Schenkluhn 1985, 86ff.
1368 Sundt 1989, 185ff.
1369 Schenkluhn 1985, 100.
1370 Siehe Seite 60ff.
1371 Vgl. Konow 1954, 5f.
1372 Oberst 1927, 40ff.; Konow 1954, 7ff., zuletzt Rudolf Moosbrugger-Leu: Die Predigerkirche in Basel, in: Materialhefte zur Archäologie in Basel 2, Basel 1985, 11–80, hier 18ff.

Abbildung 170: Konstanz, ehemalige Dominikanerkirche, Ansicht vor 1873 (Konow 1954, 10).

Abbildung 171: Zürich, ehemalige Dominikanerkirche, Innenansicht nach Graf 1890 (Oberst 1927).

Abbildung 172: Konstanz, ehemalige Dominikanerkirche vor dem Umbau zum Hotel 1874 (Konow 1954, Abb. 12).

Kölner Dominikanerkirche[1373] und der ab 1235/40 errichteten zweischiffigen Dominikanerkirche in Eisenach[1374] (Abbildung 169 und 162). Weitere Vergleiche können aufgrund von Verlusten beziehungsweise fehlenden Untersuchungen im deutschen Sprachraum nicht gezogen werden.[1375] Das die basilikale Bauform mit flachem Chorschluss und Chorseitenräumen nicht auf Deutschland beschränkt ist, zeigt die ab 1248 errichtete Dominikanerkirche in Sisteron (Provence) (Abbildung 163).[1376] Ob Halberstadt wie etwa Sisteron im Chorbereich gewölbt war, ist bislang nicht nachgewiesen. Möglicherweise dürfte die Halberstädter Kirche, wie in Konstanz, Basel oder Eisenach ohne Gewölbe errichtet worden sein. Die Traufhöhe der erhaltenen Chornordmauer von ca. 10 Meter verweist zudem auf die Einhaltung der dominikanischen Bauvorschrift von 30 Fuß Mauerhöhe.[1377]

Wenn man der von Konow vertretenen Entwicklungslinie folgt, waren die frühesten dominikanischen Basiliken zumeist mit massiven quadratischen Stützen, wie in Bologna, Zürich, Krems, Eisennach oder den östlichen Jochen in Basel ausgestattet, ab 1250 folgten anscheinend vermehrt Bauten mit Rundsäulen wie in Konstanz (Abbildung 171).[1378] Offenbar war es dieser an romanische Pfeilerbasiliken erinnernde Aufbau, der Schenkluhn veranlasste, den frühen deutschen Dominikanerkirchen einen retrospektiven Zug zu zuschreiben.[1379] Ob Halberstadt ebenfalls quadratische Pfeiler besaß, wird ohne Ausgrabungen unbekannt bleiben, allerdings sind die späteren Achteckpfeiler sehr massiv, was für quadratische Vorgänger spricht. Zudem besitzt die benachbarte und zeitgleich errichtete Moritzkirche, zu der weitere Parallelen bestehen, quadratische Pfeiler (Abbildung 173).

Otto Grafs Statistik zufolge bevorzugten die Dominikaner in den deutschen Provinzen offenbar den Bautyp Basilika anfänglich vor der Mitte des 13. Jahrhunderts, während danach die Anzahl der Bauten schwankte beziehungsweise rückläufig war und letztmalig gegen 1260 und 1290 anstieg.[1380] Die Franziskaner griffen diesen Typ

---

1373 Schenkluhn 1985, 208ff. rekonstruiert die Dominikanerkirche in Köln als Hallenkirche; auch Beuckers 1998, 88f. Kubach/Verbeek, Bd. 1, 1976, 528f. und Wild 1999, 192f. sprachen sich für einen basilikalen Aufriss aus.
1374 Scheerer 1910, 106ff.; Pelizaeus 2004, Katalog, 406f.
1375 Vgl. Wild 1999, 195ff.. Eine ähnliche Gestaltung wird zumindest für die erste 1238 geweihte Predigerkirche in Erfurt vermutet. Nitz 2001, 87ff.
1376 Vgl. Todenhöfer 2007, 53, Abb. 6.
1377 Siehe Anm. 1225.
1378 Konow 1954, passim.
1379 Schenkluhn 2000, 118.
1380 Graf 1995, 165ff.

erst um 1250 auf, als er bei den Dominikanern bereits nachließ. Im Untersuchungsgebiet konnten hingegen keine franziskanischen Basiliken nachgewiesen werden. Dieser Bautyp tritt vor allem in Südwestdeutschland und im Gebiet um Köln auf. Doch scheint es Ausnahmen in Norddeutschland, in Stade und Bremen, gegeben zu haben.[1381] Aufgrund des versetzten Auftretens des Basilikatyps bei den beiden Bettelorden stellte Graf deshalb die Frage, ob es eine bauliche Abgrenzung zum Ordenskonkurrenten gab, die er bei 30 Niederlassungen bestätigt fand.[1382] Offenbar versuchten Dominikaner und Franziskaner aufgrund ihrer Konkurrenz sich durch andere Raumtypen, Chorneubauten, Umbauten oder größere Dimensionen von einander abzugrenzen.[1383]

Während der Erbauung der Halberstädter Dominikanerkirche war die Basilika der vorherrschende Bautyp in der Stadt. Der Dom, die Liebfrauenkirche, die Martinikirche, die Paulskirche und Burchardikirche weisen beziehungsweise wiesen basilikale Langhäuser auf. Zeitgleich errichtete in unmittelbarer Nachbarschaft des Dominikanerklosters die Augustiner-Chorherren von St. Moritz eine flach gedeckte Pfeilerbasilika mit Querhaus und flach geschlossenem Chor (Abbildung 173).[1384] Aufgrund des ‚elitären dominikanischen Selbstverständnis' und der örtlichen Nähe liegt es nah, dass sich die Dominikaner auf diesen Bau bezogen. Der Baubeginn 1238 und mehrere Ablässe zwischen 1241 und 1260 belegen jedoch eine geringfügig spätere Entstehung der Moritzkirche. Der Chorschluss mit Seitenräumen, der sich prinzipiell von Bauten der Chorherren- und Reformorden ableiten lässt,[1385] kann in Halberstadt und Umgebung nicht lokalisiert werden.[1386] Zwar siedelten sich in Halberstadt ab 1208 Zisterzienserinnen im Burchardikloster an, deren spätromanische Pfeilerbasilika besitzt jedoch einen Kastenchor mit Chorumgang.[1387] Die im weiteren Umfeld gelegenen Zisterzienserkirchen in Walkenried (Chorbauneubau ab 1207/09) und in Riddagshausen besaßen auch einen

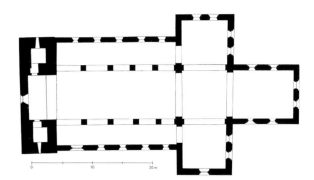

Abbildung 173: Halberstadt, St. Moritz, Grundriss (Döring 1902, 378, Fig. 154).

rechteckigen Chorumgang.[1388] Die Zisterzienserkirchen in Schulpforta und Sittichenbach kommen ebenfalls als direkte Vorbilder nicht in Frage. Ordensintern wird nur die etwas jüngere Dominikanerkirche in Köln (vor 1229 begonnen) eine gewisse Vorbildfunktion zuzuschreiben sein (Abbildung 169).[1389] Alle weiteren frühen Bauten in Zürich (ab 1231)[1390], Leipzig (ab 1231, 1240 geweiht)[1391] und Erfurt (1234 d; 1238 geweiht)[1392] kongruieren zeitlich mit Halberstadt. Man wird deshalb trotz der treffenden These Schenkluhns, dass bei den frühen Basiliken der Dominikaner ein regionaler Bezug zu Bischofs- und Ordenskirchen vorherrschte,[1393] davon ausgehen müssen, dass die Halberstädter Choranlage bis auf den flachen Chorschluss der Hauptkapelle wohl nicht regional vorgebildet war, sondern ordensintern vermittelt wurde beziehungsweise aus der einfachen Notwendigkeit ergab, einen traditionellen Chorschluss in neuen Bauformen zu errichten.

Mit der um 1235/45 erbauten Franziskanerkirche in Zerbst, deren Mauerwerk in einem späteren Umbau integriert wurde, konnte eine der wenigen Franziskanerbauten in den deutschen Provinzen substanziell nachgewiesen werden, die zur ersten Bautengeneration der Bettelorden gehören.[1394] Mit einem Seitenverhältnis von gut 52 zu 13 Meter entspricht die Zerbster Saal-

---

1381 Zahlten 1985, 373; zu Stade zuletzt Arend Mindermann (Zur Geschichte des Stader Franziskanerklosters St. Johannis, in: Wissenschaft und Weisheit 63/1 (2000), 61–85, hier 68f.
1382 Graf 1995, 170.
1383 Ebd., 165ff.
1384 Döring 1902, 375ff.
1385 Zu den italienischen Bettelordenskirchen Wagner-Rieger (1959); Schenkluhn 2000, 45ff. Letzterer stellt u.a. die Dominikanerkirchen in Basel und Köln in diese Traditionslinie.
1386 Vgl. Todenhöfer 2006b, 545.
1387 Peter Findeisen: Die Burchardikirche in Halberstadt als Memorialgebäude für Bischof Burchard I., in: Geschichte und Kultur des Bistums Halberstadt 804–1648 (Protokollband des Halberstädter Symposiums ‚1200 Jahre Bistumsgründung Halberstadt', 24. bis 28. März 2004), hg. von Adolf Siebrecht, Halberstadt 2006, 431–446, hier 435ff, Abb. 5 und 9.
1388 Vgl. Nikolai 1990, passim. Die 1170 veränderte Staffelchoranlage in Schulpforte besaß bis zum Neubau 1251 jeweils zwei flach geschlossene Flankenkapellen und eine Hauptapsis. Vgl. Dehio Sachsen-Anhalt II, 2002, 769f. Das nach 1180 begonnene Kloster Lehnin besitzt in etwa ebenfalls dieses Schema.
1389 Schenkluhn 1985, 206.
1390 Wild 1999, 36.
1391 Magirius/Mai/Trajkovits, Inventar Leipzig, Sakralbauten I, 487.
1392 Nitz 2001, 89, 97.
1393 Schenkluhn 2000, 118.
1394 Siehe Seite 203.

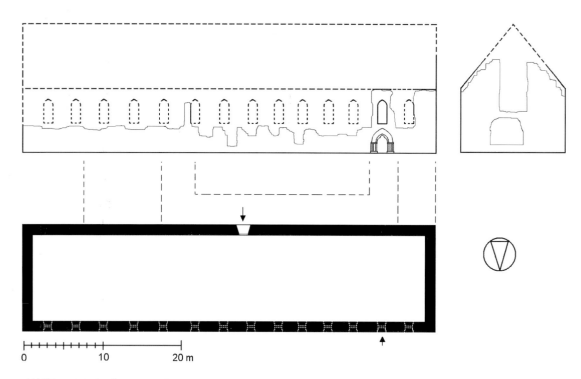

Abbildung 174: Zerbst, Franziskanerkirche, Rekonstruktion (Zeichnung: Todenhöfer 2006).

kirche bereits den Längenverhältnissen von 1:4 bis 1:5 der ausgereiften Bauten ab den 1250er Jahren. Die Traufhöhe von ca. acht Meter gibt dem Bau noch einen sehr gedrückten, romanischen Wandaufriss. Dem zeitlich auch die kleinen, hoch ansetzenden spitzbogigen Fenster und das mit spätromanischen Kelchkapitellen ausgestattete spitzbogige Stufenportal entsprechen. Die rekonstruierte Fensteranordnung verweist mit seinen engen Abständen schon auf die frühgotischen franziskanischen Säle in Angermünde (um 1250/60) oder Barby (1264/71), wobei aber die Anordnung an sich für den Zeitstil steht, der den meisten ‚übergangszeitlichen' Bauten eigentümlich ist, die in Mitteldeutschland ab 1240/50 entstanden sind (Abbildung 11).

Der Befund in Zerbst ist umso bedeutender, da die Überlieferung der vor 1250 errichteten Franziskanerkirchen mehr als dürftig ausfällt. Der erste 1245 geweihte Saal in Görlitz, von dem sich Teile der Umfassungsmauern und der spitzbogige Triumphbogen mit seinen spätromanischen Kapitellen erhielten, war offenbar mit einer Apside im Osten abgeschlossen.[1395] Die nur aus Plänen rekonstruierbare franziskanische Saalkirche in Paderborn, der von Roland Pieper nicht nachvollziehbar eine „[…] Schlüsselrolle in der Entwicklung der franziskanischen Baukunst […]"[1396] zugesprochen wird, ist nicht sicher datierbar.[1397] Ihre Zugehörigkeit zur ersten Bautengeneration ist stark anzuzweifeln. Die mit romanischen Fenstern versehene Nordwand der ab der zweiten Hälfte des 13. Jahrhunderts errichteten Saalkirche in Mühlhausen gehört offenbar nicht zu einem frühen genuinen Franziskanerbau, sondern dürfte dem um 1231 von den Brüdern übernommenen Hospital zu zurechnen sein.[1398] Die ältesten sichtbaren Bauteile der Barfüßerkirche in Erfurt lassen sich m.E. nicht einer ersten zwischen 1228 und 1231 errichteten Kirche zuordnen, wie die Autoren des CVMA vermuteten, sondern könnten zu einer um 1250 entstandenen Basilika mit Querhausplanung gehören.[1399] Die Errichtung des Baues nach 1228 lässt bereits eine schlichte Saalkirche vermuten.[1400] Jedoch ist weder dieser Bau

---

1395 Dehio Sachsen I, 1996, 375. Eine umfassende Untersuchung dieser Kirche steht aus.
1396 Pieper 1993, 154f.
1397 Pieper (1993, 152ff.) datiert den Bau sowohl zwischen 1236 und 1245 als auch um 1260 (ebd., 198).
1398 Sareik 1980, 12ff.

1399 Siehe Seite 208, Anm. 1242; Seite 230, Anm. 1329. Nach einer nicht mehr erhaltenen Bauinschrift erhielten die Franziskaner 1228 das Bauland. Haetge, Inventar, 1931, 144f. Zur frühen Datierung um 1235 der erhaltenen Glasmalerei: ebd., 219ff. und Drachenberg/Maercker/Schmidt 1976, 3ff.; zur Spätdatierung um 1250 Todenhöfer (2007, 61, Anm. 160).

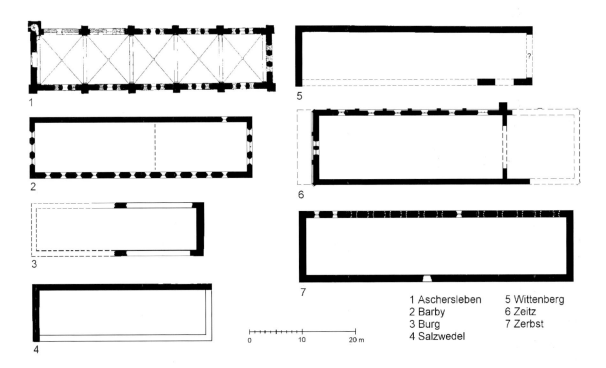

Abbildung 175: Sachsen-Anhalt, franziskanische Saalkirchen (Zeichnung: Todenhöfer 2009).

noch sind die die Bauten in Lübeck (1230), Hamburg (um 1230), Limburg (um 1232), Braunschweig (um 1235), Mechelen (um 1235), Ziesar/Brandenburg (1237 erwähnt)[1401] oder Magdeburg (nach 1228 bis vor 1238)[1402] erhalten beziehungsweise rekonstruierbar.[1403] Die 1860 aufgedeckte Mauerzüge einer elf zu sieben Meter großen Kapelle in Metz können aufgrund der geringen Ausmaße nicht einer nach 1230 errichtete Franziskanerkirche zugeordnet werden.[1404] Eher dürfte es sich um eine Kapelle wie die 1225 in Magdeburg geweihte gehandelt haben. Schließlich wäre noch die 1238 geweihte Franziskanerkirche in Hofgeismar in Hessen zu erwähnen.[1405] Ob allerdings die in in einem Hospital später verbaute Saalkirche dem erwähnten Gründungsbau zugehört, lässt sich nach derzeitigem Kenntnisstand bezweifeln.[1406]

Exkurs: Zur Genese mendikantischer Saalkirchen

Der Bautyp der Saalkirche wurde hauptsächlich bei den Franziskanern aufgegriffen. Etwa 44 im deutschen Sprachraum nachgewiesenen franziskanischen Saalkirchen stehen 16 dominikanische Bauten gegenüber.[1407] Während die Franziskaner im gesamten 13. Jahrhundert Saalkirchen errichteten, verwendeteten die Dominikaner erst gegen Mitte des 13. Jahrhunderts diese Bauform und dies in bescheidener Anzahl.[1408] Der Bautyp wurde hauptsächlich in kleineren Ortschaften errichtet.[1409] Saalkirchen können in Sachsen-Anhalt in Aschersleben, Barby, Burg, Salzwedel, Wittenberg, Zeitz und Zerbst sicher nachgewiesen werden (Abbildung 175). Städte, die nach den Schätzungen Freeds zwischen 1000 und 2000 Einwohner besaßen und im

---

1400 Zur Vermutung des Saalbaues Haetge (1931, 179).
1401 Abb/Wentz 1929, 364f.
1402 Siehe Seite 108ff.
1403 Graf 1995, 277–282. Die meisten Baudaten der frühen Bauten wurden bei Graf durch Interpolation gewonnen und stellen potenzielle Bauanfänge nach Gründstückstiftungen etc. dar, bei denen man nichts über die eigentlichen Bauaufgaben weiß. Die Franziskanerkirche in Soest fällt aus den bei Graf genannten frühesten Bauten heraus, da sie nach Piper erst in den 1250er Jahren errichtet wurde (1993, 161ff.).
1404 Bereits um 1250 wurde eine zweischiffig asymmetrische Kirche mit basilikalem Aufriss und einem Langchor errichtet. Brachmann 1998, 91f.

1405 Dehio Hessen, 1982, 438; Piper 1993, 153f.
1406 Die bei Piper (ebd., Abb. 118) abgebildete Ostfassade weist Gewände eines hochgotischen, vermutlich dreibahnigen Fensters auf. Soweit dies auf der Abbildung ersichtlich wird, scheinen diese Gewände nicht sekundär eingebaut gewesen zu sein, da in den Mauersteinlagen keine Brüche ersichtlich werden. Dies spricht zunächst für eine spätere Entstehung des in Resten erhaltenen Baus.
1407 Graf 1995, 156.
1408 Ebd., 156f.
1409 Ebd., 156.

Mittelalter nicht mehr als einen Bettelordenskonvent aufwiesen;[1410] wobei mit dem Wachstum der Städte und vor allen in herauskristallisierenden Zentren häufig Um- und Neubauten angestrebt wurden wie bei der Franziskanerkirche in Berlin,[1411] Minoritenkirche in Höxter,[1412] der Dominikanerkirche in Neuruppin[1413] oder in Halle, wo man offensichtlich eine Saalkirche als Chorbau in einen Erweiterungsbau integrierte[1414]. In Salzwedel erweiterte man den ursprünglichen Saalbau um 1345 sukzessive durch An- und Umbauten.[1415] In Zeitz sowie Zerbst sind umfangreiche Umbauten seit dem 14. Jahrhundert fassbar.[1416] Aufgrund dessen wird man von einer weit höheren Anzahl von ursprünglich errichteten Saalbauten ausgehen müssen.

Über den ideellen Ausdruck und die Herkunft der mendikantischen, vor allem der franziskanischen Saalkirchen spekulierte die Forschung oft. Seit Schnaase wurde die schlichte Form mit einer gesteigerten Volksverbundenheit und Funktionalität sowie als geistige „Gegenströmung" mit einer gewissen Traditionslosigkeit verbunden,[1417] was Maximilian Hasak zu der These eines „Einheitsraumes" oder idealen „Predigtkirche" zusammenfasste, bei der der architektonische Übergang von Chor- und Laienraum überwunden sei.[1418] Diese durch bürgerlich-emanzipative Strömungen jener Zeit getragene These, welche durch die Heterogenität der mendikantischen Architektur an sich schon widerlegt wird, führte offenbar dazu, dass man die Suche nach typologischen Parallelen nicht oder nur halbherzig betrieb. Damit wurden Interpretationsschemata vorgegeben, die sich durch die weitere Forschungsgeschichte ziehen.

Bei Krautheimer waren die Saalkirchen gekennzeichnet durch „Armseligkeit", Profanisierung und einer Ähnlichkeit zum Haus; eine Entwicklung, die sich seiner Meinung nach bald „totläuft".[1419] Die Kirche ist im funktionalen Sinn lediglich Oratorium und Bethaus. Für die frühen Kapellen ist der funktionale Aspekt sicher vorherrschend, jedoch vernachlässigt diese Interpretation den Repräsentationsgehalt bei den Saalkirchen. Auch Fait vertrat eine Ableitung vom „nordischen" Hausbau und eine Profanisierungstendenz.[1420] Jedoch trifft die darauf bezogene Begründung Cord Mecksepers nicht zu, nach der die Saalkirchen der Franziskaner sich weder architektonisch von der umliegenden Bebauung abhoben noch durch Kirchhöfe nobilitiert waren.[1421] Gerade vor dem Hintergrund der Parallelität von Klostergründung und Stadtausbau im 13. Jahrhundert zeigt sich jedoch, dass schon die einfachen Saalkirchen zu den größeren Bauten der Städte gehörten.[1422] Bei den meisten Kirchen im Untersuchungsgebiet sind ebenfalls Kirchhöfe nachgewiesen und durch die zahlreichen Begräbnisse innerhalb der Bettelordenskirchen verkörperten sie gewissermaßen die Begräbniskultur der städtischen Eliten.[1423]

Die bei Meckseper latente ‚Gegenthese zur Kathedralbaukunst' der Bettelorden wurde ebenfalls von Norbert Nußbaum und Roland Pieper vertreten.[1424] Die Begriffe ‚Gegenströmung' oder ‚Gegenthese' sind jedoch missverständlich und übertreiben, stellen sie doch die Bettelorden gewissermaßen populistisch in Opposition zur Kirchenhierachie und damit quasi als ‚Outsider' dar. Unter solchen Bedingungen wäre die Förderung der Bettelorden durch die gesellschaftlichen Eliten und die Akzeptanz in der höheren Kirchenhierarchie jedoch ausgeblieben. Die Schlichtheit der Kirchen lässt sich aus den Bauvorschriften eindeutig der Repräsentation des mendikantischen Selbstverständnisses zuordnen.[1425] Es wurde also eine Abgrenzung gegenüber aufwendigeren Bauformen angestrebt, ohne zu diesen in Opposition zu treten.

Die These von der „Erfindung" eines Einheitsraumes, der Mönche und Laien verband, lässt sich besonders in Hinblick auf die frühe Gewölbeanordnung im mendikanitischen Kirchenbau, bei der

---

1410 Vgl. Freed 1977, 53ff.
1411 Gerhard Bronisch: Die Franziskaner-Klosterkirche in Berlin, in: Mitteilungen des Vereins für die Geschichte Berlins, 50. Jg, Heft 4, Berlin 1930, 89–144, hier 97ff.; Breitling 2002, 145.
1412 Piper 1993, 72ff.
1413 Müller 1914, 47f.; Fait 1954, 24ff.
1414 Siehe Seite 92ff.
1415 Siehe Seite 126ff.
1416 Siehe Seite 170ff. und 184ff.
1417 Schnaase ²1872, 440.
1418 Maximilian Hasak: Die Predigtkirche im Mittelalter, in: Zeitschrift für Bauwesen 43 (1893), 399–422; zu einschiffigen Kirchen ebd., 404ff.
1419 Krautheimer 1925, 13ff.
1420 Fait 1954, 19 und 34ff.

1421 Cord Meckseper: Kleine Kunstgeschichte der deutschen Stadt im Mittelalter, Darmstadt 1982, 228f. Siehe Seite 320f., Zugangssituation und Platzbildung.
1422 Vgl. Seite 302ff., Bettelordenskloster und Stadt. Steinerne Wohntürme oder mehrstöckige Kemenaten müssen zumindest in mitteldeutschen Städten als Ausnahme wohlhabender Bauherren angesehen werden. Allgemein herrschte der Fachwerkbau vor.
1423 Jüngst wurde von Bruzelius der Aspekt der Bettelordenskirchen als Begräbnisstätten wieder aufgegriffen (2007).
1424 Vgl Meckseper 1982, 228f.; Norbert Nußbaum: Deutsche Kirchenbaukunst der Gotik, Köln 1985, 94ff.; Piper 1993, 280ff.
1425 Siehe Seite 197ff., Gebautes Ideal – Zur Genese der Bettelordensarchitektur.

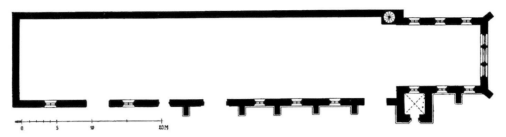

Abbildung 176: Mühlhausen, ehemalige Franziskanerkirche, Grundriss (Scheerer 1910, 80, Fig. 59).

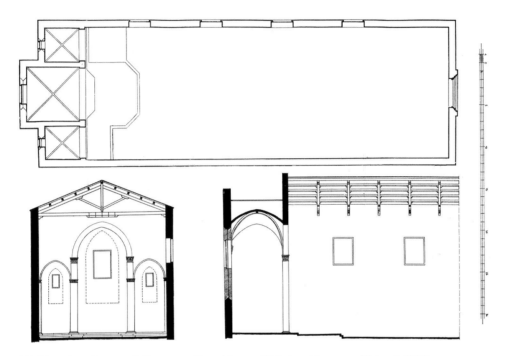

Abbildung 177: Cortona, S. Francesco, Grundriss- und Schnittzeichnungen (Biebrach 1908).

die Franziskaner Sanktuarien und die Dominikaner auch die Chorbereiche wölbten, in Zweifel ziehen.[1426] Die Gewölbedispositionen, die etwa in den franziskanischen Dreikapellensälen Italiens regelmäßig auftraten, sind zudem prinzipiell nicht neu, greifen sie doch Elemente des romanischen Kirchenbaus mit gewölbten Apsiden und ungewölbten Langhäusern auf. Auch wenn sich bei den frühen Saalkirchen oft am Außenbau keine Trennung von Laien- und Klerikerraum ablesen lässt, so bestand sie zumindest im Innenraum durch Lettnereinbauten.[1427] Triumphbögen wie in Zeitz oder eingezogene Chorpartien wie in Mühlhausen differenzieren den Innenraum zwischen Presbyterium und Psallierchor zusätzlich. Andere architektonische Details, zumeist funktional bedingt, ergänzen das Bild eines differenzierten Raumprogramms. Beispiele sind höhere Sohlbänke der Chorfenster wie in der Franziskanerkirche in Prenzlau (um 1240/50) oder abgekragte Wandvorlagen wie in Aschersleben (um 1240/50), die auf den Standort des Chorgestühls Rücksicht nahmen.

Die franziskanischen Saalräume werden zu Recht mit S. Francesco Assisi in Verbindung gebracht (Abbildung 150),[1428] da dieser Bau die erste genuine Bettelor-

---

1426 Vgl. Hasak 1893, 404 ff.
1427 Zur Trennung zwischen Kleriker und Laienbereich: Piper 1993, 201 ff.; Schenkluhn 2000, 81 ff.; auch Georges Descoedres: Choranlagen von Bettelordenskirchen. Tradition und Innovation, in: Kunst und Liturgie. Choranlagen des Spätmittelalters. Ihre Architektur, Ausstattung und Nutzung, hg. v. Anna Moraht-Fromm, Ostfildern 2005, 11–30. Siehe auch Seite 239 ff., Die Entwicklung der Chorgestalt.
1428 Ernst Badstübner: Kirchen der Mönche. Die Baukunst der Reformorden im Mittelalter, Berlin 1980, 272; Möbius 1989, 148 f.; Einhorn 1992, 36; Schenkluhn 2000, 63.

Tabelle 1: Zusammenhang von Saalkirchen und dem Auftreten von Flachchören.

Stadt	Bettelordenskirchen	**Stadtkirchen** (Daten nach Dehio Sachsen-Anhalt)
Aschersleben	Franziskanerkirche, Saalkirche (um 1240/50)	unbekannt
Barby	Franziskanerkirche, Saalkirche (1264/1271)	St. Marien, Basilika (um 1250)
Burg	Franziskanerkirche, Saalkirche (um 1300)	andere Chorschlüsse bzw. unbekannt
Halberstadt	Dominikanerkirche, Basilika (1231/1242)	St. Moritz (ab 1238)
Halle	Franziskanerkirche, Saalkirche (13./14. Jh.)	eventuell St. Marien (12. Jh.) (Todenhöfer 2006b)
Magdeburg	Dominikanerkirche, zweischiff. Halle (13./14. Jh.)	andere Chorschlüsse bzw. unbekannt
Quedlinburg	unbekannt (ab 1271)	St. Blasii, Basilika (um 1267/68) St. Ägidii, Saal (um 1250) (Brinkmann 1923, 73ff.)
Salzwedel	Franziskanerkirche, Saalkirche (2. Hälfte 13. Jh.)	St. Marien, Basilika (2. Viertel 13. Jh.) (Roland 1987, 10ff.) St. Katharinen, Basilika (ab 1247) (Leopold/Roland 1983, 198) St. Lorenz, Basilika (um 1250)
Wittenberg	Franziskanerkirche, Saalkirche (bis 1269)	St. Marien, Hallenkirche (um 1280)
Zeitz	Franziskanerkirche, Saalkirche (um 1250/65)	St. Michael, Basilika (um 1240)
Zerbst	Franziskanerkirche, Saalkirche (um 1235/40)	St. Bartholomäus, Basilika (Weihe 1215)

denkirche ist.¹⁴²⁹ Jedoch wird abgesehen von wenigen Ausnahmen nicht die besondere Architektur der Grabeskirche aufgegriffen, sondern der Saalraum als Typus an sich. Daraus lässt sich eine Baugesinnung ableiten, die nicht das Zitat im Auge hat, sondern das apostolische Ideal, wie es in den Konstitutionen zum tragen kommt.¹⁴³⁰ Ob „die Rezeptionsfähigkeit von S. Francesco für andere Franziskanerkirchen […] erheblich eingeschränkt [war]", wie Graf vermutete, da aufgrund der Unruhen bei der Translation des Heiligen die Grabeskirche 1230 mit dem Interdikt belegt wurde,¹⁴³¹ scheint übertrieben, da selbst das Interdikt nicht ewig währte.

Die restlichen im Untersuchungsgebiet nachweisbaren Saalkirchen sind oder waren schlichte längsrechteckige Räume, die keine Hinweise auf eine ursprüngliche Wölbung boten (Abbildung 175). Die meisten Bauhinweise sprechen für mit Holztonnen verschalte Dachwerke oder Flachdecken. Die Verwandtschaft dieser teilweise recht monumentalen Räume mit den mendikantischen Saalkirchen Italiens ist unbestritten, hinzu treten Saalkirchen im weiteren abendländischen Europa, sodass man von einer analogen Entwicklung zum deutschen Sprachraum ausgehen kann.¹⁴³² Gerade solche Saalkirchen, die wie in Zeitz oder Mühlhausen ein gewölbtes Presbyterium besaßen, besitzen eine große Ähnlichkeit zu den sogenannten Dreikapellensälen Italiens, welche die Kapellen von traditionellen Querhausbauten auf den Grundriss eines querhauslosen Saalbaues übertragen (Abbildung 176). Der früheste Vertreter dieses Typs ist S. Francesco in Cortona (bis 1253) (Abbildung 177).¹⁴³³ Die gestaffelten Kapellenöffnungen dieses Typs erinnern zudem an die gestaffelten Dreifenstergruppen der flachgeschlossenen Choranlagen im nordalpinen Bereich.

Der schlichte Bautyp, den manche Architekturhistoriker mit profanen Gebäuden verglichen, entstand durch die Kombination des Saalraumes mit dem flachen Chorschluss.¹⁴³⁴ Für die meisten Orte im Untersuchungsgebiet, in denen die Mendikanten Saalkirchen oder Kirchen mit flach geschlossenen Choranlagen errichteten, zeichnet sich ab, dass die gleichzeitig erbaute Pfarr- und Stadtkirchenarchitektur, soweit sie sich nachweisen lässt, ebenfalls häufig Chöre mit flachem Abschluss besaßen (Tabelle 1).¹⁴³⁵ Dadurch wird deutlich, wie eng die mendikantische Architektur in den lokalen Baukontext, vor allem der Pfarrarchitektur, eingebunden war (Abbildung 178).¹⁴³⁶ Ob die Bettelordens- oder die Pfarrkirchen den Flachchor zuerst aufgriffen, lässt sich nicht feststellen. Daher kann im Bezug auf diesen Bauteil für das Untersuchungsgebiet die für Thüringen ansonsten plausibel dargelegte These Scheerers in Zweifel gezogen werden, wo nach sich der Pfarrkirchenbau nach dem Auftreten der Bettelorden an deren Architektur orientiert haben soll.¹⁴³⁷ Die Gleichzeitigkeit beziehungsweise die Differenziertheit dieses Phänomens wird in dem bereits genannten Beispiel der Dominikanerkirche im thüringischen Eisenach deutlich, wo die Dominikaner einen bereits 1235 begonnenen Bau mit flach geschlossenem Chor übernahmen (Abbildung 162).¹⁴³⁸ So wird man von differenzierten Wechselwirkungen innerhalb des lokalen Architekturkontextes ausgehen müssen.¹⁴³⁹ Beispielsweise treten Flachchöre an Pfarrkirchen im nordostdeutschen Neusiedelgebiet vermehrt in kleineren bis mittleren Städten des 13. Jahrhunderts

---

1429 Siehe Seite 200ff., San Francesco in Assisi und die Anfänge mendikantischer Bautätigkeit.
1430 Siehe Seite 197ff., Bauvorschriften und Bauverhalten.
1431 Graf 1995, 158; vgl. Schenkluhn 1991, 213ff.
1432 Schenkluhn 2000, 109; zu französischen Franziskanerkirchen: Francesca Picou: Églises et coubents de Frères mineurs en France. Recueil de Plans, in: Bulletin archéologique du C.T.H.S., nouv. sér., fasc. 17–18 A, Paris 1984, 115–176; zu Griechenland: Beatu Kitsiki Panagopoulos: The Churches of the Mendicant Orders in Greece, in: Medival Greece, Chicago/London 1979, 64–123; zu Irland: Canice Mooney: Franciscan Architecture in Pre-Reformation Ireland, in: Journal of the Royal Soc. Of Antiquaries of Ireland 85 (1955), 135–173; 86 (1956), 125–169; 87 (1957), 103–124.
1433 Vgl. Schenkluhn 2000, 64ff.; 109. Wiener 2004, 237.
1434 Schenkluhn vermutete eine konzeptionelle Verwandtschaft von flach geschlossenen Choranlagen und Saalkirchen (2000, 105ff.).
1435 Studien über den frühstädtischen Pfarrkirchenbau fehlen bisher. Offenbar bestehen regionale Unterschiede, die von der Bauzeit der Pfarrkirchen abhängen. In Braunschweig stammen etwa die Pfarrbasiliken mit Ostapsiden und Querhäusern aus dem 12. Jahrhundert. Im 13. Jahrhundert fielen zumindest die Querhäuser bei den Pfarrkirchen weg, während sie bei den Stifts- und Klosterkirchen beibehalten wurden. Vgl. Tassilo Knauf: Die Architektur der braunschweiger Stadtpfarrkirchen in der ersten Hälfte des 13. Jahrhunderts, in: Quellen und Forschungen zur braunschweigischen Geschichte, Bd. 12, Braunschweig 1974.
1436 Siehe Seite 205ff., Lokaler Architekturkontext als Maßstab.
1437 Scheerer 1910, 138ff.
1438 Vgl. ebd., 1910, 106ff.; Pelizaeus 2004, Teil II, 404ff.
1439 Schon Schenkluhn bezweifelte die Eindimensionalität der Beeinflussung der Pfarrarchitektur durch die Bettelordensarchitektur und sprach sich für eine Wechselwirkung aus (2000, 206).
1440 Bei Friske wurde die Kirchenbauform zwischen städtischer und ländlicher im Barnim (Gebiet um Berlin) leider nicht getrennt untersucht, aber es zeichnet sich ab, dass Rechtecksäle gegenüber anderen Bautypen im 13. Jahrhundert dominieren (2004, 409ff.). Auch die Untersuchung zum mittelalterlich Kirchenbau in Preußen zeigt ein eindeutiges Bild. Dort dominiert im städtischen Raum sogar die Saalkirche mit 52 Prozent, im ländlichen sogar mit 98 Prozent. Bei den Choranlagen dominiert der flach geschlossene Chor mit 61 Prozent. Allerdings wurden diese beiden Entwicklungen nicht für das 13. Jahrhundert exemplifiziert, sondern betreffen das gesamte Mittelalter seit der deutschen Kolonialisierung. Vgl. Herrmann 2003, 92 und 96.

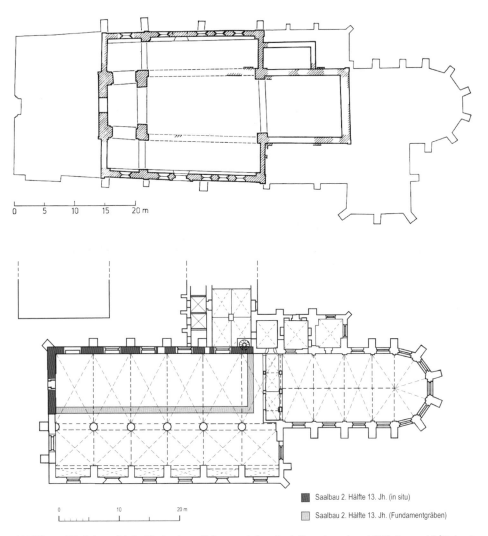

Abbildung 178: Salzwedel, St. Katharinen, Rekonstruktion der 1. Bauphase (um 1250) (Leopold/Roland 1983, 199, Abb. 135 A) und Franziskanerkirche, Rekonstruktion der 1. Bauphase (um 1260), (Zeichnung Todenhöfer 2006).

auf.[1440] Die Saalkirchen der Pfarreien erreichen jedoch nicht die mendikantische Längenausdehnung, da der Chorbereich in diesen Bauten kleiner bemessen werden konnte. Im thüringischen Gebiet bleiben Saalkirchen mit flachen Chorschlüssen zumindest im ländlichen Kirchenbau eher eine späte Randerscheinung.[1441] Doch muss die Annahme Rainer Müllers relativiert werden, wonach die thüringischen Dorfkirchen den Rechteckchor der Bettelorden übernahmen.[1442] Denn letzlich waren flache Choranlagen in den städtischen Ortschaften allgemein verbreitet, so dass diese Chorform zumindest parallel zum städtischen Kirchenbau Verbreitung fand. Man wird eher von einer Ausstrahlung der städtischen Zentren und ihrer Kirchen auf die Dörfer ausgehen müssen, als von den ländlichen Terminierrouten einzelner Bettelordenskonvente, wie vermutet wurde.[1443] Der Umstand, dass die flach geschlossenen Choranlagen der Stadtkirchen im Zeitraum der Stadtentstehung Verbreitung finden, zeigt, dass ein enger Zusammenhang zwischen dem Entwicklungsstand von Ortschaften, deren wirtschaftlicher Potenz und der Wahl von sakralen Bauformen besteht.[1444]

1441 Vgl. Müller 2001, 28. Zur städtischen Pfarrkirchenarchitektur liegen keine relevanten Statistiken vor.
1442 Ebd., 112f.
1443 Vgl. ebd.

1444 Zum Verhältnis wirtschaftlicher Leistungsfähigkeit und Kirchenbau von Ortschaften jüngst die Studie von Ulrich Waack (Kirchenbau und Ökonomie. Zur Beziehung von baulichen Merkmalen mittelalterlicher Dorfkirchen auf dem Barnim und dessen Wirtschafts- und Siedlungsgeschichte, Berlin 2008, besonders 82 (Flachchöre)).

Die Tatsache, dass ca. 40 Prozent der Bettelordenssäle im deutschen Sprachgebiet später umgebaut wurden, veranlasste bereits Graf, von einer ökonomischen Entscheidung für den Saaltyp auszugehen.[1445] Diese Interpretation besitzt ihre Analogie in den obersächsischen Gebieten, wo die Saalkirchen der Pfarren dem präurbanen Entwicklungsstand der Ortschaften zugeschrieben werden, jedoch mit Einsetzen der städtischen Entwicklung verschwanden.[1446] Die Größe und Leistungfähigkeit der Orte dürfte, abhängig von der Größe der Bettelordensklientel, zu einer Festlegung des Raumbedarfes geführt und damit die Wahl des Bautypes beeinflusst haben. Demnach ist die Hypothese Donins zu den österreichischen Bettelordenskirchen unwahrscheinlich, dass der Saal ein von Mendikanten eingebrachter Typ ist, der von einfachen Pfarrkirchen der Alpenländer bis in die Spätgotik aufgegriffen wurde.[1447]

Die Entwicklung der städtischen Gesellschaft führte zu baldigen Vergrößerungen und Umbauten des Saaltypes, wie wir in Wittenberg, Salzwedel, Zeitz oder Zerbst beobachten können. Zudem lässt sich in Sachsen-Anhalt beobachten, dass die zeitgleichen Stadtkirchen gegenüber den Bettelordenskirchen in den meisten Fällen größere und oft dreischiffige Langhäuser besaßen (Abbildung 178 und Tabelle 1). Darin zeigt sich, dass zum einen die Bettelorden weniger Personen (der wirtschaftlichen Eliten) zu betreuen hatten als die Pfarreien, und die architektonische Selbstdarstellung der Orden sich graduell in die Sakralhierarchie einfügte. So darf Graf relativiert werden, dem zufolge die Mendikanten erst durch Umbauten „auf die differenzierte Hierarchie der Sakraltopographie des 13. Jahrhunderts" reagierten.[1448] Friedrich Möbius vermutete einst, dass die Dorfkirchen für die Mendikantensäle vorbildhaft wären, was jedoch im engeren Sinne abwegig ist.[1449] Versteht man diese Verknüpfung jedoch nicht streng typologisch etwa anhand des ländlichen Typus mit Turm, eingezogenen Chorquadrat und Apsis, verbirgt sich dahinter letztlich eine mehr oder weniger gesteigerte Variation des schlichten Kapellentypus als baulicher Ausdruck der materiellen Leitungsfähigkeit kleinerer Ortschaften.

Bei der Deutung der Bauform muss letztlich berücksichtigt werden, dass die frühesten Gründungsbauten bei den Franziskanern, die infolge von S. Francesco in Assisi entstanden, hauptsächlich Saalkirchen waren. Die Popularität dieses Typs bei den nachfolgenden Generationen dürfte sich vor allem aus der Affinität der Gründungsgeneration zu bescheidenen Bauten wie der Portiuncula und frühen Kapellenbauten in Magdeburg oder Metz erklären. Die Portiuncula, die von Franziskus eigenhändig repariert wurde, entwickelte sich zu Zentrum der Gemeinschaft und des späteren Ordens. Durch die jährlichen Pfingsttreffen an der im 17. Jahrhundert als Baureliquie symbolträchtig inszenierten Kapelle bestand dauerhaft eine enge ideelle Verbindung zwischen der schlichten sakralen Bauform und dem apostolischen Ideal des Franziskanerordens (Abbildung 148). Eine vergleichbare ideelle Verknüpfung mit diesem Bautyp kann für den Dominikanerorden hingegen nicht in Anspruch genommen werden, der diesen erst gegen Mitte des 13. Jahrhunderts aufgriff. Die Rekonstruktion von Saalkirchen bei frühen Dominikanergründungen ist daher zumeist fragwürdig, was durch die geringe Überlieferung und relativ späten Bauzeit bestätigt wird.[1450]

1250 bis 1350 – Das Jahrhundert der Bettelordensarchitektur

Zwischen Formenvielfalt und Dominanz der Hallenkirchen

Den statistischen Auswertungen von Otto Graf zufolge, setzte um die Jahrhundertmitte in den deutschen Ordensprovinzen eine größere Variationsbreite an Kirchenbauten ein. Laut seiner Studie wurde bei den Dominikanern bis etwa 1240 lediglich Basiliken und Hallenkirchen als Gründungsbauten errichtet,[1451] wobei

---

1445 Graf 1995, 162ff.
1446 Zu archäologischen Grabungen in Obersachsen: Heinrich Magirius: Kathedrale, Siftskirche, Klosterkirche, Burgkapelle, Stadtkirche und Dorfkirche. Zur Typologie und Stil der romanischen Steinkirchen in Obersachsen, in: Frühe Kirchen in Sachsen. Ergebnisse archäologischer und baugeschichtlicher Untersuchungen (Veröffentlichungen des Landesamtes für Archäologie mit Landesmuseum für Vorgeschichte, Bd. 23), Suttgart 1994, 64–91, hier 76f.
1447 Donin 1935, 327
1448 Zitat Graf 1995, 162f.

1449 Vgl. Möbius 1989, 148; ablehnend Graf 1995, 160; Schenkluhn 2000, 272.
1450 Fait vermutete beispielsweise bei der Stralsunder Dominikanerkirche einen Vorgängersaal (1954, 67ff.). Die Beobachtungen an der Stralsunder Katharinenkirche lassen jedoch nur einen Konzeptionswechsel in der Jochbreite beziehungsweise in den Detailformen, aber nicht in der Langhausdisposition als dreischiffige Hallenkirche zu, da das Chorgesims bis ins östliche Langhausjoch durchläuft.
1451 Vgl. Graf 1995, 242, Graphik 16.

der Anteil von insgesamt vier Hallenkirchen zu hoch angesetzt ist.[1452] Die Rekonstruktionen flach gedeckter Hallenkirchen in Köln (1229 in Bau) und in Worms (um 1240) sind umstritten.[1453] Von der Dominikanerkirche in Trier existiert nur eine Ansicht, die eindeutig eine Basilika mit polygonalem Chor zeigt.[1454] Die einzige gesicherte, aber erst in der zweiten Hälfte des 13. Jahrhunderts fertig gestellte Hallenkirche ist die wohl ab 1238 im Bau befindliche Hallenkirche der Dominikaner in Frankfurt a. M.[1455] So bleibt von den vier mutmaßlichen vor/um 1240 begonnen Kirchbauten nur Frankfurt übrig. Um 1250 lassen sich vermehrt Saalbauten und nach 1260 zusätzlich Staffelhallen nachweisen.[1456] Ab 1280 nahm der Anteil von Hallenbauten bis etwa 1300 sogar ca. 75 Prozent des Gesamtaufkommens ein.[1457]

Bei den Franziskanern werden bis etwa 1260 lediglich Saalkirchen und ab um 1250 Basiliken errichtet, erst danach setzt langsam der Bau von Hallenkirchen ein.[1458] Die um 1240/50 errichtete dreijochige Pseudobasilika der Franziskaner in Kiel ist anscheinend eine frühe Ausnahme, die auf den besonderen Repräsentationsanspruch des Landesherren, Klosterstifters und späteren Konventsmitgliedes, Graf Adolf IV. von Schauenburg, zurückgeht.[1459] Dieser Bau ist offenbar auch einer der wenigen, die um Mitte des 13. Jahrhunderts über den Laienraum auf Wölbung angelegt waren, was diesen Anspruch unterstreicht.[1460]

Aufgrund der geringeren Denkmälerbasis lässt sich der architektonische Trend in Sachsen-Anhalt nicht ganz so deutlich abbilden wie in den Untersuchungen von Graf und Schenkluhn.[1461] Fest steht, dass flach geschlossene Saalbauten in der gesamten zweiten Hälfte des 13. Jahrhundert auch im Untersuchungsgebiet von den Franziskanern errichtet wurden. Die Beispiele wären die Saalkirchen in Zeitz (um 1250/1265), in Wittenberg (bis 1269) in Barby (1264 bis 1271), Salzwedel (zweite Hälfte 13. Jahrhunderts) und in Burg (vor 1300) (Abbildung 175).[1462]

Die variantenreicheren Bauprojekte, die nach der Mitte des Jahrhunderts zunehmend auftreten, beschränken sich allerdings auf verschiedene Hallentypen. In Seehausen errichteten die Dominikaner in den 1260er Jahren offenbar eine dreischiffige Staffelhalle (Abbildung 179).[1463] Nach 1271 begannen die Dominikaner in Halle ihre dreischiffige Hallenkirche.[1464] In den frühen 1280er Jahren wurde die Basilika der Halberstädter Dominikaner zu einer Halle umgebaut.[1465] Die Franziskaner errichten in dieser Stadt ihrerseits ab 1289 eine Hallenkirche mit polygonal geschlossenem Langchor.[1466] Die zweischiffigen Hallenprojekte der Franziskaner in Halle und der Dominikaner in Magdeburg, für die wir keine genaueren Baudaten besitzen und die bildliche Rekonstruktion der Bauwerke nur eine wage zeitlich Einordnung zulässt, dürften ebenfalls frühestens gegen Ende des 13. Jahrhunderts begonnen worden sein (Abbildung 179).[1467]

Basiliken, die nach der Jahrhundertmitte vorwiegend im südwestdeutschen Bereich und im Bereich um Köln nachgewiesen sind, treten im mittel- und nordostdeutschen Bereich bei den Bettelorden nur selten auf wie bei den Dominikanern und Franziskanern in Erfurt oder den Franziskanern in Berlin oder in Lübeck.[1468] Mit dem Dominikanerbau in Halberstadt ist bereits ein früher Bau beschrieben worden. Auch in Österreich kann die Basilika momentan nur einmal bei den Franziskanern in Stein a.d. Donau nachgewiesen werden.[1469] Es waren wahrscheinlich wirtschaftliche und repräsentative Belange, die die Errichtung des

---

1452 Vgl. ebd., 174.
1453 Vgl. Schenkluhn 2000, 126ff.; zur Überlieferung in Köln Wild (1999, 192f.) zu Worms Kranzbühler (1905, 86ff.).
1454 Vgl. Hermann Bunjes: Die Kunstdenkmäler der Stadt Trier, Bd. 3, Düsseldorf 1938, 407ff.; Schenkluhn 2000, 111f, Abb. 76.
1455 Gottfried Edelmann: Zur Baugeschichte der Dominikanerkirche in Frankfurt am Main, in: Schriften des Historischen Museums Frankfurt am Main, Bd. 9 (1958), 37–48.
1456 Graf 1995, 242, Graphik 16.
1457 Ebd.
1458 Die Daten von Graf zu den frühen Franziskanerhallen sind stark zu revidieren (1995, 175ff. und 244, Graphik 18). Die von ihm in Anspruch genommenen frühen Baudaten für Franziskanerhallen sind abzulehnen: Bei dem Hallenbau in Villach (um 1250 nach Graf) vermutet selbst Donin (1935, 304) eine später aufgestockte Basilika. Auch der Baubeginn um 1260 (nach Graf) für die Franziskanerkirche in Graz deutet die Datierung von Donin (1235, 254) vor 1277 bzw. zweite Hälfte des 13. Jahrhunderts viel zu früh. Ebenso scheidet die nur ungenügend untersuchte Ruine der zweischiffig asymmetrischen Hallenkirche der Franziskaner in Oberwesel als frühes Bauwerk (um 1250 nach Graf) aus, denn deren Kapitellplastik ist mit der des Langhauses der Klosterkirche in Altenberg/Oberbiel (Hessen) verwandt, was auf eine Entstehung gegen Ende des 13. Jahrhunderts (um 1280) schließen lässt. Ernst Coester: Die Franziskanerkirchen in Oberwesel und Münster/Westf. und ihre stilistische Verwandtschaft mit Kirchen des Lahngebietes. Ein Beitrag zur Bettelordensbaukunst im Rheinland, in: Kunst und Kultur am Mittelrhein (Festschrift Fritz Arens), Worms 1982, 33–39, hier 37f.; vgl. Dehio Rheinland-Pfalz, 1984, 778.
1459 Vgl. Haupt 1887, 561f.; Dehio Hamburg/Schleswig-Holstein, 1994, 378; Helmut G. Walther: Bettelordenskloster und Stadtgründung im Zeichen des Landesausbaus: Das Beispiel Kiel, in: Bettelorden und Stadt (Saxonia Franciscana, 1), Werl 1992, 19–32.
1460 Siehe Seite 219ff., Gewölbebau – Regelung und Ausnahmen.
1461 Graf 1995; Schenkluhn 2000.
1462 Siehe Seite 44ff., 52ff., 126ff., 170ff.
1463 Siehe Seite 141ff.
1464 Siehe Seite 81ff.
1465 Siehe Seite 58ff.
1466 Siehe Seite 72ff.
1467 Siehe 100ff.
1468 Vgl. Graf 1995, 167.
1469 Ebd.

Bautyps bei den Bettelorden beeinflussten. Gerade Halberstadt war als eine der ältesten Bischofstädte Mitteldeutschlands architektonisch weiter als jüngere Städte entwickelt. Auf mögliche ökonomische Gesichtspunkte bei der Entscheidung für den Saaltypus wurde ja bereits hingewiesen.[1470] Damit deutet sich im Umkehrschluss an, weshalb der Bautyp der Basilika entgegen dem der Hallenkirche bei den Bettelorden in den heranwachsenden Städten an den deutschen Besiedlungsgrenzen beziehungsweise in den Kolonialgebieten relativ selten auftritt. Offenbar setzte hier die wirtschaftliche und personelle Prosperität der Städte beziehungsweise der fördernden Institutionen als Bauvoraussetzung erst später ein, als der Hallentypus bereits anderenorts etabliert war, was wiederum die späte Dominanz der Hallenkirchen zumindest in den größeren Städten im Untersuchungsgebiet und darüber hinaus erklären würde.[1471] Jedoch darf nicht vergessen werden, dass die Dominikaner in der Tradition von Chorherren und Reformorden generell den dreischiffigen Grundriss mit Binnenchor und Seitenkapellen und damit bei ihren frühen Gründungen den basilikalen Bautypen bevorzugten.[1472]

Monumentalisierung und Formalisierung um 1300

Gegen Ende des 13. Jahrhunderts nahmen die Bauvorhaben der Bettelorden, wie bereits besprochen, zunehmend monumentalere Formen an.[1473] In Sachsen-Anhalt nehmen gegen Ende des 13. Jahrhunderts zwei ambitionierte Bauprojekte diese Tendenz auf, wenn man von den nicht näher datierbaren Kirchen etwa in Magdeburg und der Franziskanerkirche in Halle absieht. Bei der Dominikanerkirche in Halle wurde nach 1271 das longitudinale Langhaus für mitteldeutsche Verhältnisse so monumetal errichtet, dass noch Anfang des 16. Jahrhunderts der Erzbischof von Magdeburg und Mainz, Kardinal Albrecht von Brandenburg, das Bauwerk zur Stiftskirche seiner Residenz umbauen ließ (Abbildung 44 und 179). Auch heute ist die Kirche von den bemerkenswerten Hallenkirchen dieser Stadt die älteste und größte.[1474] In Halberstadt beginnen die Franziskaner mit Unterstützung der Regensteiner Grafen ab 1289 eine große Staffelhalle mit einem dreijochigen Langchor zu errichten (Abbildung 179). Beide Kirchen repräsentieren jeweils eine Variation des Hallentyps mit Achteckpfeiler. In Halle wurde die Streckungstendenz der lang gestreckten Basiliken mit kurzen polygonalen Chorhaupt wie in Regensburg, Esslingen, Koblenz und vor allem Erfurt mit der Hallenarchitektur zu einer Raumdisposition verschmolzen, wie sie in Marburg, bei den Dominikanerkirchen in Frankfurt und wohl auch in Seehausen vorgebildet war (Abbildung 179). Mit der halleschen Dominikanerkirche war schließlich der Stand der Typisierung soweit abgeschlossen, dass der Bau wahrscheinlich für eine Reihe weiterer Dominikanerkirchen in Mittel- und Nordostdeutschland vorbildlich wurde: Prenzlau (ab 1275), Stralsund (Chor 1287 geweiht) und Berlin (um 1300).

Bei der Dominikanerkirche Halberstadt „verkürzte" man wohl gegen Ende des 13. Jahrhunderts (2. Bauphase) hingegen nach franziskanischer Art hingegen das Langhaus um drei auf fünf Joche, schied dafür jedoch den Chor um drei Joche aus dem Hallenraum aus.[1475] Bereits etwas früher „experimentierten" die Dominikaner mit den Langchorbauten wie in Soest, deren Konzeption sich von der westfälischen Hallenarchitektur ableitete, oder in Neuruppin ab 1286 in der Mark Brandenburg. Der Typ mit fünf queroblongen Jochen im Langhaus und dreijochigem Chor mit 5/8-Polygon ist erstmalig bei der Franziskanerkirche St. Andreas in Halberstadt ab 1289 harmonisch ausgereift. Folgend wirkte dieser Typ analog zum Beispiel der halleschen Dominikanerkirche für eine Reihe weiterer Bauten vorbildhaft.[1476] Das Halberstädter Bauschema nahmen unter anderem die Dominikanerkirchen in Braunschweig (ab 1307), Göttingen (ab 1294), Halberstadt (Ende 14. Jahrhundert, 3. Bauphase) und Hildesheim (Anfang 15. Jahrhundert), die Franziskanerkirchen in Braunschweig (ab 1343) und Hamburg (ab 1351) auf,[1477] ohne diesen Typ grundsätzlich zu verändern beziehungsweise zu übertreffen (Abbildung 240).[1478] Bei diesen Bauten ist eindeutig eine Standardisierungs-

---

1470 Siehe Seite 229ff., Exkurs: Zur Genese mendikantischer Saalkirchen; Graf 1995, 162ff.
1471 Vgl. Seite 330ff., Stadtwerdungsprozess und Bettelordenniederlassung.
1472 Siehe Seite 239ff., Die Entwicklung der Chorgestalt; Seite 223f.
1473 Siehe Seite 225ff., Architektonischer Wandel im letzten Viertel des 13. Jahrhunderts.
1474 Todenhöfer 2006b, 214–217, hier 214.
1475 Zur Übernahme der Langchorbauten franziskanischer Prägung bei den Dominikaner gegen Ende des 13. Jahrhunderts in Deutschland. Todenhöfer 2007, 52. Siehe oben Seite 243.
1476 Todenhöfer 2006a, 551f.
1477 Zur zerstörten Franziskanerkirche in Hamburg: Schliemann 2000, 20ff.
1478 Daten bis auf Halberstadt nach Zahlten (1985, 378–387). Zur Dominikanerkirche Halberstadt siehe Seite 58ff.

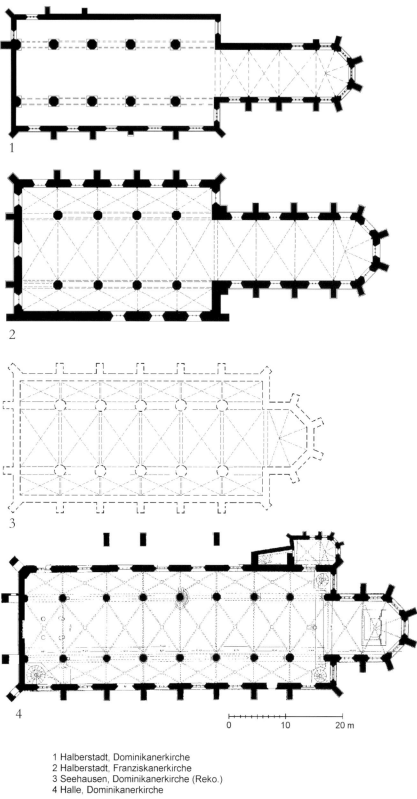

1 Halberstadt, Dominikanerkirche
2 Halberstadt, Franziskanerkirche
3 Seehausen, Dominikanerkirche (Reko.)
4 Halle, Dominikanerkirche

Abbildung 179: Sachsen-Anhalt, dreischiffige Hallenkirchen der Franziskaner und Dominikaner (Zeichnung: Todenhöfer 2006).

tendenz feststellbar, die Schenkluhn für die europäische Bettelordensarchitektur um 1300 konstatierte.[1479] Die Gründe für diese Tendenz zu standardisierten Formen und Monumentalisierung der europäischen Kunst, speziell der Bettelordensarchitektur gegen Ende des 13. Jahrhunderts wurden bereits genannt.[1480] Analog dazu war im Untersuchungsgebiet festzustellen, dass sich die Mendikanten an die gestiegenen Wohlstandniveaus und Bedürfnisse der Städte und ihrer Bewohner anpassten. Armut beziehungsweise Genügsamkeit bedeutete, sich an dem aktuellen baulichen Kontext zu orientieren. Nicht selten wurden hierzu Bauten herangezogen, zu denen beziehungsweise zu deren Institutionen wichtige historische Bezüge bestanden und die man wie in Halberstadt in den Dekorformen (Maßwerk) zitierte. Dies ist auch bei Umbau- beziehungsweise Chorerweiterungsprojekten um 1300 feststellbar. In Zerbst erhöhte man um 1300/1310 den Chor und das Langhaus der Saalkirche und fügte große maßwerktragende Fenster ein (Abbildung 140), nachdem die Zerbster Bartholomäikirche zum Stift erhoben und mit vergleichbaren Formen ausgebaut wurde (Abbildung 228).[1481] Es verstand sich wohl von selbst, dass man das Querhaus und das dreischiffige Langhaus der Archidiakonatskirche nicht übernahm. Die Franziskanerkirche in Zeitz erhielt um 1320 einen polygonalen Langchor (Abbildung 231), nachdem sich das Zeitzer Domkollegiatstift kurz zuvor einen polygonalen Chor errichtete (Abbildung 232).[1482] In Salzwedel wurde um 1345 nur ein kurzes polygonales Chorhaupt angefügt. Die Baumaßnahmen um 1336/55 an der Franziskanerkirche in Wittenberg betrafen die Zufügung eines Seitenschiffes und möglicherweise eines Chorpolygons. Der Bezugsbau dürfte wie in Zerbst oder Zeitz zumeist bei den städtischen Kirchen zu suchen sein.

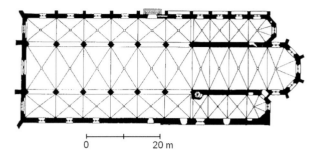

Abbildung 180: Regensburg, Dominikanerkirche, Grundriss (Schenkluhn 2000, 110, Taf. VII).

Die Entwicklung der Chorgestalt

Der in Halberstadt nachgewiesene gestaffelte Binnenchor[1483] der Dominikanerkirche findet seine Entsprechung etwa in den frühen Anlagen in Köln, Basel und vermutlich auch in Friesach (Kärnten)[1484] (Abbildung 167 und 169). Auch die späteren polygonal geschlossenen Binnenchoranlagen der Dominikanerkirchen von Esslingen (1262 d)[1485], Koblenz (1260 geweiht)[1486] und Erfurt (nach 1265/1273 d) wurden sowohl von den ordensinternen flach geschlossenen von Seitenräumen flankierten Chören als auch von lokalen Vorbildern der Reform- und Chorherrenarchitektur vorgeprägt,[1487] auch wenn man in Esslingen oder Koblenz den apsidialen Schluss nicht auf die Seitenräume übertrug. In Halberstadt waren die Chorflankenmauern wie an den Dominikanerkirchen in Konstanz (nach 1236)[1488] und Regensburg (um 1240/50)[1489] weit in das Langhaus hineingezogen (Abbildung 167, 168 und 180). Vom Grundriss aus gesehen und wohl auch funktionell entsprechen sich jedoch sowohl die zu den Seitenräumen geöffneten als auch geschlossenen Choranlagen, nur dass bei den durchlaufenen Langhausarkaden die Trennung des Psallierchors von den Seitenräumen wie in der Dominikanerkirche Erfurt mit Chorschranken

---

1479 Vgl. Schenkluhn 2000, 206ff.; Todenhöfer 2007, 62–64; siehe hier Seite 223ff.
1480 Ebd.
1481 Siehe Seite 184ff.
1482 Siehe Seite 170ff.
1483 Der Begriff ‚Binnenchor' geht auf Möbius (1989, 151ff.) zurück; Schenkluhn 2000, 107; Todenhöfer 2007, 52f.
1484 Ursprünglich könnte die ab 1251 bis 1265/68 errichtete Kirche der frühesten dominikanischen Gründung im deutschen Sprachgebiet ebenfalls samt den erhaltenen Nebenapsiden ein flach geschlossenes Chorhaupt besessen haben, bevor der 1300 geweihte Chor errichtet wurde. Vgl. Donin 1935, 105f.
1485 Über dem Chor konnten einige zweitverwendete Balken auf 1261 dendrochronologisch datiert werden. Der Baubeginn des Klosters ist für 1233 überliefert. Vgl. Markus Hörsch: Die Esslinger Sakralbauten. Zum Stand ihrer bau- und architekturgeschichtlichen Erforschung, in: Stadt-Findung. Geschichte, Archäologie und Bauforschung in Esslingen, Bamberg 2001, 159–206, hier 172ff.
1486 Michel, Inventar Koblenz, 1937, 229.
1487 Für Regensburg sind die lokalen Vorbilder in den frühen Bauten von St. Emmeram und St. Jakob zu suchen. Möbius 1989, 155ff. Für St. Paul in Esslingen dürften die frühgotischen Bauphasen von St. Vitalis und Dionysius als Vorbild gedient haben. Vgl. Hörsch 2001, 163ff., Abb. 122b.; In Koblenz könnten die älteren Bauphasen von St. Florin, St. Kastor bzw. Liebfrauen als Vergleich in Frage kommen.
1488 Konow 1954, 5f.
1489 Kühl 1982, 173.

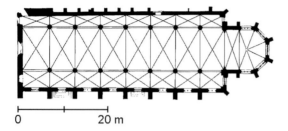

Abbildung 181: Frankfurt a.M., Dominikanerkirche, Grundriss mit Gewölberekonstruktion (Schenkluhn 2000, 127, Taf. IX).

erfolgte. Räumlich gesehen wirken die mit Mauern abgetrennten Binnenlangchöre jedoch dem Schema der einschiffigen Langchöre verwandter als den seitlich geöffneten Choranlagen, da die architektonische Zäsur vom Laienbereich nicht erst ab dem Presbyterium erfolgte, sondern auch den Psallierchor einschloss.[1490]

Die Integration des Psallierchors in die Langhausarchitektur ohne räumliche ‚Unterbrechung' durch ein Querhaus hatte die typisch gestreckten Raumproportionen der dominikanischen Bauten zur Folge.[1491] Der Binnenchor wurde offenbar in Frankfurt a.M. (um 1240/50) erstmals in den dominikanischen Hallenbau übernommen (Abbildung 181). Die Seehausener Hallenkirche entsprach mit ihrem kurzen polygonalen Chorhaupt der Frankfurter Ordenskirche (Abbildung 179). Mit dem Fertigstellungsdatum 1266 dürfte der Seehausener Bau zu den frühesten Hallenkirchen mit polygonal geschlossene Binnenchor gehören und damit den standardisierten Typen, wie er in Halle (nach 1271) ins Monumentale gesteigert wurde, mit vorgeprägt haben.

An den franziskanischen Saalkirchen kam es ebenfalls bisweilen zur Separation von Sanktuarium und Presbyterium vom Psallierchor beziehungsweise Langhaus: entweder durch Gewölbe wie an der Franziskanerkirche in Zeitz (um 1255/65) – der Außenbau blieb in diesem Fall ohne größere Zäsuren – oder durch einen eingezogenen gewölbten Flachchor (Abbildung 175), wie an der Franziskanerkirche in Mühlhausen (nach 1250) und in Hildesheim (Umbau 15. Jahrhundert)[1492] (Abbildung 176). Die letzte Variante verstärkt gegenüber dem reduzierten Staffelchorschema und der Triumphbogenvariante den räumlichen Bruch zwischen Presbyterium und Langhaus durch die Unterbrechung der Langhausflucht. Das Sanktuarium bekam dadurch deutlicher den Charakter einer hervorgehobenen Kapelle.

Daneben existiert eine ganze Reihe von Saalkirchen, bei denen keine baulichen Zäsuren innerhalb des Chorbereiches und zum Laienraum feststellbar sind. Hier dürfte die Trennung zu den Laien lediglich durch einen Lettner erfolgt sein. Zu diesen Kirchen gehören die frühen gewölbten Franziskanersäle in Aschersleben und Prenzlau (um 1240/50) sowie die flach gedeckte Franziskanerkirche in Barby (1264/71) oder die mit Holztonnen versehenen Franziskanerkirchen in Saalfeld (1294 d) und Arnstadt (letztes Viertel 13. Jahrhundert) (Abbildung 175 und 182). Mit diesen Chorlösungen sind auch die mit einem flach geschlossenen sogenannten Außenlangchor versehen Basiliken der Franziskaner in Zürich (um 1250) und Würzburg (um 1250) verwandt.

Die Saalkirche der Franziskaner in Schwäbisch-Gmünd (um 1240/50) besitzt ebenfalls einen vom Langhaus abgesetzten Chor (Abbildung 183).[1493] Dieser ist jedoch nicht ein „kurzer Kastenchor" wie das separierte Presbyterium der Franziskanerkirchen in Mühlhausen und Hildesheim,[1494] sondern schließt mit seinen zwei quadratischen gewölbten Jochen den Psallierchor mit ein wie der mit zwei quadratischen Jochen gewölbte Chor der Franziskanerkirche in Aschersleben, in dem die abgekragten Wandvorlagen den Bereich des Chorgestühls markieren (Abbildung 4 und 175). In Kombination mit einem einschiffigen Langhaus ergab dies die lang gestreckten Saalkirchen ohne Chorzäsur.[1495] An Basiliken tritt der flach geschlossene Außenlangchor im deutschen Sprachraum

---

1490 Konow sah in Konstanz eine Verwandtschaft zu zisterziensischen Staffelchoranlagen, jedoch kommen die Seitenkapellen im Innenraum nicht zu Geltung (1954, 6). Sie sind weder mit den Seitenschiffen verbunden, noch erreichen sie ihre Höhe. Daher wirken sie wie Anbauten statt wie Nebenchöre.

1491 Im Einzelfall muss geprüft werden, ob die „Seitenchöre" sich zu den Seitenschiffen oder durch Portale zum Hauptchor öffnen, da sich daraus eine Verwendung als Sakristei beziehungsweise eine differenzierte Funktion ableiten lässt. Vgl. Dominikanerkirchen in Konstanz und Eisennach (Abbildung 160 und 163).

1492 Adolf Zeller: Stadt Hildesheim. Kirchliche Bauten (Die Kunstdenkmäler der Provinz Hannover, II. Regierungsbezirk Hildesheim), Hannover 1911, 275f. Die Kirche wurde im Zweiten Weltkrieg zerstört und nachfolgend zum Römer–Pelizaeus-Museum umgebaut. Die Baugeschichte ist bislang nicht geklärt.

1493 Strobel 1995, 1995, 47ff.

1494 Vgl. Schenkluhn 2000, 107. Die Franziskanerkirchen in Arnstadt und Kiel besaßen allerdings nicht den seiner Meinung nach vorhandenen „kurzen Kastenchor". Vgl. Scheerer 1910, 84, Fig. 62 zu Arnstadt. In Kiel ist die Länge des wohl nicht ausgeführten, nur minimal eingezogenen Chors nicht nachgewiesen. An der Ostwand der zerstörten Kirche befand sich außen ein breiter Gurtbogen in Höhe der aufgeführten Gewölbegurte. Vgl. Haupt 1887, 561f.; Dehio Hamburg/Schleswig-Holstein, 1994, 378.

1495 Vgl. Schenkluhn 2000,107.

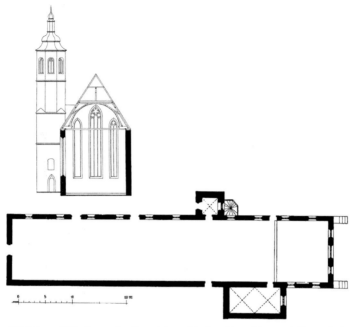

Abbildung 182: Arnstadt, Franziskanerkirche, Grundriss und Querschnitt (Scheerer 1919, 83f., 62f.)

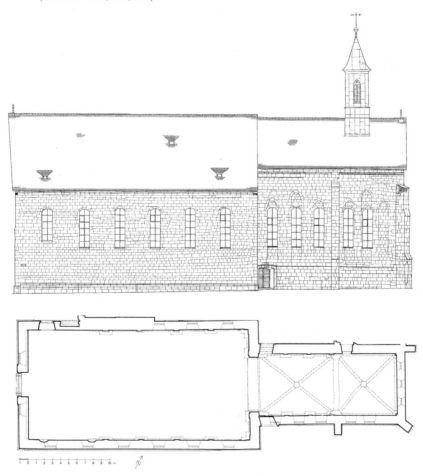

Abbildung 183: Schwäbisch-Gmünd, Franziskanerkirche, Grund- und Aufriss (Strobel 1995, Bd. II).

Abbildung 184: Regensburg, Dominikanerkirche, Ansicht von Nordosten vor 1920 (Bildarchiv Foto Marburg, I8 574).

Abbildung 185: Erfurt, Barfüßerkirche, Ansicht von Osten (Foto: Todenhöfer 2008).

sehr früh an den Franziskanerkirchen in Zürich (um 1240/50), in Würzburg (ab 1250) und in Konstanz (ab 1250/55) auf.[1496]

Dass der flache Chorschluss an franziskanischen Basiliken jedoch eher eine seltene Erscheinung ist, dürfte dem späten Aufgreifen der basilikalen Raumform bei den Franziskanern und der zeitgleichen Verbreitung des polygonalen Chorschlusses ab 1250 geschuldet sein. Dieser war von Anfang an eng mit den mendikantischen Choranlagen verknüpft und trat vor allem bei den dominikanischen Binnenchören sehr früh auf.[1497] Das 5/8-Chorpoygon der Regensburger Dominikanerkirche (um 1240/50)[1498] gilt als das früheste und das folgenreichste seiner Art (Abbildung 180 und 184). 5/8-Polygone stellen mit 65 Prozent bei den Dominikaner- und 62 Prozent bei Franziskanerkirchen die am häufigsten errichtete Chorhauptform dar.[1499] Die Übernahmen der polygonalen Form stehen im engen Zusammenhang mit dem Travéesystem, von dem es konstruktiv abhängig ist.[1500] Wie Schenkluhn bemerkte, findet sich weder für das 5/8-Brechungsverhältnis noch für den kreisgerahmten stehenden Vierpass im Chorscheitelfenster von Regensburg bei keinem der früheren Chorpolygone Deutschlands, ob bei Liebfrauen in Trier (um 1227/50)[1501] oder St. Elisabeth in Marburg (ab 1235 bis 1243 d)[1502], eine Parallele, so dass wir von einer direkten Übernahme aus Frankreich ausgehen müssen.[1503] Darauf weisen

---

1496 Konow 1954, 7ff. Vgl. Georges Descoeudres: Choranlagen von Bettelordenskirchen – Tradition und Innovation, in: Kunst und Liturgie. Choranlagen des Spätmittelalters – ihre Architektur, Ausstattung und Nutzung, hrsg. v. Anna Moraht-Fromm, Ostfildern 2003, 11–30, hier 22.
1497 Graf 1995, 180ff.
1498 Kühl 1982, 173.
1499 7/12- und 5/10-Polygone lagen jeweils unter 10 Prozent. Flach geschlossene Chöre treten bei den Franziskaner zu 22 Prozent auf, bei den Dominikanern zu knapp 13 Prozent. Die Zahlen dürften die tatsächliche Verteilung wiedergeben, da etwa 70 Prozent der Chorschlüsse überliefert sind. Die meisten der polygonalen Chorschlüsse entstammen jedoch Umbauphasen. Graf 1995, 180ff.
1500 Schenkluhn 2000, 110.
1501 Nicola Borger-Keweloh: Die Liebfrauenkirche in Trier. Studien zur Baugeschichte, Trier 1986, 131.
1502 Das früheste Dendrodatum in Marburg stammt aus den Gespärren über der Vierung. Fowler/Klein 1983, 163ff.

auch die mit schlanken Filialen bekrönten Strebepfeiler hin. Möglicherweise dienten die Chorumgangskapellen von St. Nicaise in Reims (ab 1231) als Vorbild, welche, wie vermutet wird, erstmals den stehenden Vierpass über zwei Lanzettbahnen mit dem 5/8-Schluss kombinierten.[1504] Zwar weist der Westchor des Naumburger Doms (um 1250/60)[1505] ein 5/8-Polygon und an dessen Flanken stehende Vierpässe über zwei Lanzettbahnen auf, jedoch kommt dieser aufgrund seiner späteren Entstehung als Vorbild nicht in Frage. Interessant ist, dass mit dem polygonalen Chorschluss sich in der Bettelordensarchitektur der gotische Hallenaufriss durchzusetzen begann. So hat Leonard Helten in Anlehnung an die Forschungen von Werner Müller und Norbert Quien dafür plädiert, dass der Hallenaufriss der ersten gotischen Hallenkirche Deutschlands, der Elisabethkirche in Marburg, nicht durch die Übernahme des romanischen Hallentypus Westfalens, sondern durch die Übertragung des Choraufrisses mit seiner Fensterdisposition auf die Seitenschiffe entstanden ist.[1506] Zudem führte er den Wechsel vom basilikalen zum Hallenaufriss am Meißner Dom schlüssig auf die Übernahme des Choraufriss' zurück, denn alle dem basilikalen Aufriss verpflichteten schiffstrennenden Elemente wie Scheid-bögen sowie die Betonung des Mittelschiffs blieben in diesem Bau erhalten. Dies erfolgte in der Bettelordensarchitektur offenbar zuerst an der Dominikanerkirche in Frankfurt a. M. (um 1240/50), wo man die Traufhöhe und die Jochweite des Chores auf die Seitenschiffswände übertrug. Auch dürfte der mit einem 5/8-Polygon geschlossene Binnenchor und der Hallenaufriss in Seehausen (1266 genutzt) zu den frühesten in Deutschland gehören. Die Dominikanerkirche in Halle (nach 1271) steigert diese Bauform schließlich ins Monumentale.

Eine weitere wichtige Chorform sind die polygonal geschlossenen Außenlangchöre beziehungsweise die das Langhaus überragenden Hochchöre, die mit den kurzen polygonalen Chorhäuptern verwandt sind. Von den

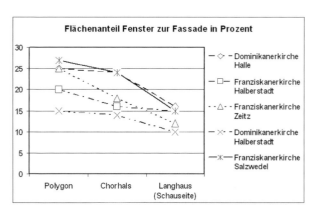

Abbildung 186: Bettelordenskirchen in Sachsen-Anhalt, Anteil der Fenster zur Fassadenfläche in Prozent.

Bettelorden griffen zunächst die Franziskaner und in Folge die Dominikaner diese Chorform häufig auf. Um 1300 gelangte die Bauform der polygonal geschlossenen Außenlangchöre bei den Bettelorden und darüber hinaus zu einer weiten Verbreitung. Wie an der Barfüßerkirche in Erfurt (Chor geweiht 1306) steigerte man nun die Chöre und die Langhäuser zu monumentaler Form (Abbildung 185).[1507] Im Untersuchungsgebiet finden wir sie bei beiden Bettelordenskirchen in Halberstadt, an den Franziskanerkirchen in Salzwedel, Stendal und Zeitz. Im gotischen Außenlangchor werden zum einen die traditionellen Brüche zwischen den Raumbereichen von Psallierchor, Presbyterium und Sanktuarium durch die Einbindung in das Gewölbe-Joch-System harmonisiert. Andererseits wird durch das differenzierte Fenster-Wandflächen-Verhältnis der Innenraum fließend hierarchisiert. So konzentriert sich der Lichteinfall im Polygon (Sanktuarium), das mit 20 bis 27 Prozent den höchsten Anteil an Fensterfläche besitzt (Abbildung 186).[1508] Dieses Verhältnis wird sukzessive über den Chorhals, dem Ort von Presbyterium und Psallierchor, zum Langhaus abgestuft und vermittelt.

1503 Schenkluhn vermutet einen Vorläufer in der verlorenen Dominikanerkirche in Trier, die nach 1240 bereits fertiggestellt war (2000, 111f.). Möbius, Scurie (1989, 153) und Kühl (1982, 141 u. Anm. 277) verweisen auf den Chor der Kathedrale in Toul. Dort existiert jedoch ein 5/10-Polygon mit Halbjoch und auch das Maßwerk weist nicht den stehenden Vierpass auf.

1504 Vgl. Kimpel/Suckale 1985, 345ff. Die Umgangskapellen der Kathedrale in Tournai (ab 1243) übernahmen möglicherweise ebenfalls den Vierpass von St. Nicaise.

1505 Dehio Sachsen-Anhalt II, 1999, 588.

1506 Leonard Helten: Mittelalterliches Maßwerk. Entstehung – Syntax – Topologie, Berlin 2006, 98f.; vgl. Werner Müller, Norbert Quien: Erdachte Formen, errechnete Bilder. Deutschlands Raumkunst der Spätgotik in neuer Sicht, Weimar 2000. Letztere wiesen nach, dass in der Spätgotik die Gewölberäume nicht dreidimensional, sondern zweidimensional mit dem Prinzipalbogenverfahren konstruiert worden sind.

1507 Oberst 1927, 130ff.; Gross 1933, 39ff.; Konow 1954, passim; Kühl 1982, 143ff.; Grzybkowski 1983; Schenkluhn 1985, 223ff.; Graf 1995, 180ff.; Schenkluhn 2000, 177ff. u.a.

1508 Die Daten des Diagramms setzten sich aus dem Verhältnis von Fensterfläche zur Fassadenfläche zusammen. Die Fensterflächen wurden aus den lichten Weiten berechnet. Die Bogenfelder sind dabei berücksichtigt worden. Die Fassadenflächen ergeben sich aus den Flächen bis zur Traufe ohne Fassadenrücksprünge. Die so gewonnenen Flächenverhältnisse erlauben näherungsweise auch Aussagen zur Beleuchtung im Innenraum, wo sich eine korrekte Flächenberechnung aufgrund der Gewölbekurvaturen nur mit größerem Aufwand bewerkstelligen lässt.

Abbildung 187: Paris, Ste. Chapelle, Innenansicht der Oberkapelle von Westen um 1940/44 (Bildarchiv Foto Marburg, X 183 986).

Optische Intensität der Lichtführung durch Fenster, die häufig mit kostbaren Glasmalereien[1509] ausgestattet waren, wird ein weiterer Faktor gewesen sein, Langchoranlagen zu errichten. Durch überschneidende Lichtstrahlen entstehen Überstrahlungseffekte, so dass die Chorarchitektur wie bei der Franziskanerkirche in Halberstadt als „Lichtarchitektur" dem Laienbereich im Langhaus entrückt wird. Diese übliche Inszenierung ist umso bedeutsamer, weil durch die Anpassung der Choranlagen an die Langhausproportionen die Bauteile andererseits architektonisch angeglichen werden.

Man hat zudem vermutet, dass die aus dem Langhaus ausgeschiedenen Choranlagen als Versuch zu verstehen wären, das Ordensleben zwischen Bildung und Ordensdienst neu zu ordnen, da es im Dominikanerorden immer wieder zu Klagen aufgrund der Vernachlässigung Chordienstes wegen der wissenschaftlichen Studien der Mönche kam.[1510] Jedoch birgt ein Langchor gegenüber einem Binnenchor, abgesehen von der verbesserten Belichtung, prinzipiell keine Verbesserung der Raum- und Gemeinschaftssituation, sondern hebt lediglich optisch den Chor als Gesamtbauteil hervor. Wenn eine integrative Wirkung intendiert war, dann nach außen, da man sich durch einen Außenlangchor als Klerikergemeinschaft präsentieren konnte.

Die Entstehung der gotischen Außenlangchöre der Mendikanten ist in der Forschung umstritten. Richard Donin und Leopold Giese vertraten die These, dass die Chöre jochweise aus dem Langhaus hinaus verlängert wurden.[1511] Dem wurde schon von Andrzej Gryzbkowski widersprochen, der die gleichzeitige Entstehung von kurzen und langen Chören nachwies.[1512] Werner Gross trennte kurzerhand die ‚Hochchöre' als deutsche Sonderentwicklung von der französischen Kathedralgotik und sah die wichtigsten Vertreter im Westchor des Naumburger Doms (nach 1249) und dem Chorpolygon der Regensburger Dominikanerkirche.[1513] Letztere wurde auch von Beatrice Kühl als Vorläufer der polygonal geschlossenen Außenlangchöre gesehen, was jedoch durch die architektonischen Vorlieben bei beiden Orden widerlegt wird.[1514] Wolfgang Schenkluhn führte die Hochchöre am Beispiel des Minoritenchors in Köln in Anlehnung an Hans Sedlmayer auf die Übertragung der kathedralen Obergadenstruktur in der Oberkapelle der Ste. Chapelle und die Oberkirche von S. Francesco in Assisi zurück.[1515] Diese Hypothese ist problematisch, weil sich die Oberkapelle der Ste. Chapelle nur bedingt mit der Oberkirche von Assisi vergleichen lässt. Während die Ste. Chapelle „gläserne Wände" und das gotische Travéesystem besitzt, bei denen nur Gewölbevorlagen die Fenster trennen (Abbildung 187), bleiben in Assisi zwischen den Einsetzfenstern der quadratischen Joche breite Wandstücke stehen (Abbildung 150). Die Gemeinsamkeit beider Bauten liegt lediglich in der Doppelgeschossigkeit und im Dekor der Kapitellplastik.[1516] Zum anderen ist der Aufriss der Ste. Chapelle weder mit dem Chor der Minoritenkirche in Köln (Abbildung 188), der gegenüber der Pariser Triforiumzone nur eine mit einem Horizontalband schwach ausgeprägte Sockelzone besitzt, noch mit den meisten

1509 Zur Reglementierung der Glasmalerei in Bettelordenskirchen Todenhöfer (2007, 61f.).
1510 Vgl. Frank 1967, 206.
1511 Donin 1935, 35ff.; RDK II, 1948, 398ff.
1512 Gryzbkowski 1983, 152ff.

1513 Gross 1933, 39ff.
1514 Vgl. Kühl 1982, 143ff. und 170.
1515 Schenkluhn 1985, 224ff.; ders. 2000, 114f.
1516 Siehe Seite 230ff., Ausnahmeerscheinung Krypta; vgl. Wiener 1991.

Abbildung 188: Köln, Minoritenkirche, Innenansicht des Chores von Westen (Rheinisches Bildarchiv, Schenkluhn 2000, 114, Abb. 70).

Abbildung 189: Fribourg, Franziskanerkirche, Ansicht des Chors von Nordosten (Konow 1954, Abb. 19).

anderen polygonalen Bettelordenschören vergleichbar, die diesen Sockel nicht aufweisen. Lediglich der Auflösungsgrad der Wandflächen zwischen den Kölner Polygonfenstern, die in Gewölbedienste, Schildrippen und Fenstergewände abgestuft sind, erinnern an einen Kathedralobergaden. Eher wäre eine Ableitung von den Chorscheitelkapellen denkbar wie der Dreikönigskapelle des Kölner Doms. Diese Wandbehandlung ist bei Bettelordenschören außerordentlich selten, sodass die Obergadenhypothese m.E. nicht über Köln und das 7/10-Polygon der Berliner Franziskanerkirche hinaus auf die polygonal geschlossenen Außenlangchöre beziehungsweise Hochchöre der Bettelorden übertragen werden kann. Vielmehr dürften polygonal geschlossenen Außenlangchöre durch die Präferenz der Franziskaner für vom Langhaus separierte einschiffige Chorlösungen in Verbindung mit dem gewölbten Polygonschluss, wie er in Regensburg auftrat, ihre weite Verbreitung gefunden haben, wie es bereits Helma Konow annahm.[1517] Für sie war der früheste erhaltene polygonale Außenlangchor mit Gewölbebildung der der Franziskanerkirche in Fribourg in der Schweiz (ab

1256), der die Gewölbedisposition flachgeschlossener Langchöre etwa der Würzburger Franziskanerkirche (ab 1250) mit den ungewölbten polygonalen Chorschluss der Franziskanerkirche von Rufach (ab 1250) verband (Abbildung 189).[1518] Nach neueren Forschungen besaß auch die erste Barfüßerkirche in Basel (1250 bis 1256) einen ungewölbten polygonalen Langchor.[1519] Im Untersuchungsgebiet ist der erste polygonal gewölbte Außenlangchor ab 1289 an der Franziskanerkirche in Halberstadt nachgewiesen. Der letzte dieser Art wird 1510 ebenfalls in Halberstadt an der Dominikanerkirche vollendet.

Zusammenfassend lässt sich feststellen, dass aufgrund der Ablehnung von Querschiffen, wodurch wohl auf die örtliche Pfarrarchitektur Bezug genommen werden sollte, die Choranlagen der Bettelorden eine größere Dominanz im Baukörper ausbildeten.[1520] Die

1517 Konow 1954, 16ff.
1518 Ebd.
1519 Descoeudres 2003, 18.
1520 Siehe Seite 205ff., Lokaler Architekturkontext als Maßstab.

Dominikaner statteten gegenüber den Franziskanern ihre Choranlagen in Anlehnung an traditionellen Nebenkapellen von Ordens- beziehungsweise Kanonikerkirchen bis in die zweite Hälfte des 13. Jahrhunderts vorwiegend mit Seitenräumen aus, mit Mauern oder Chorschranken abgetrennt, und bezogen so den liturgischen Bereich der sogenannten Binnenlangchoranlagen in den Gesamtkörper der Kirche ein.[1521] Dominikus, der selbst Kanoniker des Domstifts im spanischen Osma war, sah schließlich seine Gemeinschaft als „Virum canonicum auget in apostolicum".[1522] Ähnliche Tendenzen in der Wahl des Chortyps deuten sich unter Vorbehalt regionaler Abweichungen auch für die beiden Bettelorden in Frankreich an.[1523] Erst gegen Ende des 13. Jahrhunderts griffen auch die Dominikaner die franziskanischen Außenlangchöre auf wie beispielsweise in Colmar ab 1284, Göttingen ab 1294 oder Zürich ab 1325.[1524] Bei den Franziskanern dürften die Anlehnung an die Pfarrarchitektur und die generelle Bevorzugung des schlichten Kapellentyps die Form der Außenlangchöre beeinflußt haben.[1525] Durch die Verlängerung der kurzen einschiffigen Sanktuarien der Pfarrkirchen mit dem für Chorgemeinschaften notwendigen Psallierchor entstand der Außenlangchor. Dieser bildete in Kombination mit dem gotischen Aufriss- und Gewölbesystem und dem polygonalen Chorschluss französischer Chorkapellen, welcher ab ca. 1240 sukzessive Verwendung fand, den für die reife Bettelordensarchitektur charakteristischen polygonal geschlossenen Außenlangchor. Dieser wurde sowohl in einer Firstlinie mit dem Langhaus stehend ausgebildet als auch als langhausüberragender Hochchor wie an den Dominikanerkirchen in Straßburg, Wien, Köln, Zürich oder der Barfüßerkirche in Basel monumentalisiert. Mit dem polygonal geschlossenen Langchor wurde erstmals eine harmonische Einheit von Raum und Liturgie angestrebt, die es zuvor nicht gab. Laien- und Klerikerbereich erhielten auf diese Weise ihre zwar immer

Abbildung 190: Salzwedel, Mönchskirche, Innenansicht von Westen (Foto: Todenhöfer 2008).

noch separierten, aber doch räumlich, optisch und akustisch aufeinander bezogenen Kirchenräume.[1526] Durch diese eigenständige Entwicklung konnte die mendikantische „Reduktionsarchitektur" vorbildhaft für die weitere Entwicklung der Kirchenarchitektur im deutschen Sprachraum werden.

Offensichtlich dienten die Unterschiede der Chorformen zudem der Abgrenzung der beiden Bettelorden

---

1521 Vgl. Wild 1999, 204; Schenkluhn 2000, 45ff.; Descoeudres 2003, 25.
1522 Monumenta Ordinis Fratrum Praedicatorum historica, 15, hg. von Marie Hyacinthe Laurent, Paris 1933, 123. Zitiert nach Meersseman 1946, 140.
1523 Vgl. Georges Rohault de Fleury: Gallia dominicana. Les couvents de St. Dominique au moyen âge, Paris 1903; Elie Lambert: L'église et le couvent des Jacobins de Toulouse et l'architecture dominicaine en France, in: Bulletin monumental, 104 (1946), 141–186; Hervé Martin: Les ordres mendiants en Bretagne (vers 1230-vers 1530). Pauvreté volontaire et prédication à la fin du Moyen-Age (Institut armoricain de recherches historiques de Rennes, 19), Paris 1975; Bernard Montagnes: Architecture dominicaine en Provence, Paris 1979; Philippe Gibert: Recherches sur l'architecture des Ordres Mendiants dans le Diocèses de Bayonne, de Dax et d'aire (XIIIᵉ–XIVᵉ siècle), Bordeaux 1978; Picou 1984.
1524 Vgl. Andrzej Gryzbkowski: Das Problem der Langchöre in Bettelordens-Kirchen im östlichen Mitteleuropa des 13. Jahrhunderts, in: Architectura, 13/2 (1983), 152–168, hier 155.
1525 Siehe Seite 229ff., Exkurs: Zur Genese mendikantischer Saalkirchen.
1526 Dazu meint Pieper: „Der Längschor ist als eigenständige Kirche zu betrachten, als ein weitgehend verselbständigtes Kultzentrum der Brüder" (1993, 203).

untereinander,[1527] was durch ihre häufige innerstädtische Konkurrenz plausibel ist. Auch veranschaulichte die Differenz zwischen den vorwiegend kurzen Sanktuarien der Pfarrkirchen und den gestreckten Choranlagen der Bettelorden diese deutlich als Chorgemeinschaften.[1528] Abweichungen von diesen Tendenzen lassen sich beispielsweise in Galizien und Italien konstatieren, wo Choranlagen mit Nebenkapellen bei beiden Orden auftreten, während in Polen oder Böhmen sowohl bei frühen Dominikaner- wie auch Franziskanerkirchen einschiffige Chöre vorkommen.[1529] So wird das gehäufte Auftreten des einschiffigen Chortypus bei den Dominikanern im östlichen Mitteleuropa im 13. Jahrhundert möglicherweise ein Resultat der bis dahin weniger als im westlichen Europa ausgeprägten reform-monastischen Bautradition gewesen sein, auf die sich die Konvente beziehen konnten.[1530] Der flach geschlossene Binnenchor mit Seitenkapellen der Dominikanerkirche in České Budějovice in Südböhmen (Ende des 13. Jahrhunderts) entspricht jedoch mit dem Bezug zur Zisterzienserkirche in Zlatá Koruna der verbreiteten architektonischen Neigung des Ordens,[1531] so dass im jeweiligen Kontext differenziert werden muss[1532]. Das verbreitete Auftreten von Chören mit Nebenkapellen an Franziskanerkirchen der südalpinen Regionen könnte hingegen möglicherweise auf das häufige Auftreten dieser Bauform auch an der regionalen Pfarrarchitektur zurückgehen, so dass sich die architektonischen Unterschiede zwischen den nord- und südalpinen Regionen m. E. vorbehaltlich weiterer kontextbezogener und regionaltypologischer Forschungen durch andersgestaltige regionale beziehungsweise städtische Entwicklungen der jeweiligen Bezugsarchitekturen der Bettelorden erklären lassen.

Wichtigstes Binde- und Trennungsglied zwischen Chor und Laienraum war der Lettner (Abbildung 190).[1533] Unter oder vor diesem stand in der Chorachse der Kreuzaltar für die Laienmessen.[1534] In seinen Seitenjochen fanden weitere Altäre Platz, ebenso auf der Tribüne.[1535] Beim Hochamt wurden auf der Tribüne sowohl für die Laien im Langhaus als auch für die Kleriker im Chor gelesen und gesungen; zudem konnten durch entsprechende Tür- und Fensteröffnungen die Laien die Messe und die *Elevatio corporis* am Hochaltar mitverfolgen.[1536] Gerade der Elevatio der Hostie wurde bekanntlich bei den Mendikanten besondere Bedeutung beigemessen. Sie gelangte über medikantische Messbücher schließlich in das *Missale Romanum*.[1537]

1350 bis zur Reformation – Die Bautätigkeit der Bettelorden zwischen Krise, Tradition und Anpassung

Zwischen ca. 1350 und 1420 können im Untersuchungsgebiet keine Bauprojekte der Bettelorden nachgewiesen werden. Mit dem Bau des ersten Chorpolygons an der Franziskanerkirche in Salzwedel um 1345 und dem Abschluss der Erweiterungsarbeiten an der Franziskanerkirche in Wittenberg 1355 ruhte die mendikantische Bautätigkeit für ca. 70 Jahre. Einschränkend muss festgestellt werden, dass wir die Baudaten der halleschen Franziskanerkirche und der Dominikaner- und der Franziskanerkirche in Magdeburg nicht kennen. Vermutlich liefen einige zum Jahrhundertbeginn angefangene Großprojekte wie in Halberstadt noch

---

1527 Die Untersuchung von Graf unterstützt diesen Gedanken, denn bestimmte Bautypen wie Saalbauten, Basilika oder drei- oder zweischiffige Hallenkirchen wurden von den Orden in unterschiedlicher Intensität oder mit zeitlicher Differenz aufgegriffen. So errichteten die Franziskaner in der Anfangsphase fast ausschließlich Saalbauten, während die Dominikaner Basiliken bevorzugten. Dieser Bautyp trat bei den Franziskanern erst ab 1240 auf, wird aber gegen Ende des 13. Jahrhunderts kaum noch errichtet. Auch die Hallenkirchen wurden bei den Dominikanern zuerst aufgegriffen, die sie zusammen mit Basiliken gegen Ende des 13. Jahrhunderts verstärkt bauten, während die Franziskaner wieder zu Saalbauten griffen. Graf 1995, 155–194.

1528 Das Einbeziehen des Psallierchors führte zu der charakteristischen Streckung entweder der Langhäuser bei den Dominikanern oder den Langchöre der Franziskaner. Bei Stadtpfarrkirchen traten große Choranlagen erst im 14. Jahrhundert mit steigender Repräsentation der Städte auf. Vgl. Philipp 1987, 103ff.; Helten 1994, passim.

1529 Vgl. u.a. Gryzbkowski 1983a; Gryzbkowski 1983b; Jan Muk: K typologii nejstarších českých mendikantských chrámů (Zur Typologie ältester böhmischer Bettelordenskirchen), in: Umění 13 století v českých zemích. Příspěvky z vědeckého zasedání (Tagungsbeiträge, Prag, 2.–4. Dezember 1983), Prag 1983, 237–254; Manso Porto 1993, 106f., Fig. 38f.; Schenkluhn 2000, 64–71, 139–144, 166–173.

1530 Gryzbkowski bringt in diesem Zusammenhang die „schwache Christianisierung" Ostmitteleuropas ins Spiel (1983b, 164). Zu den relativ späten Gründungsdaten der Zisterzienserklöster in Tschechien und der Slowakei beispielsweise: Jiří Kuthan: Die mittelalterliche Baukunst der Zisterzienser in Böhmen und Mähren, Berlin 1982.

1531 Vgl. Klára Benešovska, Petr Chotěbor et al.: Architecture of the gothic (10 centuries of architecture, 2), Prag 2001, 154f., 160f.

1532 Vgl. Schenkluhn 2005.

1533 Die Bettelorden verwendeten besonders den sogenannten Hallenlettner mit rechteckigem Grundriss und Tribüne. Dieser wird auch als „Bettelordenslettner" bezeichnet. Monika Schmelzer: Der mittelalterliche Lettner (Studien zur internationalen Architektur- und Kunstgeschichte, Bd. 33), Petersberg 2004, 81ff.

1534 Joseph Braun: Der christliche Altar in seiner geschichtlichen Entwicklung, 1, München 1924, 401–406.

1535 Schenkluhn 2000, 82ff.; Descoeudres 2003, 23ff. und 27.

1536 Ebd.

1537 Ebd. nach Miri Rubin: Corpus Christi. The Eucharist in Late Medieval Culture, Cambridge 1991, 56.

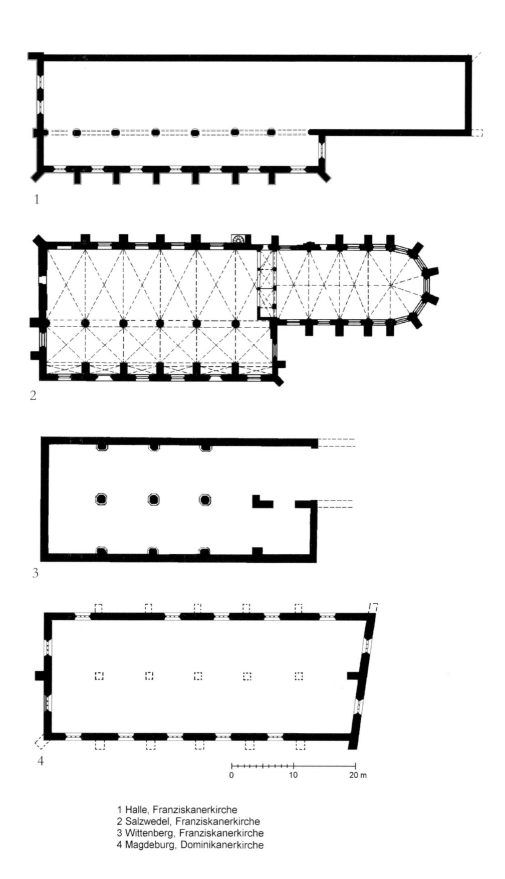

Abbildung 191: Sachsen-Anhalt, zweischiffige Hallenkirchen der Franziskaner und Dominikaner (Zeichnung: Todenhöfer 2006).

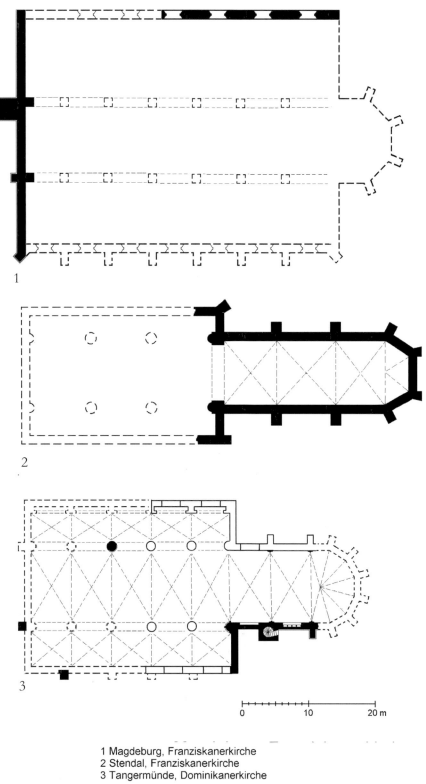

Abbildung 192: Sachsen-Anhalt, weitere Hallenkirchen der Franziskaner und der Dominikaner (Zeichnung: Todenhöfer 2006).

geraume Zeit, jedoch ist das Abflauen der Bautätigkeit auffallend.

Dafür lassen sich bekannte Gründe anführen, beispielsweise dass die Bettelorden um 1300 ihren gesellschaftlichen Zenit überschritten und ab Mitte des 14. Jahrhundert zunehmend mit inneren Spaltungstendenzen kämpften,[1538] zudem eine gewisse urbane Sättigung eintrat beziehungsweise die abendländische Gesellschaft durch die Krise der Wirtschaft (1270/1330) und die Pest Mitte des 14. Jahrhunderts geschwächt war sowie zwischen 1378 und 1417 die katholische Kirche und die Ordensprovinzen durch das abendländische Schisma gespalten waren. Zu einer völligen Stagnation kam es jedoch nicht überall. So wurde die Dominikanerkirche in Danzig (Gdansk) ab 1348 errichtet, in Erfurt arbeitete man in der zweiten Hälfte des 14. Jahrhunderts an den Langhäusern der Dominikaner- und Franziskanerkirche, in Dresden erbauten die Franziskaner ab 1351 die zweischiffige Sophienkirche (Abbildung 237).[1539] Möglicherweise wurde gerade die mitteldeutsche Region besonders stark von den Krisen erschüttert. Eventuell wirkten sich auch dynastische Umbrüche und kriegerische Auseinandersetzungen in der märkischen Herrschaft negativ auf das Baugeschehen im nördlichen Untersuchungsgebiet aus. So stritten sich um die Mitte des 14. Jahrhundert die Wittelsbacher, der ‚Falsche Waldemar' und etwas später auch die Luxemburger um die Landesherrschaft in der Mark Brandenburg.

Erst um 1430 sind im Untersuchungsgebiet wieder Bautätigkeiten nachgewiesen. Die verwendeten Typen orientieren sich an der mendikantischen Bautradition. In Wittenberg wurde der zweischiffig symmetrische Hallenbau der Franziskaner in der ersten Hälfte des 15. Jahrhunderts begonnen (Abbildung 191).[1540] Bei der Erweiterung der Dominikanerkirche in Halberstadt erscheint Anfang des 15. Jahrhunderts der bei den Bettelorden tradierte Bautyp des flach geschlossenen Langchores, der 1510 mit einem Polygon erweitert wurde. In Salzwedel wurde zwischen 1435 und 1453 ebenfalls ein polygonal geschlossener Langchor errichtet. Zudem erweiterte man die franziskanische Saalkirche in Zeitz gegen Mitte des 15. Jahrhunderts um Seitenräume, indem man den anschließenden doppelgeschossigen Kreuzgang im Ober- und Untergeschoss durch Bogenstellungen zum Langhaus öffnete und damit Seitenemporen schuf.[1541] Offenbar wurde hier eine Disposition des neuen Hallenlanghauses des Zeitzer Doms (Gewölbe 1444 fertiggestellt) adaptiert. In Zerbst war eine ähnliche Erweiterung des Franziskanersaals zum Obergeschoss des Kreuzganges erfolgt. Solche Erweiterungsbauten lassen sich häufig bei Saalkirchen nachweisen.[1542] Die Vermutung, dass es sich bei solchen Erweiterungen um die nachträgliche Schaffung von ‚idealen' Predigträumen handelt, ist jedoch nicht nur im Hinblick auf den lokalen Vergleich zum Zeitzer Domstift und die relative Seltenheit genuiner Bauten unhaltbar.[1543] Plausibler ist ein Erklärungsvorschlag Otto Grafs, der Seitenräume aus dem vermehrten Bestattungswesen ableitete.[1544] In diesem Zusammenhang dürfte m.E. auch die Übernahme von Einsatzkapellen in die Bettelordensarchitektur gesehen werden, die aus der steigenden Anzahl von Memorialstiftungen im 14. Jahrhundert im Zuge einer zunehmend personalisierten Religionsausübung resultierten.[1545] Als man in Zeitz vor der Raumerweitung in den Kreuzgang die Gewölbe auf Wandpfeiler stellte, wurden damit Einsatzkapellen geschaffen, die den Laienraum jedoch seitwärts um jeweils gut einen Meter schmaler machten. Dieser Platzverlust könnte durch die Raumerweiterung zum Kreuzgang kompensiert

---

1538 In der sächsischen Franziskanerprovinz setzten massive Reformbestrebungen durch die Observanzbewegung erst im zweiten Viertel des 15. Jahrhunderts ein, während sich in den italienischen, französischen und spanischen Provinzen seit Mitte des 14. Jahrhunderts von einander unabhängige Observanzbewegungen entwickelten. Vgl. Weigel 2005, 13ff., 239ff. (besonders zur Observanz der Franziskanerkonvente in Magdeburg und Halle in den Jahren 1461/62) und 240f., Anm. 11 (kurz zur Dominikanischen Observanz 1456 in Magdeburg unter dem Magdeburger Erzbischof Friedrich von Beichlingen).
1539 Vgl. Schenkluhn 2000, 216ff.
1540 Siehe Seite 167ff.
1541 Die Funktion der Seitenemporen in Zeitz und Zerbst konnte nicht nachgewiesen werden. Die Einrichtung von Bibliotheken auf Emporen, wie sie Lehmann (1957, passim) konstatierte, dürfte aufgrund der geringen Stellfläche nicht in Betracht gezogen werden. Eher ist an eine Schaffung von Altarplätzen zu denken, wie sie Philipp für spätgotische Kirchen Schwabens nachweisen konnte. Zusätzlich wurden solche Emporen auch von Nonnen genutzt. (Vgl. Philipp 1987, 36f., Anm. 268f.) Zumindest sind in Zerbst Zisterzienserinnen nachgewiesen, die jedoch eine eigene Kirche besaßen. Interessant ist auch die mögliche Funktion zur Weisung von Reliquien, wie sie jüngst Clemens Kosch für die geöffneten Obergeschosse von Chornebenräumen im romanischen Kirchenbau plausibel gemacht hat. Clemens Kosch, Armaria. Hochmittelalterliche Schatzkammern, Archivräume und Sakristeien (unter besonderer Berücksichtigung der Liebfrauenkirche in Halberstadt) [Vortrag auf dem Kolloquium „Kunst, Kultur und Geschichte im Harz und Harzvorland um 1200" in Halberstadt 27.–28. Oktober 2006], im Druck.
1542 In 47,7 Prozent der Fälle war der Vorgängerbau eine Saalkirche. Graf 1995, 195.
1543 Vgl. Piper 1993, 208ff.; auch Frank 1996, 107f.; dagegen Schenkluhn 2000, 136f.
1544 Graf 1995, 215ff.; vgl. Bruzelius 2007, 204–211.
1545 Grewolls 1999; Frank 2000, 15ff.; Schenkluhn 2000, 222f.

worden sein. Erst bei dem Neubau der Tangermünder Dominikanerkirche ab 1438 und dem Langhausbau der Salzwedeler Franziskanerkirche um 1500 plante man auf einer Seitenschiffseite eine Kapellenreihe ein (Abbildung 191 und 192). Möglicherweise wurden die Hallenkirchen der Franziskaner in Magdeburg und in Stendal ebenfalls erst im 15. Jahrhundert in Anlehnung an die jeweilige Pfarrarchitektur errichtet, jedoch fehlen uns hier genauere Datierungsmöglichkeiten.[1546] Seit den beiden sicher nachweisbaren Großplanungen in Tangermünde und in Salzwedel, die traditionelle Bautypen mit den neuen Einsatzkapellen verbanden, wurden im Untersuchungsgebiet keine weiteren neuen architektonischen Konzepte umgesetzt. Der Bedarf an Großbauten war gesättigt und ein Nachwachsen kleiner Städte, was neue Konventsgründungen ermöglicht hätte, nicht in Sicht. Ab den 1520er Jahren verloren die Mendikanten schließlich während der Reformation an gesellschaftlichen Rückhalt. Mit dem Rückgang der Mitgliederzahl und der Auflösung der Konvente ging in den meisten Fällen die religiöse Nutzung der Kirchen nicht verloren, auch wenn an Stelle der Klöster oft die profane Umnutzung als Schulen und der Kirchen als evangelische Gotteshäuser trat.

1546 Siehe Seite 100ff., 108ff.

IV Technologische und detailtypologische Betrachtungen

Mauerwerk

Bei den bauhistorischen Untersuchungen wurde das Material der sichtbaren Mauerwerksbereiche durch einfache Materialkenntnis bestimmt. Genauere mineralogische Bestimmungen konnten für die architekturhistorischen Fragenstellungen nicht vorgenommen werden, da sie den Rahmen dieser Arbeit gesprengt hätten. Zudem fehlten zumeist naturwissenschaftlich gesteinskundliche Untersuchungen zu diesen Bauwerken. Ältere gesteinskundliche Arbeiten wie die von Sunhilt Rey konnten kaum für die sichere Bestimmung der Materialien verwendet werden.[1547]

Die geografische Verteilung bei den untersuchten Bettelordenskirchen zeigt,[1548] dass Sedimentgesteine wie Kalk- oder Sandstein vor allem südlich von Magdeburg in Gebrauch waren. In den rechtselbischen Gebieten im südlichen Fläming und nördlich von Magdeburg in der Altmark wurde mit Ausnahme Wittenbergs vorrangig Backstein zumeist in Kombination mit Feldsteinmauerwerk verwendet. Überwiegend trat an Untersuchungsobjekten Mauerwerk aus weichen Sedimentgesteinen auf. Von den insgesamt 17 Kirchen der Franziskaner und Dominikaner ließen sich für elf Kirchen Mauerwerk aus Sedimentgesteinen nachweisen, welches zumeist aus einfachen mörtelgelagerten pseudoisodomen Bruchsteinlagen (in unterschiedlichen Lagenhöhen) in Kombination mit Architekturprofilen aus sorgfältig gearbeiteten Werksteinen besteht beziehungsweise bestand. Beispiele hierfür sind die Dominikaner- und die Franziskanerkirche in Halle, die Dominikanerkirche in Magdeburg, die Franziskanerkirchen in Aschersleben, Barby, Magdeburg, Wittenberg und Zeitz.

Das Mauerwerk der Franziskanerkirche in Wittenberg ist aus sehr grobem Bruchsteinmauerwerk, das kaum eine Lagenstruktur zu erkennen gibt (Abbildung 193). Die Zwischenräume der Bruchsteine wurden mit Ziegelbruch ausgefüllt. Lediglich die Eckbereiche bestehen aus sauber gearbeiteten Quadern. Die Bettelordenskirchen in Halberstadt bestehen hingegen aus gut gearbeiteten pseudoisodomem Quadermauerwerk.

Abbildung 193: Wittenberg, Franziskanerkirche, Eckmauerwerk von Westen (Foto: Todenhöfer 2009).

Zur Fundamentierung von St. Andreas in Halberstadt benutzte man feste und großformatige Sandsteinquader aus der Region, welche in Mörtel verlegt wurden. Lediglich an der Katharinenkirche tritt in der ersten

---

1547 Vgl. Sunhilt Rey: Die Natursteinvorkommen im Bezirk Halle und ihre Eignung als Werk- und Rekonstruktionssteine in Vergangenheit und Gegenwart, masch. Diss. Univ. Halle 1975.

1548 Dem Verfasser sind keine Studien über geologisch geografische Verbreitung historischer Baumaterialien bekannt geworden. Deshalb beschränken sich die Ausführungen nur auf die eigenen Beobachtungen und können nicht in quantitative Vergleiche einbezogen werden.

und fünften Bauphase Bruchsteinmauerwerk auf. Eine vergleichbare Materialbehandlung ist für die verloren Klausurgebäude des Franziskanerklosters in Quedlinburg nachgewiesen (Abbildung 79 und 80). Zwischen Mauerwerksart und Erbauungszeit scheint es im überregionalen Bezug keine Zusammenhänge zu geben. Offensichtlich ist die Gesteinsqualität der regionalen Vorkommen ein wichtiges Kriterium der Verarbeitungsqualität. Datierungshinweise dürften qualitative Unterschiede des Mauerwerks im regionalen Umfeld ergeben, die jedoch nicht untersucht wurden. Es scheint jedoch bei Mauerwerk aus Sedimentgesteinen ab dem 15. Jahrhundert eine Tendenz zur einfacheren Steinbearbeitung bei Füllmauerwerk zu geben wie an der Franziskanerkirche in Wittenberg (3. Bauphase, erste Hälfte 15. Jahrhundert) und der Dominikanerkirche in Halberstadt (5. Bauphase, um 1510).

Feldsteinmauerwerk tritt in der Regel in Kombination mit Ziegelmauerwerk auf. Zum einen als reines Fundament- und Sockelmauerwerk mit darüber befindlichen Ziegelwänden, aber auch in Mischform, bei der die Zwischenräume unregelmäßiger Feldsteinblöcke mit Ziegelstücken aufgefüllt worden sind. Die Witterungsbeständigkeit des Feldsteins beziehungsweise dessen häufiges Vorkommen in Endmoränengebieten sind wohl die Gründe gewesen, auch während der wachsenden Dominanz des Backsteins dieses Material weiterhin anzuwenden, vor allem in den Bereichen von Fundamenten und Sockeln, da dadurch das hygroskopische Backsteinmauerwerk vor aufsteigender Bodenfeuchtigkeit geschützt werden konnte[1549]. Die Technik der Feldsteinbearbeitung ist unterschiedlich ausgeprägt. Das erhaltene Feldsteinfundament der Wittenberger Franziskanerkirche besteht aus in Mörtel eingebetteten Steinpackungen unbearbeiteter Feldsteine.[1550] Die großen Zwischenräume wurden mit kleineren Steinen ausgefüllt.[1551] Diese Mauertechnik ist nur mit einer Verschalung zu bewerkstelligen, da sonst die unbehauenen Steine beim Verlegungsprozess durch ihre Keilform im Mörtel seitlich „wegschwimmen" würden und birgt daher statische Probleme, weil die Lasten nur auf wenige Druckpunkte verteilt werden können.[1552] Der Feldsteinsockel und wohl auch das darunter liegende Fundament der frühen Franziskanerkirche in Zerbst (um 1235/45) besteht hingegen aus isodomem, das heißt in durchgehender Lagenhöhe geschichteten Mauerwerk aus gut bearbeiteten Feldsteinquadern.[1553] Bei der Mönchskirche in Salzwedel, einem Backsteinbau, sind Sockel und Fundament der ersten Kirche in pseudoisodomen Feldsteinmauerwerk ausgeführt worden, dessen Steine nur einseitig abgeflacht wurden (Abbildung 89).[1554] In den weiteren Bauphasen tritt Feldsteinmauerwerk nur noch in den Fundamenten auf. Das Mauerwerk des Stendaler Franziskanerchores wurde der Überlieferung zufolge ebenfalls aus Mischmauerwerk aus Ziegeln und Feldsteinquadern errichtet, wie es auch an der Stendaler Petrikirche auftritt.[1555] Auch weite Teile der Längsseiten der Zerbster Franziskanerkirche wurden in der zweiten Bauphase (Anfang 14. Jahrhundert) in einer ähnlichen Mischform errichtet.[1556] Das aufgehende Mauerwerk der Franziskanerkirche in Burg ist nicht nachgewiesen. Die Fundamente bestanden aus Feldsteinmauerwerk.[1557] Die romanischen Stadtkirchen Burgs sind noch vorwiegend aus Feldsteinquadern errichtet worden. Doch tritt in Burg an der ehemaligen Maria-Magdalenen-Kapelle (1350 erbaut) auch reines Ziegelmauerwerk auf. Backsteinfunde im ehemaligen Klosterbereich südlich der Kirche könnten für aufgehendes Backsteinmauerwerk sprechen. Überwiegend aus Feldstein errichtete Franziskanerkirchen sind in der Mark Brandenburg oft frühe Bauten um die Mitte des 13. Jahrhunderts wie die Franziskanerkirchen in Prenzlau, Angermünde, Berlin, Kyritz und Neubrandenburg.

Die Bauphasen zwei bis fünf der Franziskanerkirche in Salzwedel und die Reste der Dominikanerkirche Tangermünde bestehen aus reinem Ziegelmauerwerk.[1558] Möglicherweise bestand auch die Dominikanerkirche in Seehausen aus dem gleichen Material. Die Verarbeitung des Ziegelmaterials beherrschte man zwar bei

---

1549 Ernst Badstübner: Feldstein und Backstein als Baumaterial in der Mark Brandenburg während des 12. und 13. Jahrhunderts, in: Architectura, 24, München 1994, 34–45, hier 36; Helmut Müller: Zur Technik des romanisch-frühgotischen Backsteinbaus in der Altmark, in: Backsteintechnologien in Mittelalter und Neuzeit, hg. von Erst Badstübner, Dirk Schuhmann (Studien zur Backsteinarchitektur, Bd. 4) 2003, 53–97, hier 65.
1550 Vgl. Seite 163ff.
1551 Das heutige aufgehende Mauerwerk ist nicht mehr eindeutig der mittelalterlichen Kirche zu zuschreiben. Ein Teil könnte jedoch aus Ziegeln bestanden haben, da sich klosterformatige Steine im Sockelbereich finden lassen.
1552 Vgl. Dietrich Conrad: Kirchenbau im Mittelalter. Bauplanung und Ausführung, Leipzig 1990, 305.
1553 Vgl. Seite 190ff.
1554 Vgl. Seite 132ff.
1555 Vgl. Seite 150ff.
1556 Vgl. Seite 192ff.
1557 Vgl. Seite 56ff.
1558 Vgl. Seite 136ff., 154ff.

allen erhaltenen Kirchen gleichermaßen, jedoch nicht die Technik des regelmäßigen Mauerverbandes. In Zerbst, der ältesten nachweisbaren Franziskanerkirche im Untersuchungsgebiet, errichtete man in der ersten Bauphase (um 1235/40) einen einfachen Läuferverband mit unregelmäßig eingestreuten Bindern (Abbildung 143).[1559] Auch bei dem vollständigen Umbau in der zweiten Bauphase (gegen Anfang 14. Jahrhundert) wurde im Chorbereich kein gleichmäßiger Mauerverband ausgeführt.[1560] In Salzwedel kam in der ersten Bauphase (zweite Hälfte des 13. Jahrhunderts) ein unregelmäßiger Läufer-Läufer-Binder-Verband zur Anwendung.[1561] Das heißt, dass die Binder auf zwei folgende Läufer nicht gleichmäßig eingebunden worden sind. Die Qualität des Verbandes entspricht nicht denen nordwestdeutscher Städte wie in Lübeck.[1562] Erst bei der Errichtung des jetzigen Langchores in der dritten Bauphase (zwischen 1435/53) ist ein sauber gemauerter Läufer-Läufer-Binder-Verband mit Reihenmuster anzutreffen.[1563] Die wenigen Mauerflächen der gleichzeitigen Langhauserweiterung gestaltete man bis zum Sockelgesims ebenfalls in einem Läufer-Läufer-Binder-Verband, jedoch mit diagonalen Bindermuster. In der fünften Bauphase (um 1500) wurde das Gebäude im Läufer-Binder-Verband unter dem Breslauer Meister Simon vollendet (Abbildung 94). Dabei wurde das Mauerwerk relativ schmucklos durch die ungegliederte Ausführung betont. Ein besonderer Einfluss der schlesischen Bauweise ungegliederter monumentaler Flächen, die Alfons Märksch herausstellte, lässt sich dabei nicht feststellen,[1564] zumal die Flächigkeit der Mauern vor allem an Umgangschören und Einsatzkapellen im norddeutschen Raum weit verbreitet war. Der Mauerverband der ab 1438 errichteten Tangermünder Dominikanerkirche bestand aus einem Läufer-Läufer-Binder-Verband, dessen Binder ein Reihenmuster ergeben (Abbildung 107). Der erhaltene dreiviertelrunde Choreckpfeiler wurde in Formsteinen in Lagen aus wechselnden Läufern und dunkel glasierten Bindern errichtet. Jede Schicht wurde dabei um je einen Viertelstein versetzt, wodurch dekorative Spiralbänder entstanden (Abbildung 108). Anscheinend dominierte in der Mark Brandenburg in der zweiten Hälfte des 13. Jahrhunderts der Läufer-Läufer-Binder-Verband, der im Laufe des 14. Jahrhunderts deutlich vom Läufer-Binder-Verband abgelöst wird, während der Läufer-Läufer-Binder-Verband seltener wurde.[1565] Allerdings ist eine Datierung von mittelalterlichen Bauwerken anhand des Mauerwerkverbands aufgrund der Parallelverwendung der Verbände unsicher, so finden wir den nach 1400 zumindest in Preußen „ausgestorbenen" Läufer-Läufer-Binder-Verband, wie erwähnt, noch zwischen 1435 und 1453 an der Mönchskirche in Salzwedel.[1566] Zudem wird bisweilen gemutmaßt, dass man beim Fehlen morphologischer Stilelemente auch Ziegelhöhen für grobe Datierungen herangezogen werden können kann.[1567] Bei der Franziskanerkirche in Salzwedel unterscheidet sich jedoch das Ziegelformat des 13. Jahrhunderts nicht von dem des 15. Jahrhunderts. Lediglich größere Mauerstärken scheinen einen Hinweis auf ältere Bausubstanz zu geben.[1568] So variieren die Wandstärken in Salzwedel zwischen 1,1 Meter im 13. Jahrhundert und 0,9 Meter im 15. Jahrhundert. Dem entsprechen die 0,85 Meter Wandstärke an der Dominikanerkirche in Tangermünde.

1559 Vgl. Seite 190ff.
1560 Vgl. Seite 192ff.
1561 Vgl. Seite 132ff.
1562 Nach Karl Bernhard Kruses Beobachtungen liegen bei Lübecker Mauerverbänden die Binder je Schicht um ein Viertelstein versetzt und ergeben: a) ein paralleles Reihenmuster, b) ein Zickzackmuster und c) ein Diagonalmuster. Ders.: Zu Untersuchungs- und Datierungsmethoden mittelalterlicher Backsteinbauten in Ostseeraum, in: Archäologisches Korrespondenzblatt, Jg. 12, Mainz 1982, 555–562, hier 557.
1563 Vgl. Seite 136ff.
1564 Nach Alfons Märksch spiegelt sich in der flächigen Wandbehandlung der schlesischen Kirchen indirekter Einfluss der Bettelordensarchitektur wieder, welches wohl dem sparsamen schlesischen Formempfinden entgegenkam. Vgl. Märksch 1936, 48f.
1565 Nach Kruse wurden Läufer-Läufer-Binder-Verband und Läufer-Binder-Verband im Mittelalter parallel verwendet (1982, 555). Nach Barbara Perlich tritt in Brandenburg wohl Ende des 14. Jahrhunderts der Läufer-Binder-Verband zunächst parallel zum bereits existierenden Läufer-Läufer-Binder-Verband auf, allerdings untermauert sie die Beobachtung nicht statistisch (Wandlung von Backsteinverbänden in Mittelalter und Neuzeit, in: Backsteintechnolgien in Mittelalter und Neuzeit, hrsg. v. Ernst Badstübner; Dirk Schuhmann (Studien zur Backsteintechnologie, Bd. 4) 2003, 98–108, hier 106). Hermann kann schließlich diese These für das Ordensland Preußen statistisch verifizieren (2003, 189). Danach tritt dort seit 1250 der Läufer-Läufer-Binder-Verband auf und dominiert bis etwa 1325. Kurz nach 1300 setzt der Läufer-Binder-Verband ein und dominiert seit der zweite Hälfte des 14. Jahrhunderts deutlich. Das Aufkommen des Läufer-Läufer-Binder-Verbands tendiert schließlich in Preußen nach 1400 gegen null.
1566 Dem Anspruch von Perlich aufgrund der in den Bauphasen differierenden Verbände auch datieren zu können (2003, 107), steht der Verfasser skeptisch gegenüber. Es kann sich dabei lediglich nur um einen wagen Anfangsverdacht handelt.
1567 Eberhard Neumann hat für den niedersächsischen Raum herausgefunden, dass chronologische Aussagen vor allem anhand der Ziegeldicken feststellbar sind. Ders.: Die Backsteintechnik in Niedersachsen während des Mittelalters, in: Lüneburger Blätter, Heft 10, hg. von Gerhard Körner; Gustav Luntowski, Lüneburg 1959, 21–45, hier 25f. Zu ähnlichen Aussagen kam Kruse für Lübeck (1982, 560). Im Ordensland Preußen kommen fast alle Formate zu jeder Zeit und überall vor. Es scheinen aber zeitliche und regionale Präferenzen für verschiedene Formate statistisch fassbar zu sein. Herrmann 2003, 185ff.
1568 Vgl. Theo Engeser; Konstanze Stehr: Mittelalterliche Dorfkirchen im Teltow, in: http://www.fortunecity.de/lindenpark/tannen/100/baugeschichte/mauerwerk.htm (12.6.2004).

Exkurs: Zur Materialästhetik von Backstein und dessen Bedeutung

Bei fast allen untersuchten Kirchen verwendete man, soweit ersichtlich, regional vorhandenes Baumaterial. Die Gründe dürften einleuchten: geringerer Transportaufwand und schnellere Verfügbarkeit. Für Schmuckformen wie Fenster und Portale wurde oft ähnliches, bisweilen feinkörnigeres Material verwendet. Dies verhält sich bei Bauten des 13. Jahrhunderts mit Backsteinmauerwerk offenbar nicht so.

Wie die jüngere Forschung herausgestellt hat, wurden bei Backsteinbauten bewusste Entscheidungen bezüglich der Materialästhetik getroffen, denn in den als traditionelle Backsteingebiete geltenden Regionen Norddeutschlands existierten, entgegen früheren Behauptungen, offenbar genügend Natursteinvorkommen in Form von Feldstein, der das gesamte Mittelalter hindurch an Kirchenbauten verarbeitet wurde.[1569] Dem künstlichen Ziegelmaterial kam nach der bisherigen Forschungsmeinung aufgrund seiner der Seltenheit geschuldeten Exklusivität und der herrschaftlichen Zeichenhaftigkeit seiner roten Farbe eine besondere Bedeutung zu.[1570] Dies zeigt vorallem die Verwendung von Backstein in traditionellen Werk- oder Feldsteingebieten an territorialherrlichen Bauten wie den Apsiden der Landsberger Kapelle bei Halle der Wettiner, der romanischen Stiftskirche im thüringischen Altenburg, dem Bergfried der Königspfalz Altenburg oder der Stiftskirche in Jerichow. Gerade für die Mark Brandenburg wurde der Backstein als Material landesherrlicher Repräsentation im 13. Jahrhundert betont.[1571] Erst im 14. Jahrhundert setzte hier anscheinend ein Paradigmenwechsel ein, da nicht nur direkt mit den Landesherren in Verbindung gebrachte Bauwerke den Backstein verwendeten.[1572]

Berücksichtigt man diese Ausführungen für unsere Untersuchungsobjekte, fällt der Blick auf die erste Bauphase der Franziskanerkirche in Zerbst (um 1235/45).[1573] Man errichtete sie in Backstein auf einem hohen Feldsteinsockel (Abbildung 143). Das spätromanische Portal besteht hingegen aus einer Synthese aus größeren Feldsteinquadern für die Gewände und fein skulpturiertem Sandstein der Kapitellzone (Abbildung 145). Das Hauptmaterial der Kirche ist jedoch eindeutig das Mauerwerk aus Backstein. Im Vergleich mit märkischen Bauten mit der Verwendung Feldstein im Sockelbereich und Backstein darüber ist dies keine Besonderheit, jedoch veranlasst die frühe Bauzeit und die lokale Bautradition, die Feld- oder Bruchsteinmaterial benutzte, zu Skepsis. Die für den Kirchenbezirk Zerbst wichtige Archidiakonatskirche St. Bartholomäi wurde noch kurz zuvor in Bruchstein ausgeführt.[1574] Erst im 15. Jahrhundert errichtete man deren Langhaus oder die nicht mehr erhaltenen Giebel des Rathauses aus Backstein. Auch an der Pfarrkirche St. Nikolai wurden Ziegel erst im 15. Jahrhundert teilweise an den Fenstergewänden und vollständig an den Langhausarkaden verwendet, was die Besonderheit des Material in Zerbst noch im 15. Jahrhundert betont. St. Nikolais romanische Doppelturmanlage war hingegen vollständig aus gequaderten Feldsteinen errichtet. Auch die Turmanlage, deren Nordturm bei einer Pulverexplosion zerstört wurde, ist nach 1475 noch vollständig in Bruchstein aufgeführt worden.[1575] Die benachbarte Zisterzienserinnenkirche in Ankuhn, ein spätromanischer Bau mit polygonalem Chor aus dem 13. Jahrhundert, wurde ebenfalls in Feldstein ausgeführt. Offenbar war die frühe Verwendung von Backstein an der Franziskanerkirche für Zerbst neuartig. Das Material setzte sich am Ort an den erhaltenen Bauwerken scheinbar erst spät und nur teilweise durch. Es entsteht daher der Eindruck, dass mit der Wahl eines bis dahin nicht verwendeten Baustoffes die schlichte Saalkirche der Franziskaner gegenüber der bestehenden Kirchenarchitektur in Zerbst aufgewertet werden sollte und sich damit ein besonderer Anspruch – möglicherweise ein herrschaftlicher – der Bauherren repräsentieren ließ. Die Besonderheit des Werkstoffes wird zudem mit der zweiten Ausbauphase der Franziskanerkirche am Anfang des 14. Jahrhundert unterstrichen, da durchgängiges Ziegelmauerwerk

---

1569 Vgl. Badstübner 1994, passim; Badstübner/Böttcher 2002, passim und Matthias Müller: Farbe und Gedächtnis. Zur memorativen Funktion mittelalterlicher Materialästhetik in der Backstein- und Feldstein Architektur des südlichen Osseeraumes, in: Licht und Farbe in der mittelalterlichen Backsteinarchitektur des südlichen Ostseeraums, hg. von E. Badstübner; G. Eimer; E. Gierlich; M. Müller (Studien zur Backsteinarchitektur, Bd. 7) 2005, 212–280.
1570 Müller 2005, 215ff. mit weiterer Literatur.
1571 Vgl. Badstübner 1994, passim, Müller 2005, passim.
1572 Ebd. Man führte dies auf eine zunehmende Emanzipation der Städte zurück.
1573 Vgl. Seite 190ff.
1574 Vgl. Dehio Sachsen-Anhalt II, 1999, 935.
1575 Die Verwendung von traditionellem Material könnte vermutlich mit der Erhaltung alter Rechtsansprüche zusammenhängen, die mit den Kirchturmanlagen zusammenhängen und bei Neubauten im 15. und 16. Jahrhundert in Norddeutschland zur Wahl bewusst altertümlichen Materialästhetiken geführt haben. Vgl. Müller 2005, 271ff.

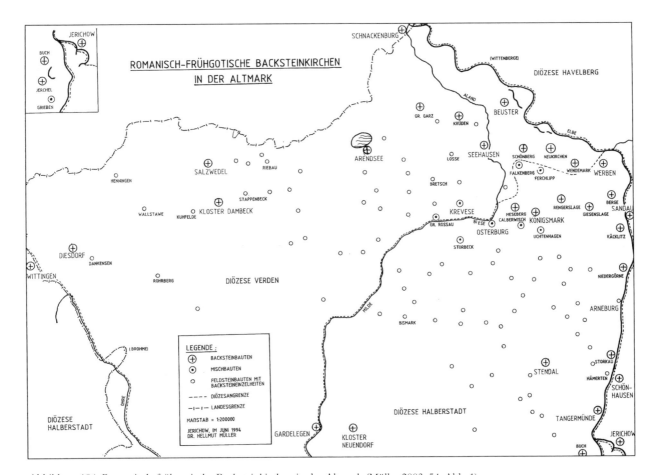

Abbildung 194: Romanisch-frühgotische Backsteinkirchen in der Altmark (Müller 2003, 54, Abb. 1).

nur an den Schauseiten des Chorbereiches verwendet wurde. Möglicherweise ging die frühe Verwendung des Backsteins an der Franziskanerkirche in Zerbst mit Veränderungen der Territorialherrschaft einher.

Hierzu soll kurz auf die topografische Situation der Backsteinbauten in der Altmark verwiesen werden. So ergaben die jüngsten Bauforschungen von Helmut Müller zur Technik des romanischen und frühgotischen Backsteinbaus einen geografischen Verteilungsplan der Feld-, Backstein und Mischbauten in der Altmark, dem man die mengenmäßige Verteilung der vorkommenden Steinmaterialien auf den ländlichen und den städtischen Kirchenbau entnehmen kann (Abbildung 194).[1576] Während im ländlichen Kirchenbau noch im 13. Jahrhundert der Feldstein überwog, dürfte hingegen im Kirchenbau der altmärkischen Städte bereits in der zweiten Hälfte des 13. Jahrhunderts der Backstein als Baumaterial dominiert haben. Quantitative Studien zum Barnim und zum Ordensland Preußen legen für diese Gebiete ähnliche Trends nah.[1577] Womit sich die Beachtung der besonderen städtischen Anwendung des Backsteins schon für das 13. Jahrhundert bestätigt.[1578] Das gilt letztlich auch für die frühen Bettelordenskirchen aus Backstein, obwohl wir in der Altmark keinen weiteren frühen Bettelor-

---

1576 Vgl. Helmut Müller: Zur Technik des romanisch-frühgotischen Backsteinbaus in der Altmark, in: Backsteintechnologien in Mittelalter und Neuzeit (Studien zur Backsteinarchitektur, Bd. 4), hg. von Ernst Badstübner, Dirk Schuhmann, Berlin 2003, 53–97.

1577 Zum Barnim Friske (2001, 395) zu den Landkirchen in Preußen Hermann (2003, 182). Dort wird der Backstein im ländlichen Kirchenbau erst nach 1300 zum dominierenden Material, zuvor ist es der Feldstein. Leider wurden weder bei Friske (2001) noch bei Herrmann (2003) trotz umfangreicher Datensammlung die zeitliche und quantitative Verteilung bei den Stadtkirchen getrennt ausgewertet oder kartographisch als Stadtkirche kenntlich gemacht. Zumindest fällt bei Herrmann (2003, 181) in der zeitlichen Gesamtauswertung (Land- und Stadtkirchen), im Gegensatz zu der Teilauswertung der Landkirchen auf, dass schon in der zweiten Hälfte des 13. Jahrhunderts der Backstein dominiert. Daher dürfte der Anteil des Backsteins, abzüglich der Daten für den ländlichen Kirchenbau, bei den städtischen Kirchen in jener Zeit gegenüber dem Feldsteins dominant gewesen sein.

1578 Vgl. Badstübner 1994, passim.

densbau bis auf die größtenteils aus diesem Material errichtete Franziskanerkirche in Salzwedel besitzen, deren Überreste frühestens in das letzte Drittel des 13. Jahrhunderts zu datieren sind.

Die geografische Verteilung der frühen Backsteinkirchen, vor allem in den Städten, bildet in der Altmark einen regelrechten Halbkreis, der von Dambeck, über Salzwedel, Arendsee, Seehausen, Beuster reicht und sich mit deutlich zunehmender Dichte von Backsteinkirchen vor allem am östlichen Ufer der Elbe nach Süden erstreckt (Abbildung 194). Die Grenzlage der Städte zu anderen Territorien ist nicht zufällig, steht sie doch offenbar im Zusammenhang mit der territorialen Sicherung durch befestigte Siedlungen der Territorialherren.[1579] Somit dürfte das Baumaterial an den Territorialgrenzen, außer dem Repräsentationsanspruch, auch den Landesausbau der brandenburgischen Markgrafen repräsentieren.[1580] Anscheinend entlehnten sie dieses Vorgehen dem ersten Backsteinbau der Altmark, der Prämonstratenserstiftskirche in Jerichow, in der wohl der Machtanspruch des Erzbistums Magdeburg am äußersten Rand seines Eigenterritoriums sichtbar wurde.[1581]

Der prinzipielle Zusammenhang zwischen der symbolischen Bedeutung des Backsteins, wie eingangs erläutert wurde, und seiner Anwendung durch die markgräflichen Landesherrschaft in territorialer Grenzlage dürfte auch für den Ordensbau der Franziskaner in Zerbst von Interesse sein, denn etwa zur selben Zeit als sich die brandenburgischen Markgrafen die Oberlehnsherrschaft in Zerbst 1253 wohl in der Auseinandersetzung mit dem Bistum Magdeburg und dem deutschen König, die ebenfalls Rechte in Zerbst besaßen, sichern konnten, geht auch die lokale Stadtherrschaft von denen von Zerbst 1266 an die Barbyer Grafen über.[1582] Die mutmaßliche Stiftung des Klosters um 1235 durch die Grafen von Barby dürfe, zumal sie noch vor der Machtübernahme des Grafenhauses in Zerbst geschah, vermutlich nur mit der Rückendeckung der Markgrafen möglich gewesen sein, so dass die erstmalige Verwendung des Backsteins in Zerbst an der Franziskanerkirche offenbar den selben „programmatischen" Hintergrund hatte wie an den frühen Backsteinkirchen in der Mark Brandenburg.

1579 Siehe Seite 310ff., Stadtausbau als Herrschaftskonsolidierung.
1580 Helmut Müller begründet dieses geographische Phänomen der territorialen Randlage der Backsteinbauten mit der späten Kultivierung der Kernbereiche, was die Grenzthese unterstreicht, aber die Frage nach der Bevorzugung von Backstein in den Randgebieten, in denen es ausreichend Feldstein gab, offen lässt. Vgl. Müller 2003, 55.
1581 Ernst Badstübner (Klosterbaukunst und Landesherrschaft. Zur Interpretation der Baugestalt märkischer Klosterkirchen, in: Architektur des Mittelalters – Funktion und Gestalt, hg. von Friedrich Möbius; Ernst Schubert, Weimar 1983, 184–239, hier 190ff.) sieht den baulichen Zusammenhang eher mit der markgräflichen Vogtei über Jerichow, jedoch wurde das Stift auf dem Gebiet des Erzbistums errichtet.
1582 Vgl. Schwineköper, Historische Stätten 11, 1987, 523.

Dachwerke

Ein Großteil der mittelalterlichen Dachsubstanz der untersuchten Kirchen ging zusammen mit den Bauwerken in Magdeburg, in Seehausen und Tangermünde und in Burg und Quedlinburg verloren. Viele Dachwerke wurden zudem in späterer Zeit erneuert wie die Dachwerke der halleschen Dominikanerkirche und der Franziskanerkirchen in Aschersleben, Barby und in Zeitz, wodurch der kontruktive Zusammenhang von Unterbau und Dachkonstruktion nur noch anhand von Analogien rekonstruiert werden kann. Da der Verfasser aufgrund der Bandbreite der Fragestellungen darauf verzichten musste, eigene Pläne der Dachwerke zu erstellen,[1583] kann der kurze Abschnitt über die Konstruktionen der grundsätzlich als Satteldächer errichteten Kirchendächer nur einen oberflächlichen Einblick geben.

Die Dachwerke der ältesten Bettelordenskirchen sind uns im Untersuchungsgebiet nicht überliefert. Nur bei wenigen Kirchen können wir aufgrund der Raumkonstruktion gewisse Aussagen zum Dachwerk treffen. Die um 1255/65 entstandene Saalkirche der Franziskaner in Zeitz besaß offensichtlich aufgrund der über die Traufe in den Westgiebel ragenden Fenster ein Kehlbalkendach, welches die Konstruktion einer Holztonne trug, wie es im benachbarten Thüringen verbreitet ist (Abbildung 131).[1584] Da Kehlbalkenkonstruktionen im 13. Jahrhundert nicht nur in Mitteldeutschland vorherrschen, kann eine derartige Konstruktion in Kombination mit einer flachen Decke für die Franziskanerkirche in Barby vermutet werden (Abbildung 14).[1585] Das zerstörte Hallendachwerk der Franziskanerkirche St. Andreas in Halberstadt ist uns durch Querschnittzeichnungen des 19. Jahrhunderts ansatzweise bekannt (Abbildung 36). Das Mittelschiff besaß demnach ein traditionelles Kehlbalkendach mit doppelter Kehlbalkenlage, das mit Kreuzstreben verstärkt wurde. Über den Seitenschiffen befanden sich einfach ausgesteifte Schleppdächer. Das Dachwerk über dem Chor wird, der einheitlichen Firstlinie und seiner früheren Entstehung nach, wohl die gleiche Konstruktion wie über dem Mittelschiff besessen haben.

Ein Kehlbalkendach mit angeplatteten Kreuzverstrebung findet man auch an der Franziskanerkirche in Aschersleben (Abbildung 4 und 195). Angeregt durch die stilkritische Datierung des Bauwerkes um 1240/50 wurde eine Untersuchung des Dachwerkes durchgeführt, die jedoch eine Errichtung im 13. Jahrhundert ausschloss.[1586] Die Kartierung der Abbundzeichen ergab drei relativ regelmäßige Abbundeinheiten und verwies auf das späte 13. Jahrhundert.[1587] Die Vermutung konnte schließlich durch die einheitliche dendrochronologische Datierung der Tannenhölzer in den Winter 1307/08 präzisiert werden.[1588] Da die Hölzer sichtbar saftfrisch verbaut waren, wird die Errichtung des Dachwerkes wohl spätestens 1308 erfolgt sein. Insgesamt besitzt die Konstruktion 34 Gespärre, bei der je fünf Leergespärre auf die in den Dachraum ragenden Gewölbekappen Rücksicht nehmen. Zwischen diesen stehen jeweils drei Vollgespärre. Am Übergang von Laien- und Chorbereich vom dritten zum vierten Joch befinden sich noch die Sassen einer Dachreiterkonstruktion.[1589] Die Gründe für die Errichtung des jüngeren Dachwerks sind nicht klar ersichtlich. Weder

---

1583 Die Beschreibungen bauen zumeist auf älterem Planmaterial auf, das im Bezug auf die Darstellung der mittelalterlichen Holzverbindungen recht ungenau ist. Man mag dies bemängeln, jedoch muss bedacht werden, dass für die Dachwerke der mitteldeutschen Bettelordenskirchen kaum zugängliche gefügekundliche beziehungsweise dendrochronologische Untersuchungen existieren. Die Veröffentlichung der Forschungsprojekte zur mitteldeutschen und fränkischen Dachwerken von Manfred Schuller und Thomas Eißing (Bamberg) lassen zumindest im Vergleich einigen Aufschluss erhoffen. Diesbezüglich sei auf die 2004 abgeschlossene Dissertation von Thomas Eißing über thüringische und südsachsen-anhaltische Dachwerke des Mittelalters hingewiesen. Die Dissertation von Frank Högg zu den mittelalterlichen Dachwerken im nördlichen Bereich Sachsen-Anhalts steht noch aus.

1584 Nachweisbare Holztonnenkonstruktionen über einschiffigen Kirchen finden sich in Thüringen an der Ostklausur der Predigerkirche in Erfurt, über der Franziskanerkirche in Saalfeld, an der Kaufmannskirche und Lorenzkirche in Erfurt, über dem Chor der Bonifatiuskirche in Bad Langensalza. Eißing 1996, 29ff.

1585 Vgl. Binding 1991, 63ff.

1586 LDASA, Thomas Eißing: Dendrologischer Bericht Aschersleben Franziskanerkirche, 27.10.2004.

1587 Die Kartierung und Untersuchung wurde von Dr. Thomas Nitz, Ing. Frank Högg M.A. und dem Verfasser durchgeführt.

1588 Eißing: Bericht Aschersleben, siehe Anm. 1586

1589 Vgl. Seite 221f.

Abbildung 195: Aschersleben, Franziskanerkirche, Dachwerk von Westen (Foto: Todenhöfer 2003).

kann eine Zerstörung eines älteren Dachwerks nachgewiesen werden, noch legt der Bauzusammenhang nach bisheriger Erkenntnis eine Veränderung am Kirchenbau nah.[1590] Vielleicht musste das Dachwerk im Zusammenhang der Einwölbung in der ersten Hälfte des 14. Jahrhunderts erneuert werden, jedoch war diese schon um 1240/50 vorgesehen. Die Konstruktion des kreuzbandverstrebten Kehlbalkendaches ist offenbar zeitkonform wie die Vergleiche im nahen Halberstadt zeigen.[1591] Ansonsten lassen sich bei den untersuchten Objekten nur spätmittelalterliche Dachkonstruktionen nachweisen, bei denen die Kehlbalkenkonstruktionen mit Ständerwerk versehen wurden. Solche Stuhlkonstruktionen stammen vermutlich aus dem Hausbau, wo die Kehlbalkenebenen zu Lagerzwecken genutzt wurden.[1592]

Die ältesten Stuhldachwerke im Untersuchungsgebiet sind möglicherweise die über dem dreischiffigen Langhaus der Dominikanerkirche in Halberstadt (Abbildung 26). Eine gefügekundliche und dendrochronologische Untersuchung konnte leider nicht durchgeführt werden, jedoch geht ein Konstruktionswechsel mit den festgestellten Bauphasen konform: erste Phase (Ende 14. Jahrhundert) bis zum vierten Joch; zweite Phase (1. Hälfte 15. Jahrhundert) ab dem vierten Joch bis zum Polygon und dritte Phase (um 1510) Chorpolygon. In der ersten Phase errichtete man ein schiffsübergreifendes Sparrendach mit doppelter Kehlbalkenlage. Zwischen Binder und erstem Kehlbalken wurde drei Stuhlsäulen eingestellt, deren äußere durch Kopf- und Fußstreben gesichert sind. Die mittlere Stuhlsäule geht bis zum Hahnenbalken durch. Über den Seitenschiffen zog man indes nur die Sparren bis auf die Traufe auf einen in der Scheidmauer sitzenden Sattelbalken durch. An diese Konstruktion, welche vielleicht aufgrund des verzögerten Weiterbaus zeitweilig separat stand,[1593] schließt sich in der zweite Phase in gleicher Breiten- und Höhenausdehnung eine andere Konstruktion an. Während in der ersten Phase das Dach eine einheitliche schiffsübergreifende Konstruktion bildete, wurde nun zunächst das Mittelschiff separat mit einem doppelten Kehlbalkendach versehen, welches einen doppelten stehenden Stuhl erhielt. Zwischen die Kehlbalken stellte man wiederum eine Stuhlsäule ein. Die Stuhlsäulen wurden mit Kopfstreben und Steigbändern gesichert. Die Seitenschiffe überdachte man nun mit Schleppdä-

---

1590 Bei einer kürzlichen Mauerkronensanierung wurden die Oberflächen komplett verputzt. Zudem fanden sich keine zweit verwendeten Hölzer.
1591 Zur zeitlichen Verbreitung ähnlicher Dachkonstruktionen: Binding 1991, 63ff.
1592 Zu Stuhlkonstruktionen in Wittenberger Bürgerhäusern: Mannewitz 1914, 42ff.
1593 Eventuell erhielt der Dachabschnitt eine Bretterwand, wie die Predigerkirche in Erfurt am Übergang vom 5. zum 6. Joch. Vgl. Eißing 1996, 27f.

chern, deren mit Pfosten abgesteifte Sparren bis kurz unter den First gezogen wurden, um so die für den Anschluss an das ältere Dach erforderliche Neigung der Dachfläche zu erhalten. Über dem Chor erhebt sich ein doppeltes Kehlbalkendach mit einem durch Kopfstreben gesicherten zweifach stehenden Stuhl. Bei der Überdachung des Polygons beschränkte man sich lediglich darauf, zwei Grat- und einen Scheitelsparren gegen das Anfallgespärre zu stellen.

Zwei eigenständig entstandene, jedoch miteinander verwandte Konstruktionen finden wir auch in der Salzwedeler Mönchskirche. Das ältere Dachwerk über dem Langchor wurde der Bauchronologie zufolge um 1450 errichtet. Es ist ein dreifaches Kehlbalkendach mit Kreuzstreben und einfachen stehenden Stuhlsäulen in den Kehlbalkengeschossen. Die imposante Dachkonstruktion (um 1500) über dem Langhaus besteht aus einen gut 17 Meter hohen vierfachen Kehlbalkendach mit dreifach stehendem Stuhl bis zum zweiten Kehlbalken und langen annähernd sparrenparallel geführten Kopfbändern, welche kurz unter dem zweiten Kehlbalken die äußeren Stuhlsäulen versteifen (Abbildung 85). Diese parallelen Kopfbänder findet man in ähnlicher Ausführung auch um 1500 bei St. Blasien in Hannoversch Münden.[1594] Zwischen dem zweiten und dritten Kehlbalken ist mittig eine Stuhlsäule eingefügt und die Sparren sind in diesem Bereich durch Kreuzbänder gesichert. Zusätzliche Sicherung durch ein zweites Kopfband erhielten die beiden Stuhlsäulen des Hauptschiffes. Dadurch entstand genügend Stabilität für den annähernd symmetrischen kraftneutralen Oberbau trotz der asymmetrischen Unterkonstruktion der Kirche. Die Konstruktion über dem Hauptschiff orientiert sich ansonsten an dem Dachwerk des Chores. Man stützte die Zerrbalken über dem Hauptschiff durch zusätzliche diagonale Stützen ab, die in den Sargmauern eingelassen sind und die wiederum die Stuhlsäulen über den Leergespärren tragen.

Das Dachwerk des Hallenser Domes wurde nach chronikalischer Überlieferung ab 1524 errichtet und gehört zu den Ausbauten der ehemaligen Dominikanerkirche unter Kardinal Albrecht (Abbildung 45).[1595] Das Holz zu diesem Dach wurde 1518/20/21 (d) geschlagen.[1596] Es handelt sich hier um ein auf das Mittelschiff beschränktes Satteldach mit liegenden Stuhlsäulen unter den Kehlbalken. Es besitzt 59 Gespärre mit 24 Binderebenen, und je acht quer zur Gebäudeachse gereihte Zwerchhäuser über den Seitenschiffsjochen. Die Bauphasen am Westgiebel der heutigen Domkirche sprechen für zwei Vorgängerdächer. Das erste Dach, welches dem heutigen von 1524 sehr ähnlich war, bestand aus einem Mittelschiffssatteldach und quergestellten Zwerchhäusern. Demnach eine Dachform, die bei Hallenkirchen des 13. und frühen 14. Jahrhundert in dieser Region verbreitet war.[1597] Das zweite Dach war als schiffsübergreifendes Satteldach geplant gewesen. Thomas Eißing schließt aufgrund zeitgleicher, aber im heutigen Dachwerk zweitverwendeter Bauhölzer, die Merkmale einer schiffsübergreifenden Satteldachkonstruktion aufweisen, auf einen Planwechsel der begonnenen Konstruktion während der Sanierung ab 1524. Offenbar stand diese Änderung im Zusammenhang mit der Wahl des für die mitteldeutsche Frührenaissance bemerkenswerten Giebelkranzes der Stiftskirche aus Welschen Giebeln (Abbildung 43).

Die schlichte Satteldachkonstruktion der Franziskanerkirche in Zeitz besteht aus einem einfachen Kehlbalkendach mit liegenden Stuhlsäulen. Das Holz für den Langhausbereich ist 1515/16 (d) und das für den Chor 1516/17 (d) geschlagen worden.[1598] Über dem 35 Gespärre zählenden Langhaus wurden nur aller drei Gespärre Binder eingezogen. Über dem westlichen Joch musste aufgrund der hohen Gewölbekappen die Binderebene auf Sattelhölzern angehoben werden. Die Gespärre des Chorbereichs entsprechen wesentlich, bis auf Details im Sparrenfußbereich, denen des Langhauses, allerdings wurden hier die Binderebenen aufgrund der höheren Gewölbekappen vollständig angehoben. Dort sind anstatt der Zerrbalken Zughölzer oberhalb der Sparrenknechte mit den Stuhlsäulen und Sparren verblattet worden. Für die Aufnahme der Gratsparren des Polygons errichtete man einen Kaiserstiel, allerdings führte man die Stuhlkonstruktion nicht unter den Walmseiten fort wie am Naumburger Dom, sondern zapfte lediglich die Walmsparren in die Sattelhölzer und sicherte sie durch Sparrenknechte.

1594 Vgl. Binding 1991, 126, Abb. 150 (nach Ostendorf 1908, Abb. 116). In seinem Buch findet sich leider kein Beispiel leicht asymmetrischer Dachwerkskonstruktionen, wie sie bei zweischiffig asymmetrischen Kirchen vorkommen.

1595 Hans-Joachim Krause: Die Kirche des „Neuen Stifts" in Halle und die Schloßkirche in Wittenberg 1994, in: Cranach: Meisterwerke auf Vorrat, hg. von Andreas Tacke, München 1994, 21–36.

1596 Ich danke Dr. Thomas Eißing (Bamberg) für die freundliche Bereitstellung seiner Texte.

1597 Die Dächer der Magdeburger Stadtpfarrkirchen oder der Pfarrkirchen in Braunschweig weisen vergleichbare Konstruktionen auf.

1598 LDASA, Thomas Eißing: Franziskanerkloster Zeitz. Bauhistorische Dachwerkuntersuchung, Univ. Bamberg 1996.

Die Gratsparren wurden durch Zughölzer gesichert, die man bis zur zweiten beziehungsweise vierten Binderebene durchzog.[1599]

Einfache Kehlbalkendächer mit liegenden Stuhlsäulen finden beziehungsweise fanden sich noch an der Franziskanerkirche in Barby und an der Franziskanerkirche in Wittenberg. Diese zeugen von einer späten Entstehung der Konstruktionen im ausgehenden 15. und im 16. Jahrhundert (Abbildung 14 und 120).[1600] In Wittenberg waren den überlieferten Bauzeichnungen zufolge, zudem Hängesäulen bis zu den mittleren Kehlbalken abgehängt und die Zerrbalkenlagen angehoben worden.[1601] Es handelte sich bereits um eine ausgeprägte Konstruktion des liegenden Stuhls, die ihre Entstehung dem Profanbau und der Schaffung von Lagerfläche verdankt.[1602] Da die Kehlbalkenlagen der Wittenberger Kirche an den Giebelfenstern ausgerichtet waren, wird die Speicherfunktion dieser Dachkonstruktion klar erkennbar.[1603] Daher wird das Dach erst nach der Profanierung des Klosters 1537 zu einem Proviantlager entstanden sein.

Es lässt sich konstatieren, dass die Entwicklung von einfachen kreuzverstrebten Kehlbalkendächern zu Stuhlkonstruktionen verläuft, die offenbar dem Profanbau entlehnt wurden. Bis auf die frühen Holztonnenkonstruktionen, die selbst den Kirchenraum entscheidend prägten, kommt es bei den untersuchten Kirchen erst ab 1300 in Aschersleben zu einer konstruktiven Verschränkung zwischen Gewölbebau und Dach. Durch die Reduzierung auf wenige Vollgespärre konnten die Gewölbe in den Dachraum gezogen werden und damit Mauerwerk für die Außenwände eingespart werden. Gerade bei den stark gebusten Gewölben der Salzwedeler Mönchkirche wird die Dachkonstruktion auf den Raum abgestimmt.

1599 Ebd.
1600 Vgl. Binding 1991, 159ff.
1601 Vgl. RaA Wittenberg, Urbarium 9 Bb 6, fol. 333.
1602 Vgl. Mannewitz 1914, 42ff.
1603 Für den Hinweis danke ich Dr. Thomas Eißing (Bamberg).

Gewölbe

Viele Gewölbeplanungen zerstörter Kirchen lassen sich nur über die in den Plänen überlieferten Strebepfeiler rekonstruieren. So besaß die dreischiffige Hallenkirche der Dominikaner in Seehausen nach den Stichen von Merian 1653 und Petzold 1710 einen kompletten Strebepfeilerkranz (Abbildung 96).[1604] Gewölbe sollen auch nach chronikalischer Überlieferung in der Kirche existiert haben. Bei zwei der mehrschiffigen Kirchen mit Strebe- und Stützpfeilern, den Langhäusern der Dominikanerkirche in Halberstadt und der Franziskanerkirche in Halle, sind allerdings Gewölbe anscheinend nicht ausgeführt worden, dürfen jedoch als geplant angenommen werden.[1605] Für die Dominikaner- und die Franziskanerkirche in Magdeburg sind ebenfalls Strebepfeiler am Außenbau nachgewiesen. Während Gewölbe für die Magdeburger Franziskanerkirche durch einen fotografischen Hinweis zumindest nicht ausgeschlossen werden können, da schemenhaft Gewölbeabrissspuren in der ehemaligen Ruine erkennbar sind (Abbildung 69),[1606] schweigt das Quellenmaterial zur Dominikanerkirche.[1607] Bei den weiteren überlieferten Gewölben handelt es sich ausschließlich um Kreuzrippengewölbe. Die frühesten Hinweise für eine Planung von Kreuzrippengewölben finden sich um 1240/50 an der Franziskanerkirche in Aschersleben. Die überkommenen Gewölbe entstanden allerdings erst Anfang des 14. Jahrhunderts, jedoch sind quadratische Gewölbejoche bereits mit den Wandvorlagen und den flachen Strebepfeilern an den Außenseiten bauzeitlich vorgegeben worden. Die Gewölbe der großen Hallenkirchen der Dominikaner in Halle und Franziskaner in Halberstadt entstanden wohl sukzessive ab Anfang des 14. Jahrhunderts. Die Datierung der in den Zeichnungen überlieferten Gewölbe im Langhaus der Franziskanerkirche in Wittenberg erfolgt lediglich über zwei erhaltene figürlich verzierte Gewölbekonsolen in die erste Hälfte des 15. Jahrhunderts.[1608] Die weiteren Gewölbe entstanden ebenfalls ab dem 15. Jahrhundert: so im Chor der Franziskanerkirche in Salzwedel, in der Franziskanerkirche in Zeitz um die Mitte des 15. Jahrhunderts und im Chor der Dominikanerkirche in Halberstadt gegen Anfang des 16. Jahrhunderts. Das Langhaus der Franziskanerkirche in Salzwedel konnte frühesten Anfang des 16. Jahrhundert gewölbt werden, wie die Emporengewölbe im sekundär zum Saal geöffneten Seitenraum der Franziskanerkirche in Zeitz.

Für die in der ersten Hälfte des 13. Jahrhunderts entstandenen Kirchenbauten der Dominikaner in Halberstadt, der Franziskaner in Zerbst und die Saalbautenbauten der zweiten Hälfte des 13. Jahrhunderts der Franziskaner in Barby, Burg und Salzwedel sowie dem Langhaus in Zeitz sind keine Gewölbe nachgewiesen. Für Zeitz dürfte aufgrund der bis in den Giebelbereich aufragenden Westfassadenfenster und Putzresten ein hölzernes Tonnengewölbe, wie es in Saalfeld existierte, vorhanden gewesen sein. In Zerbst und Salzwedel waren aufgrund der niedrigen Traufhöhen ebenfalls Holztonnen möglich. Die aufgeführten Bauten zeugen von der Ablehnung von Gewölben bei den Bettelorden im 13. Jahrhundert zumindest über den Laienbereichen.[1609]

Gewölbekonsolen, Rippenprofile und Schlusssteine

<u>Gewölbekonsolen:</u> Ornamental beziehungsweise figürlich gestaltete Gewölbekonsolen sind in den untersuchten Kirchen sehr selten und zumeist nur fragmentarisch erhalten. Die Ausstattungen der Dominikanerkirche in Halle und der Franziskanerkirche

---

1604 Siehe Seite 193ff.
1605 Siehe Seite 68ff., 96ff.
1606 Siehe Seite 111ff.
1607 Eine jüngere Nachricht zu Gewölben in der Magdeburger Dominikanerkirche ist weder stichhaltig, noch belegt. Ralph Meyer behautete die Existenz von Gewölben, erwähnt jedoch nur die bei Ausgrabungen in der Deutsch-Reformierten Kirche gefundenen Pfeilerfundamente. Vgl. Meyer 1914, 101.
1608 Sehr ähnliche Konsolbüsten mit Laubwerk finden sich allenthalben im Langhaus der Stadtpfarrkirche St. Marien. Es ist zu vermuten, dass derselbe Meister die Konsolen sowohl in der Franziskaner- als auch in der Stadtpfarrkirche schuf.
1609 Siehe Seite 219ff., Gewölbebau – Regelung und Ausnahmen.

Abbildung 196: Halle, Dominikanerkirche, Chordienstkapitell (Foto: Todenhöfer 2003).

Abbildung 197: Halle, Dominikanerkirche, abgekragtes Diensbündel zwischen 5. und 6. Joch der südlichen Seitenschiffswand (Foto: Todenhöfer 2003).

in Halberstadt mit Gewölben und figürlichen Gewölbekonsolen sind einzigartig im Untersuchungsgebiet und unterstreichen den besonderen Repräsentationsanspruch der Architekturen.[1610] In Halberstadt haben sich nach den Zerstörungen im Zweiten Weltkrieg nur die Dienstkapitelle im Chor und an den Wänden des Langhauses der Franziskanerkirche erhalten (Abbildung 37). Die Pfeilerkapitelle gingen verloren. Für Wittenberg sind zwei Konsolmasken nachgewiesen, die sich jedoch nicht mehr in situ befinden (Abbildung 118 und 199). In Zeitz ist nur eine äußerst schlichte Maskenkonsole figural gestaltet (Abbildung 200). Es zeigt sich also insgesamt eine äußerst sparsame Dekoration, die auf die ordensinterne Zurückhaltung bei der Architekturausstattung zurückzuführen ist.[1611]

Die frühesten Gewölbevorlagen finden sich in der Aschersleber Franziskanerkirche. Auf rechteckigen gestuften Wandvorlagen sitzen ausladend profilierte und verkröpfte Kämpferplatten, die aus einer Wulst, tiefer Kehlung, Wulst und oberen Platte gebildet werden (Abbildung 9). Die schlichte Form, die im romanischen Gewölbebau Verbreitung findet, ist schwer datierbar, da sie zwischen 1150 und Anfang des 13. Jahrhunderts eine lange Laufzeit besitzt. Ihre geografisch und zeitlich nächsten Entsprechungen finden sich anscheinend in den Gewölbevorlagen des Magdeburger Domchorumgangs in den späten 1220er Jahren, in den Kämpferplatten im Nordseitenschiff des Naumburger Doms und den verkröpften Kapitelplatten des Westportals des Halberstädter Doms, die

---

1610 Siehe Seite 328ff., Architektur als Stifterrepräsentation.

1611 Siehe Seite 197ff., Bauvorschriften und Bauverhalten.

man in die späten 1230er Jahre datieren kann.¹⁶¹² Da diese Gewölbevorlagen zusammen mit den gestaffelten Dreifenstergruppen an den Längsseiten, wie sie an den Franziskanerkirchen in Schwäbisch-Gmünd (um 1240/50) und Prenzlau (um 1240/50) oder am Chorobergaden der Zisterzienserkirche in Riddagshausen (um 1240/50) auftreten, errichtet worden sind, dürfte ihre Entstehung um 1240/50 wahrscheinlich sein.

Der Formenreichtum der halleschen Dominikanerkirche ist im Vergleich zu den anderen Bettelordenskirchen auffallend und ein deutliches Beispiel für den Wandel in der Bettelordensarchitektur kurz vor 1300.¹⁶¹³ Die Konsolplastik lässt sich entsprechend der beiden Hauptbauabschnitte grob in zwei Gruppen einteilen.¹⁶¹⁴ Eine geschlossene Gruppe befindet sich im Chor (Abbildung 196), in den Ostecken der Seitenschiffe sowie an den drei westlich folgenden Jochen der Südwand (Abbildung 197). Es handelt sich um Kelchkapitelle mit aneinander gereihten Laub- oder Krabbenbesatz, deren Größe vom Durchmesser der Dienste abhängig ist. Ein wiederkehrendes Hauptmerkmal der Kapitelle ist der Halsring wie die polygonal gebrochenen Deckplatten der Langhauskonsolen mit ihren hervorkragenden mehrfach gestuften Profilen.¹⁶¹⁵

Am Konsolblattwerk lassen sich leichte Anklänge an die Qualität Naumburger Formen erkennen, bei denen unter dem botanisch exakten Blattwerk die Kelchform des Kerns sichtbar bleibt, wie sie am Achteckbau (um 1270/80) oder dem Lettner des Meißner Doms bis in die 1290er Jahre noch verwendet wurden.¹⁶¹⁶ Jedoch ist die genaue Nachahmung zugunsten eines beispielsweise schematisierten Efeulaubes gewichen. Den Knospenkapitellen vergleichbare Stücke finden sich in der Schlosskapelle in Marburg und in der

---

1612 Zu Magdeburg: Dehio Sachsen-Anhalt I, 2002, 539; zu Naumburg: Dehio Sachsen-Anhalt II, 1999, 587; zu Halberstadt: Dehio, Sachsen-Anhalt I, 2002, 316; Bernd Nikolai: Die Stellung des Halberstädter Westbau in der Architektur des frühen 13. Jahrhunderts, in: Halberstadt. Studien zu Dom und Liebfrauenkirche (Abhandlungen der Sächsischen Akademie der Wissenschaften zu Leipzig, Philologisch-historische Klasse, Bd. 74, Heft 2), Berlin 1997, 43–59.

1613 Siehe Seite 223ff., Architektonischer Wandel im letzten Viertel des 13. Jahrhunderts; Seite 237ff., Monumentalisierung und Formalisierung um 1300.

1614 Vgl. Eisentraut 1990, 92.

1615 Das Profil besteht von oben nach unten aus: Platte, Wulst, Kehle, Wulst und einer zweiten Wulst.

1616 Vgl. Heinrich Magirius: Architektur und Skulptur des Meißner Domes im 13. und 14. Jahrhundert, in: Forschungen zur Bau- und Kunstgeschichte des Meißner Domes, Bd. 2, Weimar 2001, 133–160. hier 138ff. und ders.: Zum Stil des hochgotischen Lettners, Baugeschichtliche Zusammenhänge des Achteckbaus, in: ebd., 287–309, hier 300.

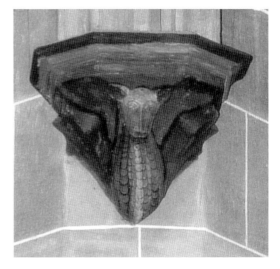

Abbildung 198: Halle, Dominikanerkirche, Gewölbekonsolen, oben: südlicher Mittelschiffspfeiler, 4./5. Joch außen; Mitte: südlicher Mittelschiffspfeiler, 3./4. Joch innen, unten: nördlicher Mittelschiffspfeiler, 5./6. Joch innen (Fotos: Todenhöfer 2003).

Klosterkirche in Haina.[1617] In den östlichen Seitenschiffsecken kommen zudem Kapitelle mit figürlichen Darstellungen vor. Die Gruppe kann insgesamt noch in das 13. Jahrhundert datiert werden.[1618]

Die nächste Gruppe umfasst die Kapitelle des Langhauses. Sie sind aufgrund des Bauablaufes zeitlich später anzusetzen,[1619] wobei die Gestaltungen abwechslungsreich ausfallen. Es finden sich reine Blattkapitelle, von denen sich Efeu-, Wein- und Eichenlaub oder Beifuss und Zaunrübe botanisch bestimmen lassen,[1620] Tierkapitelle, mehrfigurige Kapitelle, Blattmasken und Ornamentkapitelle (Abbildung 198). Da die Anordnung weder ein ikonografisches Programm noch stilistische Unterschiede erkennen lassen, ist eine Vorfertigung der Stücke zu vermuten.[1621] Im Gegensatz zu den schlanken Kelchformen des Chores sind die Langhauskonsolen korbförmig gestaltet. Vergleiche für die Fabeltiere finden sich in den Wasserspeierkonsolen an der Marburger Elisabethkirche; Fabeltiergruppen am Nordhäuser und dem Brandenburger Dom. Die Blattkapitelle und Blattmaskenkapitelle entsprechen denen des Lettners der Marburger Elisabethkirche und der Schlosskapelle.[1622] Den genannten Vergleichen können noch die Langhauskonsolen der Jakobikirche und Marienkirche in Mühlhausen aus dem ersten Drittel des 14. Jahrhunderts als ähnlich gestaltete Beispiele beigefügt werden.[1623] Die Faltenkapitelle mit den genasten Spitzbögen sind hingegen häufig anzutreffen. Man findet sie beispielsweise an den Dominikanerkirchen in Prenzlau und Brandenburg, den Zisterzienserklöstern in Riddagshausen und Ebersbach sowie im Hochschiff des Magdeburger Domes. Die Vergleiche legen eine Datierung in das erste Drittel des 14. Jahrhunderts nah. Lediglich eine Konsole in der Nordostecke des südlichen Seitenschiffes ist aufgrund der figürlichen Form und der weit auskragenden Deckplatte später zu datieren. Die Komposition aus Kopf, darüber liegenden Blätterkranz und Deckplatte entspricht näherungsweise den Konsolen der ersten Hälfte des 15. Jahrhunderts aus der Stadtpfarrkirche und der Franziskanerkirche in Wittenberg. Auch die Kopftracht des Männerkopfes aus einem gebauschten turbanartigen Tuch ist erst in der ersten Hälfte des 15. Jahrhundert in Gebrauch. Die Konsole wurde demnach sekundär

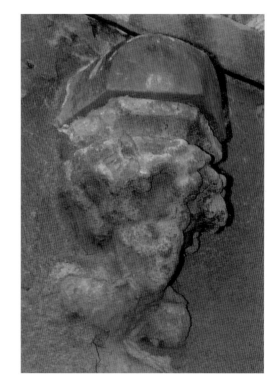

Abbildung 199: Wittenberg, ehemaliges Stadthaus, Ostseite, Gewölbekonsole der Franziskanerkirche (Foto: Todenhöfer 2004).

eingefügt. Insgesamt besitzen wir für die Konsolplastik des 14. Jahrhunderts keine innerstädtischen Vergleiche. Offenbar besaß die Dominikanerkirche daher und ihrer Größe wegen ein gesteigertes Anspruchsniveau innerhalb der städtischen Architektur.[1624]

Mit den schlichten halleschen Chor- und Südseitenschiffsformen sind die etwas später entstandenen Dienstkonsolen beziehungsweise Dienstkapitelle der Halberstädter Franziskanerkirche (ab 1289 bis um 1340/50) verwandt. Soweit die Formen aufgrund der Kriegszerstörungen erhalten beziehungsweise rekonstruierbar sind, handelt es sich um relativ einheitlich gestaltete Kelchkapitelle, deren Laubbesatz wie in Halle nicht vollplastisch exakt, sondern stilisiert ausgearbeitet sind. Es lässt sich feststellen, dass die polygonal gebrochenen Deckplatten in Halberstadt etwas weniger über den Kelchbereich vorkragen, die Gestaltung jedoch betonter als in Halle wirkt, dass das Laubwerk

---

1617 Eisentraut 1990, 94.
1618 Ebd., 99.
1619 Ebd., 93.
1620 Zu botanisch bestimmbaren Bauornamentik des Mittelalters: Lottlisa Behling: Die Pflanzenwelt der mittelalterlichen Kathedralen, Köln/Graz 1963.

1621 Eisentraut 1990, 99.
1622 Beispiele ebd., 98f.
1623 Vgl. Wedemeyer, Bd. 2, 1997, Abb. 934–941 und 1077–1089.
1624 Siehe Seite 328f., Architektur als Stifterrepräsentation.

 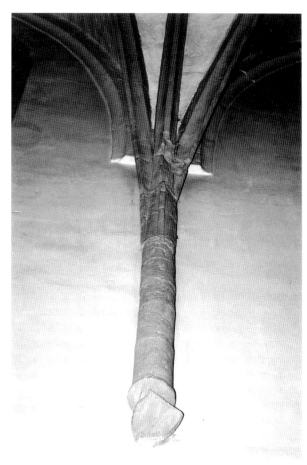

Abbildung 200: Zeitz, Franziskanerkirche, Gewölbekonsolen am südlichen Wandpfeiler 3./4. Joch im Langhaus (Foto: Pieper, Pieper/Einhorn 2005, 141).

Abbildung 201: Halberstadt, Dominikanerkirche, abgekragter Dienst an der südlichen Chorwand (Foto: Todenhöfer 2004).

plastischer elaboriert ist. Der Kelchkörper der Knospenkapitelle tritt hingegen nur vereinzelt sichtbar hervor. Die Zweizonigkeit des Blattdekors oder Chorkapitelle scheint auf die Laubkapitelle der westlichen Langhausjoche des Halberstädter Domes bezugzunehmen. Bei den abgekragten Dienste des Langhauses treten, soweit rekonstruierbar,[1625] Faltenkonsolen auf, wie sie beispielsweise in Halle nachweisbar sind. Der zerstörten Franziskanerkirche in Wittenberg konnten zwei figürliche Gewölbekonsolen zugewiesen werden. Eine befindet sich derzeit in einem schlechten Zustand, aufgrund der Vermauerung im Außenbereich des ehemaligen Stadthauses (Abbildung 199). Das gut erhaltene Pendant wird im Luthermuseum der Stadt aufbewahrt (Abbildung 118).[1626] Die Konsolfiguren bestehen jeweils aus Schulteransatz samt Kopf mit spätmittelalterlicher Haartracht. Darüber erheben sich ein Laubkranz und eine polygonal gebrochene Deckplatte. Diese Form entspricht exakt den Gewölbekonsolen aus der Wittenberger Stadtpfarrkirche St. Marien, die aufgrund der Kirchweihe 1439 um 1430/35 datiert werden.[1627] Offensichtlich war hier ein und derselbe Steinmetz am Werk. Entsprechend zeitnahe Vergleiche finden sich in der Parler-Rezeption in der Moritzkirche

---

1625 Die Dienste der Langhauswände sind noch erhalten. Die Dienste des Mittelschiffs sind zumindest in den letzten Jochen auf Fotografien des LDASA erkennbar. Die Seitenschiffsdienste lassen sich an den Langhauspfeilern hingegen kaum rekonstruieren. Sie dürften sich allerdings kaum von den anderen unterschieden haben.

1626 Vgl. Bellmann/Harksen/Werner 1979, 199 und Abb. 20.
1627 Ebd., 167 und 199.

in Halle (ab 1388) und dem verwandten Chorbau der Marienkirche in Bernburg (1420/40).[1628]

Die zu Dreiergruppen angeordneten Gewölbekonsolen der Franziskanerkirche in Zeitz besitzen eine äußerst einfache Kegelform, deren Kennzeichen der doppelte Schaftring ist. Nur eine einzige dieser Konsolen ist andeutungsweise als menschliches Antlitz gestaltet (Abbildung 200). Alternierend treten einfache Kämpferplatten auf. Nach der Altarweihe 1447 im Chor sind die schlichten Konsolen wohl vor der Mitte des 15. Jahrhundert entstanden.

Die spätgotischen Backsteinkonsolen der Bettelordenskirchen in Tangermünde (ab 1438) und Salzwedel (1435/53) besitzen ebenfalls sehr zurückhaltende Gestaltungen. In Salzwedel treten sie als Faltenkonsolen auf, die am Ansatz ein kleinen Knauf aufweisen (Abbildung 87).[1629] In Tangermünde fällt die Faltenbildung zugunsten einer einfachen Trichterform weg, jedoch ist auch der runde Kauf am Ansatz vorhanden (Abbildung 107). Zudem weisen die Innenwandaufrisse der beiden Chöre Ähnlichkeiten ab der Sockelzone auf. Bei beiden saßen die am Gewölbeansatz befindlichen Konsolen auf flachen der Wand vorgeblendeten Wandlisenen, die in Tangermünde wuchtiger als in Salzwedel ausfallen. In Tangermünde werden die Vertikallinien durch abgekragte Dienste nach unten verlängert.

Im Chor der Halberstädter Dominikanerkirche fehlen Dienst- oder Vorlagenkapitelle gänzlich. Die Dienste sind kegelartig abgekragt und die Rippen werden mit den Diensten verschliffen. Lediglich ein Dienst wurde mit einem Wappenschild versehen, auf dem möglicherweise das Wappen eines Stifters aufgemalt war (Abbildung 201). Der Chor wurde nach dem Anbau des Polygons im Jahr 1510 gewölbt. Solche „anschießenden" Gewölbeanfänger finden sich schon früh in Mendikantenkirchen, allerdings nicht an den Diensten sondern an den Pfeilern, beispielsweise der Zisterzienserinnenkirche in Imbach.[1630]

Rippenprofile: Die ältesten erhaltenen Gewölbe sind im Chor der Dominikanerkirche in Halle gegen Ende des 13. Jahrhunderts eingezogen worden, nachdem die Einwölbung in Aschersleben (um 1240/50) unterbrochen wurde (Abbildung 47). Unterschiedslos sind Quer- und Gurtrippen als einfache Birnenstäbe gestaltet. Lediglich der Gurt zwischen Chorhaupt und Langhaus ist breiter und endet in einem Birnenstab. Das in der ersten Hälfte des 14. Jahrhunderts eingewölbte Langhaus erhielt ebenfalls Birnenstabrippen. Die Gurte wurden hingegen mit einfachen Kehlen an den Seiten versehen. Auch in den Seitenschiffen wird zwischen Querrippen und Gurten unterschieden, doch sind die Profile schlichter als im Mittelschiff gestaltet. Die Querrippen erhielten einen geraden, leicht zulaufenden Querschnitt. Die Gurte erinnern mit ihren Seitenkehlen an die Gurtbögen des Mittelschiffs. Sie sind jedoch etwas gedrungener ausgeführt worden.

Die Gewölbe der Franziskanerkirchen in Aschersleben und der in Halberstadt folgen denen in Halle zeitnah. Sowohl in der Aschersleber Saalkirche als auch in der Halberstädter Hallenkirche wird zwischen Gurt- und Querrippen differenziert. Die Aschersleber Gewölbe entstanden kurz nach 1308 (d) (Abbildung 9). Die Querrippen weisen eine schlichte Birnenstabform auf, die für diesen Datierungsansatz spricht. Die breiten, tiefer liegenden Gurte wurden hingegen den spätromanischen Wandvorlagen angepasst. So wurde mit der jüngeren Rippenbildung die additive Struktur der älteren Planung (1240/50 aufgenommen. Die Franziskanerkirche in Halberstadt war unterdessen mit einem Rippensystem ausgestattet, das sich mit dem Pfeiler-Arkaden-System vermutlich an der Dominikanerkirche in Halle orientierte und dieses weiterentwickelte (Abbildung 39). Im Chor[1631] wurde noch zwischen Gurten und Querrippen differenziert und das Chorhaupt durch einen schwach hervorgehobenen Gurtbogen vom Langhaus getrennt.[1632] Fortgeschrittener wirkt in Halberstadt die Profilangleichung von Mittelschiffs- und Seitenschiffsrippen, die in Halle fehlt.[1633]

1628 Vgl. Achim Todenhöfer: Steinernes Gotteslob – die mittelalterlichen Kirchen Halles, in: Geschichte der Stadt Halle, Bd. 1, 206–226 hier 214–217; zu Bernburg: Dehio Sachsen-Anhalt II, 1999, 66.

1629 Eine dieser Konsolen ist über einem wieder verwendeten Lettnerpfeiler gesetzt worden, während die neuen, gegen Mitte des 15. Jahrhunderts entstandenen schmaleren Pfeiler ornamental gestaltete Kämpferplatten erhielten. Dieser Befund stimmt mit der Bauabfolge und der aufgefundenen o.g. Inschrift überein und erweißt, dass der heutige Lettner zusammen mit dem Chor unter Einbeziehung älterer Teile entstanden ist.

1630 Vgl. Norbert Nussbaum, Sabine Lepsky: Das gotische Gewölbe, Berlin/München 1997, 173f.

1631 In den 1950er Jahren wurde der zerstörte Chorbereich unter Beibehaltung der ursprünglichen Gestaltung wiederhergestellt.

1632 Leider entspricht die heutige Übergangssituation nicht mehr der ursprünglichen. Der vorhandene Triumphbogen setzt um einige Meter tiefer an als die Gewölbehöhe im Chor.

1633 Die Form der Seitenschiffsgurte konnte nicht ermittelt werden, allerdings besaßen die dazugehörigen Querrippen ebenfalls ein Birnenstabprofil.

Abbildung 202: Halle, Dominikanerkirche, Schlussstein im Chorpolygon (Foto: Todenhöfer 2004).

Erst im 15. Jahrhundert sind weitere Einwölbungen fassbar. Die Gewölbe der Franziskanerkirche in Zeitz (vor 1447) und im Chor der Halberstädter Dominikanerkirche (1510) weisen die verbreitete Rippenform seitlich leicht gekehlt zulaufender Profile auf (Abbildung 200 und 201). Eine partielle Differenzierung zwischen Gurt- und Querrippen existiert nur in den ersten vier Langhausjochen der Franziskanerkirche in Zeitz. Die Gurte sind dort mit einem schlichten rechteckigen Profil versehen worden. In den restlichen Jochen wurde ebenfalls das schräg zulaufende Profil verwendet. Anfang des 15. Jahrhundert wölbte man das nachträglich zum Langhaus geöffnete Obergeschoß des angrenzenden Kreuzganges mit Kreuzrippengewölben ein. Der dem zum Kirchenraum zugeschlagene Seitenraum erhielt Rippen aus Backsteinsegmenten mit schräg zulaufendem Querschnitt, deren Seiten jeweils leicht doppelt gekehlt wurden. Mit einem Putzauftrag, bei dem nicht geklärt ist, ob er ursprünglich ist, ergab sich vermutlich ein Erscheinungsbild wie im Langhaus.

Unverputzte Backsteinrippen existieren in der Salzwedeler Mönchskirche (Abbildung 204). Die Rippenformen der um ca. 50 Jahre versetzt ausgeführten Gewölbe von Chor und Langhaus in Salzwedel unterscheiden sich nicht. Sowohl in Salzwedel als auch Tangermünde wurde ein einfaches Birnenstabprofil gewählt. Eine ältere Form, die im Backsteinbau lange verwendet wurde. Lediglich die Angleichung von Querrippen und Gurten sowie die kräftige Ausbusung der Gewölbe verweist auf die spätmittelalterliche Entstehung der Gewölbe.

Schlusssteine: Anders als es die reiche Gewölbekonsolplastik erwarten lässt, treten in der Dominikanerkirche in Halle sehr einfache ringförmige Schlusssteine auf, die das Profil der Querrippen aufnehmen. Durch die barocke Verkleidung mit farbig gefassten, kreisförmigen Holzplatten lassen sich nur an wenigen Stellen die Unterseiten erkennen. Ein Schlussstein des Mittelschiffs ist im dritten Joch als großes Himmelsloch gestaltet. An einem im Chorjoch gelegenen ragen zwei kleine menschliche Skulpturen heraus, von denen eine in rufendem Gestus zum Langhaus, die andere, mit lauschendem Gestus zum Polygon gerichtet ist. Der Schlussstein im Polygon ist jeweils an der West- bzw. Ostseite mit einer maskenhaft flach gehaltenen Fratze besetzt (Abbildung 202). Die Schlusssteine übernehmen einheitlich das Rippenprofil.

In Aschersleben sind Anfang des 14. Jahrhunderts die Schlusssteine undifferenziert als eng gefasste Ringe mit einer kreisförmigen Abschlussplatte gestaltet.[1634] Für die Franziskanerkirche in Halberstadt sind leider keine Schlusssteine überkommen. Dennoch deuten sich auf den wenigen Fotografien, die den Zustand vor der Zerstörung der Kirche überliefern, reich skulpierte Schlusssteine an, ohne jedoch ihre Gestaltung im einzelnen rekonstruieren zu können.

Die Halberstädter Dominikanerkirche und die Franziskanerkirche Salzwedel besitzen kleine kompakte Schlusssteine mit einer abschließenden Platte, die in Halberstadt mit etwas Laubwerk verziert sind und in letzterer wenige radförmige Ornamente aufweisen. Denen sind die Schlusssteine im Hauptschiff der Zeitzer Franziskanerkirche ähnlich. Diese entbehren jedoch jeglicher Ornamentik, ihre kleinen ringförmigen Abschlussplatten sind nur im vierten Joch als Himmelsloch vergrößert errichtet worden. Die Ringflanken nehmen das Rippenprofil auf. Die zusammen mit den Backsteinrippen verwendeten Schlusssteine aus Sandstein im Emporengeschoß des Kreuzgangs sind ebenfalls klein und kompakt, jedoch nicht als Ring, sondern als Platte gestaltet. Ihre Oberflächen wurden mit kleinen für das frühe 16. Jahrhundert typischen Wappenschildformen versehen.

Pfeiler

Die Hallenkirchen der Bettelorden in Halle, Halberstadt und Wittenberg besitzen beziehungsweise besaßen Achteckpfeiler. In der Bettelordensarchitektur sind Achteckpfeiler weit verbreitet. Bereits die große Ordenskirche der Franziskaner in Bologna (nach 1236 bis um 1250 errichtet) besaß diese Pfeilerform. Vielleicht trat der Achteckpfeiler auch bei S. Domenico (ab 1228) auf,[1635] denn S. Giovanni in Canale in Piacenza ein früher Nachfolger des Bologneser Baus weist an herausgehobener Stelle am Übergang zwischen dem ungewölbten Laienschiff zum gewölbten Chorbereich innerhalb der sonst mit Rundpfeilern gestalteten Arkaden Achteckpfeiler auf. Im deutschen Sprachraum treten die Achteckpfeiler wohl erstmals in reiner Form an der Franziskanerbasilika in Konstanz (um 1250/55) und den oberrheinischen Bettelordensbasiliken auf, nachdem schon die Dominikanerkirche in Regenburg den Achteckpfeiler mit vier Diensten verwendet.[1636] Während der Romanik war Helga Konow zufolge der Achteckpfeiler am Oberrhein zumeist an weniger zentralen Stellen im städtischen Kirchenbau wie in Turmarkaden, Triforien und Krypten verwendet worden, jedoch kommen vereinzelt auch Achteckpfeiler in Langhäusern vor wie in Hattstadt im Oberelsaß (11. Jahrhundert) oder St. Peter und Paul in Neuweiler am Oberrhein (Anfang 13. Jahrhundert).[1637] Offenbar trat die oktonale Pfeilerform vor der Verwendung in Bettelordenskirchen nur sporadisch auf. So im Chorumgang der Kathedrale von Chartres und der Zisterzienserkirche in Lilienfeld in Niederösterreich (1202 bis 1230). Die weiteste Verbreitung erfuhr der Achteckpfeiler wohl in zisterziensischen Klosterrefektorien, Kapitelsälen, Dormitorien oder dreischiffigen Hallen unter den Nonnenemporen von Zisterzienserinnenkirchen wie in Mariapforten oder Mariaburghausen, sodass von dorther eine Übernahme wahrscheinlich ist.[1638] Demnach übernahmen die Bettelorden in ihren Kirchen im Sinne ihres apostolischen Ideals eine Form, die nach Krautheimer „ursprünglich nicht für voll galt."[1639] Durch die örtliche Aufwertung innerhalb des mendikantischen Kirchenbaus gelangte sie erst zu voller Geltung.

Insgesamt dominiert im mittel- und nordostdeutschen Gebiet der Achteckpfeiler. Die frühesten Achteckpfeiler könnten hier in der Erfurter Predigerkirche kurz nach 1265 errichtet worden sein. An der Dominikanerkirche in Halle (Bauphase nach 1300) und der Franziskanerkirche in Halberstadt (erste Hälfte 14. Jahrhundert) münden die Pfeilerprofile zudem kämpferlos in die Arkadenprofile (Abbildung 37 und 46). Bei der Dominikanerkirche im österreichischen Retz (1276 bis 1295) wird etwas früher dieser Übergang ausgebildet.[1640] Schon in der Franziskanerkirche in Rufach (ab 1250) entsprangen die Scheidarkaden ohne Kämpferbildung aus den Rundpfeilern.[1641] Weitere Vergleiche des kämpferlosen Übergangs in die profi-

---

1634 Lediglich der Schlussstein im ehemaligen Sanktuarium weißt eine Bemalung mit einer Königskrone und den Initialen *FC III* auf, die jedoch neuzeitlichen Ursprungs sind.
1635 Zur Baugeschichte von S. Domenico: Schenkluhn 1985, 86 ff. und ders. 2000, 34.
1636 Konow 1954, 13 ff.
1637 Ebd., 14.
1638 Zitat nach ebd.
1639 Ebd.
1640 Donin 1935, 215, Abb. 267.
1641 Konow 1954, 11 ff.

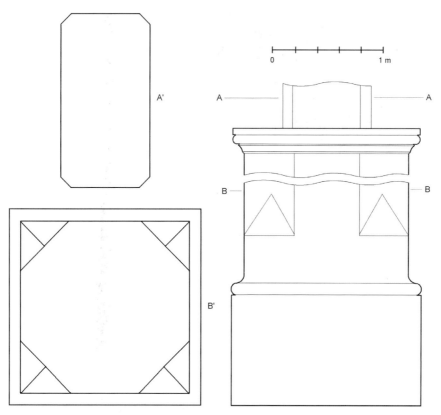

Abbildung 203: Halberstadt, Dominikanerkirche, Pfeiler (Zeichnung: Todenhöfer 2006).

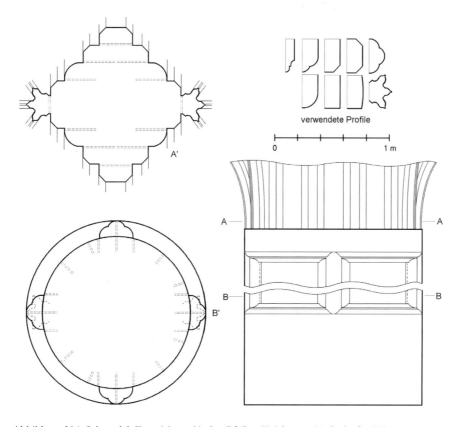

Abbildung 204: Salzwedel, Franziskanerkirche, Pfeiler (Zeichnung: Todenhöfer 2006).

lierten Arkaden lassen sich in der zweiten Hälfte des 13. und der ersten Hälfte des 14. Jahrhunderts häufig im oberrheinischen Gebiet ausmachen. Hier überwiegen offenbar die Gestaltungen mit Rundpfeilern, mit Achtpfeilern kommt sie nur gelegentlich vor.[1642] Die beiden Bettelordensbauten in Halle und Halberstadt bleiben offenbar im nördlichen Deutschland Einzelfälle und nehmen damit diese Gestaltung bis zu ihrer häufigen Anwendung in den spätgotischen Hallenkirchen vorweg.

Bei der zerstörten Franziskanerkirche in Wittenberg ist ungeklärt, ob die bildlich überlieferten Mittelpfeiler der zweischiffigen Kirche eine Kämpferzone besaßen, da dieser Bereich in den erhaltenen Plänen verdeckt ist. An den achteckigen Pfeilern der Dominikanerkirchen in Halberstadt (Abbildung 203), den Rundpfeilern in Tangermünde und der Franziskanerkirche in Salzwedel begrenzen hingegen sehr schlichte Kämpferprofile aus Kehle und Wulst den oberen Pfeilerschaft (Abbildung 204). In Salzwedel und in Tangermünde erhielten die Pfeiler vier Gewölbevorlagen in Form von stilisierten Dreierdienstbündeln wie im Dom oder der Marienkirche in Stendal, allerdings wurde das Dienstprofil nicht wie bei letzteren auf die Deckplatte appliziert und so zum Gewölbe hinübergeleitet.[1643] Der Pfeilerquerschnitt in Seehausen ist nicht überliefert. Da in der Altmark sowohl Rundpfeiler, als auch Achteckpfeiler auftreten, lässt sich ein Typ für Seehausen nicht sicher in Erwägung ziehen. Doch könnte Seehausen durch den frühen Datierungsansatz ein ähnliches Pfeiler-Scheidbogen-System wie die Dominikanerkirche in Neuruppin besessen haben. Demnach wären eher Rundpfeiler in Betracht zu ziehen. Für die erste Basilika der Halberstädter Dominikaner sind die Pfeiler ebenfalls nicht überliefert. Aufgrund der Ähnlichkeit mit den frühen mendikantischen Basiliken am Oberrhein wie in Zürich sowie der in unmittelbarer Nachbarschaft gelegenen, etwa zeitgleich errichteten Moritzkirche kommen vorallem quadratische Pfeiler für eine Rekonstruktion in Frage. Auch die Pfeilergrundrisse der beiden Hallenkirchen der Dominikaner und Franziskaner in Magdeburg sind unbekannt. Lediglich ein überliefertes rechteckiges Wandpfeilerprofil, das die östliche Arkade aufnahm, scheint für die Magdeburger Dominikanerkirche auf eine längsrechteckige Pfeilerform hinzuweisen, wie sie bei vielen Magdeburger Hallenkirchen vorkam.[1644]

1642 Vgl. ebd., passim.
1643 Der Ausdruck stilisiert wird für die Pfeilervorlagen verwendet, weil die einzelnen Stränge aufgrund ihrer schmalen Ausführung jeweils keinen Rippenbogen aufnehmen können. Nur die Struktur der drei am Gewölbeansatz beginnenden Rippenbögen der Kreuzrippengewölbe wird vorweggenommen, um eine harmonische Gesamtwirkung zu erlangen.
1644 Die Wallonerkirche, die Nikolaikirche, die Petrikirche, die Ulrichskirche, die Jakobikirche und die Johanniskirche besitzen beziehungsweise besaßen leicht längsrechteckige Langhauspfeiler mit abgefasten Ecken.

Portale

Die Lage der Portale in den Klosterkirchen ist von ihrer Funktion abhängig. Die Funktionen sind grundsätzlich die Schaffung von Zugangs- und Separationsmöglichkeiten für die Nutzer, Kleriker wie Laien. Die Größe und Formgebung der Portale wird durch die Anzahl der Benutzer, sowie liturgische und repräsentative Funktionen vorgegeben. Letzteres können Prozessionen und Messen, aber auch Gerichtsverhandlungen, Trauungen sein oder als Ehrenportale dienen wie das Fürstenportal am Wiener Stephansdom. Bezüglich der schlichten Portalarchitektur der Bettelordenskirchen liefern uns die Quellen keine Hinweise zur Funktion, sodass diese nur durch Lage und Dekor beziehungsweise die Größe der Portale zu rekonstruieren sind.

Lage und Ausrichtung von Klosterkirchenportalen

Zwar übernahmen die Bettelorden das abendländische Klosterschema mit der Lage der Portale, da es jedoch zu Veränderungen im städtischen Kontext kam, aufgrund der beengten Bausituation und den Verzicht auf Querhausbauten, musste auch die Lage der Portale angepasst werden. Der Vergleich mit Portalen von Zisterzienserkirchen zeigt die Modifikationen auf. Unter Einbeziehung eines Querhauses weisen diese im Regelfall vier Portale für die Mönche im Chor auf, die Zugänge zum Kreuzgang, zum Dormitorium, zur Sakristei und zum Friedhof ermöglichen (Abbildung 206).[1645] Die Konversen, deren Bereich außerhalb des Mönchschores im Langhaus lag, gelangten in der Regel durch einen eigenen Zugang in der Seitenschiffswand in Nähe der Westklausur zur sogenannten Konversengasse, einem separaten Gang zum Konversenflügel.[1646] Nur selten gab es ein kleines Konversenportal im Zwickel zwischen Westklausur und Kreuzgang, eher konnte der Pfortenraum der Klausur durch einen zusätzlichen Eingang als Konversenzugang dienen oder dieser wurde in den Seitenschiffsbereich der Westfassade gelegt.[1647] Der Zugang für die Laien konnte zum einen durch die zentralen Westportale gewährleistet werden, denen die Funktionen als Fest-, Prozessions- und Empfangsportale zugewiesen werden können, jedoch wurde bei den Zisterziensern häufig auf solche Westportale verzichtet.[1648] Die Seiteneingänge an den Westfassaden standen entweder den Laien oder den Konversen zur Verfügung, je nach dem, ob die Konversen ein Portal im Kreuzgang erhielten. Wenn dieses fehlte, gab es entsprechende Seitenschiffsportale.[1649] Die Laienportale konnten reich gestaltet beziehungsweise gegen und nach 1200 mit einer Vorhalle, dem sogenannten Paradies, versehen werden.[1650]

Betrachtet man die Grundrisse der Bettelordenskirchen im Untersuchungsgebiet, so lässt sich eine reduzierte Übernahme der traditionellen Zugangssituationen erkennen. Statt der vier zisterziensischen Chorzugänge (Kreuzgang, Dormitorium, Sakristei, Friedhof) finden sich zumeist nur ein bis zwei Chorzugänge, die wohl mehrere Funktionen – soweit rekonstruierbar – verbanden. Als Musterbeispiel kann hier die Franziskanerkirche in Halberstadt gelten (Abbildung 35). Der Langchor besitzt im Süden einen Zugang ins Außengelände wohl zum ehemaligen Friedhof und einen Zugang zur Ostklausur, der vermutlich – das mittelalterliche Kloster ist nicht erhalten – die Zugänge zur Sakristei und zum Dormitorium zusammenlegte. Ein Chorzugang vom Kreuzgang, wie bei den Zisterzienserkirchen vorhanden, war aufgrund des fehlenden Querschiffes beziehungsweise des eingezogenen Langchores nicht möglich, da sonst die quadratische Form des Kreuzganges hätte aufgegeben werden müssen. Letzterer bildete nach Schenkluhn trotz städtebaulicher Einbindungsschwierigkeiten auch bei den Bettelordensklöstern das Zentrum des Klostergevierts.[1651] Hier zeigt sich ein wichtiger Unterschied

---

1645 Untermann 2001, 248f.
1646 Ebd., 259.
1647 Ebd., 259f.
1648 Beispiele ebd., 268.
1649 Ebd., 268ff.

1650 Allerdings sind auch hier Ausnahmen v.a. in Süd- und Osteuropa möglich, bei denen ein zentrales Westportal den einzigen Laienzugang darstellte, das im 14. Jahrhundert auch in Mitteleuropa scheinbar zur Regel wurde: ebd., 272f.
1651 Schenkluhn 2000, 232.

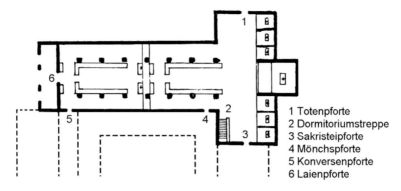

Abbildung 205: Zisterzienserkirche, Idealplan, Portale (Zeichnung: Todenhöfer 2006).

in der Zugangssituation bei Bettelordenskirchen, der auf den Verzicht von Querhäusern zurückzuführen ist.[1652] Querhäuser ermöglichten das direkte Betreten des Chorbereiches vom Kreuzgang, was bei querhauslosen mehrschiffigen Anlagen mit eingezogenen Chören, bei denen die Seitenschiffe auf der Klosterseite lagen, nicht ohne weiteres möglich war. Bei den Franziskanerkirchen in Halberstadt, Halle, Aschersleben, Zerbst, Zeitz, den Dominikanerkirchen in Halberstadt und Tangermünde befinden sich die Zugänge zur Klausur deshalb im Langhaus kurz vor dem Chor. Ihre Funktion war bislang kaum beleuchtet worden. Ein Zusammenhang mit Konversenchören ist unwahrscheinlich, da deren Zugänge traditionell zum westlichen Klosterbereich führten und Konversenbereiche bei Bettelordenskirchen offenbar nicht architektonisch ausgeschieden waren wie bei den Zisterziensern. In der Franziskanerkirche in Salzwedel existiert ein Portal im Untergeschoss des Lettners. Auch die Tribüne des Lettners war durch ein erhöhtes Portal vom Kloster aus betretbar. Da vor den Lettnern traditionell die Kreuzaltäre standen,[1653] dürften solche Portale der Bedienung der Lettneraltäre gedient haben. Sie konnten aber auch als Chorzugang dienen, wenn keine weiteren Portale vorhanden waren.[1654] Bauarchäologisch geben diese klosterseitigen Portale sichere Indizien für die Lage verlorener Lettner, die bei den Dominikanern seit dem Generalkapitel 1249 in Trier Pflichtbestandteil jeder Klosterkirche waren.[1655]

Die Reduktion auf zwei Chorportale, bisweilen sogar ein Chorportal (von den erhöhten Lettnertribünenportalen abgesehen) findet sich in einigen der untersuchten Kirchen, wobei Zeitz mit drei Portalen (zwei Friedhofzugänge und ein Sakristeizugang)[1656] und die Dominikanerkirche in Halle mit drei Zugängen (einem Sakristei-, einem Klausur- und einem gegenüberliegendem Friedhofszugang) zumindest bei den erhaltenen Kirchen die maximale Zugangsanzahl der untersuchten Bettelordenschöre besitzen (Abbildung 125 und 49). Ein weiteres Beispiel mit zwei Chorzugängen ist die Dominikanerkirche in Halberstadt, hier wurde allerdings ein dritter und älterer Zugang zugemauert (Abbildung 22). Die Dominikanerkirche in Tangermünde besaß einen Klausur- und einen gegenüberliegenden Friedhofszugang am Chor (Abbildung 109).[1657] Die Franziskanerkirche in Barby besitzt ein Sakristei- beziehungsweise Klausurportal und einen ehemaligen erhöht liegenden Lettnerzugang (Abbildung 12). Die ursprüngliche Totenpforte auf der Südseite des Chores ist vermutlich im 19. Jahrhundert erneuert worden. Die Zugangssituationen bei den Franziskanerkirchen Zerbst und Aschersleben sind bislang durch die bauliche Situation verklärt, allerdings zeichnet sich bei beiden Kirchen jeweils nur ein Zugang zum Chor an der Ostklausur ab, da die Chorwände keine Gewändereste von Friedhofsportalen aufweisen.[1658]

Zwar gab es bei den Bettelorden gegenüber den Zisterziensern, die wirtschaftlich tätig waren, nur ein

---

1652 Siehe oben Seite 220ff., Ablehnung von Querhausbauten.
1653 Vgl. Braun 1924, 401–406.
1654 Zum Wechselverhältnis von Architektur und Liturgie am Beispiel der Kirchen Kölns: Clemens Kosch: Kölns Romanische Kirchen. Architektur und Liturgie im Hochmittelalter, Regensburg 2000 und 2005.
1655 Zu schiffsübergreifenden Hallenlettnern der Bettelorden: Schenkluhn 2000, 81ff.; Monika Schmelzer: Der mittelalterliche Lettner (Studien zur internationalen Architektur- und Kunstgeschichte, Bd. 33), Petersberg 2004, 81ff.

1656 In der ältesten Bauphase, vor der Verlängerung des Chores, besaß Zeitz ebenfalls drei Chorzugänge. Einen Sakristei-, einen Kreuzgang- und einen Friedhofszugang.
1657 Auf einer Lithografie erkennt man noch nördlich der Chorruine einen Friedhof, sodass sich hieraus die Funktion ableitet.
1658 Möglicherweise lagen die Friedhöfe in Zerbst und Aschersleben nicht direkt am Chor.

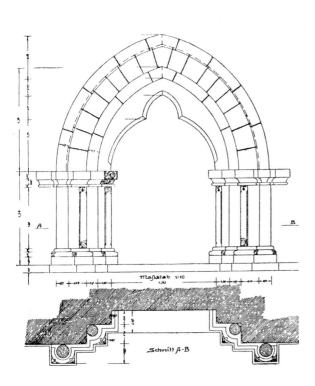

Abbildung 206: Zerbst, Franziskanerkirche, Portal der Nordseite (Zeichnung: Münnich 1928, 11).

Abbildung 207: Coswig (Anhalt), St. Nikolai, Nordportal (Foto: Todenhöfer 2009).

beschränktes Konverseninstitut. So besaß der Zeitzer Franziskanerkonvent Anfang des 16. Jahrhunderts bei 19 Mönchen und drei Novizen nur fünf Laienbrüder.[1659] Dennoch findet sich wie bei Zisterzienserkirchen an den Franziskanerkirchen in Aschersleben und Zeitz, den Dominikanerkirchen in Halberstadt und Halle, wohl auch in Magdeburg, im westlichen Kreuzgang jeweils Portale zum Kloster, die möglicherweise analog zu den Zisterziensern als separate Konversenzugänge gedient haben können.

Auf die zentralen Westportale wurde, wie bereits gesagt, bei den Zisterziensern häufig verzichtet. Beispiele mit fehlenden Westportalen sind die Franziskanerkirchen in Barby, Halle, Magdeburg und Wittenberg sowie die Dominikanerkirche in Halberstadt. In Zeitz wurde ein begonnenes Westportal wohl aufgrund statischer Schwierigkeiten aufgegeben. Die Westportale der Franziskanerkirchen in Halberstadt, Salzwedel und Zeitz besitzen zudem nicht die Größe und plastische Ausstattung der Westportale anderer Kirchen, etwa der Franziskanerkirche in Lübeck, der Dominikanerkirche in Erfurt oder gar den großen Westportalen an den Tafelfassaden der italienischen Bettelordenskirchen.

Wie bei den Zisterziensern sind die Laienportale der Bettelordenskirchen zumeist klosterabseitig gelegen sowie plastisch und größenmäßig von den anderen Portalen hervorgehoben. In der architektonischen Betonung gleichen sie allerdings nur bedingt denen der Zisterzienserkirchen mit ihren Paradiesvorhallen. Bei den Bettelordenskirchen fehlen diese Vorbauten. Mit dem Bezug der Laienhauptportale auf die vorgelagerten Plätze, die als öffentliche Sammelpunkte dienten, wird die seelsorgerische Laienbetreuung der Bettelorden im Gegensatz zur weltlichen Abgeschiedenheit der traditionellen Orden deutlich.

1659 Siehe Anm. 1027. Für die weiteren Klöster fehlen leider genauere Angaben.

Abbildung 208: Halberstadt, Dominikanerkirche, Langhausportal der Südseite (Foto: Todenhöfer 2003).

Abbildung 210, Halberstadt, Domklausur, Rempterportal (Foto: o. N. 1936, Bildarchiv Foto Marburg, 87 511).

Abbildung 209: Halberstadt, Dominikanerkirche, Profilzeichnung des südlichen Langhausportals (Zeichnung: Todenhöfer 2006)

Gewändeprofile und Portaldekor

Wie bereits angedeutet wurde, finden sich an den Laienhauptportalen der Stadtseiten die umfangreichsten Profilfigurationen. Im Folgenden wird daher nur auf Laienhauptportale eingegangen, da die anderen Portale schlicht gehalten sind. Häufig orientieren sich die Gestaltungen der Hauptportale der Bettelordenskirchen wie die Gestaltungen des Fenstermaßwerkes an den regionalen Bezugskirchen (Bischofs-, Stifts- oder Pfarrkirchen). Hier zeigt sich, dass Größe und Dekor in der Regel zurückhaltender als bei diesen gestaltet sind.[1660] Unter den Bettelordensbauten scheinen aufwendigere Gestaltungen auf unterschiedliche Anspruchsniveaus der jeweiligen Konvente und die städtischen Baugepflogenheiten zurückzugehen. Als Beispiele sind die Franziskanerkirchen von Salzwedel und Brandenburg (im Baubestand des 15. Jahrhunderts) zu nennen.[1661] Beide gehörten zur Kustodie Brandenburg. So weist die kleinere, aber im Ordensverband bedeutendere Brandenburger Saalkirche ungleich mehr Backsteinornamentik an ihren Portalen auf als die weit größere Salzwedeler Hallenkirche (Abbildung 217). Der umfangreiche Bauschmuck in Brandenburg resultierte offenbar aus dem Bezug zu den mit reicher Backsteinornamentik versehenen Bauten des Brandenburger Doms (Erneuerung um 1300) und der Pfarrkirche St. Katharinen (um

---

1660 Siehe Seite 218ff., Lokaler Architekturkontext als Maßstab.

1661 Zu Salzwedel siehe Seite 138ff.; zu Brandenburg zuletzt Joachim Müller (Klöster und Stifte in der Stadt Brandenburg, in: Klöster und monastische Kultur in Hansestädten (Stralsunder Beiträge zur Archäologie, Geschichte, Kunst und Volkskunde in Vorpommern, Bd. IV), Rahden 2003, 313–334, hier 319f.).

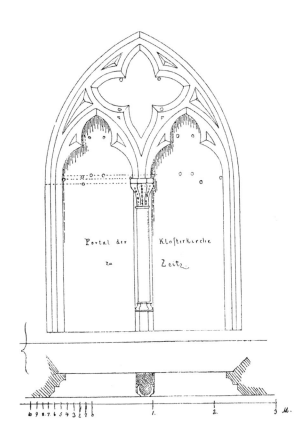

Abbildung 211: Zeitz, Franziskanerkirche, Langhausportal der Nordseite (Sommer 1882, 53, Fig. 42).

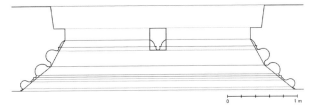

Abbildung 212: Halle, Dominikanerkirche, Profilzeichnung des südlichen Hauptportals (Zeichnung: Todenhöfer).

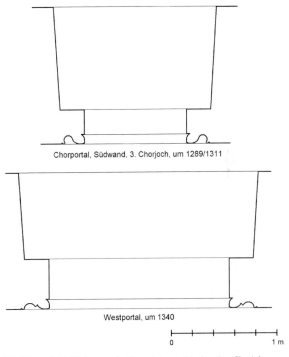

Abbildung 213: Halberstadt, Franziskanerkirche, Profilzeichnungen der Portalgewände (Zeichnung: Todenhöfer 2006).

1381/1401). In Salzwedel halten sich die örtlichen Kirchen hingegen allgemein mit Bauschmuck zurück, was offenbar Auswirkung auf den schlichten Portalschmuck der Franziskanerkirche hatte.

Eines der ältesten erhaltenen Portale der untersuchten Bauten besitzt die Franziskanerkirche in Zerbst (Abbildung 145 und 206). Es handelt sich um ein zweifach gestuftes, gedrungenes Spitzbogenportal mit eingestellten Säulen, einem umlaufenden kräftigen Rundstab und ausgeprägter Sockelzone sowie ornamentierten Kelchblockkapitellen. Der Formenapparat steht in enger Abhängigkeit zu traditionellen spätromanischen Formen, wie sie vorort am nördlichen Querhaus der St. Bartholomäikirche (geweiht 1215) beziehungsweise etwas jünger an der St. Nikolauskirche im benachbarten Coswig (um 1240/50) auftreten (Abbildung 207). Der stilistische Vergleich spricht also für eine Datierung in die späten 1230er Jahre. Beide zuletzt genannten Portale übertreffen allerdings an Größe und Bauschmuck das Portal der Franziskanerkirche.[1662] Die Verwendung sowohl von hellem Kalkstein für die komplexeren Formteile und die sauber gearbeiteten, farbig kontrastierenden Feldsteinsteinquadern der Bogenlaibung dürften jedoch auch für eine anspruchsvollere Gestaltung stehen.

Zeitnah weist das mutmaßliche Hauptportal der Dominikanerkirche in Halberstadt (um 1240) an anderen Vorbildern orientierte Formen auf (Abbildung 208 und 209).[1663] Die Portalgewände stufte man nicht wie in Zerbst gleichmäßig in die Tiefe und füllte die Zwickel mit eingestellten Säulen, sondern schuf eine fein durch-

---

1662 Maßgebend für die Gestaltung ist St. Bartholomäi gewesen, da die Kirche das Patronatsrecht über die städtischen Pfarreien innehatte.

1663 Das Portal wurde im Langhausneubau des 14. Jahrhunderts wieder eingesetzt.

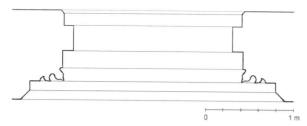

Abbildung 214: Barby, Franziskanerkirche, Profilzeichnung des südlichen Hauptportals (Zeichnung: Todenhöfer 2006).

Abbildung 215: Barby, Franziskanerkirche, Hauptportal der Südseite (Foto: Todenhöfer 2008).

profilierte, gegenüber der Wandflucht erhöhte Außenrahmung, die sich um die Spitzbogenöffnung zog und im Sockelprofil der Kirche weiterlief. Diese Details wie die einmalige kräftige Stufung hinter dem Türanschlag, die daran anschließende Profilierung aus Rundstab und Kehle mit eingelegten Knospen treten auch an einem Remterportal und den Fensterprofilen der Westklausur des Domes in Halberstadt auf (Abbildung 210).[1664] Die vor die Wandflucht gezogenen Profile kann man unter anderem an den Haupt- und Nebenportalen der spätromanischen Kirche St. Thomas in Merseburg (Anfang 13. Jahrhundert), am Südportal der Klosterkirche St. Burchardi in Halberstadt (Neubau nach 1208) und dem Westportal von St. Katharinen in Braunschweig (um 1230) beobachten. Diese Form entstand aus der kontinuierlichen Weiterführung des Sockelprofils um die Portalöffnung, wie es am Nordquerhaus der romanischen Stiftskirche auf dem Petersberg bei Halle (um 1180) zu beobachten ist.

Wohl einer Umbauphase (Weihe 1279) ist das zweiflügelige Spitzbogenportal der Franziskanerkirche in Zeitz zuzuordnen (Abbildungen 136 und 211). Das Gewände ist nur schwach mit Schräge, rechtwinkliger Kerbe und Kehle profiliert und setzt sich im Couronnement fort, wo sich das Maßwerkmotiv eines stehenden Vierblatts befindet. Hier wurde eine Formensprache gewählt, die bereits die Gestaltungen mit Maßwerk aufnimmt. In Thüringen treten frühe Maßwerkportale am Nordquerhaus der Liebfrauenkirche in Arnstadt (als Blendmaßwerk, um 1290/1305), an der Blasiuskirche in Mühlhausen als Fensterportal (1289/96) oder mit Trumeau, genasten Spitzbögen über den Türflügeln, jedoch ohne Maßwerk im Bogenfeld beziehungsweise als Fensterportal, am Langhaus der Severikirche in Erfurt (1285/1325) und an der Westfassade der Heiligenstädter Marienkirche (um1303/30) auf.[1665] In Zeitz selbst existiert nur ein stilistisch vorangehendes Spitzbogenportal am Westbau der Pfarrkirche St. Michael. In der Größe ist dieses ähnlich dem der Franziskanerkirche, jedoch als schlichtes einflügeliges Portal gestaltet. Die Gestaltung verweist damit auf den Thüringer Raum. Die Langhausportale von St. Michael wie auch der Stiftskirche in Zeitz wurden im 15. Jahrhundert erneuert, sodass innerstädtische Vergleiche fehlen.

Eine zweiflügelige Portalgestaltung mit Maßwerkbekrönung findet sich im Untersuchungsgebiet auch an der Dominikanerkirche in Halle (um 1325) (Abbildungen 48 und 212).[1666] Das Gewändeprofil ist mit dem der Laienportale der Franziskanerkirche in Halberstadt verwandt (Abbildung 213). Letztere weisen wie Halle allerdings minimale Gestaltungen mit leichten Eckbetonungen durch kurze Schrägen und Kanten, Eckbirnenstab und umlaufender Kehle

---

1664 Der Aufbau des Remterportals orientiert sich mit seinen eingestellten Säulen und den Kelchblockkapitellen am übergangszeitlichen Domwestportal.

1665 Vgl. Wedemeyer, Bd. 2, 1997, Abb. 50, 268, 355, 365.

1666 Das Portal wurde aufgrund seines Dreistrahlmotivs im Couronnement um 1325 datiert. Siehe Seite 288ff., Maßwerk.

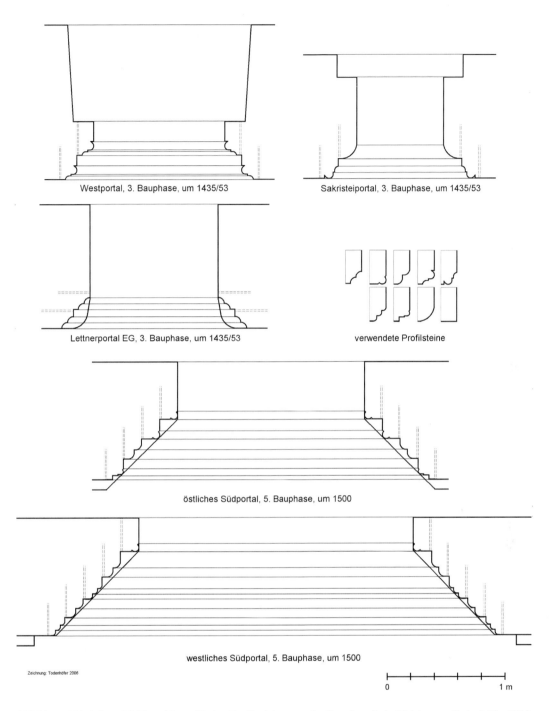

Abbildung 216: Salzwedel, Franziskanerkirche, Profilzeichnungen der Portalgewände (Zeichnung: Todenhöfer 2006).

Abbildung 217: Salzwedel, Franziskanerkirche, östliches Langhausportal von Süden (Foto: Todenhöfer 2008).

auf. Die innen liegenden Laibungsprofile sind auf das Maßwerk im Couronnement abgestimmt. Für die Größe des Dominikanerportals fehlen in Halle selbst zeitlich und gestalterisch vorausgehende Vergleiche. Seiner Größe nach bleibt es anscheinend – wie der gesamte Bau – auch in der spätgotischen Zeit ohne Konkurrenz.[1667] Allerdings fehlen uns die Vergleiche zu den im 16. Jahrhundert abgetragenen Pfarrkirchen St. Marien, St. Gertruden und Alt-St. Ulrich.

Die Datierung der äußerst schlichten Spitzbogenportale der Halberstädter Franziskanerkirche richtet sich nach der Bauchronologie des Chors um 1290/1300 und des Langhauses um 1330/40 (Abbildung 213). Die kleinen Portale der Franziskanerkirche wirken im innerstädtischen Vergleich fast überbetont schlicht. Sie wirken eher wie Schlüpfpforten, denn als Kirchenportale. Hier offenbart sich eine Asymmetrie zu der ansonsten anspruchsvollen Architektur der Kirche, die offenbar gewollt war.

Das Portal der Franziskanerkirche in Barby, für das lokale Vergleiche fehlen, erscheint seiner Formensprache nach älter als die Langhausportale in Halle und Halberstadt zu sein (Abbildungen 214 und 215). Ähnlichkeiten besitzt es ansatzweise mit dem Fenstergewände im Chorscheitel der Halberstädter Franziskanerkirche (Chor wohl 1311 fertiggestellt) (Abbildung 218). Dort treten ebenfalls außer Eckbirnenstab, auch ausgeprägte Stufung und der nach innen gerichteter Sporn auf. Der Abwechslungsreichtum der Fensterprofile ist in Halberstadt jedoch viel größer als in Barby. Während dort sich die Formen schon in einander zu verschleifen beginnen, werden in Barby noch klare Abstufungen bevorzugt. Das Hauptportal der halleschen Dominikanerkirche (um 1325) ist hingegen bewegter und harmonischer. Die Gestaltung betont die Schattenwirkung. Ecken und Kanten treten vermehrt linienhaft als Eckkontrast zu schwungvollen Kehlen auf. Halle fällt damit als Vergleich für Barby aus. In Barby sind zudem auch keinerlei Baufugen oder Unregelmäßigkeiten zwischen Portalgewänden und Mauerwerk nachgewiesen, die ein späteres Einsetzen des Laienportals rechtfertigen würden. Am ehesten entspricht die Barbyer Form dem Chorschrankenportal der Predigerkirche in Erfurt.[1668] Hier findet sich die gleiche Anordnung von äußerem Ecksporn und Birnstab. Die Erfurter Chorschranken dürften spätestens mit der Weihe des Chores 1279 aufgestellt gewesen sein. Danach können wir das Portal in Barby an das Ende der Errichtungszeit 1264/71 datieren, wobei es im Gegensatz zur relativ traditionellen Architektur seines Umfelds sehr modern wirkt.

Die Portale der Franziskanerkirche in Salzwedel sind aus Formziegeln errichtet (Abbildung 216). Das mutmaßliche Festportal in der Westmauer des Hauptschiffes dürfte aufgrund identischer Profilsteine mit dem Sakristeiportal im Chor (1435/53) sekundär versetzt worden sein. Es kam dort nur ein Profilstein mit Kehle, einem Viertelrundbogen und anschließend abgesetzten Rundstab zur Anwendung. Die Profilform weist Ähnlichkeiten mit früheren Werksteinportalen auf, etwa den schon erwähnten Langhausportalen der Halberstädter Franziskanerkirche, allerdings ohne deren plastische Wirkung mit Birnstab und tiefer Kehle zu erzielen. Es zeigt sich, dass die verwendeten Formen

---

1667 Zweiflügelige Portale, allerdings mit figural verzierten Tympana, werden um 1380/90 an der Servitenkirche (heute St. Ulrich) und um 1390/1400 an der Moritzkirche errichtet.

1668 Vgl. Scheerer 1910, 72, Fig. 54.

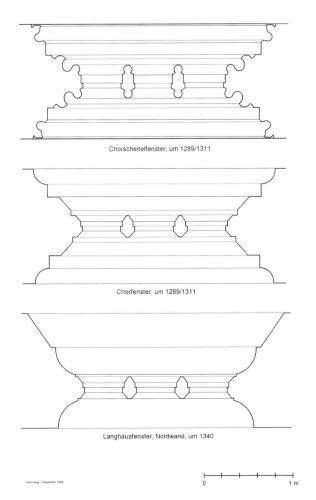

Abbildung 218: Halberstadt, Franziskanerkirche, Fenstergewände (Zeichnung: Todenhöfer 2006).

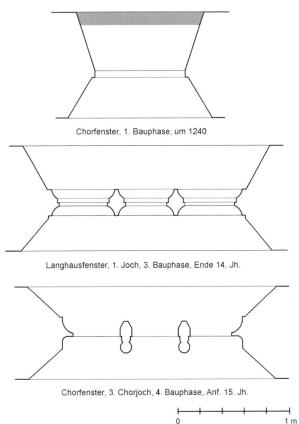

Abbildung 219: Halberstadt, Dominikanerkirche, Profilzeichnungen der Fenster (Zeichnung: Todenhöfer 2006).

im Backsteingebiet lange Laufzeiten besaßen.[1669] Die etwas starre Profilierung in Salzwedel wird durch die Verwendung dunklerer Ziegel in der inneren Archivolte aufgelockert. Mit den beiden Laienhauptportalen an der stadtseitigen Südfassade bewegen wir uns in der Zeit um 1500 (Abbruch des alten Langhauses 1493). Von allen am Bau ausgeführten Portalen werden hier die Gewände fast in die gesamte Tiefe der Wand eingefügt und durch Profile optisch aufgewertet. Je Portal wurden nicht mehr als drei Profilformen verwendet, die jedoch bis auf die gestaffelten Eckrundstäbe des südöstlichen Portals die jeweiligen Archivolten kaum voneinander plastisch differenzieren.[1670] Mit ihrem gestalterischen Aufwand bewegen sich die Portale der Mönchskirche etwa im Mittelfeld der Salzwedeler Pfarrkirchenportale ohne das dort vergleichbare Einzelformen auftreten. Das aufwendigste Portal ist das große Langhaussüdportal der Marienkirche, der Archidiakonats- und Hauptpfarrkirche der Altstadt. Entsprechungen für das östliche Südportal (Abbildung 217), das von jeweils einem Blendokoli flankiert wird, finden sich in monumentalerer Form in der ersten Hälfte des 15. Jahrhunderts an den Westfassaden der Jakobi- und der Marienkirche in Stralsund und am nördlichen Querschiff der Marienkirche in Rostock.[1671]

1669 Aus Kehle und abgesetztem Rundstab zusammengesetztes Fensterprofil existiert u.a. am Obergaden des Havelberger Doms (um 1300). Paul Eicholz; Friedrich Solger; Willy Spatz: Westpriegnitz (Die Kunstdenkmäler der Provinz Brandenburg, Bd. 1, Heft 1), Berlin 1909, 63, Abb. 59. Ein ganz ähnlich strukturiertes Gewände aus gedoppelten Profilsteinen findet sich in den Blendarkaturen der Südkapelle (1496) der Wittstocker Stadtpfarrkirche St. Marien und St. Martin. Dies.: Ostpriegnitz (Die Kunstdenkmäler der Provinz Brandenburg, Bd. 1, Heft 2), Berlin 1907, 239, Fig. 293.

1670 Die Mauertechnik additiv aneinander gesetzter Formsteine ist im Backsteingebiet gängig. In Folge der etwa von Hinrich von Brunsberg um 1400 verwendeten Formen werden die Portalgestaltungen zunehmend differenzierter. Die Portale der Franziskanerkirche nehmen allerdings nicht wie die Franziskanerkirche in Brandenburg solche aufwendigen Formen wie an der Katharinenkirche in Brandenburg, der Johanneskirche in Werben oder dem Kapellenportal in Ziesar auf.

1671 Der Westbau von St. Marien in Stralsund wurde 1416 begonnen und 1473 vollendet, der von St. Jakobi ebenfalls Anfang des 15. Jahrhundert. Das Lang- und Querhaus von St. Marien in Rostock wurden nach 1398 errichtet. Dehio Mecklenburg-Vorpommern, 2000, 467, 592 und 598.

Fenster

Fenstergewände- und Stabwerkprofile

In der Regel wurden Fensterlaibungen aus Werkstein der untersuchten Bauten so ausgerichtet, dass sich die Fenstergewände von der Fensterfläche zu den Laibungskanten trichterförmig verbreitern. Die zwischen zwei und fünf Zentimeter schmalen Anschlagsflächen sind den Winddruckkräften entgegenwirkend nach außen gerichtet. Die Anschläge für die Fensterscheiben befinden sich entweder in der Mauermitte oder sind etwas zur Außenseite verschoben. Hinter letzterem steht wohl das Anliegen, die Druckaufnahmeflächen mit etwas mehr Mauer zu hinterfüttern. Beispiele für weiter zur Innenwand verlagerter Fensterflächen finden sich an den untersuchten Kirchen bis auf ein Beispiel nicht und sind wohl eher ein Phänomen gotischer Kathedralbauten oder spätgotischer Bauprojekte. Bei den Untersuchungsobjekten weisen nur die Langhausfenster der Franziskanerkirche in Halberstadt diese Anordnung auf (Abbildung 218). Offenbar orientierte sich die Franziskanerkirche diesbezüglich am Aufriss und den kathedralgotischen Formen des Halberstädter Domes, denn dort liegen die Fenster näher an der inneren Mauerflucht. Dennoch sind die Halberstädter Fenster nicht als „Wandfläche" aufgefasst worden wie die farbigen Glaswände der Ste. Chapelle, der Obergaden der Kathedralen in Reims oder Köln oder des Chors der Pfalzkapelle in Aachen, deren Fensterflächen fast die Flucht der Innenwände aufnehmen.

Die Profile der Fenstergewände werden je nach repräsentativem Anspruch der Bauten und nach Anbringungsort innerhalb der Raumhierarchie differenziert. Eine eindeutige Tendenz lässt sich innerhalb der untersuchten Baugruppe nicht ablesen. Die Profile einfacher Lanzettfenster an den Langhausseiten sind wie an der Dominikanerkirche in Halberstadt (Phase 1) und der Franziskanerkirchen in Aschersleben und Barby als einfache Schrägen mit schmalen auskragenden Anschlägen gebildet (Abbildung 28). Bei mehrbahnigen, zumeist mit Maßwerk ausgestatteten Fenstern tritt im Regelfall das Teilprofil des Stabwerks an den Laibungsschrägen wieder auf, damit die Bogenschenkel im Couronnement in der gleichen Profilform aufeinan-

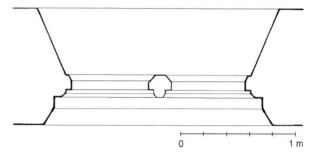

Abbildung 220: Barby, Franziskanerkirche, Profilzeichnung des Chorscheitelfensters (Zeichnung: Todenhöfer 2006).

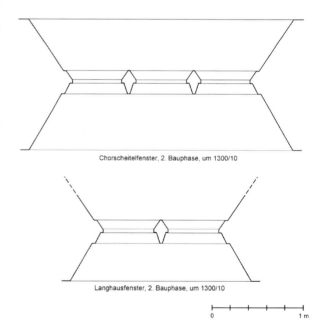

Abbildung 221: Zerbst, Franziskanerkirche, Profilzeichnungen der Fenstergewände (Zeichnung: Todenhöfer 2006).

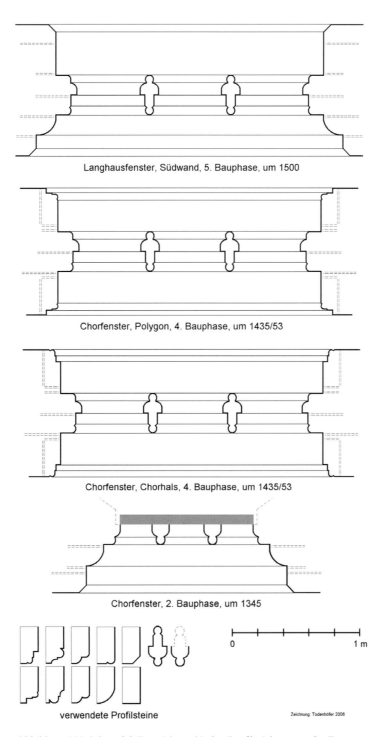

Abbildung 222: Salzwedel, Franziskanerkirche, Profilzeichnungen der Fenstergewände (Zeichnung Todenhöfer 2006).

der treffen und verschliffen werden können (Abbildung 220).[1672] Entweder wird dieses Stabwerkteilprofil aus den Gewändeschrägen durch Kehlen oder Kerben vertieft ausgeformt wie an den Langhausfenstergewänden der Franziskanerkirchen in Halberstadt und Zeitz (Phase 3) oder die Gewändeschrägen treten hinter den herausgehobenen Profilen zurück. Dieser einfache Typ tritt relativ häufig und über lange Zeiträume auf. Wir finden ihn in kaum abgewandelter Form um 1250/65 in Zeitz, wo er vermutlich einen Baumeisterwechsel gegenüber der eingekerbten Variante anzeigt, und an den Dominikanerkirchen in Halle und in Halberstadt (Phase 2–5) sowie der Franziskanerkirche in Zerbst (Phase 2) (Abbildung 221).

Ursprünglich war das abgeschrägte Stabwerk wie bei den hochgotischen Kathedralen Frankreichs, aber auch den frühgotischen Kirchen in Trier, Marburg, Naumburg oder Schulpforta mit einem Rundstab versehen worden, der sogenannten Maßwerkebene erster Ordnung. Dahinter lagen die abgeschrägten Laibungen, die der Maßwerkebene zweiter Ordnung zugehören.[1673] Beim klassischen Maßwerk in Reims bildet etwa der Rundstab erster Ordnung den vorgeblendeten Maßwerkkreis, während die zweite Ebene mit dem abgeflachten Stabwerk die in den Kreis eingeschriebenen Pässe oder Nasen ausbilden.[1674] Man übernahm im Bettelordensbau wohl der Schlichtheit halber zumeist die Maßwerkebene zweiter Ordnung, was den Aufwand an Steinmetzarbeit erheblich minderte. Bei den mehrbahnigen Fenstergewänden aus Ziegelformsteinen im nördlichen Untersuchungsgebiet wird hingegen die Staffelung von erster und zweiter Ordnung kopiert, allerdings wird die Staffelung der ersten Ebene auf Halb- oder Dreiviertelrundstäbe reduziert.

Im Langchor der Salzwedeler Franziskanerkirche und der Dominikanerkirche in Tangermünde werden zeitgleich rechtwinklig zur Wand liegende Gewände verwendet (Abbildung 222).[1675] Diese Formen findet man im märkischen Backsteingebiet häufig. Sie weisen auf eine Normierung in der Ziegelproduktion hin, in Folge der für das märkische Backsteinmaßwerk bedeutenden Bauprojekte in Chorin (ab 1273) und der Franziskanerkirche in Berlin (um 1290).

Abbildung 223: Marburg, Elisabethkirche, Fenster der Langhaussüdseite (Foto um 1935, Bildarchiv Foto Marburg, 74 597).

Die traditionelle Form des Rundstabes kommt bei den Werksteingewänden in der untersuchten Bautengruppe dagegen selten vor und tritt ausschließlich an hervorgehobenen Stellen im Chorscheitel wie an der Franziskanerkirche oder am ehemaligen Sanktuarium der Dominikanerkirche in Halberstadt auf. Hier wird der Rundstab dem Anbringungsort gemäß offenbar als Würdeform präsentiert, die sonst an hochherrschaftlichen oder frühgotischen Bauten vorkommt. Sie wird aber auch nur dann an kleineren Stadtkirchen wie an der Martinikirche in Halberstadt verwendet, wenn der lokale Archiekturkontext, in dem Fall des Halberstädter Dom, solche Formen aufweist. Die dazugehörigen Laibungsprofile sind bei den Halberstädter Bettelordenskirchen ebenfalls durch aufwendigere Formen gekennzeichnet

---

1672 Ausnahme sind die ehemaligen Sanktuariumsflankenfenster im dritten Chorjoch der Dominikanerkirche in Halberstadt. Dort erscheinen beidseitig gekehlte Gewände. Allerdings werden am Bogenanfänger die für das Maßwerk notwendigen Stäbe vor die Laibungen gesetzt.

1673 Als „alte und jungen Pfosten" bei mehrbahnigen Fenstern bei Lorenz Lacher 1516 beschrieben. Binding 1989, 13.

1674 Vgl. Helten 2006, passim.

1675 Die Gewände- und Stabwerkziegel sind in ihren Dimensionen dem verwendeten Ziegelformat angepasst, sodass sie sich problemlos innerhalb des Mauerwerkverbandes einfügen lassen.

Abbildung 224: Halle, Dom, Chorscheitelfenster, Maßwerk (Foto Todenhöfer 2005).

Abbildung 225: Minden, Dom, 3. Fenster der Südseite (Foto um 1925, Bildarchiv Foto Marburg, 15 872).

als im Langhaus. Sowohl die innerstädtischen Anleihen als auch die Seltenheit aufwendiger Fensterprofile bei Bettelordenskirchen zeigen eindeutig den Anspruch der Halberstädter Franziskanerniederlassung als Hauptort der Kustodie und Ordenszentrum[1676], der auch durch die weite Verbreitung des Halberstädter Bautyps bestätigt wird. Die einfach gekehlten Fenstergewände am Langhaus sind hingegen Standard und finden sich unter anderem an den inneren Gewänden der Chorfenster der Erfurter Barfüßerkirche[1677], am Chor der Deutschordenskirche in Frankfurt-Sachsenhausen[1678] und am Chor der Marburger Marienkirche[1679]. Die durch Kehle, rechwinklige Kerbe und Schräge gekennzeichneten Gewände des Chorhalses und das aufwendige Profil des Chorscheitelfenster können als Weiterentwicklung der von klassischen französischen Formen inspirierten Gewände an dem beiden westlichen Langhausjochen des Halberstädter Domes mit drei Rundstäben und dazwischen liegenden Kehlen und der Chorfenster der Halberstädter Martinikirche gesehen werden.[1680]

1676 Die Verschriftlichung der Erinnerungen von Giordano de Giano im Jahr 1262 im Halberstädter Konvent stellt den wichtigsten Text über die Frühphase des Ordens in den deutschen Provinzen dar. Dadurch dürfte der Konvent zusätzlich an Bedeutung im Ordensverband gewonnen haben.
1677 Vgl. Haetge 1931, 170, Abb. 153.
1678 Vgl. Gottfried Kiesow: Das Masswerk in der deutschen Baukunst bis 1350 (mit Ausnahme des Backsteingebietes), Phil. Diss. 1956 masch., 240, Abb. 268.
1679 Vgl. ebd., 229, Abb. 245.
1680 Vgl. Leonard Helten: Die frühen Maßwerkfenster des Halberstädter Domes, in: Halberstadt. Dom und Domschatz (Hallesche Beiträge zur Kunstgeschichte, Heft 4), Halle 2002, 125–132.

Abbildung 226: Halberstadt, Franziskanerkirche, Innenansicht des Chores von Westen (Foto: Todenhöfer 2003).

Abbildung 227: Halberstadt, Martinikirche, Choransicht von Osten (Foto: Todenhöfer 2003).

Maßwerk

Nur an sechs der erhaltenen Bettelordenskirchen in Sachsen-Anhalt ist originales Maßwerk in situ oder in rekonstruierten Resten vorhanden.[1681] Alle auftretenden Formen sind für ihre Zeit und ihr architektonisches Umfeld zumeist schlicht, aber in aktuellen Formen gestaltet, worin sich recht deutlich die Auswirkung der Ordensvorschriften, aber auch ein gewisses Repräsentationsbedürfnis offenbaren.[1682] Die früheste und zugleich einfachste Form findet sich im Chorscheitelfenster der Franziskanerkirche in Barby (zwischen 1264/71), in dessen Couronnement über zwei ungenasten Lanzettbahnen ein Kreis steht (Abbildung 15).

Diese Form existiert schon mindestens 20 Jahre früher in Rundstabwerk im Dreikonchenchor der Marburger Elisabethkirche (um 1235/43).[1683] Sie wird mit Bezug auf die Maßwerkgestaltung der Liebfrauenkirche in Trier indirekt auf die Reimser Chorkapellen und den Obergaden der Pariser Kathedrale zurückzuführen sein. In Marburg wird jedoch das Maßwerk in den Konchen aus dem äußeren Stabwerk der Fensterbahnen wie in Trier und Reims ausgeschieden.[1684] Erst die mit den äußeren Stäben verschliffene Form desselben Motivs im westlichen Langhaus (dritter Bauabschnitt bis 1277) entspricht der Form in Barby (Abbildung 223).[1685] Den frühesten Eingang in die deutsche Bettelordensarchitektur fand dieses Motiv wohl in den

---

1681 Für die Franziskanerkirche in Halle findet man in der Merianischen Ostansicht der Stadt für das Chorscheitelfenster ein wagen Hinweis für Maßwerkfenster mit einer kreisförmigen Gestaltung im Couronnement, wenn sich der Zeichner nicht wie so oft in Details geirrt oder auf deren Wiedergabe gänzlich verzichtet hat.
1682 Siehe Seite 197ff., Bauvorschriften und Bauverhalten.
1683 Datierungen nach Angus Fowler; Ulrich Klein: Der Dachstuhl der Elisabethkirche. Ergebnisse der dendrochronologischen Datierung, in: 700 Jahre Elisabethkirche in Marburg, Bd. 1, Marburg 1983, 163–176.
1684 Vgl. Jürgen Michler: Die Elisabethkirche zu Marburg in ihrer ursprünglichen Farbigkeit, in: Quellen und Studien zur Geschichte des Deutschen Ordens, Bd. 19, Marburg 1984, 20f. Vgl. Binding 1989, 196f.
1685 Vgl. Michler 1984, 21.

1250er Jahren an der Minoritenkirche in Köln (1248 begonnen) (Abbildung 188).[1686] Im Gegensatz zu Marburg und Köln (Rundstäbe und Kapitelle) tritt in Barby diese Form mit schlichtem abgeschrägtem Stabwerk zweiter Ordnung und ohne Kapitelle auf wie an den östlichen Langhausjochen der Zisterzienserkirche in Haina (nach 1265).[1687]

In einer Umbauphase bis 1279 (erneute Weihe) erhielten die Langhausfenster der Franziskanerkirche in Zeitz Maßwerkfenster (Abbildung 134). Vielleicht bedingte der sekundäre Einbau, dass das Maßwerk aus Einzelfiguren relativ klein ausfiel und so das Couronnement nicht ausfüllt. Die Formen aus Kreis, stehenden Vier- und Dreipass sowie einem Herz erheben sich über zwei spitzbogigen Fensterbahnen. Das letzte Motiv findet sich auch am Chorobergaden der Erfurter Predigerkirche vor 1273.[1688] Die Form des stehenden Vierblatt über zwei Fensterbahnen[1689] findet sich ebenfalls in der Predigerkirche im Chorscheitel.[1690] Diese Form geht anscheinend über die ungerahmten Vierblätter im Chorpolygon von St. Paul in Esslingen (1262 d)[1691] auf das Chormaßwerk der Regensburger Dominikanerkirche (um 1250)[1692] zurück (Abbildung 184). Dort tritt es als kreisgerahmter stehender Vierpass auf. Möglicherweise diente das Maßwerk von St. Nicaise in Reims (ab 1231) als Vorbild, das zudem die Maßwerkform mit dem 5/8-Schluss kombinierte.[1693] Die Umgangskapellen der Kathedrale in Tournai (ab 1243) besitzen ebenfalls das Vierblatt als Motiv.[1694] Als zeitnahes Pendant kommt noch das Vierpassmaßwerk an den Flanken des Westchors des Naumburger Doms (um 1250/60)[1695] in Frage. Der gerahmte stehende Dreipass über zwei genasten Fensterbahnen tritt nach 1280 an der Westfassade der Dominikanerkirche in Halberstadt (2. Bauphase) auf.

Nur wenige Jahre später scheint das Chormaßwerk der halleschen Dominikanerkirche entstanden zu sein (Abbildung 44). Bis auf das Scheitelfenster wechseln sich hier gestapelte Dreipässe oder Kreise von gleicher Größe über drei ungenasten Fensterbahnen ab. Die Gestaltung mit einer erhöhten Mittellanzette entspricht dem Westfassadenfenster der Baseler Predigerkirche (zwischen 1261/69).[1696] Bereits gegen 1270/80 tritt die Form der gestapelten Dreipässe an der Stiftskirche in Wettern und am Langhaus von Haina (nach 1265) auf.[1697] Die gestapelten Dreipässe sind ebenfalls um 1290/1300 in St. Ägidien in Heiligenstadt vorhanden.[1698] Der Vergleich mit der ab 1273 errichteten Zisterzienserkirche in Chorin ist ebenfalls naheliegend, denn dort sind die gestapelten Dreipässe das beherrschende Motiv in den östlichen Langhausbereichen. Der Chorbereich dürfte um 1280/90 weitestgehend fertig gestellt gewesen sein.[1699] Über genasten Fensterlanzetten beherrscht das Motiv der gestapelten gleichgroßen Kreise die Fenster des Langhausobergadens des Magdeburger Doms (erstes Ostjoch nach 1278 d, drittes Langhausjoch bis 1311).[1700] Offenbar geht das Motiv auf die Chorkapellen des Kölner Domchores (ab 1248 bis um 1260)[1701] und das Polygonmaßwerk der Ste. Chapelle in Paris (1239 bis 1241/45)[1702] zurück. Das wichtigste Motiv befindet sich im Chorscheitel und zeigt über drei Fensterbahnen ein einfaches Rosenmotiv aus fünf konzentrischen genasten Lanzetten, welche von einem Kreis umfangen werden (Abbildung 224). Sehr charakteristisch ist der getreppte Bogenabschluss der mittleren Fensterbahn, welcher in Kombination mit dem Rosenmotiv das Maßwerk in den niederdeutschen Raum verweist, wo es an den Seitenschiffsfenstern des Mindener Doms (nach 1267/um 1270) auftritt (Abbildung 225),[1703] dem Glockengeschoss der Braunschweiger Katharinenkirche (letztes Viertel 13. Jahrhundert) und ohne Rosenmotiv in einfacher Form an den seitlichen Scheitelfenstern der Halberstädter Martinikirche (Ende 1270er Jahre). Für

---

1686 Vgl. Schenkluhn 2000, 114, Abb. 70.
1687 Vgl. Binding 1989, 202, Abb. 230.
1688 Vgl. Pelizaeus 2004, Abb. 30.
1689 Ein weiteres Fenster mit ausgewogen genasten Fensterbahnen scheint erst später hinzugefügt beziehungsweise restauriert worden zu sein.
1690 Vgl. Pelizaeus 2004, 67.
1691 Hörsch 2001, 174.
1692 Kühl 1985, 173.
1693 Vgl. Dieter Kimpel; Robert Suckale: Die gotische Architektur in Frankreich 1130–1270, München 1995, 345ff. Zur Bedeutung der Regensburger Chorform siehe oben Seite 239ff., Die Entwicklung der Chorgestalt.
1694 Ebd.
1695 Dehio Sachsen-Anhalt II, 1999, 588.
1696 Vgl. Binding 1989, 217, Abb. 251.
1697 Ebd.
1698 Vgl. Binding 1989, 202 und 214ff.

1699 Vgl. Dehio Brandenburg, 2000, 176.
1700 Die gefügekundliche Untersuchung des östlichen Langhausjoch ergab nach Splintringschätzung der Eichenhölzer eine Bauzeit frühestens nach 1278 (d): Thomas Eißing/Frank Högg: Gefügeforschung am Dom zu Magdeburg, in: Denkmalpflege in Sachsen-Anhalt, 8. Jg. Heft 2, Berlin 2000, 123–134, hier 127f. Die Funktionstüchtigkeit der drei östlichen Langhausjoche ist durch eine Altaraufstiftung 1311 „mitten im Langhaus" belegt. Schubert 1984², 38.
1701 Vgl. Arnold Wolff: Chronologie der ersten Bauzeit des Kölner Domes 1248–1277, in: Kölner Dombaublatt: Jahrbuch d. Zentral-Dombauverein, 28. und 29. Folge, Köln 1968, 7–230, hier 225f.
1702 Vgl. Kimpel/Suckale 1995, 401.
1703 Vgl. Annette Fiebig: Das Hallenlanghaus des Mindener Doms. Neue Beobachtungen zu Datierung und architekturgeschichtlicher Stellung, in: Niederdeutsche Beiträge zur Kunstgeschichte, Bd. 30, Berlin/München 1991, 9–28.

Abbildung 228: Zerbst, ehemalige Franziskanerkirche, Fenstergruppe der Chorstirn (Foto: Todenhöfer 2009).

Abbildung 229: Magdeburg, Dom, 6. Fenster des nördlichen Seitenschiffs (Foto: Brandl 2006).

Abbildung 230: Zerbst, St. Bartholomäi, Innenansicht des Chores von Westen (Foto 1993, Bildarchiv Foto Marburg, B. 20.798/22).

Abbildung 231: Zeitz, Franziskanerkirche, Ansicht des Chores von Nordosten (Foto: Todenhöfer 2009).

den mitteldeutschen Bereich sind dem Verfasser keine zeitnahen Vergleiche für das Dreistahlmotiv außer den verwandten Motiven der zentrifugalen Dreipässe an den Obergadenfenstern in Chorin bekannt, die jedoch vermutlich im 19. Jahrhundert ersetzt wurden.[1704] Es dürfte jedoch nicht vor der zweiten Hälfte der 1280er Jahre zu datieren sein.

Das mit Maßwerk bekrönte Hauptportal im dritten Joch der Südseite der Dominikanerkirche in Halle zeigt eine ähnliche, allerdings fortgeschrittene Form (Abbildung 48). Dort treten in den Bogenzwickeln zwischen den paarweise angeordneten genasten Lanzetten Dreipässe auf. Das Motiv entwickelt sich aus einem gerahmten stehenden Dreipass im Zentrum. Der Formenreichtum geht über die Rose am Südseitenschiff des Freiburger Münster hinaus und nimmt eher die Gestaltung der Westrosen des Straßburger Münster (1277/1318) und der Zisterzienserkirche in Ebrach (um 1280/85) mit ihren paarweise zusammengefassten Lanzetten und den daran anbindenden Zwickeldreiblättern auf.[1705] Das unter der Rose liegende Motiv des aus zwei verlängerten Spitzbogenschenkeln gebildeten Überfangrundbogens tritt früh am westlichen Joch des Nordseitenschiffs des Mindener Doms (nach 1267/um 1270) oder 1335 im Sommerrefektorium des Zisterzienserklosters in Bebenhausen auf.[1706] Jedoch dürfte nach dem Datierungsansatz der Rose erst die Rezeption dieses Motivs am Mittelgeschoss der Westfassade des Magdeburger Doms um 1320 zur Aufnahme an der Hallenser Dominikanerkirche geführt haben,[1707] sodass eine Entstehung gegen Ende des ersten Viertels des 14. Jahrhunderts anzunehmen ist.[1708]

1704 Vgl. Dehio Brandenburg, 2000, 176.
1705 Vgl. Binding 1989, 227, Abb. 260, 235 und 247, Abb. 278.
1706 Vgl. ebd., 221, Abb. 256; 301, Abb. 339.
1707 Vgl. Schubert 1984², Abb. 35; Binding 1989, 291, Abb. 327.

1708 Offensichtlich wurde der Bezug zu Magdeburg nicht nur wegen der Ausstrahlung dieses Baues, sondern auch aus politischen Gründen gesucht, da die Hallesche Gründung wahrscheinlich dem Erzbistum als Stadtherr der Salzstadt zu verdanken ist. Vgl. unten Seite 322ff., Architektur als Stifterrepräsentation.

Das Chormaßwerk der Halberstädter Franziskanerkirche besteht in den drei zentralen Polygonfenstern aus gestapelten stehenden Vierpässen, deren oberer größer als die beiden unteren ist (Abbildung 226). Die drei Fensterbahnen enden in genasten Spitzbögen, die mittlere schiebt sich zwischen die beiden unteren Vierpässe. Etwas oberhalb der Fenstermitte ist je ein breiter Maßwerkkreis eingelassen. An den Chorflanken wiederholt sich das Motiv aus gestaffelten Figuren, wobei der obere Vierpass mit einem Vierblatt vertauscht wird. Auf den einzelnen Maßwerkkreis wird dort verzichtet. Das Scheitelmotiv samt Kreis findet sich zeitlich früher ebenfalls in Halberstadt an der Pfarrkirche St. Martini (Abbildung 227), in deren Nähe die Franziskaner fast 20 Jahre ansässig waren. Deshalb kann m.E. dieses Motiv und vor allem der fenstermittige Kreis am Chorpolygon der Franziskanerkirche als Zitat der Stadtpfarrkirche verstanden werden.[1709] Das Motiv des Couronnements existiert ebenfalls an den Langhausostteilen der Zisterzienserkirche in Chorin (nach 1273/um 1290).[1710] Die im 19. Jahrhundert rekonstruierten Formen dürften wegen ihrer Zeitstellung die originalen Formen übernehmen.[1711] Der Chor der Franziskanerkirche in Halberstadt war 1311 aufgrund einer Bestattung sicher in Benutzung. Die Maßwerkformen scheinen gegen 1300 entstanden zu sein. Die Formen des später errichteten Langhaus' von St. Andreas greifen das Motiv der gestapelten Pässe beziehungsweise Blätter wieder auf und bilden es dem Zeitstil gemäß moderner um, indem statt der unteren stehenden Vierpässe Dreipässe in sphärischen Rahmen leicht nach innen angewinkelt werden, so dass sich die Rahmen mit den Bögen der Lanzettbahnen mit gleichmäßigem Schwung organisch verschleifen. Vorläufer dieser Form, allerdings ohne die Verschleifung der Rahmen, finden wir an den Obergaden des Freiburger Münsters Anfang des 14. Jahrhunderts, der Pfarrkirche Unser Lieben Frau in Friedberg (um 1310/20) oder dem Chor der Klosterkirche in Königsfelden (um 1320/30), doch sind die gegenseitige Formanpassung und Verschleifung schon ausgeprägt wie an der Katharinenkapelle des Straßburger Münsters (1331/49) oder der Marienkapelle am Frankfurter Dom (um 1350),[1712] womit die Datierung des Maßwerkes und damit die Fertigstellung des Lang-

Abbildung 232: Zeitz, Stiftskirche, Choransicht von Südosten (Foto: Todenhöfer 2009).

hauses der Halberstädter Franziskanerkirche um 1340 wahrscheinlich ist.[1713]

Die flache Chorstirn der Franziskanerkirche in Zerbst weist eine traditionelle gestaffelte Dreifenstergruppe auf (Abbildung 228). Deren Mittelfenster besitzt über drei gestaffelten genasten Lanzettbahnen drei gestapelte Vierpässe, die unteren beiden stehend, der obere liegend angeordnet. Dieses Motiv wird offenbar erstmals an den Seitenschiffsfenstern des Magdeburger Doms um 1260 verwendet (Abbildung 229).[1714] Die flankierenden Couronnements tragen über genasten Doppelbahnen Fünfpässe. Dieses klassische Vielpassmotiv tritt in Deutschland früh an der Trierer

---

1709 Vgl. Todenhöfer 2006b, 535–554; vgl. Seite 75ff. und 329ff., Architektur als Stifterrepräsentation.
1710 Binding 1989, 214, Abb. 244.
1711 Dehio Brandenburg, 2000, 176.
1712 Vgl. Binding 1989, 263f., Abb. 297f.; 294, Abb. 331; 304, Abb. 342; 314, Abb. 358.

1713 Ich danke Prof. Leonard Helten (Halle) für die Diskussion dieses Motivs.
1714 Freundlicher Hinweis von Prof. Dr. Leonard Helten, Datierung nach Dr. Christian Forster und Dr. Heiko Brandl (Halle).

Abb. 233: Zeitz, Franziskanerkirche, Innenansicht des Chores von Nordwesten (Foto: Todenhöfer 2009).

Liebfrauenkirche (nach 1229/vor 1243) und am Naumburger Westchor um 1250/60 auf. Die Gestaltung der Fenstergruppe bezieht sich auf die Dreifenstergruppe der Zerbster Stiftskirche St. Bartholomäi, welche zwar nicht die Formen der Franziskanerkirche im Detail, jedoch strukturell vorwegnehmen (Abbildung 230). So finden sich dort in den seitlichen Couronnements Sechspässe über zweibahnigen Fenstern. Im Mittelfenster treten drei gestapelte Dreipässe auf, eine Form, die wir bereits an der Dominikanerkirche in Halle und dem Chor von Chorin um 1290 datiert haben, welche allerdings im Zusammenhang mit der Erhebung zum Stift kurz nach 1300 entstand. Das Maßwerk der Franziskanerkirche muss man demnach etwas später als das von St. Bartholomäi ansetzen. Der Bezug zu dem erstmalig in dieser Form an den Magdeburger Domseitenschiffen auftretenden Motiv der gestaffelten Vierpässe dürfte zum einen die Zugehörigkeit des Zerbster Konventes zur Magdeburger Kustodie anzeigen, andererseits stammte der Magdeburger Erzbischof Heinrich von Anhalt (1305–1307) aus der Familie, deren Köthener Zweig 1307 die Herrschaft über Zerbst übertragen bekam und die sehr wahrscheinlich mit den Bauarbeiten an der Franziskanerkirche in Verbindung zubringen sind.[1715] St. Bartholomäi war hingegen die ranghöchste städtische Kirche, der ab 1331 die städtische Pfarre St. Nikolai inkorporiert wurde.

Ein größeres Repertoire an gestapelten Pass- und Blattformen als am Langhaus der Franziskanerkirche in Halberstadt, weist der polygonal geschlossene Langchor der Zeitzer Franziskanerkirche auf (Abbildungen 231 und 233). Während im ersten Chorjoch der Nordseite eine einfache Gestaltung vorliegt, bei der die bis zum Fensterscheitel geführten Fensterbahnen nur auf Höhe des Couronnementansatzes durch je einen Spitzbogen unterbrochen werden, nimmt die

1715 Vgl. Seite 192f.

Abbildung 234: Halberstadt, Dominikanerkirche, Ansicht von Südosten (Foto: Todenhöfer 2004).

graphische Bewegtheit der gestapelten Formen von einfachen liegenden beziehungsweise stehenden der ersten Chorjoche zu „angekippten" Passformen bis zum Polygonscheitel leicht zu. Im letzten Chorjoch und im 5/10-Polygon treten bis auf das Scheitelfenster alternierend zwei Motive auf. Im Langhaus bildet das Motiv im sechsten Langhausjoch eine Ausnahme, welches das äußere Polygonfenster mit seinen angewinkelten Vierblättern und einem stehenden Vierblatt darüber wiederholt. Die inneren Bögen der sphärischen Blattrahmen werden mit den Bögen der überhöhten Mittellanzette verschliffen. Im ersten Chorjoch bleibt anscheinend die einzige Reminiszenz an den älteren Bauzusammenhang die ungenaste Spitzbogenform der seitlichen Lanzettbahnen, die im Chor durch genaste Formen ersetzt wird. Im zweiten und dritten Chorjoch der Südseite kommen drei liegende sphärisch gerahmte Dreiblätter über drei genasten Lanzettbahnen, deren mittlere Bahn leicht überhöht ist, zur Ausführung. Diese Form ist mit der des Scheitelfensters im polygonalen Zeitzer Domchor (um 1310/20) identisch (Abbildung 232).[1716] Ein bildhafter Bezug zwischen Franziskanerkirche zum Domkollegiatsstift in Zeitz würde die enge Bindung des Konventes an die Hauptkirche der Stadt unterstreichen.[1717]

Das restaurierte Maßwerk im dritten Joch der Chorsüdseite der Zeitzer Franziskanerkirche zeigt das Motiv eines Achtpasses, bei dem jede zweite Nase wie eine Lilie verlängert worden ist, sodass eine Art stehendes Kleeblatt entsteht (Abbildung 233). Die ungewohnte Form, die Ausformung sonst als Lilien verlängerter Passstege zu drei scharfkantigen Spitzen und die Aufhebung der Motivsymmetrie innerhalb des Chores lassen auf den ersten Blick eine neuzeitliche Abwandlung des Formapparates vermuten.[1718] Allerdings treten an der Ostklausur des Konstanzer

---

1716 Ernst Schubert korrigiert m.E. seine recht frühere Datierung um 1300 des Domchores (Dehio Bezirk Halle, 1976, 528) in der letzen Dehio-Ausgabe zu stark (zweites Viertel des 14. Jahrhunderts). Dehio Sachsen-Anhalt II, 1999, 915. Als Vergleich für den Zeitzer Domchor wären die unverschliffenen sphärischen Formen des Chormaßwerks der Halberstädter Franziskanerkirche (bis 1311) zu nennen (s.o.).

1717 Vgl. Seite 181ff.

1718 Man sollte die Maßwerkformen der ersten drei Chorjoche wegen ihrer vollständigen Fenstererneuerung nicht als Zutat des 19. Jahrhunderts abtun. Vgl. Dehio Sachsen-Anhalt II, 1999, 920. Man hatte sich bei den Restaurierungen zumindest um die vollständige Formenerhaltung des mittelalterlichen Bestandes bemüht und mit Gustav Sommer und später Adolf Brinkmann (beide Autoren von Denkmalinventaren) standen den Bauarbeiten kunsthistorisch versierte Männer beiseite.

Münsters (nach 1300/vor 1317) ähnlich scharfkantige Stege zur Anlage von differenzierten Binnenformen im vielfältigen Pass- und Blattwerk des Fenstermaßwerks auf,[1719] sodass durchaus eine zeitliche Kongruenz zu Zeitz besteht. Das Motiv könnte als eine Abwandlung von vier kreuzförmig angeordneten Dreipässen angesehen werden, wie es im dritten Joch der Südseite an der Blasiuskirche in Mühlhausen vorkommt.[1720] In den Couronnements des vierten Chorjochs und der beiden flankierenden Fenstern des Polygonscheitels stehen über der erhöhten Mittellanzette je ein sphärisch gerahmtes Vierblatt. Die Zwickel werden durch gerahmte zur Mitte hin angewinkelt stehende Dreipässe ausgefüllt. Für dieses Motiv bieten u.a. die Hochchorfenster am Kornelimünster (zweites Viertel 14. Jahrhundert), an der Pfarrkirche in Annweiler (Anfang 14. Jahrhundert) oder der Liebfrauenkirche in Oberwesel (1331 geweiht) und der Seitenschiffskapelle der Oppenheimer Katharinenkirche (1317/31) zeitlich entsprechende Beispiele.[1721] In den äußeren Polygonfenstern erscheint, wie erwähnt, das Motiv des sechsten Langhausjochs mit angewinkelten Vierblättern, deren Verschleifung der Passrahmen allerdings nicht so weit fortgeschritten ist wie an den Seitenschiffsfenster der Halberstädter Franziskanerkirche (um 1340/50) und eher den bereits genannten, etwa zwei Jahrzehnten jüngeren Beispielen in Friedberg, Königsfelden und Straßburg gleicht.[1722] Das zentrale Dreistrahlmotiv mit seinen sphärisch gerahmten Zwickeldreiblättern erinnert hingegen an das Portalmotiv der Hallenser Dominikanerkirche (Abbildung 48). Das Dreistrahlmotiv mit Zwickelpassfüllungen wird wohl zuerst in Wimpergen wie an der Straßburger Westfassade (1277/1318) oder den Kölner Domobergadenfenstern (1277/1300) ausgeprägt.[1723] Als Maßwerk erscheint es bereits im zweiten Turmgeschoss (1270/90) und später im Turmhelm am Freiburger Münster (1301 bis um 1330/40).[1724] Um 1310/20 wird es als Fenstermaßwerk am Chor von St. Theodor in Kleinbasel verwendet.[1725] Der Ausstrahlung in Straßburg und Köln eher ausgesetzt, dürfte das Motiv in St. Theodor wohl ca. zehn Jahre früher als in Zeitz anzusetzen sein, womit für letzteres einer Entstehung um 1330, wie sie Ernst Schubert vorschlug,[1726] beizupflichten wäre.

An der Halberstädter Dominikanerkirche entsprechen die Formen dem zeitlichen Fortschritt der Bauphasen. Viermal tritt in den drei westlichen Langhausjochen ein schwierig zu deutendes Linsen- oder Mandorlamotiv über sich überkreuzenden Rundbögen auf (Abbildung 23). Als übergreifender, mit weiteren Bögen verschliffener Rahmen für kleinteilige Binnenformen findet sich dieses wohl erstmalig am prächtigen Maßwerkfenster des Südquerhaus' am Veitsdom in Prag (um 1380/90). Die schwungvolle, in einander greifende Form wurde auch im frühen 16. Jahrhundert an der Marienkapelle der Deutschordenkommende in Sachsenhausen verwendet.[1727] Anscheinend handelt es sich in Halberstadt um eine äußerst reduzierte Übernahme der Parler'schen Grundformen in Prag unter Einbeziehung der zuvor an den Chorumgangsfenstern des Halberstädter Doms (um 1360) errichteten lanzettübergreifenden Rundbögen. Eine Entstehung der Fenster an der Dominikanerkirche dürfte kurz vor oder gegen 1400 erfolgt sein. An den beiden östlich folgenden Fenstern finden sich ebenfalls die übergreifenden Rundbögen. Der sich darüber erhebende Dekor ist sehr schlicht, beschränkt sich einmal auf antithetisch angeordnete Schneuße und einen kreisgerahmten genasten Dreipass mit Liliensttegen (Abbildung 234). Während gegenständige Schneuße als Leitmotive gegen 1400 aufkommen,[1728] ist die Binnengliederung des Dreipasses ähnlich der des großen Zwickelvierpass' unterhalb des Friedrichgiebels von Hans Puchsbaum am Wiener Stephansdom (vor 1430) ausgeprägt,[1729] sodass eine Entstehung im zweiten Viertel des 15. Jahrhunderts anzunehmen ist. Diese Datierung gilt sicher auch für die beiden anschließenden Chorfenster mit ihren Zwickelschneußen. Zur gleichen Zeit ist das in seiner Gestaltung davon abweichende Maßwerk im dritten Chorjoch entstanden (Abbildung 32). Als Stabwerk wurden an den Außenseiten noch einmal Rundstäbe erster Ordnung und das klassische Vielpassmotiv aufgegriffen. Der rundbogige Abschluss des Fensters, die Stabwerkkapitelle, die Verschleifung der mittleren Lanzette mit den Pässen und der oben angesetzte und verschliffene Dreipass weisen die Gestaltung dem 15. Jahrhundert zu. Vermutlich ist die Verwendung des

---

1719 Vgl. Binding 1989, 285, Abb. 321.
1720 Vgl. Wedemeyer 1997, Abb. 50, 54, 56.
1721 Vgl. Binding 1989f., 255, Abb. 287f.; 278, Abb. 314.
1722 Vgl. ebd., 263f., Abb. 297f.; 294, Abb. 331; 304, Abb. 342.
1723 Vgl. ebd., 239, Abb. 270.
1724 Vgl. Dehio, Baden-Württemberg II, 1997, 198.
1725 Vgl. Binding 1989, 287, Abb. 323
1726 Vgl. Dehio, Sachsen-Anhalt II, 1999, 920.
1727 Vgl. Binding 1989, 320, Abb. 362, 350, Abb. 396.
1728 Ebd., 334.
1729 Vgl. ebd., 341, Abb. 384.

Vielpasses, wie bereits erwähnt, als Zitat des klassisch französische Formen rezipierenden Maßwerkes der zwei westlichen Joche des Halberstädter Doms (um 1270) zu verstehen.[1730] Die restlichen Formen des 1510 angebauten Chorpolygons weisen hingegen nur sehr gedrungene, in die obere Bogenfeldhälfte gedrängte Formen auf. Bis auf das Scheitelmaßwerk aus gegenständigen Schneußen über den überkreuzenden Rundbögen erscheint nur noch ein doppeltes Dreiblatt. Hier wurden bis auf das Rundbogenzitat der Domchorfenster der Maßwerkgestaltung keine große Aufmerksamkeit gewidmet.

Bei den Backsteinkirchen der Franziskaner in Salzwedel und der Dominikaner in Tangermünde wird das Couronnement lediglich aus den Spitzbögen der Fensterbahnen gebildet (Abbildung 84 und 107).[1731] Diese Vereinfachung der Fensterornamentik ist im norddeutschen Backsteingebiet weit verbreitet und nicht auf die Kirchen der Bettelorden beschränkt.[1732] Bekannte Vergleiche finden sich am Dom von Stendal, der Wallfahrtskirche in Wilsnack und St. Marien in Stralsund. Annette Roggatz sah für das brandenburgische Backsteingebiet die Tendenz, dass Ziegelmaßwerk vorwiegend als Blendform vor Flächen an Giebeln, Portalen oder Nischen angebracht wurde und führt dies auf verbindungstechnische Nachteile des Materials zurück, welches vor allem dem Winddruck im Fensterbereich durch den schwierigen Versatz und fehlende Dübelbindung der Formsteine nicht gewachsen sei.[1733] Diese konstruktiven Einschränkungen sind zwar vorhanden, allerdings erscheint es m. E. nicht möglich, mit Roggatz von einem „[…] weitgehende[n] Verzicht auf Fenstermaßwerk […]"[1734] in der Mark Brandenburg und angrenzender Regionen zu sprechen. An den Dominikanerkirchen in Neuruppin, Prenzlau und Brandenburg, den Franziskanerkirchen in Berlin und Angermünde oder in Chorin, dem Querschifffenster des Schweriner Doms und den Marienkirchen in Güstrow, Neubrandenburg und Prenzlau, um nur einige zu nennen, tritt Backsteinmaßwerk in den Fenstern auf. Die Wahl der Anbringungsorte für Backsteinmaßwerk gestaltet sich unter Heranziehung der eben genannten Bauwerke differenzierter und lässt sich nicht generalisieren. Gerade die parallele Existenz von einfachen, in schlichte Bahnen geteilten und mit Maßwerk ausgestatteten Fenstern wie an St. Jakobi in Stralsund oder am Schweriner Dom spricht ebenso für bewusste gestalterische Entscheidungen beziehungsweise für das technische Können einiger Ziegeleien.[1735] Dennoch bedeutete die Technik eine hohe Herausforderung, unterlag doch der Herstellungsprozess von feingliedrigen, passgenauen Ziegelformsteinen gerade bei größeren Maßwerkgestaltungen nach derzeitiger Kenntnis einigen Unwägbarkeiten, die nicht in jedem Fall durch technisches Können aufgewogen werden konnten, sodass die Gefahren von Instabilität, längerem Bauverzug und damit verbundenen finanziellen Einbußen manchem Bauherrn wohl von der Anwendung dieser Technik für das Fenstermaßwerk abgebracht und deshalb entweder zu einfacheren Lösungen oder zur Anwendung von Natursteinmaßwerk geführt haben.[1736] Letzteres gilt für die Franziskanerkirche in Zerbst, deren Stab- und Maßwerk in herkömmlicher Werksteintechnik in die Ziegelwände integriert wurde.

1730 Zum frühen Maßwerk des Halberstädter Doms: Helten 2002, 125–132.
1731 In Salzwedel tritt die reduzierte Form in Phase 1 um 1345 auf, die Umbauten gegen Mitte und Ende des 15. Jahrhunderts (Phasen 3 und 5) weichen nicht von diesem Schema ab. In Tangermünde tritt diese Form ebenfalls gegen Mitte des 15. Jahrhunderts auf.
1732 Vgl. RDK VII, 1300f.
1733 Vgl. Annette Roggatz: Das Maßwerk in der Mark Brandenburg (Veröffentlichungen der Abteilung Architekturgeschichte des Kunsthistorischen Instituts der Universität Köln, 65), Köln 1998, 14 und 170.
1734 Ebd.
1735 An der Stralsunder Jakobikirche beschränkt sich das Maßwerk v.a. auf Bereiche der Stirnseiten und der Seitenschiffe im Chorbereich. Die Maßwerke sind wohl im 19. Jahrhundert erneuert worden. Vgl. Dehio Mecklenburg-Vorpommern, 2000, 598.
1736 Bei unregelmäßiger Materialkonsistenz und Temperaturverteilung treten schnell Materialschwund und damit verbundene Verformungen und Rissbildungen auf, die einen passgerechten Versatz des Materials verhindern und dessen Stabilität gefährden können. Vgl. Roggatz 1998, 19ff. Wenn dazu das Maßwerk zuvor 1:1 auf einem Reißboden aus einer zähen Tonmatte herausgeschnitten wurde, könnte selbst partieller Ausschuss den Gesamtentwurf gefährden. Denn im Gegensatz zur Meinung von Roggatz ist ein Nacharbeiten von Formsteinen, deren Entwurf und Modellierung in einem Arbeitsgang entstanden sind, nicht ohne weiteres möglich. A) Weil zum Nacharbeiten, der Gesamtentwurf vor dem Versatz wieder angeordnet werden müsste, um Ziegel passgerecht nach zuschneiden (die Gefahr von Materialschwund beim Brennen bleibt bestehen). B) Weil Korrekturen im Versatz aufgrund von breiteren oder schmaleren Mauerfugen, die Stabilität und die Gestaltung beeinträchtigen würden. C) Die passgenaue Nacharbeitung gebrannter Formziegel gerade mittelalterlicher Qualität mit Maurerhammer bzw. Meißel aufgrund des spröden Materials zumeist zu unbefriedigenden Lösungen bzw. zu weiterem Ausschuss führen würde. Vielleicht wurde bei großen Fensterproportionen eher auf Backsteinmaßwerk aufgrund des schwierigen Versatzes und der größeren Angriffsfläche für den Winddruck verzichtet.

V Kontextuelle Betrachtungen

Phänomene der Klostertopografie

Alle nachweisbaren mittelalterlichen Klöster der Franziskaner und Dominikaner lagen in politischen und wirtschaftlichen Zentren. Drei Regionen weisen auf dem Gebiet Sachsen-Anhalts eine Häufung von Niederlassungen der Franziskaner und Dominikaner auf: das Nordharzgebiet mit den Städten Halberstadt, Quedlinburg und Aschersleben, das mittlere Elbegebiet mit Magdeburg, Burg, Barby und Zerbst und die altmärkischen Niederlassungen in Salzwedel, Seehausen, Stendal und Tangermünde. Auffallend ist, dass die ehemaligen Bischofsstädte Naumburg, Merseburg und Havelberg keine Bettelordensklöster besaßen (Abbildung 1). Im Naumburg und Zeitz nah gelegenen Weißenfels existierte ein Klarissinnenkloster. In den späteren anhaltischen Residenzstädten Dessau und Köthen kam es zu keiner mendikantischer Ansiedlung. Lediglich Bernburg erhielt eine Niederlassung des Augustiner-Eremiten-Ordens, der nicht Gegenstand der Untersuchung ist. In den mansfeldischen Städten blieb eine Niederlassung der beiden Bettelorden ebenfalls aus.

Generell lässt sich im Stadtbild das einfache Prinzip der peripheren Stadtlage der Niederlassungen bestätigen.[1737] Jedes der Untersuchungsobjekte lag in unmittelbarer bis mittelbarer Nähe zu den Stadtmauern, den Stadt- und Siedlungsgrenzen.[1738] Von den 17 untersuchten Klöstern befanden sich lediglich vier: das Aschersleber und das Burger Franziskanerkloster sowie das Halberstädter und das Magdeburger Dominikanerkloster nicht direkt an, jedoch in mittelbarer Nähe der Stadtmauer. Auch das Magdeburger Franziskanerkloster wurde nach dem Umzug der Mönche an der innerstädtischen Stadtmauer zwischen Altstadt und von Erzbischof Albrecht gegründeten Neustadt erbaut. Die Dominikaner- und die Franziskanerkirche in Halle waren sogar konstruktiv in die Stadtmauer eingebunden. So verlief die Stadtmauer samt zwei Türmen unmittelbar neben der Westfassade der Dominikanerkirche, sodass eine Passage nur durch Bögen in den Strebepfeilern der Westfassade erfolgen konnte. Die flach geschlossene Chorstirn der halleschen Franziskanerkirche schloss bündig mit der inneren Stadtmauer ab, wie es auch für die Leipziger Dominikanerkirche vermutet wurde.[1739] Für einige Klöster sind eigene Pforten durch beziehungsweise Laufgänge zu den Wehranlagen nachgewiesen. Außer bei dem bereits genannten Dominikanerkloster in Halle[1740] noch bei den Franziskanern in Zerbst,[1741] die einen Laufgang besaßen, der direkt auf die Mauer führte und in Zeitz[1742], wo den Franziskanern eine Pforte zugestanden wurde. Diese separaten Zugänge dürften im Normalfall allen an den Stadtmauern liegenden Konventen zur Verfügung gestanden haben, da sie deren Versorgung dienten als auch zu den Abortanlagen führten wie etwa in Quedlinburg oder beispielsweise im Franziskanerkloster in Stade. Zu der ausgesprochenen Randlage bestand in größeren Städten mit mehreren Bettelordensniederlassungen zusätzlich das Phänomen der annähernd diametralen Lage beziehungsweise eines größeren Abstandes der Bettelordenskonvente untereinander.

Zur unmittelbaren Lage an den Stadtmauern kam die Nähe zu Toranlagen hinzu.[1743] Das Franziskanerkloster in Halberstadt belegte einen Platz in der Nähe des Harsleber Tores und das Dominikanerkloster lag auf der anderen Seite der Stadt nahe dem Neustädter Tor. Das Magdeburger Dominikanerkloster befand sich unweit des Sudenburger Tors und das Franziskanerkloster direkt an einer innerstädtischen Toranlage zur Neustadt. Vom Salzwedeler Franziskanerkloster konnte man nach wenigen Metern durch das Sieltor in die Neustadt gelangen. In Quedlinburg befand sich höchstwahrscheinlich hinter dem Franziskanerkloster ein Brückentor an der Grenze zur Neustadt. Auch das Hallenser Dominikanerkloster lag oberhalb eines Brückentores: dem Klaustor. Die Reste des ehemaligen

---

1737 Vgl. Müller 1914, 173; Krautheimer 1925, 118f.; Donin 1935, 316ff.; Stüdeli 1969, 74; Meckseper 1982, 228; Zahlten 1985, 381; Pieper 1993, 263; Graf 1995, 98ff.
1738 Zur Veranschaulichung verweise ich auf die jeweiligen Stadtpläne, die jeder Baumonografie vorrangestellt wurden.
1739 Vgl. Hütter 1993.
1740 Vgl. Dreyhaupt 1749, 786.
1741 Vgl. Specht 1933, 34f.
1742 Vgl. Todenhöfer 2000, 84.
1743 Vgl. Donin 1935, 316ff.; Pieper 1993, 263.

Tangermünder Dominikanerklosters liegen wenige Meter neben dem noch erhaltenen Neustädter Tor, das die beiden Stadtteile verband.

Die Lage an Flüssen, die schon Krautheimer konstatierte,[1744] lässt sich bei den Franziskanerklöstern in Salzwedel und Quedlinburg sowie bei den Dominikanerklöstern in Halle und Halberstadt feststellen, wobei die Wasserläufe bis auf Salzwedel auch Siedlungsgrenzen bezeichneten.[1745] In Quedlinburg erbauten sich die Franziskaner am Fluss einen Turm zu Verrichtung ihrer Notdurft und als Waschplatz; sie mussten allerdings, da sich die Stadtmauer an dieser Stelle befand, für Schäden an dieser aufkommen.[1746] Profane Nutzungen von Wasserläufen können auch bei den anderen Klöstern vorausgesetzt werden. Die bekannte Äußerung von Giordano de Giano, dass man ihnen in Erfurt ein Haus an der Gera errichten soll, damit die Brüder dort hinabsteigen und ihre Füße waschen können,[1747] betont zwar zunächst die demütige apostolische Lebensweise, macht jedoch auch die pragmatische Seite bei der Anlage von Niederlassungen an Flüssen klar,[1748] wie sie bei der Gründung von landsässigen Klöstern mit der Anlage von Ab- und Bewässerungskanälen vorausgesetzt wurde. Bei den Klöstern, die nicht direkt an fließenden Gewässern lagen, müssen Brunnenanlagen oder die unmittelbare Nähe zu solchen vorausgesetzt werden. So ließen sich die Zeitzer Franziskaner noch 1505 eine Wasserleitung vom Kirchhof in ihr Kloster legen.[1749]

Ein weiterer topografischer Aspekt ist die Anbindung der Klosteranlagen an das Wegesystem. Dabei lässt sich trotz der peripheren Lage feststellen, dass die meisten Klöster verkehrsgünstig an innerstädtischen Hauptwegen und Kreuzungspunkten lagen.[1750] Über die gute Wegesituation bestanden selbst von der Peripherie aus bei allen Klöstern direkte oder zumindest unkomplizierte Verbindungen zu wichtigen städtischen Orten wie Marktplatz, Rathaus, anderen klösterlichen und kirchlichen Einrichtungen sowie jeweilig vorhandenen Herrschaftssitzen. Das Franziskanerkloster in Aschersleben lag etwa direkt am neuen Markt in kurzer gerade verlaufender Distanz zum Rathaus und zur Archidiakonats- und Stadtpfarrkirche St. Stephan; zur etwas weiter entfernten Burg bestand ebenfalls eine direkte Verbindung. In Barby befanden sich die gräfliche Burg, das Franziskanerkloster und die Stadtpfarrkirche St. Marien mit dahinter liegenden Markt und Rathaus an einer Hauptverkehrsachse. Das Burger Franziskanerkloster lag nahe dem Markt und dem städtischen Kaufhaus und befand sich annähernd auf halber Strecke zwischen den Pfarrkirchen von Unter- und Oberstadt. Auch die eingangs erwähnte Nähe zu den Stadttoren muss als entfernungsgünstige Lage zum Umland gerechnet werden.

Zur Ausrichtung der Klosterliegenschaften kann folgendes gesagt werden: Prinzipiell lässt sich eine Orientierung der Kirchen zum öffentlichen Raum erkennen. Entweder waren ihre Schauseiten dem Zentrum zugewandt oder ihre Eingangsbereiche konzentrierten sich an Wegkreuzungen beziehungsweise Wegen. Dazwischen lagen in allen Fällen Vorplätze. Die Benennungen dieser Vorplätze als Kirchhöfe sind uns zum Teil heute noch als Platznamen (Stendal, Zeitz) und in älteren Stadtplänen (Wittenberg) greifbar. Urkunden überliefern mittelalterliche Friedhöfe beidseitig der halleschen Dominikanerkirche[1751] und ein Kirchhof der Franziskaner.[1752] Am Chor der Zeitzer Franziskanerkirche wird 1282 ein Friedhof genannt.[1753] Für den Dominikanerkirchhof in Magdeburg und den Franziskanerkirchhof in Quedlinburg besitzen wir ebenfalls Hinweise.[1754] In Burg wurde nördlich der ehemaligen Franziskanerkirche ein Bestattungsplatz ergraben.[1755] Möglicherweise waren die mendikantischen Kirchhöfe wie ihre pfarrkirchlichen Pendants eingefriedet, jedoch konnte die mittelalterliche Einfriedung nicht direkt nachgewiesen werden. Die Dominikanerkirche in Halle besitzt vor ihrer Schauseite eine hohe Mauer mit Tor und Laufgang, die allerdings auf die Einbin-

---

1744 Vgl. Krautheimer 1925, 118f.
1745 In Quedlinburg und Salzwedel erbaute man die Franziskanerklöster an den Stadtgrenzen zu den jeweils eigenständigen Neustädten. Letzteres erhielt einen Bauplatz zwischen dem im Mittelalter schiffbaren Jeetze und der Stadtmauer. Eine direkte Lage an Flussarmen ist ebenfalls in Quedlinburg zu konstatieren. Dort verläuft parallel zur ehemaligen Stadtmauer hinter dem Kloster der Mühlgraben. Das Halberstädter Dominikanerkloster erstreckte sich an einem Flussarm, der bis in das 12. Jahrhundert eine natürliche Siedlungsgrenze darstellte. Die Niederlassung in Halle wurde an einem Abhang über die Saale errichtet.
1746 UB Quedlinburg, Teil1, 124, Nr. 154.
1747 Hardick, Chroniken, 1957, Nr. 43,2
1748 Pieper legte die Bevorzugung der Flusslage bei den westfälischen Bettelordensklöstern dar (1993, 263).
1749 Zader/4°/StArNb, 533.
1750 Vgl. Donin 1935, 316ff.; Pieper 1993, 263.
1751 1542 werden zwei Friedhöfe neben der Kirche erwähnt. Koch 1930, o.S.
1752 Hall. Schöffenbücher I, 165, Nr. 153. Kirch- oder Friedhöfe wurden auch zu ganz profanen Zwecke genutzt. Teilweise standen auf ihnen Wohnhäuser und Verkaufsbuden, sie dienten als Treffpunkte, zuweilen betrieben dort auch Prostituierte ihr Geschäft. Stichwort „Friedhof", in: Lexikon der Kunst, Bd. II, Leipzig 1989, 597; Lexikon des Mittelalters, Bd. IV, München/Zürich 1989, 928.
1753 Vgl. Zader, Folio, DArNb, fol. 287. Siehe Anm. 1021.
1754 Siehe Seite 100 und 123, Anm. 719.
1755 Nitze 1934, 2 und 1940, 152.

dung der Kirche in eine Residenz im 16. Jahrhundert zurückgehen. Der mittelalterliche Ursprung der in neuzeitlichen Plänen überlieferten Mauerzüge des Wittenberger Franziskanerkirchhofs ist ebenfalls nur Vermutung. Lediglich in Burg wurde Anfang des 20. Jahrhunderts bei Bauarbeiten ein anscheinend mittelalterlicher Mauerzug zwischen dem Kirchhof und dem angrenzenden Weg angeschnitten, der sich als Kirchhofmauer interpretieren lässt.

Die Klausurgebäude waren hingegen teilweise mit angeschlossenen Wirtschaftsgebäuden und Gärten ausschließlich der Peripherie und damit häufig den Befestigungsanlagen zugewandt. So befanden sich beispielsweise zwischen den Franziskanerklöster in Barby und Zeitz und den Stadtbefestigungen die Klostergärten, hinter dem Dominikanerkloster in Halle ein dazugehöriges Kornhaus und dem Kloster in Zerbst ein Weinberg.

Bettelordenskloster und Stadt

„Bernardus valles, montes Benedictus amabat, oppida Franciscus, celebres Dominicus urbes."[1756]

Die ausschließliche Stadtsässigkeit unterschied die Bettelorden von den älteren landsässigen Orden der Benediktiner, Cluniazenser, Zisterzienser oder Prämonstratenser deutlich, die ihr Seelenheil in Autarkie und kontemplativer Abgeschiedenheit suchten.[1757] Natürlich gab es vor den Bettelorden Kongregationen, die in Städten ansässig waren oder, genauer gesagt, im Zuge der Stadtentwicklung in diese integriert wurden.[1758] Solche Institutionen sind, außer den in Immunitätsbezirken ansässigen Domstifte, häufig in Kollegiats- oder Chorherrenstiften zu suchen, die neben ihrem geistlichen Dienst regelmäßig zu Verwaltungsaufgaben herangezogen und deshalb an Bischofssitzen oder weltlichen Herrschaftssitzen gegründet wurden, an denen sich schließlich offene Siedlungen entwickelten.[1759] Als selbst wirtschaftende Einheiten waren sie zumeist an der Stadtentwicklung nicht unmittelbar beteiligt, blieben oftmals autark und weitestgehend unabhängig.[1760] Ihre Integration in einen Stadtorganismus, das heißt die Einbindung in eine gemeinsame Befestigungsanlage, hing entweder von den machtausübenden Institutionen wie Herrschafts- oder Bischofssitzen zusammen, mit denen sie verbunden waren und die ihnen ein Weiterexistenz sicherten,[1761] oder sie vermochten sich durch die direkte Wahrnehmung von Patronats- und Seelsorgerechten in die städtische Gesellschaft zu integrieren[1762].

Die veränderte Seelsorge im Zuge der zunehmend ökonomisierten Stadtgesellschaft war, wie bereits ausgeführt wurde, ein maßgeblicher Grund für die Ausbreitung und die Stadtsässigkeit der Bettelorden, da die traditionellen pfarrkirchlichen Einrichtungen der dynamischen Entwicklung nicht adäquat zu folgen vermochten.[1763] Der zweite dominikanische Generalminister Humbertus de Romanis (amt. 1254–1263, gest. 1277) berief sich in seiner Argumentation, weshalb sein Orden in den Städten tätig wurde, neben der Vorbilder von Christus, der Propheten und Apostel auf die veränderten Lebensbedingungen der Menschen: „[…] in den Städten halten sich mehr Leute auf als in anderen Orten, und deshalb ist es besser dort zu predigen als anderswo." Es gäbe dort mehr Sünden. „Auch passen sich die um die Städte gelegten Orte eher diesen an als umgekehrt, und deshalb verbreitet sich die Frucht der Predigt in der Stadt mehr auf diese Orte als umgekehrt, und deshalb sollte man mehr versuchen, eine Frucht durch die Predigt in den Städten hervorzubringen als in den andern kleineren Orten."[1764] Infolge dieser seelsorgerischen Zielrichtung vermochten es die Bettelorden die europäische Stadtentwicklung umfassend mitzubestimmen, denn zwischen 1221 bis zum Ende des 13. Jahrhunderts hatten sie sich in fast allen mittleren und großen Städten niedergelassen.

Bau fester Konvente

Der Bau von festen Niederlassungen gestaltete sich jedoch bei den Franziskanern aufgrund des strikten Armutsgebotes problematisch.[1765] Der heilige Franziskus

---

1756 Kirchlicher Lehrspruch: „Bernhard liebte die Täler, Benedikt die Berge, Franziskus die Städte, Dominikus die Großstädte." Zitat nach Hinnebusch 1965, 260.

1757 Benediktinische Regel: „[…] Womöglich lege man das Kloster so an, dass sich alles Nötige, Wasser, Mühlen, Garten und die verschiedenen Werkstätten innerhalb der Klostermauern befinden, damit die Mönche nicht gezwungen sind, draußen herumzugehen, weil das ihren Seelen durchaus nicht zuträglich ist […]". Nach Pius Bihlmeyer: Die Klosterregel des hl. Benedikt, Beuron 1939, 128.

1758 Gelegentlich sind schon bei den Prämonstratensern Gründungen in stadtähnlichen Siedlungen zu verzeichnen. So bei Liebfrauen in Magdeburg, St. Georg in Stade oder St. Marien in Gelnhausen. Vgl. Gottfried Kiesow: Gesamtkunstwerk – Die Stadt. Zur Geschichte der Stadt von Mittelalter bis in die Gegenwart, Bonn 1999, 104.

1759 Vgl. Meckseper 1982, 203.

1760 Jerzy Piekalski: Von Köln nach Krakau. Der topographische Wandel früher Städte, Bonn 2001, 204ff.

1761 Ebd.

1762 In Halle war etwa das innerstädtische Augustiner-Chorherrenstift St. Moritz institutionell und baulich mit einer Pfarre verbunden. Inwieweit Chorherren über das Patronatsrecht hinaus direkt die seelsorgerische Betreuung der Gemeinde übernahmen, ist nicht untersucht worden.

1763 Siehe Seite 21ff., Zur Geschichte von Dominikanern und Franziskanern.

1764 Humbertus de Romanis: De eruditione Praedicatorum, lib.II: De modo prompte cudendi sermones circa omne hominum genus. Vgl. Le Goff 1970, 929f.; übersetzt und zitiert nach Hans-Jörg Gilomen: Stadtmauern und Bettelorden, in: Stadt- und Landmauern, Bd. 1. Beiträge zum Stand der Forschung (Veröffentlichungen des Institutes für Denkmalpflege an der ETH Zürich, Bd. 15.1), Zürich 1995, 45–62, hier 49ff.

1765 Siehe Seite 198ff., Übergangszeiten.

besserte noch selbst mit eigenen Händen die alte Portincula-Kapelle bei Assisi aus und strafte jene Brüder, die versuchten, feste Niederlassungen zu erbauen.[1766] Zwar legte eine päpstliche Verfügung schon 1222 den Franziskanern den Erwerb von Kirchen nahe: „Wir gestatten auch in den Zeiten des Interdikts in euren Kirchen Gottesdienste abzuhalten, wenn ihr erst in den Besitz solcher gelangt sein werdet."[1767] Dennoch betont die überarbeite und 1223 bestätigte *Regula bullata* des Franziskus nachdrücklich die Vorschriften bezüglich des Armutsgebotes: „Wie Pilger und Fremdlinge sollen die Brüder durch diese Welt gehen", im sechsten Kapitel die Verweigerung von Eigentum jedweder Art: „Fratres nihil sibi appropriant nec domum nec locum nec aliquam rem." Prinzipiell blieb „Arbeit […] Pflicht und erstes Mittel zum Unterhalt; wo der verdiente Unterhalt nicht ausreiche, trat als zweites Mittel das Bitten um Almosen ein."[1768] Doch muss Franziskus die Unmöglichkeit einer strikten Einhaltung erkannt haben, als er sogenannte Ordensfreunde (*amici spiritualis*) erwähnte, die als Treuhänder der Brüder dienen konnten.[1769] Dennoch bekräftigte Franziskus in seiner testamentarischen Verfügung nochmals das strikte Armutsgebot: „Kirchen, ärmliche Wohnungen und alles, was für sie gebaut wird, keinesfalls an[zu]nehmen, wenn sie nicht sind, wie es der heiligen Armut gemäß ist, die wir in der Regel versprochen haben".[1770] Dies verfehlte nicht seine Wirkung, wenn man die Worte von Giordano de Giano für die frühe Franziskanergeneration ernst nimmt, die er auf die Frage eines städtischen Prokurators äußerte, der ihm in der Stadt Erfurt anbot, ein ein Kloster zu bauen: „Ich weiß gar nicht was ein Kloster ist."[1771] Auch für Mühlhausen beschreibt Giordano den unbeholfenen Umgang der Brüder mit einem gestifteten, aber noch unfertigen Haus.[1772] Dieses ließen sie verfallen und begnügten sich mit dem Keller des Stifters als Wohnstätte, bis dieser die Brüder verstimmt des Ortes verwies. In Halberstadt und in Quedlinburg verbrachten die Franziskanerbrüder etwa 20 Jahre in anscheinend einfachen Häusern, ehe einflussreiche Adelsfamilien den Klosterbau vorantrieben.[1773] Es ist einleuchtend, dass gerade die frühen Niederlassungen der durch Franziskus geprägten Brüdergeneration den Charakter von Provisorien besaßen und nicht den monastischen Bedürfnissen entsprachen, die sich erst ab den 1230er Jahren mit der zunehmenden Ausformung zu einem Orden unter päpstlicher Aufsicht ergaben.[1774]

Es verwundert daher nicht, dass der Kirchenbau, welcher noch zu Lebzeiten des Ordensgründers nach den Schilderungen von Giordano de Giano in der Neustadt von Magdeburg errichtet wurde, eine Generation später als Kapelle bezeichnet wird.[1775] Die Mönche lebten laut Giordano seit 1223 zunächst in einem Hospital neben St. Peter in der Altstadt, welches wohl auf der ehemaligen Burggrafenburg gelegen war. Erst in den späten 1220er und frühen 1230er Jahren schufen sie sich einige bebaute Hofstellen (*areae*), die urkundlich 1266 genannt werden.[1776] Man gewinnt den Eindruck, dass Giordano, der damals zu den Gründern der Niederlassung zählte, wegen diesen Gebäuden das Gewissen plagte, da er fast rechtfertigend betonte, dass die Brüder zu der Zeit keine weiteren Gebäude besaßen.[1777] Mit Sicherheit ging die Bauinitiative von dem ambitionierten Erzbischof Albrecht II. von Käfernburg (1205–1232) aus, der seinerzeit Magdeburg in eine der größten Baustellen des Reiches verwandelte und die Kapelle 1225 weihte.[1778] Auf ihn gehen der Domneubau ab 1209 mit dem ersten kathedralgotischen Grundriss im deutschsprachigem Gebiet und die umfangreiche Erweiterung der Stadt zurück. Auch die Dominikaner profitierten von Albrecht, da er diesen bereits im Jahr 1225 Liegenschaften für einen Klosterbau bereitstellte. Es dürfte als sicher gelten, dass bei den Franziskanern das Erzbistum die Treuhänderschaft übernahm, da sich das Gelände 1266 im Besitz des Erzbischofs befand.[1779] Es ist wahrscheinlich, dass Franziskus an Personen wie den weitgereisten Käfernburger dachte, als er von den *amici spiritualis* als Treuhänder sprach.[1780] Trotz der sicher dürftigen Ausmaße der frühen franziskanischen Gründung dürfte Magdeburg eine Ausnahme gewesen sein. In Lübeck, ebenfalls eine der prosperierensten Städte auf deutschem Boden und seit

---

1766 Grau, Celano, 1988, 57 (Caput 27) und 58 (Caput 28).
1767 Zitat nach Schenkluhn (1985, 38).
1768 Heribert Holzapfel: Handbuch der Geschichte des Franziskanerordens, Freiburg i.Br. 1909, 20.
1769 Regula bullata 1223, Caput IV. übersetzt in: Hardick/Grau, Franziskus, 1984.
1770 Ebd., 219.
1771 Hardick, Chroniken, 1957, 72, Nr. 43.
1772 Ebd., 74f., Nr. 45
1773 Siehe Seite 78 und 119
1774 Vgl. Schenkluhn 2000, 24f.; Graf 1995, 108.

1775 Vgl. Hardick, Chroniken, 1957, 77, Nr. 48; UB Magdeburg I, 75, Nr. 139; vgl. Seite 110ff.
1776 Vgl. ebd.
1777 Vgl. ebd.
1778 Vgl. ebd. Albrecht studierte in Paris und Bologna, war 1212 päpstlicher Legat, 1222 bis 1224 kaiserlicher Legat und seit 1223 Graf der Romagna. Er war stets bemüht die Metropolitangewalt nach Osten auszuweiten. Vgl. Erwin Gatz (Hg.): Die Bischöfe des Heiligen Römischen Reiches: ein biographisches Lexikon (1198 bis 1448), Berlin 2001, 385.
1779 Siehe Anm. 1775.
1780 Vgl. Anm. 1769.

1227 freie Reichstadt, erhielten die Franziskaner bereits 1225 Baugrund, jedoch begannen sie in der Tradition des Ordens erst 1230 mit dem Bau von Gebäuden.[1781] Wenn die Nachricht einer mittelalterlichen Chronik zutrifft, dass mit dem Bau des „Klosters" schon 1226 begonnen wurde, dürfte es sich wie in Magdeburg wohl nicht um eine regelrechte Klosteranlage gehandelt haben.[1782] Für Köln und Wien werden ebenfalls frühe Bauaktivitäten angenommen.[1783]

Wie schon erwähnt, betrug bei den deutschen Franziskanern bis 1230 die zeitliche Differenz zwischen Niederlassung und Baubeginn eines Klosters mehr als 16 Jahre.[1784] Die Widersprüchlichkeit zwischen den asketischen Vorstellungen und der rasanten Ausbreitung der frühen Franziskanergeneration einserseits und der durch Bauaktivitäten geprägten Urbanisierung anderseits dürften die hauptsächliche Gründe gewesen sein, weshalb bei den Franziskanern Klosterbauten lange ausblieben. Materielle Ursachen gerade in kleineren Städten und eine gewisse Gewöhnungsdauer an die neue Seelsorge der Mendikanten, die durch die traditionelle Gegnerschaft des eingesessenen Pfarrklerus eher verstärkt wurden, sind als Ursachen für die Verzögerung wahrscheinlich. Nachdem der Tod des Franziskus, seine Heiligsprechung 1228 und die Annullierung seines Testamentes dem Papst die Möglichkeit zur Umgestaltung der Gemeinschaft zu einem regulären Orden gaben,[1785] zudem im Jahre 1230 die Bulle *Quo elongati* unter Berücksichtigung des Eigentumverbots den Bau von Konventen ermöglichte,[1786] nahm die Bautätigkeit der Franziskaner bis zu ihrem Höhepunkt um 1250 rapide zu.[1787] Bezeichnenderweise fällt in diesem Zeitraum die Übergangszeit von Niederlassung bis zum Klosterbau auf etwa fünf Jahre.[1788] Dabei muss betont werden, dass Provisorien beziehungsweise fremde Unterkünfte wahrscheinlich noch bis in die zweite Hälfte des 13. Jahrhunderts selbst für die Versammlungen der Provinzkapitel genutzt wurden, was für eine lange asketische Ausrichtung des Ordens spricht.[1789]

Im Durchschnitt benötigten die deutschen Niederlassungen der Dominikaner bis 1230 nur ca. neun Jahre bis zum Bau von Klöstern.[1790] Im Einzelfall muss mit Abweichungen von diesem Mittelwert gerechnet werden. Die Dominikaner in Halberstadt benötigten nach der Niederlassung 1224, der Grundstückstiftung 1231 bis zum Baubeginn 1232 genau acht Jahre für eine Klostergründung.[1791] Für den Magdeburger Predigerkonvent ist der Baubeginn des Klosters nicht überliefert. Lediglich die Übertragung eines Hofes 1225 zur Nutzung ein Jahr nach der Niederlassung in der Stadt, aus dem später das Kloster hervorging, wird in den Quellen genannt.[1792] 1227 ist die Existenz eines Konventshauses belegt, das erweitert werden soll.[1793] Ein Kloster wird erst mit der Nennung der Kirche im Jahre 1248 greifbar.[1794] Im Laufe des Jahrhunderts und später nähern sich Niederlassung und Klosterbau zeitlich an und korrelieren wie 1275 in Prenzlau[1795] oder 1438 in Tangermünde zunehmend.[1796] Dieser Trend ist für beide Orden festzustellen.[1797]

Die Entwicklung bei den Dominikanern verlief demnach stringenter. Dominikus war Chorherr gewesen und orientierte sich anders als Franziskus beim Aufbau der Gemeinschaft an früheren monastischen Reformorden.[1798] Man versuchte bereits früher, die Kontrolle über die genutzten Liegenschaften zu erlangen.[1799] Ihre Niederlassungen konnten bis zum Bau von S. Domenico in Bologna 1228, wenn sie nicht Übernahmen älterer Klöster waren, jedoch auch den Charakter von Provisorien besitzen. So akquirierte der Orden bis dahin zunächst vor allem bestehende Klöster oder Kirchen, etwa St. Roman in Toulouse, St. Jacques in Paris, Santa Sabina in Rom, San Nicolò in Bologna und San Eustorgio in Mailand, um an christliche Orte und Traditionen anzuknüpfen.[1800] Aber auch in den

---

1781 Vgl. Jaacks 1968, 10ff.
1782 Vgl. ebd.
1783 Graf 1995, 113 und 235, Graphik 8.
1784 Ebd., 114 und 235f., Graphik 8 und 9.
1785 Schenkluhn 1991, 208ff.; Schenkluhn 2000, 42f.; Wiener 2004, 216f.
1786 Stüdeli 1969, 56f.; Moorman 1988, 90.
1787 Graf 1995, 45ff., 57, und 227, Graphik 1.
1788 Ebd., 112ff. und 235f., Graphik 8 und 9.
1789 Gewöhnlich werden in der Forschung bei der Nennung von Provinzkapiteln wegen der höheren Teilnehmerzahlen Klosterbauten vorausgesetzt, jedoch waren bei den franziskanischen Provinzkapiteln 1246 in Halberstadt und 1252 in Quedlinburg keine Klöster vorhanden bzw. sehr unwahrscheinlich. Dies trifft eventuell auch für die Provinzkapitel in 1261 Salzwedel und 1264 Stendal zu. Bei dem Provinzkapitel 1247 in Halle wissen wir es nicht. Folglich kann man bei Ersterwähnungen von Niederlassungen zu Provinzkapiteln im 13. Jahrhundert nicht ohne weiteres von Klosterbauten ausgehen.
1790 Graf 1995, 113 und 235, Graphik 8.
1791 UB Halberstadt, 35, Nr. 27 und 36, Nr. 28.
1792 UB Stadt Magdeburg, Bd. 1, 41, Nr. 84. Mühlverstedt, Regesta, 340, Nr. 735; 349, Nr. 736 oder 354f., 756.
1793 UB Magdeburg, Bd. 1, 44, Nr. 98.
1794 Ebd., 59, Nr. 111 und 65, Nr. 120.
1795 Zu Prenzlau Hillebrand 2003,
1796 Graf 1995, 112.
1797 Ebd.
1798 RDK IV, 1958, 129.
1799 Vgl. Stüdeli 1969, 46; Graf 1995, 112.
1800 Meersseman 1946, 142f.; Schenkluhn 2000, 27ff. Graf betont die Bauakquise mit die Anknüpfung an wertvolle Reliquien, so etwa die zeitweilige Übernahme die Eustachiuskapelle in Köln, in der die Gebeine der heiligen Drei Könige lagen (1995, 82ff.).

deutschen Provinzen kam es zu Übernahmen bestehender oder in Bau befindlicher Klöster. Etwa 1236 in Eisenach, wo man die Baustelle eines Nonnenklosters übernahm,[1801] und 1253 in Seehausen, wo man die Pfarrkirche St. Jakob in der Altstadt bis zu deren Aufgabe nutzte[1802].

Nur in wenigen Fällen sind die frühen Niederlassungsplätze der Franziskaner, die anscheinend auf ihre eigene Initiative hin ausgewählt wurden, zu festen Stützpunkten ausgebaut worden. Im Untersuchungsgebiet lassen sich Verlegungen in Magdeburg und Halberstadt nachweisen, was auch für die Niederlassungen in Quedlinburg, Zeitz, Stendal und Salzwedel wahrscheinlich ist, wo nicht überliefert ist, ob die teilweise erwähnten frühen (provisorischen) Unterkünfte am Ort der späteren Klöster lagen. Zu Recht vermutete Otto Graf daher für die Verlegungen von Niederlassungen den Einfluss von städtischen Machtfaktoren.[1803] Auch bei den Dominikanern sind im Untersuchungsgebiet Verlegungen nachgewiesen wie etwa des Konventes in Seehausen. Jedoch scheint der Orden weitestgehend von Verlegungen verschont geblieben zu sein, worin sich eine genauere Planung mit den zuständigen Lokalmächten widerspiegeln dürfte. Gegen Ende des 13. Jahrhunderts war die Gründung eines Konventes derart gestaltet, dass zunächst dem Provinzkapitel vom lokalen Initiator eine Liegenschaft als Sicherheit übergeben werden musste, dann wurden zwölf Ordensmitglieder, die für eine Neugründung eines Konventes notwendig waren, an den Ort gesendet.[1804] Wenn schließlich die materielle Basis gesichert war, dass der Konvent nach den Konstitutionen leben konnte, verlieh man diesem Sitz und Stimme im Provinzkapitel und somit die offizielle Anerkennung.

Die Intensionen der Territorial- beziehungsweise Stadtherren scheinen unterschiedlich gewichtet zu sein. Bischöfe und andere geistliche Institutionen dürften gemäß den päpstlichen Verfügungen den Kampf gegen Häresie und Engpässen in der kirchlichen Seelsorge als vornehmliche Gründe bei der Förderung der Mendikanten im Auge gehabt haben, während weltliche Territorialherren vor allem beim Aufbau ihrer Herrschaftsgebiete eher die wirtschaftliche Entwicklung ihrer Städte nicht durch religiösen Unfrieden gefährden wollten und die Errichtung einer sozialen und baulichen Infrastruktur im Blick hatten, die dies ermöglichte. Hervorragend ausgebildete Mönche traten vielerorts im Gefolge der Herrschenden als Beichtväter, Schreiber und Berater auf. Da jedoch weltliche und geistliche Interessen eng mit einander verwoben und die Mendikanten anpassungsfähig waren, können die Gründe generell nicht von einander getrennt werden.

Stadtwerdungsprozess und Bettelordenniederlassung

Das sprunghafte Anwachsen der Bevölkerung und der ökonomischen Prozesse bedingte die zusätzliche Seelsorge der Bettelorden.[1805] Die Größe der Einwohnerschaft war mit Sicherheit ein Indiz für die wirtschaftliche Potenz der Städte, die durch den ökonomisch erzeugten Mehrwert den Unterhalt der Mendikanten sicherstellen konnte. Aufgrund dieses Wechselverhältnisses spielt die wissenschaftliche Betrachtung der Bettelorden eine nicht unwichtige Rolle bei der Erforschung des mittelalterlichen Urbanisierungsverlaufes und der Stadtentwicklung. So wissen wir durch die Untersuchungen von John B. Freed, dass sich beide Orden während ihrer frühen Niederlassungsphase zunächst vorwiegend in den ältesten, bereits im 12. Jahrhundert gegründeten Städten niederließen.[1806] Nach seiner Bestandsaufnahme befanden sich um 1200 die am dichtesten urbanisierten deutschen Regionen in Brabant, im waldfreien Gürtel zwischen Köln und Thüringen, entlang der transalpinen Straßen und den Tälern des Rheins, des Mains und der Donau. Während nur einige Städte bereits im nördlichen Flachland, in Ostfranken, südlich des Mains oder östlich der Elbe bestanden und diese Gegenden vorwiegend erst im 13. und 14. Jahrhundert urbanisiert worden waren.[1807] Der Zusammenhang zwischen dem Alter einer Stadt und damit ihres anzunehmenden Entwicklungsvorsprungs vor anderen Orten, welcher sich in ihrer Bewohnerzahl (und der davon abhängigen Größe der mendikantischen Zielgruppe) zeigte, dürfte demnach neben der politischen Bedeutung als Bistumssitz für die frühesten Ansiedlungen der Mendikanten 1223/24 in Magdeburg und Halberstadt im östlichen Altsiedelgebiet ausschlaggebend gewesen sein.[1808] Diesbezüglich ist der

---

1801 Vgl. Pelizaeus 2004, Katalog, 404ff.
1802 Siehe Seite 142.
1803 Graf 1995, 88.
1804 Frank 1979, 111f.
1805 Siehe Seite 21ff, Zur Geschichte von Dominikanern und Franziskanern.

1806 Freed 1977, 44f., Table IV.
1807 Ebd., 24.
1808 In Magdeburg wurde das in viele ostelbische Städte exportierte Stadtrecht bereits 1188 kodifiziert. Für Halberstadt wird die Stadtrechtsverleihung bereits im 11. und 12. Jahrhunderts angesetzt.

Zusammenhang zwischen städtischer Einwohnerzahl und Bettelordenniederlassung interessant. Etwa 2800 von ca. 3000 überlieferten deutschen Städten im 13. Jahrhundert zählten nach Fritz Rörig schätzungsweise weniger als 1000 Einwohner und können deshalb nicht als Städte im eigentlichen Sinn bezeichnet werden.[1809] Etwa 150 Städte dürften zwischen 1000 und 2000 Einwohner besessen haben und können als zweitrangige Städte bezeichnet werden. Auf ganze 50 Städte kamen jeweils mehr als 2000 Einwohner. Sie galten daher allgemein als städtische Zentren.[1810] Die Zahl der Zentren und zweitrangigen Städte läuft nach Freed konform mit der Zahl der Konvente gegen Ende des 13. Jahrhundert. Schätzungsweise 169 Städte besaßen entweder einen Franziskaner- oder einen Dominikanerkonvent, etwa 71 städtische Zentren besaßen zwei Konvente.[1811] Im Untersuchungsgebiet wiesen nur die Städte Magdeburg, Halberstadt und Halle sowohl einen Dominikaner- als auch einen Franziskanerkonvent auf. Diese Städte können damit zu den städtischen Zentren gezählt werden und hatten schätzungsweise im 13. Jahrhundert über 2000 Einwohner.[1812] Die restlichen Städte wiesen hingegen nur einen Bettelordenskonvent auf, wenn man von späteren Niederlassungen etwa der Augustiner-Eremiten oder Serviten absieht, und dürften nach diesen Schätzungen zwischen 1000 und 2000 Einwohner gezählt haben.

Es ist allerdings fraglich, ob alle Städte mit Bettelordenskonventen bereits bei deren Niederlassung die geschätzten Einwohnerzahlen besaßen. Gerade bei den sogenannten Gründungsstädten wird man geneigt sein, dies zu bezweifeln, wenn Gründungsakt[1813] und Stadtrechtsverleihung am Anfang einer städtischen Entwicklung standen.[1814] Die ungefähre Parallelität von Stadtrechtsverleihung beziehungsweise der Nennung als *civitas* und den Niederlassungsdaten der Mendikanten veranlassten Freed für die ostelbischen Gründungsstädte zu schlussfolgern, dass die Ansiedlung der Bettelorden dort wohl unter dem Aspekt der Attraktivitätssteigerung der Siedlungen für zukünftige deutsche Siedler erfolgte.[1815] Die brandenburgischen Markgrafen versuchten demnach, ihre Städte innerhalb von slawischer Bevölkerung dominierten Regionen mit deutschen Mendikanten zu besetzen, somit in die deutschen Ordensprovinzen einzugliedern und enger an das Reich anzubinden, wie es am Beispiel der 1250 an die Mark Brandenburg gefallenen uckermärkischen Stadt Prenzlau deutlich wird.[1816] Dort kam es über das Vorhaben der Markgrafen, deutsche Dominikaner anzusiedeln und den zukünftigen Konvent der deutschen Provinz anzuschließen, zu langen Verhandlungen mit der Ordensleitung.[1817]

Die Daten für Stadtrechtsverleihungen und Bettelordenniederlassung für das Gebiet von Sachsen-Anhalt verweisen auf eine ähnliche Entwicklung (Tabelle 2). Dies überrascht insofern, da sich entweder damit dieses Phänomen nicht auf die Neusiedelgebiete beschränken lässt, wie die Untersuchung von Freed suggeriert, oder seine Aussagen bezüglich zu unserem Untersuchungsraum, der größtenteils westlich der Saale-Elbe-Linie liegt und somit theoretisch zum Altsiedelgebiet gehört, korrigiert werden müssen.

1809 Fritz Rörig: Die europäische Stadt und die Kultur des Bürgertums im Mittelalter, Göttingen (4. Aufl.) 1964, 76. Freed charakterisierte diese *civitates* als „fortified farming villages" (1977, 24).

1810 Rörig ⁴1964, 76.

1811 Die größere Zahl der Konvente bei Freed kommt durch andere Grenzen zustande. Auch die auf polnischen und russischen Gebiet liegenden, aber zu den deutschen Ordensprovinzen gehörenden Konvente sind hinzugezählt worden. Freed 1977, 53ff.

1812 Allgemein kann formuliert werden: Je größer die mittelalterliche Stadt, desto mehr Bettelordenskonvente beziehungsweise Kongregationen an sich) sind in ihr ansässig geworden. Vgl. Gilomen (1995, 52f.) zu den Schweizer Bettelordenskonventen unter Einbeziehung der Frauenklöster und der jüngeren Mendikantenkongregationen. So besaß Basel acht Bettelordensklöster, Zürich fünf, Bern und Genf je vier, Bellinzona, Fribourg, Lausanne, Lugano, Solothurn und Vevey je zwei sowie 17 weiteren Städten nur je ein Bettelordenskonvent.

1813 Die Forschungen der 1970/80er Jahre stellten einen statischen Gründungsakt in Frage. Selbst bei Lübeck, welches aufgrund seines Rastersystems als planvolle Gründungsstadt par excellence galt, wurde eine mehrteilige slawische Vorsiedlung festgestellt und daher als „Gewachsene Stadt" deklariert. Dennoch gilt die Regelhaftigkeit in der neuesten Forschung zunehmend wieder als ernstzunehmender Befund, der als ein planvolles Eingreifen gewertet wird. Zudem zeigen Quellen vor allem aus Italien, dass es bisweilen für kleinere Gründungsstädte detaillierte Anweisungen bezüglich des Gründungsvorganges gab. Zur Forschungsgeschichte zuletzt: Matthias Untermann: Planstadt, Gründungsstadt, Parzelle. Archäologische Forschungen im Spannungsfeld von Urbanistik und Geschichte. Einführende Bemerkungen, in: Die vermessene Stadt – Mittelalterliche Stadtplanung zwischen Mythos und Befund (Mitteilungsblätter der Deutschen Gesellschaft für Archäologie des Mittelalters und der Neuzeit 15, 2004), 9–14.

1814 Hans-Joachim Schmidt: Die Bettelorden und ihre Niederlassungen in der Mark Brandenburg, in: Beiträge zur Entstehung und Entwicklung der Stadt Brandenburg im Mittelalter, hg. von Winfried Schich, Berlin 1993, 203–226, hier 208ff.

1815 Armand Baeriswyl vermutete kürzlich ebenfalls, dass die vorausschauende Anlage von Klöstern und Hospitäler bei Stadterweiterungen im Südwesten des Reiches in Hinsicht auf ein späteres Wachstum erfolgte. Armand Baeriswyl: Die Randlage von Bettelordensklöstern in der mittelalterlichen Stadt. Beispiele aus dem Süden des Reiches, in: Klöster und monastische Kultur in Hansestädten (Stralsunder Beiträge zur Archäologie, Geschichte, Kunst und Volkskunde in Vorpommern, Bd. IV), Rahden 2003, 345–360, hier 349.

1816 Zu den Bettelordensniederlassungen in der Mark Brandenburg: Schmidt 1993, 214ff.

1817 Finke 1891, 59f., Nr. 15f.; vgl. Hillebrand 2003, 20ff.

Tabelle 2: Zusammenhang von Stadtrechtverleihung und Niederlassungsdaten.

Stadt	Stadtrecht Daten u.a. nach Keyser, Bd. II, 1941, passim.	Niederlassung	
		Franziskaner	Dominikaner
Aschersleben	1266	vor 1245/50	-
Barby	Stadtrecht vermutl. Anf. 13. Jh., spätestens 1407	vor 1264	-
Burg	1263 Rat bezeugt (Lorenz 1953, 8)	Ende 13. Jh.	-
Halberstadt	11. und 12. Jh.	1223	1225
Halle	zw. Ende 12. Jh. und 12	vor 1247	vor 1271
Magdeburg	Altstadt 1188 kodifiziert, Neustadt 1230 verliehen (Kleinen 2005, 70)	1223 (Neustadt)	1224 (Neustadt)
Quedlinburg	12. Jh.	vor 1252	-
Salzwedel	zw. 1207 und 1233	vor 1261	-
Seehausen	vor 1256	-	1253 (Altstadt)
Stendal	1160/70 Magdeb. Stadtrecht der Marktsiedlung	vor 1264	-
Tangermünde	1. Hälfte 13. Jh. Neustadt 15. Jh.?	-	1438 (Neustadt)
Wittenberg	zw. 1293 und 1317	vor 1269	-
Zeitz	1147 Oberstadt *civitas* Magdeb. Recht vor 1278	1238	-
Zerbst	1253 *civitas* (CDA II, 152, Nr. 197)	vor 1235	-

Die korrelierenden Daten machen auf jeden Fall den Zusammenhang zwischen Bettelordenniederlassung und Stadtentstehung im rechtlichen Sinn auch für das Altsiedelgebiet deutlich. Auch hier werden die Bettelordensniederlassungen wie die städtischen Verfassungen generell die Attraktivität der heranwachsenden städtischen Gemeinwesen gefördert und zu ihrer Konsolidierung beigetragen haben. Eine ähnliche Entwicklung lässt in vielen Ländern Europas feststellen: Italien,[1818] Frankreich,[1819] England,[1820] Irland,[1821] Skandinavien[1822] und dem östlichen Mitteleuropa[1823].

Wie gestaltete sich der Zusammenhang zwischen Stadtwerdungsprozess und mendikantischer Bautätigkeit? Bei den ältesten Siedlungen im Untersuchungsgebiet, deren Entwicklung wie in Halberstadt anscheinend aus einem den karolingisch-ottonischen Siedlungsbereich (Domburg) angegliederten Markt mit benachbarten Streusiedlungen erfolgte, dürfte etwa die Errichtung des Halberstädter Dominikanerklosters ab 1231 am nördlichen Rande der Altstadt zu einer Verdichtung des eher locker bebauten und größtenteils agrarisch genutzten Umfeldes geführt haben. Auch bei den Franziskanern scheint die sukzessive Aneignung einer Adelskurie und weiterer Grundstücke zu einer Konzentration der Bebauung geführt zu haben.[1824]

In Magdeburg befanden sich die ersten Ansiedlungsorte der Mendikanten in der nach den Zerstörungen von 1213 unter Erzbischof Albrecht (1205–1232) ausgebauten Neustadt, deren ältere Siedlungskomplexe in ein neues regelmäßiges Wegeraster eingebunden wurden.[1825] Während für die Dominikaner keine Bautätigkeiten innerhalb ihres einjährigen Aufenthaltes in der Neustadt nachgewiesen sind, schufen sich die Franziskaner nach ihrer Ankunft 1223 wohl mit Unterstützung des Erzbischofs eine Kapelle und mehrere Hofstellen außerhalb der alten Stadtmauer. Nach ihrer Umsiedlung in die Domimmunität beziehungsweise die Altstadt ließen sich die Dominikaner und wahrscheinlich auch die Franziskaner[1826] auf mehreren Adelshöfen nieder, die sie ausbauten.

In Halle entwickelte sich das Stadtbild sukzessive seit dem 9. und 10. Jahrhundert aus mehreren Siedlungskernen.[1827] Das Dominikanerkloster trat auf einem der ältesten Siedlungsplätze an Stelle zweier Adelhöfe. Die Bauuntersuchung legte einen Zusammenhang mit einer Erneuerung der Stadtmauer nah.[1828] Im Umfeld des späteren Franziskanerklosters wurden die Flächen und Bebauungen im 12. Jahrhundert im Zuge einer Stadterweiterung zum Teil planiert und neu geordnet. Wahrscheinlich entstand das Kloster ebenfalls an Stelle einer Eigenbefestigung, denn unmittelbar im Süden des Klosters konnte archäologisch eine befestigte Hofanlage festgestellt werden, die in der zweiten Hälfte des 13. Jahrhunderts aufgegeben und in kleinere Parzellen aufgeteilt und bebaut wurden.[1829] Zeitgleich mit der Erbauung des Klosters konnte bei weiteren Untersuchungen westlich des Klosters ebenfalls eine starke Zunahme der Profanbebauung während des 13. Jahrhunderts festgestellt werden.[1830]

Der Bau des Franziskanerklosters in Quedlinburg 1271 dürfte im engen städtebaulichen Zusammenhang mit der nördlichen Stadterweiterung der Altstadt im 13. Jahrhundert stehen, als man den Umfang der Stadtmauer ausdehnte. Das ehemals außerhalb der Mauer gelegene Dorf Nördlingen wurde mit seiner Ägidiikirche in den erweiterten städtischen Mauerkranz eingeschlossen. Offenbar lag das Franziskanerkloster an Stelle oder etwas außerhalb der älteren 1179 genannten Befestigungsanlage und nahm nach deren Abtragung folglich mit seinem bebauten Grundstück ein großes, nur locker besiedeltes Terrain in dem neuen Stadtgebiet ein.[1831]

Für Salzwedel in der Altmark ist ebenfalls ein polyzentrischer Wachstums- und Verdichtungsprozess nachgewiesen. Die Franziskaner übernahmen in der zweiten Hälfte des 13. Jahrhunderts in der Altstadt mehrere teilweise bebaute Grundstücke in einem wohl locker besiedelten Grenzabschnitt zur 1247 gegründeten Neustadt, der durch die Klostergebäude baulich verdichtet wurde.[1832]

1818 Luigi Pellegrini: Gli insediamenti degli ordini Mendicanti e la loro tipologia. Considerationi metodologiche e piste die ricerca, in: Les Ordres Mendiants et la Ville en Italie central (1220–1350) (Mélanges de l'Ecole francaise de de Rome, moyen age – temps modernes), Rome 1977, 563–573.
1819 Le Goff 1970.
1820 Hinnebusch 1965.
1821 John Bradley: Planned Anglo-Norman Towns in Ireland, in: The Comparative History of Urban Origins in Non-Roman Europe, Part ii, Oxfort 1985, 411–465.
1822 Jørgen Nybo Rasmussen: Die Bedeutung der nordischen Franziskaner für die Städte im Mittelalter, in: Bettelorden und Stadt. Bettelorden und städtisches Leben im Mittelalter und in der Neuzeit (Saxonia Franciscana, 1), Werl 1992, 3–18.
1823 Piekalski 2001, 132ff.

1824 Vgl. Siebrecht 1992.
1825 Vgl. Mrusek 1956, 1240f. und Taf. IV.; Böttcher 1992, 90.
1826 Mrusek 1956, 1245.
1827 Hermann 2001, zuletzt ders.: Die Topographie von Halle (Saale) im Mittelalter, in: Die vermessene Stadt. Mittelalterliche Stadtplanung zwischen Mythos und Befund (Mitteilungsblätter der Deutschen Gesellschaft für Archäologie des Mittelalters und der Neuzeit 15, 2004), 47–54.
1828 Siehe Seite 81ff.
1829 Zur archäologischen Untersuchung Schulstraße/Audimax: vgl. Specht 2000, 163–177.
1830 Specht 1998, 183.
1831 Siehe Seite 117ff.
1832 Stoob 1984.

Nach der wohl aus fortifikatorischen Gründen erfolgten Aufgabe der Altstadt von Seehausen, in der die Dominikaner ursprünglich den ehemaligen askanischen Burgward beräumten und als Unterkunft ausgebaut hatten, wies ihnen Markgraf Otto III. in der Neustadt an einer Ecke der Stadtmauer einen größeren Bauplatz zu, der von ihm gekauft wurde.[1833] Wir wissen nicht, ob es sich um bereits baulich genutztes Terrain handelte. Offenbar steht die Klosterverlegung im Zusammenhang mit der Aufgabe der Altstadt und der Errichtung einer neuen Befestigung um die Neustadt.[1834]

Die Anlage des Zeitzer Franziskanerklosters gegen Mitte des 13. Jahrhunderts erfolgte zwischen zwei Siedlungskernen: der wohl im 12. Jahrhundert regelmäßig angelegten Oberstadt und dem auf wendische Wurzeln zurückreichenden ottonischen Burgsuburbium nahe der Unterstadt. Da offenbar zur Zeit des Klosterbaus ebenfalls eine neue Stadtbefestigung um die Siedlungskerne mit dem Kloster errichtet wurde, ist ein Zusammenhang zwischen Stadtausbau und Klosterbau augenscheinlich.[1835] Es dürfte kein Zufall sein, dass zeitlich parallel zum Stadtausbau sich die Naumburger Bischöfe als Stadtherren wieder zunehmend in Zeitz aufhielten und urkundeten.[1836]

Das ostelbische Zerbst entwickelte sich vermutlich aus vier zeitlich differierenden Siedlungskernen: der älteren Burg-Siedlung, der Breite-Siedlung, der sogenannten Käsperstraßen-Siedlung (einem zweiten Burgsuburbium) und der Markt-Siedlung.[1837] Zur Zeit des Klosterbaus der Franziskaner (1235 Kloster bezogen) müssen innerhalb des späteren Stadtgebietes noch weite Flächen unbebaut gewesen sein, denn die Franziskaner besaßen neben ihrem Kloster einen Weinberg und noch Ende des 13. Jahrhunderts konnte das Zisterzienserinnenkloster aus dem Vorort Ankuhn mit seinem großen Wirtschaftshof in die Brühl-Siedlung verlegt werden. Schon Wilhelm Müller vermutete aufgrund der Verbindung der Brüderstraße mit dem Markt eine zeitnahe Entwicklung von Kloster und der 1214 genannten Markt-Siedlung.[1838] Die Rasterstruktur des südlichen Teils der Markt-Siedlung dürfte ebenfalls darauf hinweisen.

Eine ähnliche Entwicklung lässt sich auch in Ascherleben erkennen, wo das Kloster aufgrund seiner rechtwinkligen Ausrichtung zur Vorderen Breite anscheinend Teil einer planmäßigen Stadterweiterung in der ersten Hälfte des 13. Jahrhunderts gewesen ist, welche vermutlich mit der Stadtrechtsverleihung 1266 von Heinrich II. von Aschersleben (1252–1266) einen vorläufigen Abschluss fand.[1839]

Das Franziskanerkloster von Burg lag in der 1160/70 offenbar durch Ansiedlung von flämischen Aussiedlern gegründeten Neustadt unterhalb des Suburbiums der Burg, auch Oberstadt genannt.[1840] Der Ausbau der Stadt wird erst mit der Anlage der gemeinsamen Stadtmauer Anfang des 14. Jahrhunderts einen ersten Höhepunkt erreicht haben.[1841] Nicht von ungefähr korreliert der mutmaßlich späte Klosterbau der Franziskaner um 1300 zeitlich mit dem Stadtmauerbau.

Die regelmäßigen Siedlungsraster von Barby und Wittenberg sowie der Burger Unterstadt gleichen denen von planmäßig angelegten Gründungsstädten.[1842] Die Stadt Barby wurde im zweiten Viertel des 13. Jahrhunderts durch eine Linie der Arnsteiner Grafen, welche sich schließlich nach dem Ort benannten, im Zusammenhang mit ihrer Herrschafts- und Residenzbildung angelegt.[1843] Die Anlage des Klosters erfolgte in einem Teil des ehemaligen Wirtschaftsgeländes der Burg am Stadtrand.

In Wittenberg erfolgte die Anlage der deutschrechtlichen Stadt an einem erstmals 1180 erwähnten Burgward im slawisch dominierten Gebiet. Im Zusammenhang mit dem Ausbau des askanischen Herzogtums Sachsen dürfte der Ort frühestens unter Herzog Bernhard von Sachsen (1170–1212) angelegt worden sein.[1844] Der Ausbau der Stadt dürfte aufgrund der steigenden Aufenthalte der Herzöge nach 1250 eine neue Dynamik bekommen haben.[1845] Herzog Albrechts (1212–1260) Witwe ließ schließlich das Franziskanerklosters bis

---

1833 Vgl. Gottfried Daume: Das Weichbild der Stadt Seehausen i. A. Ein Beitrag zur Geschichte der Altmark, Seehausen 1925, 6.
1834 Wohl während dieser Zeit wurde ein Stichgraben durch eine Flussschleife des Aland geführt, welcher damit die gesamte Neustadt schützend umzog.
1835 Vgl. Günther 1957, 8ff.
1836 1285 nehmen die Naumburger Bischöfe wieder offiziell ihre Residenz in Zeitz.
1837 Specht 1940, 131–163. Der Ankuhn blieb ein selbständiger Ort außerhalb der Mauern.
1838 Müller 1912, 31.
1839 Siehe Seite 39ff.
1840 Dehio Sachsen-Anhalt I, 2002, 131; Lorenz 1953, 8.
1841 Vgl. Menz 1964, 31.
1842 Zu Barby ist dem Verfasser bislang kaum siedlungskundliche Literatur bekannt.
1843 Heinrich 1961, 169ff.; Dehio Sachsen-Anhalt II, 1999, 77.
1844 Beck 2000, 80ff.
1845 Die ältesten Teile der Stadtpfarrkirche St. Marien lassen sich lediglich in das zweite Drittel des 13. Jahrhunderts datieren, wonach ein wirklicher Stadtausbau vermutlich erst unter Albrecht I. erfolgte. Vgl. ebd., 158. Wittenberg teilte sich lange mit Aken die Residenzen der sächsischen Herzöge. Vgl. ebd., 233ff.

1269 errichten, welches nach 1273 als Grablege der Herzöge diente.[1846] Die Einbindung des Konventes in die sächsische Ordensprovinz unterstreicht den germanisierenden Herrschaftsausbau im slawischen Gebiet.[1847] Die Neuanlage der städtischen Siedlungsstrukturen in Barby, Burg und Wittenberg verbunden mit einer zeitliche Verzögerung in der wirtschaftlichen Stadtentwicklung wird durch die etwas späteren Niederlassungszeiten der Mendikanten gestützt.[1848]

Die Skizzierung der städtebaulichen Einbindung der Bettelordensklöster legt signifikant die planerischen Aspekte des Stadtausbaus dar. Im Altsiedelgebiet nahmen die neuen Klosteranlagen innerhalb polyzentrischer Siedlungsakklomerationen und Stadterweiterungen großflächig freie oder bereits besiedelte Bauflächen ein, die eine Umstrukturierung erfuhren. Dies vollzog sich sowohl bei den ältesten Siedlungszentren wie Magdeburg, Halberstadt, Quedlinburg, Halle, Zeitz als auch bei etwas jüngeren wie den altmärkischen Siedlungszentren. Im Fall des Franziskanerklosters in Halle konnte archäologisch eine Zunahme der umstehenden Bebauung des Klosterbereiches der Franziskaner nachgewiesen werden, wonach den Klosterbauten eine Funktion als neue Kristallisationspunkte für die Bebauung der städtischen Siedlungsflächen einnahmen.[1849] In Nähe zum slawischen Siedlungsbereich finden wir mit Barby, der Neustadt von Burg und Wittenberg zunehmend planmäßig angelegte Städte, bei denen die Klosteranlagen in noch stärkerem Maße eine siedlungsbildende Funktion zukam.

Stadtausbau als Herrschaftskonsolidierung

Die massiven Stadtausbauten im 13. Jahrhundert dienten dem Ausbau und der Bildung von Territorialherrschaften, bei denen die Klostergründungen eine wichtige Rolle spielten.[1850] Die Naumburger Bischöfe förderten Stadt- und Klosterausbau in der Stadt Zeitz in der Zeit, als sie mit dem Domkapitel in Naumburg im Streit lagen.[1851] Bei einigen jüngeren Machtzentren, etwa Barby in der gleichnamigen Grafschaft und Wittenberg im askanischen Herzogtum Sachsen,[1852] geht der Ausbau ebenfalls mit der Bildung eines Hauptaufenthaltsortes der Herrschenden einher, nur dass hier, unmittelbar im Grenzgebiet von Alt- und Neusiedelgebiet an Saale und Elbe, Neugründungen von Städten vorgenommen wurden, die vergleichbar mit denen der brandenburgischen Markgrafen im Barnim und Teltow sind. Stadtausbau und Klosterbau trugen zur Konsolidierung der Macht bei. Wahrscheinlich ist es kein Zufall, dass gerade in den städtischen Zentren mit häufigen Herrscheraufenthalten beziehungsweise in wichtigen Grenzortschaften Stadtausbau und Klostergründung als Wirtschafts- und Befestigungsplätze massiv vorangetrieben wurden. Dies erklärt, warum sich in den relativ miteinander vermengten beziehungsweise eng beieinander liegenden Machtterritorien im Nordharzgebiet zwischen den Halberstädter Bischöfen, Aschersleber Grafen und den Blankenburg-Regensteiner Grafen städtische Siedlungen und Bettelordensniederlassungen häufen. Hier bewirkte offenbar die umittelbare Konkurrenz zu größeren Anstrengungen, Territorialherrschaften zu bilden beziehungsweise zu konsolidieren. Auch die brandenburgischen Städte der Altmark oder im Teltow, Barnim und der Uckermark lagen in unmittelbarer beziehungsweise mittelbarer Nähe der askanischen Herrschaftsgrenzen. Bemerkenswert ist, dass die brandenburgischen Askanier in ihren erst später hinzugewonnenen Herrschaftsterritorien wie der Lausitz oder der Uckermark die Bettelorden spürbar früher förderten als in älteren beziehungsweise bereits konsolidierten Territorien.[1853] Andererseits entstand der erste Dominikanerkonvent der Mark Brandenburg im

---

1846 Siehe Seite 164ff.
1847 Hiervon zeugen das Verbot der Aufnahme von Slawen in die Zünfte oder das allgemeine Verbot von 1327, in der Stadt wendisch zu sprechen. Bellmann/Harksen/Werner 1979,13.
1848 Vgl. Beck 2000, 25.
1849 Vgl. Graf 1995, 100; Donin 1935, 316ff.; Stüdeli 1969, 68ff; Meckseper 1982, 225ff.
1850 Zum Beispiel der Herrschaft der Schauenburger Grafen in Kiel: Walther 1992. Zur Herrschaft der Braunschweig-Lüneburger Herzöge in Braunschweig und Göttingen: Römer 1981. Zu Esslingen: Ulrich Knapp: Bettelorden im Spannungsfeld der Macht, in: Heidemarie Specht, Raph Andraschek-Holzer (Hg.): Bettelorden in Mitteleuropa. Geschichte, Kunst, Spiritualität. Beiträge zur Kirchengeschiche Niederösterreichs 15, Geschichtliche Beilage zum St. Pöltner Diözesanblatt 32, St. Pölten 2008, 50–65. Zu königlichen Gründungen in Böhmen und Morawien: S. Adam Hindin: Gothic Goes East. Mendicant Architecture in Bohemia and Moravia, 1226–1278, in: ebd., 370–405.
1851 Wießner/Devrient, Gemania Sacra 1,1, 137
1852 Beck 2000, 233.
1853 Zum Beispiel Prenzlau um 1240/50. Vgl. Kegel 2000, passim. Zur Architektur von Prenzlau siehe Seite 322–326. Der Konvent in Neubrandenburg wurde nach neuesten Bauforschungen höchstwahrscheinlich um 1250 erbaut, nachdem die Askanier 1248 die Stadt gründeten. Rainer Szczesiak: Die Gründungsbauten des Neubrandenburger Franziskanerklosters, in: Klöster und monastische Kultur in Hansestädten (Stralsunder Beiträge zur Archäologie, Geschichte, Kunst und Volkskunde in Vorpommern, Bd. IV) Rahden 2003, 335–344. In der Oberlaussitz gegründete Konvente Görlitz 1234 und Bautzen um 1240. Die frühesten Franziskanerkonvente der Kustodie Brandenburg: Berlin 1252, Salzwedel 1261, Stendal 1264 sind hingegen erst später belegt. Vgl. Freed 1977, 57ff. Zu Zerbst siehe Seite 258ff., Exkurs: Zur Materialästhetik von Backstein und dessen Bedeutung.

Jahr 1246 nicht direkt auf askanischem Gebiet, sondern in der arnsteinschen Grafschaft Lindow-Ruppin in der Stadt Neuruppin, welche sich wegen der mächtigen Nachbarn offenbar zügig konsolidieren sollte.[1854] Auch Halle lag im südlichen Machtbereich des Magdeburger Erzbistums in Grenznähe. Was ebenfalls für die Halle gegenüberliegende Stadt Leipzig auf wettinischem Territorium galt, die ebenfalls gegen Ende des 12. Jahrhunderts einen massiven Ausbau verzeichnete, dem im zweiten Viertel des 13. Jahrhunderts die Ansiedlung der beiden Bettelorden folgten.[1855] Für Zeitz ist ebenfalls eine Schutzfunktion des eigenterritorialen Gebietes sehr wahrscheinlich. Nach dem Aussterben der Thüringer Landgrafen 1247 stand das Bistum Naumburg, welches Zeitz besaß, während des massiven Stadt- und Klosterausbaus in der Amtszeit von Bischof Dietrich II. von Wettin (1243–1272) unter starkem Druck von Dietrichs Halbbruder, Markgraf Heinrich, der schließlich 1259 die Schutzvogtei erzwang, die das Bistum in ein endgültiges Abhängigkeitsverhältnis zu den Wettinern brachte.[1856]

Die Verquickung von mehreren Ursachen dürfte dabei die Attraktivität der Mendikanten bei den Stiftern beziehungsweise Stadtherren gefördert haben. Da wären hauptsächlich die Motive der Bettelorden, die ihre Akzeptanz in weiten Bevölkerungskreisen begründeten: Seelsorge bei vornehmlich Handel treibenden Bevölkerungsschichten, demütiges Auftreten, bisweilen und vor allem anfänglich die Krankenpflege, Bildungsmöglichkeiten für mittlere und höhere Bevölkerungsgruppen in klostereigenen Studien, Betreuung von religiösen Laienbewegungen (Brüderschaften) und die zunehmende Betreuung von Frauenklöstern. Jedoch dürften sich die Förderer mehr von den Bettelorden erhofft haben, da sonst kaum eine erhebliche materielle Unterstützung zu erwarten war. Hier dürften die Konvente aus städtebaulicher Sicht interessant gewesen sein. Die großen Baukomplexe führten zu einer gesteigerten Baudichte der Städte und damit zu einer Wertsteigerung der Grundstücke, die einer erweiterten Nutzung zugeführt werden konnten. Die Bindung der städtischen Bevölkerung an die seelsorgerischen Dienstleistungen der Mendikanten erhöhte auch den Einfluss der Stadtherren auf die freien, besonders die wohlhabenderen Bevölkerungsschichten. Die moralisch untersetzte Befriedung des Wirtschaftslebens, die Ächtung etwa von Missbrauch und Unterschlagung materieller Werte, aber auch die gesellschaftliche Akzeptanz von finanziellem Gewinn sicherte vor allem die Einnahmen der Stadtherren. Dieses zielgerichtete Friedewirken dürfte einer übergebührenden Beanspruchung juristischer Instanzen, die anfänglich zumeist in den Händen der Territorialherren lagen, vorgebeugt haben.[1857]

In diesen Zusammenhängen ist auch die Nutzung von Konventsgebäuden durch städtische Institutionen zu sehen, die sich vielerorts entwickelte.[1858] Zudem standen dieselben Örtlichkeiten auch dem Adel und wohl vor allem den Stiftern als Unterkünfte für das Gefolge und als Tagungsräume offen,[1859] womit die Klöster offensichtlich Funktionen der vorherigen Liegenschaften übernahmen, von deren baulicher Unterhaltung die Stifter durch den Übertragungsakt möglicherweise weitgehend entbunden waren. Von den Klöstern ging eine Steigerung der örtlichen Attraktivität und durch die gebildeten Konventsmitglieder eine Aufwertung des Sozialgefüges aus. Die Stifter waren durch die Konvente im Kontakt mit den überregionalen Strukturen der Orden, die sie für ihre politischen Zwecke nutzen konnten. Für sich selbst konnten die Stifter repräsentative Grablegen schaffen (Tabelle 3) beziehungsweise dürfte das geförderte Kloster selbst als adlig-dynastisches Repräsentationsobjekt zu sehen sein.[1860] Es ist in diesem Zusammenhang zu vermuten, dass die Förderung von Bettelordensklöstern gegenüber dem traditionellen Kirchenpatronat auch finanzielle Vorteile für den Adel beinhaltete, zumal dieser sich nicht um herkömmliche Pfründendotationen kümmern musste. Auffällig ist die Beobachtung, dass bei den Dominikanerklöstern im Untersuchungsgebiet keine Stiftergrablegen nachgewiesen werden konnten, was entweder auf ein gewisses Unabhängigkeitsstreben des Ordens zurückzuführen ist, die Stifter sich mehr Vorteile von den Franziskanern

---

1854 Vgl. Heinrich 1961, 379ff.; Müller 1914, passim.
1855 Zum mittelalterlichen Stadtausbau von Leipzig: Conelia Wendt (nach einem Manuskript von Brunhilde Gonschor) in: Magirius/Mai/Trajkovits/Werner 1995, 8ff.
1856 Vgl. Wießner/Devrient, Gemania Sacra 1,1, 136f.
1857 Ulpts 1992, 131–152; Wittek 1992, 153–178.
1858 Vgl. Stüdeli 1969, 84ff.; Ulpts 1992, passim; Wittek 1992, passim. Die anfängliche Nutzung von Kapitelsälen für städtische Institutionen könnte für etwaige Architekturbeziehungen zwischen Kapitelsälen und Rathaussälen interessant sein. Vgl. Stephan Albrecht: Mittelalterliche Rathäuser in Deutschland – Architektur und Funktion, Darmstadt 2004, 25.
1859 Im Esslinger Dominikanerkloster sind beispielsweise wiederholt königliche Aufenthalte und Ratssitzungen überliefert. Knapp 2008, 61f.
1860 Gegenüber den unzulänglich besetzten Pfarrkirchen boten die Konventskirchen durch die ständige Anwesenheit von Klerikern und deren Memorialdienste eine gesteigerte Attraktivität. Die wichtigsten Beispiele für dynastische Grablegen im Untersuchungsgebiet sind die Familiengrablegen der sächsischen Herzöge aus dem askanischen Haus in der Franziskanerkirche in Wittenberg und der Grafen von Barby in der Franziskanerkirche der gleichnamigen Stadt.

versprachen oder die personellen Resourcen letzterer im mitteldeutschen Raum beträchtlicher als die der Dominikaner waren.[1861]

In Magdeburg erhielten sie das erste Grundstück durch den Erzbischof. Die Dominikaner erhielten in Halberstadt ihr Grundstück vom Bischof, in Seehausen durch die Brandenburger Markgrafen. Die Grafen von Barby dürften den Franziskanern ebenfalls direkt ihr Grundstück gestiftet haben. Aber nicht in jedem Fall wurden die Grundstücke von Stadtherren direkt zur Verfügung gestellt (Tabelle 4). So vermutlich bei den Franziskanern in Quedlinburg durch die Vögte von Regenstein beziehungsweise Blankenburg. Auch Ministeriale und ortsansässiger Adel übergaben den Bettelorden zur Klostergründung ihre Liegenschaften: etwa die Familie von Ammendorf und weitere Ritter den Dominikanern in Halle und die von Schulenburg den Franziskanern in Salzwedel. Bei den Ammendorf und Schulenburg dürfte ein Ministerialenverhältnis zu jeweiligen Stadtherrn bestanden haben. Im ersten Fall zum Magdeburger Erzbischof und im zweiten zu den Brandenburger Markgrafen. Daher dürften die daraus resultierenden Klosterbauten nur mit Dispens der Stadtherren möglich gewesen sein.

Offensichtlich förderte man die Mendikanten auch in Hinblick auf einen verstärkten Einfluss in der städtischen Gesellschaft, wenn sich politische Interessen in den Städten überschnitten. In Zerbst erfolgte etwa die Stiftung des Baugrundes durch die Grafen von Barby um 1235 noch vor deren Erwerb der Stadt im Jahre 1264 von den Herren von Zerbst. In Prenzlau kann man eine bauliche Förderung des Klosters durch die Brandenburgischen Markgrafen ebenfalls vor der entgültige Übernahme der Stadtherrschaft von den pommerschen Herzögen 1250 mit guten Gründen erwägen.[1862]

Während bei einigen Städten (Zerbst, Barby und Seehausen) anscheinend unbebautes Gebiet für die Klostergründungen genutzt wurde, bestanden die restlichen Klostergrundstücke zumeist aus Adelshöfen. In Magdeburg, Halberstadt, Halle und Ascherleben erhielten die Bettelorden Adelshöfe, in Seehausen nahmen die Dominikaner zunächst die alte askanische Burgstelle an. Die Untersuchungen bestätigten somit die bisherige Forschung, wonach oft ehemalige Adelshöfe oder innerstädtische Burgwarde den Bettelorden in der Regel von oder auf Vermittlung der jeweiligen Territorial- oder Stadtherren gestiftet worden sind.[1863]

Diese Grundstücke dürften sich unabhängig vom Stand der Stadtentwicklung schon vor der Übertragung an die Bettelorden durch günstige infrastrukturelle Eigenschaften ausgezeichnet haben: gewisse Größe, eine gute Anbindung an das Wegenetz, vermutlich war die Wasserversorgung gewährleistet, gewisser Abstand von Märkten, gelegentlich Eigenbefestigungen, weshalb sie für die Orden attraktiv waren.[1864] Aber weshalb wurden diese Höfe beim Ausbau der Stadt den Bettelorden gestiftet oder landsässigen Klöstern zur Anlage von Klosterhöfen gestellt[1865] oder, wie es in Halle in Nachbarschaft des Franziskanerklosters archäologisch nachgewiesen werden konnte,[1866] in Parzellen aufgeteilt und bebaut? Die Abgabe von wirtschaftlich wichtigen städtischen Grundstücken von bedeutender Größe, die letztlich zum Verschwinden der Eigenbefestigungen führten, dürften nicht ohne weiteres die Zustimmung der Eigentümer gefunden haben. Hier könnte sich m.E. eine kaum untersuchte Kehrseite der Urbanisierung für die eigenbefestigten Höfe des Adels in den städtischen Siedlungen zeigen. Ein Erklärungsansatz dürfte möglicherweise darin bestehen, dass der stadtsässige Adel dem Zwang unterstand, seine Liegenschaften spätestens mit der Intergration in das städtische Weichbild im Zusammenhang mit der Stadtbefestigung und dem Stadtrecht, der Gemeinheit unterordnen zu müssen.[1867] Dies führte möglicherweise, zumindest teilweise, zur Aufgabe der angestammten Integrität. Zumindest wurde die Verteidigungsfunktion der Eigenbefestigungen durch den Mauerbau obsolet.[1868]

1861 Vielleicht ist dies ein Zeichen größeren Selbstbewusstseins beziehungsweise der Wahrung eines gewissen Grades an Autarkie, das bisweilen in der Architektur des Ordens gerade durch lokale und regionale Vergleiche offenkundig wird.
1862 Siehe Seite 322ff., Architektur als Stifterrepräsentation.
1863 Unter anderem Müller 1914, passim; Donin 1935, 322; Meckseper 1982, 228; Pieper 1993, 264 und Hillebrand 2003, 30ff.
1864 Siehe Seite 299ff., Phänomene der Klostertopographie.
1865 Walter Haas; Johannes Cramer: Klosterhöfe in norddeutschen Städten, in: Stadt im Wandel. Kunst und Kultur des Bürgertums in Norddeutschland 1150–1650, Bd. 3, Braunschweig-Cannstadt 1985, 399–440, hier 405.
1866 Specht 2000, 163–177.
1867 Zu Halberstadt Militzer 1980, 52ff. Letztlich ist die mittelalterliche Rechtsort- und Grenzdefinition durch eine Stadtmauer nicht überall gleichermaßen zwingend, aber sehr häufig anzutreffen. Vgl. u.a. Hans Conrad Peyer: Die Stadtmauer in der Geschichte, in: Stadt- und Landmauern, Bd. 1 Beiträge zum Stand der Forschung (Veröffentlichungen des Institutes für Denkmalpflege an der ETH Zürich, Bd. 15.1) Zürich 1995, 9–13, hier 11f.; Louis Carlen: Die Stadtmauer im Recht, in: ebd., 15–22, hier 15f.
1868 Im Zusammenhang mit planmäßigen Stadtgründungen in Nordwestdeutschland wurde von Arend Mindermann die ringförmige Anlage von Adelshöfen an den Stadtbefestigungen angesprochen. Möglicherweise bezeichnen nach Mindermann diese Höfe eine Art fortifikatorische Vorstufe zu späteren Stadtmauern. Nach Heiko Schäfer: Tagungsbericht, Planerische Elemente in mittelalterlichen „Gründungsstädten", Tagung am 15.–17. März 2001 in Göttingen, in: http://www.uni-tuebingen.de/uni/afg/mbl/mbl13/sieben.htm. (November 2009)

Tabelle 3: Adlige Grablegen in den Bettelordenskirchen.

Stadt	Grablegen von Klosterstiftern und ihren Familienangehörigen	
	Franziskanerkirche	**Dominikanerkirche**
Aschersleben	unbekannt	-
Barby	Graf Burchard II. von Barby († 1271) und Nachfolgende	-
Burg	unbekannt	-
Halberstadt	Graf Heinrich VI. von Regenstein († 1311)	unbekannt
Halle	unbekannt	unbekannt
Magdeburg	unbekannt	unbekannt
Quedlinburg	Graf von Blankenburg († um 1300)	-
Salzwedel	unbekannt	-
Seehausen	-	unbekannt
Stendal	Markgräfin Jutta von Brandenburg († 1287)	-
Tangermünde	-	unbekannt
Wittenberg	Herzogin Helene von Sachsen († 1273) und Nachfolgende	-
Zeitz	unbekannt	-
Zerbst	Gräfin Sophie von Barby († 1276)	-

313

Tabelle 4: Stiftung von Bettelordensklöstern.

Stadt	Konvent	Stiftung	Stifter
Aschersleben	Franziskaner	archäologisch nachgewiesenes Steingebäude, vermutlich Kemenate mit Hof (Adelshof)	eher askanische Grafen als Halberstädter Bischöfe
Barby	Franziskaner	vermutlich Gelände des ehemaligen Wirtschaftshofs der Burg, Kloster	Grafen von Barby
Burg	Franziskaner	Bauplatz innerhalb der Stadt	vielleicht Magdeburger Erzbischof
Halberstadt	Dominikaner	Hof	Halberstädter Bischof
Halberstadt	Franziskaner	gräfliche Kurie (*Klein Blankenburg*), Kloster	Grafen von Regenstein
Halle	Dominikaner	zwei Adelshöfe	Ritter von Ammendorf sowie die Ritter Volkmar und Alexander vielleicht auf Veranlassung des Magdeburger Erzbischofs
Halle	Franziskaner	unbekannt bereits besiedeltes Gelände wurde allerdings nach archäologischen Untersuchungen vor Klosterbau großflächig planiert	unbekannt
Magdeburg	Dominikaner	mehrere Adelshöfe sowie eine Domherrenkurie	Erzbischöfe von Magdeburg, Domherren
Magdeburg	Franziskaner	Baugrund in der Neustadt, später vermutlich Adelshof in der Altstadt	Erzbischof von Magdeburg
Quedlinburg	Franziskaner	unbekannt	vermutlich die Blankenburger Grafen als Voigte
Salzwedel	Franziskaner	unbekannt, später ein Platz und Haus	Voigte von Schulenburg vermutlich auf Veranlassung der Brandenburger Markgrafen
Seehausen	Dominikaner	Burgward der Altstadt, schließlich Baugrundstück in der Neustadt	Markgraf Otto III. von Brandenburg

Stendal	Franziskaner	unbekannt	sicher Brandenburger Markgrafenfamilie
Tangermünde	Dominikaner	Kloster	Markgraf Friedrich d.J. von Brandenburg
Wittenberg	Franziskaner	Kloster	Herzogin Helene von Sachsen
Zeitz	Franziskaner	unbekannt	vermutlich Naumburger Bischöfe
Zerbst	Franziskaner	Kloster	Gräfin Sophie von Barby

Es ist auch denkbar, dass der stadtsässige Adel ohne schützende Ausnahmeregeln durch den Verbleib im städtischen Rechtsraum wichtige Privilegien riskierte – eventuell sogar das vassalische Lehnsrecht. Bürgern war es anscheinend in der ersten Hälfte des 13. Jahrhunderts noch nicht gestattet, bestimmte niedere Lehen etwa Land außerhalb der Stadt anzunehmen.[1869] In Halberstadt schützte man beispielsweise die Ministerialhöfe in der Vogtei bei der Verpfändung des bischöflichen Rechtsbezirkes 1371 an die Stadt mit einem Sondervertrag vor dem Zugriff des Rates, denn in der vom Rat kontrollierten Seite der Stadt befanden sich keine Adelshöfe mehr.[1870] Seit 1301 mussten in der Stadt Burg ansässige Adlige und Geistliche das Bürgerrecht annehmen und Kommunalsteuern zahlen.[1871] Dies sind weiterere Hinweise auf die Egalisierungstendenzen innerhalb der Städte. Den Territorial- beziehungsweise Stadtherren dürften solche Umstände mitunter entgegen gekommen sein, da der Druck auf potentielle Konkurrenten beziehungsweise Lehnsträger erhöht werden kann und für die Stadtentwicklung – auch für Bettelordensklöster – auf große und gut erschlossene Grundstücke zurückgegriffen werden konnte.

Stadtlage der Bettelordensklöster

Wirtschaftliche Prosperität, Stadtausbau, Herrschaftssicherung, Sicherung des religiösen Friedens und Anlage der Bettelordensklöster bedingten sich also.

Jedoch welche Auswirkungen hatten die innerstädtischen Entwicklungsprozesse auf die Klosteranlagen und umgekehrt? Wie erklärt sich ein weiteres klostertopographischen Phänomen: die häufig beobachtete Lage der Bettelordensklöster an der städtischen Peripherie, den Stadtmauern und Toranlagen?[1872] Nach den statistischen Erhebungen von Otto Graf lagen in den deutschen Ordensprovinzen ca. 70 Prozent der nachweisbaren Konvente der Franziskaner und 71 Prozent der dominikanischen Konvente in unmittelbarer Nähe der Stadtmauern.[1873] Nur etwa 9 Prozent der franziskanischen und 7,5 Prozent der dominikanischen Konvente wurden außerhalb der Städte, vor allem in Neustädten lokalisiert und ca. 21 Prozent der Niederlassungen beider Orden integrierte man in zentraler gelegene Stadtstrukturen.[1874] Dieses Phänomen ist zudem interessant, weil es sich nicht nur in den deutschsprachigen Regionen auftritt, sondern ebenfalls in anderen europäischen Ländern mit variierender Häufigkeit fassbar wird.[1875]

1869 Nach Militzer wird erstmals 1265 ein Halberstädter Bürger mit Land außerhalb der Stadt belehnt (1980, 104ff.). Allgemein B. Diestelkamp: Art. Lehnsrecht, in: Lexikon des Mittelalters, Bd. 5, 1991, 1807–1810.
1870 Militzer 1980, 104ff.
1871 Lorenz 1953, 8.
1872 Siehe oben Seite 299ff., Phänomene der Klostertopographie.
1873 Graf 1995, 99f., 231f. Graphik 5 und 6.
1874 Ebd., 99.

1875 Zu Italien: Pellegrini 1977, passim; zu Frankreich: Le Goff 1970, passim; zu England: Hinnebusch 1965/73, passim; zu Irland: Bradley 1985, passim; zu Böhmen Vladimir J. Koudelka: Zur Geschichte der der böhmischen Dominikanerprovinz im Mittelalter, in: Archivum Fratrum Praedicatorum 26, 1956, 127–160; zu Skandinavien: Rasmussen 1992, 8. Hier lagen nur 28 von 48 Klöster am Stadtrand (ca. 58 Prozent), acht im Zentrum, neun außerhalb und drei in ländlichen Regionen. Nach Gilomen lagen nur 23 (ca. 48 Prozent) von allen 48 Schweizer Bettelordenskonvente an den Stadtmauern (1995, 54).

Richard Krautheimer stellte 1925 die Hypothese auf, dass es sich bei der Randlage um wenige gesuchte Stadtteile ärmerer Bevölkerungsgruppen handelte, welche die Bettelorden gemäß ihrem Armutsideal als Klientel ansprechen wollten und zum anderen die Baugrundstücke dort für die finanzschwachen Bettelorden erschwinglich gewesen wären.[1876] Mehrere gewichtige Argumente sprechen dagegen. So hat Hans-Jörg Gilomen darauf aufmerksam gemacht, dass nach soziotopografischen Studien in mittelalterlichen Städten arme und reiche Bevölkerung nebeneinander existierten und eine soziale Ausdifferenzierung je nach Stadtlage im Mittelalter kaum nachweisbar ist.[1877] Zum anderen wurde bereits eingangs darauf verwiesen, dass die Zielgruppen der Bettelorden nicht die ärmeren Bevölkerungsschichten waren, mit Ausnahme in der Krankenpflege oder der Beginenbetreuung, sondern die wirtschaftlichen Eliten.[1878] Auch ist von Seiten der Bettelorden keine Differenzierung der Baugrundpreise innerhalb der Stadt zu beobachten. Lediglich wird zwischen den niedrigeren Preisen außerhalb und den höheren Preisen innerhalb der Stadt unterschieden.[1879]

Richard Kurt Donin vertrat aufgrund der Analyse von Stadtplänen und Quellen der österreichischen Bettelordensklöster die These einer fortifikatorischen Funktion der randnahen Lage.[1880] Die Initiative für jene Funktionsübernahme sah er nicht bei den Orden selbst, sondern bei den Bauherren, seien es Stadtgründer oder die Bürgerschaft, und in der Standortkontinuität befestigter Baukomplexe innerhalb von Ortschaften begründet.[1881] Bernhard Stüdeli ergänzte Donins These durch historische Belege für die schweizerischen Bettelordenniederlassungen und wies nach, dass sich im Kriegsfall die Städte das Verfügungsrecht über die Klöster und deren Zugänge zu den Stadtbefestigungen sicherten.[1882] Die stadthistorischen Arbeiten von Hans-Joachim Mrusek und Cord Meckseper unterstrichen den wehrhaften Zug von Bettelordensniederlassungen, der bisweilen aus der Übernahme von ehemaligen Eigenbefestigungen und Burganlagen resultierte.[1883]

Erst durch Jacques Le Goff wurde 1970 dieser Beweggrund eingeschränkt, da er in größeren Städten mit mehreren Niederlassungen das Phänomen der annähernd diametralen Lage am Standrand beziehungsweise weiten Entfernung der Bettelordenskonvente von einander beobachte.[1884] Dieses Phänomen kann auch in Magdeburg, Halle und Halberstadt nachgewiesen werden.[1885] Hierfür dürfte die Bestimmung der 1268 ausgestellten Bulle *Quia plerumque* Papst Clemens IV. (1265–1268) Auslöser gewesen sein, die innerhalb eines Ortes zwischen Bettelordenskonventen ein Abstand von mindesten 140 cannae (ca. 240 m) als Sicherung der Existenzgrundlage forderte, innerhalb dessen sich keine weitere Konventskirche befinden durfte.[1886] Aus einem urkundlich überlieferten Streit im Jahr 1300 zwischen den Quedlinburger Franziskanern und den Augustiner-Eremiten über deren Konventsgebäude in der Neustadt wissen wir, dass die päpstliche Festlegung ernst genommen wurde.[1887] Auch in Metz beriefen sich vier Bettelordenskonvente 1427 unter anderem darauf, dass zwei Konvente nicht weniger als 140 toises (cannae) von einander geschieden sein sollen.[1888] Diese Regelung, bei der es sich offensichtlich um die Kodifizierung von Erfahrungen bei der Ansiedlung von Bettelorden handelte, musste bei begrenztem Stadtgebiet die Randlage der Klöster, unabhängig von etwaigen herrschaftliche Interessen bezüglich der Unterhaltung fortifaktorischer Anlagen, fördern.[1889]

Zudem darf der Einfluss der Standortkontinuität der übernommenen Grundstücke, den Donin bereits ansprach, nicht negiert werden.[1890] So wurde jüngst in Bezug auf die Randlage von mittelalterlichen Adels- beziehungsweise Wirtschaftshöfen die einleuchtende

---

1876 Krautheimer 1925, 118f.; Hecker 1980, 67
1877 Gilomen 1995, 45. Viele Klöster wurden anstelle von Adelshöfen errichtet, sodass die Randlage nicht mit „Armenviertel" gleichgesetzt werden kann.
1878 Grundmann 1961, 156ff.; Freed 1977, 109ff.; Oberste 2003, 295ff.
1879 So etwa in den Determinationes I, questio 6 und bei Ubertino de Casale. Vgl. Gilomen 1995, 53.
1880 Vgl. Donin 1935, 316ff. Bereits vor Donin beschrieb Gottfried Müller die Lage der märkischen Dominikanerklöster an der Peripherie der Städte unmittelbar an den Stadtmauern, die er mit nicht näher erläuterten fortifikatorischen Funktionen verknüpfte. Vgl. Müller 1914, 173
1881 Ebd., 322.
1882 Stüdeli 1969, 79ff.
1883 Mrusek 1955/56, 1227ff. und 1241ff.; Meckseper 1982, 228. Sie wiesen zudem die Annahme Stüdelis zurück, dass durch die Integration von Sakralbauten in die Befestigungsanlagen zusätzlich göttlicher Schutz intendiert war. Vgl. Stüdeli 1969, 74.
1884 Le Goff 1970, 931.
1885 Siehe Seite 321ff., Phänomene der Klostertopografie.
1886 Joannis Hyacinthi Sbaralea (Hg.): Bullarium Franciscanum, Bd. III, A Clemente IIII. ad Honorium IIII. Roma 1765, 158; Thomas Ripoll (Hg.): Bullarium ordinis fratrum praedicarum, Bd. I, Ab anno 1215 ad 1280, Roma 1729, 495; vgl. Le Goff 1970, 931. Die verwendete römische Maßeinheit *canna* (dt. Röhre, wohl nach einem Vermessungsutensil) umfasste acht *palmi* (vermutlich Maß einer gespreizten Hand, das 20 bis 22,3 Zentimeter maß).
1887 Jakobs 1882, 213f. Siehe Seite 120ff.
1888 Le Goff 1970, 931.
1889 Vgl. ebd.; Gilomen 1995, 45, Anm. 21.
1890 Vgl. Donin 1935, 316ff.

Argumentation angebracht, dass deren Lage durch die Standortnähe zum bewirtschaften Umland bedingt war.[1891] Ringförmig um die Siedlung angelegte Eigenbefestigungen, wie sie in Gründungsstädten Nordwestdeutschlands beobachtet wurden, könnten aber auch eine vorläufige Befestigungsmöglichkeit vor umfassenden Befestigungsanlagen gewesen sein.[1892]

Die Bettelorden zog es bekanntlich wegen ihrer Bekehrungs- und Seelsorgearbeit in die Städte. Die bereits erwähnten Aussagen Humbertus de Romanis zur Stadtlage bezogen sich meist auf die Nähe der Orden zu ihrer Klientel und sagen nichts zu den ordensinternen Vorstellungen über die Lage der Klöster innerhalb und außerhalb der Städte.[1893] Etwas konkreter zur Klostertopografie äußern sich die *Determinationes*, welche unter dem Franziskanergeneral Bonaventura um 1260 entstanden.[1894] Darin wird die Stadtsässigkeit damit legitimiert, dem zu betreuenden Volk schneller verfügbar zu sein, dass man wegen des Armutsgelöbnis den Lebensunterhalt besser sichern könne und die Städte einen besseren Schutz vor der bösen Welt böten. Zudem seien Klosterbauten innerhalb der Mauern (*intra muros*) besser, weil die Bürger befürchteten, dass außerhalb der Mauern befindliche Gebäude durch den Feind zur Belagerung benutzt werden könnten. Auch hier legte man sich nicht auf eine bestimmte Lage in den Städten fest und passte sich an die städtischen Gepflogenheiten an. Die frühesten Niederlassungen in provisorischen Unterkünften hatten zumeist nichts mit der späteren Randlage zu tun und lagen oft außerhalb der Mauern.

Offensichtlich muss die städtische Randlage der Klöster auf andere Ursachen zurückgeführt werden, als in der Forschung mit dem etwas undeutlichen Hinweis auf eine fortifikatorische Funktion zu erklären versucht wurde. Welche Bezüge bestanden zwischen den Städten und Klöstern an Stadtmauern nun tatsächlich? Hierzu muss zunächst betont werden, dass die städtischen Gemeinschaften im Laufe des Mittelalters zunehmend die Verfügungsgewalt über die Befestigungsanlagen von den Stadtherren erlangen.[1895] Ein Vorgang der anscheinend wichtig für das bürgerliche Sicherheitsbedürfnis, aber auch im Zusammenhang mit städtischen Autonomiebestrebungen zu sehen ist. Die Städte achteten streng auf ihre Zuständigkeit über die Stadtmauern und bestraften Missbrauch. So wurde der Prior des Dominikanerklosters in Halle verbannt, nachdem seine Mönche mit einer Handbüchse (sic!) von einem Erker der Stadtmauer aus, welche am Kloster verlief, im Jahr 1500 versucht hatten, fremde Arbeiter daran zu hindern, die Uferböschung der Saale unterhalb des Klosters für eine Wassermühle flussabwärts zu begradigen.[1896] Hinter dem kuriosen Vorgang dürfte sich eine weitere Funktion des Klosters bergen: die Lagerung von städtischen Waffen zu Verteidigungszwecken und die Zugriffsmöglichkeit darauf. Ob die Möche auch im Ernstfall mit diesen handtieren mussten, scheint jedoch zweifelhaft. Laut mittelalterlichen Verträgen verpflichten sich die Konvente gegenüber den Städten, lediglich in Kriegszeiten den freien Zutritt durch die Klosteranlage zu den Wehranlagen und deren Funktion zu gewährleisten. Dafür hatten sie für den baulichen Unterhalt und die Instandsetzung von Mauern, Türmen, Pforten oder ähnlichem aufzukommen.[1897] Für das Zeitzer Kloster sind etwa zwei dieser Sachverhalte chronikalisch für die Jahre 1311 und 1312 sowie zu einem weiteren ungenauen Zeitpunkt im 14. Jahrhundert überliefert, bei denen sich die Mönche verpflichten, den freien Zutritt der Bürger, die Instandsetzung der Mauer auf einer Länge von 70 Schuh (ca. 20 m) und 350 Fuhren Steine zur Reparatur der Mauer sicherzustellen.[1898]

Derartige Bestimmungen betrafen jedoch auch andere Institutionen oder bürgerliche Grundstücke, die

---

1891 Doris Bulach: Die Stadthöfe der Zisterzienserklöster Eldena, Neuenkamp und Hiddensee in Stralsund, Greifswald, Goldberg und Plau: ihre Fundktionen und Bedeutung, in: Klöster und monastische Kultur in Hansestädten (Stralsunder Beiträge zur Archäologie, Geschichte, Kunst und Vorlkskunde in Vorpommern, Bd. IV) Rahden 2003, 121-138.

1892 Vgl. Mindermann 2001 in: Schäfer, Tagungsbericht, in: http://www.uni-tuebingen.de/uni/afg/mbl/mbl13/sieben.htm. (November 2009)

1893 Humbertus de Romanis: De eruditione Praedidicatorum, lib.II: De modo prompte cudendi sermones circa omne hominum genus. Vgl. Le Goff 1970, 929f.; ins deutsche übersetzt und zitiert von Gilomen (1995, 49ff.).

1894 Determinationes quaestionum circa Regulam Fratrum Minorum I, questio 5-6, in: S. Bonaventurae Opera Omnia, ed. PP. Collegii a S. Bonaventura, VIII, Ad Claras Aquas (Quaracchi) 1898, 337–374, hier 340ff. Nach Walther 1992, 20; Gilomen 1995, 53.

1895 Vgl. Carlen 1995, 15f.; Peyer 1995, 11. Für die Städte in Sachsen-Anhalt sind aktuelle Arbeiten rechtshistorische und historische Arbeiten zu den Stadtbefestigungen selten. Für Quedlinburg machte Militzer 1980, 133 einen Übergang der Verfügungsgewalt über die Stadtbefestigungen in der ersten Hälfte des 13. Jahrhunderts wahrscheinlich.

1896 Der Chronist beklage zudem die Anmaßung der Verfügungsgewalt über die Mauer, den dazugehörigen Turm und die Pforten durch die Klosterinsassen. Wachter 1882, 128ff; vgl. Eisentraut 1990, VIIIf.

1897 Donin bringt die Beispiele der Wiener Neustadt, Graz, Retz und Eggeburg (1935, 317–323). Freed führt eine Quelle von 1270 zum Prenzlauer Franziskanerkloster an (1977, 50). Weitere Beispiele aus dem süddeutschen und böhmischen Raum etwa bei Baeriswyl (2003a, 249). Zum Franziskanerkonvent in Stralsund Möller (2003, 94). In Leipzig sollten die Dominikaner wohl einen Teil ihres Chorneubaus abtragen, da dieser zu weit in den Mauerzwinger hineinragte. Vgl. Hütter 1993, 119.

1898 Todenhöfer 2000, 81. Siehe Seite 172.

Tabelle 5: Zusammenhang zwischen Stadtmauererrichtung und Konventsbau.

Stadt	Stadtmauer (Errichtung/Nennung)	Erbauung fester Konvente
Aschersleben	- Mauer Stephansstadt 1210 erwähnt - Gesamtstadt ab 1322 (CDA I, 1867/73, 786, Nr. 1228; vgl. Müller 1912, 29)	Franziskaner um 1245, zunächst außerhalb der Mauern
Barby	unsicher (vielleicht Mitte des 13. Jh.; vgl. Schwineköper, Historische Stätten 11, 1987, 32)	Franziskaner ab 1264
Burg	Anfang 14. Jh. (Menz 1964, 31)	Franziskaner vor 1303
Halberstadt	- 1208 wird das Gröper Tor, 1225 wird das Harsleber Tor genannt (UB Halberstadt, 1. Teil, 1878, 18, Nr. 16 und 31, Nr. 23) - Gesamtbefestigung dürfte erst gegen Ende des 13. Jahrhunderts errichtet worden sein (vgl. Siebrecht 1992 74f.)	Franziskaner um 1250 Dominikaner ab 1231
Halle	um 1130, 1203 genannt (Neuß 1934, 173)	Franziskaner um 1250/60 Dominikaner nach 1271
Magdeburg	alte und neue Stadtmauer 1220 genannt (UB Magdeburg 1, 1892, 39, Nr. 80)	- Franziskaner ab 1225 in der Neustadt - Franziskaner kurz vor 1238 in Altstadt - Dominikaner ab 1225 in der Neustadt
Quedlinburg	- Mauer der Altstadt 1179 erwähnt (UB Quedlinburg 1, 1873, 15, Nr. 17) - neue Altstadtmauer zwischen Anf. 13. und Ende 13. Jh. erbaut (vgl. Militzer 1980, 133f.; Brinkmann 1922, 184; siehe Baumonografien, Quedlinburg)	Franziskaner 1271, wohl zunächst außerhalb der Mauern
Salzwedel	wohl ab Mitte 13. Jh.; 1289 Mauer genannt (Schwineköper 1987, 405)	Franziskaner um 1270/80
Seehausen	unsicher (Neustädter Mauer vielleicht gegen Mitte 13. Jh.; vgl. Schwineköper 1987, 435.)	Dominikaner ab 1253/62
Stendal	wohl ab Mitte 13. Jh.; 1289 genannt (vgl. Götze ²1929, 16)	Franziskaner um 1270/80
Tangermünde	der Altstadt um 1300, der Neustadt erst im 15. Jh. (Schwineköper 1987, 459)	Dominikaner ab 1438
Wittenberg	unsicher (eventuell 2. Hälfte 13. Jh.; Schwineköper 1987, 504)	Franziskaner vor 1269
Zeitz	wohl ab Mitte 13. Jh.; 1255 Mühlentor genannt (Dobenecker, Regesten 3. 1896, Nr. 2327; vgl. Günther 1957, 13)	Franziskaner um 1255/65
Zerbst	wohl ab Mitte 13. Jh.; Mauern 1291 und 1299 erwähnt (CDA II, 1875, 704 und 863; vgl. Specht 1929, 73)	Franziskaner um 1235

in der Nähe städtischer Verteidigungsanlagen lagen.[1899] Allgemein hatten sie besondere Pflichten zu erfüllen und wie alle städtischen Grundbesitzer im Regelfall zu Errichtung und Funktionserhaltung von Stadtbefestigungen durch Abgaben beizutragen. So tritt die Randlage ebenfalls bei vielen Stadthöfen landsässiger Klöster auf, die sich auf diese Weise Unterkünfte, Handelsniederlassungen und Interessenvertretungen in neuen städtischen Zentren schufen.[1900] Damit ist das Phänomen also für die Bettelordenskonvente nicht spezifisch, sondern dürfte bei diesen nur deshalb so häufig aufgetreten sein, da sie mehr als andere Institutionen in Städten ansässig wurden und mit ihren Bauten die größeren Grundstücke in stadtischer Randlage prägten.[1901]

Ein Nachteil dieser Überlieferungen ist allerdings, dass sie nicht aus der Erbauungszeit der Klöster stammen und nur nachträglich den Zusammenhang zwischen Kloster und Stadtbefestigung beleuchten. Wenn also ein Zusammenhang zwischen fortifikatorischen Aufgaben und Ansiedlung der Mendikanten bestehen beziehungsweise gar für die periphere Lage der Konvente ausschlaggebend gewesen sein soll, müssten die Stadtbefestigungen entweder vor der Errichtung der Konvente bestanden haben oder parallel dazu errichtet worden sein.[1902] Bei einer Überprüfung der ungefähren Bau- und Erwähnungsdaten von Stadtbefestigungen im Untersuchungsgebiet erweist sich dieser Zusammenhang in der Tat bei fast allen Konventen als zutreffend oder zumindest wahrscheinlich (Tabelle 5). Bei drei Städten konnten keine Daten beziehungsweise genauere Anhaltspunkte für die Zeit der Stadtmauererrichtung ermittelt werden. Lediglich die Stadtmauern von Aschersleben wurden erst einige Jahrzehnte nach der Etablierung des Konvents erbaut, zuvor lag der Konvent noch außerhalb der älteren Stephanssiedlung. Auch bei dem Franziskanerkloster in Quedlinburg wäre eine vorübergehende Anlage im Jahre 1271 außerhalb der Mauer möglich, allerdings muss die Erweiterung derselben bald danach erfolgt sein, da 1310 der Mauerring wohl fast die Größe der Altstadt erreicht hatte.[1903] Diese Übereinstimmungen unterstützen den Zusammenhang von Kloster- und Mauerbau im mitteldeutschen Gebiet. Dass dies nicht überall so gewesen ist, darauf verweist der Unterschied zu den Schweitzer Klöstern, bei denen weniger als ein Fünftel der Bettelordenskonvente im direkten Zusammenhang mit dem Mauerbau stand.[1904] Jedoch zeigt sich der fortifikatorische Zusammenhang von Klostergründungen und Stadtbefestigung gerade bei den mittelalterlichen Stadterweiterungen in der Schweiz,[1905] was die jüngere Urbanisierung des mitteldeutschen Gebietes unterstreicht.[1906]

Zugangssituation und Platzbildung

Im Jahre 1243 forderte der Minister der Dominikanerprovinz Teutonia den Subprior von Löwen, Theobald, auf, er möge sich bei der Gründung des Konvents in Antwerpen bemühen, einen Ort in Besitz zu nehmen, der genügend Platz für die Predighörer bietet und zu dem ein Zugang für die Brüder und die Menschen der Stadt offen steht; dabei könne außer acht gelassen werden, ob der Ort innerhalb oder außerhalb der Stadt liegt.[1907] Aufgrund der allerorts nachgewiesenen günstigen Zugangslage der Klöster mit Platzanlagen und den kurzen Wegstrecken zu wichtigen städtischen Bezugspunkten überrascht das Schreiben nicht.[1908] Nur in einem Punkt ist es bemerkenswert, da hier offensichtlich ein vertraulicher Inhalt bekannt wurde,

---

1899 Zur Gemeinschaftsaufgabe Stadtmauer (Calen 1995, 16ff.) vgl. Peyer 1995, 54.
1900 So die Randlage der hannoverschen und lüneburgischen Klosterhöfe. Allerdings scheint die Randlage bei Klosterhöfen nicht so häufig wie bei den Bettelorden vorzukommen. Der Studie von Haas und Cramer zu den niedersächsischen Klosterhöfen fehlt leider eine statistische Auswertung der Lagemöglichkeiten. Vgl. Haas/Cramer 1985, 404ff. und 409.
1901 Gilomen 1995, 49; Baeriswyl 2000a, passim.
1902 Auf diesen Zusammenhang hat Hans-Jörg Gilomen aufmerksam gemacht. Vgl. Gilomen 1995, 54.
1903 Die heute noch erhaltene Mauer stammt aus den Jahren nach dem Sieg 1336 über die Regensteiner Grafen. Brinkmann 1922, 184ff.; Militzer 1980, 135.
1904 Etwa neun von 48 Klöstern. Gilomen 1995, 51ff., Tabelle 2. Die Gründe für die Differenz in der schweizerischen und mitteldeutschen Stadtentwicklung ergeben sich vermutlich aus den unterschiedlichen Herrschaftsentwicklungen, die in der Schweiz bereits 1291 (Eidgenossenschaft) zu einer relativen Unabhängigkeit gegenüber dem Reich geführt haben. Die Krise der Stauferschen Kaiserherrschaft vor der Mitte des 13. Jahrhunderts dürfte deshalb den Prozess der lokalen Herrschaftsbildung im Mitteldeutschland mehr gefördert haben.
1905 Baeriswyl 2003, passim.
1906 Siehe Seite 310ff., Stadtausbau als Herrschaftskonsolidierung.
1907 „[…] locum talem studeas occupare, cui ad capiendos homines in preaticationibus suffiens spatium habeat, et ad quem hominibus civitatis aditus ad fratres pateat accedendi, non attendens sive sit intra civitatem sive sit extra, dummodo ista duo conveniant in eodem." Zitiert nach Joannes Carolus Diercxsens: Antverpia Christo nascens et crescens, in: Acta ecclesiam Antverpiensem ejusque apostolos ac viros pietate conspicuous concernentia usque ad seculum XVIII, Tomus 1, Antverpiae 1773, 252f. Vgl. Meerssemann 1946, 1959f.
1908 Siehe Seite 299ff., Phänomene der Klostertopografie.

denn es widerspricht den in den offziellen Äußerungen schriftlich niedergelegte Gleichgültigkeitsbekundungen der Bettelorden gegenüber eine genauere Lage innerhalb der Städte.[1909] Hier entpuppt sich bei der Ordensleitung ein berechnender Demutsgestus, eine „Marketingstrategie", hinter deren Fassade eine offensive Niederlassungspolitik betrieben wurde. Es erstaunt dabei zunächst nicht, dass diese Äußerungen von einem Dominikaner stammen, dessen Orden sich ja in der Frühzeit der Niederlassungen durch eine zielgerichtetere Niederlassungspolitik als bei den Franziskanern auszeichnete. Jedoch wiesen auch alle franziskanischen Niederlassungen die günstigen topografischen Merkmale auf.

Das im Brief an den Antwerpener Prior verwendete Wort *spatium* (Raum) kann lediglich im Sinne von ‚Raum oder Platz haben' übersetzt werden,[1910] nicht aber als ‚gebauter Raum' oder gar als „Hallenkirche", wie es kürzlich vertreten wurde.[1911] Damit dürfte allgemein auf die Größe des künftigen Bauplatzes beziehungsweise die eines Predigtplatzes im Freien angespielt worden sein. Im Zusammenhang mit dem öffentlichkeitsbezogenen Wirken der Mendikanten lenkte bereits Roland Pieper den Blick auf die bis dahin unbeachteten Vorplätze der Klöster mit ihrer verkehrsgünstigen Anbindung.[1912] So war es im Mittelalter üblich, auch nach dem Bau von Kirchen auf freien Plätzen zu predigen. Zu diesem Zweck wurden etwa die platzseitigen Schauseiten der Kirchen beziehungsweise die Vorplätze selbst mit Kanzeln ausgestattet.[1913] Erhalten haben sich derartige gemauerte Kanzeln in Tremmen, wo die Außenkanzel auf einen Strebepfeiler an der Westfassade sitzt, oder an der Franziskanerkirche in Rufach (Oberelsaß) als kleiner Altan vor einem Strebepfeiler.[1914] Man konnte diese von der Kirche über einen Gang längs des tiefen Strebepfeilers betreten. Der Rest einer steinernen Kanzelplattform hat sich ebenfalls an der Augustiner-Eremitenkirche in Erfurt erhalten.[1915] In Münster und Warburg sind derartige Kanzeln chronikalisch überliefert.[1916] Auch an italienischen Bettelordenskirchen wie an S. Francesco in Pola existierten solche

Abbildung 235: Zeitz, Franziskanerkirche, nördlicher Strebepfeiler zwischen Langhaus und Chor mit Kanzelöffnung (Foto: Todenhöfer 2000).

Außenkanzeln, die auf einen Vorplatz ausgerichtet waren.[1917] Im Untersuchungsgebiet findet sich ein besonderes Exemplar an der Franziskanerkirche in Zeitz (Abbildung 234). Dort versah man einen Chorstrebepfeiler (um 1255/65) mit einem nach außen geöffneten Kämmerchen und einem Zugang zum Innenraum. Die erhöht liegende Kanzelöffnung ist zum weiträumigen Kirchhof ausgerichtet.

Bemerkenswert ist, dass auf diesem Kirchhof seit dem 13. Jahrhundert jährlich ein Markt zum

---

1909 Siehe Anm. 1893f.
1910 Zitat siehe Anm. 1909. Ich danke Dr. Franz Jäger von der Sächsischen Inschriftenkommission (Halle) für die kritische Prüfung des Textes.
1911 Vgl. Pelizaeus 2004, 21.
1912 Pieper 1993, 264f.
1913 Ebd., 216ff.; Bruzelius 2007. Pieper ist zuzustimmen, dass derartige

Kanzeln wohl häufig transportabel beziehungsweise aus vergänglichem Holz waren, da steinerne Außenkanzeln eher selten vorkommen.
1914 RDK I, 1937, 1293–1306.
1915 Pieper 1993, 217.
1916 Ebd., 217.
1917 Vgl. Bruzelius 2007, 206, Fig. 2.

Kirchweihfest veranstaltet wurde.[1918] Der Platz lag an einer der Hauptwegekreuzungen des Ortes unweit des städtischen Marktes, wodurch man eine sehr gute Erreichbarkeit des Klosters gewährleistete. Mit dem Jahrmarkt war der Erwerb eines 40-tägigen Ablass zu Ehren der Kirchenpatrone der Hll. Franziskus, Antonius und Klara verbunden.[1919] Es liegt also nah, dass die Außenkanzel auf derartige Veranstaltungen konzipiert war. So konnten sich die Mönche bei der auf dem Jahrmarkt versammelten und geschäftigen Bevölkerung Gehör verschaffen und für alle Personen sicht- und hörbar predigen. An diesem Beispiel zeigt sich, dass die Seelsorge der Mendikanten offensiv und öffentlichkeitswirksam organisiert war und dafür wirkungsvolle Architekturformen geschaffen wurden.

1918 Todenhöfer 2000, 84.
1919 Ebd.

Architektur als Stifterrepräsentation

Die mitteldeutschen Bettelordenskirchen weisen vielfältige architektonische Bezüge zu Bauwerken inner- und außerhalb der Ordensverbände auf. Betrachtet man die Architektur als Bedeutungsträger, ermöglicht sie durch Querbezüge, Anhaltspunkte für konkrete soziale Systeme zu gewinnen, die sich in vielen Fällen durch historische Nachrichten untermauern lassen. Hier offenbart sich die Baukunst als Quellengattung, deren Wert über architektonisches und technologisches Wissen hinausreicht und für die allgemeine Geschichtsschreibung fruchtbar ist.

Wie bereits dargelegt wurde, dienten die Klöster als teilöffentliche Bauten über seelsorgerische Aspekte hinaus vielfältigen profanen Aufgaben. Erwähnt wurden bereits die Funktionen beim Unterhalt der gemeinschaftlichen Verteidigungsanlagen, als gesellschaftliche Kommunikationszentren oder herrschaftliche Stützpunkte für Gefolgschaften. Gegründet wurden sie jedoch vorwiegend unter territorialpolitischen Gesichtspunkten. So offenbarte sich die Förderung von Klosterbauten vielerorts als gezielte städtebauliche Maßnahme bei der Konsolidierung von Eigenterritorien oder der Repräsentation politischer Ansprüche innerhalb heterogener Herrschaftsgefüge.[1920] Die Kirchen dienten zudem häufig als dynastische Grablegen der Stifterfamilien (Tabelle 3). Unter diesen Aspekten lassen sich m.E. interessante gesellschaftspolitische Einblicke gewinnen. Analog den besonderen Architekturen der Bettelorden, etwa bei Umgangschören oder Querhäusern, sind auch schlichtere Bauten Manifestationen gesellschaftlicher Repräsentation.[1921] Es zeigte sich, dass die architektonische Formensprache vor allem mit Hilfe von lokalen und regionalen Baukontexten entschlüsselt werden kann.

Die Franziskanerkirche in Zerbst: Um die Mitte des 13. Jahrhunderts waren beispielsweise in Zerbst die Herrschaftsverhältnisse diffus. Nach Schwineköper besaßen der deutsche König, das Bistum Magdeburg und die brandenburgischen Markgrafen Herrschaftsrechte in der Ortschaft.[1922] 1253 konnten sich die Markgrafen die Oberlehnsherrschaft sichern. In diesem Zusammenhang wurde Zerbst zum ersten Mal als *civitas* bezeichnet. Die lokale Herrschaft übten die Herren von Zerbst aus, die sie 1266 zugunsten der Grafen von Barby abtraten. Die 1276 verstorbene Sophie von Barby gilt als Stifterin des allerdings schon um 1235/45 erbauten Franziskanerklosters.[1923] Offenbar erfolgte schon vor 1266 von Barbyer Seite eine Unterstützung des Baues. Auffällig bei der frühen Saalkirche ist die erstmalige Verwendung von Backstein in der Region (Abbildung 143). Ein Baustoff, der häufig bei markgräflichen Bauten in der Mark Brandenburg im 13. Jahrhundert auftrat und nach bisheriger Forschungsmeinung in der frühen Zeit landesherrlichen Bauten vorbehalten war.[1924] Entweder hatten sich die Stifter mit dieser Materialwahl auf die zukünftigen Oberlehnsherren, die Brandenburger Markgrafen, bezogen oder die Markgrafen demonstrierten damit selbst ihren herrschaftlichen Geltungsanspruch in Zerbst.

Die Franziskanerkirche in Aschersleben: In Aschersleben gestalten sich die architektonischen Bezüge komplexer. Die Stifter des Franziskanerklosters werden nicht überliefert, jedoch sprechen alle Indizien für eine Förderung durch die askanischen Fürsten von Anhalt, die zusammen mit den Halberstädter Bischöfen in der Ortschaft umfangreiche Herrschaftsrechte besaßen.[1925] Zwar setzen sich 1263 letztere in der Oberlehnsherrschaft durch, jedoch regierte ein Zweig der anhaltischen Askanier die Herrschaft Aschersleben bis zum Anfang des 14. Jahrhunderts unangefochten. 1266 erteilte Graf Heinrich II. von Anhalt-Aschersleben dem Ort außerdem das Stadtrecht. Charakteristisch an der Architektur der Franziskanersaalkirche (um 1240/50) sind vor allem die gestaffelten Dreifenstergruppen an den Längsseiten (Abbildung 4). Die Anordnung und Lage der Lanzettfenster ist, trotz früherer Beispiele in Frankreich, Flandern und Deutschland,[1926] im deutschen Sprachraum um 1240/50

1920 Siehe Seite 310 ff., Stadtausbau als Herrschaftskonsolidierung.
1921 Siehe Seite 207 ff., Ausnahmeerscheinungen – Architekturen besonderer Bedeutung.
1922 Schwineköper, Historische Stätten 11, 523.
1923 Siehe Seite 188.
1924 Badstübner 1994, passim; Müller 2005, passim. Siehe Seite 258 ff., Exkurs: Zur Materialästhetik von Backstein und dessen Bedeutung.
1925 Siehe Seite 37 ff.
1926 Obergaden des Südquerhauses von Soissons (1160er Jahre), Obergaden von Notre-Dame-en-Vaux in Chálon-sur-Marne, von St. Remis (1170/80), von Bourges, Orbais (um 1200/20), von Arras; Obergaden an St. Maarten in Iepern (ab 1221), O. L. Vrouwekerk van Pamele in Oudenaarde (ab 1235); Obergaden des Trierer Doms (drittes Viertel des 11. Jahrhunderts), Groß St. Martin (um 1220/35) und St. Andreas (um 1200) in Köln, in Roermond (um 1220/24).

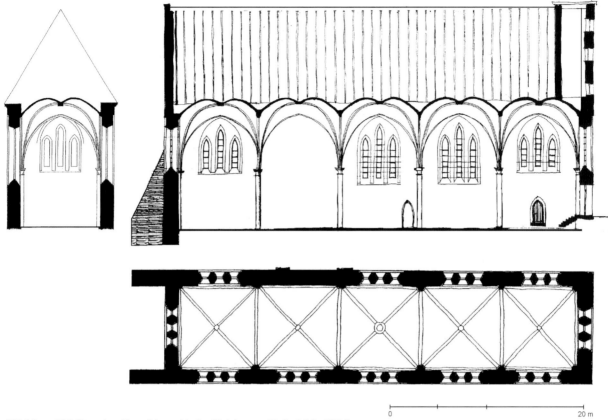

Abbildung 236: Prenzlau, Franziskanerkirche (Zeichnung: Todenhöfer 2006).

aktuell, da sie sich gut mit der Wölbung quadratischer Joche verbinden ließ.[1927] Entsprechende Vergleiche bei Bettelordenskirchen finden sich am Chor der ehemaligen Saalkirche der Franziskaner in Trier (um 1230/35),[1928] am Chor der Franziskanerkirche in Schwäbisch-Gmünd (um 1240/50)[1929] und am Blendobergaden der Pseudobasilika der Franziskaner in Kiel (um 1240/50)[1930] (Abbildung 183). Größte Übereinstimmung findet die Aschersleber Architektur in der um 1240/50 errichteten Franziskanerkirche in Prenzlau (Abbildung 235).[1931] Deren Bau war 1253 spätestens fertig gestellt, da ein Kamminer Bischof in der Franziskanerkirche bestattet wurde. Sie besitzt die gleichen Proportionen, fünf quadratische Joche und gestaffelte Wandvorlagen mit verkröpften Kapitellen und Gewölben über dem gesamten Raum, was in der Mitte des 13. Jahrhunderts eine Ausnahme darstellt.[1932] Die Gewölbe stammen nach der dendrochronologischen Datierung des Dachwerkes zwar aus dem 14. Jahrhundert, sie waren aber schon im Gründungsbau angelegt. In beiden Kirchen finden sich ebenfalls jochbreite Rundbögen, die den Kirchenraum zur Westklausur öffneten. Die Franziskaner kamen wahrscheinlich schon unter Herzog Barnim I. von Pommern in den 1230er Jahren nach Prenzlau,[1933] die frappierende Ähnlichkeit beider Kirchen verweist m.E. jedoch auf einen Bezug zu den brandenburgischen Markgrafen, die

---

1927 Chorobergaden der Zisterzienserkirche in Riddagshausen (um 1240), Langhausobergaden der Meldorfer Johanniskirche im Ditmarschen (nach 1250), anscheinend auch am Chorobengaden des 1805/06 abgebrochenen Hamburger Doms (ab 1248), Benediktinerkirche in Cismar bei Oldenburg (nach 1256) und der Obergaden der Lüdumklosterkirche (um 1240) im Kreis Tondern (jetzt Dänemark).
1928 Bunjes 1938, 48ff., Abb. 45.
1929 Strobel 1995, 55, Abb. 57.
1930 Haupt 1887, 561f.; Dehio Hamburg/Schleswig-Holstein, 1994, 378.
1931 Achim Todenhöfer: Die Franziskanerkirchen in Prenzlau und Aschersleben. Zum Verhältnis zwischen Bettelordensarchitektur und Herrschaft im 13. Jahrhundert, in: Prenzlau und die märkischen Franziskanerklöster. Sakralarchitektur zwischen Nutzung und Denkmalpflege, hg. von Dirk Schumann, Berlin im Druck.
1932 Siehe Seite 219ff., Gewölbebau – Regelung und Ausnahmen.
1933 Gerhard Kegel: Wann kamen die Franziskaner nach Prenzlau. Überlegungen zur Frühgeschichte der Uckermark, in: Arbeiten des Uckermärkischen Geschichtsvereins zu Prenzlau, Bd. 3 (2000), 2–64, hier 29. Kegel nimmt eine Ankunft der Franziskaner in Prenzlau schon 1223 an. Angus Fowler (Marburg/Berlin), der mir dankenswerterweise seinen ungedruckten Aufsatz „Bemerkungen zur Gründung des Franziskanerklosters in Prenzlau sowie zum Bau seiner Kirche" zur Verfügung stellte, relativiert Kegels Ausführungen und geht aber ebenfalls von einer Niederlassung in den 1220/30er Jahren aus.

enge Blutsverwandte der anhaltinischen Fürsten waren und 1250 mit dem Vertrag von Landin die Herrschaft in der nördlichen Uckermark und Prenzlau übernahmen, nachdem sie bereits 1231 die Oberlehnsherrschaft über Pommern errungen hatten. Meines Erachtens könnten die Markgrafen versucht haben, ihren letztendlich durchgesetzten Anspruch auf die wichtigste Stadt der Uckermark bereits vor der Herrschaftsübernahme durch einen Klosterbau zu bekräftigen und dem deutschen Herrschaftsgebiet anzugliedern. Ich vermute darüber hinaus, dass die Franziskanerkirche in Aschersleben und Prenzlau ein Versöhnungsbau der beiden askanischen Geschlechtern, der anhaltischen Fürsten und Brandenburger Markgrafen, war.

Die gehobene Architektur von Prenzlau als auch Aschersleben drückt sich vor allem durch die Anlage von Gewölben aus und die gestaffelten Fenstergruppen an den Längsseiten, die bei solch frühen Saalbauten selten ist.[1934] Interessant ist, dass der mutmaßliche Stifter in Aschersleben, Graf Heinrich I. von Anhalt-Ascherleben, 1220 bis 1225 die private Vormundschaft über die minderjährigen Markgrafenbrüder Johann I. und Otto III. von Brandenburg ausübte. Zwischen 1240 und 1245 herrschte zwischen beiden Dynastien trotz enger familiärer Beziehung jedoch eine zerstörungsreiche Fehde, die erst 1245 durch Herzog Otto I. von Braunschweig-Lüneburg geschlichtet wurde. In diesem Zusammenhang wurde Graf Heinrich II. von Anhalt-Aschersleben mit der Tochter des Herzogs verlobt, die ihrerseits eine Nichte der Markgrafenbrüder Johann I. und Otto III. war. Es wurde damit ein verwandtschaftlicher Neubeginn eingeleitet. Herzog Otto, genannt das Kind, war seinerseits mit der Tante der Markgrafen, der Askanierin Mathilde, verheiratet. Nach der Wiedererrichtung des welfischen Herzogshauses 1235 ließ wohl Otto das Zisterzienserkloster Riddagshausen ausbauen, das, obwohl von Ministerialen gegründet, seit Heinrich dem Löwen quasi als Hauskloster der Welfen galt.[1935] Ob damit das gestaffelte Dreifenstermotiv der Längsseiten über die Zisterzienserkirche in Riddagshausen nach Aschersleben und Prenzlau vermittelt worden ist, muss in diesem Zusammenhang jedoch offen bleiben.

Vielmehr muss auf die Westfassade in Aschersleben mit dem Motiv der turmartig verstärkten Eckstrebepfeiler aufmerksam gemacht werden, das hier offenbar sehr früh auftritt (Abbildung 10). Das Motiv findet man zwar an italienischen Bettelordenskirchen mit Bezug auf die traditionellen italienischen Tafelfassaden, jedoch weisen diese deutlichen Unterschiede zu dem Motiv in Nordeuropa auf. So besitzt S. Francesco in Assisi zwei turmartig erhöhte Eckbetonungen der Westfassade (Abbildung 149). Die Eckstreben liegen jedoch mit der Westfassade in einer Flucht und sind nur durch runde Türmchen an den Giebelansätzen und an den Längsseiten erkennbar. Im nah gelegenen Perugia an S. Francesco al Prato (1247/62) treten sie hingegen kräftig aus der Fassade hervor wie an S. Francesco in Parma. Dort wird allerdings die breite Tafelfassade gemäß der Binnenstruktur dreigeteilt. Weitere Beispiele sind S. Francesco in Piacenza (ab 1280) und S. Francesco in Pavia, wo die schlanken Strebepfeiler durch Helmspitzen bekrönt werden, wodurch sie erst das Aussehen von schmalen Türmchen erhalten. Ebenfalls weist die Westfassade von S. Domenico in Perugia (1305/1400) kräftige Eckstrebepfeiler auf, die von der örtlichen Architektur abzuleiten ist. Zeitlich käme für Aschersleben jedoch nur Assisi als Vorbild in Frage. Wobei fraglich ist, ob diese Form von dort über die Alpen vermittelt worden ist und ob man sie in Aschersleben als „italienische" Form erkennen konnte. Zwar finden wir den mutmaßlichen Stifter des Ascherslebener Klosters, Graf Heinrich I. von Aschersleben/Anhalt, im Jahr 1238 mit dem kaiserlichen Gefolge in Italien, wo die Kaiserlichen mit päpstlichen Konsens erfolglos die lombardische Stadt Brescia belagerten, jedoch ist nicht bekannt, ob Heinrich in Assisi war.[1936] Zudem dürften die verstärkten Eckstrebepfeiler zumindest bei den lombardischen Bettelordenskirchen nicht zwingend von Assisi abgeleitet worden sein, da diese Form auch an anderen norditalienischen Kirchenbauten ein gängiges Motiv an den Westfassaden ist. So zum Beispiel bei den Domkirchen in Orvieto, Parma und Piacenza. Aus diesen Gründen dürfte Aschersleben als reduzierte Doppelturmfassade in Abhängigkeit von nordeuropäischen Zweiturmfassaden gedeutet werden, wie sie in Aschersleben selbst an der Archidiakonatskirche St. Stephan auftritt. Ab dem 14. Jahrhundert fand das Motiv in Nordostdeutschland bei einigen Zisterzienserkirchen (Abbildung 237), aber auch spätgotischen Pfarrkirchen

---

1934 Die um 1250 errichteten Franziskanersäle in Neubrandenburg und Angermünde erhielten nur einfache Lanzettfenster und waren anfänglich ungewölbt. Die Klosterkirche in Neubrandenburg erhielt allerdings wie Prenzlau Gewände aus Backstein. Beide Städte waren beim Bau der Klöster bereits in markgräflicher Hand und wurden zusammen mit diesen ausgebaut. Siehe Seite 337ff., Stadtausbau als Herrschaftskonsolidierung.

1935 Vgl. Bernd Schneidmüller: Die neue Heimat der Welfen (1125–1252), in: Die Braunschweigische Landesgeschichte. Jahrtausendrückblick einer Region, hrsg. v. Horst-Rüdiger Jarck und Gerhard Schildt, Braunschweig 2000, 177–230, hier 199.

1936 Vgl. Peper 1912, 18ff.

Abbildung 237: Lehnin, Zisterzienserkirche, Westfassade (Foto um 1945, Bildarchiv Foto Marburg, KBB 13 258).

Verbreitung. Matthias Untermann sieht die reduzierte Doppelturmfassade an Zisterzienserkirchen als Ausdruck des zisterziensischen Schlichtheitsgebots.[1937] Da dieses Motiv später in den Zisterzienserkirchen in Lehnin und Chorin auftritt, wo es von Dirk Schumann als askanisches Herrschaftssymbol gedeutet wurde,[1938] ist möglicherweise schon in Aschersleben von einer dynastischen Bedeutung dieses Architekturmotivs mit Bezug zu den anhaltischen Askaniern auszugehen. Die Anhaltiner errichteten demnach einen Westfassadentyp, der von den Brandenburgern in Hinblick auf den mutmaßlichen familiären Versöhnungsakt wohl

---

1937 Untermann 2001, 268, 646.
1938 Aufgrund des Verlustes der Zisterzienserinnenkirche in Aschersleben bleibt unklar, ob die turmartigen Eckstrebepfeiler der Franziskanerkirche von der örtlichen Zisterzienserarchitektur abgeleitet werden können. Als Vorbild werden Zisterzienserkirchen auch für Aschersleben unwahrscheinlich, da die Strebepfeilergestaltungen in Deutschland offenbar erst mit Lehnin und Chorin vorwiegend im nordostdeutschen und pommerschen Gebiet auftreten: Eldena bei Greifswald, Doberan, Pelplin, Olivia/Oliwa und Krone/Kronowo. Vgl. zu Chorin und Lehnin: Dirk Schumann: Herrschaft und Architektur. Otto IV. und der Westgiebel von Chorin, in: Studien zur Backsteinarchitektur, Bd. 2, Berlin 1997.

nicht ohne Grund an den Hausklöstern der Dynastie verwendet wurde.

Die Franziskanerkirche in Wittenberg: Die zweischiffig symmetrische Hallenkirche der Wittenberger Franziskaner (um 1420) stellt im deutschen Gebiet einen eher seltenen Bautyp der Bettelorden dar. Enger sind jedoch die Bezüge zu dem von Maria Parucki rekonstruierten zweiten Vorgängerbau der Wiener Minoritenkirche (nach 1276), der offenbar fünf quadratische Joche, Achteckpfeiler und einen axialen Langchor besaß.[1939] Bei den Franziskanern in Goslar und den Dominikanern in Magdeburg sind ebenfalls zweischiffig symmetrische Kirchen nachgewiesen, die wir nicht genauer datieren können.[1940] Die zerstörte Goslarer Kirche ist als dreijochige symmetrisch zweischiffige und Anfangs ungewölbte Kirche mit einem am nördlichen Schiff anbindenden Langchor (1360 genannt) überliefert, die wohl mit ihrer Einwölbung ab 1506 kräftige Wandvorlagen bekam.[1941] Bezüge zu den zweischiffigen Mendikantenhallen in Österreich sind durch die gestreckteren Proportionen, längsrechteckige Joche, fehlende Scheidbögen sowie deren frühe Datierung eher unwahrscheinlich. Eine Ableitung des zweischiffig symmetrischen Grundriss von den frühen Dominikanerkirchen in Paris und besonders in Toulouse, wie er für die Dominikanerkirche in Magdeburg aufgrund historischer Querverbindungen und der Stellung des Konvents vermutet werden darf, kann für Wittenberg ausgeschlossen werden, da hier eher regionale beziehungsweise politische Bezüge eine Rolle gespielt haben dürften, zumal es sich um eine Franziskaner- und keine Dominikanerkirche handelte.[1942] Wahrscheinlicher sind Bezüge zu den Hallenumbauten von Saalkirchen in Obersachsen: der Dominikanerkirche in Pirna, den Franziskanerkirchen in Dresden, Zittau und Oschatz (Abbildung 238). Die ältere Forschung verglich Pirna mit der frühen Dominikanerinnenkirche in Imbach in Österreich (nach 1269), der man eine Vorbildwirkung zusprach; Zittau und Oschatz setzte man in Beziehung zur Minoritenkirche in Enns in Österreich (um 1270/1300).[1943] Auch entstammen die an der

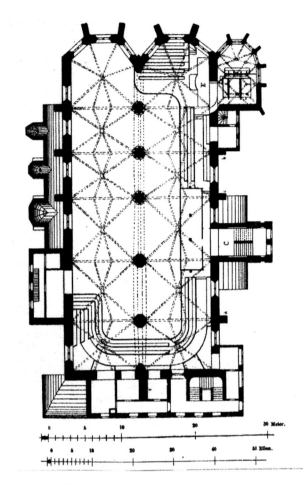

Abbildung 237: Dresden, Sophienkirche, Grundriss Emporengeschoss (Gurlitt 1903, Fig. 50).

Mittelachse orientierten Choranlagen in Österreich offenbar genuinen Konzeptionen. Entscheidend und nah liegend ist jedoch die typologische Verwandtschaft der Franziskanerkirche in Wittenberg mit den obersächsischen Beispielen, die sich zudem in ihren Binnenproportionen decken. Zudem handelt es sich um spätgotische Erweiterungen einschiffiger Kirchen. In Wittenberg lässt sich allerdings der ursprüngliche Saalbau nicht mehr im aufgehenden Mauerwerk nachweisen, sodass die Hallenkirche wohl einem Neubau

---

1939 Parucki 1995, 126–128. Zu diesem Bau legte vermutlich der Herzog von Österreich und König von Böhmen, Ottokar II. Premysl, den Grundstein (ebd., 50f.). In Bezug zu Wien setzte man die Franziskanerkirchen in Olmütz (Olomouc) (1242–1247) und in Bechin (Bechyne) (ab 1248) in Böhmen, in deren heutigen zweischiffigen Bauten aus dem 15. Jahrhundert man ebenfalls frühe symmetrisch zweischiffige Vorgängerbauten vermutete. Donin 1935, 152; Parucki 1995, 184f.
1940 Vgl. Seite 102ff.
1941 Die Franziskaner kamen schon 1223 nach Goslar. Gebietserweiterungen des Klosters fanden 1277 und 1300 statt. Hans-Günther Griep: Ausgrabungen und Bodenfunde im Stadtgebiet Goslar, in: Harz-Zeitschrift, 35. Jg. (1983), 1–55, zum Brüderkloster 5–17; vgl. Zahlten 1985, 373f.
1942 Siehe Seite 107
1943 Schenkluhn 2000, 219. Vgl. Günther Binding: Die Franziskaner-Baukunst im deutschen Sprachgebiet, in: 800 Jahre Franz von Assisi. Franziskanische Kunst und Kultur des Mittelalters, (Ausstellungskatalog) Krems-Stein 1982, 431–460, hier 435f. Zu den österreichischen Bauten Donin (1935, 155ff. und 187ff.).

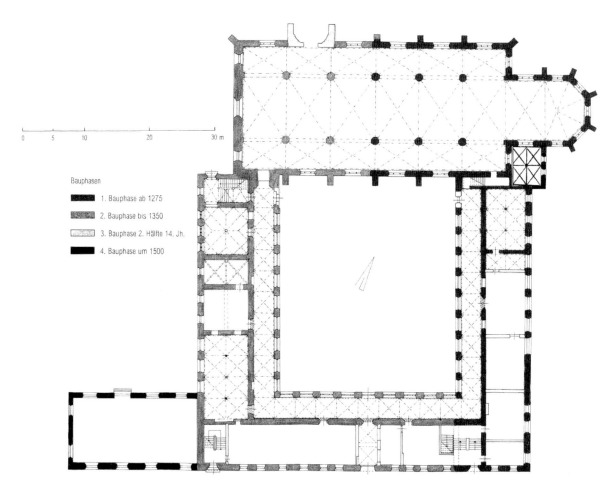

Abbildung 238: Prenzlau, Dominikanerkloster, Plan der mittelalterlichen Bauphasen (Zeichnung: Hillebrand, Hillebrand 2003, 53, Abb. 5).

gleichkommt. Bekanntlich erfolgte die Gründung des Franziskanerklosters durch Herzogin Helene, die dritte Frau des sächsischen Herzogs Albrecht I. und Tochter Herzogs Otto I. von Braunschweig-Lüneburg, und avancierte seit der Bestattung der Stifterin 1273 zur dynastischen Grablege der Herzöge von Sachsen.[1944] 1422 starb das askanische Herzogsgeschlecht aus. In Folge wurden nun die wettinischen Markgrafen von Meißen mit dem Herzogtum belehnt. Man wird nicht fehlgehen, den Umbau der Kirche mit den Wettinern in Verbindung zu bringen, die durch die Belehnung zu Herzögen aufstiegen. Sie nobilitierten in Wittenberg damit einen Bautyp, den sie bereits 1351 in Dresden[1945] und gegen Ende des 14. Jahrhunderts in Pirna[1946] errichtet hatten. Nach Wittenberg folgten Zittau[1947] und Oschatz[1948].

Die Dominikanerkirche in Halle: Im Fall der halleschen Niederlassung der Dominikaner können wir den Hauptförderer nur vermuten. Die Stiftung des Baulandes 1271 geht auf ehemals stadtsässige Adelsfa-

---

1944 Vgl. Seite 37ff.
1945 Die verlorene Franziskaner- und spätere Sophienkirche in Dresden begann man wohl um 1250 als Saalbau. Nach 1351 erweiterte man diesen zu einer zweischiffig symmetrischen Kirche. 1421 wurde dieser Bau durch zwei Joche nach Westen verlängert. Seine Einwölbung erhielt er erst in der zweiten Hälfte des 15. Jahrhunderts: Dehio Sachsen I, 1996, 133f.
1946 Das Dominikanerkloster in Pirna wurde wohl gegen 1300 gegründet. Ein Saalbau mit eingezogenen flach geschlossenem Chor verlängerte man erst in der zweiten Hälfte des 14. Jahrhunderts nach Westen und teilte diesen in zwei Schiffe. Dehio Sachsen I, 1996, 699.
1947 Die Zittauer Franziskaner erbauten 1244 eine Nikolaikapelle, die wohl mit der heutigen südlichen Sakristei zu identifizieren ist. 1293 weihten sie ihren Chor, der sicher zu einem einfachen Saalbau gehörte. 1480 begann man den Bau zweischiffig nach Westen zu erweitern, wobei das südliche Schiff zunächst niedriger als das nördliche war. Dehio Sachsen I, 1996, 877.
1948 1246 begannen die Franziskaner in Oschatz zu bauen. Der Bautyp wird als „Hallenkirche" bezeichnet, wobei offen bleibt, was darunter genauer zu verstehen ist. Erst zwischen 1381 und 1428 wird eine Saalkirche errichtet, die Ende des 15. Jahrhunderts nach Süden erweitert wird, sodass ein symmetrisches Langhaus entsteht. Eine Einwölbung sowie der Anbau einer Kapelle erfolgten erst gegen 1500. Dehio Sachsen II, 1998, 773.

milien zurück,[1949] von denen die Familie von Ammendorf die einzig namentlich bekannte und wohl prominenteste ist. Aus der Familie stammte Heinrich von Ammendorf, der von 1283 bis 1301 das Bischofsamt in Merseburg ausübte.[1950] Da die Dominikanerkirche die größte der mittelalterlichen Stadtkirchen in Halle bis heute ist, wird man von einem besonderen Repräsentationsanspruch der Architektur ausgehen müssen, der mit der mendikantischen Demut nicht vereinbar ist (Abbildung 44). Daher ist an ein gesteigertes Interesse der mutmaßlichen Förderer zu denken, die eher in den Stadtherren, den Erzbischöfen von Magdeburg, zu suchen sind als bei den Stiftern der Grundstücke, zumal Elemente des Maßwerks am Hauptportal ohne Bezüge zum Magdeburger Dom nicht denkbar sind. Die Ammendorfer entstammten möglicherweise aus dem Ministerialenumfeld der Erzbischöfe.[1951] Ihre ‚Nebenrolle' in der halleschen Stadtgeschichte reicht m.E. für ein derartiges Bauwerk nicht aus. Zudem waren sie auch nicht die einzigen Stifter des Baugrundstücks an den Konvent. Die Ansiedlung des Konventes in unmittelbarer Nähe zu den Salzgütern im Hall lässt daher eine erzbischöfliche Einflussnahme auf die Pfännerschaft über den Predigerorden vermuten, die sich zu jener Zeit vom Erzbistum zu emanzipieren versuchten. So erkauften die Bürger im Jahr 1263 für beträchtliche 2200 Mark Silber von Erzbischof Ruprecht unter anderem das freie Besitzrecht an den Salzkoten und sicherten sich 1310 für weitere 500 Mark Stendaler Silber deren Erbrecht.[1952] Eine Einflussnahme muss den unter permanenter Geldnot leidenden Erzbischöfen wichtig gewesen sein, da die Einnahmen aus den halleschen Solequellen zu den ältesten und möglicherweise ertragreichsten des Erzbistums zählten.[1953]

Die Hallenser Dominikanerkirche verband die Elemente der zeitgenössischen deutschen Dominikanerarchitektur mit einem von Seitenräumen flankierten Binnenchor mit kurzem polygonalen Chorhaupt, wie wir sie von den Basiliken in Regensburg, Esslingen, Koblenz oder Erfurt kennen, mit dem Hallenaufriss. Das frühe Auftreten dieses Typs in Norddeutschland bei der Dominikanerkirche in Stralsund (Chor 1287 geweiht) und vorallem in der Mark Brandenburg bei den Dominikanerkirchen in Seehausen (um 1260/70) und Prenzlau (1275 begonnen) sowie der verlorenen Dominikanerkirche in Berlin-Cölln[1954] (um 1300) lässt Beziehungen zu den askanischen Markgrafen vermuten (Abbildung 98 und 238).[1955] Enge personelle Verflechtung bestanden während der Erbauungszeit der halleschen Dominikanerkirche in der Tat in der Person des Erzbischofs Erich von Brandenburg (1283–1295). Allerdings ist die Dominikanerkirche bereits in den 1270er Jahren begonnen worden. Zudem liegen die zumeist geschätzten Erbauungsdaten der Bauten in der Mark Brandenburg bis auf Seehausen zeitlich so nah beieinander, sodass es innerhalb dieser Gruppe kaum möglich ist, auf einen vorbildlichen Bau beziehungsweise auf einen direkten brandenburgischen Einfluss auf die Architektur des Hallenser Baus zu schließen. Eher dürfte der hallesche Bautyp für die norddeutschen Bauten bis auf Seehausen durch seine Normierung vorbildlich gewirkt haben. Fest steht außerdem, dass um 1300 die nah gelegene Pfarrkirche St. Gertruden den Hallenaufriss und die Chorlösung der Dominikanerkirche übernahm (Abbildung 239), die wiederum in der zweiten Hälfte des 14. Jahrhunderts auf die benachbarte Pfarrkirche St. Marien übertragen wurden.[1956] Der 5/8-Chorschluss ist ebenfalls an der ehemaligen Ratskapelle zum Heiligen Kreuz und der Servitenkirche (um 1350) nachweisbar.[1957] Somit kam der Dominikanerkirche ebenfalls innerhalb der Stadt eine Vorbildwirkung aufgrund ihres repräsentativen Charakters zu, der sich plausibel aus dem Einfluss der Magdeburger Erzbischöfe ableiten lässt.

Die Franziskanerkirche in Halberstadt: Ab 1289 wurde die Franziskanerkirche in Halberstadt über einen längeren Zeitraum in repräsentativen Formen errichtet (Abbildung 35). Auch hier zeigen sich in der Grund- und

---

1949 Siehe Seite 87f.
1950 Gatz, Bischöfe, 2001, 431f.
1951 Vgl. ebd.
1952 Werner Freitag: Halle: eine Salzstadt des Mittelalters, in: Halle und das Salz: eine Salzstadt in Mittelalter und Frühe Neuzeit (Forschungen zur hallischen Stadtgeschichte, Bd. 2), Halle 2002, 15–36, hier 16ff. Seit 1281 erscheint Halle zudem als Mitglied in den Urkunden der Hanse. Rolf Hünicken: Geschichte der Stadt Halle, Erster Teil, Halle in deutscher Kaiserzeit, Halle 1941, 135.
1953 Vgl. Gustav Friedrich Hertzberg: Geschichte der Stadt Halle an der Saale von den Anfängen bis zur Neuzeit, Bd. 1 Halle im Mittelalter, Halle 1889, 55f.
1954 Zu Berlin Müller (1914, 145ff.) Julius Kothe: Die ehemalige Dominikanerkirche in Berlin, in: Die Denkmalpflege, 24. Jg. Nr. 8, Berlin 1922, 59–61.
1955 Zu Seehausen : siehe Seite 141ff.; zu Prenzlau: Hillebrand 2003.
1956 Die beiden Stadtpfarrkirchen sind in dieser Form nur noch archäologisch nachweisbar. Achim Todenhöfer: Steinernes Gotteslob – die mittelalterlichen Kirchen der Stadt Halle, in: Werner Freitag, Andreas Ranft (Hg.): Geschichte der Stadt Halle, Bd. 1, Halle im Mittelalter und in der Frühen Neuzeit, Halle 2006, 207–226.
1957 Ebd.

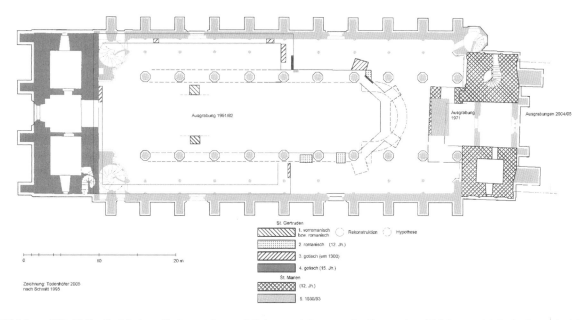

Abbildung 239: Halle, St. Marien, Grabungsplan und Rekonstruktion von St. Gertrauden (Zeichnung: Todenhöfer nach Schmitt 1995).

Aufrissform typisierte und standardisierte Merkmale der Bettelordensarchitektur um 1300, die sich durch den genormten Auf- und Grundriss auszeichnen (Abbildung 179).[1958] An die hallesche Dominikanerkirche und den mit ihr verwandten Bauten erinnern die Achteckpfeiler und die Jochproportionen. Das ohne Kämpferzone in die Arkadenbögen übergehende Pfeilerprofil dürfte direkt aus Halle abgeleitet worden sein. Den Grundriss aus fünf Langhausjochen und einem dreijochigen Langchor mit 5/8-Polygon sowie den Aufriss einer Staffelhalle mit Achteckpfeiler teilt der Bau sich mit einer ganzen Reihe vorwiegend norddeutscher Bettelordensbauten (Abbildung 240). So unter anderem mit der Dominikanerkirche in Halberstadt[1959], der Braunschweiger Franziskaner- (ab 1343) und Dominikanerkirche (ab 1307), der Dominikanerkirche in Göttingen (ab 1294), der Dominikanerkirche in Hildesheim (Anfang 15. Jahrhundert) oder der abgebrochenen Franziskanerkirche in Hamburg (um 1300).[1960] In dieser Gruppe ist die Halberstädter Franziskanerkirche der früheste Bau. Ihr folgen die Dominikanerkirchen in Braunschweig und Göttingen in kurzem zeitlichem Abstand.

Der Stifter des Klosterneubaues, der regierende Graf Heinrich VI. von Regenstein, welcher sich 1311 im Chor im Ornat des Ordens begraben ließ, stammte aus dem im Nordharzgebiet einflussreichen Regenstein-Blankenburger Grafengeschlecht, das sich nach seinen Hauptburgen in die Linien Regenstein, Heimburg und Blankenburg aufteilte.[1961] Die Verbindung der Regensteiner zu den Franziskanern bestand schon seit 1246, als sie dem Halberstädter Konvent Liegenschaften übereigneten und 1271 offensichtlich dem Quedlinburger Konvent zur Klostergründung verhalfen.[1962] Offenbar begannen die Regensteiner während ihres politischen Zenits die Franziskanerkirche zu errichten.[1963] Ein Otto von Regenstein war zudem ab 1279 drei Jahre Minister der sächsischen Franziskanerprovinz.[1964] Burchard von Blankenburg, zuvor Domherr in Halberstadt, Magdeburg und Hildesheim, regierte von 1296 bis 1305 das Erzbistum Magdeburg.[1965] Dessen Bruder, Herrmann von Blankenburg, war zwischen 1296 und 1303 Bischof von Halberstadt.[1966] Hinzu kamen zahlreiche Vogteien im Nordharzgebiet. Die unter Herzog Albrecht II. von Braunschweig-Lüneburg geförderte Architektur der

---

1958 Vgl. Seite 74ff., 237ff., Monumentalisierung und Formalisierung um 1300.
1959 Vgl. Seite 60ff.
1960 Daten nach Zahlten (1985, 77–87); zu Hamburg: Schliemann 2000, 162ff., Abb. 5–11.
1961 Vgl. Schmidt 1889; Heinz A. Behrens: Der Regenstein. Besiedlung und Geschichte der Grafen bis 1500, Wernigerode 1989, 30ff.

1962 Siehe Seite 78f.; 119f.
1963 Todenhöfer 2006a, 535–554, hier 554.
1964 Hardick, Chroniken, 1957, 97,5.
1965 Gatz, Bischöfe, 2001, 388f.
1966 Ebd., 223.

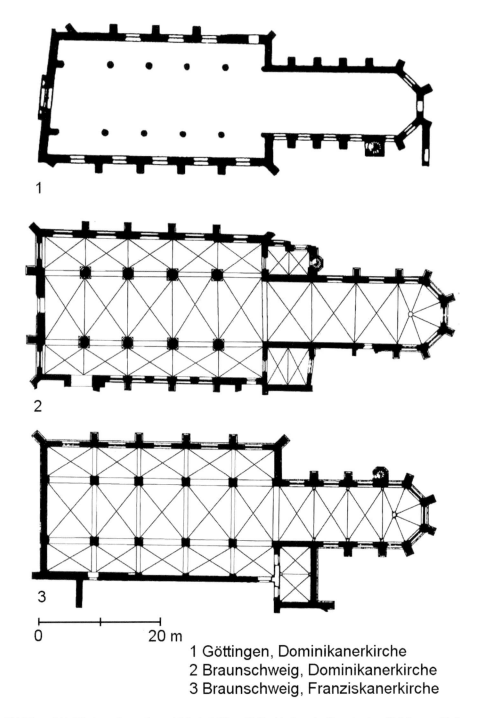

1 Göttingen, Dominikanerkirche
2 Braunschweig, Dominikanerkirche
3 Braunschweig, Franziskanerkirche

Abbildung 240: Niedersachsen, Auswahl dreischiffiger Hallenkirchen der Bettelorden (Zeichnung: Todenhöfer nach Schenkluhn 2000, 210, Taf. XXII).

Braunschweiger und Göttinger Dominikanerkirchen könnte sich eventuell auf den Halberstädter Bau bezogen haben,[1967] da man möglicherweise politische Ambitionen im Bistum Halberstadt hatte, die sich mit denen der Regensteiner überschnitten. Darauf könnten die schweren Auseinandersetzungen hinweisen, die nach der Einsetzung 1324 des Sohnes von Herzog Albrecht II. in das Halberstädter Bischofsamt mit den Regensteiner Grafen ausbrachen.[1968] So weihte eben jener Bischof Albrecht von Braunschweig-Lüneburg 1343 die Braunschweiger Dominikanerkirche.[1969] Das Maßwerk des Halberstädter Chorpolygons ist hingegen ein Zitat des Chores der wenig älteren Pfarrkirche St. Martini (Abbildung 227). Dies geschah offenbar aus Ehrerbietung an die früheren Förderer in der Bürgerschaft beziehungsweise der örtliche Pfarrgeistlichkeit, da die Mönche ca. 20 Jahre in einem Bürgerhaus in der Nähe der Stadtpfarrkirche provisorisch untergebracht waren.[1970]

1967 Vgl. Christof Römer: Dominikaner und Landesherrschaft um 1300 – Die Gründung der Ordenshäuser in Göttingen und Braunschweig durch Herzog Albrecht II. und Meister Eckart, in: Diözese Hildesheim, Jg. 49 (1981), 19–32.
1968 Vgl. Gatz, Bischöfe, 2001, 225f.
1969 Römer 1981, 30.
1970 Siehe Seite 292; Todenhöfer 2006a, 553.

Zusammenfassung

Zu Beginn stand zunächst die Forschungsgeschichte zur Architektur der Bettelorden im Mittelpunkt. Hier wurde die treffende Kritik Wolfgang Schenkluhns an verschiedenen Forschungsansätze aufgegriffen, mit denen man sich seit dem 19. Jahrhundert bemühte, die heterogenen Architekturphänomene zu strukturieren und zu interpretieren. Gerade die teleologischen Entwicklungsmodelle, die eine stringente ahistorische Entwicklung von bestimmten Kirchentypen vertraten, haben es lange Zeit verhindert, die Baukunst der Bettelorden im architektonischen, städtebaulichen und historischen Kontext zu betrachten. Deshalb wurde versucht, gerade die kontextuelle Erforschung unter Verwendung verschiedener methodischer Ansätze in der Studie zum Tragen zu bringen. Die forschungsgeschichtlichen Darlegungen verdeutlichen die Notwendigkeit, einer möglichst breit angelegten, aber auch tiefgehenden Analyse der Bettelordensarchitektur. Dazu sieht die Studie aus mehreren Gründen eine Beschränkung der Untersuchungsobjekte auf die mittelalterlichen Kirchen der Dominikaner und Franziskaner auf dem Gebiet Sachsen-Anhalts vor: erstens, weil die Bauten der Dominikaner und Franziskaner als größte und früheste Bettelorden diese Architekturen und somit für weitere Bettelorden die Vorbilder schufen; zweitens, weil sich jene Bautengruppe durch die eingeschränkte kunsthistorische Forschung im Osten des geteilten Deutschlands seit der Nachkriegszeit der genauen Betrachtung entzog; drittens, weil der Umfang dieser Gruppe sowohl Einzel- als auch regionale Analysen ermöglichen; viertens, weil trotz hoher Verluste an mittelalterlicher Bausubstanz weite Teile des städtebauliche Kontextes unter anderem durch die Forschungsanstrengungen nach der politischen „Wende", rekonstruierbar sind; und fünftens, weil die heterogene Territorialgeschichte des Bundeslandes exemplarisch für weite Teile Mitteldeutschlands steht und somit strukturelle Aussagen über diese bislang ungenügend aufgearbeitete Region hinaus erlauben.

In der historischen Einleitung wurden die historischen Umstände, die zur Gründung der Bettelorden führten, beleuchtet. So reagierten die von apostolischen Idealen geprägten Gemeinschaften mit päpstlicher Unterstützung auf die seit dem ausgehenden 12. Jahrhundert sich entwickelnde Volksfrömmigkeit, in der Bevölkerungsgruppen in Brüderschaften, Beginen- und Begardengemeinschaften ein am Evangelium ausgerichtetes Leben der Kirche entgegensetzten. Ursachen waren dafür die gewaltigen gesellschaftlichen Umbrüche, das immense Bevölkerungswachsum, der Zuwachs der gesellschaftlichen Produktivität aufgrund von Neuerungen in Handel, Technik und Recht, der Wettstreit der Territorienbildung unter geistlichen und weltlichen Herren, die religiösen Kriege und vor allem die Urbanisierung des Abendlandes. Es zeichnete sich ab, dass die Bettelorden, die sich durch ihr öffentliches Auftreten, Armutsgelübte und ihre Gelehrsamkeit von allen anderen Kongregationen unterschieden, wichtige seelsorgerische und pädagogische Funktionen im durch Handel und Handwerk geprägten frühstädtischen Alltag übernahmen und somit in direkte Konkurrenz zum Pfarrklerus gerieten, von dem sie sich sowohl zu distanzieren als auch anzuknüpfen versuchten. Bezeichnenderweise rekrutierten sich die Orden zumeist aus den wirtschaftlichen Eliten der Wirtschaftszentren, die sie auch betreuten. Die zentralistische Verwaltungsstruktur verlieh den Orden und den in ihnen integrierten Mittel- und unteren Oberschichten einen internationalen Charakter und weitgehende Einflussmöglichkeiten. Einhergehend mit der gesellschaftlichen und territorialen Dynamik verbreiteten sich die Orden im deutschen Vergleich auf dem Gebiet von Sachsen-Anhalt sehr früh. Beide richteten gegen Ende des ersten Jahrhundertviertels des 13. Jahrhunderts im Ausgangszentrum der deutschen Ostkolonisation in Magdeburg wichtige Konvente und Schulen ein, die zu Hauptorten der sächsischen Ordensprovinzen heranwachsen sollten. Während sich die Zahl der Dominikanerkonvente auf fünf zumeist in den städtischen Zentren liegend beschränkt, erreicht die Niederlassungszahl der Franziskaner zwölf Konvente, die auch die mittleren Städte im Untersuchungsgebiet umfassten.

Von diesen Konventen haben sich, auf die Kirchen bezogen, jedoch nur acht Bauwerke mehr oder minder vollständig erhalten. Wichtige Bauten wie in Magdeburg gingen mit dem Lauf der Zeit verloren. Zusammen mit diesen können jedoch nun sieben weitere untergegangene Bettelordensbauten in Halle, Halberstadt, Wittenberg, Stendal, Tangermünde, Seehausen und Burg durch Quellen-, Archiv- und historisches Bildmaterial relativ genau rekonstruiert werden. Somit besitzen wir in Sachsen-Anhalt eine recht umfangreiche Kenntnis zu den Bettelordenkirchen. Außerdem erlauben eingehende Bauuntersuchungen Rekonstruktionen älterer Bauphasen, die unser Wissen über die Hauptbauperioden der Bettelorden im 13. Jahrhundert bis in das frühe 16. Jahrhundert vervollständigen. In zwei Fällen, in Halberstadt und Zerbst, können auch Aussagen zur frühesten Kirchenarchitektur der Dominikaner und Franziskaner in den 1230er Jahren gemacht werden. Ein für die Entstehung wichtiger Bautypen maßgeblicher Zeitraum, der nur durch eine äußerst schmale Denkmälerkenntnis gekennzeichnet ist. Hier lassen sich regionale und überregionale Formbildungstendenzen bestätigen und konkretisieren, die in der jüngeren Forschung thematisiert wurden.

Nach den regionalen und überregionalen Vergleichen zeichnet sich ab, dass der Begriff Bettelordensarchitektur einer Neudefinition bedarf. So wurde versucht, die Gesichtspunkte der architektonischen Alleinstellungsmerkmale im Sinne einer mendikantischen „Corporate identity" zu bestimmen. Hier zeigt sich, dass die übereinstimmenden Merkmale sich entgegen der geläufigen Forschungsmeinung durch die Vorgaben der Ordensregeln und darüber hinaus reichende Formenvermeidungen geprägt wurden: den bewussten Verzicht auf überflüssigen Dekor und Größe und zudem im nordeuropäischen Bereich den Verzicht auf bestimmte architektonische Würdeformeln wie Querhäuser, Umgangschöre oder Türme. Traten solche besonderen Bauformen dennoch auf, waren sie besonderen historischen Kontexten geschuldet. Die regionale Typik beziehungsweise die lokale Vielfalt innerhalb der Bettelordensarchitektur bildete sich hingegen, wie für das Gebiet Sachsen-Anhalts und im Vergleich für einige europäische Beispiele nachgewiesen werden konnte, offenbar aus dem Wechselverhältnis mit den Architekturformen regionaler Bautraditionen, vor allem der lokalen Kirchenbauten heraus. Hier waren die Vergleichsformen für den zeitgenössischen Betrachter und für die involvierte Klientel greifbar und verständlich, wodurch sich die Orden in der Sakralhierarchie sichtbar verorteten. Aufwendige Architekturen, zumal diese vermutlich in den seltensten Fällen aufgrund des Wirtschaftgebahrens der Bettelorden finanzierbar gewesen wären, mussten im Regelfall zumindest in der Gründungsphase dem apostolischen Habitus der Bettelmönche nicht angemessen gewesen sein; beziehungsweise hätte eine Abweichung zu aufwendigeren Bauten ohne Rückendeckung von Fundatoren das ohnehin schwierige Verhältnis zum weltlichen Klerus noch mehr beeinträchtigt. Schließlich standen die Bettelorden zu diesem im seelsorgerischen Bereich in direkter Konkurrenz. Bei beiden Orden scheint es deshalb formal eine Anpassung an die jeweilige Pfarrarchitektur gegeben zu haben. Dabei suchten die Dominikaner offenbar mit den Binnenchoranlagen mit Seitenräumen beziehungsweise Seitenkapellen, wie es für Halberstadt rekonstruiert werden konnte, Referenzen zu etablierten Sakralarchitekturen etwa von Chorherren und Zisterziensern. Zudem distanzierte man sich von den städtischen Ordenskonkurrenten, schärfte das eigene architektonische Profil. Es wurde erläutert, worauf die Unterschiede zurückgeführt werden können, weshalb beispielsweise die Franziskaner den Außenlangchor bevorzugten. Durch die zielgerichtete Anbindung der Dominikaner an die Universitäten und den Aufbau von Ordensstudien erscheinen ihre Architekturen selbstbewusster, gewissermaßen „intellektueller". Hier sei auf die Herleitung der zweischiffig symmetrischen Bauten wie der Dominikaner in Magdeburg aus der Profan-, Kapitelsaal, Refektorien beziehungsweise Hospitalarchitektur verwiesen. Zudem ist festzustellen, dass der Franziskanerorden, dessen Verbreitung im Gegensatz zu den Dominikanern weniger stringent verlief, an bedeutenden Niederlassungsorten durch monumentale Bauprojekte die etablierten Konvente des Konkurenten zu übertreffen versuchte. Unter diesen komplexen Umständen setzten beide Orden in der zweiten Hälfte des 13. Jahrhunderts, der stärksten Phase ihres gesellschaftlichen Einflusses nach dem Pariser Mendikantenstreit, wichtige architektonische Impulse. Erst im Zuge der gesellschaftlichen Krise zwischen 1270 bis 1330, die sich vor allem in Stagnation der Wirtschaft und der Urbanisierung wie auch in ordensinternen Spaltungstendenzen äußerte, erstarrte die mendikantische Sakralarchitektur um 1300 in monumentalen, bisweilen stereotypen Lösungen. Aus dieser Phase sind mit der Dominikanerkirche in Halle und der Franziskanerkirche in Halberstadt zwei frühe Bauten von überregionalem Anspruch zumindest teilweise erhalten. In der Zeit vom dem Ausbruch der Pest um 1350 bis 1420 konnten keine Bauprojekte nachgewiesen werden, offenbar lag in jener Zeit die Initiative mehr bei den städtischen Pfarrsprengeln und ihrer Bürgerschaft, die aufgrund der Politik Karls IV.

eine Blütezeit erlebten. Zu der Zeit büsten die deutschen Bettelordensstudien ihr Bildungsmonopol durch die Gründungen von Universitäten ein. Erst ab dem zweiten Viertel des 15. Jahrhunderts kam es zu einer Konsolidierung, die sich bis um 1500 in umfassenden Bau- und Erweiterungsprojekten beispielsweise in Tangermünde, Salzwedel, Zerbst und Zeitz äußerte. Traditionelle Ordensbauformen wurden hierbei weiter verwendet und an aktuelle Architekturen etwa durch die Verwendung von Einsatzkapellen und Emporen angepasst.

Nach der Erörterung detailtypologischer und technologischer Fragen, die durch den regionalen Vergleich den Einfluss der Bauvorschriften stützt, aber auch die Modernität der mendikantischen Architektur unterstreicht, lag ein weiterer Forschungsschwerpunkt in der Klärung topografischer Phänomene der Bettelordensklöster. So zeichnete sich die periphere Lage an den städtischen Befestigungsanlagen durch eine gute infrastrukturelle Anbindung aus. Die Einflussfaktoren ergaben sich aus dem gesuchten Kontakt zur Klientel, aber mehr noch aus den Entwicklungsprozessen der städtischen Siedlungen, die sowohl bei „gewachsenen", als auch gegründeten Städten offenbar zielgerichteten Planungen der Herrschaftsträger unterlagen. Die zeitliche Kongruenz von Stadtrechtsverleihungen und Errichtung von Befestigungsanlagen einerseits und der Anlage der Klöster andererseits verweist auf enge Zusammenhänge. Diese sind in den meisten Fällen auf planmäßige städtischen Aufsiedlungs-, als auch mendikantischen Ansiedlungs- beziehungsweise Klosterbaubestrebungen zurückzuführen, die im Interesse der *fundatores* lagen, um die territoriale Entwicklung im Wettstreit um politisches Überleben und wirtschaftliche Ressourcen zu forcieren. Bezeichnenderweise wurden im Untersuchungsgebiet häufig Städte mit Bettelordensklöstern ausgestattet, die eine Grenzlage zu anderen Territorien aufwiesen beziehungsweise in denen sich mehrere Herrschaftsträger zu etablieren suchten. So gelten die Klöster als wichtige Indikatoren für die tatsächliche beziehungsweise angestrebte Bedeutung mittelalterlicher Städte während der Urbanisierung, die somit auch Aussagen zur mittelalterlichen Territorialpolitik zulassen.

Die Klöster dienten über territorialpolitische Implikationen und den mendikantischen Seelsorgeauftrag hinaus offenbar direkt der obrigkeitlichen Einflussnahme auf die städtischen Gemeinwesen und speziell der wirtschaftlich potenten Mittelschichten. Die Räumlichkeiten wurden öffentlichen Zusammenkünften und der Unterbringung von herrschaftlichen Gefolgschaften zur Verfügung gestellt. Der mögliche Verbleib einer gewissen Verfügungsgewalt über die Liegenschaften bei den Stiftern scheint ein weiterer Grund für die Stiftung grundherrlichen Besitzes in Form von ehemaligen Adelshöfen und die kostspielige Förderung der Klosterbauten zu sein. Auch der Eintritt von adligen Familienmitgliedern in die Ordenverbände ist oft verbürgt. Offenbar wollte man die exempte überregionale Ordensstruktur und das gebildete Personalpotenzial für die eigenen Ziele nutzen. Außerdem lassen sich oft Stiftergräber und in einigen Fällen auch dynastische Grablegen nachweisen wie die der sächsischen Herzöge in Wittenberg oder der Grafen von Barby. Im Untersuchungsgebiet wurden für Grablegen ausschließlich die Franziskanerkonvente bevorzugt. Möglicherweise, weil es der populärere von beiden Orden war.

Unter diesen Faktoren ist es einleuchtend, dass die mendikantische Kirchenarchitektur ebenfalls den Förderern zur Repräsentation diente. So treten an Bettelordenskirchen lokale, regionale und überregionale Architekturbezüge auf, die offensichtlich auf politische Repräsentation im Zusammenhang mit territorialen Herrschaften abzielten. In Zerbst dürfte etwa die frühe Verwendung des Backsteins als Baumaterial möglicherweise auf den Herrschaftsanspruch der brandenburgischen Markgrafen anspielen. Die Franziskanerkirche in Prenzlau verbindet mit der 300 Kilometer entfernt liegenden Ordenskirche in Aschersleben eine zitathafte Architektur, die auf dynastische Verbindungen zwischen den askanischen Markgrafen und den anhaltischen Fürsten zurückgeführt werden kann. Die symmetrisch zweischiffige Hallenkirche der Wittenberger Franziskaner wird nach obersächsischem Vorbild nach der Belehnung der wettinischen Markgrafen von Meißen mit dem sächsischen Herzogtum errichtet. Die Dominikanerkirche in Halle wurde sowohl in der städtischen Pfarrarchitektur als auch bei einigen märkischen Bettelordensbauten rezipiert, da dieser Konvent offenbar unter der Förderung der Erzbischöfe von Magdeburg entstand. In Halberstadt erbauten die Franziskaner mit Hilfe der Regensteiner Grafen eine bedeutende Kirche, deren Form wenig später von einer Reihe niedersächsisch-norddeutscher Bettelordensbauten aufgegriffen wurde, die in Verbindung mit den Lüneburg-Braunschweiger Herzögen errichtet worden sind, die im Harzgebiet weitgehende Interessen hatten.

Anhang

Abkürzungen

a.a.O.	an anderem Ort	LDASA	Landesamt für Denkmalpflege und Archäologie Sachsen-Anhalt in Halle
Abb.	Abbildung		
Anm.	Anmerkung		
Art.	Artikel	LHASA	Landeshauptarchiv Sachsen-Anhalt in Magdeburg
AStK	Stadtpfarrkirchliches Archiv		
Autogr.	Autograph	masch.	maschinenschriftlich
Bd.	Band	m.E.	meines Erachtens
Bde.	Bände	MGH SS	Monumenta Germaniae Historica Scriptores
bearb.	bearbeitet		
bzw.	beziehungsweise	m.W.	meines Wissens
ca.	zirka	Neg.	Negativ (Foto)
CDA	Codex diplomaticus Anhaltinus (siehe Heinemann)	Nr.	Nummer
		o.J.	ohne Jahr
CDB	Codex diplomaticus Brandenburgensis (siehe Riedel)	o.N.	ohne Namen
		Prof.	Professor
CVMA	Corpus Vitrearum Medii Aevi	r	rectus
d	dendrochronologisch	RaA	Ratsarchiv
DArNb	Domstiftsarchiv Naumburg	RDK	Reallexikon zur deutschen Kunstgeschichte
dat.	datiert		
Diss.	Dissertation	SHStA Dresden	Sächsisches Hauptstaatsarchiv Dresden
Dipl.	Diplom		
Dr.	Doktor	StA	Stadtarchiv
ebd.	ebenda	ThHStA Weimar	Thüringer Hauptstaatsarchiv Weimar
f.	folgend		
ff.	folgende	v	versus
Fig.	Figur	v.	von
Hg.	Herausgeber	Vgl.	Vergleich
hg.	herausgegeben	u.a.	unter anderen
hl.	heilige[r]	UB	Urkundenbuch
Jg.	Jahrgang	Univ.	Universität
Jh.	Jahrhundert		

Gedruckte Quellen

ABEL, Caspar: Sammlung Etlicher noch nicht gedruckten Alten Chronicken, als der Nieder-Sächsischen, Halberstädtischen, Quedlinburgischen, Ascherslebischen, und Ermslebischen [...], Braunschweig 1732.

ALTANER, Berthold: Die Briefe Jordans von Sachsens, des zweiten Dominikanergenerals (1222–1237). Text und Untersuchung, zugleich ein Beitrag zur Frömmigkeit im 13. Jahrhundert (Quellen und Forschungen zur Geschichte des Dominkanerordens in Deutschland, 20. Heft), Leipzig 1925.

BEKMANN, Johann Christoph: Historische Beschreibung der Chur und Mark Brandenburg nach ihrem Ursprung, Einwohnern, Natürlichen Beschaffenheit […], Erster Theil, Zweiter Band, hg. v. Bernhard Ludwig Bekmann, Berlin 1751/53.

BIERBACH, Arthur: Urkundenbuch der Stadt Halle, ihrer Stifter und Klöster, 4 Bde. (Geschichtsquellen der Provinz Sachsen und des Freistaates Anhalt, N.R., Bd. 10 und 20), Halle/Magdeburg 1930, 1939, 1954, 1957.

BIHLMEYER, Pius: Die Klosterregel des hl. Benedikt, Beuron (5. Aufl.) 1939.

BOEHMER, Heinrich: Chronica Fratris Jordani (Collection d'Edudes et Documents, 6), Paris 1908.

BROTUFF, Ernst: Des berühmten alten Historiographi Ernest Brotuffi aufrichtige Chronica von denen Salzbornen und Erbauung der Stadt Halle, nebst einer Beschreibung des Orts vornehmsten Merkwürdigkeiten, alten und neuen Begebenheiten, wichtigen Trauer- und Freuden-Fällen und anderen Curiositäten, so daselbst zu finden und remarquabel sind, durch G.O.D. [Gottfried Olearius, Dr.] vermehret und verbessert, Halle 1679.

BRUNS, Raimund: Annales Conventus Halberstadiensis. Eine Chronik der Militärfürsorge und Missionstätigkeit der deutschen Dominikaner in Brandenburg-Preußen im 18. Jahrhundert (Quellen und Forschungen zur Geschichte des Dominkanerordens in Deutschland, 8), Leipzig 1913.

DANNEIL, Johann Friedrich: Kirchengeschichte der Stadt Salzwedel. Mit einem Urkundenbuch, Halle 1842.

DENIFLE, Heinrich: Die ältesten Konstitutionen des Predigerordens (Archiv für Literatur- und Kirchengeschichte, 1, 1885).

DIERCXSENS, Joannes Carolus: Antverpia Christo nascens et crescens (Acta ecclesiam Antverpiensem ejusque apostolos ac viros pietate conspicuous concernentia usque ad seculum XVIII, Tomus 1), Antverpiae 1773.

DOBENECKER, Otto: Regesta diplomatica necnon epistolaria historiae Thuringiae (1152–1288), Bd. 2–4, hg. v. Verein für Thüringische Geschichte und Altertumskunde, Jena 1896–1939.

DOLLE, Josef; PATZE, Hans (auf Grundlage der Vorarb. von Felix Rosenfeld und Walter Möllenberg): Urkundenbuch des Hochstiftes Naumburg, Teil 2: 1207 bis 1304, (Quellen und Forschungen zur Geschichte Sachsen-Anhalts, 2), Köln/Weimar 2000.

DREYHAUPT, Johann Christoph: Pagus Neletici et Nudzici oder Ausfuehrliche diplomatisch-historische Beschreibung des zum ehemaligen primat und Ertz-Stifft, nunmehr aber durch den westphaelischen Friedens-Schluss secularisirten Hertzogthum Magdeburg gehoerigegem Saal-Creises, Und aller darinnen befindlichen Staedte, Schloesser, Aemter […]: Insinderheit der Staedte Halle, Neumarckt, Glaucha, Wettin, Loebeguen, Coennern und Alsleben; Aus Actis puplicis [...] zusammen getragen, Mit vielen ungedruckten Documenten bestaercket, mit Kupferstichen und Abrissen gezieret, und mit noethigen Registern versehen / von Johann Christoph von Dreyhaupt, Halle 1749 (Theil 1), 1750 (Theil 2), Nachdruck Halle 2002.

EHRLE, Franz: Die ältesten Redactionen der Generalconstitutionen des Franziskanerordens, in: Archiv für Literatur- und Kirchengeschichte des Mittelalters, 6, hg. v. Heinrich Denifle und Franz Ehrle, Freiburg i.Br. 1892, 1–138.

FINKE, Heinrich: Ungedruckte Dominikanerbriefe des 13. Jahrhunderts, Paderborn 1891.

HARDICK, Lothar: Nach Deutschland und England. Die Chroniken der Minderbrüder Jordan von Giano und Thomas von Ecclestone (Franziskanische Quellenschriften, 6), Werl 1957.

Ders.; GRAU, Engelbert: Die Schriften des Heiligen Franziskus von Assisi (Franziskanische Quellenschriften, 1), Werl (8. Aufl.) 1984.

HEINEMANN, Otto von (Hg.): Codex diplomaticus Anhaltinus, Teile 2–5, Dessau 1875, 1877, 1879, 1881.

HERTEL, Gustav: Die „Historia" des Möllenvogtes Sebastian Langhans, betreffend die Einführung der der Reformation in Magdeburg (1524), in: Geschichtsblätter für Stadt und Land Magdeburg, 28. Jg., 1. Heft (1893), 283–366.

Ders.: Urkundenbuch der Stadt Magdeburg, Bd. 1–3 (Geschichtsquellen der Provinz Sachsen und angrenzender Gebiete, Bd. 26–28), Halle 1892; 1894; 1896.

HOPPE, Andreas: Annales Reipublicae Patriae Burgensis (1598).

GRAU, Engelbert: Thomas von Celano. Leben und Wunder des hl. Franziskus von Assisi (Franziskanische Quellenschriften, 5), Werl (4. Aufl.) 1988.

Ders.: siehe HARDICK, Lothar.

JANICKE, Karl: Die Magdeburger Schöppenchronik (Die Chroniken der niedersächsischen Städte, Bd. 1: Magdeburg), Leipzig 1869.

Ders.: Urkundenbuch der Stadt Quedlinburg (Geschichtsquellen der Provinz Sachsen und angrenzender Gebiete, Bd. 2, Abt. 1), Halle 1873.

KEUTGEN, Friedrich: Urkunden zur städtischen Verfassungsgeschichte, Berlin 1901.

KOPPMANN, Karl: Lübeck (Die Chroniken der niedersächsischen Städte, Bd. 10, 2), Leipzig 1899, Repr. Göttingen 1967.

KÜSTER, Georg Gottfried: Antiqvitates Tangermvndenses […], Berlin 1729.

MÜLLER, Alfred: Geschriebene und gedruckte Quellen zur Geschichte von Zeitz 967–1967, Halle 1967.

MÜLLER, Julius; PARISIUS, Adolf (Hg.): Die Abschiede der in den Jahren 1540–1542 in der Altmark gehaltenen ersten General-Kirchen-Visitation mit Berücksichtigung der in den Jahren 1551, 1578/79 (81) und 1600 gehaltenen Visitationen, Bd. 2, Heft 2: Seehausen, Kloster Neuendorf, Gardelegen (Neue Mitheilungen aus dem Gebiete historisch-antiquarischer Forschungen, 9), Magdeburg 1912, 154–256.

MÜLVERSTEDT, George Adalbert von (Hg.): Regesta Archiepiscopatus Magdeburgensis. Sammlung von Auszügen aus Urkunden und Annalisten zur Geschichte des Erzstiftes und Herzogthums Magdeburg, Teil 2: Von 1192 bis 1269, Magdeburg 1881.

OLEARIUS, Gottfried: Beschreibung des hallischen Schul-Jubel-Festes. Christliche Schul-Freude oder Schul-Jubel-Fest/Wegen glücklicher Einführung und hundert Jähriger Erhaltung des Gymnasii oder der Stadt-Schulen zu Hall in Sachsen/Auf E.E. Hochweisen Raths daselbst Verordnung hochfeyerlich gehalten am 17. Augusti in Jahr Christi 1665, Rudolphstadt 1666.

Ders.: Halygraphia Topo-Chronologica, das ist Ort und Zeitbeschreibung der Stadt Halle in Sachsen, Leipzig 1667.

PARISIUS, Adolf: siehe MÜLLER, Julius.

PATZE, Hans: siehe DOLLE, Josef.

RICHTER, Friedrich; MÜLVERSTEDT, George Adalbert von: Epitaphia Barbejana. Inschriften und Beschreibung von Grabdenkmälern in der St. Johannis-Kirche zu Barby, in: Geschichtsblätter für Stadt und Land Magdeburg, 3. Jg., 2. Heft (1868), 101–116.

RIEDEL, Adolph Friedrich (Hg.): Codex diplomaticus Brandenburgensis, 41 Bde., Berlin 1838–69.

RIEGER, Hans: Eine Urkunde zur Kunde der kirchlichen Verhältnisse zu Barby im Mittelalter, in: Geschichtsblätter für Stadt und Land Magdeburg, 62. Jg. (1927), 149–151.

RIPOLL, Thomas (Hg.): Bullarium ordinis fratrum praedicarum, Bd. 1: Ab anno 1215 ad 1280, Roma 1729.

SBARALEA, Joannes Hyacinthus (Hg.): Bullarium Franciscanum, Bd. 3: A Clemente IIII ad Honorium IIII, Roma 1761.

SCHEEBEN, Heribert Christian: Die Konstitutionen des Predigerordens unter Jordan von Sachsen (Quellen und Forschungen zur Geschichte des Dominikanerordens in Deutschland, 38), Köln 1939.

SCHEFFER, Karl: Inschriften und Legenden Halberstädter Bauten. Ein Beitrag zu der Geschichte der Stadt aus den letzten vier Jahrhunderten, Halberstadt 1864.

SCHMIDT, Gustav: Urkundenbuch der Stadt Halberstadt, 1. Teil (1068–1400 (Geschichtsquellen der Provinz Sachsen und angrenzender Gebiete, Bd. 7), hg. v. Historische Commission der Provinz Sachsen; Harzverein für Geschichte und Altertumskunde, Halle 1878.

Ders.: Urkundenbuch der Stadt Halberstadt, 2. Teil (1401–1500) (Geschichtsquellen der Provinz Sachsen und angrenzender Gebiete, Bd. 7), hg. v. Historische Commission der Provinz Sachsen; Harzverein für Geschichte und Altertumskunde, Halle 1879.

Ders.: Urkundenbuch des Hochstifts Halberstadt und seiner Bischöfe. 4 Teile (Publikationen aus den K. Preußischen Staatsarchiven, Bd. 17 (bis 1236), 21 (bis 1303), 27 (bis 1361), 4 (bis 1425)), Leipzig 1883, 1884, 1887, 1889.

SCHULTZE, Walther: Die Geschichtsquellen der Provinz Sachsen im Mittelalter und in der Reformationszeit, hg. v. Historische Commission der Provinz Sachsen, Halle 1893.

VOIGT, Martina (unter der Verwendung von Vorarbeiten von Ernst Schubert): Die Inschriften der Stadt Zeitz (Die deutschen Inschriften, 52; Berliner Reihe, 7), Berlin 2001.

WILMS, Hieronymus: Das älteste Verzeichnis der deutschen Dominkanerinnenklöster (Quellen und Forschungen zur Geschichte des Dominikanerordens in Deutschland, 24), Leipzig 1924.

WACHTER, Franz: Chronikalische Aufzeichnungen zur Geschichte der Stadt Halle vom Jahre 1464 bis 1512, in: Neue Mittheilungen aus dem Gebiete historisch-antiquarischen Forschungen, 15, 1, Halle 1882, 84–151.

WINTER, F.: Eine Urkunde zur Kunde der kirchlichen Verhältnisse zu Barby im Mittelalter, in: Geschichtsblätter für Stadt und Land Magdeburg, 9. Jg. (1874), 83–85.

ZAHN, Wilhelm: Auszüge aus dem Stadtbuche von Tangermünde, in: 31. Jahresbericht des Altmärkischen Vereins für Vaterländische Geschichte und Industrie zu Salzwedel, Magdeburg 1904, 63–94.

Literatur

ABB, Gustav; WENTZ, Gottfried: Das Bistum Brandenburg (Germania sacra, Abt. 1: Die Bistümer der Kirchenprovinz Magdeburg, Bd. 1), Berlin 1929.

ADLER, Friedrich: Die Mark Brandenburg (Mittelalterliche Backstein-Bauwerke des preussischen Staates, Bd. 1), Berlin 1862.

ALBERTZ, Hugo: Der Dom und die Domgemeinde zu Halle an der Saale, Halle 1888.

ALBRECHT, Stephan: Mittelalterliche Rathäuser in Deutschland. Architektur und Funktion, Darmstadt 2004.

ANGENENDT, Arnold: Heilige und ihre Reliquien. Die Geschichte ihres Kultes vom frühen Christentum bis zur Gegenwart, München 1994.

ARNRICH, Valentin: Studien zur Gründungsgeschichte sowie zur Bau- und Kunstgeschichte des Franziskanerklosters in Halberstadt, in: Bürger, Bettelmönche und Bischöfe in Halberstadt: Studien zur Geschichte der Stadt, der Mendikanten und des Bistums vom Mittelalter bis zur Frühen Neuzeit (Saxonia Franciscana, 9), hg. v. Dieter Berg, Werl 1997, 293–304.

ASMUS, Helmut: 1200 Jahre Magdeburg. Von der Kaiserpfalz zur Landeshauptstadt, Bd. 1: Die Jahre 805 bis 1631 (beteiligt: Manfred Wille); Bd. 2: Die Jahre 1631 bis 1848, Magdeburg/Halberstadt 2000 (Bd. 1) und 2002 (Bd. 2).

ASSING, Helmut: Die Anfänge Askanischer Herrschaft in den Gebieten östlich der Elbe, in: Brandenburgische Landesgeschichte und Archivwissenschaft (Festschrift für Lieselott Enders zum 70. Geburtstag), hg. v. Friedrich Beck und Klaus Neitmann, Weimar 1997, 21–36.

Ders.: Brandenburg, Anhalt und Thüringen im Mittelalter. Askanier und Ludowinger beim Aufbau fürstlicher Territorialherrschaften, hg. v. Tilo Köhn, Lutz Partenheimer und Uwe Zietmann, Köln/Weimar/Wien 1997.

AUE, Richard: Zur Entstehung der altmärkischen Städte, in: 37. Jahresbericht des Altmärkischen Vereins für vaterländische Geschichte zu Salzwedel, Magdeburg 1910, 5–71.

AUGUST, Oskar: siehe SCHLÜTER, Otto.

BACKHAUSEN, Karl: Tangermünde a. E. Ein Beitrag zur Siedlungskunde des norddeutschen Flachlandes, Phil. Diss. Univ. Halle, Halle 1904.

BADSTÜBNER, Ernst: Kirchen der Mönche. Die Baukunst der Reformorden im Mittelalter, Berlin 1980.

Ders.: Kirchen und Klöster der Bettelorden im sozialen und gestalterischen Gefüge der mittelalterlichen Stadt, in: Wissenschaftliche Zeitschrift der Friedrich-Schiller-Universität Jena, 30. Jg., Heft 3–4, Jena 1981, 323–335.

Ders.: Stadtkirchen der Mark Brandenburg, Berlin 1982.

Ders.: Klosterbaukunst und Landesherrschaft. Zur Interpretation der Baugestalt märkischer Klosterkirchen, in: Architektur des Mittelalters. Funktion und Gestalt, hg. v. Friedrich Möbius und Ernst Schubert, Weimar 1983, 184–239.

Ders.: Kirchen in der Stadt. Zum Wandel ihrer Baugestalt unter dem Einfluß der Stadtbildung, in: Stadtbaukunst im Mittelalter, hg. v. Dieter Dolgner, Berlin 1990, 223–230.

Ders.: Feldstein und Backstein als Baumaterial in der Mark Brandenburg während des 12. und 13. Jahrhunderts, in: Architectura, Heft 24, hg. v. Wulf Schirmer und George Hersey, München 1994, 34–45.

Ders.; BÖTTCHER, Ulf: Feldsteinkirchen des Mittelalters in Brandenburg und Mecklenburg-Vorpommern, Rostock 2002.

Ders.; SCHUMANN, Dirk (Hg.): Hallenumgangschöre in Brandenburg (Studien zur Backsteinarchitektur in Brandenburg, 1), Berlin 2000.

BAERISWYL, Armand: Die Randlage von Bettelordensklöstern in der mittelalterlichen Stadt. Beispiele aus dem Süden des Reiches, in: Klöster und monastische Kultur in Hansestädten (Stralsunder Beiträge zur Archäologie, Geschichte, Kunst und Volkskunde in Vorpommern, 4), Rahden 2003, 345–360.

Ders.: Stadt, Vorstadt und Stadterweiterung im Mittelalter. Archäologische und historische Studien zum Wachstum der drei Zähringerstädte Burgdorf, Bern und Freiburg im Breisgau (Schweizer Beiträge zur Kulturgeschichte und Archäologie des Mittelalters, 30), Basel 2003.

BANASCH, Richard: Die Niederlassungen der Minoriten zwischen Weser und Elbe im 13. Jahrhundert, Breslau 1891.

BANDMANN, Günther: Mittelalterliche Architektur als Bedeutungsträger, Berlin 1951.

BARONE, Giulia Barone: I Francescani a Roma, in: Storia della città. Rivista Internationale di storia urbana e territoriale, 3, Milano 1978, 33–35.

BARTSCHERER, Agnes: Aus den letzten Tagen des Burger Barfüßerklosters, in: Jerichower Land und Leute, 12. Jg., Nr. 8 (1933), 33.

Dies.: Aus den letzten Tagen des Burger Barfüßerklosters (Schluß), in: Jerichower Land und Leute, 12. Jg., Nr. 9 (1933), 37f.

BATHE, Max: Das Werden des alten Stendal nach Stadtanlage und Bodengestalt, nach Urkunde, Karte und Namen, in: Altmärkisches Museum Stendal, Jahresgabe 1954, VIII, hg. v. Gerhard Richter, Stendal 1954, 3–42.

BECK, Lorenz Friedrich: Herrschaft und Territorium der Herzöge von Sachsen-Wittenberg (1212–1422), Potsdam 2000.

BECK, Hans-Georg; FINK, Karl August; GLAZIK, Josef; ISERLOH, Erwin; WOLTER, Hans: Handbuch der Kirchengeschichte (Die mittelalterliche Kirche. Vom kirchlichen Hochmittelalter bis zum Vorabend der Reformation, Bd. 3, 2, hg. v. Hubert Jedin), Freiburg/Basel/Wien 1973.

BECKSMANN, Rüdiger: Kathedral- und Ordensverglasungen in hochgotischer Zeit. Gegensätze – Gemeinsamkeiten – Wechselwirkungen, in: Österreichische Zeitschrift für Kunst und Denkmalpflege, 54, 2/3 (2000), 275–286.

BEER, Alfred: Geschichte der Stadt Zeitz, in: Archäologische Berichte aus Sachsen-Anhalt, 93, Halle 1994, 173–184.

BEHLING, Lottlisa: Die Pflanzenwelt der mittelalterlichen Kathedralen, Köln/Graz 1964.

BELTING, Hans: Die Oberkirche von San Francesco in Assisi.

Ihre Dekoration als Aufgabe und die Genese einer neuen Wandmalerei, Berlin 1977.

BERG, Dieter: Armut und Wissenschaft. Beiträge zur Geschichte des Studienwesens der Bettelorden im 13. Jahrhundert (Geschichte und Gesellschaft. Bochumer Historische Studien, 15), Bochum 1977.

Ders. (Hg.): Bettelorden und Stadt, Bettelorden und städtisches Leben im Mittelalter und in der Neuzeit (Saxonia Franciscana, 1), Werl 1992.

Ders. (Hg.): Franziskanisches Leben im Mittelalter, Studien zur Geschichte der rheinischen und sächsischen Ordensprovinz (Saxonia Franciscana, 3), Werl 1994.

Ders. (Hg.): Könige, Landesherren und Bettelorden. Konflikt und Kooperation in West- und Mitteleuropa bis zur Frühen Neuzeit (Saxonia Franciscana, 10) Werl 1998.

Ders. (Hg.): Armut und Geschichte. Studien zur Geschichte der Bettelorden im Hohen und Späten Mittelalter (Saxonia Franciscana, 11), Kevelaer 2001.

BERGER, Thomas: Die Bettelorden in der Erzdiözese Mainz und in den Diözesen Speyer und Worms im 13. Jahrhundert (Quellen und Abhandlungen zur mittelrheinischen Kirchengeschichte, 69), Mainz 1995.

BERGER-DITTSCHEID, Cornelia: S. Lorenzo Maggiore in Neapel. Das gotische „Ideal"-Projekt Karls I. und seine „franziskanischen" Modifikationen, in: Festschrift für Hartmut Biermann, hg. v. Christoph Andreas, Maraike Bückling und Roland Dorn (VCH Acta Humaniora, 1990), Weinheim 1990, 41–64.

BERLINER, Rudolf: siehe HALM, Philipp Maria.

BERNDT, Friedrich: Brüdernkirche und ehemaliges Franziskanerkloster in Braunschweig. Ein Beitrag zu ihrer Baugeschichte unter Berücksichtigung neuerer Feststellungen beim Wiederaufbau nach dem Kriege, in: Braunschweigisches Jahrbuch, 60 (1979), 37–63.

BETZOLD, Gustav von: siehe DEHIO, Georg.

BEUCKERS, Klaus Gereon: Köln. Die Kirchen in gotischer Zeit. Zur spätmittelalterlichen Sakralbautätigkeit an den Kloster-, Stifts- und Pfarrkirchen in Köln (Stadtspuren. Denkmäler in Köln, Bd. 24), Köln 1998.

BEYER, Heinz Hermann: Die Wehrbauten der Stadt Halle in der bildlichen Überlieferung nach Stichen, Radierungen, alten Photos und Rekonstruktionen, Halle 1942.

BEYER, Klaus G.: siehe MÖBIUS, Friedrich.

BIGARONI, Marino; MEIER, Hans-Rudolf; LUNGHI, Elvio: La Basilica di S. Chiara in Assisi, Perugia 1994.

BILLIG, Gerhard: Die Reste eines frühmittelalterlichen Salzwerkes im Domhof von Halle (Saale), in: Jahresschrift mitteldeutscher Vorgeschichte, 50, Halle 1966, 293–306.

BINDING, Günther: Die Franziskaner-Baukunst im deutschen Sprachgebiet, in: 800 Jahre Franz von Assisi. Franziskanische Kunst und Kultur des Mittelalters (Ausstellungskatalog), Krems-Stein 1982, 431–460.

Ders.; UNTERMANN, Matthias: Kleine Kunstgeschichte der mittelalterlichen Ordensbaukunst in Deutschland, Darmstadt 1985.

Ders.: Maßwerk, Darmstadt 1989.

Ders.: Das Dachwerk auf Kirchen im deutschen Sprachraum: vom Mittelalter bis zum 18. Jahrhundert, München 1991.

Ders.; JOST, Bettina; SCHUNICHT, Anne: Baubetrieb im Mittelalter, Darmstadt 1993.

Ders.; LINSCHEID-BURDICH, Susanne; WIPPERMANN, Julia: Planen und Bauen im frühen und hohen Mittelalter nach den Schriftquellen bis 1250, Darmstadt 2002.

Ders.: Meister der Baukunst. Geschichte des Architekten- und Ingenieurberufs, Darmstadt 2004.

BLUME, Dieter: Wandmalerei als Ordenspropaganda. Bildprogramme im Chorbereich franziskanischer Konvente Italiens bis zur Mitte des 14. Jahrhunderts (Heidelberger Kunstgeschichtliche Abhandlungen, Neue Folge, Bd. 17), Worms 1983.

BONY, Jean: French Gothic Architecture of the 12th & 13th Centuries, Berkeley 1983.

BORGER-KEWELOH, Nicola: Die Liebfrauenkirche in Trier. Studien zur Baugeschichte, Trier 1986.

BOSMAN, A.F.W. (Lex): De Onze Lieve Vrouwekerk te Maastricht. Bouwgeschiedenis en historische Betekenis van de Oostpartij (Clavis Kunsthistorische Monografieen, 9), Utrecht 1990.

Ders.: Der Chorumgang. Geschichte und Rezeption eines Grundrisstyps in mittelalterlicher und nachmittelalterlicher Zeit, in: Dispositio. Der Grundriss als Medium in der Architektur des Mitteaters, hg. v. Leonard Helten (Hallesche Beiträge zur Kunstgeschichte, 7), Halle 2005, 121–138.

BOSSAGLIA, Rossana: Per un profilo del gotico piemontese. Le chiese degli ordini mendicanti nei secoli XIII e XIV, in: Palladio, NS 4, Roma 1954, 27–43.

BÖTTCHER, Gert: Die topographische Entwicklung von Magdeburg bis zum 12./13. Jahrhundert. Ein Versuch, in: Erzbischof Wichmann (1152–1192) und Magdeburg im hohen Mittelalter. Stadt, Erzbistum, Reich, hg. v. Matthias Puhle, Magdeburg 1992, 80–97.

BÖTTCHER, Ulf: siehe BADSTÜBNER, Ernst.

BRACHMANN, Christoph: Gotische Architektur in Metz unter Bischof Jacques de Lorraine (1239–1260). Der Neubau der Kathedrale und seine Folgen, Berlin 1998.

BRADLEY, John: Planned Anglo-Norman Towns in Ireland, in: The Comparative History of Urban Origins in Non-Roman Europe, Part ii, hg. v. H. B. Clarke und A. Simms, Oxfort 1985, 411–465.

BRAUN, Joseph: Der christliche Altar in seiner geschichtlichen Entwicklung, 2 Bde., München 1924.

BREITLING, Stefan: Zwischenstand der Bauforscherischen Untersuchungen der Klosterkirchenruine [Berlin], in: Die Klosterkirchenruine. Eine Innenstadtruine mit Zukunft (Texte des Kolloquiums am 11.04. 2002 im Palais Podewil), hg. v. Landesdenkmalamt Berlin, Berlin 2002, 143–160.

BRINKMANN, Adolf: Die Wandmalereien im Franziskanerkloster in Zeitz, in: Jahrbuch für Denkmalpflege Provinz Sachsen, Magdeburg 1902, 64–66.

Ders.: Die mittelalterliche Befestigung der Stadt Zeitz, Zeitz 1902.

Ders.: Beschreibende Darstellung der älteren Bau- und Kunstdenkmäler der Stadt Aschersleben (Beschreibende Darstellung der älteren Bau- und Kunstdenkmäler der Provinz Sachsen, Bd. 25), Halle 1904.

Ders.: Bau- und Kunstdenkmäler des Kreises Stadt Quedlinburg (2 Bde.) (Beschreibende Darstellung der älteren Bau- und Kunstdenkmäler der Provinz Sachsen, 33. Heft), Berlin 1922 und 1923.

BRONISCH, Gerhard: Die Franziskaner-Klosterkirche in Berlin, in: Mitteilungen des Vereins für die Geschichte Berlins, 50. Jg, Heft 4, Berlin 1933, 89–144.

BRÜCKLE, Wolfgang: Civitas terrena. Staatspräsentation und politischer Aristotelismus in der französischen Kunst 1270–1380, München/Berlin 2005.

BRUZELIUS, Caroline Astrid: The stones of Naples. Church building in Angevin Italy, 1266 – 1343, New Haven [u.a.] 2004.

Dies.: The Dead Come to Town: Preaching, Burying, and Building in the Mendicant Orders, in: The Year 1300 and the Creation of a New European Architecture, hg. v. Alexandra Gajewski, Zöe Opacic (Architectura Medii Aevi, 1, hg. v. Thomas Coomans), Turnhout 2007, 203–224.

BÜCHNER, Joachim: Die spätgotische Wandpfeilerkirche Bayerns und Österreichs, Nürnberg 1964.

BULACH, Doris: Die Stadthöfe der Zisterzienserklöster Eldena, Neuenkamp und Hiddensee in Stralsund, Greifswald, Goldberg und Plau: ihre Fundktionen und Bedeutung, in: Klöster und monastische Kultur in Hansestädten (Stralsunder Beiträge zur Archäologie, Geschichte, Kunst und Volkskunde in Vorpommern, 4), Rahden 2003, 121–138.

BÜNGER, Fritz: Studienordnungen der Dominikanerprovinz Saxonia (ca. 1363–1376), in: Zeitschrift für Kirchengeschichte, 35 (1914), 40–63.

Ders.: Beiträge zur Geschichte der Provinzialkapitel und Provinziale des Dominikanerordens (Quellen und Forschungen zur Geschichte des Dominikanerordens in Deutschland, 14) Leipzig 1919.

Ders.: Zur Mystik und Geschichte der märkischen Dominikaner (Veröffentlichungen des Vereins für Geschichte der Mark Brandenburg) Berlin 1926.

Ders.; WENTZ, Gottfried: Das Bistum Brandenburg (Germania sacra, Abt. 1: Die Bistümer der Kirchenprovinz Magdeburg, Bd. 1, Teil 2), Berlin 1941.

BUNJES, Hermann et al.: Die kirchlichen Denkmäler der Stadt Trier, mit Ausnahme des Domes (Die Kunstdenkmäler der Rheinprovinz, Bd. 13: Die Kunstdenkmäler der Stadt Trier, Abt. 3, Bd. 3), Düsseldorf 1938.

BURCKHARDT, Jacob: Cicerone. Eine Anleitung zum Genuß der Kunstwerke Italiens, 2. Teil, (10. Aufl.) Leipzig 1910.

BURGEMEISTER, Ludwig; GRUNDMANN, Günther (Hg.): Die Kunstdenkmäler der Stadt Breslau (Die Kunstdenkmäler der Provinz Niederschlesien, Bd. 1: Die Stadt Breslau, 2. Teil), Breslau 1933.

CADEI, Antonio: La chiesa di S. Francesco a Cortona, in: Storia della città. Rivista Internationale di storia urbana e territoriale, 3, Milano 1978, 16–23.

Ders.: Si puo' scrivere una storia dell'architettura mendicante? Appunti per l'area Padano-Veneta, in: Tomaso da Modena e il suo tempo, Treviso 1980, 337–362.

Ders.: Cori Francescari e capelle radiale, in: Storia e cultura a padua nell'età di San Antonio, Padua 1985, 467–500.

CANTE, Marcus: Bettelordensklöster in der Mark Brandenburg, in: Brandenburgische Denkmalpflege, 14/2 (2005), 4–60.

CARLEN, Louis: Die Stadtmauer im Recht, in: Stadt- und Landmauern, Bd. 1: Beiträge zum Stand der Forschung (Veröffentlichungen des Institutes für Denkmalpflege an der ETH Zürich, 15, 1), Zürich 1995, 15–22.

COENEN, Ulrich: Die spätgotischen Werkmeisterbücher in Deutschland (Beiträge zur Kunstwissenschaft, 35), München 1990.

COESTER, Ernst: Die Franziskanerkirchen in Oberwesel und Münster/Westf. Und ihre stilistische Verwandtschaft mit Kirchen des Lahngebietes. Ein Beitrag zur Bettelordensbaukunst im Rheinland, in: Kunst und Kultur am Mittelrhein (Festschrift Fritz Arens), Worms 1982, 33–39.

CONRAD, Dietrich: Kirchenbau im Mittelalter. Bauplanung und Ausführung, Leipzig 1990.

COOMANS, Thomas: Assisi and Cologne on the Banks of the Meuse. The Two Medieval Franciscan Churches at Maastricht, in: Kunst & Region. Architektur und Kunst im Mittelalter, hg. v. Uta Maria Bräuer; Emanuel S. Klinkenberg; Jeroen Westerman (Clavis Kunsthistorische Monografieen, 20), Utrecht 2005, 96–116.

CRAMER, Johannes: siehe HAAS, Walter.

CREMER, Folkhard: Die St. Nikolaus- und Heiligblut-Kirche zu Wilsnack (1383–1552). Eine Einordnung ihrer Bauformen in die Kirchenarchitektur zwischen Verden und Chorin, Doberan und Meißen im Spiegel bischöflicher und landesherrlicher Auseinandersetzungen, München 1996.

CUADRADO SANCHEZ, Marta: Arquitectura franciscana en Espana (siglos XIII y XIV), in: Archivo Iberico-Americano Segunda Epoca, 60 (1991), 15–70.

CYGLER, Florent: Zur Funktionalität der dominikanischen Verfassung im Mittelalter, in: Gert Melville; Jörg Oberste (Hg.): Die Bettelorden im Aufbau. Beiträge zu Institutionalisierungsprozessen im mittelalterlichen Religiosentum (Vita Regularis, 11), Münster 1999, 385–428.

DANNEIL, Johann Friedrich: Kirchengeschichte der Stadt Salzwedel. Mit einem Urkundenbuch, Halle 1842.

DAUME, Gottfried: Das Weichbild der Stadt Seehausen i. A. Ein Beitrag zur Geschichte der Altmark, Seehausen 1925.

DEHIO, Georg; BETZOLD, Gustav von: Kirchliche Baukunst des Abendlandes, 4 Bde., Stuttgart 1887ff.

DEHIO, Georg: Geschichte der deutschen Kunst (5 Bde.), Berlin/Leipzig 1919ff.

Ders. (Hg.): Handbuch der Deutschen Kunstdenkmäler, 1901ff.

DELIUS, Walter: Die Reformationsgeschichte der Stadt Halle/Saale, Berlin 1953.

Ders.: Das hallesche Schulwesen im Mittelalter, in: Thüringisch-sächsische Zeitschrift für Geschichte und Kunst, 24, Halle 1936, 108–136.

DELLWING, Herbert: Studien zur Baukunst der Bettelorden im Veneto. Die Gotik der monumentalen Gewölbebasiliken (Kunstwissenschaftliche Studien, 43), München 1970.

DENKSTEIN, Vladimir: Die frühgotische Baukunst der Bettelorden in Böhmen und Mähren, Akord 1938.

DESCOEUDRES, Georges: Choranlagen von Bettelordenskirchen. Tradition und Innovation, in: Kunst und Liturgie. Choranlagen des Spätmittelalters. Ihre Architektur, Ausstattung und Nutzung, hg. v. Anna Moraht-Fromm, Ostfildern 2003, 11–30.

DIEDRICHS, Christof: Kunst versus Kirche. Zum Wandel des Reliquienkults im 12. Jahrhundert, in: Kunst und Kirche, hg. v. Uta Schedler (Kulturregion Osnabrück, 19), Osnabrück 2001, 41–52.

DONIN, Kurt Richard: Die Bettelordenskirchen in Österreich, Baden bei Wien 1935.

DÖRING, Oskar: Beschreibende Darstellung der älteren Bau- und Kunstdenkmäler der Kreise Halberstadt Land und Stadt, Halle 1902.

DRACHENBERG, Erhard; MAERCKER, Karl-Joachim;

SCHMIDT, Christa: Die mittelalterliche Glasmalerei in den Ordenskirchen und im Angermuseum zu Erfurt (Corpus Vitrearum Medii Aevi, Bd. 1, 1), Berlin 1976.

DÜNING, Adalbert: Geschichte des Gymnasiums zu Quedlinburg (Festschrift zur Feier des 350jährigen Bestehens des Königlichen Gymnasium zu Quedlinburg), Quedlinburg 1890.

EDELMANN, Gottfried: Zur Baugeschichte der Dominikanerkirche in Frankfurt am Main, in: Schriften des Historischen Museums Frankfurt am Main, 9 (1958), 37–48.

EHLING, Angela (Hg.): Bausandsteine in Deutschland. Band 2: Sachsen-Anhalt, Sachsen, Schlesien (Sonderband des Geologischen Jahrbuchs), Hannover (in Druck).

EICHOLZ, Paul; SOLGER, Friedrich; SPATZ, Willy: Ostpriegnitz (Die Kunstdenkmäler der Provinz Brandenburg, Bd. 1, Heft 2), Berlin 1907.

Dies.: Westpriegnitz (Die Kunstdenkmäler der Provinz Brandenburg, Bd. 1, Teil 1), Berlin 1909.

EINHORN, Werinhard: Zur Architektur von Franziskanerklöstern in Brandenburg und Mecklenburg-Vorpommern: Prenzlau, Angermünde, Greifswald, Stralsund, in: Bettelorden und Stadt, Bettelorden und städtisches Leben im Mittelalter und in der Neuzeit, hg. v. Dieter Berg (Saxionia Franciscana, 1), Werl 1992, 35–45.

EISSING, Thomas: Kirchendachwerke in Thüringen, in: Dächer in Thüringen, hg. v. Johannes Cramer und Thomas Eißing (Arbeitshefte des Thüringischen Landesamtes für Denkmalpflege, 2, 1996), 21–60.

Ders.: Kirchendächer in Thüringen und dem südlichen Sachsen-Anhalt. Dendrochronologie – Flößerei – Konstruktion (Arbeitshefte des Thüringischen Landesamtes für Denkmalpflege und Archäologie, NF 32), (Diss. Univ. Bamberg 2004) Altenburg 2009.

ELM, Kaspar: Stellung und Wirksamkeit der Bettelorden in der städtischen Gesellschaft (Berliner Historische Studien, 3; Ordensstudien, 2), Berlin 1981.

Ders.: Erwerbspolitik und Wirtschaftsweise mittelalterlicher Orden und Klöster (Berliner Historische Studien, 17; Ordensstudien, 7), Berlin 1992.

Ders.: Sacrum Commercium. Über Ankunft und Wirken der ersten Franziskaner in Deutschland, in: Reich, Regionen und Europa im Mittelalter und Neuzeit, Festschrift Peter Moraw, hg. v. Paul-Joachim Heinig (Historische Forschungen, 67), Berlin 2000, 389–412.

Ders.: Verfall und Erneuerung des Ordenswesens im Spätmittelalter. Forschung und Forschungsaufgaben, in: Untersuchungen zu Kloster und Stift (Veröffentlichungen des Max-Plack-Instituts für Geschichte, 68; Studien zur Germania sacra, 14), Göttingen 1980, 188–238.

Ders.: Vitafratrum. Beiträge zur Geschichte der Eremiten- und Mendikantenorden des 12. und 13. Jahrhunderts, Festgabe zum 65. Geburtstag, hg. v. Dieter Berg u.a. (Saxonia Franciscana, 5), Werl 1995.

ENGELMANN, Johannes: Untersuchungen zur klösterlichen Verfassungsgeschichte in den Diözesen Magdeburg, Meißen, Merseburg und Zeitz-Naumburg, etwa 950 bis etwa 1350, Jena 1933.

ENNEN, Edith: Die europäische Stadt des Mittelalters, Göttingen (4. Aufl.) 1987.

ERNST-JUST, Elisabeth: Das Franziskaner-Mönchskloster in Aschersleben, in: Häusergeschichten aus Alt-Aschersleben (1974), 22–31.

EUBEL, Conrad: Die Bischöfe, Cardinäle und Päpste aus dem Minoritenorden von 1305 bis 1335, in: Römische Quartalsschrift für christliche Alterthumskunde und für Kirchengeschichte, 5. Jg. 3./4. Heft, Rom 1891, 308–351.

FAIT, Joachim: Die norddeutsche Bettelordensbaukunt zwischen Elbe und Oder, Phil. Diss. Univ. Greifswald 1954 (masch.).

FARINA, Sandra: I conventi mendicanti nel tessuto urbanistico di bologna, in: Storia della città. Rivista Internationale di storia urbana e territoriale, 3, Milano 1978, 56–61.

FELDER, Hilarin: Geschichte der wissenschaftlichen Studien im Franziskanerorden bis zur Mitte des 13. Jahrhunderts, Freiburg 1904.

FICK, Astrid: Das Weißenfelser Klarenkloster. Zum 700-jährigen Bestehen, Weißenfels 2001.

FICKER, Julius; PUNSCHART, Paul: Vom Reichsfürstenstande. Forschungen zur Geschichte der Reichsverfassung zunächst im XII. und XIII. Jahrhunderte, 2 Bde., Innsbruck 1861–1923.

FIEBIG, Annette: Das Hallenlanghaus des Mindener Doms. Neue Beobachtungen zu Datierung und architekturgeschichtlicher Stellung, in: Niederdeutsche Beiträge zur Kunstgeschichte, 30 (1991), 9–28.

FINDEISEN, Peter: Die Burchardikirche in Halberstadt als Memorialgebäude für Bischof Burchard I., in: Geschichte und Kultur des Bistums Halberstadt 804–1648 (Protokollband, Halberstadt 24. bis 28. März 2004), hg. v. Adolf Siebrecht, Halberstadt 2006, 431–446.

FINK, Karl August: siehe BECK, Hans-Georg.

FINKE, Heinrich: Zur Geschichte der deutschen Dominkaner im XIII. und XIV. Jahrhundert., in: Römische Quartalsschrift für christliche Alterthumskunde und für Kirchengeschichte, 8 (1894), 367–392.

FISCHER-KOHNERT, Barbara: Das mittelalterliche Dach als Quelle zur Bau- und Kunstgeschichte. Dominikanerkirche, Minoritenkirche, Dom, Rathaus und Alte Kapelle in Regensburg, Petersberg 1999.

FOWLER, Angus; KLEIN, Ulrich: Der Dachstuhl der Elisabethkirche. Ergebnisse der dendrochronologischen Datierung, in: 700 Jahre Elisabethkirche in Marburg, Bd. 1 (Katalog), hg. v. Hans-Joachim Kunst, Marburg 1983, 163–176.

FRANK, Isnard Wilhelm: Die Spannungen zwischen Ordensleben und wissenschaftlicher Arbeit im frühen Dominikanerorden, in: Archiv für Kulturgeschichte, 49, Köln/Graz 1967, 164–207.

Ders.: Franziskaner und Dominikaner im vorreformatorischen Ulm, in: Kirchen und Klöster in Ulm, hg. v. Hans Eugen Speckler und Hermann Tüchle, Ulm 1979, 103–147.

Ders.: Die Bettelorden im mittelalterlichen Mainz, in: Mainzer Zeitschrift. Mittelrheinisches Jahrbuch für Archäologie, Kunst und Geschichte 84/85, Mainz 1989/90, 129–142.

Ders.: Bettelordenskirchen als multifunktionale Kulträume. Ein Beitrag zur Bettelordenskirchenforschung, in: Wissenschaft und Weisheit. Franziskanische Studien zu Theologie, Philosophie und Geschichte, 59/1, Werl 1996, 93–112.

Ders.: Die architektonischen Konsequenzen der Häufung der missae pro defunctis im Mittelalter, in: Die sakrale Backsteinarchitektur des südlichen Ostseeraums. Der theologische Aspekt (Kunsthistorische Arbeiten der Kulturstiftung der deutschen Vertriebenen, 2), hg. v. Gerhard Eimer und Ernst Gierlich, Berlin 2000, 15–32.

FRANKE, Otto: St. Nikolai zu Rostock. Die erste chorlose Hallenkirche in Mecklenburg, in: Marburger Jahrbuch für Kunstwissenschaft, 14 (1949), 93–156.

FREED, John Beckmann: The Friars and German Society in the Thirteenth Century (The medieval Academy of America, 86), Cambridge/Massachusetts 1977.

FREIGANG, Christian: Kathedralen als Mendikantenkirchen. Zur politischen Ikonographie der Sakralarchitektur unter Karl I., Karl. II. und Robert dem Weisen, in: Medien der Macht. Kunst zur Zeit der Anjous in Italien (Akten der Tagung im Liebighaus, Frankfurt a.M., 21.–23. November 1997), hg. v. Tanja Michalsky, Berlin 2001, 33–60.

FRIEDRICH, Karl: Die Steinbearbeitung. In ihrer Entwicklung vom 11. bis zum 18. Jahrhundert, Augsburg 1932.

FRISKE, Matthias: Die mittelalterlichen Kirchen auf dem Barnim. Geschichte – Architektur – Ausstattung (Kirchen im ländlichen Raum, 1), Berlin 2001.

FRITSCH, Johann Heinrich: Geschichte des vormaligen Reichsstifts und der Stadt Quedlinburg, Quedlinburg 1828.

FÜGEDI, Eric: La formation des villes et les ordres mendiants en Hongrie, in: Histoire et Urbanisation (Annales, économies, sociétés, civilisation), 25. Jg., Nr. 49), 1970, 966–987.

GAGLIARDI, Ernst: Geschichte der Schweiz. Von den Anfängen bis zur Gegenwart, 1. Bd: Bis zur Ablösung von Deutschen Reich 1648, Zürich 1934.

GASPAROTTO, Cesira: Guide e illustrazioni della basilica di Sant'Antonio in Padova, in: Il Santo, 2 (1962), 229–255.

GATZ Erwin (Hg.): Die Bischöfe des Heiligen Römischen Reiches. Ein biographisches Lexikon : 1198 bis 1448, Berlin 2001.

GIBERT, Philippe: Recherches sur l'architecture des Ordres Mendiants dans le Diocèses de Bayonne, de Dax et d'aire (XIIIe–XIVe siècle), Bordeaux 1978.

GIGGEL, R.: siehe KOPFFLEISCH, M.

GIESAU, Hermann: Der Dom zu Halle, in: 250 Jahre Universität Halle, Halle 1944, 299–303.

GIESE, Leopold: Art. Bettelordenskirchen, in: Reallexikon zur deutschen Kunstgeschichte, Bd. 2, Stuttgart-Waldsee 1948, 394–444.

GILLET, L.: Histoire artistique des ordres mendicants, Paris 1939.

GILOMEN, Hans-Jörg: Stadtmauern und Bettelorden, in: Stadt- und Landmauern, Bd. 1: Beiträge zum Stand der Forschung (Veröffentlichungen des Institutes für Denkmalpflege an der ETH Zürich, 15, 1), Zürich 1995, 45–62.

GLAZIK, Josef: siehe BECK, Hans-Georg.

GLIMME, Hans-Peter: Die Krypten in England. Eine Architekturform und ihre kirchengeschichtlichen Bezüge, Weimar 1995.

GÖTZE, Ludwig: Urkundliche Geschichte der Stadt Stendal, Stendal (2. Aufl.) 1929.

Ders.: Geschichte des Gymnasium zu Stendal von den ältesten Zeiten bis zur Gegenwart, Stendal 1865.

GRAF, Otto: Klassifizierungsprobleme der Bettelordensarchitektur. Computergestützte Analysen zur Architektur der Dominikaner und Franziskaner, Phil. Diss. Univ. Stuttgart 1994, Microfiche-Ausg. 1995.

GREWOLLS, Antje: Die Kapellen der norddeutschen Kirchen im Mittelalter, Kiel 1999.

GRINGMUTH-DALLMER, Hanns: siehe NEUBAUER, Ernst.

GROETEKEN, Friedrich Albert: Die Franziskaner an Fürstenhöfen bis zur Mitte des 14. Jahrhunderts, Münster 1915.

GROSS, Werner: Die Hochgotik im deutschen Kirchenbau, in: Marburger Jahrbuch für Kunstwissenschaft, 7 (1933), 290–346.

Ders.: Die abendländische Architektur um 1300, Stuttgart 1947.

GRUBITZSCH, Falko: Landkreis Quedlinburg, Stadt Quedlinburg (Denkmalverzeichnis Sachsen-Anhalt, Bd. 7, 1), Halle 1998.

GRUNDMANN, Günther: siehe BURGEMEISTER, Ludwig.

GRUNDMANN, Herbert: Religiöse Bewegungen im Mittelalter, (Berlin 1935) Darmstadt (2. Aufl.) 1961.

GRZYBKOWSKI, Andrej: Early Mendicant Architecture in Central-Eastern Europe. The present state of research., in: Arte medievale – Periodico internationale di critica dell'arte medievale, 1, Roma 1983, 135–153.

Ders.: Das Problem der Langchöre in Bettelordenskirchen im östlichen Mitteleuropa des 13. Jahrhunderts, in: Architectura, 13.2, hg. v. Wulf Schirmer; George Hersey, München 1983, 152–168.

GUIDONI, Enrico: Città e ordini mendicanti. Il ruolo die conventi nella crescita e nella progettazione urbana del XIII e XIV secolo, in: Quaderni medievale, 4, Bari 1977, 69–106.

GÜNTHER, Hans: Die Entwicklung des Zeitzer Stadtbildes im Mittelalter (Schriften des Städtischen Museums Zeitz, Heft 1), Zeitz 1957.

GURLITT, Cornelius: Stadt Leipzig (Beschreibende Darstellung der älteren Bau- und Kunstdenkmäler des Königreichs Sachsen, Heft 17), Dresden 1895.

Ders.: Stadt Dresden (Beschreibende Darstellung der älteren Bau- und Kunstdenkmäler des Königreichs Sachsen, Heft 21–23), Dresden 1903.

HAAS, Walter; CRAMER, Johannes: Klosterhöfe in norddeutschen Städten, in: Stadt im Wandel. Kunst und Kultur des Bürgertums in Norddeutschland 1150–1650, Bd. 3, hg. v. Cord Meckseper, Braunschweig-Cannstadt 1985, 399–440.

HADCOCK, R. Neville: siehe KNOWLS, David.

HAETGE, Ernst; et al.: Die Stadt Erfurt. Allerheiligenkirche, Andreaskirche, Augustinerkirche, Barfüsserkirche (Die Kunstdenkmäler der Provinz Sachsen, 2. Bd., 1. Teil), Burg 1931.

Ders.; et al.: Der Kreis Osterburg (Die Kunstdenkmale der Provinz Sachsen, Bd. 4), Burg 1938, 289–314.

Ders.: siehe HOSSFELD, Friedrich.

HAHN, Peter-Michael: Landesherrliche Ordnung und dynastisches Machtstreben. Wettiner und Hohenzollern im 15. Jahrhundert, in: Brandenburgische Landesgeschichte und Archivwissenschaft. Festschrift für Lieselott Enders zum 70. Geburtstag, hg. v. Friedrich Beck und Klaus Neitmann, Weimar 1997, 89–108.

HALM, Philipp Maria; BERLINER, Rudolf (Hg.): Das Hallesche Heiltum. Man. Aschaffenb. 14 (Jahresgabe des Deutschen Vereins für Kunstwissenschaft, 1931), Berlin 1931.

HAMBURGER, Jeffrey: Les Dominicaines d'Unterlinden (Catalogue), Colmar 2000/01.

HARTLEB, Franz: Die Mönchskirche und das ehemalige Franziskanerkloster in Salzwedel, in: Jahresbericht des Altmärkischen Vereins für vaterländische Geschichte, 46/47 (1930), 5–28.

HASAK, Maximilian: Die Predigtkirche im Mittelalter, in: Zeitschrift für Bauwesen, 43 (1893), 399–422.

HAUCK, Albert: Kirchengeschichte Deutschlands, Bd. 5, 1: 1250–1374, Berlin (8. Aufl.) 1954.

HAUPT, Richard: Bau- und Kunstdenkmäler der Provinz Schleswig-Holstein, mit Ausnahme des Kreises Herzogtum Lauenburg, Bd. 1, Kiel 1887.

HECKER, Norbert: Bettelorden und Bürgertum. Konflikt und Kooperation in deutschen Städten des Spätmittelalters, Frankfurt a.M. 1981.

HEINRICH, Gerd: Die Grafen von Arnstein (Mitteldeutsche Forschungen, 21), Köln/Graz 1961.

HELIOT, Pierre: Sur les Eglises gothiques des odres mendiant en Italie Central, in: Bulletin Monumental, 130 (1972), 231–235.

HELTEN, Leonard (Hg.): Streit um Liebfrauen, Trier 1992.

Ders.: Kathedralen für Bürger. Die St. Nikolauskirche in Kampen und der Wandel architektonischer Leitbilder städtischer Repräsentation im 14. Jahrhundert (Clavis Kunsthistorische Monografieën, 13), Utrecht/Amsterdam 1994.

Ders.: Die frühen Maßwerkfenster des Halberstädter Domes, in: Halberstadt. Dom und Domschatz (Hallesche Beiträge zur Kunstgeschichte, 4), hg. v. Wolfgang Schehnkluhn, Halle 2002, 125–132.

Ders.: Mittelalterliches Maßwerk. Entstehung – Syntax – Topologie, Berlin 2006.

HERRMANN, Christofer: Die mittelalterliche Architektur im Gebiet der ehemaligen preussischen Bistümer (Kulm, Pomesanien, Ermland und Samland). Untersuchungen zur Frage der Kunstlandschaft und -Geographie, Allenstein/Olsztyn 2003.

HERRMANN, Volker: Die Entwicklung von Halle (Saale) im frühen und hohen Mittelalter, Topographie und Siedlungsentwicklung im heutigen Stadtgebiet von Halle (Saale) vom 7. bis zur Mitte des 12. Jahrhunderts aus archäologischer Sicht (Veröffentlichungen des Landesamtes für Archäologie Sachsen-Anhalt, 56), Halle 2001.

Ders.: Die Topographie von Halle (Saale) im Mittelalter, in: Die vermessene Stadt. Mittelalterliche Stadtplanung zwischen Mythos und Befund (Mitteilungsblätter der Deutschen Gesellschaft für Archäologie des Mittelalters und der Neuzeit, 15, 2004), 47–54.

HERTEL, Gustav: Einige Nachrichten über die St. Johanniskirche in Barby, in: Geschichtsblätter für Stadt und Land Magdeburg, 22. Jg. (1887), 310–329.

Ders.; HÜLSSE, Friedrich (Hg.): Friedrich Wilhelm Hoffmann's Geschichte der Stadt Magdeburg, neu bearbeitet v. Dr. G. Hertel und Fr. Hülße (2 Bde.), Magdeburg 1885.

Ders.: siehe SOMMER, Gustav.

HERTZBERG, Gustav Friedrich: Geschichte der Stadt Halle an der Saale von den Anfängen bis zur Neuzeit, Bd. 1: Halle im Mittelalter, Halle 1889.

HERZIG, Arno: Die Beziehungen der Minoriten zum Bürgertum im Mittelalter. Zur Kirchenpolitik der Städte im Zeitalter des Feudalismus, in: Die alte Stadt, 6/1, Wiesbaden/Stuttgart 1979, 21–53.

HILDEBRAND, Arnold: Sächsische Renaissanceportale und die Bedeutung der halleschen Renaissance für Sachsen (Studien zur thüringisch-sächsischen Kunstgeschichte, 2), Halle 1914.

HILLEBRAND, Katja: Das Dominkanerkloster zu Prenzlau. Untersuchungen zur mittelalterlichen Baugeschichte (Kunstwissenschaftliche Studien, 109) München/Berlin 2003.

HINDIN, S. Adam: Gothic Goes East. Mendicant Architecture in Bohemia and Moravia, 1226–1278, in: Bettelorden in Mitteleuropa. Geschichte, Kunst, Spiritualität (Tagungsband St. Pölten 2007; =Beiträge zur Kirchengeschiche Niederösterreichs, 15; Geschichtliche Beilage zum St. Pöltner Diözesanblatt, 32), hg. v. Heidemarie Specht und Ralph Andraschek-Holzer, St. Pölten 2008, 370–405.

HINNEBUSCH, William A.: The history of the Dominican Order, 2 Bde., New York 1965–1973.

HINZ, Sigrid: Das Magdeburger Stadtbild in sechs Jahrhunderten. Zum 100jährigen Bestehen der kulturhistorischen Sammlungen Magdeburgs, Magdeburg 1960.

HIRSCHFELD, Georg von: Geschichte der Sächsisch-Ascanischen Kurfürsten (1180–1422), ihre Grabstätten in der ehemaligen Franciscaner-Kirche zu Wittenberg, die Überführung ihrer Gebeine in die dortige Schlosskirche und die Stammtafeln ihres Geschlechts (Vierteljahresschrift für Heraldik, Sphragistik und Genealogie, Sonderdruck), Berlin 1884.

HOFFMANN, Friedrich Wilhelm: siehe HERTEL, Gustav, HÜLSSE, Friedrich (Hg.).

HOLSTEIN, Hugo: Das altstädtische Gymnasium zu Magdeburg von 1524–1631, in: Neue Jahrbücher für Philologie und Paedagogik, 54. Jg., Bd. 130, Leipzig 1884, 16–25; 65–74; 129–140.

HOLZAPFEL, Heribert: Handbuch der Geschichte des Franziskanerordens, Freiburg i.Br. 1909.

HOLZWART-SCHÄFER, Iris: Stadtwerdung und topografische Entwicklung Esslingens im Mittelalter. Möglichkeiten und Grenzen historischer Erkenntnis, in: Stadt-Findung. Geschichte, Archäologie und Bauforschung in Esslingen, Bamberg 2001, 21–48.

HÖROLDT, Ulrike: Die Entwicklung der anhaltischen Stifts- und Klosterlandschaft bis 1400. Ein Überblick, in: Die Fürsten von Anhalt (Studien zur Landesgeschichte, 9), hg. v. Werner Freitag, Klaus Erich Pollmann und Matthias Puhle, Halle 2003, 35–55.

HÖRSCH, Markus: Die Esslinger Sakralbauten. Zum Stand ihrer bau- und architekturgeschichtlichen Erforschung, in: Stadt-Findung.Geschichte, Archäologie und Bauforschung in Esslingen, Bamberg 2001, 159–206.

HÖSE, K.: Chronik der Stadt und Grafschaft Barby, Barby (2. Aufl.) 1913.

HOSSFELD, Friedrich; HAETGE, Ernst: Kreis Stendal Land (Die Kunstdenkmale der Provinz Sachsen, 3), Burg 1933.

HUECK, Irene: Irene Heck: Der Lettner der Unterkirche von S. Francesco in Assisi, in: Mitteilungen des kunsthistorischen Instituts in Florenz, 28 (1984), 173–202.

Dies.: Rezension von Wolfgang Schenkluhn: San Francesco in Assisi: Ecclesia specialis. Die Vision Papst Gegors IX. von einer Erneuerung der Kirche, Darmstadt 1991, in: Kunstchronik, 45 (1992), 296–306.

HÜLSSE, Friedrich: siehe HERTEL, Gustav.

HÜMMERICH, Walther: Die Kapuziner im rheinischen Raum. Ansiedlung und Ordensbau (Fortsetzung), in: Franziskanische Studien, 75, Werl 1993, 1–92.

HÜNICKEN, Rolf: Geschichte der Stadt Halle, Erster Teil: Halle in deutscher Kaiserzeit. Ursprung und Entfaltung einer mitteldeutschen Stadt (Die fünf Türme, Reihe A, Veröffentlichungen zur Geschichte, Kultur und Wirtschaft der Stadt Halle und ihrer mitteldeutschen Landschaft, 1), Halle 1941.

HUNOLD, Werner: Die mittelalterlichen Kirchen und Klöster der Franziskaner und Dominikaner in Westfalen, Phil. Diss. TU Dresden 1918 (masch.).

HÜTTER, Elisabeth: Die Pauliner-Universitätskirche zu Leipzig. Geschichte und Bedeutung, hg. v. Landesamt für Denkmalpflege Sachsen und der Universität Leipzig (Forschungen und Schriften zur Denkmalpflege, 1), (Phil. Diss. Univ. Leipzig 1961) Leipzig 1993.

ILLNER, Hans Peter: Der Landbesitz der Bischöfe von Merseburg im Mittelalter, Phil. Diss. Univ. Halle, Halle 1925.

INGA, Giuseppina: Gli insediamenti mendicanti a Cortona, in: Storia della città. Rivista Internationale di storia urbana e territoriale, 3, Milano 1978, 44–55.

ISEMANN, Eberhard: Die deutsche Stadt im Spätmittelalter, Stuttgart 1988.

ISERLOH, Erwin: siehe BECK, Hans-Georg.

JAACKS, Günther H.: St. Katharinen zu Lübeck. Baugeschichte einer Franziskanerkirche (Veröffentlichungen zur Geschichte der Hansestadt Lübeck, 21), Lübeck 1968.

JAEGER, Falk: Das Dominikanerkloster in Esslingen. Baumonographie von Kirche und Kloster (Esslinger Studien, 13), Sigmaringen 1994.

JANICKE, Karl: Mittheilungen aus der Magdeburger Schöppen-Chronik. Ein Beitrag zur Kenntnis des städtischen Lebens im deutschen Mittelalter und zugleich Ankündigung einer Ausgabe der Schöppen-Chronik, Magdeburg 1865.

Ders.: Erläuterungen zum Grundriß der Pauliner- (jetzigen deutsch-reformirten) Kirche im Jahre 1698, in: Geschichtsblätter für Stadt und Land Magdeburg, 4. Jg. (1869), 258ff.

JANOWSKI, Bernd; SCHUMANN, Dirk (Hg.): Dorfkirchen. Beiträge zu Architektur, Ausstattung und Denkmalpflege (Kirchen im ländlichen Raum, 3), Berlin 2004.

JANTZEN, Hans: Die Gotik des Abendlandes. Idee und Wandel, Köln (2. Aufl.) 1963.

JOBST SIEDLER, Ed.: Märkischer Städtebau im Mittelalter. Beiträge zur Geschichte der Entstehung, Planung und baulichen Entwicklung der märkischen Städte, Berlin 1914.

JOST, Bettina siehe BINDING, Günther.

JUBELT, Arthur: Das Heim des Zeitzer Stiftsgymnasiums und seine Vergangenheit. Zum 390 jährigen Bestehen der Schule. Das alte Zeitzer Franziskanerkloster, in: Unsere Heimat im Bild. Beilage zu den Zeitzer Neuesten Nachrichten, 9/10, Zeitz 1930, 33–40.

KAUFMANN, Damian: Romanische Backsteindorfkirchen an der mittleren Elbe und ihre Beziehungen zur Prämonstratenserstiftskirche Jerichow, in: Die Mittelalterliche Dorfkirche in den Neuen Bundesländern. Forschungsstand – Forschungsperspektiven – Nutzungsproblematik (Hallesche Beiträge zur Kunstgeschichte, 3), hg. v. Wolfgang Schenkluhn, Halle 2001, 89–116.

KEGEL, Gerhard: Wann kamen die Franziskaner nach Prenzlau. Überlegungen zur Frühgeschichte der Uckermark, in: Arbeiten des Uckermärkischen Geschichtsvereins zu Prenzlau, 3 (2000), 3–64.

KEMP, Wolfgang: Sermo corporeus. Die Erzählung mittelalterlicher Glasfenster, München 1987.

KETTNER, Friedrich Ernst: Kirchen- und Reformations-Historie des Kayserlichen Freyen Weltlichen Stiffts Quedlinburg, Quedlinburg 1710.

KEYSER, Erich: Mitteldeutschland (Deutsches Städtebuch, Bd. 2), Stuttgart 1941.

KIESOW, Gottfried: Das Masswerk in der deutschen Baukunst bis 1350 mit Ausnahme des Backsteingebietes, Phil. Diss. Univ. Göttingen 1956 (masch.).

Ders.: Gesamtkunstwerk. Die Stadt. Zur Geschichte der Stadt von Mittelalter bis in die Gegenwart, Bonn 1999.

KIMPEL, Dieter; SUCKALE, Robert: Die gotische Architektur in Frankreich, 1130–1270, München (2. Aufl.) 1995.

KINDSCHER, Franz: Das Alter des Zerbster Barfüßer-Klosters, in: Mittheilungen des Vereins für Anhaltische Geschichte und Alterthumskunde, Bd. 1, hg. v. Wilhelm Hosäus, Dessau 1877, 25–28.

KITSIKI-PANAGOPOULOS, Beata: Cistercian and mendicant monasteries in medieval Greece, Chicago/London 1979.

KLEEFISCH-JOBST, Ursula: Die römische Dominikanerkirche Santa Maria sopra Minerva. Ein Beitrag zur Architektur der Bettelorden in Mittelitalien, Münster 1991.

KLEEMANN, Selmar: Kulturgeschichtliche Bilder aus Quedlinburgs Vergangenheit (Quedlinburgische Geschichte, 2), Quedlinburg 1922.

KLEINEN, Michael: Vom Grenzhandelsplatz zur Stadt. Magdeburg zwischen 805 und 1251, in: Magdeburg. Die Geschichte der Stadt 805–2005, hg. v. Matthias Puhle und Peter Petsch, Dössel 2005, 43–74.

KNAPP, Ulrich: Bettelorden im Spannungsfeld der Macht, in: Bettelorden in Mitteleuropa. Geschichte, Kunst, Spiritualität (Tagungsband St. Pölten 2007; Beiträge zur Kirchengeschichte Niederösterreichs, 15; =Geschichtliche Beilage zum St. Pöltner Diözesanblatt, 32), hg. v. Heidemarie Specht und Ralph Andraschek-Holzer, St. Pölten 2008, 50–65.

KNAUF, Tassilo: Die Architektur der Braunschweiger Stadtpfarrkirchen in der ersten Hälfte des 13. Jahrhunderts (Quellen und Forschungen zur braunschweigischen Geschichte, 12), Braunschweig 1974.

KNOWLS, David; HADCOCK, R. Neville: Mediaval Religious Houses. England and Wales, London 1971.

KOBER, Karl-Max: Die Wandmalereien des späten Mittelalters in Sachsen, Leipzig 1968.

KOBLER, Friedrich: Stadtkirchen der frühen Gotik, in: Wittelsbach und Bayern, hg. v. Hubert Glaser, Teil 1: Die Zeit der frühen Herzöge, von Otto I. zu Ludwig dem Bayern (Beiträge zur bayerischen Geschichte und Kunst, 1,1., 1180–1350), München/Zürich 1980, 426–436.

KOCH, Alfred: Der hallische Dom St. Pauli zum heiligen Kreuz. Rekonstruktion von Arch. Alfred Koch, in: Hallische Nachrichten v. 17.10.1930, Halle 1930, 13.

KOCH, Angela: Mendikanten in Halberstadt. Ein Beitrag zur Gründung, Etablierung und Auflösung von Bettelordenskonventen im mittelalterlichen und frühneuzeitlichen Halberstadt, in: Bürger, Bettelmönche und Bischöfe in Halberstadt. Studien zur Geschichte der Stadt, der Mendikanten und des Bistums vom Mittelalter bis zur Frühen Neuzeit (Saxonia Franciscana, 9), hg. v. Dieter Berg, Werl 1997, 139–212.

KÖSTLER, Andreas: Stilgeschichte rezeptionsästhetisch. Der kognitive Stil, in: Stilfragen zur Kunst des Mittelalters. Eine Einführung, hg. v. Bruno Klein und Bruno Boerner, Berlin 2006, 257–270.

KOHLSCHEIN, Franz: Der mittelalterliche Liber Ordinarius in seiner Bedeutung für Liturgie und Kirchenbau, in: Heiliger Raum. Architektur, Kunst und Liturgie in mittelalterlichen Kathedralen und Stiftskirchen (Liturgiewissenschaftliche Quellen und Forschungen, 82), Münster 1998, 1–24.

KONOW, Helma: Die Baukunst der Bettelorden am Oberrhein (Forschungen zur Geschichte der Kunst am Oberrhein, Bd. 6), hg. v. Kurt Bauch, Berlin 1954.

KOPFFLEISCH, M.; STOLLE, G.; GIGGEL, R.: Kurzchronik der Stadt Aschersleben, hg. v. Rat der Stadt Aschersleben, Aschersleben 1982.

KÖPPE, Manfred: Magdeburg. Porträt einer Stadt (Deutsche Städteporträts, Bd. 1), hg. v. Landeshauptstadt Magdeburg und Landesheimatbund Sachsen-Anhalt e.V., Halle 2000.

KORDWITTENBORG, Hans-Ulrich: Das seelsorgerische Wirken der halberstädtischen Franziskaner von der Gründung ihres Klosters bis zum 18. Jahrhundert, in: Bürger, Bettelmönche und Bischöfe in Halberstadt. Studien zur Geschichte der Stadt, der Mendikanten und des Bistums vom Mittelalter bis zur Frühen Neuzeit (Saxonia Franciscana, 9), hg. v. Dieter Berg, Werl 1997, 253–292.

KORF, Winfried: Kunstdenkmale der Stadt Stendal, LDASA 1968 (masch.).

KOSCH, Clemens: Kölns Romanische Kirchen. Architektur und Liturgie im Hochmittelalter, Regensburg (2. Aufl.) 2005.

KOTHE, Julius: Die ehemalige Dominikanerkirche in Berlin, in: Die Denkmalpflege, 24. Jg. Nr. 8, Berlin 1922, 59–61.

KOUDELKA, Vladimir J.: Zur Geschichte der der böhmischen Dominikanerprovinz im Mittelalter, in: Archivum Fratrum Praedicatorum, 26 (1956), 127–160.

KRAUSE, Hans-Joachim: Albrecht von Brandenburg und Halle, in: Erzbischof Albrecht von Brandenburg (1490–1545). Ein Kirchen- und ein Reichsfürst der Frühen Neuzeit (Beiträge zur Mainzer Kirchengeschichte, 3), hg. v. Friedhelm Jürgensmeier, Frankfurt a.M. 1991, 296–356.

Ders.: Die Kirche des „Neuen Stifts" in Halle und die Schloßkirche in Wittenberg, in: Cranach. Meisterwerke auf Vorrat, hg. v. Andreas Tacke, München 1994, 21–36.

KRAUSE-KLEINT, Wilhelmine; SCHMITT, Reinhard: Das Katharinenkloster in Stendal. Zur Geschichte und Baugeschichte von Kirche und Stift (Altmärkisches Museum Stendal. Projekte, Informationen), hg. v. Wilhelmine Krause-Kleint, Stendal 1990.

KRAUTHEIMER, Richard: Die Kirchen der Bettelorden in Deutschland (Deutsche Beiträge zur Kunstwissenschaft, 2, hg. v. Paul Frankl), Köln 1925.

Ders.: Einführung zu einer Ikonographie der mittelalterlichen Architektur, in: Ausgewählte Aufsätze zur europäischen Kunstgeschichte, Köln 1988, 142–197.

Ders.: Anstatt eines Vorwortes, in: ebd., 7–37.

KRENZKE, Hans-Joachim: Kirchen und Klöster zu Magdeburg (Landeshauptstadt Magdeburg. Stadtplanungsamt, 71), Magdeburg 2000.

KROENIG, Wolfgang: Caratteri dell'architettura degli ordini mendicanti in Umbria, in: Storia e Arte in umbria nell'età comunale (Atti del vi convegno di studi umbri, Gubbio 26.–30. maggio 1968), parte 1 (1971), 165–198.

KRÜGER, Jürgen: S. Lorenzo maggiore in Neapel. Eine Franziskanerkirche zwischen Ordensideal und Herrschaftsarchitektur. Studien und Materialien zur Baukunst der ersten Anjou-Zeit (Franziskanische Forschungen, 31), Werl 1986.

KRÜGER, Klaus: Der frühe Bildkult des Franziskus in Italien. Gestalt- und Funktionswandel des Tafelbildes im 13. und 14. Jahrhunderts, Berlin 1992.

KRUSE, Karl Bernhard: Zu Untersuchungs- und Datierungsmethoden mittelalterlicher Backsteinbauten in Ostseeraum, in: Archäologisches Korrespondenzblatt, Jg. 12, Mainz 1982, 555–562.

KUBACH, Hans Erich; VERBEEK, Albert: Romanische Baukunst an Rhein und Maas. Katalog der vorromanischen und romanischen Denkmäler, Bd. 1, Berlin 1976.

KUGLER, Franz: Geschichte der Baukunst, Bd. 3, Stuttgart 1859.

KÜHL, Beatrice: Die Dominikanerkirche in Regensburg. Studien zur deutschen Bettelordensarchitektur im 13. Jahrhundert (Beiträge zur Geschichte des Bistums Regensburg, 20, hg. v. Georg Schwaiger und Paul Mai), Regensburg 1986, 75–211.

KÜHNE, Heinrich: Der Wittenberger Arsenalplatz im Wandel der Jahrhunderte, Wittenberg 1992.

Ders.: Die Askanier. Aus der Geschichte der sächsisch-askanischen Herzöge und Kurfürsten von Sachsen-Wittenberg (1180–1422), Wittenberg 1999.

KULKE, Wolf-Heinrich: Zisterzienserinnenarchitektur des 13. Jahrhunderts in Südfrankreich. Die Frauenklöster Saint-Pons und Vignogoul zwischen Ordenstradition und Stifterrepräsentation (Kunstwissenschaftliche Studien, 122), München/Berlin 2006.

KUNST, Hans-Joachim: Die Entstehung des Hallenumgangschores. Der Dom zu Verden an der Aller und seine Stellung in der gotischen Architektur (Marburger Jahrbuch für Kunstwissenschaft, 18), Marburg 1969.

Ders.: Freiheit und Zitat in der Architektur des 13. Jahrhunderts. Die Kathedrale von Reims, in: Bauwerk und Bildwerk im Hochmittelalter. Anschauliche Beiträge zur Kultur- und Sozialgeschichte, hg. v. Karl Clausberg und Dieter Kimpel (Kunstwissenschaftliche Untersuchungen des Ulmer Vereins für Kunstwissenschaft, 11), Gießen 1981, 87–102.

Ders.: Die Marienkirche in Lübeck. Die Präsenz bischöflicher Architekturformen in der Bürgerkirche, Worms 1986.

Ders.: Der Chor der Marienkirche in Lübeck. Eine Neubestimmung der Herkunft seiner Formen, in: Mittelalterliche Backsteinarchitektur und bildende Kunst im Ostseeraum. Spezifik, Rezeption, Restaurierung (Wissenschaftliche Beiträge der Ernst-Moritz-Arndt-Universität Greifswald), Greifswald 1987, 23–30.

Ders.; SCHENKLUHN, Wolfgang: Die Kathedrale in Reims. Architektur als Schauplatz politischer Bedeutungen (Fischer-Taschenbücher, 3936), Frankfurt a.M. (1988) 1994.

KUTHAN, Jiří: Die mittelalterliche Baukunst der Zisterzienser in Böhmen und Mähren, Berlin 1982.

LAMBERT, Elie: L'église et le couvent des Jacobins de Toulouse et l'architecture dominicaine en France, in: Bulletin monumental, 104 (1946), 141–186.

LANG, August: Die Domkirche und die Domgemeinde zu Halle a.d.S. 1283 bis 1912, Halle 1912.

LANGAMMER, Liesedore: Die Ausgrabungen am Matthäikirchhof in Leipzig, in: Ausgrabungen und Funde, 1 (1956), 90–91.

LE GOFF, Jacques: Ordres mendiants et urbanisation dans France médiévale, in: Histoire et Urbanisation (Annales, économies, sociétés, civilisations), 25. Jg., Nr. 49 (1970), 924–946.

LEHMANN, Edgar: Die Bibliotheksräume der deutschen Klöster im Mittelalter (Schriften zur Kunstgeschichte, 2), Berlin 1957.

Ders.: Zum Problem der zweischiffigen Kirchen des 13./14. Jh. im Ostseegebiet, in: Wissenschaftliche Zeitschrift der Ernst-Moritz-Arndt-Universität Greifswald. Gesellschafts- und sprachwissenschaftliche Reihe, 29/2-3 (1980), 31–35.

LEINEWEBER, Rosemarie: Der frühgotische Vorgängerbau der Franziskanerklosterkirche in Salzwedel, in: Ausgrabungen und Funde, 31 (1986), 191–193.

Dies.: Die Mönchskirche in Salzwedel im Spiegel neuer archäologischer Forschungen und Erkenntnisse, in: Altmarkzeitung, Ausgabe Salzwedel/Osterburg, 2, 42 (1992), 12–13.

Dies.: Die «Mönchskirche» in Salzwedel. Erkenntnisse zur Baugeschichte vom 13.– 15. Jh., in: Archäologische Informationen aus der Altmark, 3 (1992), 68–75.

LEMMENS, Leonard: Niedersächsische Franziskanerklöster im Mittelalter. Beitrag zur Kirchen- und Kulturgeschichte, Hildesheim 1896.

LEOPOLD, Friedrich Heinrich Ludwig: Wittenberg und die umliegende Gegend. Ein historisch, topographisch statistischer Abriß zur dritten Secularfeyer der Universitäts-Stiftung, Meissen 1802.

LEOPOLD, Gerhard; ROLAND, Pia: Die Katharinenkirche in Salzwedel, in: Denkmalpflege in Sachsen-Anhalt, Weimar (2. Aufl.) 1986, 190–206.

LEPSIUS, Carl Peter: Geschichte der Bischöfe des Hochstifts Naumburg vor der Reformation. Ein Beitrag zur Geschichte des Osterlandes, 1. Teil, Naumburg 1846.

LEPSKY, Sabine: siehe NUSSBAUM, Norbert.

LINSCHEID-BURDICH, Susanne: siehe BINDING, Günther.

LITTLE, Lester K.: Religious poverty and the profit economy in medieval Europe, Ithaca/NY 1978.

LOBBEDEY, Uwe: Kapitelle des Mittelalters. Ein Leitfaden, hg. v. Uwe Lobbedey, Paderborn 2004.

LOË, Paulus von: Statistisches über die Ordensprovinz Teutonia (Quellen und Forschungen zur Geschichte des Dominikanerordens in Deutschland, 1), Leipzig 1907.

Ders.: Statistisches über die Ordensprovinz Saxonia (Quellen und Forschungen zur Geschichte des Dominikanerrordens in Deutschland, 4), Leipzig 1910.

LÖHR, Gabriel M.: Die Dominikaner an der Leipziger Universität (Quellen und Forschungen zur Geschichte des Dominikanerordens in Deutschland, 30), Leipzig 1934.

Ders.: Registrum litterarum pro provincia Saxoniae (Quellen und Forschungen zur Geschichte des Dominikanerordens in Deutschland, 37), Köln/Leipzig 1939.

Ders.: Die Kölner Dominikanerschule vom 14. bis zum 16. Jahrhundert. Mit einer Übersicht über die Gesamtentwicklung, Freiburg 1946.

LORENZ, Eberhard: Die Entwicklung der Stadt Burg im Mittelalter. Eine deutsche Stadt im Zeitalter des Feudalismus (Veröffentlichungen zur Burger Geschichte, 1), Burg 1953.

Ders.: Alt-Burger Straßennamen (Beiträge zur Burger Geschichte, 5), Burg 1957.

Ders.: Die Anfänge des Burger Tuchhandels und die wirtschaftliche Entwicklung der Stadt im hohen Mittelalter, in: Zur städtischen Entwicklung Burgs im Mittelalter (Veröffentlichungen zur Burger Geschichte, 8), Burg 1964, 1–14.

LORENZ, Hermann: Quedlinburgische Geschichte, Bd. 1: Werdegang von Stift und Stadt Quedlinburg, Quedlinburg 1922.

Ders.. Merkwürdige Nachrichten aus Quedlinburger Chroniken, in: Am Heimatborn. Beilage zum Quedlinburger Kreisblatt, Nr. 52 v. 25.01.1926, 226–228.

Ders.: Die beiden Bettelmönchs-Klöster in Quedlinburg, in: Am Heimatborn. Beilage zum Quedlinburger Kreisblatt, Nr. 197 v. 6.11.1928, 805f. u. 810f.

LÜBKE, Wilhelm: Die mittelalterliche Kunst in Westfalen, Leipzig 1853.

LUNGHI, Elvio: siehe BIGARONI, Marino.

LUTSCH, Hans: Bilderwerk Schlesischer Kunstdenkmäler, hg. v. Kuratorium des Schlesischen Museums der bildenden Künste, Breslau 1903.

MAERCKER, Karl-Joachim: siehe DRACHENBERG, Erhard.

MAGIRIUS, Heinrich: Kathedrale, Siftskirche, Klosterkirche, Burgkapelle, Stadtkirche und Dorfkirche. Zur Typologie und Stil der romanischen Steinkirchen in Obersachsen, in: Frühe Kirchen in Sachsen. Ergebnisse archäologischer und baugeschichtlicher Untersuchungen (Veröffentlichungen des Landesamtes für Archäologie mit Landesmuseum für Vorgeschichte, 23), Stuttgart 1994, 64–91.

Ders.; MAI, Hartmut; TRAJKOVITS, Thomas; WERNER, Winfried: Stadt Leipzig, Bd. 1–2: Die Sakralbauten : mit einem Überblick über die städtebauliche Entwicklung von den Anfängen bis 1989, hg. vom Landesamt für Denkmalpflege Sachsen (Die Bau- und Kunstdenkmäler von Sachsen), München/Berlin 1995.

MÄHL, Angelika: Kirche und Stadt in Halle a.S. im 14. Jahrhundert, Phil. Diss. FU Berlin 1974.

MAI, Hartmut: siehe MAGIRIUS, Heinrich.

MANNEWITZ, Paul: Das Wittenberger und Torgauer Bürgerhaus vor dem Dreissigjährigen Kriege, Borna-Leipzig 1914.

MANSO PORTO, Carmen: Arte Gótico en Galicia. Los Dominicos, 2. Bde. (Catalogación arqueológica y artística de Galicia del Museo de Pontevedra), La Coruna 1993.

Dies.: Santiago de Compostela y la arquitectura mendicante europea del siglo XIII, in: Gotische Architektur in Spanien, hg. v. Christian Freigang (Ars Iberica, 4), Frankfurt a.M. 1999, 59–82.

MARCUS, Paul: Herzog Bernhard von Anhalt (um 1140 bis 1212) und die frühen Askanier in Sachsen und im Reich (Europäische Hochschulschriften, 3: Geschichte und ihre Hilfswissenschaften, 562), Frankfurt a.M. 1993.

MÄRKSCH, Alfons: Mittelalterliche Backsteinkirchen in Schlesien. Versuch einer stilkritischen Gruppierung, Breslau 1936.

MARKSCHIES, Alexander: "Gebaute Armut". San Salvatore e San Francesco al Monte in Florenz (1418–1504) (Aachener Bibliothek, 2, hg. v. Andreas Beyer), München/Berlin 2001.

MARTIN, Alan R.: Franciscan Architecture in England (British Society of Franciscan Studies, 18), Manchester 1937.

MARTIN, Hervé: Les ordres mendiants en Bretagne (vers 1230–vers 1530). Pauvreté volontaire et prédication à la fin du Moyen-Age (Institut armoricain de recherches historiques de Rennes, 19), Paris 1975.

MATERNA, Ingo; RIBBE, Wolfgang (Hg.): Brandenburgische Geschichte, Berlin 1995.

MECKSEPER, Cord: Kleine Kunstgeschichte der deutschen Stadt im Mittelalter, Darmstadt 1982.

MEERSSEMAN, Gerard Gilles: Origini del tipo di hiesa umbrotoscano degli ordini mendicanti, in: Il gotico a Pistoia nei suoi rapporti con l'arte gotica italiana (Atti de 2. convegno internaltionale di studia, Pistoia 24.–30.4.1966), Pistoia 1966, 63–77.

Ders.: L'architecture Domincain au XIIIe siècle. Legislation et pratique, in: Archivum Fratrum Praedicatorum, 16, Roma 1946, 136–190.

MEIER, Hans-Rudolf: siehe BIGARONI, Marino.

MEKKING, Aart J.J.: De Sint-Servaaskerk te Maastricht (Clavis Kunsthistorische Monografieen, 2), Utrecht 1986.

Ders.: Die ottonische Tradition in der Architektur des ehemaligen Herzogtums Lothringen im 11. Jahrhundert, in: Productions et échanges artistiques en Lotharingie mediévalé. Actes des 7es Journeés Lotharingiennes, hg. v. Jean Schroeder (Publications du CLUDEM, 7; =Publications de la Section Historique de l'Institut G.-D. de Luxembourg, 110), Luxembourg 1993, 63–80.

MENZ, Fritz: Ein Überblick über die Mittelalterlichen Wehrbefestigungen der Stadt Burg, in: Zur städtischen Entwicklung Burgs im Mittelalter (Veröffentlichungen zur Burger Geschichte, 8), Burg 1964, 28–41.

MERIAN, Mattheus: Topographia Saxoniae inferioris : das ist Beschreibung, der vornehmsten Stätte unnd Plätz in dem hochlöbl. NiderSachß. Crayß, Franckfurt 1653, Repr. Kassel 1962.

MERTENS Klaus: Romanische Saalkirchen innerhalb der Grenzen des Bistums Meißen (Studien zur katholischen Bistums- und Klostergeschichte, 14), Leipzig 1973.

MEYER, Ralph: Geschichte der Deutsch-Reformierten Gemeinde zu Magdeburg : von den Anfängen bis auf die Gegenwart, 1. Bd., Magdeburg 1914.

MICHAEL, Oda: Die Pfarrkirche Sankt Petri in Stendal. Baugeschichte und Baubeschreibung im kunsthistorischen Kontext, Mag.-Arbeit Univ. Halle 2002 (masch.).

MICHLER, Jürgen: Gotische Backsteinhallenkirchen um Lüneburg St. Johannis. Eine Bautengruppe im nordöstlichen Niedersachsen, Phil. Diss. Univ. Göttingen 1965 (masch.).

Ders.: Die Dominikanerkirche zu Konstanz und die Farbe in der Bettelordensarchitektur um 1300, in: Zeitschrift für Kunstgeschichte, 53 (1990), 253–276.

MILITZER, Klaus; PRZYBILLA, Peter: Stadtentstehung, Bürgertum und Rat. Halberstadt und Quedlinburg bis zur Mitte des 14. Jahrhunderts (Veröffentlichungen des Max-Planck-Institutes für Geschichte, 67), Göttingen 1980.

MINDERMANN, Arend: Zur Geschichte des Stader Franziskanerklosters St. Johannis, in: Wissenschaft und Weisheit, 63/1 (2000), 61–85.

MÖBIUS, Friedrich: Die Kirchen der Prediger- und Minderbrüder (des Dominikaner- und Franziskanerordens), in: Geschichte der deutschen Kunst 1200–1350, hg. v. Friedrich Möbius und Helga Sciurie, Leipzig 1989, 146–189.

Ders.: siehe Schubert, Ernst.

Ders.; MÖBIUS, Helga; BEYER, Klaus G.: Bezirke Erfurt, Gera, Suhl (Deutsche Kunstdenkmäler. Ein Bildhandbuch), Leipzig 1967.

MOHRMANN, Wolf-Dieter: Lauenburg oder Wittenberg? Zum Problem des sächsischen Kurstreites bis zur Mitte des 14. Jahrhunderts (Veröffentlichungen des Instituts für historische Landesforschung der Universität Göttingen, 8), Hildesheim 1975.

MOLLAT DU JOURDIN, Michel; SCHIMMELPFENNIG, Bernhard; et al. (Hg.): Die Geschichte des Christentums, Bd. 6: Die Zeit der Zerreißproben (1274–1449), Bd. 6, Freiburg/Basel/Wien 1991.

MÖLLER, Gunnar: Zur Topographie der Klosteranlagen in der Hansestadt Stralsund, in: Klöster und monastische Kultur in Hansestädten (Stralsunder Beiträge zur Archäologie, Geschichte, Kunst und Volkskunde in Vorpommern, 4), Rahden 2003, 91–102.

MONTAGNES, Bernard: Architecture dominicaine en Provence (Publications de l'URA, 6; =Archéologie médievale méditerranéenne. Mémoires, 1), Paris 1979.

MOONEY, Canice: Franciscan Architecture in Pre-Reformation Ireland, in: Journal of the Royal Soc. Of Antiquaries of Ireland, 85 (1955), 135–173; 86 (1956), 125–169; 87 (1957), 103–124.

MOORMAN, John R. H.: Medieval Franciscan Houses (Franciscan Institute Puplications history series, 4), New York 1983.

Ders.: A history of the Franciscan Order : from its origins to the year 1517, Chicago 1988.

MOOSBRUGGER-LEU, Rudolf: Die Predigerkirche in Basel, in: Materialhefte zur Archäologie in Basel, 2 (1985), 11–80.

MRUSEK, Hans-Joachim: Zur städtebaulichen Entwicklung Magdeburgs im hohen Mittelalter, in: Wissenschaftliche Zeitschrift der Martin-Luther-Universität Halle-Wittenberg. Gesellschaftlich-sprachwissenschaftliche Reihe, Jg. 5, Heft 6 (1956), 1219–1314.

Ders.: Bautechnische Einzelheiten in der mittelalterlichen Profanbaukunst. Beitrag zur städtebaulichen Entwicklung Magdeburgs im hohen Mittelalter, in: Wissenschaftliche Zeitschrift der Martin-Luther-Universität Halle-Wittenberg. Gesellschafts- und sprachwissenschaftliche Reihe, 6/4 (1957), 641–672.

Ders.: Strukturwandel der halleschen Altstadt, in: Wissenschaftliche Zeitschrift der Martin-Luther-Universität Halle-Wittenberg. Gesellschaftlich-sprachwissenschaftliche Reihe, Jg. 10, Heft 4 (1961), 1071–1090.

Ders.: Drei sächsischen Kathedralen. Merseburg – Naumburg – Meißen, Dresden 1976.

MUK, Jan: K typologii nejstarších českých mendikantských chrámů. Zur Typologie ältester böhmischer Bettelordenskirchen, in: Umění 13 století v českých zemích. Příspěvky z vědeckého zasedání (Praha, 2.–4. prosince 1983), Praha 1983, 237–254.

MÜLLER, Gottfried: Die Dominikanerklöster der ehemaligen Ordensnation Mark Brandenburg, Berlin 1914.

MÜLLER, Helmut: Zur Technik des romanisch-frühgotischen Backsteinbaus in der Altmark, in: Backsteintechnologien in Mittelalter und Neuzeit, hg. v. Ernst Badstübner und Dirk Schumann (Studien zur Backsteinarchitektur, 4), Berlin 2003, 53–97.

MÜLLER, Matthias: Farbe und Gedächtnis. Zur memorativen Funktion mittelalterlicher Materialästhetik in der Backstein- und Feldsteinarchitektur des südlichen Osseeraumes, in: Licht und Farbe in der mittelalterlichen Backsteinarchitektur des südlichen Ostseeraums, hg. v. E. Badstübner, G. Eimer, E. Gierlich und M. Müller, (Studien zur Backsteinarchitektur, 7), Berlin 2005, 212–280.

MÜLLER, Rainer: Mittelalterliche Dorfkirchen in Thüringen dargestellt anhand des Gebietes des ehemaligen Archidiakonats St. Marien zu Erfurt (Arbeitshefte des Thüringischen Landesamtes für Denkmalpflege, Neue Folge 2), Altenburg 2001.

Ders.: Die Bettelorden und die Erfurter Kirchenbaukunst des späten Mittelalters, in: Mitteilungen des Vereins für die Geschichte und Altertumskunde von Erfurt, 65 (2004), 25–43.

MÜLLER, Wilhelm: Die Entstehung der anhaltischen Städte, Phil. Diss. Univ. Halle 1912.

MÜLLER, Werner; QUIEN, Norbert: Erdachte Formen, errechnete Bilder. Deutschlands Raumkunst der Spätgotik in neuer Sicht, Weimar 2000.

MÜLLER-MERTENS, Eckard: Die Entstehung der Stadt Stendal nach dem Privileg Albrechts des Bären um 1150/1170, in: Altmärkisches Museum Stendal, Jahresgabe 1957, 25–36.

MÜLVERSTEDT, George Adalbert von: Hierographia Quedlinburgensis. Uebersicht der in der Stadt Quedlinburg früher und noch jetzt bestehenden Stifter, Klöster, Kapellen, Hospitäler, frommen Brüderschaften und Kirchen, in: Zur zweiten ordentlichen Haupt-Versammlung des Harz-Vereins für Geschichte und Alterthumskunde am 18. und 19. Mai 1869 zu Quedlinburg, Wernigerode 1869, 1–14 und 62–75.

Ders.: Verzeichniß der im heutigen landräthlichen Kreise Magdeburg früher und jetzt noch bestehenden Stifter, Klöster, Capellen, Calande, Hospitäler und derjenigen Kirchen, deren Schutzpatrone bekannt geworden sind, in: Geschichtsblätter für Stadt und Land Magdeburg, 5. Jg. (1870), 522–537.

Ders.: Hierographia Halberstadtensis, in: Zeitschrift des Harz-Vereins fuer Geschichte und Altertumskunde, 2. Jg., Heft 1, Wernigerode 1869, 25–65.

Ders.: siehe RICHTER, Friedrich.

MÜNNICH, Franz: Geschichte des Francisceum zu Zerbst 1526–1928, in: Festschrift zur 125 jährigen Jubelfeier des Francisceum zu Zerbst 1928, Zerbst 1928, 1–17.

NEIDIGER, Berhard: Armutsbegriff und Wirtschaftsverhalten der Franziskaner im 15. Jahrhundert, in: Erwerbspolitik und Wirtschaftsweise mittelalterlicher Orden und Klöster (Berliner Historische Studien, 17; Ordensstudien, 7), hg. v. Kasper Elm, Berlin 1992, 207–229.

NEITMANN, Klaus: Die Hohenzollern-Testamente und die brandenburgischen Landesteilungen im 15. und 16. Jahrhundert, in: Brandenburgische Landesgeschichte und Archivwissenschaft. Festschrift für Lieselott Enders zum 70. Geburtstag, hg. v. Friedrich Beck und Klaus Neitmann, Weimar 1997, 109–126.

NEUBAUER, Ernst: Häuserbuch der Stadt Magdeburg 1631–1720, Teil 1 (Geschichtsquellen der Provinz Sachsen und des Freistaates Anhalt, N.R. 12), Magdeburg 1931.

Ders.; GRINGMUTH-DALLMER, Hanns: Häuserbuch der Stadt Magdeburg, Teil 2 (Quellen zur Geschichte Sachsen-Anhalts, 4), Halle 1956.

NEUMANN, Eberhard G.: Die Backsteintechnik in Niedersachsen während des Mittelalters, in: Lüneburger Blätter, 10 (1959), 21–45.

NEUSS, Erich: Die Wehrbauten der Stadt Halle, 1. Teil, in: Sachsen und Anhalt. Jahrbuch der Historischen Kommission für die Provinz Sachsen und für Anhalt, 10, Magdeburg 1934, 156–191.

Ders.: Die Wehrbauten der Stadt Halle, in: Sachsen und Anhalt. Jahrbuch der Landesgeschichtlichen Forschungsstelle für die Provinz Sachsen und für Anhalt, 11, Magdeburg 1935, 36–82.

NICKEL, Heinrich L.: Der Dom zu Halle (Das christliche Denkmal, 63/64), Berlin 1962.

Ders.: Das Dominikanerkloster zu Halle (Saale). Ergebnis der baugeschichtlichen Grabungen 1962 und 1964 nördlich des hallischen Domes (Wissenschaftliche Beiträge der Martin-Luther-Universität Halle-Wittenberg, 1966/4, Reihe H, Kunstwissenschaftliche Beiträge, 1), Halle 1966.

NICOLAI, Bernd: Die Stellung des Halberstädter Westbau in der Architektur des frühen 13. Jahrhunderts, in: Halberstadt. Studien zu Dom und Liebfrauenkirche, hg. v. Ernst Ullmann (Abhandlungen der Sächsischen Akademie der Wissenschaften zu Leipzig, Philologisch-historische Klasse, 74, 2), Berlin 1997, 43–59.

NISSEN, Walter: Studien zur Geschichte des geistlichen Lebens in der Stadt Halle in vorreformatorischer Zeit. 1. Teil: Die Ordensgeistlichkeit als Träger wissenschaftlicher Bildung in der Stadt, Phil. Diss. Univ. Halle 1938 (masch.).

NITZ, Thomas: Das Stifterbuch des Erfurter Predigerklosters als Quelle für die Baugeschichte der Predigerkirche, in: Mitteilungen des Vereins für die Geschichte und Altertumskunde von Erfurt, 62, N. F. 9 (2001), 71–101.

Ders: Das Erfurter Predigerkloster vom 13. bis zum 20. Jahrhundert. Zur Baugeschichte und Denkmalpflege, in: Erfurt im Mittelalter. Neue Beiträge aus Archäologie, Bauforschung und Kunstgeschichte, hg. v. Mark Escherich, Christian Misch und Rainer Müller (Erfurter Studien zur Kunst- und Baugeschichte, 1), Berlin 2003, 178–214.

Ders.: Dominikaner auf dem Land. Das Termineiverzeichnis des Erfurter Predigerkloster, in: Zeitschrift für Thüringische Geschichte, 57, Jena 2003, 251–276.

NITZE, Wilhelm: Die ehemalige Kapelle der Kalandsbrüderschaft, in: Jerichower Land und Leute, 13. Jg, Nr. 12 (1934), 1–2.

Ders.: Unsere deutsche Heimat. Die Geschichte der Stadt Burg und der Lande Jerichow, Burg bei Magdeburg 1940, 145–152.

NUSSBAUM, Norbert: Deutsche Kirchenbaukunst der Gotik. Entwicklung und Bauformen (DuMont Dokumente), Köln 1985.

Ders.; LEPSKY, Sabine: Das gotische Gewölbe. Eine Geschichte seiner Form und Konstruktion, Berlin/München 1999.

OBERST, Johannes: Die mittelalterliche Architektur der Dominikaner und Franziskaner in der Schweiz, Zürich 1927.

OBERSTE, Jörg: Zwischen Heiligkeit und Häresie. Religiösität und sozialer Aufstieg in der Stadt des hohen Mittelalters, Band 1: Städtische Eliten in der Kirche des hohen Mittelalters (Norm und Struktur. Studien zum sozialen Wandel in Mittelaler und früher Neuzeit, 17, 1), hg. v. Gert Melville, Weimar/Wien 2003.

OELKE, Eckard: Urbanisierung und Städte, in: Sachsen-Anhalt (Perthes Länderprofile), Gotha 1997, 113–172.

Ders.: Gang der Besiedlung und Siedlungsentwicklung in der Altmark, in: Die Altmark. Eine Region in Geschichte und Gegenwart (Beiträge zur Regional- und Landeskultur Sachsen-Anhalts, 8), Halle 1998, 20–39.

Ders.: Aschersleben und seine Region, in: 1250 Jahre Aschersleben (Beiträge zur Regional- und Landeskultur Sachsen-Anhalts, 30), Halle 2003, 6–32.

QUIEN, Norbert: siehe MÜLLER, Werner.

PAPPE, Otto: Tausend Jahre Stadt und Kirche Zeitz. Eine Gabe an die Gemeinden zur Jahrtausendfeier, Berlin 1967.

PARUCKI, Maria: Die Wiener Minoritenkirche, Wien/Köln/Weimar 1995.

PATZE, Hans: Geschichte Thüringens, Bd. 1–2 (Mitteldeutsche Forschungen, 48/2), hg. v. Hans Patze und Walter Schlesinger, Köln/Wien 1973f.

Ders. (Hg.): Thüringen (Handbuch der historischen Stätten Deutschlands, 9), Stuttgart 1989.

PÄTZOLD, Stefan: Magdeburgs Schulen im Mittelalter, in: Magdeburg. Geschichte der Stadt 805–2005, hg. v. Matthias Puhle und Peter Petsch, Dössel 2005, 185–200.

PELIZAEUS, Anette: Die Predigerkirche in Erfurt. Studien zur gotischen Bettelordens- und Pfarrarchitektur in Thüringen (Veröffentlichungen der Historischen Kommission für Thüringen, Kleine Reihe, 12), Köln/Weimar/Wien 2004.

PELLEGRINI, Luigi: Gli insediamenti degli ordini Mendicanti e la loro tipologia. Considerationi metodologiche e piste die ricerca, in: Les Ordres Mendiants et la Ville en Italie central (1220–1350) (Mélanges de l'Ecole francaise de de Rome, moyen age – temps modernes, 89/2), Rome 1977, 563–573.

PENNER, Helene: Die Magdeburger Pfarrkirchen im Mittelalter, Phil. Diss. Univ. Halle 1924.

PERLICH, Barbara: Wandlung von Backsteinverbänden in Mittelalter und Neuzeit, in: Backsteintechnolgien in Mittelalter und Neuzeit (Studien zur Backsteintechnologie, 4), hg. v. Ernst Badstüber und Dirk Schumann, Berlin 2003, 98–108.

PETERS, Otto: Magdeburg und seine Baudenkmäler, Magdeburg 1902.

PETZOLD, Daniel: Ansichten märkischer und pommerscher Städte aus den Jahren 1710 – 1715, hg v. Heinrich Meisner, Berlin 1913.

PEYER, Hans Conrad: Die Stadtmauer in der Geschichte, in: Stadt- und Landmauern, Bd. 1: Beiträge zum Stand der Forschung (Veröffentlichungen des Institutes für Denkmalpflege an der ETH Zürich, 15, 1), Zürich 1995, 9–13.

PHILIPP, Klaus Jan: Pfarrkirchen. Funktion, Motivation, Architektur. Eine Studie am Beispiel der Pfarrkirchen der schwäbischen Reichsstädte im Spätmittelalter (Studien zur Kunst- und Kulturgeschichte, 4), Marburg 1987.

PICOU, Francesca: Églises et couvents de Frères mineurs en France. Recueil de Plans, in: Bulletin archéologique du C.T.H.S., nouv. sér., fasc. 17–18 A, Paris 1984, 115–176.

PIECHOCKI, Werner: Aus der hallischen Stadtgeschichte: Das erste wirkliche Stadttheater, in: Mitteldeutsche Neueste Nachrichten, 261, Halle 3./4.11.1973.

PIEKALSKI, Jerzy: Von Köln nach Krakau. Der topographische Wandel früher Städte, Bonn 2001.

PIEPER, Roland: Die Kirchen der Bettelorden in Westfalen. Baukunst im Spannungsfeld zwischen Landespolitik, Stadt und Orden im 13. und frühen 14. Jahrhundert (Franziskanische Forschungen, 39), Werl 1993.

PODEHL, Wolfgang: Burg und Herrschaft in der Mark Brandenburg. Untersuchungen zur mittelalterlichen Verfassungsgeschichte unter besonderer Berücksichtigung von Altmark, Neumark und Havelland (Mitteldeutsche Forschungen, 76), Köln/Wien 1975.

POESCHKE, Joachim: Wandmalerei der Giottozeit in Italien 1280–1400, München 2003.

POHLMANN, August Wilhelm: Historische Wanderungen durch Tangermünde, Tangermünde 1846.

Ders.; STÖPEL, August: Geschichte der Stadt Tangermünde seit Gründung derselben, dem laufenden Jahre 1829, Urkunden und glaubwürdigen Nachrichten bearbeitet von August Wilhelm Pohlmann nebst einer vorangehenden topographisch-statistischen Beschreibung dieser Stadt von August Stöpel, Stendal 1829.

PRZYBILLA, Peter: siehe MILITZER, Klaus.

PUHLE, Matthias; LIEBSCHER, Sabine (Hg.): Magdeburg in Bildern von 1492 bis ins 20. Jahrhundert (Magdeburger Museumsschriften, 5), Magdeburg 1997.

PUNSCHART, Paul: siehe FICKER, Julius.

RADIS, Ursula: Ergebnisse der neuesten archäologischen Untersuchungen auf dem Gelände des ehemaligen Dominikanerklosters zu Lübeck, in: Klöster und monastische Kultur in Hansestädten (Stralsunder Beiträge zur Archäologie, Geschichte, Kunst und Volkskunde in Vorpommern, 4), Rahden 2003, 41–56.

RADTKE, Christian: Das Graukloster in Schleswig. Königspfalz – Franziskanerkloster – Armenhaus – Rathaus, in: Klöster und monastische Kultur in Hansestädten (Stralsunder Beiträge zur Archäologie, Geschichte, Kunst und Volkskunde in Vorpommern, 4), Rahden 2003, 3–14.

RAKEMANN, Kirsten: siehe SCHMIES, Bernd.

RASMUSSEN, Jørgen Nybo: Die Bedeutung der nordischen Franziskaner für die Städte im Mittelalter, in: Bettelorden und Stadt. Bettelorden und städtisches Leben im Mittelalter und in der Neuzeit (Saxonia Franciscana, 1), hg. v. Dieter Berg, Werl 1992, 3–18.

RASPI SERRA, Joselita: Esempi e diffusione della tipologia architettura minorita nell'alto Lazio, in: Il gotico a Pistoia nei suoi rapporti con l'arte gotica italiana (Atti de 2. convegno internationale di studia, Pistoia 24.–30.4.1966), Pistoia 1966, 207–212.

Dies.: Architettura francescana a Viterbo, in: Storia della città. Rivista Internationale di storia urbana e territoriale, 3, Milano 1978, 36–38.

REDLICH, Paul: Kardinal Albrecht von Brandenburg und das Neue Stift zu Halle 1520–1541, Mainz 1900.

REIN, Wilhem: Kleiner Beiträge. 2. Zur Statistik des Dominikanerordens nahmentlich in Deutschland, in: Zeitschrift für Thüringische Geschichte, 3 (1857/59), 51–56.

REINLE, Adolf: Zeichensprache der Architektur. Symbol, Darstellung und Brauch in der Baukunst des Mittelalters und der Neuzeit, Zürich (2. Aufl.) 1984.

RENARD, Edmund: Die Kunstdenkmale der Kreise Gummersbach, Waldbroel und Wipperfürth (Kunstdenkmäler der Rheinprovinz, Bd. 5, 1), Düsseldorf 1900.

REUPKE, Willm: Das Zerbster Prozessionspiel 1507 (Quellen zur deutschen Volkskunde, 4), Berlin/Leipzig 1930.

REUTER, Jürgen: Schallgefäße für eine verbesserte Akustik in mittelalterlichen Kirchen. Befunde im Dom zu Halle, in: Denkmalpflege in Sachsen-Anhalt, 2005/2, Berlin 2005, 159–165.

REY, Sunhilt: Die Natursteinvorkommen im Bezirk Halle und ihre Eignung als Werk- und Rekonstruktionssteine in Vergangenheit und Gegenwart, Diss. Univ. Halle 1975 (masch.).

RIBBE, Wolfgang: siehe MATERNA, Ingo.

RIGHETTI TOSTI-CROCE, Marina: Gli esordi dell'architettura francescana a Roma, in: Storia della città. Rivista Internationale di storia urbana e territoriale, 3 (1978), 28–32.

RITZAU, Otto: Das Schulwesen der Stadt Aschersleben im Zeitalter der Reformation (1520–1600) an Hand der Quellen dargestellt, Halle 1925.

ROCH, Irene: Zur Baugestalt und Baugeschichte der Lorenzkirche in Salzwedel, in: Kunst im Ostseeraum. Mittelalterliche Architektur und ihre Rezeption, in: Wissenschaftliche Beiträge der Ernst-Moritz-Arndt-Universität Greifswald, 71 (1990), 41–48.

ROESSLE, Jochen: Turmbau romanischer Dorfkirchen. Bestimmung des Bauverlaufs an Beispielen des Magdeburger Raumes, in: Die mittelalterliche Dorfkirche in den Neuen Baundesländern. Forschungsstand – Forschungsperspektiven – Nutzungsproblematik (Hallesche Beiträge zur Kunstgeschichte, 3), hg. v. Wolfgang Schenkluhn, Halle 2001, 75–88.

ROHAULT DE FLEURY, Georges: Les couvents de St. Dominique au moyen âge. Gallia dominicana, Paris 1903.

ROHDE, Karl-Heinz: St. Katharinen und St. Barbara in Halberstadt, in: Halberstadt. Vom Bischofsitz zur Hansestadt, Skizzen zur Halberstädter Geschichte mit einem Exkurs zur Halberstädter Münzgeschichte, hg. v. Adolf Siebrecht, Halberstadt 2002, 271–274.

ROLAND, Pia: Kirchen in Salzwedel (Das Christliche Denkmal, 131/132), Berlin 1987.

Dies.: siehe LEOPOLD, Gerhard.

ROMANINI, Angiola Maria: L'architettura degli ordini mendicanti. Nuove prosettive di interpretazione, in: Storia della città. Rivista Internationale di storia urbana e territoriale, 3 (1978) 5–15.

RÖMER, Christof: Dominikaner und Landesherrschaft um 1300. Die Gründung der Ordenshäuser in Göttingen und Braunschweig durch Herzog Albrecht II. und Meister Eckart, in: Diözese Hildesheim, Jg. 49 (1981), 19–32.

RÖRIG, Fritz: Die europäische Stadt und die Kultur des Bürgertums im Mittelalter, Göttingen (4. Aufl.) 1964.

ROSSINI, Giorgio: L'architettura degli Ordini Mendicanti in Liguria nel Due e Trecento (Collana storico-archeologica della Liguria occidentale, 22), Savona 1981.

ROTH, Werner: Die Dominikaner und Franziskaner im deutschen Ordensland Preußen bis zum Jahr 1466, Königsberg 1918.

RUBIN, Miri: Corpus Christi. The Eucharist in Late Medieval Culture, Cambridge 1991.

SALVATORI, Marcello: Costruzione della Basilica dall'origine al secolo XIV, in: L'edificio del Santo di Padova, hg. v. Giovanni Lorenzoni (Fonti e studi per la storia del Santo a Padova, 7; Studi, 3), Vicenza 1981, 31–81.

SCHÄFER, Heiko: Tagungsbericht. Planerische Elemente in mittelalterlichen „Gründungsstädten", Tagung am 15.17. März 2001 in Göttingen, Internetresource: http://www.uni-tuebingen. de/uni/afg/mbl/mbl13/sieben.htm (November 2009).

SCHARDT, Alois J.: Das hallische Stadtbild. Seine künstlerische Wiedergabe in Vergangenheit und Gegenwart (Der Rote Turm, 12), Halle 1928.

SCHAUERTE, Thomas (Hg.): Der Kardinal. Albrecht von Brandenburg. Renaissancefürst und Mäzen, 2 Bde. (Ausstellung 9.9.–26.11.2006, Halle), Regensburg 2006.

SCHEERER, Felix: Kirchen und Klöster der Franziskaner und Dominikaner in Thüringen. Ein Beitrag zur Kenntnis der Ordensbauweise (Beiträge zur Kunstgeschichte Thüringens, 2), Jena 1910.

SCHENKLUHN, Wolfgang: Die Auswirkungen der Marburger Elisabethkirche auf die Ordensarchitektur in Deutschland, in: 700 Jahre Elisabethkirche in Marburg 1283–1983, Bd. 1 (Ausstellungen 30.4.–31.7.1983), hg. v. Hans-Joachim Kunst, Marburg 1983, 81–102.

Ders.; STIPELEN, Peter van: Architektur als Zitat. Die Trier Liebfrauen in Marburg, in: ebd., 19–54.

Ders.: Ordines Studentes: Aspekte zur Kirchenarchitektur der Dominikaner und Franziskaner im 13. Jahrhundert, Berlin 1985.

Ders.: Die Erfindung der Hallenkirche in der Kunstgeschichte, in: Marburger Jahrbuch für Kunstwissenschaft, 22 (1989), 193–202.

Ders.: San Francesco in Assisi: Ecclesia specialis, Darmstadt 1991.

Ders.: siehe KUNST, Hans-Joachim.

Ders.: Zum Verhältnis von Heiligsprechung und Kirchenbau im 13. Jahrhundert, in: Hagiographie und Kunst. Der Heiligenkult in Schrift, Bild und Architektur, hg. v. Gottfried Kerscher, Berlin 1993, 301–315.

Ders.: Architektur der Bettelorden, Darmstadt 2000.

Ders.: Regionale und überregionale Prägung der Bettelordensarchitektur, in: Kunst und Region. Architektur und Kunst im Mittelalter, hg. v. Uta M. Bräuer, Emanuel S. Klinkenberg und Jeroen Westerman (Clavis Kunsthistorische Monografieen, 20), Utrecht 2005, 34–44.

Ders.: Die Doppelkirche San Francesco in Assisi. Stand und Perspektiven der deutsprachigen Forschung, in: Franziskus von Assisi. Das Bild des Heiligen aus neuer Sicht, hg. v. Dieter Bauer, Helmut Feld und Ulrich Köpf (Beihefte zum Archiv für Kulturgeschichte, Heft 54), Köln/Weimar/Wien 2005, 271–282.

SCHICH, Winfried: Ecclesia forensis im 12. Jahrhundert. Die ecclesia forensis in Pasewalk. Markt- oder Sendkirche?, in: Brandenburgische Landesgeschichte und Archivwissenschaft. Festschrift für Lieselott Enders zum 70. Geburtstag, hg. v. Friedrich Beck und Klaus Neitmann, Weimar 1997, 37–56.

SCHIMMELPFENNIG, Bernhard: siehe MOLLAT DU JOURDIN, Michel.

SCHLAGER, Patricius: Verzeichnis der Klöster der sächsischen Franziskanerprovinzen, in: Franziskanische Studien, 1. Jg., Münster 1914, 230–242.

SCHLESINGER, Walter: Kirchengeschichte Sachsens im Mittelalter, Bd 2.: Das Zeitalter der deutschen Ostsiedlung (1100–1300) (Mitteldeutsche Forschungen, 27,2), Köln/Graz 1962.

SCHLIEHMANN, Ruth: Die Bettelordensklöster St. Maria Magdalena und St. Johannis, Hamburg, Phil. Diss. Univ. Hamburg 2002, Internetresource: urn:nbn:de:gbv:18–6552 (November 2009).

SCHLIPPE, Joseph: Die drei großen Bettelordenskirchen in Freiburg, in: Freiburg im Mittelalter. Vorträge zum Stadtjubiläum 1970, hg. v. Wolfgang Müller, Bühl/Baden 1970, 109–140.

SCHLÜTER, Otto; AUGUST, Oskar (Hg.): Atlas des Saale- und mittleren Elbegebietes, Teil 1, Leipzig (2. Aufl.) 1958.

SCHMELZER, Monika: Der mittelalterliche Lettner (Studien zur internationalen Architektur- und Kunstgeschichte, 33), Petersberg 2004.

SCHMIDT, Christa: siehe DRACHENBERG, Erhard.

SCHMIDT, Gustav: Zur Genealogie der Grafen von Regenstein und Blankenburg bis zum Ausgang des 14. Jahrhunderts, in: Zeitschrift des Harz-Vereins, 22 (1889), 1–48.

SCHMIDT, Hans-Joachim: Die Bettelorden und ihre Niederlassungen in der Mark Brandenburg, in: Beiträge zur Entstehung und Entwicklung der Stadt Brandenburg im Mittelalter, hg. v. Winfried Schich, Berlin 1993, 203–226.

SCHMIES, Bernd; RAKEMANN, Kirsten: Spuren Franziskanischer Geschichte (Saxonia Franciscana, Sonderband), Werl 1999.

SCHMITT, Reinhard: siehe KRAUSE-KLEINT, Wilhelmine.

SCHNEIDER, Ambrosius; et al. (Hg.): Die Cistercienser. Geschichte – Geist – Kultur, Köln 1974.

SCHNEIDMÜLLER, Bernd: Die neue Heimat der Welfen (1125–1252), in: Die Braunschweigische Landesgeschichte. Jahrtausendrückblick einer Region, hg. v. Horst-Rüdiger Jarck; Gerhard Schildt, Braunschweig 2000, 177–230.

SCHÖFBECK, Thilo: Dachwerke mittealterlicher Dorfkirchen in Brandenburg, in: Dorfkirchen. Beiträge zur Architektur, Ausstattung und Denkmalpflege (Kirchen im ländlichen Raum, 3), hg. v. Bernd Janowski und Dirk Schumann, Berlin 2004, 237–250.

SCHOLKE, Horst: Halberstadt (Kunstgeschichtliche Städtebücher), Leipzig 1974.

SCHOLZ, Michael: Residenz, Hof und Verwaltung der Erzbischöfe von Magdeburg in Halle in der ersten Hälfte des 16. Jahrhunderts (Residenzenforschung, 7), Sigmaringen 1998.

Ders.: Das Kirchenwesen der Stadt Halle im Mittelalter und seine Verwandlung im 16. Jahrhundert, in: Halle zwischen 806 und 2006. Neue Beiträge zur Geschichte der Stadt, hg. v. Holger Zaunstöck (Forschungen zur hallischen Stadtgeschichte, 1), Halle 2001, 61–79.

SCHÖNERMARK, Gustav: Beschreibende Darstellung der älteren Bau- und Kunstdenkmäler der Stadt Halle und des Saalkreises (Beschreibende Darstellung der älteren Bau- und Kunstdenkmäler der Provinz Sachsen und angrenzender Gebiete, N.F. 1), Halle 1886, Repr. Halle 1997.

SCHRADER, Franz (Hg.): Die Visitationen der katholischen Klöster im Erzbistum Magdeburg durch die evangelischen Landesherren 1561–1651 (Reformationsgeschichtliche Studien und Texte, 99), Münster 1969.

Ders.: Reformation und katholische Klöster. Beiträge zur Reformation und zur Geschichte der klösterlichen Restbestände in den ehemaligen Bistümern Magdeburg und Halberstadt (Studien zur katholischen Bistums- und Klostergeschichte, 13), Leipzig 1973.

Ders.: Gestalt und Entstehung der mittelalterlichen Pfarrorganisation der Stadt Halberstadt, in: Jahrbuch für die Geschichte Mittel- und Ostdeutschlands, 26 (1977), 1–52.

Ders.: Die Halberstädter Dominikaner und Franziskaner und ihre Bemühungen um die Seelsorge, in: Stadt, Kloster und Seelsorge, Beiträge zur Stadt-, Kloster- und Seelsorgegeschichte im Raum der mittelalterlichen Bistümer Magdeburg und Halberstadt. Gesammelte Aufsätze (Studien zur katholischen Bistums- und Klostergeschichte, 29), Leipzig 1988, 269–292.

SCHUBART, Friedrich Winfrid: Die Glocken im Herzogtum Anhalt. Ein Beitrag zur Geschichte und Altertumskunde Anhalts und zur Allgemeinen Glockenkunde, Dessau 1896.

SCHUBERT, Ernst: Der Westchor des Naumburger Doms. Ein Beitrag zur Datierung und zum Verständnis der Standbilder (Abhandlungen der Deutschen Akademie der Wissenschaften zu Berlin, Klasse für Sprachen, Literatur und Kunst, Jg. 1964, 1), Berlin 1965.

Ders.: Der Dom in Magdeburg, Leipzig 1994.

Ders.; MÖBIUS, Friedrich (Hg.): Architektur des Mittelalters. Funktion und Gestalt, Weimar 1983.

SCHULTZE, Johannes: Die Mark Brandenburg, 5 Bde., Berlin 1961ff.

SCHULTZE-GALLÉRA, Siegmar Baron von: Das mittelalterliche Halle, Bd. 1: Von der Gründung der Stadt bis zur Entwicklung des städtischen Rates, , Halle 1925.

Ders.: Das mittelalterliche Halle, Bd. 2: Von der Entwicklung des städtischen Rates bis zum Untergang der städtischen Freiheit, Halle 1929.

Ders.: Topographie oder Häuser- und Strassen-Geschichte der Stadt Halle a. d. Saale. Bd. 1: Altstadt, Halle 1920.

SCHULZE, Ingeborg: Nikolaus Eisenberg, ein sächsischer Maler aus der zweiten Hälfte des 15. Jahrhundert, in: Wissenschaftliche Zeitschrift der Universität Halle-Wittenberg, Gesellschafts- und sprachwissenschaftliche Reihe, X/1 (1961), 163–189.

SCHUMANN, Dirk: Herrschaft und Architektur. Otto IV. und der Westgiebel von Chorin (Studien zur Backsteinarchitektur, 2), hg. v. Ernst Badtstübener, Berlin 1997.

Ders.: Die Berliner Franziskanerklosterkirche und ihr Dekor. Formsteinsysteme im märkischen Backsteinbau des 13. Jahrhunderts, in: Backsteintechnolgien in Mittelalter und Neuzeit (Studien zur Backsteintechnologie, 4), hg. v. Ernst Badstübner und Dirk Schumann, Berlin 2003, 109–128.

Ders.: siehe BADSTÜBNER, Ernst.

SCHUNICHT, Anne: siehe BINDING, Günther.

SCHURR, Marc Carel: Gotische Architektur im mittleren Europa 1220–1340: von Metz bis Wien, Berlin/München 2007.

SCHWINEKÖPER, Berent: siehe WENTZ, Gottfried.

Ders. (Hg.): Provinz Sachsen-Anhalt (Handbuch der historischen Stätten Deutschlands, 11), Stuttgart 1987.

SCHYMALLA, Joachim: Die kommunale Entwicklung der Stadt Aschersleben im Mittelalter, in: Sachsen-Anhalt. Journal für Natur- und Heimatfreunde, 1. Jg., Nr. 2 (1991), 17–20.

SEDLMAYR, Hans: Die Entstehung der Kathedrale, Zürich 1950.

Ders.: Die gotische Kathedrale Frankreichs als europäische Königskirche, in: Anzeiger der phil.-hist. Klasse der Österreichischen Akademie der Wissenschaften, Nr. 17, Jg. 1949, Wien 1950, 390–409.

Ders.: Säulen mitten im Raum, in: Epochen und Werke, Gesammelte Schriften zur Kunstgeschichte, 1, Mittelwald 1977, 199–201.

SEEGER, Ulrike: Zisterzienser und Gotikrezeption. Die Bautätigkeit des Babenbergers Leopold VI. in Lilienfeld und Klosterneuburg (Kunstwissenschaftliche Studien, 69), München/Berlin 1997.

SELLO, Gottfried: Zur Geschichte Seehausens, in: 21. Jahresbericht des Altmärkischen Vereins für vaterländische Geschichte und Industrie, Abtheilung Geschichte, Heft 1, Magdeburg 1886, 17–32.

SIEBRECHT, Adolf: Halberstadt aus stadtarchäologischer Sicht. Die Bodenfunde des 8. bis 13. Jahrhunderts aus dem mittelalterlichen Stadtgebiet und ihre historische Erschließung (Veröffentlichungen des Landesmuseum für Vorgeschichte in Halle, 45), Halle 1992.

SINTENTIS, Friedrich: Zur Geschichte des Zerbster Schulwesens. Einladungsschrift zur Feier des fünfzigjährigen Bestehens des Herzoglichen Franzisceums zu Zerbst am 18. und 19. Mai 1853, Zerbst 1853.

SOLGER, Friedrich: siehe EICHOLZ, Paul.

SOMMER, Gustav (unter Mitwirkung von OTTE, Heinrich): Beschreibende Darstellung der älteren Bau- und Kunstdenkmäler des Kreises Zeitz (Bau und Kunstdenkmäler der Provinz Sachsen, Bd. 1), Halle 1882.

Ders.; HERTEL, Gustav: Beschreibung der älteren Bau- und Kunstdenkmäler des Kreises Calbe (Beschreibende Darstellung der älteren Bau- und Kunstdenkmäler der Provinz Sachsen und angrenzender Gebiete, 10), Halle 1885.

SOUTHERN, Richard W.: Kirche und Gesellschaft im Abendland des Mittelalters (de-Gruyter-Studienbuch), Berlin/New York 1976.

SPATZ, Willy: siehe EICHOLZ, Paul.

SPECHT, Oliver: Die stadtkernarchäologische Untersuchung Juridicum in Halle (Saale), in: Jahresschrift für mitteldeutsche Vorgeschichte, 80, Halle 1998, 177–213.

Ders.: Die archäologische Untersuchung am Juridicum im Stadtkern von Halle (Saale), in: Archäologische Berichte aus Sachsen-Anhalt, 1997/I, Halle 1999, 257–267.

Ders.: Schenenstraße, Schulgasse, Universitätsplatz. Neueste Ausgrabungen auf dem Schulberg in Halle, in: Archäologische Berichte aus Sachsen-Anhalt, 1999/I., Halle 2000, 163–177.

SPECHT, Reinhold: Die Wehranlagen der Stadt Zerbst, in: Sachsen und Anhalt. Jahrbuch der Landesgeschichtlichen Forschungsstelle für die Provinz Sachsen und für Anhalt, 5, Magdeburg 1929, 38–103.

Ders.: Zur Geschichte des Franziskanerklosters St. Johannis in Zerbst, in: Zerbster Jahrbuch, 18. Jg. (1933), 17–42.

Ders.: Die mittelalterlichen Siedlungsräume der Stadt Zerbst, in: Sachsen und Anhalt. Jahrbuch der Landesgeschichtlichen Forschungsstelle für die Provinz Sachsen und für Anhalt, 16, Magdeburg 1940, 131–163.

Ders.: Das mittelalterliche Zerbst. Neue Forschungen zur Stadtgeschichte (Beiträge zur Zerbster Geschichte, 3), Zerbst 1955.

STEGMANN, Eduard: Burg und Schloß Barby, in: Geschichtsblätter für Stadt und Land Magdeburg, 66./67. Jg. (1931/32), 40–56.

STEINMANN, Marc: Die Westfassade des Kölner Domes. Der mittelalterliche Fassadenplan F (Forschungen zum Kölner Dom, 1) Köln 2003.

Ders.: Funktion und Bedeutung mittelalterlicher Architekturzeichnungen am Beispiel des Kölner Fassadenplanes ‚F', in: Dispositio. Der Grundriss als Medium in der Architektur des Mittelalters, hg. v. Leonhard Helten (Hallesche Beiträge zur Kunstgeschichte, 7) Halle 2005, 59–72.

STIPELEN, Peter van: siehe SCHENKLUHN, Wolfgang.

STOCK, Michael: Mittelalterliche Klöster in der Struktur ausgewählter Klein- und Mittelstädte des Mittelelbe-Saale-Gebietes, in: Klöster und monastische Kultur in Hansestädten (Stralsunder Beiträge zur Archäologie, Geschichte, Kunst und Volkskunde in Vorpommern, 4), Rahden 2003, 361–376.

STOLLE, Gerhard: Die beiden Aschesleber Klöster, in: Aschersleben. Denkanstöße und Fragen (Beiträge zur Geschichte der Stadt Aschersleben, 1999), Aschersleben 1999, 94–97.

Ders.: siehe KOPFFLEISCH, M.

STOOB, Heinz (Hg.): Deutscher Städteatlas, Lieferung 3, Nr 8: Salzwedel (Acta Collegii Historiae Urbanae Societatis Historicorum Internationalis, Serie C, Atlanten), Dortmund 1984.

STÖPEL, August: siehe POHLMANN, August Wilhelm.

STRASSBURGER, Emil: Geschichte der Stadt Aschersleben, Aschersleben 1905.

STROBEL, Richard: Die Kunstdenkmäler der Stadt Schwäbisch-Gmünd, Bd. 2: Kirchen der Altstadt ohne Heiligkreuzmünster (Die Kunstdenkmäler in Baden-Würtemberg, 3), München/Berlin 1995.

STÜDELI, Bernhard E. J.: Minoritenniederlassungen und mittelalterliche Stadt. Beiträge zur Bedeutung von Minoriten- und anderen Mendikantenanlagen im öffentlichen Leben der mittelalterlichen Stadtgemeinde, insbesondere der deutschen Schweiz (Franziskanische Forschungen, 21), Werl 1969.

SUCKALE, Robert: siehe KIMPEL, Dieter.

SÜNDER-GASS, Martina: St. Nikolai und St. Marien in Stendal und die spätgotischen Hallenkirchen in ihrer Nachfolge. Bauuntersuchungen an den großen Stadtkirchen in Stendal, Tangermünde, Seehausen (Altm.), Werben, Brandenburg (Altstadt) und Bernau, Bismark (Altm.) 2000.

SUNDT, Richard Alfred: Mediocres domos et humilis habent fratres nostri. Dominican Legislation on Architecture and Architectural Decoration in the 13th Century, in: The Journal of the Society of Architectural Historians, 46 (1987), 394–407.

Ders.: The Jacbin Church of Toulouse and the origin of ist Double-Nave Plan, in: The Art Bulletin, 71 (1989), 185–207.

SZCZESIAK, Rainer: Die Gründungsbauten des Neubrandenburger Franziskanerklosters, in: Klöster und monastische Kultur in Hansestädten (Stralsunder Beiträge zur Archäologie, Geschichte, Kunst und Volkskunde in Vorpommern, 4), Rahden 2003, 335–344.

TEICHMANN, Lucius: Die Franziskanerklöster in Mittel- und Ostdeutschland 1223–1993 (Studien zur katholischen Bistums- und Klostergeschichte, 37), Leipzig 1995.

THIEMANN, Bernhard: Die Klöster der Stadt Soest, in: Klöster und monastische Kultur in Hansestädten (Stralsunder Beiträge zur Archäologie, Geschichte, Kunst und Volkskunde in Vorpommern, 4), Rahden 2003, 297–311.

THODE, Henry: Franz von Assisi und die Anfänge der Kunst der Renaissance in Italien, Berlin (2. Aufl.) 1904.

TOCCI, Michela: Problemi di architettura minorita: esemplificationi in puglia, in: Bollettino d'arte, 5. Ser. 60 (1975), 201–208.

Dies.: Architettura mendicanti in Puglia, in: Storia della città. Rivista Internationale di storia urbana e territoriale, 3 (1978), 24–27.

TODENHÖFER, Achim: Die Franziskanerkirche in Zeitz, in: Zur Architektur und Plastik des Mittelalters in Sachsen-Anhalt (Hallesche Beiträge zur Kunstgeschichte, 2), hg. v. Wolfgang Schenkluhn, Halle 2000, 81–96.

Ders: Die Kirchen der Franziskaner und Dominikaner in Halberstadt, in: Geschichte und Kultur des Bistums Halberstadt 804–1648 (Protokollband des Halberstädter Symposiums ‚1200 Jahre Bistumsgründung Halberstadt', 24. bis 28. März 2004), hg. v. Adolf Siebrecht, Halberstadt 2006, 535–554.

Ders.: Steinernes Gotteslob – die mittelalterlichen Kirchen der Stadt Halle, in: Geschichte der Stadt Halle, Bd. 1: Halle im Mittelalter und in der Frühen Neuzeit, hg. v. Werner Freitag und Andreas Ranft, Halle 2006, 207–226.

Ders.: Apostolisches Ideal im sozialen Kontext. Zur Genese der europäischen Bettelordensarchitektur im 13. Jahrhundert, in: Marburger Jahrbuch für Kunstwissenschaft, 34 (2007), 43–75.

TRAJKOVITS, Thomas: siehe MAGIRIUS, Heinrich.

ULLMANN, Ernst: Gotik. Deutsche Baukunst 1200–1550, Leipzig 1994.

Ders. (Hg.): Der Magdeburger Dom – ottonische Gründung und staufischer Neubau. Bericht über ein wissenschaftliches Symposion in Magdeburg 7.10.–11.10.86 (Schriftenreihe der Kommission für Niedersächsische Bau- und Kunstgeschichte bei der Braunschweigischen Wissenschaftlichen Gesellschaft, 5), Leipzig 1989.

ULPTS, Ingo: Zur Rolle der Mendikanten in städtischen Konflikten des Mittelalters. Ausgewählte Beispiele aus Bremen, Hamburg und Lübeck, in: Bettelorden und Stadt. Bettelorden und städtisches Leben im Mittelalter und in der Neuzeit (Saxonia Franciscana, 1), hg. v. Dieter Berg, Werl 1992, 131–152.

Ders.: Die Geschichte des Franziskanerkonvents in Halberstadt vom 13. bis zum 16. Jahrhundert, in: Bürger, Bettelmönche und Bischöfe in Halberstadt. Studien zur Geschichte der Stadt, der Mendikanten und des Bistums vom Mittelalter bis zur Frühen Neuzeit (Saxonia Franciscana, 9), hg. v. Dieter Berg, Werl 1997, 213–252.

UNTERMANN, Matthias: siehe BINDING, Günther.
Ders.: Forma Ordinis. Die mittelalterliche Baukunst der Zisterzienser (Kunstwissenschaftliche Studien, 89), München/Berlin 2001.
Ders.: Planstadt, Gründungsstadt, Parzelle. Archäologische Forschungen im Spannungsfeld von Urbanistik und Geschichte. Einführende Bemerkungen, in: Die vermessene Stadt – Mittelalterliche Stadtplanung zwischen Mythos und Befund (Mitteilungsblätter der Deutschen Gesellschaft für Archäologie des Mittelalters und der Neuzeit, 15, 2004), 9–14.
VERBEEK, Albert: siehe KUBACH, Hans Erich.
VILLETTI, Gabriella: L'architettura delle grandi chiese mendicanti italiane de duecento e del trecento, in: Il Duomo di orvieto e le grandi cattedrali de duecento. (Atti del Convegno Internazionale di Studi), Orvieto 1990, 239–257.
VÖCKLER, Matthias: Wirtschaftliche und soziale Grundlagen sowie Probleme der Ansiedlung und Wirksamkeit der Mendikanten im mittelalterlichen Thüringen, in: Bettelorden und Stadt. Bettelorden und städtisches Leben im Mittelalter und in der Neuzeit (Saxonia Franciscana, 1), hg. v. Dieter Berg, Werl 1992, 89–106.
VOIGT, Gottfried Christian: Geschichte des Stifts Quedlinburg, 3.Bde., Quedlinburg 1786–91.
WAACK, Ulrich: Kirchenbau und Ökonomie. Zur Beziehung von baulichen Merkmalen mittelalterlicher Dorfkirchen auf dem Barnim und dessen Wirtschafts- und Siedlungsgeschichte (Kirchen im ländlichen Raum, 4), Berlin 2008.
WAGNER-RIEGER, Renate: Die italienische Baukunst zu Beginn der Gotik, Bd. 2: Süd- und Mittelitalien (Publikationen des Österreichischen Kulturinstituts in Rom, 2), Graz/Köln 1957.
Dies.: Zur Typologie italienischer Bettelordenskirchen, in: Römische Historische Mitteilungen, 2, Wien 1959, 266–298.
Dies.: San Lorenzo Maggiore in Neapel und die süditalienische Architektur unter den ersten Königen aus dem Hause Anjou, in: Miscellanea Bibliothecae Hertzianae. Römische Forschungen der Bibliotheca Hertziana, 16, München 1961, 131–143.
WALTHER, Helmut G.: Bettelordenskloster und Stadtgründung im Zeichen des Landesausbaus: Das Beispiel Kiel, in: Bettelorden und Stadt. Bettelorden und städtisches Leben im Mittelalter und in der Neuzeit (Saxonia Franciscana, 1), hg. v. Dieter Berg, Werl 1992, 19–32.
WARNKE, Martin: Bau und Überbau. Soziologie der mittelalterlichen Architektur nach den Schriftquellen, Frankfurt a.M. (6. Aufl.) 1989.
WÄSCHKE, Hermann: Der Rat nimmt das Franziskanerkloster ein. (Brief des Dr. Hochmüllers, mitgeteilt von Dr. Wäschke), in: Zerbster Jahrbuch, 1. Jg. (1905), 8–9.
WÄSS, Helga: Form und Wahrnehmung mitteldeutscher Gedächtnisskulptur im 14. Jahrhundert, 2 Bde., Bristol/Berlin 2006.
WEDEMEYER, Bernd: Die Blasiuskirche in Mühlhausen und die thüringische Sakralbaukunst zwischen 1270 und 1350, 2 Bde. (Braunschweiger kunsthistorische Arbeiten, 2), Berlin 1997.
WEHRLI-JOHNS, Martina: Geschichte des Zürcher Predigerkonvents (1230– 524). Mendikantentum zwischen Kirche, Adel und Stadt, Zürich 1980.
WEIGEL, Petra: Zu Urkunden des Erfurter Franziskanerklosters in den Beständen des Landeshauptarchivs Sachsen-Anhalt in Magdeburg, in: Wissenschaft und Weisheit, 64/2 (2001), 290–320.
Dies: Die Gründung und spätmitelalterliche Reform des Franziskanerklosters Saalfeld, in: Zeitschrift des Vereins für Thüringische Geschichte, 55 (2001), 77–122.
Dies.: Matthias Döring. Provinzialminister von 1427 bis 1461, in: Management und Minoritas. Lebensbilder sächsischer Franziskanerprovinziale vom 13. bis zum 20. Jahrhundert (Saxonia Franciscana, Beiheft 1), hg. v. Dieter Berg, Kevelaer 2003, 21–61.
Dies.: Ordensreform und Konziliarismus. Der Franziskanerprovinzial Matthias Döring (1427–1461) (Jenaer Beiträge zur Geschichte, 7), Frankfurt a.M. 2005.
WEISSENBORN, Bernhard: Rundes Chronik der Stadt Halle, hg. v. Thüringisch-Sächsischer Geschichtsverein, Halle 1933.
WENTSCHER, Erich: Das Stiftsarchiv in Zeitz, in: Archivalische Zeitschrift, 48, München 1953, 195–199.
WENTZ, Gottfried: siehe ABB, Gustav.
Ders.; BÜNGER, Fritz: Das Bistum Brandenburg (Germania sacra, Abt. 1: Die Bistümer der Kirchenprovinz Magdeburg, Bd. 2), Berlin 1941.
Ders.; SCHWINEKÖPER, Berent: Das Domstift St. Moritz in Magdeburg (Germania sacra, Abt. 1: Die Bistümer der Kirchenprovinz Magdeburg, Bd. 4: Das Erzbistum Magdeburg, Bd. 1, Teil 1), Berlin/New York 1972.
WERNER, Winfried: siehe MAGIRIUS, Heinrich.
WIENER, Jürgen: Die Bauskulptur von San Francesco in Assisi (Franziskanische Forschungen, 37), Werl 1991.
Ders.: Kritik an Elias von Cortona und Kritik von Elias von Cortona: Armutsideal und Architektur in den frühen franziskanischen Quellen, in: Frömmigkeitsformen in Mittelalter und Renaissance, hg. von Johannes Laudage (Studia humaniora, 37), Düsseldorf 2004, 207–246.
WIESSNER, Heinz (unter Verwendung von Vorarbeiten von DEVRIENT, Ernst): Das Bistum Naumburg: Die Diözese, 2. Bde. (Germania sacra: Die Bistümer der Kirchenprovinz Magdeburg, N.F. 35, Bd. 1 und 2), Berlin 1997f.
WILD, Dölf: Das Predigerkloster in Zürich. Ein Beitrag zur Architektur der Bettelorden im 13. Jahrhundert (Monographien der Kantonsarchäologie Zürich, 32), Zürich 1999.
WIND, Edgar: Kunst und Anarchie, Frankfurt a.M. 1979.
WINTER, Franz: Die Anfänge des Franziskaner-Klosters in Magdeburg, in: Geschichtsblätter für Stadt und Land Magdeburg, 10. Jg. (1875), 420–422.
Ders.: Zur Geschichte der edlen Herren von Barby, in: Geschichtsblätter für Stadt und Land Magdeburg, 14. Jg. (1879), 101–105.
WIPPERMANN, Julia: siehe BINDING, Günther.
WITTEK, Gudrun: Franziskanische Friedensvorstellungen und Stadtfrieden. Möglichkeiten und Grenzen franziskanischen Friedewirkens in mitteldeutschen Städten im Spätmittelalter, in: Bettelorden und Stadt. Bettelorden und städtisches Leben im Mittelalter und in der Neuzeit (Saxonia Franciscana, 1), hg. v. Dieter Berg, Werl 1992, 153–178.
WOLFF, Arnold: Chronologie der ersten Bauzeit des Kölner Domes 1248–1277, in: Kölner Domblatt. Jahrbuch des Zentral-Dombauvereins, 28/29 (1968), 7–230.
WOLFROM, Erich: Die Baugeschichte der Stadt und Festung Magdeburg (Magdeburger Kultur- und Wirtschaftsleben, 10), Magdeburg 1936.
WOLFS, S.P.: Middeleeuwse dominicanenkloosters in Nederland : bijdrage tot een monasticon (Van Gorcum's historische bibliotheek, 101), Assen 1984.
WOLTER, Hans: siehe BECK, Hans-Georg.

WURDA, Andreas: Ein Kloster der „Grauen Mönche" im mittelalterlichen Wittenberg, in: Almanach der Lutherstadt Wittenberg, Wittenberg 1994, 8–10.

ZACKE, August: Ueber das Todten-Buch des Dominikaner-Klosters zu Erfurt, Erfurt 1861.

ZAHLTEN, Johannes: Die mittelalterlichen Bauten der Dominkaner und Franziskaner in Niedersachsen und ihre Ausstattung. Ein Überblick, in: Stadt im Wandel. Kunst und Kultur des Bürgertums in Norddeutschland 1150–1650, Bd. 4, hg. v. Cord Meckseper, Stuttgart-Bad Cannstatt 1985, 371–412.

ZAHN, Wilhelm: Geschichte der Kirchen und kirchlichen Stiftungen in Tangermünde, in: 24. Jahresbericht des Altmärkischen Vereins für vaterländische Geschichte und Industrie zu Salzwedel, Magdeburg 1897, 9–60.

Ders.: Geschichte der Kirchen und kirchlichen Stiftungen in Tangermünde (Fortsetzung und Schluß), in: 25. Jahresbericht des Altmärkischen Vereins für vaterländische Geschichte und Industrie zu Salzwedel. Abteilung für Geschichte, Magdeburg 1898, 25–68.

Ders.: Mittelalterliche Topographie und Befestigung der Stadt Tangermünde, in: 30. Jahresbericht des Altmärkischen Vereins für vaterländische Geschichte und Industrie zu Salzwedel, Magdeburg 1903, 12–39.

Ders.: Geschichte des Franziskanerklosters in Stendal, in: 34. Jahresbericht des Altmärkischen Vereins für vaterländische Geschichte zu Salzwedel, Magdeburg 1907, 18…32.

Ders.: Geschichte des Dominikanerklosters in Seehausen, in: 37. Jahresbericht des Altmärkischen Vereins für vaterländische Geschichte zu Salzwedel, Magdeburg 1910.

ZANNELA, Caterina: L'inserimento die Francescani a Ferentino, in: Storia della città. Rivista Internationale di storia urbana e territoriale, 3, Milano 1978, 39–43.

ZELLER, Adolf: Kirchliche Bauten (Die Kunstdenkmäler der Provinz Hannover, 2: Regierungsbezirk Hildesheim, 4.1: Stadt Hildesheim), Hannover 1911.

ZIESSLER, Rudolf: Die Bettelordensklöster in Sachsen, Dipl.-Arbeit Univ. Greifswald 1957 (masch.).

Abbildungsnachweis

Abbildung 53, 54	Archiv der Martin-Luther-Universität Halle-Wittenberg
Abbildung 23, 24, 26, 31, 36	Bauarchiv Halberstadt
Abbildung 147, 155, 160, 166, 184, 187, 210, 223, 225, 230, 236	Bildarchiv Foto Marburg
Abbildung 97	Brandenburgisches Landeshauptarchiv, Potsdam
Abbildung 37	Franziskanerkonvent Halberstadt
Abbildung 229	Heiko Brandl, Halle
Abbildung 69, 70, 165	Kulturhistorisches Museum Magdeburg
Abbildung 3, 19, 34, 38, 45, 50, 130	Landesamt für Denkmalpflege und Archäologie Sachsen-Anhalt, Halle
Abbildung 21, 60	Landeshauptarchiv Sachsen-Anhalt, Magdeburg
Abbildung 11, 14	Pfarrarchiv Barby
Abbildung 126	Archiv des Prokuraturamt Zeitz, Vereinigte Domstifter zu Merseburg und Naumburg und des Kollegiatstifts Zeitz
Abbildung 114, 115, 120, 122	Ratsarchiv Wittenberg
Abbildung 33	Roland Pieper, Münster
Abbildung 55	Stadtarchiv Halle
Abbildung 65, 66, 67, 71, 75	Stadtarchiv Magdeburg
Abbildung 79, 80, 81	Stadtarchiv Quedlinburg
Abbildung 103	Stadtarchiv Stendal
Abbildung 106	Stadtarchiv Tangermünde
Abbildung 52	Stiftung Moritzburg, Kunstmuseum des Landes Sachsen-Anhalt, Halle

Bereits veröffentlichte Abbildungen werden in den Bildlegenden nachgewiesen. Alle übrigen Abbildungen stammen vom Verfasser.

Index

Bei ausführlicher Darstellung werden fett gedruckten Zahlen verwendet. Fußnoten erscheinen nur bei fehlender Erwähnung im Fließtext. Enthalten die Textstellen betreffende Abbildungen werden sie zusätzlich kursiv markiert. Bedeutende historische Personen werden unter dem christlichen Namen eingeordnet. Giordano de Giano findet sich beispielsweise unter Giordano. Bedeutende Personen der jüngeren Zeit finden sich unter dem Familiennamen.

A

Aachen, Pfalzkapelle   284
A Coruna, S. Francesco   220
Adare, Franziskanerkirche   207 Anm. 1235
Adolf IV., Graf von Schauenburg   220, 236
Ägidius von Assisi   220
Aken, St. Marien   50 Anm. 243
   St. Nikolai 50 Anm.   243
Albarese, S. Rabano   202
Albert, Bischof von Passau   165
Albertus Magnus   208
Albrecht der Bär, Markgraf von Brandenburg   146
Albrecht von Anhalt-Bernburg, Bischof von Halberstadt   78
Albrecht von Brandenburg, Kardinal   56, 83f., 237
Albrecht, Markgraf von Brandenburg   132
Albrecht I., Graf von Regenstein-Heimburg   119
Albrecht I., Herzog von Sachsen   161 Anm. 956, 164, 309, 327
Albrecht II. von Lüneburg-Braunschweig, Bischof von Halberstadt   331
Albrecht II., Herzog von Lüneburg-Braunschweig   330f.
Albrecht II., Herzog von Sachsen   164
Albrecht II. von Käfernburg, Erzbischof von Magdeburg   108, 110, 200, 299, 303, 308
Altenberg (Oberbiel), Klosterkirche   236 Anm. 1458
Altenburg (Thüringen), Stiftkirche und Schloss   258
Altlandsberg (Niederbarnim), Stadtkirche   135 Anm. 798
Altmark, Backsteinkirchen   *259*
Ammendorf, Adelsgeschlecht   87, 91
Andreas Günther   87
Angermünde, Franziskanerkirche   99 Anm. 555, 139f., 194, 219 Anm. 1315, 228, 256, 295, 324 Anm. 1934
Anna I., Äbtissin von Quedlinburg   118
Anna II., Äbtissin von Quedlinburg   118, 124
Annweiler, Pfarrkirche   294
Antwerpen, Dominikanerkloster   320
Arendsee, Backsteinkirche   260
Aristoteles   224
Armutsstreit   22
Arnstadt, Franziskanerkirche   39 Anm. 183, 50, 180, 191, 220f., *240f.*
   Liebfrauenkirche   181, 280
Arras, Kathedrale   40 Anm. 184, 322 Anm. 1926
Aschersleben, Franziskanerkirche (Marktkirche)   11, 29, Katalog **33–43**, 67 Anm. 343, 180, 181 Anm. 1070, 217 Anm. 1292, 220f., Typologie *229*, 232, 240, Mauerwerk 255, Dachwerk **261f.**, Gewölbe 265f., **270f.**, Pfeiler **272**, Portale 276f., Fenster 284, Klostertopografie 299f., Klostertopologie **307f.**, 313f., 318, Repräsentation ***322–326***
Grauer Hof   40
   St. Stephan   33, 324
Assisi, Portiuncula-Kapelle   *199*, 202, 235
   S. Francesco   17 Anm. 52, 43, **200–202**, 211f., 217, 220, 231, 233, 235, 244, 324
   S. Giacomo de muro rupto   200
   Sta. Chiara   212, 217, 220
Athenry, Dominikanerkirche   207 Anm. 1235
August von Sachsen-Weißenfels, Administrator des Erzstifts Magdeburg   83
Auxerre, Bischofspalais   180 Anm. 1065

B

Bad Langensalza, Bonifatiuskirche   261 Anm. 1584
Barby, Franziskanerkirche   11, 25 Anm. 113, 29, 39 Anm. 183, Katalog **44–51**, 65, 169, 219 Anm. 1315, Typologie *228f.*, 232, 236, 240, Mauerwerk 255, Dachwerk 261, **264**, Gewölbe **265**, Portale 276f., 282, Fenster *284, 288*, Klostertopografie 299–301, Klostertopologie 307, **309–311** Anm. 1860, 313f., 318
   St. Marien   39 Anm. 183, 44, 50, 232
Bardowick, Dom   140
Bari, S. Nicola   202
Barnim (Region), ländlicher Kirchenbau   233 Anm. 1440
Barnim I., Herzog von Pommern   323
Bartholomäus Anglikus   26
Bartholomäus, Provinzialminister   148
Basel, Dominikanerkirche   225–227 Anm. 1385, 239, 289
   Franziskanerkirche   223, 245f.
Bastian Langhans, Magdeburger Möllenvogt   54
Batalha, Santa Maria da Vitória (Dominikaner)   223
Bebenhausen, Zisterzienserkloster   291
Bechin (Bechyne), Franziskanerkirche   326 Anm. 1941
Benediktinerorden, Konstitutionen   303 Anm. 1757
Bernburg, Augustiner-Eremiten-Kloster   299
   St. Marien   169, 270
Bernhard, Herzog von Sachsen   38, 161, 309

Beesenstedt, Schlacht   42
Beeskow, St. Marien   151
Berardengna, S. Allesandro   202
Berlin, Dominikanerkirche   90, 143, 237, 328
    Franziskanerkirche   140, 230, 236, 245, 256, 286, 295
    St. Nikolai   140 Anm. 827
Bern, Franziskanerkirche   *221*
Bernhard von Bessa   204
Bernhard von Clairvaux   218
Berthold, Bischof von Bamberg   176
Betanzos, S. Francesco   220
Betzold, Gustav von   16
Beuster, Backsteinkirche   260
Blois, Königshalle   180 Anm. 1065
Bologna, S. Domenico   17, 200, **202f.**, 211, 219, 225f., 272, Klostertopologie   304
    S. Nicoló Klostertopologie   304
    S. Francesco   17, 198, 208f., *213f.*, 223
    S. Nicolò delle vigne   199
Bonaventura, Generalminister   317
Bonifatius VIII., Papst   120
Bourges, Kathedrale   40 Anm. 184, 322 Anm. 1926
Brandenburg, Dom   131 Anm. 770, 137, 278
    Dominikanerkirche   90, 221, 237, 268, 295
    Franziskanerkirche   203, 219 Anm. 1315, 221, 229, 278, 283 Anm. 1670
    St. Gotthardt   140, 151, 158
    St. Katharinen   140, 151, 278, 283 Anm. 1670
Braunschweig, Dominikanerkirche   80, 90, 237, *329f.*
    Franziskanerkirche (Brüdernkirche)   80, 203, 229, 237, *329f.*
    Magnikirche   114
    Pfarrkirchen   233 Anm. 1435
    St. Andreas   114
    St. Katharinen   114, 280, 280
    St. Martini   114
Bremen, Franziskanerkirche   67, 90 Anm. 489, 227
Breslau, Dominikanerkirche   211 Anm. 1264, 221
    Stadtkirchen   140 Anm. 822
Burchard von Blankenburg, Erzbischof von Magdeburg   119 Anm. 697, 330
Burchard von Serken, Bischof von Lübeck   209
Burchard II., Graf von Barby (Arnstein)   45f., 188
Burchard IV., Graf von Barby (Arnstein)   193
Burchardus de Monte Sion   26
Burckhard, Jacob   14f.
Burg, Franziskanerkirche   27f., Katalog **52–57**, Typologie *229*, 232, 236, Mauerwerk 256, Dachwerk 261, Gewölbe 265, Klostertopografie 299–301, Klostertopologie   307, **309f.** 313f., 318, Zusammenfassung 334
    St. Marien 52, Klostertopologie   300
    St. Nikolai 52, Klostertopologie   300
    Maria-Magdalenen-Kapelle   57, 256

C

Caen, Franziskanerkirche   207 Anm. 1235
Calbe, St. Stephani   39 Anm. 183, 50
České Budějovice, Dominikanerkirche   247

Chálon-sur-Marne, Notre-Dame-en-Vaux   322 Anm. 1926
Chartres, Kathedrale   272
Chiaravalle Milanese, Zisterzienserkirche   212
Chorin, Zisterzienserkirche   42, 139f., 286, 289, 291, 295, 325
Cieszyn siehe Teschen
Cismar, Benediktinerkirche   40, 323 Anm. 1927
Clemens II., Papst 60
Clemens IV., Papst   26, 120
Cesarius von Speyer   23
Colmar, Dominikanerkirche 90 Anm. 489, 114, 223, 246
Coltibuono, S. Lorenza   202
Conéo, S. Maria   202
Conrad Krebs   162
Cortona, S. Francesco   219, *231*, 233
Coswig, St. Nikolaus   191, *277*, 279
Cottbus, Franziskanerkirche   221

D

Dambeck, Backsteinkirche   260
Danzig, Dominikanerkirche   250
    Franziskanerkirche   113 Anm. 659
    Marienkirche   140
Dehio, Georg   16
Dessau   299
Dietrich II. von Wettin, Bischof von Naumburg   311
Doberan Zisterzienserkirche 42, 325 Anm. 1938
Dominikanerorden Geschichte   **21–27**
    Konstitutionen   204f., 207, 219, **222–224**
    Provinzen   22–24, 28
    Vicarius nationis   24
Dominikus (Domingo de Guzmán)   21, 246, 304
Dresden, Franziskanerkirche   106, 169, 183, 250, *326f.*

E

Ebersbach, Zisterzienserkirche   268
Ebrach, Zisterzienserkirche   89, 291
Eckart von Hochheim   218
Eike von Repgow (Sachsenspiegel)   22 Anm. 73
Eisenach, Dominikanerkirche   39, 68, 217, 226, 233, 240 Anm. 1491, Klostertopologie   305
    Franziskanerkirche   191, *216f.*
Eldena, Zisterzienserkirche   42, 325 Anm. 1938
Elger von Honstein, Prior   209
Elisabeth, Gräfin von Aschersleben   34
Elisabeth, Herzogin von Sachsen   164 Anm. 974
Elisabeth, Landgräfin von Thüringen   217
Engelhard, Bischof von Naumburg   176
England, Bettelordensklöster   308
Enns, Minoritenkirche   106, 326
Erfurt, Augustiner-Eremiten-Kirche   99, 321
    Barfüßerkirche   183, 203, *207*, **208**f., 220f. Anm. 1329, 223, 228f., 236, 250, 287, Klostertopografie   300
    Heiliggeistkirche   200
    Kaufmannskirche   261 Anm. 1584
    Lorenzkirche   261 Anm. 1584

Predigerkirche (Dominikaner)   18, 79, 88, 90, 143, 169, 219, 221, 225–227 Anm. 1375, 236f., 239, 250, 261 Anm. 1584, 262 Anm. 1593, 277, 282, 289, 328
   Severikirche   280
   St. Andreas   180 Anm. 1064
Erich von Brandenburg, Erzbischof von Magdeburg   328
Esslingen, Dominikanerkirche   144, 219, 221, 237, 239, 289, Kloster 311 Anm. 1859, 328
   St. Vitalis und Dionysius   239 Anm. 1487

F

Florenz, Sta. Croce (Franziskaner)   223
   Sta. Maria novella (Dominikaner)   212 Anm. 1265, 223
Frankfurt am Main, Deutschordenskommende (Sachsenhausen) 78 Anm. 405, 287, 295
   Dom   114, 292
   Dominikanerkirche   16 Anm. 30, 80, 90, 143, 145, 221, 236f., *240*, 243
Frankfurt (Oder), Franziskanerkirche 99, 140
   St. Marien   151
Frankl, Paul   15
Frankreich, Bettelordensklöster   308
Franz, Fürst von Anhalt   186
Franziskanerorden Determinationes   317
   Geschichte   ***21–27***
   Konstitutionen   204f., 207, **220–224**.
   Provinzen   23f, 28
Franziskus (Giovanni Battista ‚Francesco' Bernadone)   21f., 23 Anm. 89, 302–304
Freiburg im Breisgau, Münster   89, 291f., 294
Fribourg (Schweiz) Franziskanerkloster   27 Anm. 130, *245*
Friedberg, Pfarrkirche   292, 295
Friedrich, Bischof von Merseburg   176
Friedrich von Beichlingen, Erzbischof von Magdeburg   250 Anm. 1538
Friedrich von Brandenburg (genannt der Fette), Markgraf   156
Friedrich von Sachsen (genannt der Weise), Kurfürst   161, 165
Friedrich II., Kaiser   24, 117
Friedrich I. von Brandenburg, Kurfürst   152, 155
Friedrich II. von Brandenburg, Kurfürst   155
Friedrich Wilhelm III., König von Preußen   14
Friesach (Kärnten), Dominikanerkirche   239
Fritzlar, Minoritenkirche   99 Anm. 555

G

Gdansk siehe Danzig
Gebweiler, Dominikanerkirche   221
Gelnhausen, Marienkloster, Klostertopologie   302 Anm. 1758
Geraldus Odonis, Generalminister   224
Gernrode, Stiftskirche   11
Graz, Franziskanerkirche   236 Anm. 1458
Greifswald, Franziskanerkirche   217
Gross, Werner   15
Gerstenberg, Kurt   15
Gertrud von Helfta   91

Giordano de Giano   25f., 78, 110, 200, 204, 303
Görlitz, Franziskanerkirche   191, 203, 219 Anm. 1315, 221, 228
Goslar, Franziskanerkirche   326
Göttingen, Dominikanerkirche   80, 87 Anm. 451, 90, 237, 246, *329f.*
   Franziskanerkirche   183
Groß Welle (Priegnitz), Dorfkirche   135 Anm. 798
Gubbio, S. Francesco   223
Guido, päpstl. Legat   176
Günther IV., Graf von Barby 45 Anm. 220
Güstrow, Marienkirche   295f.

H

Haarlem, Franziskanerkirche   151 Anm. 909
Haenel, Erich   15
Haina, Klosterkirche   267f., 289
Halberstadt, Burchardikirche   227, 280
   Dom   79f., 227, 266f., 269, *278*–280, 284, 286, 295
   Liebfrauenkirche   227, 250 Anm. 1541
   Paulskirche   80, 227
   Petershofkapelle   80
   St. Andreas (Franziskaner)   11, 43, Katalog **72–80**, 90, 139 Anm. 814, Typologie ***236–239***, *243*, 247, Dachwerk 261, Gewölbe 265f., **268–272**, Pfeiler **272–274**, Portale **275, 277**, *279f.*, ***282f.****,* Fenster **284**, 286, *288*, 292, 294, Klostertopografie 299, Klostertopologie 303f. Anm. 1789, 305–**308**, 310, 313f., 318, Repräsentation **329–331**, Zusammenfassung 334f.
   St. Katharinen (Dominikaner)   39, Katalog **58–71**, 80, 90, 98, 191 Anm. 1125, 203, Typologie **225–227**, 232, ***236–239****,* 243, 245, 250, 329, Mauerwerk 255f., Dachwerk 262f., Gewölbe 265, **269–272**, Pfeiler **272–274**, Portale **277–280**, Fenster *283f.*, 286, 289, **295,** Klostertopografie 299f., Klostertopologie 304–307, 310, 312f., 318, Zusammenfassung 334
   St. Martini   58, 72, 78, 80, 227, *286–289*, 292, 331
   St. Moritz   58, 65, 67, *226f.*, 232, 274
Halle (Saale), Alt-St. Ulrich   93, 280
   Dominikanerkirche (Dom)   43, 50, 69, 79f., Katalog **81–91**, 114, 139 Anm. 814, 143, Typologie 236–238, 240, *243*, Mauerwerk 255, Dachwerk 261, **263**, Gewölbe 265, **266–272**, Pfeiler **272–274**, Portale 276f., **279–282**, Fenster *286f.*, 289, **291**, 294 Klostertopografie 299–301, Klostertopologie 304f. Anm. 1789, 306, **307f.**, 310, 312f., 316–318, Repräsentation **328f.**, Zusammenfassung 334f.
   Franziskanerkirche   27f., 90, Katalog **92–99**, Typologie 230, 232, 237, *247f.*, Mauerwerk 255, Gewölbe 265, Pfeiler 272, 274, Portale 276f., Fenster 288 Anm. 1681, Klostertopologie 306–**308**, 310, 312f., 316, 318, Zusammenfassung 334
   Kloster Neuwerk   81
   Neue Residenz   83
   Ratskapelle zum Heiligen Kreuz   329
   Servitenkirche (später St. Ulrich)   329
   St. Cyriakus-Hospital   83
   St. Gertrauden   90, 280, *328f.*
   St. Marien   90, 232, 280, *328f.*
   St. Moritz   83, 91 Anm. 501, 169, 270, Klostertopologie 302 Anm. 1762
   Stiftskirche auf dem Petersberg   280

Hamburg, Dom   40, 323 Anm. 1927
  Franziskanerkirche   80, 90, 203, 229, 237, 329
Hannover, Franziskanerkirche   151 Anm. 909
Hannoversch Münden, St. Blasien   263F
Harmersleben, Augustinerkloster   59
Hattstadt (Oberelsaß), Kirche   272
Havelberg, Dom   137, 283 Anm. 1669
  Klostertopografie   299
Heiligenstadt, Marienkirche   280
  St. Ägidien   289
Heinrich, Bischof von Havelberg   142
Heinrich (gen. der Löwe), Herzog von Sachsen   324
Heinrich Raspe, Thüringer Landgraf   217
Heinrich Reppenstorff   132 Anm. 778, 136, 139
Heinrich von Anhalt, Erzbischof von Magdeburg   193, 293
Heinrich von Halle   26, 91 Anm. 497
Heinrich von Wettin, Markgraf von Meißen   311
Heinrich I., Graf von Aschersleben   38, 220, 324
Heinrich II., Graf von Aschersleben   38, 309, 322
Heinrich II. von Ammendorf, Bischof von Merseburg   91 Anm. 499
Heinrich II., Graf von Blankenburg   119 Anm. 697
Heinrich V., Graf von Regenstein   78
Heinrich VI., Graf von Regenstein   78, 329
Helene, Herzogin von Sachsen   164
Henricus de Bartolomäis, Kardinal   26
Herford, Dom   145
Hermann, Landgraf von Thüringen   164
Hermann I. von Blankenburg, Bischof von Halberstadt   119, 330
Hildesheim, Dominikanerkirche   237, 329
  Franziskanerkirche   221, 240
Hinrich von Brunsberg   283 Anm. 1670
Hofgeismar, Franziskanerkirche   229
Höxter, Franziskanerkirche   99 Anm. 555, 230
Hoyer, Graf von Falkenstein   119 Anm. 700
Hugo von Ostia und Velletri, Kardinal   145
Hugo, Kardinal-Legat   188
Hugo von St. Viktor   212
Humbertus de Romanis, Generalminister   205, 302, 317
Humiliaten   21

I

Imbach, Dominikanerinnenkirche   106, 270, 326
Innozenz IV., Papst   24
Iepern, St. Maarten   40 Anm. 184, 322 Anm. 1926
Irland, Bettelordensklöster   308
Italien, Bettelordensklöster   308

J

Jacques de Lorraine, Bischof von Metz   214f.
Jerichow, Stiftskirche   11, 258, 260
Jerusalem, Grabeskirche   202
Joachim-Friedrich von Brandenburg, Adminsitrator des Erzstifts Magdeburg   83
Joachim I., Kurfürst von Brandenburg   147

Johann, Kurfürst von Sachsen   161
Johann t'Serclaes, Graf von Tilly, Heerführer   109
Johann, Titularbischof von Hebron   165
Johann von Heynstede, Provinzialminister   126
Johann I., Herzog von Sachsen   164
Johann I., Markgraf von Brandenburg   37f., 40–42, 146, 220, 324
Johann Friedrich, Kurfürst von Sachsen   172
Johannes von Piano de Carpine   25
Julius von Pflug, Bischof von Naumburg   172
Jutta, Markgräfin von Brandenburg   148

K

Karl IV., Kaiser   165, 334
Kaliningrad siehe Königsberg
Kiel, Franziskanerkirche   40, 220, 236, 240 Anm. 1491, 323
Kleinbasel, St. Theodor   294
Koblenz, Dominikanerkirche   144, 237, 239, 328
  Liebfrauenkirche   239 Anm. 1487
  St. Florin   239 Anm. 1487
  St. Kastor   239 Anm. 1487
Kolbatz, Zisterzienserkirche   42
Köln, Dom   245, 284, 289, 294
  Dominikanerkirche   203, 208 Anm. 1241, *225*–227, 236, 239, 244, 246
  Eustachiuskapelle   304 Anm. 1800
  Groß St. Martin   322 Anm. 1926
  Minoritenkirche   17, 67, *206*, 208f., 211, 220f., 227, *244f.*, 288f., 303
  St. Andreas   322 Anm. 1926
Königsberg, Franziskanerkirche   221
Köngsfelden, Klassisinnenkirche   292, 294
Konrad von Braunschweig, Provinzialminister   119
Konstanz, Dominikanerkirche   67, *225f.*, 239f. Anm. 1491
  Franziskanerkirche   242, 272
  Münster   294
Kornelimünster, Probsteikirche   294
Köthen, Klostertopografie   299
Krakau, Franziskanerkirche   211 Anm. 1264
Krautheimer, Richard   15
Krems, Dominikanerkirche   226
Krone/Brahe (Kronowo), Zisterzienserkirche   42, 325 Anm. 1938
Kyritz, Franziskanerkirche   221, 256
Kugler, Franz   14
Kulm, Franziskanerkirche   99

L

Landin, Vertrag   324
Landsberg bei Halle, Burgkapelle   258
Lehnin, Zisterzienserkirche   42, 227 Anm. 1388, 325
Leipzig, Dominikanerkirche   68 Anm. 349, 90 Anm. 487, 203, 225, 227, 299
  Franziskanerkirche   191
Leitzkau, Kloster   160, 184

Le Mans, Franziskanerkirche   207 Anm. 1235
Leuven siehe Löwen
Lilienfeld (Niederösterreich), Zisterzienserkirche   272
Limburg, Franziskanerkirche   203, 229
Lincoln, Franziskanerkirche   217f.
Lindow-Ruppin, Grafen   145
Lippstadt, Augustiner-Eremiten-Kirche 99
Löbau, Franziskanerkirche   151 Anm. 909, 221
Löwen, Dominikanerkirche   225
London, Franziskanerkirche   223
Lyon, Franziskanerkirche   223
Lübeck, Dominikanerkloster   124
    Franziskanerkirche   113 Anm. 659, 151 Anm. 909, 203, *208*, **209**, 217, 223, 229, 236, 277, Klostertopologie 303f.
    Hansesaal   180 Anm. 1065
    St. Marien   145, 209
    St. Petri   209
Lübke, Wilhelm   14
Luckau, St. Marien   151
Ludolf, Bischof von Naumburg 87, 170 Anm. 1021, 182
Lüdumklosterkirche   40, 323 Anm. 1927
Lugo, S. Francesco   220
Lüneburg, Stadtkirchen   140 Anm. 826

M

Maastricht, Franziskanerkirche   113 Anm. 659, 210, **211**, 223
    O.L. Vrouwenkerk   *210*, 211
    St. Servatius   211
Magdeburg, Augustiner-Eremiten-Kirche (Wallonerkirche)   103 Anm. 593, 109, 274 Anm. 1644
    Dom   11, 40, 43, 89, 107, 114, 192f., 208, 266–268, *289–292*
    Dominikanerkirche (Deutsch-reformierte Kirche) 27f., Katalog **100–107**, Typologie 232, 236f., *247f.*, Mauerwerk 255, Dachwerk 261, 265, Pfeiler 274, Klostertopografie 299, Klostertopologie 305–**308**, 310, 312f., 316, 318, Zusammenfassung 333f.
    Franziskanerkirche   27f., 103 Anm. 595, Katalog **108–115**, 202, 208 Anm. 1244, *221f.*, Typologie 225, 229, 235, 237, 247, *249*, 251, Mauerwerk 255, Dachwerk 261, Gewölbe 265, Pfeiler 274, Portale 277, Klostertopografie 299f., Klostertopologie 303–**308**, 310, 312f., 316, 318, Zusammenfassung 333f.
    Kloster Berge   101
    Liebfrauenkloster, Klostertopologie   302 Anm. 1758
    St. Agnes   101
    St. Andreas-Kapelle   100
    St. Johannis   103 Anm. 593, 113, 274 Anm. 1644
    St. Jakobi   89, 103 Anm. 593, 107 Anm. 616f., 113f., 274 Anm. 1644
    St. Katharina   89, 107 Anm. 616, 108, 113
    St. Laurentius   110 Anm. 634, 200
    St. Nikolaus   100, 103 Anm. 593, 107 Anm. 614, 274 Anm. 1644
    St. Peter   103 Anm. 593, 107 Anm. 617, 274 Anm. 1644, Klostertopologie 303
    St. Sebastian   100, 102, 107 Anm. 614ff.
    St. Ulrich 89, 103 Anm. 593, 107 Anm. 616, 113f., 274 Anm. 1644

Magnus, Fürst von Anhalt   190
Magliano, S. Bruzio   202
Mailand, S. Eustorgio   199, Klostertopologie 304
Marburg, Elisabethkirche 50, 242f., 268, *286*, 288f.
    Marienkirche   287
    Schlosskapelle   267f.
Mariaburghausen, Zisterzienserinnenkirche   272
Mariapforten, Zisterzienserinnenkirche   272
Mark Brandenburg, Klostertopologie   310
Martin Luther   172 Anm. 1031
Mathilde, Herzogin von Lüneburg-Braunschweig   324
Matthias Döring   94
Mechelen, Franziskanerkirche   203, 229
Mechthild von Magdeburg   26, 91
Meißen, Dom   11, 243, 267
Melchior Tatze   172
Meldorf, Johanniskirche   40, 323 Anm. 1927
Merseburg, St. Thomas   280
Metz, Bettelordenskonvente   316
    Dominikanerkirche   *213f.*
    Franziskanerkapelle   202, 235
Michaelstein, Zisterzienserkloster 40
Minden, Dom   80, 88f., 145, *287*, 289, 291
Monte Amiata, S. Salvatore   202
Montpellier, Dominikanerkirche   107 Anm. 615
Moyne, Franziskanerkirche   207 Anm. 1235
Moritz, Kurfürst von Sachsen   109, 111
Moritz Wilhelm, Herzog von Sachsen-Zeitz   172
Muckross, Franziskanerkirche   207 Anm. 1235
Mühlhausen, Franziskanerkirche   39 Anm. 181, 50, 180f., 183 Anm. 1088, 191, 219 Anm. 1315, 220f., 228, *231*, 233, 240, Klostertopologie 303
    Jakobikirche   268
    Marienkirche   268
    St. Blasius   181 Anm. 1067, 280, 294
Münster, Franziskanerkirche   326

N

Naumburg, Dom   11, 40, 88, 243f., 263, 266f., *286*, 289, 292f.
Neapel, S. Domenico Maggiore 223
    S. Lorenzo Maggiore   *213–215*, 223
Neubrandenburg, Franziskanerkirche   99 Anm. 555, 219 Anm. 1315, 256, 324 Anm. 1934, 324 Anm. 1934
    Marienkirche   295f.
Neuruppin, Dominikanerkirche   80, 142f., 145, 159, 221, 230, 237, 274, 295, 310f.
Neuweiler (Oberrhein), St. Peter und Paul   272
Nienburg, Klosterkirche   39, 65, 191 Anm. 1125
Nikolaus Eisenberg   172 Anm. 1040, 177
Nikolaus von Amsdorf, Bischof von Naumburg   172 Anm. 1031
Nürnberg, Klarakirche   180 Anm. 1064
    Rathaussaal   180 Anm. 1065

O

Oberwesel, Franziskanerkirche 236 Anm. 1458
  Liebfrauenkirche 294
Olivia (Oliwa), Zisterzienserkirche 42, 325 Anm. 1938
Olmütz (Olomouc), Franziskanerkirche 326 Anm. 1941
Oppenheim, Katharinenkirche 294
Orbais, Kathedrale 322 Anm. 1926
Ordinem vestrum (päpstl. Bulle) 215
Orvieto, Kathedrale 324
Oschatz, Franziskanerkirche 106, 221, 326, 328
Otto (Edler) von Dobien, Magdeburger Domherr 55
Otto, Erzbischof von Magdeburg 164f.
Otto von Regenstein, Provinzial 330
Otto von Stendal, Bischof von Minden 26, 145
Otto I. (gen. das Kind), Herzog von Lüneburg-Braunschweig 324, 327
Otto III. von Holland, Bischof von Utrecht 214f.
Otto III., Markgraf von Brandenburg 37f., 40–42, 142, 220, 324
Otto IV., Kaiser 117
Oudenaarde, O.L. Vrouwenkerk van Pamele 40 Anm. 184, 322 Anm. 1926

P

Paderborn, Dom 145
  Franziskanerkirche 228
Padua, S. Antonio 208 Anm. 1244, *212*–215, 217
Panowsky, Erwin 19f.
Panschwitz-Kuckau Zisterzienserinnenkirche 16 Anm. 30,
Paris, Kathedrale 288
  St. Jacques (Dominikanerkirche) 107, 199, Klostertopologie 304, 326
  Ste. Chapelle 202, *244*, 284, 289
  Ste.-Madeleine (Franziskanerkirche) *213f.*, 223
Pariser Mendikantenstreit 22
Parma, Kathedrale 324
  S. Francesco 324
Pavia, S. Francesco 324
Pelplin, Zisterzienserkirche 42, 325 Anm. 1938
Perugia, S. Domenico 324
  S. Francesco al Prato 212, 220, 223, 324
Peter Schroh 83
Piacenza, Kathedrale 324
  S. Francesco 208 Anm. 1244, 209, *213*–215, 324
  S. Giovanni in Canale (Dominikaner) 203, 225, 272
Pirna, Dominikanerkirche 90, 106, 169, 221, 326, 328
Pisa, S. Francesco 219
Pistoia, S. Francesco 219
Pola, S. Francesco 321
Prag, Kathedrale 70
Prenzlau, Dominikanerkirche 69, 79, 88, 90, 143, 268, 295, Klostertopologie 304, 306, 328
  Franziskanerkirche 39f. Anm. 181, 43, 181 Anm. 1070, 220f., 231, 237, 240, 256, 267, 312, 317 Anm. 1897, **323–326**, 335
  Marienkirche 295f.
Preußen, Kirchenbau 233 Anm. 1440
Procuratores 22

Q

Quedlinburg, Augustiner-Eremiten-Kloster 117, 120, 125
  Franziskanerkirche 27f., Katalog **116–125**, Typologie 232, Mauerwerk 256, Dachwerk 261, Klostertopografie 299f., Klostertopologie 303–305 Anm. 1789, **307f.**, 310, 313f., 318f., 329f.
  St. Ägidii 117f., 125, 232, 308
  St. Benedikti 125 Anm. 746
  St. Blasii 125, 232
  St. Nikolai 125 Anm. 746
  Stiftskirche 11
Quando studiosus (päpstl. Bulle) 215
Quia plerumque (päpstl. Bulle) 120, 316
Quimper, Franziskanerkirche 207 Anm. 1235
Quin, Franziskanerkirche 207 Anm. 1235
Quo elongati (päpstl. Bulle) 22, 200, 215, 304

R

Radicondoli, S. Simone 202
Reading, Franziskanerkirche 217f.
Regensburg, Dominikanerkirche 16 Anm. 27, 67, 144, 219, *237f.*, 242, 244, 272, 289, 328
  St. Emmeram 239 Anm. 1487
  St. Jakob 239 Anm. 1487
Regula bullata 200, 303
Regula mercatorum 22
Reims, Kathedrale 284, 288
  St. Nicaise 243, 289
  St. Remi 40 Anm. 184, 322 Anm. 1926
Retz (Österreich), Dominikanerkirche 274
Richard III. von Zerbst 46, 188
Riddagshausen, Zisterzienserkirche 40, 227, 267f., 323f. Anm. 1927
Riegl, Alois 15
Röbel, Dominikanerkirche 87 Anm. 451
Roermond, Munsterkerk 322 Anm. 1926
Rom, S. Giovanni in Laterano 211
  S. Maria in Aracoeli (Franziskanerkirche) 212 Anm. 1265
  S. Maria sopra Minerva (Dominikanerkirche) 212 Anm. 1265
  S. Sabina (Dominikanerkirche) *198*, 199, Klostertopologie 304
  St. Peter 202, 211
Rostock, St. Marien 145, 283
Rothenburg ob der Tauber, Franziskanerkirche 221
Rudolf I., Herzog von Sachsen 165
Rudolf II., Herzog von Sachsen 164 Anm. 974
Rufach (Oberelsaß), Franziskanerkirche 245, 320f.
Ruprecht, Erzbischof von Magdeburg 328
Rüti, Prämonstratenserstift 211 Anm. 1255

S

Saalfeld, Franziskanerkirche 39 Anm. 183, 50, 180, 191, 220, 240, 261 Anm. 1584
Sainte-Maximin, Ste. Madeleine (Dominikaner) 223
Salimbene 204f.

Salzwedel, Franziskanerkirche (Mönchskirche) 11, 28f., 50, Katalog *126–140*, 158, 167, 183, 194, 206, 219 Anm. 1315, Typologie *229f.*, 232, 234–236, 239, *243*, *248*, 250f., Mauerwerk **256f.**, 260, Dachwerk 263–264, Gewölbe 265, **270–272**, Pfeiler ***273f.***, Portale 276–279, Fenster ***281–283***, *285f.*, **295**, Klostertopografie 299f., Klostertopologie 304 Anm. 1789, 305, **307f.**, 313f., 318, Zusammenfassung 335
   St. Katharinen 135, 140, 206, *232*, *234*
   St. Lorenz 135, 206, 232
   St. Marien 131 Anm. 770, 135, 140, 232, 283
Santiago de Compostela, Sto. Domingo 212
Schinkel, Friedrich 14
Schlettstadt, Franziskanerkirche 221
Schmarsow, August 15
Schnaase, Carl 14
Schulenburg 132, 139
Schulpforte, Zisterzienserkirche 180 Anm. 1059, 181 Anm. 1067, 227, 286
Schwäbisch Gmünd, Franziskanerkirche 40, 181 Anm. 1070, *240f.*, 267, 323
Schönebeck, St. Jakobi 39 Anm. 183, 50
Schweiz, Bettelordensklöster 306 Anm. 1812
Schwerin, Dom 296
Seehausen (Altmark), Backsteinkirchen 260
   Dominikanerkirche 11, 27f., 69, 79, 90 Anm. 487, Katalog ***141–145***, Typologie *236–238*, 240, 243, 328, Mauerwerk 256, Dachwerk 261, Gewölbe 265, Pfeiler 274, Klostertopografie 299, Klostertopologie 305, **307–309**, 312, Zusammenfassung 334
   St. Jakob 142, 199, Klostertopologie 305, 313f., 318
   St. Peter 140 Anm. 825, 143, 145
Siegfried II., Graf von Blankenburg 119
Siegfried III. von Blankenburg, Domdekan von Halberstadt 119 Anm. 697
Siegfried I., Graf von Regenstein 78 Anm. 402
Siegismund, Erzbischof von Magdeburg 94
Siena, S. Francesco 223
Simon Anglikus, Lektor 26, 110
Simon Breslau 132 Anm. 781, 257
Sisteron, Dominikanerkirche *219*, 226
Sittichenbach, Zisterzienserkirche 227
Sixtus IV., Papst 46f.
Skandinavien, Bettelordensklöster 308
Sligo, Dominikanerkirche 207 Anm. 1235
Soest, Dominikanerkirche 80, 237
   Franziskanerkirche 80, 229 Anm. 1403
Soisson, Kathedrale 322 Anm. 1926
Sophie, Gräfin von Barby 46, 188, 322
Spineta, SS. Triniá 202
Springer, Anton 14
Stade, Franziskanerkirche 67, 227, 299
   Georgenkloster, Klostertopologie 302 Anm. 1758
Stein an der Donau, Dominikanerkirche 227
   Franziskanerkirche 236
Stendal, Dom 140, 146, 150, 158f., 274
   Franziskanerkirche (Brüderkirche) 28, Katalog ***146–151***, Typologie 243, *249*, 251, Mauerwerk 256, Klostertopografie 299f., Klostertopologie 304 Anm. 1789, 305, 307, 313–315, 318, Zusammenfassung 334

   Franziskanerinnenkirche 150
   Gerdraudenhospital, Kapelle 150
   St. Jakobi 150f., 283
   St. Marien 140, 151, 158f., 274, 283
   St. Nikolai 151
   St. Petri 146f., 150, 256
Stralsund, Dominikanerkirche 69, 79, 90, 143, 235 Anm. 1450, 237, 328
   Franziskanerkloster 317 Anm. 1897
   St. Jakobi 296
   St. Nikolai 145
   St. Marien 295
Straßburg, Dominikanerkirche 246
   Kathedrale 68, 89, 291f., 294
Strausberg, Dominikanerkloster 142
Subasio, S. Benedetto 202

T

Tafelfassaden Italien 42
Tangermünde, Dominikanerkirche 11, 27f., 139, 140, Katalog ***152–159***, Typologie *249*, 251, Mauerwerk **256f.**, Dachwerk 261, Gewölbe **270f.**, Pfeiler 274, Fenster 286, 295, Klostertopografie 299f., Klostertopologie 307, 313–315, 318, Zusammenfassung 334f.
   St. Elisabeth 154
   St. Gertrud 154
   St. Stephan 131 Anm. 770, 140, 151, 157f.
Tecciano, Abteikirche 202
Teschen, Dominikanerkirche 211 Anm. 1264
Thomas de Celano 198
Thomas von Aquin 217f.
Thorn, Franziskanerkirche 99
Thüringen, ländlicher Kirchenbau 234
Todi, S. Francesco 209
Toul, Kathedrale 242f. Anm. 1503
Toulouse, St. Jacques (Dominikaner) 107, 198f., 203, 223, 225, 304, 326
Tournai, Kathedrale 289
Trani, S. Nicolo Pellegrino 202
Tremmen, Kirche 320
Treviso, S. Niccolo (Dominikaner) 223
Trier, Dom 322 Anm. 1926
   Dominikanerkirche 236, 242f. Anm. 1503
   Franziskanerkirche 183, 323
   Liebfrauenkirche 242, 286, 288, 292

U

Ulrich Creutz 83
usus pauper 22
Utrecht, Kathedrale 214

V

Venedig, S. Marco   215
  S. Maria Gloriosa di Frari   *223*
Verden, Dom   140, 145, 158
Vescovio, S. Maria   202
Vicenca, S. Lorenzo   212, 223
Vico Alto, S. Michele Archangelo   202
Vicoduodecim, S. Stefano   202
Villach, Franziskanerkirche   236 Anm. 1458
Viveiro, S. Francesco   220
Volrad von Kranichfeld, Bischof von Halberstadt 78, 119

W

Waldenser   21
Walkenried, Zisterzienserkirche   227
Walther, Graf von Arnstein   45
Weida, Franziskanerkirche   139, 183, 194
Werben, Johanneskirche   283 Anm. 1670
Weißenfels, Klarissinnenkloster   299
Wettern, Stiftskirche   289
Wetzlar, Franziskanerkirche   326
Wichmann, Erzbischof von Magdeburg 52
Wichmann von Arnstein   102
Wien, Dominikanerkirche   225, 246
  Franziskanerkirche   221, 304, 326
  St. Stephan   90 Anm. 489, 275, 295
Wilbrand, Erzbischof von Magdeburg   102
Wilhelm von Holland, König   214f.
Wilsnack, Heiligblut-Kirche   140, 295
Winnigstädt   119f.
Wiprecht von Groitzsch, Markgraf von Meißen   93f.
Wittenberg, Franziskanerkirche   27f., 43, 106, Katalog **160–169**, 193 Anm. 1140, Typologie *229*, 232, 235f., *247f.*, 250, Mauerwerk 255f., Dachwerk **264**, Gewölbe **265**, **268–270**, Pfeiler 274, Portale 277, Klostertopografie 300f., Klostertopologie 307, **309–311** Anm.1860, 313–315, 319, Repräsentation **326–328**, Zusammenfassung 334f.
  St. Barbara, Crispin und Crispinian   168 Anm. 1002
  St. Marien   161 Anm. 956, 169, 232, 265 Anm. 1608, 268f.

Wittstock, Stadtpfarrkirche   283 Anm. 1669
Wölfflin, Heinrich   15
Worms, Dominikanerkirche   104 Anm. 601, 236
Wroclaw siehe Breslau
Würzburg, Franziskanerkirche 67, 240, 242, 245

Z

Zeitz, Franziskanerkirche   11, 28f., 50, 67 Anm. 343, 139, 167, Katalog **170–183**, 191, 194, 219 Anm. 1315, 220, Typologie *229*, 231–233, 235f., 239f., *243*, 250, Mauerwerk 255, Dachwerk 261, **263f.**, Gewölbe 265f., *269–271*, Portale 276f., **279f.**, Fenster 286, **289**, *291–293*, Klostertopografie 300f., Klostertopologie 305, **307–311**, 313–315, 317, 319, *320f.*, Zusammenfassung 335
  Stiftskirche   183, 239, 250, 280, *292–294*
  St. Michael   232, 280
Zisterzienserinnenkirche   250 Anm. 1541
Zerbst, Franziskanerkirche   28f., 50, 65, 139, Katalog **184–194**, 219 Anm. 1315, Typologie **227–229**, 232, 235, 239, 250, Mauerwerk **256–260**, Gewölbe 265, Portale **276–279**, Fenster *284*, *290*, **292f.**, 296, Klostertopografie 299, 301, Klostertopologie **307–309**, 312–315, 319, Repräsentation **322**, Zusammenfassung 334f.
  St. Bartholomäi   191 Anm. 1125, 193f., 232, 239, 258, 279, *290*, 293
  St. Nikolai   258, 293
Zisterzienserinnenkloster   185
Ziesar, Bischofskapelle   283 Anm. 1670
  Franziskanerkloster   203, 229
Zisterzienserorden   21
  Generalkapitel   204, 221
Zittau, Franziskanerkirche   99, 106, 221, 326, 328
Zlatá Koruna, Zisterzienserkirche   247
Zuphten, Walburgakirche   140
Zürich, Dominikanerkirche   67, 203, **209–211**, 225, *226f.*, 246, 274
  Franziskanerkirche   67, 211, 240, 242, 274
  Fraumünster   211
  Großmünster   211
  St. Martin   211 Anm. 1255